Die Bozner Messen und ihr Zahlungsverkehr (1633–1850)

VERÖFFENTLICHUNGEN DES SÜDTIROLER LANDESARCHIVS
PUBBLICAZIONI DELL'ARCHIVIO PROVINCIALE DI BOLZANO

BAND 21
VOLUME 21

ABTEILUNG
DENKMALPFLEGE
SÜDTIROLER
LANDESARCHIV

http://www.provinz.bz.it/sla
http://www.provincia.bz.it/apb

MARKUS A. DENZEL

Die Bozner Messen und ihr Zahlungsverkehr (1633–1850)

VERLAGSANSTALT ATHESIA | BOZEN

Die Deutsche Bibliothek verzeichnet diese Publikation in der Deutschen Nationalbibliographie; detaillierte bibliographische Daten sind im Internet über http://www.dnb.ddb.de abrufbar

Umschlagbild: Handgeschriebener Kurszettel der Bozner Fronleichnamsmesse 1766 (Südtiroler Landesarchiv, Archiv des Merkantilmagistrats, 3.5.10, fol. 192r)

Umschlaggestaltung: LUPE – Werkstatt für Gestaltung, Bozen

Herstellung: Athesiadruck, Bozen

ISBN 88-8266-394-9

www.athesiabuch.it
buchverlag@athesia.it

VORWORT

Das vorliegende Buch ist das Ergebnis mehrjähriger Forschungen zu den Bozner Messen, die ich im Zusammenhang mit meiner Gastprofessur für Wirtschaftsgeschichte an der Freien Universität Bozen, die ich seit dem Studienjahr 2001/02 wahrnehme, durchführen konnte. Während meines ersten Jahres in Bozen war ich auf der Suche nach Bozner Wechselkursnotierungen, die ursprünglich zur Ergänzung meines *Handbook of World Exchange Rates 1590–1914* (erscheint 2006) vorgesehen waren. Zu meinem größten Erstaunen war das im Südtiroler Landesarchiv gefundene Material so reichhaltig und annähernd lückenlos, daß sich eine eigenständige Publikation anbot. Daß diese nunmehr in Form einer Monographie vorgelegt werden kann, verdanke ich zahlreichen Personen und Institutionen, die wesentlich hierzu beigetragen haben:

Mein erster Dank gilt dem Südtiroler Landesarchiv, seinem Direktor, Dr. Josef Nössing, seinem früheren stellvertretenden Direktor, Universitätsdozent Dr. Hans Heiss, seiner derzeitigen stellvertretenden Direktorin, Dr. Christine Roilo, und allen Mitarbeiterinnen und Mitarbeitern, die den Gast aus Deutschland mit höchster Zuvorkommenheit in ihrem Hause arbeiten ließen, ihn nach Kräften unterstützten und alle seine Wünsche nach immer mehr und größeren Aktenbergen klaglos erfüllten. Hierfür sei ihnen allen mein herzlichster Dank gesagt.

Daß die Aufnahme der umfangreichen Daten so reibungslos erfolgte, verdanke ich meinen damaligen Bozner Hilfskräften Katharina Beberweil (jetzt Leipzig) und Werner Zublasing sowie meiner Leipziger Mitarbeiterin Anja Timmermann M.A. Bei der Endredaktion des Bandes leistete Dr. Gustav Pfeifer vom Südtiroler Landesarchiv unverzichtbare Unterstützung. Mein Mitarbeiter Danny Weber M.A. (Leipzig) war mir bei der Literaturrecherche an den verschiedenen Leipziger Bibliotheken eine wichtige Hilfe, und er wirkte auch bei der Zusammenstellung des Literaturverzeichnisses mit. Die Übersetzung der englischen Zusammenfassung übernahmen meine Mitarbeiterin Alexandra Holzhey M.A. (Leipzig) und Dr. Laurence Cole (University of Norwich). Ihnen allen danke ich sehr.

Mit großer Dankbarkeit denke ich auch an die Kollegen, die mein Vorhaben mit Rat und Tat unterstützten, Dr. Gabriel Imboden (Forschungsstelle zur Geschichte des Alpenraums, Brig), Professor em. Dr. Karl-Heinrich Kaufhold (Göttingen), Professor Dr. Andrea Leonardi (Università degli Studi di Trento), Universitätsdozent DDr. Helmut Rizzolli (Bozen) und Professor Dr. Manfred Rudersdorf (Leipzig). Mein herzlichster Dank gilt in diesem Zusammenhang aber meinem lieben Kollegen und Freund Dr. Andrea Bonoldi (Università degli Studi di Trento), der für meine Fragen jederzeit ein offenes Ohr hatte und zu einem unverzichtbaren Gesprächspartner über Bozen, seine

Messen, die Kultur und den Charakter Tirols wurde. Für die Übersetzung der italienischen Zusammenfassung gilt Andrea Bonoldi noch mein besonderer Dank.

Anläßlich der von Dr. Bonoldi und mir im April 2005 ausgerichteten Tagung „Bozen im Messenetz Europas (17.–18. Jahrhundert). Neue Forschungsansätze und -ergebnisse", deren Resultate in einem eigenen Band veröffentlicht werden, wurden die hier vorgelegten Thesen und Ergebnisse eingehend diskutiert. Ich danke allen Teilnehmerinnen und Teilnehmern dieser Tagung für die jeweiligen Anregungen und Verbesserungsvorschläge.

Die Durchführung der Untersuchung wurde finanziell unterstützt von der Gerda-Henkel-Stiftung und der Stiftung Südtiroler Sparkasse, wofür beiden Institutionen ein besonderer Dank gilt. Abschließend danke ich Dr. Nössing sehr herzlich für die Aufnahme dieser Studie in die Schriftenreihe *Veröffentlichungen des Südtiroler Landesarchivs*.

Leipzig/Bozen, 11. Oktober 2005 *Markus A. Denzel*

INHALTSVERZEICHNIS

TABELLENVERZEICHNIS

VERZEICHNIS DER ABBILDUNGEN UND KARTEN

HINWEISE FÜR DIE BENUTZUNG DER KURSTABELLEN

Die in den Kapiteln 3 und 4 dokumentierten Kursreihen stellen eine (annähernd) vollständige Wiedergabe der von den Bozner Messen zwischen 1618/33 und 1850 überlieferten Wechsel- und Geldkurse dar. Diese Dokumentation ist nach folgenden Kriterien erstellt worden:

1. In jedem Falle wurde die originale Kursnotierung aufgenommen, wobei gemeine Brüche in der Regel nicht umgerechnet wurden.
2. Erfolgte eine Notierung in Kreuzern für eine Einheit Fremdwährung, so wurde folgende Umrechnung vorgenommen: Wurde in Kreuzern di cambio notiert, so wurde in Scudi di cambio (= 93 Kreuzer) für 100 Einheiten Fremdwährung umgerechnet; wurde in Kreuzern einer zu einer bestimmten Zeit in Bozen gebräuchlichen Kurantwährung notiert, so wurde in Gulden dieser Kurantwährung (= 60 Kreuzer) für 100 Einheiten Fremdwährung umgerechnet.
3. Falls die originale Notierung in fremder Währung für eine oder mehrere Einheiten Bozner Währung erfolgte, wurde eine Umrechnung in Bozner Währung für eine oder 100 Einheiten Fremdwährung durchgeführt.
4. Erfolgten Originalnotierungen in verschiedenen Währungseinheiten, die nicht in dezimaler Relation zueinander standen – z.B. in Gulden und Kreuzern (1 Gulden = 60 Kreuzer) –, werden diese Kurse in originaler und in dezimalisierter Version dokumentiert.
5. Weiterreichende Umrechnungen werden bei den einzelnen Tabellen erläutert.
6. Anmerkungen finden sich gegebenenfalls am Ende der jeweiligen Tabelle.

In den Tabellen finden folgende **Abkürzungen** Verwendung:

1. Abkürzungen für die vier Bozner Messen

A	Andreämesse
B	Bartolomäusmesse
CD	Fronleichnamsmesse (Corpus Domini)
MQ	Mittfastenmesse (Mezza Quaresima)

2. Abkürzungen für den Status der dokumentierten Kursreihen

[dez.]	dezimalisierte Kursreihe
[O]	Originalnotierungen
[U]	umgerechnete Kursreihe

3. Abkürzungen für die Währungseinheiten, in denen die Kurse notiert werden

bai.	Baiocchi
bol.	Bolognini
fl.	Gulden
l.	Lire
pez.	Pezze da otto reali
rtlr.	Reichstaler
sc.	Scudi
sol.	Soldi
xr.	Kreuzer

4. Abkürzungen für die notierten Wechselmärkte

AD	Amsterdam
AG	Augsburg
AN	Ancona
BG	Bergamo
BO	Bologna
BR	Breslau
FF	Frankfurt am Main
FI	Florenz
HH	Hamburg
LI	Livorno
LO	London
LP	Leipzig
LY	Lyon
MI	Mailand
MU	Murano
NA	Neapel
NG	Nürnberg
NV	Novi
PA	Paris
PC	Piacenza
PR	Prag

RM	Rom
SG	St. Gallen
VE	Venedig
VR	Verona
WI	Wien

5. Abkürzungen der notierten Münzen, Noten und Währungen

BA	Wiener Banknoten
DO	(spanische) Doppie
DU	Dukaten
FE	Federtaler bzw. Scudi di Francia
FR	20-Francs-Stücke
GD	genuesische Doppie
GI	Girowährung
KD	kaiserliche Dukaten
KR	Kreuztaler
KV	Konventionstaler
LD	Alte Schild-Louisd'ors
ML	Moneta lunga
NL	Neue Louisd'ors
PF	Pezze da 5 Franchi (Fünf-Francs-Stücke)
PL	Pezze da 5 Lire (italiane) (Fünf-Lire-Stücke)
PP	Papalini
SO	Souverains (Sovrani)
TL	Tiroler Landeswährung
ZE	Zecchini

EINLEITUNG

1. BOZEN IM MESSENETZ EUROPAS – EINE ANNÄHERUNG

„The Bolzano fairs, as exchange fairs, had a longer and more significant history even than they did as commercial fairs.“[1] Dieses pointierte, ja fast provozierende Diktum von John J. McCusker und Cora Gravesteijn stellt die bisherige Sichtweise, mit der die Bozner Messen im Rahmen des europäischen Messesystems des Spätmittelalters und der Frühen Neuzeit in den Blick genommen wurden, geradezu auf den Kopf. Die Bozner Märkte bzw. Messen gelten gemeinhin als zwischen dem mediterranen und dem oberdeutschen Wirtschaftsraum vermittelnde Handelsmessen, die zu ihren Blütezeiten vor allem im 17. und in der ersten Hälfte des 18. Jahrhundert durchaus überregional-internationale Relevanz für sich in Anspruch nehmen konnten. Hervorgegangen aus lokalen Märkten in Bozen und dem benachbarten Gries, konnten die Bozner Jahrmärkte seit dem 15. Jahrhundert einen bemerkenswerten Aufstieg verzeichnen. Der ortsansässigen Kaufmannschaft gelang es im Zusammenspiel mit den immer zahlreicheren Marktbesuchern und der Landesherrschaft, die Vorteile, die die Stadt dank ihrer verkehrsgeographischen Lage bezüglich wichtiger alpenüberquerender Transitrouten (Brenner, Reschen) bis heute genießt, durch eine geschickte Förderung des Handels und hier insbesondere des überregionalen Handels auf den Jahrmärkten auszubauen. Die Stadt Bozen und ihr Hinterland erlangten in der Frühen Neuzeit eine gewichtige, ja vielfach zentrale Rolle im Warenaustausch zwischen dem Mittelmeer einerseits und Mitteleuropa andererseits. Die daraus resultierenden Rückwirkungen betrafen nicht nur die lokale Wirtschaft, sondern auch und vor allem die soziale und kulturelle Ebene, so daß die städtische Identität bis heute tief durch die Neigung zum Kommerz geprägt wird. Erst in der ersten Hälfte des 19. Jahrhunderts führten tiefgreifende Veränderungen in der Gesamtstruktur der europäischen Wirtschaft im Gefolge der Industrialisierung und der mit dieser in unmittelbarem Zusammenhang stehenden verkehrstechnischen Revolution zu einer allmählichen Marginalisierung der Bozner Messen, während die lokale Unternehmerschaft es versäumte, Kapital und Kompetenzen in neue, modernere Aktivitäten zu investieren.

Auf den Bozner Märkten und Messen des Spätmittelalters und der Frühen Neuzeit dominierte – so die traditionelle Perspektive der Forschung – der mit dem Alpentransit zusammenhängende über- und transregionale Handel, zu dessen finanzieller Abwicklung und Finanzierung spätestens seit der Wende vom 16. zum 17. Jahrhundert eben

---

1 John J. McCusker / Cora Gravesteijn, The Beginnings of Commercial and Financial Journalism. The Commodity Price Currents, Exchange Rate Currents, and Money Currents of Early Modern Europe, Amsterdam 1991, S. 145.

auch bargeldloser Zahlungsverkehr auf der Grundlage des Wechsel(brief)s erforderlich war und von den Kaufleuten auf den Messen betrieben wurde. Als charakteristisches Beispiel hierfür kann die Einschätzung von Hans Krasensky von 1957 dienen: „Bozen war immer ein Warenhandelsplatz, dessen Zahlungsverkehr im engen Zusammenhange mit seinen Warengeschäften stand.“[2] Damit wurde bislang der Handel als Determinante des bargeldlosen Zahlungsverkehrs auf den Bozner Messen gesehen, letzterem jedoch eine in gewissem Sinne eigenständige, vom Handel auch nur teilweise unabhängige Bedeutung für die Messen und die Bedeutung der Messen im europäischen Vergleich faktisch abgesprochen.

Das eingangs angeführte Zitat von McCusker und Gravesteijn fordert das Wagnis eines Perspektivenwechsels gleichsam heraus: Nicht der Handel, sondern der bargeldlose Zahlungsverkehr der Bozner Messen wird in dieser Untersuchung im Mittelpunkt der Überlegungen stehen, und es geht um die Frage, welche Bedeutung den Bozner Messen in ihrer Funktion als ‚Wechselmessen‘ im Rahmen des europäischen Messesystems einerseits und des gesamten internationalen bargeldlosen Zahlungsverkehrssystems andererseits zukam.

Bozen hatte dabei weder im Bereich des Handels noch in dem des (bargeldlosen) Zahlungsverkehrs zu irgendeiner Zeit eine Bedeutung, die den großen internationalen Messen der Frühen Neuzeit annähernd gleichkam. Die Kastilischen Messen in Medina del Campo, Medina del Rioseco und Villalón, die Messen von Lyon, die Genuesischen ‚Bisenzone‘-Messen oder die Messen von Frankfurt am Main oder Leipzig waren zu ihren jeweiligen Blütezeiten die zentralen Messeveranstaltungen für weite Teile Europas, auf denen sich Kaufleute aus einer Vielzahl von Ländern versammelten, die oftmals über weite Entfernungen angereist waren.[3] Paradebeispiel hierfür sind die Leipziger Messen, die in der zweiten Hälfte des 18. Jahrhunderts Kaufleute aus Westeuropa, dem Heiligen Römischen Reich, Italien, Polen, dem Russischen Reich und dem Osmanischen Reich anzogen.[4] Die Stellung Bozens im internationalen Messesystem der Frühen Neuzeit lag eine Stufe unterhalb dieser großen internationalen Messen mit ihrer gesamteuropäischen Bedeutung. Der Begriff ‚Regionalmesse‘, der für die Bozner Messen, aber auch für andere Messen vergleichbaren Zuschnitts wie etwa die Messen von Zurzach, Braunschweig, Frankfurt an der Oder oder Lanciano Anwendung finden mag, könnte daher auf den ersten Blick als Abwertung, als Marginalisierung ihrer durchaus überregionalen Relevanz angesehen werden, ist aber keinesfalls in diesem Sinne zu verstehen: Vielmehr handelt es sich hierbei um Messeveranstal-

---

2 Hans KRASENSKY, Die Bozener Marktordnung aus dem Jahre 1718. Betriebswirtschaftlich-historische Untersuchung, Wien 1957, S. 79.

3 Vgl. die entsprechenden Beiträge in: Simonetta CAVACIOCCHI (a cura di), Fiere e mercati nella integrazione delle economie europee, secc. XIII–XVIII. Atti della "Trentaduesima Settimana di Studi" 8–12 maggio 2000, Prato 2001; Paola LANARO (a cura di), La pratica dello scambio. Sistemi di fiere, mercanti e città in Europa (1400–1700), Venezia 2003.

4 Hierzu verschiedene einschlägige Beiträge in: Hartmut ZWAHR / Thomas TOPFSTEDT / Günter BENTELE (Hrsg.), Leipzigs Messen 1497–1997. Gestaltwandel. Umbrüche. Neubeginn, Teilbd. 1: 1497–1914, Köln – Weimar – Wien 1999.

tungen, die zwischen *einzelnen Regionen* oder Wirtschaftsräumen Europas Waren- und Geldströme vermittelten, aber eben keine gesamteuropäische Bedeutung erlangten. Daß sie – wie im übrigen auch die internationalen Messen – zugleich eine hohe ökonomische Relevanz besonders für diejenige Region, in der sie abgehalten wurden, besaßen, ist zweifelsohne unbestritten. Regionalmessen und internationale Messen können dabei aber auch als ‚Grenzmärkte' zwischen europäischen Wirtschaftsregionen oder -räumen unterschiedlicher Größe und unterschiedlichen Zuschnitts verstanden werden. So vermittelten die Messen in Frankfurt am Main an der ‚Rheingrenze' im Spätmittelalter Waren und Geld zwischen den ökonomisch potenteren Regionen Nordwesteuropas und dem bis dahin trotz seiner ‚Hochfinanz'[5] immer noch ‚rückständigeren' Oberdeutschland.[6] Das in einem von Danzig bis Triest reichenden ‚Grenzkorridor'gelegene Leipzig fungierte im 18. Jahrhundert als wichtigste ‚Drehscheibe' des Handels zwischen West- und Osteuropa.[7] Braunschweig, um auch eine Regionalmesse beispielhaft anzuführen, war im 18. Jahrhundert eine zentrale Zwischenstation zwischen Nordwesteuropa und Mitteldeutschland geworden.[8] In diesem Sinne können auch die Bozner Regionalmessen als ‚Grenzmärkte' zwischen dem (ober)italienischen Wirtschaftsraum einerseits und dem ‚süddeutschen' Wirtschaftsraum mit Oberdeutschland, den Habsburgischen Erblanden und Teilen der deutschsprachigen Schweiz andererseits angesehen werden. Nach diesem Konzept der ‚Grenzmärkte' erfüllten Regionalmessen und internationale Messen gleichermaßen die Funktion von Intermediären zwischen Wirtschaftsräumen, allerdings mit einem durchaus unterschiedlich weiten geographischen Einzugsbereich. Beiden ‚Messetypen' ist – von den hochspezialisierten Wechselmessen einmal abgesehen – auch die Funktion als Zentren des Handels *und* des (bargeldlosen) Zahlungsverkehrs gemein, wobei aber in der Regel auf den Regionalmessen die Relevanz des (bargeldlosen) Zahlungsverkehrs hinter die des Handels zurücktritt.

Auch in Bozen war dies im Spätmittelalter und im 16. Jahrhundert der Fall, d.h. in dem Zeitraum, für welchen es nur sehr vereinzelte Hinweise auf bargeldlose Zahlungsverkehrstransaktionen auf den Jahrmärkten gibt. Im frühen 17. Jahrhudert begann dann die Entwicklung des bargeldlosen Zahlungsverkehrs auf den Bozner Messen im eigentlichen Sinne, d.h. es etablierte sich ein Wechselmarkt mit regelmäßigen Kursnotierungen und auch teilweise sehr umfangreichen Wechselgeschäften. Bereits die Privilegierung der Bozner Jahrmärkte bzw. Messen durch Claudia de' Medici 1635 geschah, wie bereits Giulio Mandich nachwies (s.u.), im Gefolge der Rivalität

---

5 Wolfgang VON STROMER, Oberdeutsche Hochfinanz 1350–1450, 3 Teile, Wiesbaden 1970.

6 Michael ROTHMANN, Die Frankfurter Messen im Mittelalter, Stuttgart 1998.

7 Klaus HELLER, Der Handel mit dem Osten in der frühen Neuzeit, in: Hans POHL (Hrsg.) unter Mitarb. v. Monika POHLE, Frankfurt im Messenetz Europas – Erträge der Forschung (= Brücke zwischen den Völkern – Zur Geschichte der Frankfurter Messe, 3 Bde., hrsg. v. Rainer KOCH), Bd. I, Frankfurt/Main 1991, S. 205–218.

8 Markus A. DENZEL, Die Braunschweiger Messen als regionaler und überregionaler Markt im norddeutschen Raum in der zweiten Hälfte des 18. und im beginnenden 19. Jahrhundert, in: Vierteljahrschrift für Sozial- und Wirtschaftsgeschichte 85, 1998, S. 40–93.

zwischen Venedig und Genua um die mediterranen Kapitalmärkte, die sich in der Verlegung der Genuesischen Bisenzone-Messen aus Piacenza nach Novi und in der venezianischen Neugründung einer Wechselmesse in Verona (1630) äußerten. Nach dem maßgeblichen Kaufmannshandbuch dieser Zeit, dem 1629 in Amsterdam erschienenen „Fondament van de Wisselhandeling“ von Martin van Velden, war Bozen zu dieser Zeit der einzige Wechselmarkt innerhalb des gesamten Alpenraums.[9] Die im Bereich des bargeldlosen Zahlungsverkehrs gebräuchlichen unterschiedlichen Rechengewohnheiten weisen auf die ‚Grenzlage‘ Bozens zwischen dem oberitalienischen und dem süddeutschen Wirtschaftsraum hin. Die Mittlerrolle Bozens zwischen den beiden Wirtschaftsräumen zeigt sich nicht zuletzt darin, daß in die Bozner Marktordnung italienisches Wechselrecht, allerdings in deutscher Sprache übernommen wurde, weswegen die einschlägige Literatur gerne darauf hinweist, daß auf den Bozner Messen die älteste deutsche Wechselordnung installiert worden sei. Spätestens um die Mitte des 17. Jahrhunderts bildeten die Bozner Messen feste Termine im überregionalen Messekalender zwischen den oberitalienischen Handelsplätzen und Finanzmärkten im Süden, den oberdeutschen im Norden und vor allem den Messeplätzen Frankfurt am Main und Leipzig sowie den großen Jahrmärkten in Salzburg und Krems.

Erst mit der Etablierung der Bozner Märkte *auch* als ‚Wechselmessen‘ durch das Claudianische Privileg von 1633/35 kann eine Untersuchung des Bozner Wechselmarktes und seiner Einbindung in das internationale bargeldlose Zahlungsverkehrssystem der Zeit einsetzen. Diese Untersuchung orientiert sich an folgenden Leitfragen:

1. Wie entwickelte sich der Bozner Wechselmarkt vom 17. bis zur Mitte des 19. Jahrhunderts?
2. Wie war der Bozner Wechselmarkt in das internationale bargeldlose Zahlungsverkehrssystem der jeweiligen Epoche eingebunden?
3. Welche Rahmenbedingungen rechtlicher, handels- und währungspolitischer Art waren für die innere Entwicklung des Bozner Wechselmarktes und für seine Integration in das internationale Zahlungsverkehrssystem verantwortlich?

2. STAND DER FORSCHUNG

Die wichtige Rolle, die die Bozner Messen im europäischen Handel der vorindustriellen Zeit gespielt haben, steht in deutlichem Widerspruch zu ihrer in vielen Bereichen bislang ungenügenden historiographischen Aufarbeitung, so daß auf diese Drehscheibe zwischen dem mediterranen und dem mitteleuropäischen Wirtschaftsraum in internationalen Forschungszusammenhängen – insbesondere im Bereich der Messege-

9 M[artin] V[AN] VELDEN, Fondament van de Wisselhandeling: Onderrichtingh ghevende van alle voornaemste Wisselen van Christenrijck, so van Trates, Remessen, vergelijcking van prysen, verscheyden comissien, te vormen, voegen ende calcula van baet of schade te maecken naer den cours, die te oordeelen, ende naer gelegentheyd van tijdt of plaets te konnen scheyden, Amsterdam 1629, S. 269.

schichte – bislang kaum rekurriert wird bzw. werden kann. Die ältere Forschung zu den Bozner Messen konzentrierte sich dabei zum einen auf die Handelsgeschichte in der Zeit des Spätmittelalters und des 16. Jahrhunderts, zum anderen auf die Geschichte der für die Messen relevanten Institutionen und hier insbesondere und sehr naheliegend auf Auswertung und Interpretation des weit über Bozen hinaus richtungweisenden Claudianischen Privilegs von 1635 sowie der Marktordnung von 1718, ohne aber die weitere Entwicklung der Bozner Messen seit dem 17. Jahrhundert detailliert in den Blick zu nehmen. Insbesondere die Zeit des ausgehenden 18. und frühen 19. Jahrhunderts – oft als eine Epoche des Niedergangs der Messen apostrophiert – wurde lange vernachlässigt. Stellvertretend für diese ältere Forschung über die Bozner Märkte bzw. Messen seien die grundlegenden Arbeiten von Gerhard Bückling[10], Franz Huter[11], Hans Krasensky (s.o.) und Otto Stolz[12] genannt. Aber auch zahlreiche jüngere Arbeiten greifen diese traditionellen Forschungsschwerpunkte auf, so etwa Rainer Sprung[13], Nikolaus Grass[14], Helmut Rizzolli[15] oder Edoardo Demo[16]. Erst in den letzten anderthalb Jahrzehnten erbrachten auf neuen methodischen Herangehensweisen fußende und damit auch inhaltliche Perspektivwechsel ermöglichende Forschungen zur politischen Funktion des Bozner Handelsstandes – insbesondere von Hans Heiss[17] – und zur Stellung der Bozner Messen im Rahmen der habsburgischen Wirtschaftspolitik des 18. Jahrhunderts – so von Andrea Bonoldi[18] – weiterführende Ergebnisse. Gerade die be-

---

[10] Gerhard BÜCKLING, Die Bozener Märkte bis zum Dreißigjährigen Kriege, Leipzig 1907.

[11] Franz HUTER, Die Quellen des Meßgerichts-Privilegs der Erzherzogin Claudia für die Boznermärkte (1635), in: Bozner Jahrbuch für Geschichte, Kultur und Kunst 1927, S. 5–131.

[12] Otto STOLZ, Neues zur älteren Geschichte der Bozner Märkte, in: Der Schlern 2, 1921, S. 137–143; ders., Geschichte des Zollwesens, Verkehrs und Handels in Tirol und Vorarlberg von den Anfängen bis ins XX. Jahrhundert, Innsbruck 1953.

[13] Rainer SPRUNG, Das Privileg und die Ordnung Erzherzogin Claudias von Medici vom 15.9.1635 für die Bozner Märkte und Messen, in: Die Bozner Handelskammer. Vom Merkantilmagistrat bis zur Gegenwart, Bozen 1981, S. 9–58.

[14] Nikolaus GRASS, Vom Messegericht zum Merkantilmagistrat im alten Tirol unter besonderer Berücksichtigung der Marktgerichtsbarkeit zu Hall am Inn, in: Karl KROESCHELL (Hrsg.), Festschrift für Hans Thieme, Sigmaringen 1986, S. 215–233.

[15] Helmut RIZZOLLI, Bozen: die Stadt der Märkte / Bolzano città delle fiere, in: Merkantilmuseum Bozen / Museo mercantile Bolzano, Bolzano 1998, S. 9–76.

[16] Edoardo DEMO, Mercanti e mercanzie alle fiere di Bolzano ed Egna nella prima metà del '500, in: Geschichte und Region / Storia e regione 5, 1996, S. 345–365; ders., Le fiere di Bolzano tra Basso Medioevo ed età moderna (secc. XV–XVI), in: CAVACIOCCHI (a cura di), Fiere e mercati, S. 707–722. Der letztere Beitrag bietet eine konzise Zusammenfassung der gesamten älteren und jüngeren Literatur zum Thema.

[17] Hans HEISS, Die ökonomische Schattenregierung Tirols. Zur Rolle des Bozner Merkantilmagistrats vom 17. bis ins frühe 19. Jahrhundert, in: Geschichte und Region / Storia e regione 1, 1992, S. 66–85; ders., Der Merkantilmagistrat als Mäzen im Bozen des 17. Jahrhunderts, in: Silvia SPADA-PINTARELLI (Hrsg.), Bozen im 17. Jahrhundert. Die Malerei, Milano 1994, S. 13–19.

[18] Andrea BONOLDI, La fiera e il dazio: economia e politica commerciale nel Tirolo del secondo Settecento, Trento 1999.

reits als Standardwerk zu bezeichnende Arbeit von Bonoldi lenkte dabei den Blick erstmals detailliert auf die Geschichte der Bozner Messen in der zweiten Hälfte des 18. Jahrhunderts. Eine Geschichte der Bozner Messen in der Zeit ihres endgültigen Niedergangs in der ersten Hälfte des 19. Jahrhunderts steht allerdings immer noch aus, obwohl die einschlägige Quellenlage als durchaus zufriedenstellend zu bezeichnen ist und hierfür erforderliche grundlegende ‚Vorstudien', wie etwa über den roveretanischen Seidenhandel von Andrea Leonardi[19], bereits vorliegen.

Mit dem Zahlungsverkehr auf den Bozner Messen – insbesondere mit dem bargeldlosen – beschäftigten sich die bisherigen Arbeiten allenfalls am Rande. Die eingehendsten Studien hierzu betrieb Giulio Mandich, wenn auch nur für einen vergleichsweise kurzen Zeitraum von der Neuorganisation der Bozner Märkte bzw. Messen in den 1630er Jahren bis zum Ende der Tiroler Nebenlinie der Habsburger 1665 und mit gewissen inhaltlichen Unzulänglichkeiten.[20] Gleichwohl kommt Mandich das gewichtige Verdienst zu, erstmals die Zusammenhänge der Neuorganisation der Bozner Märkte bzw. Messen mit der Einrichtung der venezianischen Wechselmessen in Verona (bzw. Murano) um 1630 herausgearbeitet und damit auf die Einbindung des Bozner (bargeldlosen) Zahlungsverkehrs in das sich im Gefolge der Konkurrenz zwischen Venedig und Genua auf den internationalen Geld- und Kapitalmärkten herausbildende oberitalienische System von Wechselmessen hingewiesen zu haben.[21] Über diese grundlegenden Beiträge hinaus ist auf die knappen, doch für die Frühzeit des bargeldlosen Zahlungsverkehrs auf den Bozner Märkten äußerst aufschlußreichen Mikrostudien von Bruno Mahlknecht und vor allem von Helmut Rizzolli über vier Wechselbriefe aus den 1590er Jahren zu verweisen.[22] Es ist aber ausdrücklich festzuhalten, daß bislang keine Arbeit auf die langfristige internationale Integration der Bozner Messen in das europäische System des Wechselverkehrs eingeht. Aus der Perspektive des bargeldlosen Zahlungsverkehrs besteht demnach ein erhebliches Forschungsdesiderat, da der zentrale Messe- und Finanzplatz des Alpenraumes und ein wesentliches Intermediär zwischen dem mediterranen und dem mitteleuropäischen Wirtschaftsraum bezüglich seiner Position im internationalen bargeldlosen Zahlungsverkehrssystem noch nicht hinreichend untersucht ist, wie es überhaupt nur wenige

---

19 Andrea LEONARDI, Die Farberey von Rovereto, Rovereto 1988.

20 Giulio MANDICH, Geld- und Kreditwesen der Bozner Märkte (1633–1664), in: Beiträge zur Wirtschaftsgeschichte Südtirols. Festschrift zum 125jährigen Bestehen der Südtiroler Landessparkasse, Bozen 1979, S. 459–548; ders., Wechselgeschäfte auf den Bozner Messen in der Zeit der Erzherzogin Claudia (1633–45), in: Handelskammer Bozen (Hrsg.), Die Bozner Handelskammer. Vom Merkantilmagistrat bis zur Gegenwart, Bozen 1981, S. 69–95.

21 Ders., Istituzione delle fiere veronesi (1631–35) e riorganizzazione delle fiere bolzanine (1633–35), in: Cultura Atesina / Kultur des Etschlandes 1, 1947, S. 71–77 und 107–115; ders., Fiere cambiarie concorrenti (genovesi, fiorentine, veneziane) nell 1622–1652, in: Aldo DE MADDALENA / Hermann KELLENBENZ (a cura di), La repubblica internazionale del denaro tra XV e XVII secolo, Bologna 1986, S. 123–151.

22 Bruno MAHLKNECHT, Alte Wechselbriefe (1594/97), in: Der Schlern 53, 1979, S. 687f.; Helmut RIZZOLLI, Betriebswirtschaftliche Auswertung von vier Bozner Wechselbriefen aus den Jahren 1594 und 1597, in: Ebd., S. 689–691.

einschlägige und detaillierte Untersuchungen über die Entwicklung von Wechselmärkten in der Vormoderne gibt.[23] Für die theoretische Fundierung dieser Untersuchung der Integration der Bozner Messen in das internationale bargeldlose Zahlungsverkehrssystem vom 17. bis zur Mitte des 19. Jahrhunderts kann auf die einschlägigen Arbeiten des Verfassers zurückgegriffen werden.[24]

Deutlich besser ist der Forschungsstand, was die Aufarbeitung der Geld- und Währungsverhältnisse in Tirol – ein entscheidendes Moment für die Aufarbeitung des bargeldlosen Zahlungsverkehrs auf den Bozner Messen – anbelangt. Hier kann für die 1630er bis 1660er Jahre wiederum auf die Arbeiten von Giulio Mandich (s.o.) verwiesen werden, doch aus der langfristigen Perspektive sind die Studien von Josef Hirn[25], aber vor allem von Heinz Moser, Heinz Tursky und Helmut Rizzolli am ergiebigsten.[26]

3. QUELLENLAGE

Es ist ein bemerkenswertes Phänomen, daß für die Bozner Messen eine der dichtesten Überlieferungen zum Bereich des bargeldlosen Zahlungsverkehrs unter allen europäischen Handels- und Finanzplätzen des 17. und 18. Jahrhunderts vorliegt. Von der Reorganisation der Bozner Messen und der Gründung des Merkantilmagistrats – genauer: seit der Andreämesse 1633 – bis zur Umwandlung des Merkantilmagistrats in die Handels- und Gewerbekammer im Jahre 1850 findet sich im Bestand des Bozner

---

23 Hier sind insbesondere zu nennen: Jean BOUCHARY, Le marché des changes de Paris à la fin du XVIIIe siècle (1778–1800) avec des graphiques et le relevé des cours, Paris 1937; Pierre JEANNIN, Change, crédit et circulation monétaire à Augsbourg au milieu du 16e siècle, Paris 2001; Elisabeth HARDER-GERSDORFF, Zwischen Rubel und Reichstaler. Soziales Bezugsfeld und geographische Reichweite des Revaler Wechselmarktes (1762–1800), Lüneburg 2000.

24 U.a. Markus A. DENZEL, Die Integration Deutschlands in das internationale Zahlungsverkehrssystem im 17. und 18. Jahrhundert, in: Eckart SCHREMMER (Hrsg.), Wirtschaftliche und soziale Integration in historischer Sicht. Arbeitstagung der Gesellschaft für Sozial- und Wirtschaftsgeschichte in Marburg 1995, Stuttgart 1996, S. 58–109; ders., Der Beitrag von Messen und Märkten zum Integrationsprozeß des internationalen bargeldlosen Zahlungsverkehrssystems in Europa (13.–18. Jahrhundert), in: CAVACIOCCHI (a cura di), Fiere e mercati, S. 819–835; ders., The System of Cashless Payment as a Basis for the Commercial Integration of Europe and the World, in: Ders. (ed.), From Commercial Communication to Commercial Integration, Middle Ages to 19th Century, Stuttgart 2004, S. 199–248.

25 Josef HIRN, Die lange Münze in Tirol und ihre Folgen, in: Archiv für österreichische Geschichte 104, 1914, S. 1–119.

26 Heinz MOSER / Heinz TURSKY, Die Münzstätte Hall in Tirol 1477–1665, Innsbruck 1977; dies., Die Münzstätte Hall in Tirol 1665–1809, Innsbruck 1981; Heinz MOSER / Helmut RIZZOLLI / Heinz TURSKY (Hrsg.), Tiroler Münzbuch. Die Geschichte des Geldes aus den Prägestätten des alttirolischen Raumes, Innsbruck 1984.

Merkantilmagistrats (*Archivio del magistrato mercantile*)[27] am Südtiroler Landesarchiv eine annähernd lückenlose Dokumentation der Bozner Kursnotierungen sowie ein ebenfalls sehr umfangreiches Konvolut an Wechselprotesten. Zwar griff Giulio Mandich bereits in mehreren seiner Arbeiten auf Teile dieser fast als einzigartig zu bezeichnenden Quellenbestände zurück (s.o.), doch ist bislang keine vollständige und systematische Auswertung erfolgt. Für die folgende Untersuchung sind zwei Bereiche zu unterscheiden:

1. Die Dokumentation und Auswertung der Bozner Wechselkursnotierungen ab 1633 sowie der Geldkursnotierungen ab 1742 kann anhand folgender Unterlagen geleistet werden, die der bisherigen Forschung weitgehend entgangen sind:[28] Für den Zeitraum von 1633 bis 1717 sind zwei umfangreiche Folianten mit dem Titel *Conti per le piazze* überliefert,[29] in welchen die Kursnotierungen der Bozner Messen handschriftlich in Tabellenform – d.h. in Form von Wechselpreiskuranten – verzeichnet wurden (*Abb. 1*).[30] Zudem wurden ab 1663/64 fast durchwegs handschriftliche Wechselkurszettel beigelegt, die als Konzepte des jeweiligen Eintrags in das *Conto*-Buch fungierten. Seit der Andreämesse 1663 finden sich einliegend zudem immer häufiger auch gedruckte Kurszettel (*Abb. 2*),[31] gleichsam als Beleg für die korrekte Umsetzung der Kursnotierung im Druck und ihre ordnungsgemäße Verbreitung. Diese gedruckten Kurszettel wurden häufig noch „im Block" in das *Conto*-Buch eingelegt, d.h. bis zu vier gleiche Kurszettel finden sich nebeneinander auf einem Blatt, die im ‚normalen' Gebrauch – zur Information der Geschäftspartner – erst später auseinandergeschnitten wurden.

---

27 Vgl. hierzu Hannes OBERMAIR, Ex merce pulchrior. Das Archiv des Merkantilmagistrats Bozen, Bozen 2002.

28 Nicht einmal John J. McCusker und Cora Gravesteijn berücksichtigen in ihrem weitgespannten Übersichtswerk über europäische Preiskuranten, Geld- und Wechselkurszettel die Bozner Bestände; hier wird nur auf einige wenige, sich in anderen Archiven als Dubletten befindliche Bozner Wechselkurszettel aufmerksam gemacht; MCCUSKER / GRAVESTEIJN, The Beginnings of Commercial and Financial Journalism, S. 143–151, insbesondere S. 148. Vgl. auch John J. MCCUSKER, The Italian Business Press in Early Modern Europe, in: Ders. (ed.), Essays in the Economic History of the Atlantic World, London – New York 1997, S. 117–144, hier: S. 125, 134 (oder in: Simonetta CAVACIOCCHI [a cura di], Produzione e commercio della carta e del libro, secc. XIII–XVIII, Prato 1992, S. 797–841); in den Datumsangaben korrigiert in ders., Information and Transaction Costs in Early Modern Europe, in: Rainer GÖMMEL / Markus A. DENZEL (Hrsg.), Weltwirtschaft und Wirtschaftsordnung. Festschrift für Jürgen Schneider zum 65. Geburtstag, Stuttgart 2002, S. 69–83, hier: S. 78.

29 Südtiroler Landesarchiv, Bozen [künftig: SLA], Archiv des Merkantilmagistrats [künftig: A.M.M.], 2.46: Conti per le piazze (1633–1681); 2.47: Conti per le piazze (1681–1717).

30 Ein Bozner Warenpreiskurant ist bereits von der Andreämesse 1631 überliefert, der in einem Band eingebunden ist, der sich in der Kress Library der Harvard Business School befindet: Statuta Tribun. Plebis Pontificiâ pop. & com. Bonon. Auctoritate confirmata, & impressa, sed temporum iniuriâ obliuioni ferè tradita, in pristinum decus restituerunt Trib. pleb. ultimi quadrimest., Bononiae 1640.

31 Einige Abbildungen von Kurszetteln siehe auch bei Ferruccio BRAVI, Le fiere di Bolzano e le attività mercantili italiane nel passato, Bolzano 1962, S. 56.

Abb. 1: Wechselkurszettel der Bozner Andreämesse 1633, die älteste bekannte Kursliste aus Bozen[32]

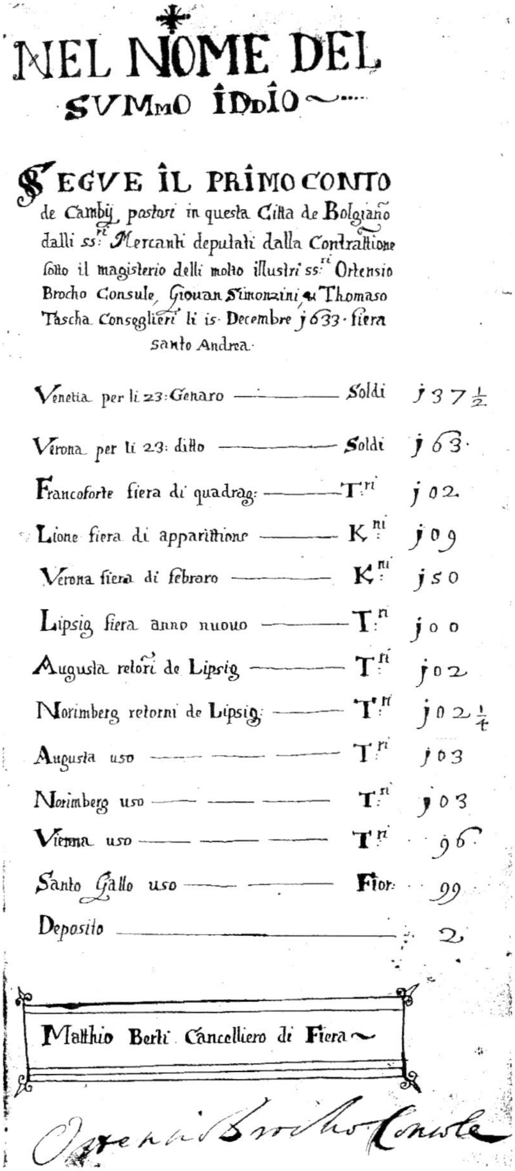

NEL NOME DEL SUMMO IDDIO

SEGUE IL PRIMO CONTO de Cambij, postori in questa Citta de Bolgiano dalli ss:ri Mercanti deputati dalla Contrattione sotto il magisterio delli molto illustri ss:ri Ortensio Brocho Consule, Giouan Simonzini, e Thomaso Tascha Conseglieri li 15. Decembre 1633. fiera santo Andrea.

Venetia per li 23: Genaro	Soldi	137 1/2
Verona per li 23: ditto	Soldi	163
Francoforte fiera di quadrag:	T:ri	102
Lione fiera di apparittione	K:ni	109
Verona fiera di febraro	K:ni	150
Lipsig fiera anno nuouo	T:ri	100
Augusta retorni de Lipsig	T:ri	102
Norimberg retorni de Lipsig	T:ri	102 1/4
Augusta uso	T:ri	103
Norimberg uso	T:ri	103
Vienna uso	T:ri	96
Santo Gallo uso	Fior:	99
Deposito		2

Mathio Berti Cancelliero di Fiera

Ortensio Brocho Consule

32 Quelle: SLA, A.M.M. 2.46, fol. 1.

Abb. 2: Wechselkurszettel der Bozner Andreämesse 1663[33]

LAVS DEO.

Prezzi de Cambi poſti in Bolzano li 9. Decembre 1663. Fiera S. Andrea.

Venetia per li 9. Gennaro.	Sol. 131.$\frac{1}{4}$
Verona per il medemo.	Sol. 163.
Bergamo per il detto.	Sol. 164.
Milano per il medemo.	Sol. 65.$\frac{1}{3}$
Fiorenza per li 16. Gennaro.	Kr. 119.$\frac{1}{4}$
Roma per il già detto.	Kr. 159.$\frac{3}{4}$
Bologna per il ſudetto.	Bol. 57.$\frac{3}{8}$
Ancona per il ſudetto.	Bai. 57.
Napoli per li 23. Gennaro.	Kr. 97.$\frac{1}{3}$
Biſenzone Fiera de Apparitione.	Kr. 160.$\frac{1}{3}$
Francoforte Fie. meza Quadrag.	Tol. 98.
Lione Fiera de Apparitione.	Kr. 87.$\frac{1}{4}$
Lipſig Fiera Anno nuovo.	Tol. 98.$\frac{1}{2}$
Auguſta ritorni de Lipſig.	Tol. 98.
Norimbergo detti ritorni.	Tol. 98.
Auguſta à vſo.	Tol. 99.
Norimbergo à vſo.	Tol. 99.
Vienna per li 9. Gennaro.	Tol. 98.$\frac{1}{3}$
Sangallo à vſo.	Flor. 86.$\frac{1}{4}$
Depoſito.	

Per Decreto ſeguito avanti d'hora reſta prohibito l'accettare, e pagare lettere di cambio girate, ſotto pena di Tal. 200.

Giulio Franceſco Ceſchi, Canc. delle Fiere.

33 Quelle: SLA, A.M.M. 2.46, fol. 142.

Das zweite *Conto*-Buch (ab 1681) weist gegenüber dem ersten eine wesentlich ungeordnetere Struktur auf; die Kurszettel erscheinen häufig nicht in der korrekten Reihenfolge, sind jedoch, von einigen wenigen Ausnahmen abgesehen und anders als auf dem Deckblatt des *Conto*-Buchs vermerkt, bis zum Jahre 1720 vorhanden. Ergänzend findet sich im ersten *Conto*-Buch eine handschriftliche Notiz zu den Bozner Kursnotierungen auf Venedig für die Jahre 1618 bis 1633, die wohl zufällig zwischen zwei Blätter geraten und daher überliefert worden ist.[34]

Für das weitere 18. Jahrhundert und die erste Hälfte des 19. Jahrhunderts sind die Wechselkurszettel in den Akten der *Prodotte e carte volanti*, *Protesti e carte volanti* oder *Prodotte e protesti* enthalten, die ab der Fronleichnamsmesse 1719 nicht nur die offiziellen Einladungsschreiben an die Kontrattanten der Bozner Messen zur Bestimmung der Wechselkurse enthalten, sondern auch das handschriftliche Konzept und mindestens ein gedrucktes Exemplar aller Wechselkursfestlegungen (*Abb. 3*).[35] Seit der Bartholomäusmesse 1742 sind in diesen Kurszetteln auch Geldkursnotierungen enthalten (*Abb. 4*). Einzelne Bozner Kurszettel sind zudem in Kopie in zeitgenössischen Handelspraktiken, so im Kaufmannshandbuch von Johann Christian Herbach [1756][36] und – zumindest nachempfunden – in dem von Pierre Giraudeau [1769][37], zu finden. – Eine Ausnahme von diesem Überlieferungsstrang bildet nur die Zeit von der Mittfastenmesse 1811 bis zur Mittfastenmesse 1816, in welcher der Merkantilmagistrat nach Maßgabe Napoleons aufgehoben war – oder wie es auf dem Aktenstück heißt: der „Epoca della Soppresione del Magistrato Mercantile fin alla sua Riattivazione" – und für welche die Geld- und Wechselkursnotierungen gesondert gesammelt wurden.[38]

---

34 SLA, A.M.M., 2.46, fol. 83.

35 SLA, A.M.M., 3.5.2: Prodotte e carte volanti (1717–1722); 3.5.3: Prodotte e carte volanti (Atti, e Carte volanti di Fiera) (1723–1728); 3.5.4: Prodotte e carte volanti (Carte & atti volanti) (1729–1733); 3.5.5: Prodotte e carte volanti (1734–1739); 3.5.6: Prodotte e carte volanti (1740–1743); 3.5.7: Prodotte e carte volanti (1744–1747); 3.5.8: Prodotte e carte volanti (1748–1753); 3.5.9: Prodotte e carte volanti (1754–1761); 3.5.10: Prodotte e carte volanti (1762–1770); 3.5.11: Prodotte e carte volanti (1771–1785); 3.5.12: Prodotte e carte volanti (1786–1790); 3.5.13: Carte volanti dell'Anno 1791; 3.5.14: Carte volanti dell'Anno 1792; 3.5.15: Carte volanti dell'Anno 1793; 3.5.16: Carte volanti dell'Anno 1794; 3.5.17: Carte volanti dell'Anno 1795; 3.5.18: Carte volanti dell'Anno 1796; 3.5.19: Carte volanti dell'Anno 1797; 3.5.20: Carte volanti dell'Anno 1798; 3.5.21: Carte volanti dell'Anno 1799; 3.5.22: Carte volanti dell'Anno 1800; 3.5.23: Carte volanti dell'Anno 1801; 3.5.24: Carte volanti dell'Anno 1802; 3.5.25: Carte volanti dell'Anno 1803; 3.5.26: Carte volanti dell'Anno 1804; 3.5.27: Carte volanti dell'Anno 1805; 3.5.28: Carte volanti dell'Anno 1806; 3.5.29: Carte volanti dell'Anno 1807; 3.5.30: Carte volanti dell'Anno 1808; 3.5.31: Carte volanti dell'Anno 1809; 3.5.32: Carte volanti dell'Anno 1810; 3.5.33: Carte volanti per la Fiera … (1816–1850).

36 Johann Christian HERBACH, Europäische Wechselhandlung …, Nürnberg 1756/57, S. 11.

37 Pierre GIRAUDEAU, La banque rendue facile aux principales nations de l'Europe, Lyon [3]1769, S. 243.

38 SLA, A.M.M., 2.53: Prezzi de Cambi da Fiera mezza Quaresima 1811 fin inclusivamente Fiera Mezza Quaresima 1816. Epoca della Soppresione del Magistrato Mercantile fin alla sua Riattivazione.

Abb. 3: Wechsel- und Geldkurszettel der Bozner Bartholomäusmesse 1771. Handschriftliches Konzept der Notierungen in gedrucktem Formular und vollständig gedruckte Version[39]

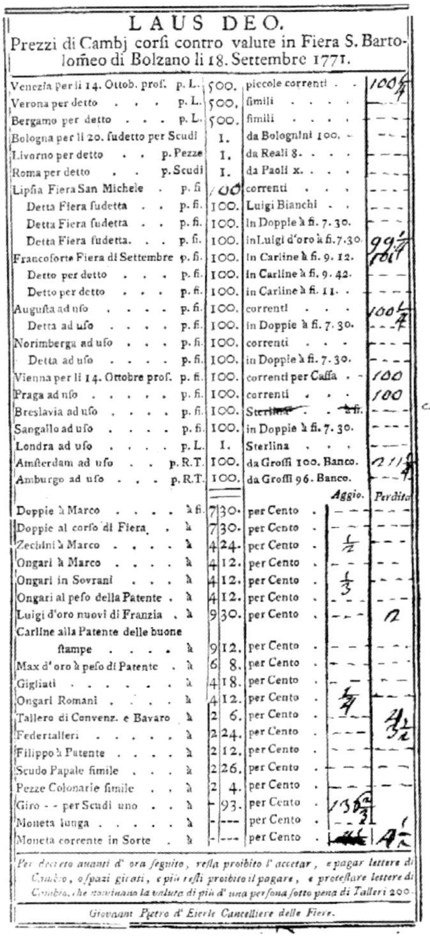

LAUS DEO.

Prezzi di Cambj corſi contro valute in Fiera S. Bartolomeo di Bolzano li 18. Settembre 1771.

Venezia per li 14. Ottob. prof.	p. L.	500.	piccole correnti	100¼
Verona per detto	p. L.	500.	ſimili	---
Bergamo per detto	p. L.	500.	ſimili	---
Bologna per li 20. ſudetto per Scudi		1.	da Bolognini 100.	---
Livorno per detto	p. Pezze	1.	da Reali 8.	---
Roma per detto	p. Scudi	1.	da Paoli x.	---
Lipſia Fiera San Michele	p. fi.	100	correnti	---
Detta Fiera ſudetta	p. fi.	100.	Luigi Bianchi	---
Detta Fiera ſudetta	p. fi.	100.	in Doppie à fi. 7. 30.	---
Detta Fiera ſudetta.	p. fi.	100.	in Luigi d'oro à fi. 7. 30.	99¼
Francoforte Fiera di Settembre	p. fi.	100.	in Carline à fi. 9. 12.	101
Detto per detto	p. fi.	100.	in Carline à fi. 9. 42.	---
Detto per detto	p. fi.	100.	in Carline à fi. 11.	---
Auguſta ad uſo	p. fi.	100.	correnti	100¼
Detta ad uſo	p. fi.	100.	in Doppie à fi. 7. 30.	---
Norimberga ad uſo	p. fi.	100.	correnti	---
Detta ad uſo	p. fi.	100.	in Doppie à fi. 7. 30.	---
Vienna per li 14. Ottobre prof.	p. fi.	100.	correnti per Caſſa	100
Praga ad uſo	p. fi.	100.	correnti	100
Breslavia ad uſo	p. fi.	100.	~~Sterlina . . à fi.~~ correnti	---
Sangallo ad uſo	p. fi.	100.	in Doppie à fi. 7. 30.	---
Londra ad uſo	p. L.	1.	Sterlina	---
Amſterdam ad uſo	p. R.T.	100.	da Groſſi 100. Banco.	211¼
Amburgo ad uſo	p. R.T.	100.	da Groſſi 96. Banco.	---

					Aggio.	Perdita
Doppie à Marco	à fi.	7	30.	per Cento	---	---
Doppie al corſo di Fiera	à	7	30.	per Cento	---	---
Zechini à Marco	à	4	24.	per Cento	½	---
Ongari à Marco	à	4	12.	per Cento	---	---
Ongari in Sovrani	à	4	12.	per Cento	⅓	---
Ongari al peſo della Patente	à	4	12.	per Cento	---	---
Luigi d'oro nuovi di Franzia	à	9	30.	per Cento	---	2
Carline alla Patente delle buone ſtampe	à	9	12.	per Cento	---	---
Max d'oro à peſo di Patente	à	6	8.	per Cento	---	---
Gigliati	à	4	18.	per Cento	---	---
Ongari Romani	à	4	12.	per Cento	¼	---
Tallero di Convenz. e Bavaro	à	2	6.	per Cento	---	4
Federtalleri	à	2	24.	per Cento	---	3½
Filippo à Patente	à	2	12.	per Cento	---	---
Scudo Papale ſimile	à	2	26.	per Cento	---	---
Pezze Colonarie ſimile	à	2	4.	per Cento	---	---
Giro - - per Scudi uno	à	-	93.	per Cento	136⅔	
Moneta lunga	à	-	---	per Cento	---	1
Moneta corrente in Sorte	à	-	---	per Cento	[illegible]	4½

Per decreto avanti d' ora ſeguito, reſta proibito l' accetar, e pagar lettere di Cambio, o ſpazi girati, e più reſti proibito il pagare, e proteſtare lettere di Cambio, che nominano la valuta di più d' una perſona ſotto pena di Talleri 200.

Giovanni Pietro d' Eierle Cancelliere delle Fiere.

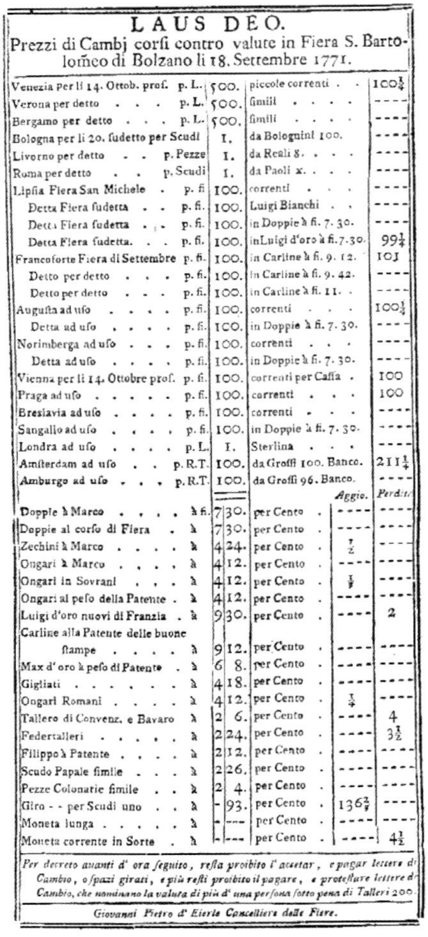

LAUS DEO.

Prezzi di Cambj corſi contro valute in Fiera S. Bartolomeo di Bolzano li 18. Settembre 1771.

Venezia per li 14. Ottob. prof.	p. L.	500.	piccole correnti	100¼
Verona per detto	p. L.	500.	ſimili	----
Bergamo per detto	p. L.	500.	ſimili	----
Bologna per li 20. ſudetto per Scudi		1.	da Bolognini 100.	----
Livorno per detto	p. Pezze	1.	da Reali 8.	----
Roma per detto	p. Scudi	1.	da Paoli x.	----
Lipſia Fiera San Michele	p. fi	100.	correnti	----
Detta Fiera ſudetta	p. fi.	100.	Luigi Bianchi	----
Detta Fiera ſudetta	p. fi.	100.	in Doppie à fi. 7. 30.	----
Detta Fiera ſudetta.	p. fi.	100.	in Luigi d'oro à fi. 7. 30.	99¼
Francoforte Fiera di Settembre	p. fi.	100.	in Carline à fi. 9. 12.	101
Detto per detto	p. fi.	100.	in Carline à fi. 9. 42.	----
Detto per detto	p. fi.	100.	in Carline à fi. 11.	----
Auguſta ad uſo	p. fi.	100.	correnti	100¼
Detta ad uſo	p. fi.	100.	in Doppie à fi. 7. 30.	----
Norimberga ad uſo	p. fi.	100.	correnti	----
Detta ad uſo	p. fi.	100.	in Doppie à fi. 7. 30.	----
Vienna per li 14. Ottobre prof.	p. fi.	100.	correnti per Caſſa	100
Praga ad uſo	p. fi.	100.	correnti	100
Breslavia ad uſo	p. fi.	100.	correnti	----
Sangallo ad uſo	p. fi.	100.	in Doppie à fi. 7. 30.	----
Londra ad uſo	p. L.	1.	Sterlina	----
Amſterdam ad uſo	p. R.T.	100.	da Groſſi 100. Banco.	211¼
Amburgo ad uſo	p. R.T.	100.	da Groſſi 96. Banco.	----

					Aggio.	Perdita
Doppie à Marco	à fi.	7	30.	per Cento	----	----
Doppie al corſo di Fiera	à	7	30.	per Cento	----	----
Zechini à Marco	à	4	24.	per Cento	½	----
Ongari à Marco	à	4	12.	per Cento	----	----
Ongari in Sovrani	à	4	12.	per Cento	⅓	----
Ongari al peſo della Patente	à	4	12.	per Cento	----	----
Luigi d'oro nuovi di Franzia	à	9	30.	per Cento	----	2
Carline alla Patente delle buone ſtampe	à	9	12.	per Cento	----	----
Max d'oro à peſo di Patente	à	6	8.	per Cento	----	----
Gigliati	à	4	18.	per Cento	----	----
Ongari Romani	à	4	12.	per Cento	¼	----
Tallero di Convenz. e Bavaro	à	2	6.	per Cento	----	4
Federtalleri	à	2	24.	per Cento	----	3½
Filippo à Patente	à	2	12.	per Cento	----	----
Scudo Papale ſimile	à	2	26.	per Cento	----	----
Pezze Colonarie ſimile	à	2	4.	per Cento	----	----
Giro - - per Scudi uno	à	-	93.	per Cento	136⅔	----
Moneta lunga	à	-	---	per Cento	----	----
Moneta corrente in Sorte	à	-	---	per Cento	----	4½

Per decreto avanti d' ora ſeguito, reſta proibito l' accetar, e pagar lettere di Cambio, o ſpazi girati, e più reſti proibito il pagare, e proteſtare lettere di Cambio, che nominano la valuta di più d' una perſona ſotto pena di Talleri 200.

Giovanni Pietro d' Eierle Cancelliere delle Fiere.

39 Quelle: SLA, A.M.M. 3.5.11, fol. 28 und 26.

Abb. 4: Wechsel- und Geldkurszettel der Bozner Bartholomäusmesse 1742, erstmals mit der Verzeichnung auch von Geldkursen[40]

LAUS DEO.

Prezzi de' Cambij, poſti in Fiera S. Bortolamio, di Bolgiano, li 15. Settembre 1742.

Venetia per li 15. Ottobre. p.Scudi uno, de Kr.
93 Giro - - - Soldi Banco. $137\frac{3}{4}$
Detta p. detto p.un fl. mon.l.Sol.corr. 106.
Verona p.detto p.fl.1. mon.lun. Sol.corr. 106.
Bergamo p.detto p.fl.1. mon.l. Sol. corr. $107\frac{1}{4}$
Bologna per li 22. detto, per fl.1. mon.
lunga. - - Bolognini -
Liuorno p.detto,p.fl.100.m.l. pezze da R 56.
Roma p. detto per fl. 100. mon.l. Scudi
- - moneta di Paoli x. - 52.
Lipſia Fiera S. Michele per fl. 100. corr.
- - - mon. lung. fl. 100.
Detta Fiera ſudetta per fl. 100. Luigi
- - - bianchi mon.lung.fl. $98\frac{3}{4}$
Detta Fiera ſudetta p. fl.100. in Dop.
- - a fl.7.30. mon.lung.fl. $95\frac{3}{4}$
Francofort ad'uſo per fl.100. moneta -
- - - mon.longa. fl. $95\frac{1}{4}$
Auguſta ad uſo p. fl. 100. correnti. - -
- - - mon. lung. fl. 99.
Detto ad uſo per fl. 100. in Dopie. a
- fl.7. 30. - mon. lunga. fl.$95\frac{1}{2}$
Norimbergo ad uſo p. fl. 100. - - corr.
- - - mon. lung. fl. 99.
Detto ad uſo p.fl.100.inDop.a fl.7.30.
- - - mon.lung. fl. $95\frac{3}{4}$
Vienna per li 15. Ottobre p. fl. 100. corr.
per Caſſa - mon. lung. fl. 97.
Praga ad uſo p.fl. 100. corr. - mon. l. fl. $96\frac{3}{4}$
Breslauia ad uſo per fl. 100. - - corr.
- - - mon.lunga. fl. $96\frac{3}{4}$
Sangallo ad uſo per. fl.100. in Dopie. a
fl. 7. 30. - - mon. lung. fl. $95\frac{1}{2}$
Londra ad uſo per Lire una Sterlina, mon.
- - - - lunga, fl. 8. 23.
Amſterdam ad uſo p. Reiſtolleri 100. da
Groſſi 100.Banco.mon.lung.fl.$200\frac{1}{3}$
Hamburgo ad uſo p. Reiſtolleri 100. da
Groſſi. 96. Banco. mon.lung. fl.$100\frac{1}{2}$
Moneta lunga contro valute al Corſo
di Fiera agg. $5\frac{1}{2}$ per Cento -
Giro contro mon.l. agg. 130. p.Cent.
Dopie a fl.7.30.al Corſo di Fiera perd.
contro moneta l. 4. per Cento.
Ongari a fl. 4. 12. al Peſo di Patente
perd. contro mon.l.3. per Cento.

Per decreto auanti d' hora ſeguito, reſta prohibito l' accettar, e pagar lettere di Cambio, ò ſpatij girati, e più reſti prohibito il pagare, e proteſtare lettere di Cambio, che nominano la valuta da più d' una perſona ſotto pena di Talleri 200.

Franceſco Giuſeppe de Roſmini, Cancelliere delle Fiere.

40 Quelle: SLA, A.M.M. 3.5.6, fol. 275.

Es ist bereits an dieser Stelle darauf hinzuweisen, daß die Bozner Kurszettel – anders als an zahlreichen Finanzplätzen in ganz Europa – zu keinem Zeitpunkt in eine Handels- oder Finanzzeitung integriert wurden.[41] Diesbezügliche Überlegungen, nämlich die Kurszettel durch eine Veröffentlichung der Kurse in einer Art Finanzjournal abzulösen, wurden allerdings 1766 unternommen. In einem Reskript vom 20. März dieses Jahres wurde dem Merkantilmagistrat der Vorschlag unterbreitet, nach dem Vorbild anderer Länder und Städte ein Commerz- und Intelligenzblatt für alle ökonomischen Angelegenheiten zu publizieren. Hierin sollten auch die Wechsel- und Geldkurse der Messen veröffentlicht werden, um deren „umständliche Anzeige", wie es hieß, zu umgehen.[42] Dieser Vorschlag wurde jedoch nie verwirklicht; die Gründe, warum dies unterblieb, konnten bislang nicht eruiert werden.

In Ergänzung zu den Wechsel- und Geldkursübersichten und vor allem zu ihrer Interpretation sind zeitgenössische Kaufmannshandbücher bzw. ‚Handelspraktiken'[43] als Quellen heranzuziehen, die Auskunft über die Art und Weise der Kursnotierung geben. In der Regel sind in diesen für den Kaufmann angefertigten Nachschlagewerken tabellarische Übersichten enthalten, die erkennen lassen, wie eine Kursnotierung auf einen bestimmten Platz zu interpretieren ist. Die ältesten Informationen zur Notierungsweise auf den Bozner Messen gibt – von der sich ausschließlich auf die Notierung auf Venedig beziehenden, knappen Angabe bei van Velden (s.o.) einmal abgesehen – allerdings eine kleine, in Trient bei Carlo Zanetti 1680 erschienene Schrift des Genuesers Nicolò Rosso mit dem Titel „Informatione per più chiara inteligenza de' Cambij"[44], die sich ausschließlich auf die Bozner Notierungen und ihre Umrechnungsmöglichkeiten bezieht.[45] Als weitere Kaufmannshandbücher werden herangezo-

---

41 Bislang konnte nur in einem Fall die auszugsweise Veröffentlichung eines Bozner Kurszettels – von der Mittfastenmesse 1806 – in einer Commerzialzeitung, dem „Allgemeine[n] Kameral- Oekonomie- Forst- und Technologie-Korrespondent für Deutschland", Nr. 29 vom 10. März 1807, S. 138, festgestellt werden, allerdings auch hier nur in einer Anmerkung; SLA, A.M.M., 3.7.47, fol. 320–330, hier: fol. 321'.

42 SLA, A.M.M., 3.7.13, fol. 189–192, hier: fol. 190.

43 Zu diesem Begriff Markus A. DENZEL, Handelspraktiken als wirtschaftshistorische Quellengattung vom Mittelalter bis in das frühe 20. Jahrhundert. Eine Einführung, in: Ders. / Jean Claude HOCQUET / Harald WITTHÖFT (Hrsg.), Kaufmannsbücher und Handelspraktiken vom Spätmittelalter bis zum beginnenden 20. Jahrhundert / Merchant's Books and Mercantile *Pratiche* from the Late Middle Ages to the Beginning of the 20th Century, Stuttgart 2002, S. 11–45.

44 Nicolò ROSSO, Informatione per più chiara inteligenza de' Cambij, che si contrattano nelle Fiere di Bolgiano per le Piazze descritte nel Biglietto d'essi, à piè registrato. Per sapere la qualità delle Monete, che si costumano nelle Città in esso contenute, col modo facile d'intendere quelle, & fare i Conti nell'ordine d'esso Biglietto, Trento 1680. Ich verdanke den Hinweis auf diese Schrift, die heute in der Biblioteca Comunale Trento (Rari 121) zu finden ist, Herrn Dr. Andrea Bonoldi, Trient, der mir auch eine Kopie zur Verfügung gestellt hat.

45 Anhand eines Kurszettels (ebd., S. 5) erläutert Rosso die Kursnotierung und Umrechnungen in die in den notierten Städten gebräuchlichen Währungseinheiten. Wie der Vergleich mit den verfügbaren Kursnotierungen zeigt, verwandte Rosso als „Muster" den Kurszettel der Andreämesse 1645, der am 9. Dezember dieses Jahres ausgestellt wurde, obwohl der Bozner Kurszettel bis 1680 be-

gen: die Handelspraktiken von Schurtz[46], Ricard[47] und Giraudeau (s.o.) die verschiedenen Ausgaben von Herbachs „Wechselhandlung“[48] – einem auf den bargeldlosen Zahlungsverkehr spezialisierten Kaufmannshandbuch –, von „Nelkenbrecher's Taschenbuch“[49], der Bände von Patrick Kelly[50], von Christian und Friedrich Noback[51] und dem Handbuch von Georg Thomas Flügel[52].

---

reits um die Wechselmärkte Bergamo (Bartholomäusmesse 1647) und Ancona (Mittfastenmesse 1657) erweitert worden war. Es liegt der Schluß nahe, daß die Schrift in der Zeit um 1646/47 oder allenfalls kurz danach entstanden ist und daß ihre Veröffentlichung erst gut 30 Jahre später erfolgte, was für diese Art des kaufmännischen Schrifttums in der Frühen Neuzeit keineswegs ungewöhnlich ist. Dies belegt eine ähnliche Schrift, die „Universal Regeln der Leipziger Wechsel Negotien“ des berühmten Rechenmeisters Christlieb von Clausberg, die aus dem Jahre 1729 datiert ist, aber erst 1781 – 30 Jahre nach dem Tode ihres Verfassers – in Leipzig im Druck erschien; Markus A. DENZEL, *Universal Regeln der Leipziger Wechsel Negotien.* Ein kaufmännisches Rechenbuch von Christlieb von Clausberg (um 1730), in: Neues Archiv für Sächsische Geschichte 69, 1998, S. 97–123, hier: S. 97, 99.

46 Georg Nikolaus SCHURTZ, Nutzbare Richtschnur der löblichen Kauffmannschafft ..., Nürnberg 1695.

47 Samuel RICARD, Traité general du commerce, plus ample et plus exact ..., Amsterdam ³1714.

48 Johann Christian HERBACH, Einleitung zum Gründlichen Verstand der Wechsel-Handlung ..., Nürnberg 1716; ders., Verbesserte und Viel-vermehrte Wechsel-Handlung ..., Nürnberg 1726; ders., Europäische Wechselhandlung [1756/57].

49 [Marcus Rudolf Balthasar] G[ERHARDT] (Hrsg.), Johann Christian Nelkenbrechers Taschenbuch eines Banquiers und Kaufmanns [...], Berlin ²1769; [Marcus Rudolf Balthasar] G[ERHARDT] (Hrsg.), Johann Christian Nelkenbrechers Taschenbuch eines Banquiers und Kaufmanns [...], Berlin ⁴1775; M[arcus] R[udolf] B[althasar] GERHARDT sen. (Hrsg.), Nelkenbrechers Taschenbuch der Münz- Maaß- und Gewichtskunde für Kaufleute, Berlin ⁷1793; M[arcus] R[udolf] B[althasar] GERHARDT sen. (Hrsg.), Nelkenbrechers Taschenbuch der Münz- Maaß- und Gewichtskunde für Kaufleute, Berlin ⁸1798; J.S.G. OTTO (Hrsg.), J.C. Nelkenbrechers allgemeines Taschenbuch der Münz-, Maaß- und Gewichtskunde für Banquiers und Kaufleute, Berlin ^{11}1815; J.S.G. OTTO (Hrsg.), J.C. Nelkenbrechers allgemeines Taschenbuch der Münz-, Maaß- und Gewichtskunde für Banquiers und Kaufleute, Berlin ^{12}1817; J.Ph. SCHELLENBERG (Hrsg.), J.C. Nelkenbrechers allgemeines Taschenbuch der Münz-, Maaß- und Gewichtskunde für Banquiers und Kaufleute, Berlin ^{13}1820; J[ohann] H[einrich] D[aniel] BOCK / Carl CRÜGER (Hrsg.), J.C. Nelkenbrechers allgemeines Taschenbuch der Münz-, Maaß- und Gewichtskunde für Banquiers und Kaufleute, Berlin ^{14}1828; J[ohann] H[einrich] D[aniel] BOCK (Hrsg.), J.C. Nelkenbrechers allgemeines Taschenbuch der Münz- Maaß- und Gewichtskunde für Banquiers und Kaufleute, Berlin ^{15}1832; F. WOLFF (Hrsg.), J.C. Nelkenbrecher's allgemeines Taschenbuch der Maaß-, Gewichts- und Münzkunde, der Wechsel- Geld- und Fondscourse u.s.w. für Banquiers und Kaufleute, Berlin ^{16}1842; Ernst JERUSALEM (Hrsg.), J.C. Nelkenbrecher's Taschenbuch für Kaufleute. I. Abth.: Taschenbuch der Münz-, Maass- und Gewichtskunde, der Wechsel-, Geld- und Fonds-curse u.s.w. für Kaufleute, Berlin ^{20}1890.

50 Patrick KELLY, The Universal Cambist and Commercial Instructor; Being a General Treatise on Exchange ..., 2 vols., London 1811; ders., The Universal Cambist and Commercial Instructor ..., 2 vols., London ²1821, repr. 1835.

51 Christian NOBACK / Friedrich NOBACK, Vollständiges Taschenbuch der Münz-, Maass- und Gewichts-Verhältnisse, der Staatspapiere, des Wechsel- und Bankwesens und der Usanzen aller Länder und Handelsplätze, 2 Abth., Leipzig 1851; dies., Münz-, Maass- und Gewichtsbuch. Das Geld-, Maass- und Wechselwesen, die Kurse, Staatspapiere, Banken, Handelsanstalten und Usan-

2. An Quellen zum Themenbereich des bargeldlosen Zahlungsverkehrs auf den Bozner Messen existieren darüber hinaus – ebenfalls eine relative Seltenheit im europäischen Vergleich – Wechselprotestbücher. Artikel 6 des zweiten Teils des Claudianischen Privilegs von 1635 („Ordnung und Regl"; s. *Kapitel 2*) bestimmte, daß der Marktschreiber ein Verzeichnis mit allen auf den Messen protestierten Wechselbriefen führen sollte. Dieses Buch sollte für alle Kaufleute einsehbar sein, damit, wie es hieß, „wann jemandt dergleichen protestierte Brieff ehren oder acceptieren wollte / Er dessen ein wissenschafft haben könde."[53] Darüber hinaus gestattete ein solches Buch, daß sich jeder Kaufmann dahingehend über die Bonität eines Geschäftspartners informierte, ob von diesem Wechsel zu Protest gegangen sind. Die Anlage von Wechselprotestbüchern war damit ein essentieller Kontrollmechanismus, der die kaufmännische Öffentlichkeit über die Zahlungsfähigkeit bzw. die Zahlungswilligkeit von Geschäftsleuten auf den Messen informierte.

Wechselprotestbücher sind (zunächst einmal) erhalten aus der Zeit von 1633 bis 1761[54]:

Protesti, Bd. 1:	Andreämesse 1633 bis Bartholomäusmesse 1650
Libro de protesti, Bd. 2:	Bartholomäusmesse 1650 bis Fronleichnamsmesse 1678 (2 Fasz.)
Libro de protesti, Bd. 3:	Bartholomäusmesse 1678 bis Andreämesse 1699 (2 Fasz.)
[Sine titulo], Bd. 4:	Mittfastenmesse 1700 bis Bartholomäusmesse 1715 (3 Fasz.)
Lettere di cambio protestate, Bd. 5:	Andreämesse 1715 bis Andreämesse 1735 (lose Fasz.)
Lettere di cambio protestate, Bd. 6:	Mittfastenmesse 1736 bis Andreämesse 1761 (lose Fasz.)

Nach dem einschlägigen Findbuch im Südtiroler Landesarchiv sind „von späteren Faszikeln […] nur noch die Umschläge vorhanden, die einliegenden Akten verloren."[55] Diese Angabe ist allerdings nur bedingt korrekt, da für die Jahre 1811 bis 1816

zen aller Staaten und wichtigern Orte, Leipzig 1858; Friedrich NOBACK, Münz-, Maass- und Gewichtsbuch. Das Geld-, Maass- und Gewichtswesen, die Wechsel- und Geldkurse, das Wechselrecht und die Usanzen, Leipzig ²1877.

52 Johann E. LIEBHOLD (Hrsg.), Georg Thomas Flügel's Cours-Zettel oder Erklärungen der Wechsel– und Staatspapier-Course und der Münz, Maas= und Gewichtskunde der vorzüglichsten Handelsplätze in Europa für Banquiers, Kauf- und Geschäftsleute, Frankfurt am Main ⁶1832.

53 SPRUNG, Das Privileg, S. 41.

54 SLA, A.M.M., 3.10.1–4: Protesti (1633–1715); 3.10.5–6: Lettere di cambio protestate (1715–1761).

55 Südtiroler Landesarchiv (Hrsg.), Archiv des Merkantilmagistrats Bozen. Findbuch der Urkunden-, Handschriften- und Aktenbestände, Bozen 1996, S. 67.

unter der Bezeichnung *Registri d'iscrizione dei Protesti* drei weitere Wechselkopierbücher gefunden werden konnten,[56] von denen die ersten beiden jeweils ein Jahr – 1811 bzw. 1812 – umfassen und das dritte dann den Zeitraum von 1813 bis zum 1. Juli 1816. Angaben zu den Wechselprotesten für die Jahre 1762 bis 1810 und für die Zeit nach 1816, wenn sie denn überhaupt noch verzeichnet wurden, konnten bislang nicht gefunden werden.

Schließlich bieten zum Themenkomplex des bargeldlosen Zahlungsverkehrs auf den Bozner Messen auch die *Atti*[57], die *Prodotte*[58] und die *Relazioni e atti di fiera*[59] (für das 17. Jahrhundert) sowie die *Comandi, Ricorsi e Cose politiche*[60] (für das 18. und die erste Hälfte des 19. Jahrhunderts) umfangreiches Aktenmaterial, das – neben zahlreichen anderen Aspekten des Messe- und Handelsgeschehens in Bozen – Aufschluß insbesondere über diejenigen Entwicklungen im Geld- und Währungswesen gibt, die die Bozner Messen unmittelbar betrafen, so daß unter den in dieser Untersuchung verfolgten Fragestellungen auf einen Rückgriff auf die gleichfalls sehr umfangreichen einschlägigen Bestände im Tiroler Landesarchiv in Innsbruck im wesentlichen verzichtet werden kann.

4. ZIELSETZUNG DER UNTERSUCHUNG

Die folgende Untersuchung konzentriert sich auf zwei Schwerpunkte: Zum einen werden die von den Bozner Messen von 1618/33 bis 1850 verfügbaren Wechsel- und Geldkursnotierungen (letztere sind erst ab 1742 vorhanden) dokumentiert und so aufbereitet, daß sie künftigen Forschungen für Umrechnungen aller Art zur Verfügung stehen. Die Dokumentation der einzelnen Wechselkursreihen ist zugleich Anlaß und Möglichkeit, die verschiedenen Wechselpartner der Bozner Messen im Laufe von mehr als zwei Jahrhunderten jeweils in ihrer Bedeutung sowohl für die Bozner Messen selbst als auch im Rahmen des internationalen bargeldlosen Zahlungsverkehrssystems insgesamt zu umreißen. In diesem Zusammenhang wird auch auf die Geld- und Währungsverhältnisse der einzelnen Wechselpartner insoweit eingegangen, wie es für das Verständnis der dokumentierten Wechselkurse unabdingbar erforderlich ist. Insgesamt entsteht damit ein Bild davon, wie sich der Einzugsbereich der Bozner Messen vom 17. bis zur Mitte des 19. Jahrhunderts veränderte. In ähnlicher Weise wird anhand der von 1742 bis 1850 verfügbaren Geldkursnotierungen herausgestellt, welche auf den Bozner Messen die wichtigsten kursierenden Münzen und für den Meßkauf-

---

56 SLA, A.M.M., 3.34.1–3: Registri d'iscrizione dei Protesti 1811–1816.

57 SLA, A.M.M., 3.1.1–24: Atti (1633–1707).

58 SLA, A.M.M., 3.4.1–35: Prodotte (1632–1706).

59 SLA, A.M.M., 3.18/II.1–7: Relazioni e atti di fiera (1653–1707).

60 SLA, A.M.M., 3.7.1–70: Comandi, Ricorsi e Cose politiche (1707–1850); ab 3.7.28: Supremi Comandi, Ricorsi e Cose politiche.

mann erforderlichen ‚Meßwährungen' waren, und versucht, soweit dies möglich ist, sie in ihrer Bedeutung für den Bozner Zahlungsverkehr zu erfassen. Eine detaillierte Interpretation der Kursreihen unter Einbeziehung des gesamten Messegeschehens, wie sie etwa José Gentil da Silva für die Genuesischen Bisenzone-Messen vorlegte,[61] muß allerdings unterbleiben, da, von einigen wenigen Ausnahmen aus den ersten Jahrzehnten des 19. Jahrhunderts abgesehen, keine hinreichend aussagekräftigen Berichte über die einzelnen Bozner Messen vorliegen, die eine derartige Untersuchung zuließen.

Zum anderen wird neben dem durch die Kursnotierungen dokumentierten ‚offiziellen' Einzugsbereich des Bozner bargeldlosen Zahlungsverkehrs auch der tatsächliche untersucht. Hierfür stehen für mehr als 130 Jahre Verzeichnisse der Wechselproteste mit mehr als 8.300 Einzelvorgängen zur Verfügung, die, wie die Studie von Elisabeth Harder-Gersdorff über den Revaler Wechselmarkt nachdrücklich belegt (s.o.), nicht nur für die rechtlichen Verwerfungen und ihre juristischen Grundlagen, sondern auch für die Erforschung der am Zahlungsverkehrsgeschehen beteiligten Personen und ihre Vernetzungen als zentrale Informationsquelle zu werten sind. Insbesondere anhand der Ausstellungsorte der Wechsel kann nachgewiesen werden, ob und, wenn ja, wie sich der tatsächliche Einzugsbereich der Bozner Messen im bargeldlosen Zahlungsverkehr von dem unterschied, den die Wechselkursnotierungen erkennen lassen. Dabei wird zugleich der in der Literatur häufig und bisweilen auch polemisch diskutierten Frage nachgegangen, welcher ‚Nation' – der deutschen oder der italienischen – in einzelnen Epochen aus der Perspektive des bargeldlosen Zahlungsverkehrs die größere Bedeutung für die Messen zukam und wie sich das Verhältnis der beiden ‚Nationen' zueinander entwickelte. In diesem Zusammenhang ist auch auf die Verwendung unterschiedlicher Rechnungsweisen und Rechenwährungen zu rekurrieren, die über die unterschiedlichen kaufmännischen Usancen beider ‚Nationen' Auskunft geben kann.

Um die beiden zentralen Untersuchungsschwerpunkte[62], denen jeweils die für die Analyse erforderlichen methodischen Überlegungen vorangestellt sind, in den Ge-

---

61 José Gentil DA SILVA, Banque et crédit en Italie au XVIIe siècle, Paris 1969.

62 Als dritter Aspekt sollte ursprünglich die Ebene eines einzelnen Handelshauses in der Vielfalt seiner europaweiten Zahlungsverkehrsverbindungen in ähnlicher Weise untersucht werden wie dies für das Handels- und Bankhaus Amman in Schaffhausen bereits geschehen ist (Markus A. DENZEL, Die Geschäftsbeziehungen des Schaffhauser Handels- und Bankhauses Amman 1748–1779. Ein mikroökonomisches Fallbeispiel, in: Vierteljahrschrift für Sozial- und Wirtschaftsgeschichte 89, 2002, S. 1–40; ders., Geldwesen und Zahlungsverkehr in regionalen und internationalen Zusammenhängen in der Alten Schweiz. Das Fallbeispiel des Schaffhauser Kaufmann-Bankiers Amman [um 1750–1781], in: Pascal LADNER / Gabriel IMBODEN [Hrsg.], Alpenländischer Kapitalismus in vorindustrieller Zeit. Vorträge des siebenten internationalen Symposiums zur Geschichte des Alpenraums, Brig 2004, S. 55–99). Hierzu bietet sich umfangreiches Material aus dem im ausgehenden 18. und beginnenden 19. Jahrhundert wohl bedeutendsten Bozner Handels- und Bankhaus, Menz, und seinen Vorgängern an. Allerdings wird der wertvollste Teil der einschlägigen Bestände – Journale, Wechselkopierbücher, Briefkopierbücher u.a. – derzeit von der Handelskammer Bozen zu musealen Zwecken genutzt (vgl. Merkantilmuseum Bozen / Museo Mercantile Bolzano, Bozen 1998, 134 Nr. 67), so daß eine Einsichtnahme und Auswertung bislang nicht möglich war. Die im Südtiroler Landesarchiv verfügbaren Bestände (Archiv Toggenburg, Abt. 1: Wolkenstein-

samtzusammenhang der Geschichte der Bozner Messen einbinden zu können, werden drei Kapitel vorausgeschickt: Das erste umreißt den Rahmen der Untersuchung, d.h. es führt in die wesentlichen Grundzüge der Bozner Messegeschichte von der Entstehung der Märkte im hohen Mittelalter bis zu ihrem Niedergang im 19. Jahrhundert ein; das zweite diskutiert die rechtlichen Rahmenbedingungen des bargeldlosen Zahlungsverkehrs auf den Messen, die insbesondere durch das Claudianische Privileg von 1635 vorgegeben waren. Hierbei ist insbesondere zu überprüfen, ob und, wenn ja, inwieweit bestimmte rechtliche Vorgaben – wie etwa das Verbot der Verwendung mehrfach girierter (indossierter) Wechsel – zu einer gewissen ‚Rückständigkeit' der Bozner Messen im internationalen bargeldlosen Zahlungsverkehrssystem führten. Das dritte Kapitel führt dann in die wesentlichen Grundzüge der Geld- und Währungsgeschichte Tirols und der Österreichischen Monarchie und des Kaisertums Österreich insoweit ein, als es zum Verständnis der Kursnotierungen und -bewegungen auf den Bozner Messen erforderlich ist. Am Ende der Untersuchung steht ein Resümee, das die Bedeutung, die Bozen und seine Messen im internationalen bargeldlosen Zahlungsverkehrssystem Europas vom 17. bis zur Mitte des 19. Jahrhunderts und für dessen Entwicklung besaßen, zusammenfassend herausarbeitet.

Insgesamt kann damit das Bild eines überregional, teilweise auch international bedeutenden Geld- und Wechselmarktes als Drehscheibe zwischen dem mediterranen und dem mitteleuropäischen Wirtschaftsraum in seiner Entwicklung über mehr als zwei Jahrhunderte hinweg in einer Detailliertheit nachgezeichnet und analysiert werden, wie dies für andere mitteleuropäische Regionalmessen vergleichbarer Größe des 17., 18. und frühen 19. Jahrhunderts vor allem aus Quellengründen in der Regel bislang nicht möglich gewesen ist.

Trostburg, 3.2.2: Geschäftsbuch; Abt. 2: Sarnthein-Menz, 3.1.1–51: Amtsrechnungen, Jahreshauptrechnungen, Quittungen; 3.2.2–3: Bank- und Börsenwesen [Unterlagen des Handelshauses Caramelli, Straßburg]; 3.4.1–13: Archiv der Filiale des Handelshauses Georg Anton Menz in Verona) sind jedoch für eine derartige mikroökonomische Untersuchung kaum ergiebig, so daß auf diese verzichtet werden mußte.

Abb. 5: Gedruckter Wechselkurszettel der Bozner Bartholomäusmesse 1699[63]

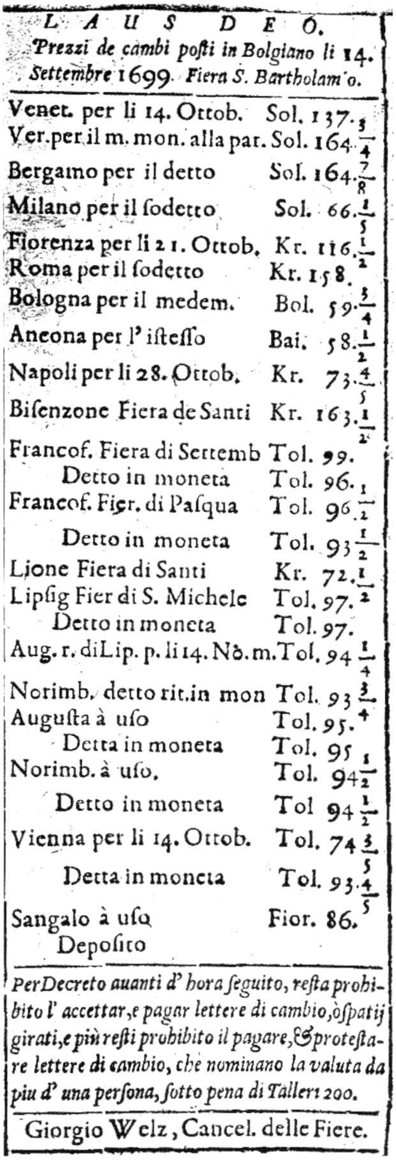

LAUS DEO.

Prezzi de cambi posti in Bolgiano li 14. Settembre 1699. Fiera S. Bartholam'o.

Venet. per li 14. Ottob.	Sol. 137.
Ver. per il m. mon. alla par.	Sol. 164 3/4
Bergamo per il detto	Sol. 164. 7/8
Milano per il sodetto	Sol. 66. 1/5
Fiorenza per li 21. Ottob.	Kr. 116. 1/2
Roma per il sodetto	Kr. 158.
Bologna per il medem.	Bol. 59. 3/4
Ancona per l' istesso	Bai. 58. 1/2
Napoli per li 28. Ottob.	Kr. 73. 4/5
Bisenzone Fiera de Santi	Kr. 163. 1/2
Francof. Fiera di Settemb	Tol. 99.
Detto in moneta	Tol. 96.
Francof. Fier. di Pasqua	Tol. 96. 1/2
Detto in moneta	Tol. 93 1/2
Lione Fiera di Santi	Kr. 72. 1/2
Lipsig Fier di S. Michele	Tol. 97.
Detto in moneta	Tol. 97.
Aug. r. di Lip. p. li 14. Nò. m.	Tol. 94 1/4
Norimb. detto rit. in mon	Tol. 93 3/4
Augusta à uso	Tol. 95.
Detta in moneta	Tol. 95
Norimb. à uso.	Tol. 94 1/2
Detto in moneta	Tol 94 1/2
Vienna per li 14. Ottob.	Tol. 74 3/5
Detta in moneta	Tol. 93. 4/5
Sangalo à uso	Fior. 86.
Deposito	

Per Decreto avanti d' hora seguito, resta prohibito l' accettar, e pagar lettere di cambio, ò spatij girati, e più resti prohibito il pagare, & protestare lettere di cambio, che nominano la valuta da più d' una persona, sotto pena di Talleri 200.

Giorgio Welz, Cancel. delle Fiere.

63 Quelle: SLA, A.M.M. 2.47, fol. 128.

1. DIE BOZNER MESSEN ALS REGIONALE UND ÜBERREGIONALE MARKTVERANSTALTUNGEN IN DER FRÜHEN NEUZEIT

1.1 DIE ENTSTEHUNG DER BOZNER MÄRKTE UND IHRE ENTWICKLUNG BIS ZUM FRÜHEN 17. JAHRHUNDERT[1]

Gelegen in der Nähe der Vereinigung der beiden zentralen Verkehrsadern, die Tirol von Norden nach Süden durchzogen, der ‚Unteren Straße' und der ‚Oberen Straße', war Bozen als Marktort geradezu prädestiniert, eine mehr als nur lokale Bedeutung einzunehmen. Bozner Marktveranstaltungen, die von ihrer Ausstrahlung und ihrer ökonomischen Bedeutung deutlich über die dem lokalen Warenaustausch dienenden Wochenmärkte hinausreichten, sind wohl spätestens seit dem ausgehenden 12. Jahrhundert anzunehmen. Eine erste urkundliche Erwähnung findet sich aus dem Jahre 1202, als in einem Zollvertrag zwischen dem Bischof von Trient, dem damaligen Stadtherrn von Bozen, und dem Bischof von Brixen zwei Jahrmärkte in Bozen („mercatus annuales Bauzani") erwähnt wurden. Der erste – der Mittfastenmarkt („Mezza Quaresima") – begann am Montag nach dem dritten oder vierten Sonntag der Fastenzeit, der zweite – der Genesiusmarkt – am ersten Werktag nach dem Fest des hl. Genesius (25. August); letzterer wurde erstmals 1208 erwähnt. Ein dritter Jahrmarkt fand im benachbarten Gries, d.h. auf dem Gebiet des Grafen von Tirol, statt; dieser begann am Andreastag (30. November), fiel in die Zeit der Adventsfastenperiode und wurde daher als Andreämarkt bezeichnet.[2] Es kann wohl davon ausgegangen werden, daß das 13. Jahrhundert über eine gewisse Konkurrenz zwischen den beiden Bozner Märkten und dem Jahrmarkt der Grafen von Tirol in Gries, dem damaligen Zentrum ihrer Macht und Jurisdiktion, bestand.

Für den Bozner Handel und Geldverkehr im 13. und 14. Jahrhundert existieren zumindest einige Zeugnisse, aus denen exemplarisch folgende herausgegriffen seien: Bereits aus dem Jahr 1237 sind Zahlungsversprechen aus Bozen überliefert, die über die reine Handelstätigkeit hinaus auf Geld- und Kreditgeschäfte schließen lassen. Als

---

1 Für die folgenden Ausührungen grundlegend: BÜCKLING, Die Bozener Märkte; SPRUNG, Das Privileg; DEMO, Le fiere die Bolzano, S. 708–710; RIZZOLLI, Bozen, S. 9–40.

2 BÜCKLING, Die Bozener Märkte, S. 3f.; Franz HUTER, Der Zollvertrag zwischen Trient und Brixen vom Jahre 1202, in: Der Schlern 23, 1949, S. 331–334; GRASS, Vom Messegericht zum Merkantilmagistrat, S. 215. – Bezüglich des Gensiusmarktes vermutet Huter, daß es sich hierbei um einen ursprünglichen Kirchweihmarkt im Dorf Jenesien oberhalb von Bozen gehandelt habe, der noch vor dem 12. Jahrhundert nach Bozen verlegt worden sei; HUTER, Die Quellen des Meßgerichts-Privilegs, S. 16. Vgl. auch Adolf SCHAUBE, Handelsgeschichte der romanischen Völker des Mittelmeergebiets bis zum Ende der Kreuzzüge, München – Berlin 1906, S. 439.

Zahlungstermine erscheinen – so etwa im Imbreviaturbuch des Bozner Notars Jakob Haas von 1237 – neben den beiden Bozner Märkten der Grieser Markt, die Pfingst- und Martinimärkte in Meran sowie der Gallusmarkt in Neumarkt. 1274 versuchte der Trientiner Fürstbischof, obwohl er Stadtherr von Bozen war, durch die Verleihung besonderer Rechte den Gardaseehafen Riva als Konkurrenten von Bozen zu etablieren. Es sind dies wichtige Hinweise auf ein Südtiroler-Trienter Märktesystem – Bückling spricht von einem „Jahresturnus" –, wie es für andere Wirtschaftsräume in Europa bereits detailliert herausgearbeitet worden ist.[3]

Nach der Eroberung der Stadt Bozen durch Meinhard II. von Görz, Graf von Tirol (1257–1295), begann eine neue Phase der Entwicklung: Zum einen wurden die Stadtmauern und -türme geschleift und Bozen somit zu einer „offenen Stadt", die nur über Mauttore als Absperrung verfügte. Dies erlaubte es aber, die Handelshäuser, wo die Fernkaufleute ihre Waren unter den Bögen („Lauben") anboten, zur ehemaligen Stadtmauer hin zu erweitern.[4] Zum anderen sind im ausgehenden 13. Jahrhundert neue Institutionen in Bozen und Gries belegt: 1298 eröffnete die Florentiner Gesellschaft Frescobaldi ein „Kaufhaus" („fundicium seu domus mercatoris") in Gries, das auch als „Edelmetallsammelstätte, welche das Münzamt in Meran versorgte", diente und das Recht der Einwechslung von Gold und Silber besaß; dieses „Kaufhaus" bestand bis zum Zusammenbruch der Frescobaldi 1303. Bereits 1290 war ein Leih- oder Pfandhaus, eine sogenannte „Casana" (auch als „Wucherhaus" bekannt), in Bozen (1298 ein weiteres in Gries) eingerichtet worden, das ab 1294 von verschiedenen Florentiner Kaufleuten bzw. Konsortien verwaltet wurde und bis in die zweite Hälfte des 14. Jahrhunderts bestand.[5] Dieser Umstand zeigt zum einen die bereits um 1300 bemerkenswerte überregionale Bedeutung dieser Jahrmärkte, die durch die ausdrückliche Erwähnung von Florentiner Handelsherren ersichtlich wird, und zum anderen die hohe Aufgeschlossenheit der Tiroler Machthaber für die Etablierung von innovativen, den Fernhandel fördernden Institutionen.

Im Gefolge des Aufschwungs des Bozner Handels im 14. Jahrhundert nach dem Ausbau des Brennerweges in der Eisackschlucht (Kuntersweg) 1314 verlegte der Wit-

---

3 BÜCKLING, Die Bozener Märkte, S. 6; DEMO, Mercanti e mercanzie, S. 347; RIZZOLLI, Bozen, S. 10. – Zu Märktesystemen vgl. insbesondere Franz IRSIGLER, Jahrmärkte und Messesysteme im westlichen Reichsgebiet bis ca. 1250, in: Peter JOHANEK / Heinz STOOB (Hrsg.), Europäische Messen und Märktesysteme in Mittelalter und Neuzeit, Köln – Weimar – Wien 1996, S. 1–33; Gerhard RÖSCH, Die italienischen Messen im 13. Jahrhundert, in: Ebd., S. 35–56.

4 RIZZOLLI, Bozen, S. 10.

5 Viktor MALFÉR, Die Münzbank von Gries, in: Der Schlern 54, 1980, S. 584–588, hier: S. 584; Helmut RIZZOLLI, Ein Gotteshaus an der Stelle des ehemaligen Wucherhauses, in: Der Schlern 74, 2000, S. 255–272, hier: S. 258–260, 265–267. Vgl. auch Robert DAVIDSOHN, Geschichte von Florenz, IV. Bd.: Die Frühzeit der Florentiner Kultur, Zweiter Teil: Gewerbe, Zünfte, Welthandel und Bankwesen [1924], ND. Osnabrück 1969, S. 313f., 317; STOLZ, Geschichte des Zollwesens, S. 226; Hans VON VOLTELINI, Die ältesten Pfandleihbanken und Lombardenprivilegien Tirols, in: Beiträge zur Rechtsgeschichte Tirols. Festschrift hrsg. v. Ortsausschusse des 27. Deutschen Juristentages, Innsbruck 1904, S. 3–69; Josef RIEDMANN, Die Beziehungen der Grafen und Landesfürsten von Tirol zu Italien bis zum Jahre 1335, Wien 1977, passim.

telsbacher Ludwig, Markgraf von Brandenburg und – als Gemahl Margarethe Maultaschs (1335–1363) – Graf von Tirol (1342–1361), 1357 den Grieser Andreasmarkt, der am 30. November begann, in „sein Gericht zu Bozen“, unterstanden doch einige Gassen im Osten Bozens – der Wangerbezirk oder die sogenannten „Dreigassen“[6] und die Zwölfmalgreien – nicht dem vom Trienter Bischof eingesetzten Stadtrichter, sondern dem tirolischen Landrichter in Gries. Zudem hatte Markgraf Ludwig gerade zu dieser Zeit das Stadtgericht Bozen wie auch alle andern Besitzungen des Hochstifts Trient in Besitz genommen, so daß es durchaus wahrscheinlich ist, daß er durch die Verlegung des Grieser Marktes Bozen in besonderer Weise ökonomisch begünstigen wollte.[7]

Damit verfügte Bozen nunmehr über drei Märkte, die erstmals in der Grieser Landgerichtsordnung von 1450, und zwar an prominenter Stelle: in ihrem ersten Artikel, als „freye markte und mess“ bezeichnet wurden.[8] Ob die Titulierung der Bozner Jahrmärkte als „Messen“ auf den „gesteigerten Verkehr, der sich da entfaltete“, wie Otto Stolz meinte,[9] hinweist, muß aus Mangel an weiteren einschlägigen Zeugnissen fraglich bleiben. Die Handelsfreiheit für jedermann auf den Bozner Marktveranstaltungen wurde dann nochmals im „Beruffzedel des markchts zu Botzen per launtrichter 1450“ bestätigt, der zugleich erstmals in der Geschichte der Bozner Märkte auf den Zahlungsverkehr auf diesen einging. So heißt es in dessen viertem Artikel: „Item und sol auch yedermann ain ducaten geben un ain Unger und ain Reinischen, als er gang und gab ist und huet sich yedermann vor falscher muntz pey leib und gut.“[10]

Dukaten, ungarische und rheinische (Gold)Gulden bildeten demnach die Hauptzahlungsmittel auf den Bozner Märkten, auch wenn, wie die Artikel 3 und 8 nahelegen, in Pfund Perner, d.h. Veroneser (Pfennigen), gerechnet wurde.[11] Ein Hinweis auf bargeldlosem Zahlungsverkehr findet sich allerdings noch nicht.

Eine starke Beeinträchtigung der Bozner Märkte brachte der Krieg zwischen der Grafschaft Tirol und Venedig, das seine Terraferma auch auf Kosten der Grafschaft

6 1273/90 gingen die nördlich und östlich der bischöflichen Altstadt gelegenen, einen eigenen Niedergerichtsbezirk bildenden Gassen der aussterbenden edelfreien Herren von Wanga (Wangen) durch Kauf an den Tiroler Landesherren über. Dieses sogenannte Wangener Gericht, bestehend aus der heutigen Bindergasse und der Vintlerstraße (der alten Hintergasse), bildete später zusammen mit der Fleischgasse (heute: Museumstraße) und der Prediger- oder Schustergasse (heute: Goethestraße) im Westen bzw. Südwesten der Altstadt den Bezirk „Dreigassen“; BÜCKLING, Die Bozener Märkte, S. 7, 11; Otto STOLZ, Politisch-historische Landesbeschreibung von Südtirol. Zweiter Teil der Landesbeschreibung von Tirol, 1. Lieferung: Allgemeines und Viertel Vintschgau und Burggrafenamt, Innsbruck 1937, S. 271–274.

7 STOLZ, Bozner Märkte, S. 137f.; RIZZOLLI, Bozen, S. 12.

8 Rechtlich galt die Grieser Landgerichtsordnung nur für einen Teil der Stadt, doch de facto für alle Bozner Jahrmärkte; ebd., S. 13.

9 STOLZ, Bozner Märkte, S. 138. Vgl. auch Rudolf PALME, Frühe Neuzeit (1490–1665), in: Josef FONTANA u.a. (Hrsg.), Geschichte des Landes Tirol, Bd. 2: Die Zeit von 1490 bis 1848, Bozen – Innsbruck – Wien ²1998, S. 1–287, hier: S. 212.

10 STOLZ, Bozner Märkte, S. 139; RIZZOLLI, Bozen, S. 13.

11 Ebd.

Tirol auszudehnen gedachte. Nach der Beschlagnahmung von venezianischen Waren im Wert von 200.000 Gulden während des Bozner Mittfastenmarktes 1487 durch Erzherzog Sigmund den Münzreichen (1439–1490) aufgrund der mannigfaltigen Grenzstreitigkeiten zwischen beiden Parteien schlug die Lagunenstadt ihren Fernhändlern Mittenwald als neuen Markt- und Umschlagplatz vor, wo in den kommenden zwei Jahrhunderten (bis Jahresanfang 1687) ein sogenannter „Bozner Markt" stattfand. Den Aufstieg der Bozner Märkte im 16. Jahrhundert vermochte diese Maßnahme allerdings nicht zu hemmen, was nicht zuletzt die zahlreichen Marktbesucher aus Venedig und seiner Terraferma auf den Bozner Märkten belegen.[12] Von besonderer Bedeutung für diese Entwicklung war dabei der Erlaß der *Marktordnung zu Bozen* vom 30. August 1488,[13] die die 1487 gestörte Rechtssicherheit wieder herstellte und die den Jahrmärkten eine geregelte innere Organisation[14] verlieh, nachdem Georg II. Haak von Themeswald, Bischof von Trient (1446–1465), 1462 das Stadtgericht zu Bozen und damit auch das Marktrecht an Herzog Sigmund abgetreten hatte.[15] Die bisherige sechstägige Dauer der Märkte wurde nunmehr auf 14 Tage erhöht. Der Mittfastenmarkt sollte zwischen den Sonntagen Oculi und Judica stattfinden, die beiden anderen Märkte jeweils eine Woche vor und nach den Festen des hl. Ägidius (Gilg) (2. September) und des hl. Andreas (30. November).[16] Der Gilgen- oder Egidimarkt – der Festtag des letzteren ist der 1. September – war damit der Nachfolger des Geseniusmarktes in dessen verlängerter Form. Eine Verlegung des Beginns des Egidimarktes auf den ersten Werktag nach dem Fest Mariä Geburt (8. September) fand erst im Gefolge der 1582 eingeführten Kalenderreform statt, da, so der Rat der Stadt Bozen, aufgrund der nunmehr früheren Jahreszeit des Egidifestes der als Gegenfuhre beliebte Most noch nicht in gewohnter Qualität zur Verfügung stehe.[17] Dieser Gilgen- oder Egidimarkt wurde bereits in der ersten Hälfte des 16. Jahrhunderts von italienischen

12 RIZZOLLI, Bozen, S. 15.

13 Abschriftlich in: Stadtarchiv Bozen, Hs. 140, fol. 200'–201. Erstmals vollständig veröffentlicht bei: SPRUNG, Das Privileg, S. 10f., Anm. 5. Ältere Teileditionen bei Otto STOLZ, Neue Beiträge zur Geschichte des Niederlassungsrechts und Rodfuhrwesens in Tirol, in: Vierteljahrschrift für Sozial- und Wirtschaftsgeschichte 22, 1929, S. 173 Nr. 5; ders., Die Ausbreitung des Deutschtums in Südtirol im Lichte der Urkunden III/2, München – Berlin 1932, S. 83f. Nr. 80.

14 Diese Organisation wird bereits aus dem „Beruffzedel des markchts zu Botzen per launtrichter 1450" ansatzweise ersichtlich. Ihre wichtigsten Elemente waren die Berufung der Märkte mit der Verkündigung des Marktfriedens und der für den Marktverkehr geltenden Bestimmungen durch den landesfürstlichen Richter, der Meß- und Waagzwang durch die geschworenen Messer und Ballenträger bzw. durch die Fronwaage, die ausschließliche Kaufvermittlung durch die geschworenen Unterkäufer und das Amt des Hansgrafen als Vorsteher der Unterkäufer und Aufseher des gesamten Marktgeschehens; HUTER, Die Quellen des Meßgerichts-Privilegs, S. 19.

15 1462 hatte Sigmund das Stadtgericht zu Bozen auf Lebenszeit erhalten, doch wurde die zeitliche Beschränkung nicht eingehalten. 1531 verzichtete Kardinal Bernhard von Cles endgültig auf alle Trienter Ansprüche auf das Bozner Stadtgericht; STOLZ, Politisch-historische Landesbeschreibung von Südtirol, S. 266, 268f.; RIZZOLLI, Bozen, S. 12.

16 STOLZ, Bozner Märkte, S. 142.

17 BÜCKLING, Die Bozener Märkte, S. 12f.

Kaufleuten auch als Bartholomäusmarkt bezeichnet, wie im Falle der Kaufmannsfamilie Stoppa belegt,[18] was auf den Beginn acht Tage vor dem Gilgentag, d.h. am 24. August, am Fest des hl. Bartholomäus, zurückzuführen ist.

Die drei Bozner Märkte werden als solche (wörtlich als „merckt") auch in einem 1506 in Augsburg niedergeschriebenen Buch über Handelsbräuche, das vermutlich aus dem Besitz Hans I. Paumgartner des Älteren (†1527) stammt, erwähnt. Hiernach begannen die Märkte am Montag nach Mittfasten, am Gilgentag und am Andreastag und dauerten jeweils acht Tage, worauf noch jeweils vier Tage „Nachmarkt" folgten,[19] was zumindest im Falle der beiden letzteren Jahrmärkte gegenüber der Marktordnung von 1488 einen um eine Woche nach hinten verschobenen Beginn ergibt.[20] Die Angaben des Paumgartnerschen Handelsbuches von 1506 bestätigt auch das Medersche Handel[s]buch von 1558.[21] Darüber hinaus gibt das Paumgartnersche Handelsbuch Auskunft über die Geld- und Währungsverhältnisse auf den Bozner Märkten des beginnenden 16. Jahrhunderts: Als „loffig myntz" – geläufige, d.h. kurante Münze – verwandte man das Pfund (Perner) zu 12 Kreutzern à 5 Vierern. Der rheinische Gulden galt gewöhnlich 60 Kreutzer oder 5 Pfund (Perner), schwankte aber um diesen Wert.[22]

An der Wende vom 15. zum 16. Jahrhundert waren die Bozner Märkte „die zentrale Institution im Warenaustausch zwischen Norditalien und den oberdeutschen Städten"[23] und zugleich der wichtigste Treffpunkt von oberitalienischen Kaufleuten einerseits und oberdeutschen und österreichischen andererseits. Erstere brachten vornehmlich Baumöl (Olivenöl) vom Gardasee, Safran aus der Lombardei, Südfrüchte, über Venedig verhandelte Gewürze aus der Levante, feine oberitalienische Tuche, Färbewaren und italienische Gewerbeprodukte, letztere Metalle – so insbesondere Kupfer aus Nordtirol – und Metallwaren, Tuche aus Oberdeutschland, Wachs, Felle und Pelze; auch Wein aus dem Etschland selbst war ein bedeutender und beliebter Handelsartikel.[24]

Diese gewichtige Bedeutung, die Bozen im transalpinen Handel der Zeit einnahm, war sicherlich der Hintergrund dafür, daß der Bozner Rat um 1500 – so die bisherige Forschung – einen vierten Markt etablierte, der am ersten Werktag nach Fronleichnam begann und daher Fronleichnams-, „Pascua di mazo"- oder Corpus-Domini-Markt ge-

---

18 DEMO, Mercanti e mercanzie, S. 347 Anm. 6 und passim.

19 Karl Otto MÜLLER, Welthandelsbräuche (1480–1540), Wiesbaden 1962, S. 145; zum Paumgartnerschen Handelsbuch selbst ebd., S. 1–3.

20 Während der Zeit Kaiser Rudolfs II. ist eine 14tägige Dauer zumindest des Mittfastenmarktes laut einer sogenannten „Marktberufung" (d.h. einer Ankündigung an bedeutende Handelsstädte, unter welchen Bedingungen der Markt stattfinden werde) ausdrücklich nachgewiesen; BÜCKLING, Die Bozener Märkte, S. 13 Anm. 2.

21 Hermann KELLENBENZ (Hrsg.), Handelsbräuche des 16. Jahrhunderts. Das Meder'sche Handelsbuch und die Welser'schen Nachträge, Wiesbaden 1974, S. 40f., 212f., 250.

22 MÜLLER, Welthandelsbräuche, S. 145.

23 PALME, Frühe Neuzeit, S. 25.

24 Ebd., S. 25f.; RIZZOLLI, Bozen, S. 18f.

nannt wurde. Der seit 1501 nachweisbare Fronleichnamsmarkt war als ‚Konkurrenzunternehmen' zu dem etwa zeitgleich stattfindenden Pfingstmarkt in Meran gedacht gewesen, dessen Bedeutung auch tatsächlich infolge der Bozner Neugründung stark abnahm.[25] Dieser Fronleichnamsmarkt erscheint im Paumgartnerschen Handelsbuch noch nicht, und erst aus dem Jahre 1517 datiert die älteste Beschwerde der Meraner, daß die fremden Kaufleute ihre Waren in Bozen niederlegten statt zum Pfingstmarkt nach Meran zu kommen. Somit könnte die Etablierung dieses vierten Bozner Marktes in die Zeit zwischen 1506 und 1517 fallen. Daß das Medersche Handelsbuch ihn nicht erwähnt, ist entweder darauf zurückzuführen, daß es die Angaben von Paumgartner schlicht ohne weitere Überprüfung übernommen hat, oder – wahrscheinlicher – darauf, daß dieser vierte Bozner Markt um die Mitte des 16. Jahrhunderts in der kaufmännischen Welt noch nicht hinreichend etabliert war. Noch in den Handelsbüchern der Augsburger Kaufleute Brunel (1575) und Gauger (1588) findet sich ja die Bezeichnung „Pfingstmarkt" für den (erst später so bezeichneten?) Bozner Fronleichnamsmarkt, der erstmals 1591 als öffentlicher Markt in den Bozner Ratsprotokollen belegt ist.[26] Sehr spät, erst 1603, wurde der Fronleichnamsmarkt von Kaiser Rudolf II. (1576–1612) gefreit und damit bestätigt. Mit Hans Heiss kann somit gefolgert werden: „Spätestens zur Jahrhundertmitte rückten die vier Bozner Messen zum wichtigsten Zentrum des Warenumschlages zwischen Süddeutschland und Oberitalien auf."[27]

---

25 SPRUNG, Das Privileg, S. 11; DEMO, Mercanti e mercanzie, S. 348; RIZZOLLI, Bozen, S. 17. Vgl. auch GRASS, Vom Messegericht zum Merkantilmagistrat, S. 215: „[...] um 1500 vermochte Bozen sogar den Meraner Pfingstmarkt an sich zu ziehen."

26 BÜCKLING, Die Bozener Märkte, S. 12. Eine Eingabe der Meraner an den Landeshauptmann an der Etsch von 1573 spricht jedoch bereits vom „Bozner marckht corporis Christi", während der Bozner Bürgermeister und Rat in einem Bericht an den Landeshauptmann von 1584 diesen Markt „geradezu als Meranermarkt bezeichnet"; HUTER, Die Quellen des Meßgerichts-Privilegs, S. 17 Anm. 28.

27 HEISS, Die ökonomische Schattenregierung, S. 70. Vgl. auch STOLZ, Geschichte des Zollwesens, S. 211f.

1.2 DIE ANFÄNGE DES BARGELDLOSEN ZAHLUNGSVERKEHRS AUF DEN BOZNER MÄRKTEN BIS ZUM FRÜHEN 17. JAHRHUNDERT

Wie weit die Anfänge des bargeldlosen Zahlungsverkehrs in Bozen zeitlich zurückreichen, ist nicht bekannt.[28] Erste gesicherte Hinweise zum Gebrauch des Wechsels als dem zentralen Instrument des bargeldlosen Zahlungsverkehrs auf den Bozner Messen liegen erst für die zweite Hälfte des 16. Jahrhunderts vor. Im Handlungsbuch des Augsburger Kaufmanns Bartlme Hartpronner, das Einblick in den Handel auf den Bozner Messen um die Mitte des 16. Jahrhunderts gibt, waren Wechsel „äußerst selten", ebenso wie Schuldbriefe; Zahlungen erfolgten meistens in bar.[29] „Als Zahlungsziele wählte man häufig die nächstfolgende Bozner Messe, aber auch die Frankfurter und Leipziger Messen."[30] Der Augsburger Großhändler David Gauger, der vorrangig mit Wolle und Kupfer handelte, verzeichnete in seinem Handlungsbuch aus den Jahren um 1590 ein Bozner Marktkonto, unter welchem auch „wechsel nach Bisanntz" verzeichnet sind.[31] Diese Wechsel waren demnach auf die Genuesischen Wechselmessen gezogen, die nach dem Ort, an dem sie ursprünglich seit den 1530er Jahren abgehalten wurden – Besançon oder in italienischer Sprache: Bisenzone – bezeichnet wurden, obwohl sie seit 1579 regelmäßig in Piacenza stattfanden.[32] Es ist demnach davon auszugehen, daß zumindest dieser Großhändler Wechselgeschäfte zwischen den Bozner Märkten und den Bisenzone-Messen als den wichtigsten Wechselmessen der Zeit in Europa abwickelte. 1560 und 1579 wurde sogar die Einrichtung einer Wechselbank in Bozen geplant, wobei zumindest 1579 italienische Kaufleute – vorrangig aus Trient und Florenz – federführend waren.[33] Bereits 1570 hatte der Haller Salzmeier zusammen mit mehreren Kaufleuten vorgeschlagen, in Innsbruck eine Wechselbank einzurichten, und 1572 versuchten genuesische, Mailänder und Floren-

---

[28] HUTER, Die Quellen des Meßgerichts-Privilegs, S. 51f., vermutet einen bargeldlosen Transfer mit Hilfe eines Wechselbriefs im Falle einer Zehntzahlung im Jahre 1373, die von Bozen oder Meran aus durch Lapus de Ricasulis von Perugia an die päpstliche Kurie nach Avignon geleistet werden sollte.

[29] BÜCKLING, Die Bozener Märkte, S. 90f. So auch SPRUNG, Das Privileg, S. 12; DEMO, Mercanti e mercanzie, S. 361f.

[30] Wilhelm RAUSCH, Jahrmärkte, Messen und Stadtentwicklung in den habsburgischen Ländern Österreichs, in: JOHANEK / STOOB (Hrsg.), Europäische Messen und Märktesysteme, S. 171–187, hier: S. 177.

[31] BÜCKLING, Die Bozener Märkte, S. 94.

[32] Siehe *Kapitel 4.6.*

[33] BÜCKLING, Die Bozener Märkte, S. 30; HUTER, Die Quellen des Meßgerichts-Privilegs, S. 49f. Ein ähnliches Projekt scheiterte in Trient 1572. „Wenn die [Bozner Wechselbank] nicht zustande kam, so hat die Bürgerschaft Bolzanos – die sich in der schärfsten Weise gegen den von italienischen Kaufleuten inszenierten Vorschlag gewendet hat, nicht ohne den nationalen Gegensatz besonders zu unterstreichen – den Hauptanteil daran. Aber die Notwendigkeit einer solchen Einrichtung hat auch sie voll anerkannt"; ebd., S. 85.

tiner Wechselhändler in Trient eine ähnliche Institution ins Leben zu rufen; beide Initiativen liefen ins Leere.[34] Die Vorstöße, eine Wechselbank in Bozen zu etablieren, sind daher in einem größeren Zusammenhang und zugleich auch in Konkurrenz zu ähnlichen Planungen in anderen Wirtschaftszentren des tirolisch-Trienter Raumes zu sehen.

Abb. 6: Wechselgeschäft auf dem Bozner Mittfastenmarkt 1597 (20./21. März)[35]

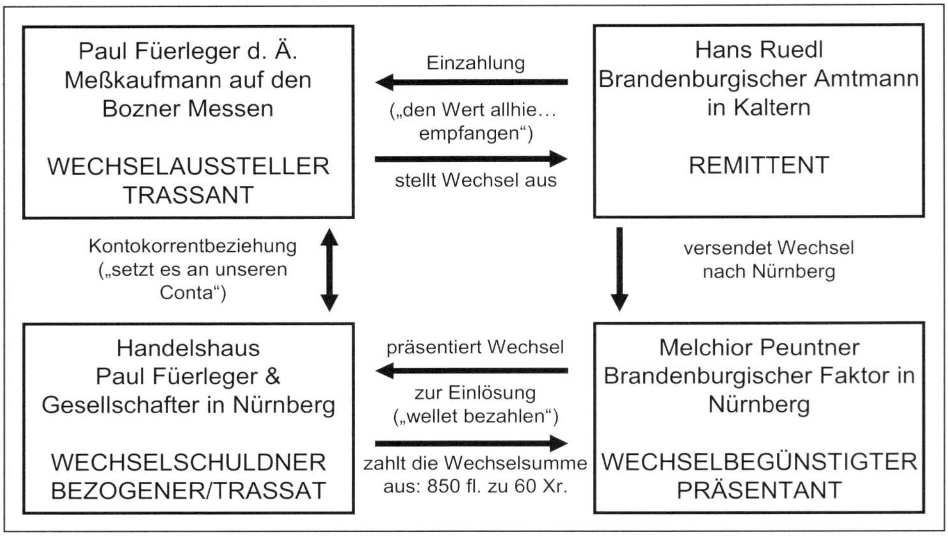

Einige Wechselgeschäfte sind für die letzten Jahrzehnte des 16. Jahrhunderts auf den Bozner Messen nachgewiesen:[36] So erhielt Markgraf Georg Friedrich von Brandenburg-Ansbach die Einkünfte aus seinen Gütern und Zehntrechten in Kaltern durch Wechsel, die von den Bozner Messen auf Nürnberg gezogen waren. Die jeweils aus Kaltern nach Ansbach zu bezahlende Summe wurde auf einer Bozner Messe vom brandenburgischen Amtmann zu Kaltern – 1594 war dies Hans Leiß, 1597 Hans Ruedl – bei einem Meßkaufmann, Paul Füerleger der Ältere aus Nürnberg, „eingezahlt", der über diesen Betrag jeweils einen Wechselbrief auf sein zusammen mit Gesellschaftern geführtes Handelshaus in Nürnberg ausstellte, mit dem er zugleich quittierte, die entsprechende Summe in Bozen erhalten zu haben. Zwei Wechsel aus dem Jahr 1594 wurden dann von Hans Leiß, der nicht nur als Einzahler, sondern auch als Begünstigter oder einem Beauftragten („demjenigen, so er's zu zahlen ordnen wird")

---

34 PALME, Frühe Neuzeit, S. 131.

35 Quelle: MAHLKNECHT, Alte Wechselbriefe, S. 688.

36 Die folgenden Ausführungen nach ebd., passim; RIZZOLLI, Betriebswirtschaftliche Auswertung von vier Bozner Wechselbriefen, passim.

beim Handelshaus Füerleger und Gesellschafter in Nürnberg präsentiert und eingelöst. Bei zwei weiteren Wechseln von 1597 wird als Begünstigter der brandenburgische Faktor in Nürnberg, Melchior Peuntner, genannt, während in Bozen der Amtmann Hans Ruedl den Betrag eingezahlt und dann – so ist anzunehmen – den Wechsel nach Nürnberg zu Peuntner zur Einlösung gesandt hatte. Die Wechseltransaktion selbst lag in allen Fällen beim Handelshaus Füerleger und Gesellschafter, das zugleich als Aussteller des Wechsels und als Bezogener (Wechselschuldner) erschien. Allerdings handelte es sich nicht um Solawechsel mit einer Zahlungsverpflichtung, sondern um Tratten, da ausdrücklich das Handelshaus in Nürnberg vom reisenden Meßkaufmann Füerleger angewiesen wird, die Zahlung zu verabfolgen („wellet bezahlen"). Bemerkenswert ist schließlich bei den beiden Wechseln von 1597 die Zahlungsfrist (Usance), die acht bzw. 15 Tage „nach Heimkunft dies nächsten Leipziger Marktes" lautet. Diese an den Leipziger Messen orientierte Zahlungsfrist wurde auf den Bozner Messen über weite Teile des 17. Jahrhunderts für die Wechselmärkte Augsburg und Nürnberg verzeichnet[37] und belegt den engen Beziehungsrahmen der Bozner auf die Leipziger Messen bereits für das ausgehende 16. Jahrhundert. „Wirtschaftsgeschichtlich sind die vier [...] Wechsel deshalb besonders aufschlußreich, weil sie zeigen, wie nicht dem Handelsstand angehörende Personen [...] sich erfahrener messenbesuchender Kaufleute bedient haben, um Gelder ins Ausland zu transferieren. Durch die Wechselausstellungen vermied man [...] vor allem den gefährlichen Transport der Münzen, aber es war damit auch die Möglichkeit gegeben, den in Bozen während der Messezeit eingezahlten Betrag in inländischen Münzen in die in Nürnberg üblichen Münzsorten zu konvertieren."[38] Damit ergab sich für den diese Transaktion abwickelnden Füerleger in Bozen der Vorteil, auf den Messen über ortsübliches Bargeld, d.h. über Liquidität zur Abwicklung von Handelsgeschäften (Einkäufe), zu verfügen, das er vielleicht ohne die Einzahlung der Amtleute nicht in hinreichendem Umfang besessen hätte. Und der Markgraf bzw. sein Faktor erhielten in Franken ebenfalls ihre heimische Münze, die sie wieder vor Ort verwenden konnten, während sie, hätten sie Tiroler Münze erhalten, diese gegen Kosten hätten umwechseln (oder umprägen) lassen müssen, um sie in Nürnberg oder Ansbach nutzen zu können.

Auch Wechsel auf die Bozner Messen kamen bereits vor: Am 22. März 1576 wies das Augsburger Handelshaus Haug-Langnauer ihren Bozner Kommissionär Bernhard Eyerle (Eyrl) per Wechsel an, auf dem kommenden Mittfastenmarkt Conrad Zeller 48 Gulden 49 Kreutzer auszuzahlen, die es „alhier", d.h. in Augsburg, von eben diesem Zeller erhalten hatte. Diesen Betrag solle Eyerle „auf unserm Conto" setzen.[39]

Größere Bedeutung als überregionaler, ja in gewissem Sinne sogar als internationaler Wechselmarkt erlangten die Bozner Märkte jedoch erst im 17. Jahrhundert. So schrieb der in Tirol, der Schweiz, Oberdeutschland und Italien agierende, in Bozen ansässige Handelsherr, Geldwechsler und Geldverleiher David Wagner, der im übrigen zum bürgerlichen Ahnherrn des Geschlechtes der Grafen Sarnthein werden soll-

---

37 Siehe *Kapitel 4.9.*

38 Ebd., S. 689.

39 HUTER, Die Quellen des Meßgerichts-Privilegs, S. 50 Anm. 76.

te,[40] am 6. Juli 1609 an den Landeshauptmannschaftsverwalter, daß ein fach- und sachkundiger Richter vor allem auch zur Klärung von Streitigkeiten „in wechslsachen" erforderlich sei, „dern termini allain den handelsleuthen bekhand sein".[41] Dies war die Reaktion darauf, daß die italienischen Kaufleute auf den Märkten einen Richter aus ihren eigenen Reihen wünschten, der zusammen mit gewählten Kaufleuten in Handelsstreitigkeiten entscheiden sollte, wie dies auf den internationalen Wechselmessen in Italien üblich war. Einen Aufschwung scheint der bargeldlose Zahlungsverkehr auf den Bozner Märkten dann genommen zu haben, als in der Zeit der Geldverschlechterung in den 1610er Jahren und vor allem in der Kipper- und Wipperzeit das gute, vollwichtige Geld immer knapper wurde und man Barzahlungen, die ja zunehmend in immer schlechterem Geld erfolgen mußten, nach Möglichkeit zu vermeiden suchte. Wechselgeschäfte konnten hier einen Ausweg weisen, da gegenseitige Wechseltransaktionen und ihre Verrechnung auf Kontokorrentbasis Barzahlungen vielfach überflüssig machten. Zugleich konnte man sich bei derartigen wechselseitigen Verrechnungen auch des in sich wertstabilen Rechengeldes, der *moneta di giro*, bedienen und so finanzielle Verluste wenn auch nicht immer vermeiden, so aber doch reduzieren. Wurden Wechsel bar bezahlt, mußte man bei Mangel an groben und vollwichtigen Sorten auf Kleinmünzen ausweichen. 1622 etwa bezahlte das Augsburger Handelshaus Buroner eine Wechselschuld von 7.400 Gulden – ein für die Zeit vergleichsweise hoher Betrag – bei dem genannten David Wagner ausschließlich in Dreibätznern.[42]

Die zunehmende Bedeutung des bargeldlosen Zahlungsverkehrs auf den Bozner Messen zeigt sich aber vor allem darin, daß bereits lange vor dem Claudianischen Meßprivileg regelmäßig Wechselkursnotierungen auf den wichtigsten Handelspartner der Bozner Märkte in Italien, Venedig, vorgenommen wurden. Diese liegen seit der Fronleichnamsmesse 1618 vor (s.o.). Daß gerade Venedig der erste Wechselplatz war, den die Bozner Märkte regelmäßig notierten und nicht etwa einer der wichtigen deutschen Städte – Nürnberg, Augsburg oder die Leipziger Messen –, ist mit einer gewissen Sicherheit darauf zurückzuführen, daß gerade die italienischen Kaufleute, die die Bozner Märkte besuchten, sich gegen die immer schlechteren Münzverhältnisse im Reich wehrten, wie sie ja auch den Taler mit maximal 210 Kreutzern verrechneten und massive Beschwerden gegen den fortschreitenden Wertverlust des Talers einbrachten (s.o.). Im Gegenzug notierte auch Venedig – nachweisbar ab 1623[43], aber

40 Hans HEISS, Bürgerlicher Aufstieg im 17. Jahrhundert. Der Tiroler Kaufmann David Wagner, in: Louis CARLEN / Gabriel IMBODEN (Hrsg.), Kräfte der Wirtschaft. Unternehmergestalten des Alpenraums im 17. Jahrhundert. Vorträge des zweiten internationalen Symposiums zur Geschichte des Alpenraums (Brig 1991), Brig 1992, S. 121–144; ders., Vom Handel zum Herrschaftsstand. Der Tiroler Kaufmann David Wagner, in: Helmut STAMPFER (Hrsg.), Der Ansitz Rottenbuch in Bozen-Gries, Bozen 2003, S. 59–71.

41 HUTER, Die Quellen des Meßgerichts-Privilegs, S. 37.

42 HIRN, Die lange Münze in Tirol, S. 22.

43 Jürgen SCHNEIDER u.a. (Hrsg.), Währungen der Welt III: Geld und Währungen in Europa im 17. Jahrhundert, Stuttgart 1994, S. 150.

wahrscheinlich spätestens seit den ausgehenden 1580er Jahren[44] – Bozen, um den Zahlungsverkehr der Kaufleute aus dem Venezianischen auf den Bozner Märkten bargeldlos abwickeln zu können.

Auch für die Finanzierung der tirolischen Landesregierung wurde der bargeldlose Zahlungsverkehr zunehmend bedeutender. So arbeitete Erzherzog Leopold V. (1619/1625–1632) mit dem genannten Bozner Handelsherrn David Wagner zusammen, der 1630 dem Landesherrn die Kursbewegungen der Wechsel an den verschiedenen Wechselmärkten erläuterte: „Leopold, der offenbar in Wagner den kundigen Finanzmann schätzte, richtet am 18. November 1630 an ihn die Anfrage: ‚Wir hören, daß 8. November die Wechsel von Venedig nach Bozen per 115 sold. und auf Wien per 120 Taler gelaufen sind, was uns sehr befremdet. Wir möchten wissen, woher diese unproportionirte Erhöhung so plötzlich erfolgt.‘ Drei Tage darauf sendet Wagner dem Erzherzog den Kurszettel und antwortet: ‚Diese Woche sind die Wechsel auf Bozen zu 114 sol. und nach Wien zu 123 Talern gelaufen. Das ist eine solche Extremität, daß zu bestehen nit möglich und sich bald wieder ändern muß. Solche Unordnungen entstehen in Venedig und andern vornehmen Wechselplätzen besonders aus zwei Ursachen, aus Mangel an Barschaft und Mangel an Kredit. Beide Umstände wirken gegenwärtig in Venedig. Von Genua nämlich oder andern Orten kommt wegen der gesperrten Pässe keine Barschaft dahin[,] und der Mangel an Kredit kommt von der regierenden Infektion und den besorgenden Fallimenten. Das drängt diejenigen, welche Wechselschulden zahlen müssen, zu solch schädlichem pretio. Ich habe am letzten Egidimarkt [Bozner Bartholomäusmarkt; A.d.A.] aus Geldmangel 2500 Kronen nach Venedig zu Wechsel genommen zu 156½ sol., die sind auf 20. Oktober zu 130 sol. wieder herausgelaufen, wobei ich gegen 20% verlor.‘“[45]

Festzuhalten bleibt, daß bargeldloser Zahlungsverkehr auf den Bozner Märkten bereits lange vor dem Claudianischen Privileg in zunehmendem Maße gebräuchlich wurde und daß die dann mit dem Privileg erfolgte Förderung dieser Zahlungsweise nicht nur dem überregionalen Handel und Geldtransfer, sondern auch der Sicherung der monetären Ordnung nach der Kipper- und Wipperinflation und vor allem auch der Finanzierung der tirolischen Landesregierung diente. Neben der Förderung von Wirtschaft und Handel sind damit auch währungs- und finanzpolitische Gründe mit entscheidend dafür, daß das Claudianische Privileg überhaupt erlassen wurde.

1.3 DAS CLAUDIANISCHE PRIVILEG VON 1635

Daß das Jahrmarkts- und Messewesen in Europa seit dem Mittelalter eine so herausragende Bedeutung für den Fernhandel erlangte, lag nicht nur in der unmittelbaren kommerziellen Funktion solcher Veranstaltungen für den Waren- und Geldaustausch

44 McCusker / Gravesteijn, The Beginnings of Commercial and Financial Journalism, S. 397.

45 Hirn, Die lange Münze in Tirol, S. 78 Anm. 1.

begründet, sondern auch und vor allem in der hohen Rechtssicherheit, die insbesondere auf internationalen Messen herrschte. Seit den hochmittelalterlichen Messen in der Champagne gilt, daß „die Rechtssicherheit [...] ein gewichtiger Faktor für das Funktionieren der Messen" war.[46]

Auf den Bozner Jahrmärkten konnten die anreisenden Kaufleute ebenfalls die traditionelle Schiedgerichtsbarkeit vor Ort in Anspruch nehmen, die im 15. und 16. Jahrhundert hier wie auch in Frankfurt am Main, Leipzig oder auch im deutlich kleineren Hall in Tirol bei Marktstreitigkeiten Entscheidungen traf.[47] Allerdings scheint diese Art der Gerichtsbarkeit den Kaufleuten um die Wende zum 17. Jahrhundert nicht mehr genügt zu haben, denn mit dem verstärkten Aufkommen des bargeldlosen Zahlungsverkehrs auf der Grundlage des Wechsels auf den Bozner Jahrmärkten[48] wurde das Fehlen einer spezialisierten Wechselgerichtsbarkeit als Problem empfunden. Das Bozner Schiedsgericht war mit Bürgern und Bauern und somit nicht mit Fachleuten besetzt, die sich auf die vergleichsweise komplizierten rechtlichen Implikationen des bargeldlosen Zahlungsverkehrs und dessen Usancen verstanden hätten; dafür hatte es wohl bisher auch keinen allzu großen Bedarf gegeben. Auch hätten diese Geschworenen die italienische Sprache nicht verstanden. Mit der verstärkten Nutzung bargeldloser Zahlungsverkehrsmechanismen wurde der Bedarf an in Wechselangelegenheiten kundigen und zugleich des Italienischen mächtigen Richtern so groß, daß 1609 die die Bozner Jahrmärkte besuchenden Kaufleute italienischer Nation eine Eingabe bei der Innsbrucker Regierung machten, die die Ernennung eines eigenen Richters aus ihrer Mitte, der in Handelssachen unter dem Beisitz fachkundiger Kaufleute entscheiden sollte, und somit die Einrichtung eines besonderen Marktgerichts zum Ziel hatte. Für die Verfahren dieses Gerichts sollten eigene Vorschriften insbesondere für die Abwicklung von Wechselstreitigkeiten erlassen werden. Daß diese Eingabe von den Kaufleuten der italiensichen Nation kam, resultiert wohl nicht zuletzt daraus, daß die kaufmännische Gerichtsbarkeit in den italienischen Handelsstädten wie auch auf den internationalen Wechselmessen wesentlich weiter entwickelt war als etwa in den deutschen und daß die Kaufleute der italienischen Nation mit den Vorteilen dieser ‚mo-

46 Jürgen SCHNEIDER, Innovationen und Wandel der Beschäftigtenstruktur im Kreditgewerbe vom Spätmittelalter bis zur Mitte des 19. Jahrhunderts, in: Hans POHL (Hrsg.), Innovationen und Wandel der Beschäftigtenstruktur im Kreditgewerbe. Erstes Wissenschaftliches Kolloquium des Instituts für bankhistorische Forschung e.V. am 20. Juni 1986 in München, Frankfurt am Main 1988, S. 21–46, hier: S. 23. – Einen knappen Überblick über die Entwicklung der Marktgerichtsbarkeit siehe bei HUTER, Die Quellen des Meßgerichts-Privilegs, S. 21–28. Für die Entwicklung in der Neuzeit vgl. die jüngsten Überblicke von Peter Claus HARTMANN, Les privilèges, droits de marché, réglements des foires et marchés à l'époque moderne, in: CAVACIOCCHI (a cura di), Fiere e mercati, S. 221–229; Maura FORTUNATI, Note sul diritto di fiera nelle fonti giuridiche di età moderna, in: Ebd., S. 945–966.

47 GRASS, Vom Messegericht zum Merkantilmagistrat, S. 217.

48 Vgl. etwa beispielhaft Hermann KELLENBENZ, Eine italienische Kaufmanns-Korrespondenz aus dem Beginn des 17. Jahrhunderts, in: Studi in onore di Amintore Fanfani, V: Evi moderno e contemporaneo, Milano 1962, S. 243–271.

dernen' und hocheffizienten Merkantilgerichtsbarkeit seit langem bekannt waren.[49] Als die Regierung sich daraufhin an die deutschen Fieranten wandte, pflichteten diese den Vorschlägen der Italiener bei, wie der Bericht des hochangesehenen und auch mit den landesherrlichen Finanzen befaßten Bozner Handelsherrn David Wagner an den Landeshauptmannschaftsverwalter vom 6. Juli 1609 zeigt, „damit furnemblich die hoch und nieder obrigkeit im land mit dergleichen frembden sachen desto weniger behelligt, die handlsleute der langen, ihrer profession schädlichen rechtsstritt, verlierung in zeit und uncosten übrig und der gemaine handelsgebrauch wie der auf allen handelsplätzen in ganz Europa observiert wird, bevorab in wechslsachen, dern termini allain den handelsleuthen bekhand sein, auch allhie erhalten würde."[50] Das entscheidende Moment, das beide Kaufmannsgruppen – die italienische wie die deutsche – für die zunehmende Rechtsunsicherheit anführten, war demnach die den bisherigen Richtern und Geschworenen fehlende Kompetenz in der Beilegung von Wechselstreitigkeiten und die Aufrechterhaltung derjenigen Usancen im Handels- und Zahlungsverkehr, wie sie die Kaufleute von den anderen europäischen Handelsplätzen her kannten, auch auf den Bozner Märkten.

Die Einrichtung einer besonderen Merkantilgerichtsbarkeit für die Bozner Jahrmärkte wurde sowohl von der tirolischen Landesregierung als auch vom Landgericht Bozen-Gries noch fast zwei Jahrzehnte abgelehnt, denn „eine Ausschaltung des landesfürstlichen Gerichtes von den Marktgeschäften bedeutete zweifellos eine Einschränkung der landesfürstlichen Souveränität."[51] Immerhin gestand man ab 1610 zu, daß in Marktsachen, wenn es dem Richter gut schien und die Geschworenen entlastet werden sollten, Beisitzer aus den Reihen der Kaufleute hinzugezogen werden könnten. Allerdings wurden in den folgenden Jahren hierzu vorrangig Bozner oder Kaufleute aus der deutschen Nation als Beisitzer bestimmt.[52]

Die weitere Entwicklung wurde maßgeblich durch die seit dem ausgehenden 16. Jahrhundert einsetzende Münzverschlechterung beschleunigt, die in der Kipper- und Wipperzeit – der Zeit der „langen Münze" – zu Beginn der 1620er Jahre gipfelte: Das Eindringen schlechter Münzen und die infolgedessen zunehmende Münzspekulation führte zum ‚Ausweichen' der Marktkaufleute in den vergleichsweise sicheren und wertbeständigen bargeldlosen Zahlungsverkehr zur finanziellen Abwicklung ihres Warenhandels erheblich.[53] Die Inflation der Kipper- und Wipperzeit und die Überschwemmung mit minderwertigen Münzen vor allem aus Bayern und Salzburg beeinträchtigten den traditionellen Handelsverkehr auf den Bozner Märkten erheblich, schufen Rechtsunsicherheit und zahllose Streitfälle, die die landesherrliche Gerichtsbarkeit überforderten.[54] Bereits auf dem Tiroler Landtag von 1621 beschwerten sich

49 GRASS, Vom Messegericht zum Merkantilmagistrat, S. 217f.; RIZZOLLI, Bozen, S. 21.

50 Zitiert nach HUTER, Die Quellen des Meßgerichts-Privilegs, S. 37.

51 HEISS, Die ökonomische Schattenregierung, S. 71.

52 HUTER, Die Quellen des Meßgerichts-Privilegs, S. 37f.

53 Vgl. ebd., S. 47–49.

54 HEISS, Die ökonomische Schattenregierung, S. 72.

die die Bozner Märkte besuchenden italienischen Kaufleute über den fortgesetzten Kursanstieg des Reichstalers und drohten, Land und Märkte künftig zu meiden.[55] Darüber hinaus wurden Wechselgeschäfte zunehmend auch um ihrer selbst willen abgewickelt, sei es aus Spekulationsgründen, sei es aus Gründen der Kreditgewährung bzw. -nahme. Bereits 1603 verlangte die tirolische Landesregierung, über die „Wechselhendln" auf den Bozner Märkten informiert zu werden.[56] Und nicht zuletzt der hohe Geldbedarf des Innsbrucker Hofes unter Erzherzog Leopold V. vor allem zum Zwecke der Landesverteidigung während des Dreißigjährigen Krieges[57] erforderte, aber ermöglichte auch die zunehmende Abwicklung von entsprechenden Geld-, d.h. vor allem Kreditgeschäften auf Wechselbasis. Nicht umsonst war bereits das – gescheiterte – Projekt der Einrichtung einer Bozner Wechselbank im Jahre 1579 mit dem ausdrücklichen Hinweis begründet worden, „was für mercklichen nucz die wellischen fursten und freystett auss den wechslstellen emfinden und einnemen".[58] Nach Otto Stolz, der dieses Projekt auf 1572 datiert, wollte „der Rat von Bozen [...] eine solche aber nur dann zulassen, wenn sie von deutschen, nicht von welschen Kaufleuten betrieben würde".[59] Mit dem wachsenden Kreditbedarf des Tiroler Hofes wuchs auch dessen Abhängigkeit von den Bozner Marktkaufleuten und deren finanziellen Ressourcen, so daß ein sukzessives Eingehen auf deren Forderungen geradezu unumgänglich erschien.[60]

Nach der Heirat Erzherzog Leopolds mit Claudia de' Medici im April 1626 wandten sich die italienischen Fieranten im Herbst dieses Jahres erneut mit ihrer Bitte um die Genehmigung der Wahl von Marktrichtern an den Innsbrucker Hof in der Hoffnung, in der mit italienischen Kaufmannsgepflogenheiten vertrauten Florentinerin eine Fürsprecherin für ihr Anliegen zu finden. Als auch die Meinung der deutschen Fieranten eingeholt worden war, einigte man sich im Frühjahr 1627 auf die Einrichtung einer Judikatur eines landesfürstlichen Kommissärs in Marktsachen für die Dauer der Marktveranstaltungen, dem „von jedem gegenthail zwen assessores", in Appellationsfällen sogar drei weitere Beisitzer aus den Reihen der Kaufleute beigegeben werden sollten.[61] Aber „damit war nur die schon lang vorher geübte Schiedgerichtsbarkeit in feste Formen gebracht und organisiert."[62]

Da David Wagner, der auf Bitten der Kaufleute das Richteramt übernommen hatte, gerade die komplizierteren Fälle aber weiterhin an den Landrichter überwies, ver-

---

55 HIRN, Die lange Münze in Tirol, S. 17.

56 HUTER, Die Quellen des Meßgerichts-Privilegs, S. 48.

57 Vgl. ebd., S. 38, 40.

58 Zitiert nach ebd., S. 49f. Anm. 74. Zum Projekt einer Bozner Wechselbank, eines „wechsell und cambio mit correspontenz durch das ganz teitschland und welschlant, auch andern orten, so dahin respontieren wurden", (das im übrigen erstmals bereits 1560 verfolgt worden sein soll,) ebd., S. 49; BÜCKLING, Die Bozener Märkte, S. 30.

59 STOLZ, Geschichte des Zollwesens, S. 226.

60 HEISS, Die ökonomische Schattenregierung, S. 72.

61 Ebd.; HUTER, Die Quellen des Meßgerichts-Privilegs, S. 39.

62 GRASS, Vom Messegericht zum Merkantilmagistrat, S. 218.

stummten die Forderungen nach Etablierung eines eigenständigen Merkantilgerichts weiterhin nicht. Neue Verhandlungen zwischen Kaufmannschaft und Regierung, die auf Kredite der Kaufleute auf den Bozner Märkten zur Landesverteidigung angewiesen war, wurden ab 1631 erforderlich, als spekulative Wechselgeschäfte und der Versuch, in großen Mengen Münzen aufzukaufen, wodurch die ohnehin bereits herrschende Geldknappheit auf den Märkten noch weiter verschlimmert wurde, den Marktverkehr sehr negativ beeinflußten.[63]

Die Regierung sah sich vorerst zu weiterem Entgegenkommen gegenüber der Kaufmannschaft nicht in der Lage, „alldieweil der Boznermarckht nit fürnemblichen der wexel, sonder vil mer der mercantia halber angestelt und floriert" und weil „erst bei khurzen jarn hero die wexl umb besserer gelegenheit willen und erpauung merern credits den anfang genomen".[64] Aus der Perspektive der Regierung war demnach der Hauptgrund, weswegen die Kaufleute auf der Einrichtung eines Merkantilgerichts beharrten – das (zunehmende) Wechselgeschäft und die daraus resultierenden Rechtsstreitigkeiten –, nicht stichhaltig genug, da vielmehr der Warenhandel die Messen dominiere und der bargeldlose Wechselverkehr eine vergleichsweise junge Zahlungsform auf den Märkten sei. Ein neuerlicher Kompromißvorschlag der Regierung wurde 1632 von den italienischen Fieranten abgelehnt, während die deutschen sich mit einem landesfürstlichen Kommissär, d.h. der Judikatur, und den kaufmännischen Beisitzern zufriedengegeben hätten. Hintergrund dieser unterschiedlichen Positionen innerhalb der die Bozner Märkte besuchenden Kaufmannschaft war die Rivalität zwischen den beiden Gruppen: Die autonome Judikatur beinhaltete faktisch die Gleichstellung der beiden Nationen und somit die Schmälerung der bisherigen Vormachtstellung der deutschen Fieranten, die diese verständlicherweise bewahren wollten. Damit kann die Auseinandersetzung um die Einsetzung eines von der Landesregierung unabhängigen Merkantilgerichts auch als ein Ringen um die Gleichberechtigung der beiden Handelsnationen auf den Bozner Märkten angesehen werden, das im Ergebnis zugunsten der italienischen Fieranten entschieden wurde.[65]

Hinzu kam in den beginnenden 1630er Jahren ein externer, die Situation der Bozner Märkte im internationalen Märkte- und Messesystem der Zeit nachhaltigst beeinflussender Faktor, der ausbrechende Konflikt um die Vorherrschaft auf den oberitalienischen Kapital-, d.h. Wechselmärkten zwischen den alten Rivalinnen Genua und Venedig: Anfang 1630 gründete die Republik Venedig in Verona eigenständige Wechselmessen und reagierte damit auf die 1621/22 erfolgte (erste) Verlegung der Genueser Wechselmessen, der sogenannten Bisenzone-Messen (s.u.), von Piacenza nach Novi.[66] Mit der Gründung der Veroneser Wechselmessen „hatte Tirol einen neuen Kapitalmarkt unmittelbar vor seinen Landesgrenzen, sodaß [sic!] Gefahr bestand, daß

63 HUTER, Die Quellen des Meßgerichts-Privilegs, S. 41; PALME, Frühe Neuzeit, S. 212; RIZZOLLI, Bozen, S. 21.

64 Zitiert nach HUTER, Die Quellen des Meßgerichts-Privilegs, S. 41.

65 Ebd., S. 41–43.

66 MANDICH, Istituzione delle fiere veronesi; ders., Fiere cambiarie concorrenti.

Bozens Einfluß und Ausstrahlung auf Dauer gemindert würden".[67] Denn nunmehr bestand mindestens für die italienischen Fieranten auf den Bozner Messen die Möglichkeit des Ausweichens nach Verona, und zugleich hätte eine infolgedessen rückläufige Bedeutung der Bozner Märkte die Möglichkeiten der Kreditaufnahme für die Tiroler Landesherrschaft erheblich eingeschränkt. Spätestens mit der erfolgreichen Etablierung der Veroneser ‚Konkurrenz'-Messen mußte der Landesregierung an einer Stärkung der Bozner Stellung im regionalen und internationalen Messesystem noch mehr als bisher gelegen sein. In gleicher Weise wurde indirekt die Stellung der italienischen Fieranten und die Möglichkeit, ihre Forderungen nach einer Gleichstellung mit den deutschen Fieranten durchsetzen zu können, durch die sich ergebende Ausweichoption gestärkt, was sicherlich erheblich zur Ablehnung des regierungsseitigen Kompromißvorschlages von 1632 mit beitrug. Und gerade auf die italienischen Fieranten waren die Bozner Märkte in diesen Jahren besonders angewiesen: Der andauernde Dreißigjährige Krieg führte zu erheblichen Beeinträchtigungen des Tiroler Handels und brachte das Ausbleiben zahlreicher oberdeutscher Kaufleute auf den Märkten mit sich. Um so wichtiger war es daher, mehr italienische Fieranten nach Bozen zu ziehen, um auf diese Weise den Tiroler Handel zu beleben.[68]

Nicht zuletzt aus diesen Gründen setzte sich daher nach dem Tode Erzherzog Leopolds V. am 13. September 1632 die Regentin Claudia de' Medici offen für die Vorstellungen der italienischen Fieranten ein und gegen administrativ-bürokratische Widerstände durch. Mit einem auf dem Egidimarkt 1633 veröffentlichten Reskript vom 31. August 1633 billigte Claudia grundsätzlich die Einrichtung eines Merkantilgerichts in der von den (italienischen) Kaufleuten vorgeschlagenen Form, d.h. unter Gleichberechtigung der beiden Handelsnationen. Am 15. September 1633 schlossen sich die 36 vornehmsten Bozner Marktbesucher in der sogenannten Kontrattantschaft zusammen und wählten erstmals einen Magistrat. Die Gewählten traten bereits am darauffolgenden Tag zusammen, um einen der Regentin vorzuschlagenden Entwurf des Privilegs und der Marktordnung zu erarbeiten. Gegen erneute regierungsinterne Widerstände setzte Claudia de' Medici die Veröffentlichung der neuen Markt- und Gerichtsordnung (unter Ausschluß einiger noch strittiger Artikel) nach den Vorschlägen der Kaufmannschaft auf dem Andreämarkt, genauer am 10. Dezember 1633 durch; die offzielle Ausfertigung des Privilegs wurde allerdings verschoben, um die Praktikabilität der neuen Ordnung im alltäglichen Marktgeschehen zu erproben. Die offzielle Erteilung des Privilegs in Form eines *motu proprio* erfolgte schließlich – infolge weiterer, oft zäher Verhandlungen ebenso wie durch Verzögerungen infolge der Pest und der Kriegshandlungen in der ersten Jahreshälfte von 1635 – erst am 15. Sep-

---

[67] HEISS, Die ökonomische Schattenregierung, S. 72. Zum Verhältnis zwischen Verona und Bozen vgl. Paola LANARO, Periferie senza centro. Reti fieristiche nello spazio geografico della Terraferma veneta in età moderna, in: Dies. (a cura di), La pratica dello scambio, S. 21–51, hier: S. 33.

[68] PALME, Frühe Neuzeit, S. 211; Franz-Heinz VON HYE, Die Wirtschaft Tirols im 17. Jahrhundert zwischen Rezession, Stagnation und Innovation, in: Louis CARLEN / Gabriel IMBODEN (Hrsg.), Wirtschaft des alpinen Raums im 17. Jahrhundert. Vorträge eines internationalen Symposiums, Brig 1988, S. 79–97, hier: S. 81, 87.

tember 1635.[69] Dieses Privileg umfaßte die „Erzfürstlichen erthailten Privilegien und Concessionen“ – die eigentliche Meßgerichtsordnung – und die „von dem Magistrat unnd Kauffleuthen gemachten Marckts-Ordnungen“ – die Markt- und vor allem die Wechselordnung –,[70] womit die ‚Zuarbeit‘ der Kaufleute aus dem Jahre 1633 auch offiziell anerkannt und gewürdigt wurde.

Als wesentliche Elemente des Meßgerichtsprivilegs sind hervorzuheben: Die „auff die Botzner Märckt [sic!] negociernden teutsch: und welschen Kauff und Handels Leuthe“ erhielten das Recht, während der vier Jahrmärkte selbständig über alle Marktangelegenheiten zu urteilen. „Zum Vorbild des Meßgerichts nahm man das Statut [...] [der] Veroneser Wechselmessen, das seinerseits in Grundzügen auf dem Statut der Genueser Messen aufgebaut war,“[71] das ebenfalls für einzelne Artikel des Bozner Privilegs Pate stand. Das Merkantilgericht umfaßte zwei Instanzen mit je einem Konsul und zwei Räten, die paritätisch der italienischen und der deutschen Kaufmannschaft angehören mußten. Dabei stellte die eine Nation den Konsul, die andere die beiden Räte. Wurde also in der ersten Instanz ein Deutscher Konsul, so mußten die beiden Räte Italiener sein, und in der zweiten Instanz hatte es sich genau umgekehrt zu verhalten. Im darauffolgenden Jahr wurde gewechselt, so daß nunmehr die italienische Nation den Konsul und die deutsche die Räte der ersten Instanz stellte, während in der zweiten Instanz ein Deutscher als Konsul und zwei Italiener als Räte fungierten, so daß insgesamt eine vollständige Gleichberechtigung der beiden Handelsnationen gewährleistet und damit die zentrale Forderung der italienischen Fieranten erfüllt war. „Die Gewährung eines von Kaufleuten beschickten Meßgerichts durch die Landesfürstin war schlichtweg revolutionär und kann in seiner Bedeutung für Bozen und die Wirtschaft des Landes kaum überschätzt werden.“[72] Von herausragender Bedeutung ist dabei vor allem die bei allen Entscheidungen und Besetzungen gewahrte Parität zwischen der italienischen und der deutschen Nation, die auf eine Vorzugsstellung insbesondere der ‚einheimischen‘ – Tiroler – Kaufleute völlig verzichtete.[73]

Da aufgrund der nur 14tägigen Dauer der einzelnen Märkte die Entscheidungen des Merkantilmagistrats möglichst schnell und unbürokratisch getroffen werden mußten, waren summarische Verfahren nach kaufmännischem Brauch, d.h. mündlich und unmittelbar (unter Gegenüberstellung der beiden Streitparteien), unter Außerachtlassung aller Förmlichkeiten („sine figura et strepitu“) des damaligen römisch-kanonischen Zivilprozesses,[74] ohne die Hinzuziehung von Anwälten und ohne Appellati-

69 HUTER, Die Quellen des Meßgerichts-Privilegs, S. 44–47; HEISS, Die ökonomische Schattenregierung, S. 72f.; RIZZOLLI, Bozen, S. 21, 23f.

70 Vgl. HUTER, Die Quellen des Meßgerichts-Privilegs, S. 55. – Den Text des Privilegiums siehe bei SPRUNG, Das Privileg, S. 32–46. – Zur Inanspruchnahme dieses Privileg für die faschistische Propaganda durch Mussolini ebd., S. 24–31.

71 HUTER, Die Quellen des Meßgerichts-Privilegs, S. 86.

72 HEISS, Der Merkantilmagistrat als Mäzen, S. 13.

73 Vgl. HUTER, Die Quellen des Meßgerichts-Privilegs, S. 87.

74 SPRUNG, Das Privileg, S. 47. Zur Formel „sine figura et strepitu“ vgl. HUTER, Die Quellen des Meßgerichts-Privilegs, S. 64.

onsmöglichkeit über die zweite Instanz hinaus wie bereits in den Statuten der Mercanzia von Bologna von 1550 vorgesehen.[75] Damit war eine Einflußnahme von regierungsamtlicher Seite ausgeschlossen. Die Verhandlungen wurden in der Regel in italienischer Sprache geführt, d.h. in der gängigen Kaufmannssprache der Zeit, die auch deutschsprachige Fernhandelskaufleute großenteils beherrschten.[76] Zur Durchsetzung der gefällten Entscheidungen hatte der Merkantilmagistrat Exekutionsgewalt bis hin zur Möglichkeit der Arretierung eines Beklagten bei Fluchtgefahr, wofür ihm die Amtshilfe aller Richter im Land zugesagt war. Die Wahl des Merkantilmagistrats durch Ballotage[77] fand alljährlich während der Egidimärkte aus dem Kreis der „Kontrattanten" statt, d.h. aus den Reihen der vornehmsten, die Bozner Märkte regelmäßig besuchenden Kaufleute, die in die Marktmatrikel eingetragen waren. Demgegenüber bezeichnete man nicht eingetragene Kaufleute als „Fieranten", die erst nach zweijähriger Bewährung die Aufnahme in das Kontrattantenregister beantragen konnten.[78] Der regelmäßige Besuch der Bozner Märkte bzw. Messen war für die Kontrattanten Pflicht, der aber wohl nicht immer nachgekommen wurde. So sah sich der Merkantilmagistrat am 9. Dezember 1692 gezwungen anzuordnen, daß die Kontrattanten, die nicht mindestens zwei Mal im Jahr die Bozner Messen besuchen, die Vorteile, welche aus den Messeprivilegien entstehen, nicht mehr nutzen könnten.[79]

Als Bozner Märkte werden im zweiten Teil des Claudianischen Privilegs, im Artikel 1 der „von dem Magistrat unnd Kauffleuthen gemachten Marckts-Ordnungen", genannt: der Mittfastenmarkt, der Pfingstmarkt [sic!], der Egidimarkt und der Andreämarkt, die zu folgenden Terminen beginnen sollten:

Mittfastenmarkt	am ersten Werktag nach dem Sonntag Laetare
Pfingstmarkt	am ersten Werktag nach dem Fronleichnamstag (Corpus Christi)
Egidimarkt	am ersten Werktag nach Mariä Geburt (8. September)
Andreämarkt	am Nikolaustag (6. Dezember) oder, falls dies ein Sonntag ist, am darauffolgenden Werktag

Als Dauer der Märkte wurde 15 Tage festgesetzt (Artikel 2), doch konnten „Kaufleuth under inen selbsten / auß ehehafften unnd erheblichen Ursachen / den Marckt und dessen bezahlungen (ye nach erhaischung der notturfft) erstrecken", d.h. verlängern (Ar-

75 Vgl. ebd., S. 88; RIZZOLLI, Bozen, S. 24.

76 HUTER, Die Quellen des Meßgerichts-Privilegs, S. 69.

77 Zum Wahlmodus Bernhard KÖNIG, Die Ballotation beim Bozner Merkantilmagistrat, in: Handelskammer Bozen (Hrsg.), Die Bozner Handelskammer, S. 59–68. Vgl. auch PALME, Frühe Neuzeit, S. 213.

78 HEISS, Die ökonomische Schattenregierung, S. 73; RIZZOLLI, Bozen, S. 27; SPRUNG, Das Privileg, S. 15f. Eine ausführliche Interpretation dieses Privilegs bietet HUTER, Die Quellen des Meßgerichts-Privilegs, S. 53–82.

79 SLA, A.M.M. 3.4.27. fol. 594 (= 453 alt).

tikel 18 des ersten Teils des Claudianischen Privilegs).[80] Auch der Landesherr konnte eine Verlängerung einer Messe anordnen, wie dies etwa mit der Bartholomäusmesse 1643 oder der Mittfastenmesse 1658 geschah. Allerdings lehnten 1643 die Kaufleute die Verlängerung der Messe ab, da sie zur Michaelismesse nach Leipzig, zum Michaelsmarkt nach Salzburg oder zum Simonismarkt nach Krems weiterziehen wollten.[81] Diese Regelung und auch der Rhythmus der Messen wurden bis in das 19. Jahrhundert beibehalten.

Entscheidend für die wenn auch langwierige Durchsetzung einer neuen Ordnung und Form der Rechtsprechung auf den Bozner Märkten war somit das hier zunehmende Geld- und Wechselgeschäft, wie im Gegenzug das Claudianische Privileg und die in dessen Gefolge erlassene Marktordnung für die institutionelle Absicherung des bargeldlosen Zahlungsverkehrs auf den Messen herausragende Bedeutung hatte. Nicht nur wird in allen Petitionen der Kaufmannschaft auf das Wechselgeschäft hingewiesen, sondern auch die Tatsache, daß 1631 spekulative Geld- und Wechselgeschäfte den Anlaß zu erneuten, massiven Gravamina gegen die bestehende Form der Rechtsprechung gaben, weisen darauf hin. Den Kaufleuten war somit nicht nur an einer Neuregelung der Rechtsprechung in Marktsachen im allgemeinen, sondern auch und gerade bezüglich des auf den Bozner Märkten vergleichsweise ‚neuen' Wechsel- und reinen Geldgeschäfts gelegen. So ist mit Huter zu folgern, „daß das reine Geldgeschäft mindestens seit der Wende vom 16. zum 17. Jahrhundert auf den Bozner Märkten Eingang gefunden hat, daß es vielleicht schon 1609 und 1626 [...], sicher aber 1631 im Zusammenhange mit der Münzverschlechterung neben der sich [...] immer stärker geltend machenden Notwendigkeit einer fachkundigen und summarischen Rechtssprechung bei der Errichtung des Bozner Merkantilmagistrats Pate gestanden hat."[82]

1.4 GRUNDZÜGE DER ENTWICKLUNG DER BOZNER MESSEN VOM 17. BIS ZUR MITTE DES 19. JAHRHUNDERTS

Mit der Etablierung des vom Landesherrn unabhängigen Merkantilmagistrats 1633/35 traten die Bozner Märkte – oder jetzt besser: Messen – in ein neues Stadium ihrer Entwicklung ein: Als Marktveranstaltungen von überregionaler, teilweise sogar internationaler Reputation, terminlich eingebunden in das europäische Messe- und Jahrmärktesystem[83] und durch das Privileg von 1635 in gewissem Sinne den bedeutenden oberitalienischen Wechselmessen gleichgestellt, vermochten sie es, ihre zentrale Stellung im Handels- und dem daraus resultierenden Zahlungsverkehr zwischen Italien

80 Z.B. SLA, A.M.M. 3.1.19, fol. 170' (= 168' alt) (Decreto per la proroga della Fiera, 22. September 1696).

81 SLA, A.M.M. 3.4.5, fol. 29 (= 4 alt) (Mandat vom 6. April 1658); RIZZOLLI, Bozen, S. 27.

82 HUTER, Die Quellen des Meßgerichts-Privilegs, S. 52.

83 Vgl. RIZZOLLI, Bozen, S. 27.

und Deutschland nicht nur zu behaupten, sondern bis in das 18. Jahrhundert hinein sogar noch auszubauen. Dies gilt in besonderer Weise für den Transithandel, der – trotz einer ernsten Krise im 17. und frühen 18. Jahrhundert[84] – bis in das späte 18. Jahrhundert hinein (vielfach auch in Form des Schmuggels) erhalten blieb und für welchen die Bozner Messen als wirtschaftsräumliches Ordnungselement fungierten,[85] wie etwa das Beispiel des Leinwandhandels zeigt: So betonte die Zittauer Handlungssozietät in einem Bericht an das sächsische Generalakzisekollegium in Dresden vom 15. August 1746, daß „die Leinwandnegozianten durch ganz Italien [...] alles das, was sie von da in Deutschland nicht [...] kommittieren können, in den Bozener Märkten [kaufen]."[86] Für das Leinwandgroßhandelshaus Ernst Siegmund Haupt, Sohn & Comp. aus Zittau beispielsweise war auch noch im ausgehenden 18. Jahrhundert die Handelsroute über Nürnberg und Bozen die nach der über Prag und Triest wichtigste für seinen Absatz in ganz Italien, und etwa ein Duzend Bozner Handelsherren zählte zum Kreis seiner Geschäftspartner.[87] Die Reichweite des Bozner Transithandels war jedoch bedeutend größer: Über Venedig kamen Gewürze und Spezereien aus der Levante, aus den ober- und mittelitalienischen Städten – insbesondere aus Lucca – Seidenwaren, dazu Öl, über Chur nordfranzösische und flandrische Tuche. Über Augsburg und den Inn bestanden enge Verbindungen in den gesamten Donauraum.[88]

Die lokale Bozner Kaufmannschaft gewann nach der Errichtung des Merkantilmagistrats an Bedeutung für die Messen, denn „die neue Institution mit einem ganzjährig amtierenden Kanzler und einem kleinen Beamtenapparat wurde für den Bozner Handel zu einem wesentlichen Kristallisationspunkt seiner Interessen."[89] Nach 1655 waren die Bozner Kaufleute regelmäßig mit mindestens einem Kontrattanten im Merkantilmagistrat vertreten, und im 18. Jahrhundert nahm der Anteil der Bozner Kaufleute weiter zu, während Verona und Augsburg sowie im 17. Jahrhundert auch St. Gallen die meisten Vertreter stellten. Der Merkantilmagistrat, der zunehmend auch außerhalb der Messetermine an handelspolitischer Relevanz für die Bozner Kaufmannschaft gewann, wandelte sich „von einer Institution, die ursprünglich vor allem den Interessen des auswärtigen Handelskapitals verpflichtet war, zu einem Organ, das sich auch für Tiroler Anliegen hervorragend nutzen ließ".[90] Als der Merkantilmagi-

---

84 Hierzu ausführlich Roman SANDGRUBER, Ökonomie und Politik. Österreichische Wirtschaftsgeschichte vom Mittelalter bis zur Gegenwart, Wien 1995, S. 117–119.

85 Angelo MOIOLI, Aspetti del commercio di transito nel Tirolo della seconda metà del Settecento, in: Cesare MOZZARELLI / Giuseppe OLMI (a cura di), Il Trentino nel Settecento fra Sacro Romano Impero e antichi stati italiani, Bologna 1985, S. 805–899. Vgl. auch Georg MÜHLBERGER, Absolutismus und Freiheitskämpfe (1665–1814), in: FONTANA u.a. (Hrsg.), Geschichte des Landes Tirol, Bd. 2, S. 289–579, hier: S. 405.

86 Zitiert nach: Günther MEINERT, Handelsbeziehungen zwischen Sachsen und Italien 1740–1814. Eine Quellenveröffentlichung, Weimar 1974, S. 241.

87 Stadtarchiv Zittau, Abt. IV, Absch. Ic, Abs. 2K3, Nr. 9a, Bde. 1–6 (Journale). Ich verdanke diesen Hinweis Herrn Danny Weber, M.A., Universität Leipzig.

88 MÜHLBERGER, Absolutismus und Freiheitskämpfe, S. 329.

89 HEISS, Die ökonomische Schattenregierung, S. 74.

90 Ebd.

strat bzw. die durch ihn vertretene Bozner Kaufmannschaft sich seit dem Ende des 17. Jahrhunderts mit den Tiroler Landständen in Innsbruck in zunehmendem Maße zu einer „informellen Aktionsgemeinschaft" zusammenschloß und die neuerrichtete landschaftliche „Aktivität" seit 1721 nicht mehr nur in Innsbruck, sondern auch in Bozen mit einer Deputation vertreten war, läßt sich mit Hans Heiss im besten Sinne des Wortes von einer „ökonomischen Schattenregierung Tirols" sprechen, die auf einer engen und sehr erfolgreichen Kooperation zwischen Merkantilmagistrat und Tiroler Landständen beruhte.[91] „Der Merkantilmagistrat entwickelte sich immer mehr zu einem in die Wirtschaftspolitik des Landes eingreifenden Organ, das in einer Zeit des Merkantilismus und des Kameralismus für den Wirtschaftsliberalismus im Sinne eines freien Warenverkehrs eintrat."[92] Diese vielfach positiv gesehene Entwicklung spiegelt jedoch auch eine bemerkenswerte Schattenseite wider: Daß spätestens seit der Mitte des 18. Jahrhunderts Kaufleute aus Bozen und Trient die meisten Vertreter im Merkantilmagistrat stellten,[93] war eben – so die These – nicht nur ein Zeichen für die starke Position der Bozner in dieser Institution, sondern auch für die bereits rückläufige Bedeutung der Messen, die für auswärtige Kaufleute aus Gegenden außerhalb Tirols und des Trentino nicht mehr so große Anziehungskraft wie im 17. und in der ersten Hälfte des 18. Jahrhunderts besaßen. Diese These wird in den Ausführungen zu den auf den Bozner Messen erfolgten Wechselprotesten (*Kapitel 6*) erneut aufgegriffen und belegt werden.

Die rückläufige Bedeutung der Messen als überregional, ja internationale Marktveranstaltungen stand in engem Zusammenhang mit dem im 18. Jahrhundert allmählichen kommerziellen Niedergang Venedigs. Trotz seiner Zugehörigkeit zur Habsburgermonarchie seit 1513 war Bozen immer „beyond the control of Venice and yet directly tied to its fortunes. Bolzano and its fairs flourished and failed with the prosperity and decline of Venice itself."[94] Venedig erlebte seit dem 16. Jahrhundert einen relativen Niedergang seiner ökonomischen Vormachtstellung im Mittelmeerraum, der von Phasen einer Stagnation auf hohem Niveau unterbrochen wurde.[95] Die Verlagerung der internationalen und interkontinentalen Handelsströme, die im 17. Jahrhundert zunehmende Konkurrenz der nordwesteuropäischen Handelsnationen um die Märkte im Mittelmeerraum und nicht zuletzt auch die – wenngleich häufig überschätzte – Konkurrenz der neuen Freihäfen Ancona, Civitavecchia und Livorno (alle seit 1593) sowie der Republik Ragusa (Dubrovnik) führte im Zusammenspiel mit einer Vielzahl von hier nicht weiter zu erörternden internen und externen Faktoren zu einem ökonomischen Bedeutungsverlust Venedigs, der trotz des großen Reichtums der Serenissima

91 RIZZOLLI, Bozen, S. 28; HEISS, Die ökonomische Schattenregierung, S. 75f.

92 RIZZOLLI, Bozen, S. 29.

93 HEISS, Die ökonomische Schattenregierung, S. 76.

94 MCCUSKER / GRAVESTEIJN, The Beginnings of Commercial and Financial Journalism, S. 143. Vgl. auch SPRUNG, Das Privileg, S. 16.

95 Vgl. Peter FELDBAUER / John MORRISSEY, Venedig 800–1600. Wasservögel als Weltmacht, Wien 2002.

langfristig nicht zu kompensieren war.[96] Als 1717 Kaiser Karl VI. (1711–1740) bekannt machen ließ, daß Österreich den Anspruch Venedigs auf die Oberhoheit über die Adria nicht mehr anerkenne,[97] und zwei Jahre – nach dem Friedensschluß von Passarowitz mit dem Osmanischen Reich – später Triest und Fiume (Rijeka), 1725 schließlich auch Buccari (Bakar) und Porto Ré (Kraljevica) zu Freihäfen erklärte, war dies ein signifikantes Zeichen für die deutlich gesunkene handelspolitische Relevanz der Republik Venedig. Wahrscheinlich mehr noch als Venedig selbst schadeten die neuen Freihäfen langfristig dem Handel der Bozner Messen, da sich nunmehr ein alternativer Handelsweg abseits der traditionellen Etschtal-Eisacktal-Brenner-Route und damit unabhängig von den Bozner Messen abzuzeichnen begann.[98] Zwar wurde der „Tiroler Paßverkehr [...] von der Bevorzugung Triests vorerst nicht beeinträchtigt, da mit den Straßenbauten über den Wurzen- und Loiblpaß zu Ende des dritten Jahrzehnts des 18. Jahrhunderts ein neuer Durchgang durch die Ostalpen von Triest über Laibach nach Villach und weiter durch das Pustertal und über den Brenner nach Süddeutschland eröffnet wurde und damit ein großer Teil des nunmehr über Triest statt über Venedig führenden Italienhandels nach wie vor durch Tirol kam."[99] Aber diese neue Route führte an den Bozner Messen vorbei und umging damit diesen zentralen Warenumschlagplatz des Alpenraums. „Die Folgen dieser Verlagerung für Tirol [...] hielten sich nur deshalb in Grenzen, weil der Aufschwung Triests eher langsam vonstatten ging."[100] Nach einem Bericht von Philipp Graf Sinzendorf aus dem Jahre 1763 nutzten insbesondere Nürnberger und andere oberdeutsche Kaufleute zunehmend die südöstlich durch Österreich verlaufenden Routen, um mit Venedig und Triest Handel zu treiben, weswegen Bozen seit 1723 etwa 9.000 Zentner pro Jahr an Handels- bzw. Transitgut verloren habe.[101] Daß aber auch die Routen über Graubünden – nicht zu-

---

96 Hierzu ausführlich Alberto TENENTI (a cura di), Storia di Venezia: dalle origini alla caduta della Serenissima, Bd. 5: Il Rinascimento: società ed economia, Roma 1996; Gaetano COZZI, Storia di Venezia: dalle origini alla caduta della Serenissima, Bd. 6: Dal Rinascimento al Barocco, Roma 1994; Gino BENZONI, Storia di Venezia: dalle origini alla caduta della Serenissima, Bd. 7: La Venezia barocca, Roma 1997; Piero DEL NEGRO, Storia di Venezia: dalle origini alla caduta della Serenissima, Bd. 8: L'ultima fase della serenissima, Roma 1998. Noch immer bemerkenswert Ludwig BEUTIN, Der wirtschaftliche Niedergang Venedigs im 16. und 17. Jahrhundert, in: Hansische Geschichtsblätter 76, 1958, S. 42–72. Vgl. auch Marco MORONI, Mercanti e fiere tra le due sponde dell'Adriatico nel basso medioevo e in età moderna, in: LANARO (a cura di), La pratica dello scambio, S. 53–79, hier: S. 72–76; Francesca TRIVELLATO, La fiera del corallo (Livorno, XVII e XVIII secolo): Istituzioni e autoregolamentazione del mercato in età moderna, in: Ebd., S. 111–127, hier: S. 113f.

97 BEUTIN, Der wirtschaftliche Niedergang Venedigs, S. 45.

98 SANDGRUBER, Ökonomie und Politik, S. 118; GRASS, Vom Messegericht zum Merkantilmagistrat, S. 226. Vgl. hierzu und zum Folgenden STOLZ, Geschichte des Zollwesens, S. 142–145.

99 SANDGRUBER, Ökonomie und Politik, S. 118.

100 MÜHLBERGER, Absolutismus und Freiheitskämpfe, S. 420.

101 Hildegard WEISS, Über die Verlagerung von Transit-Handelswegen zwischen Süddeutschland und Oberitalien um die Mitte des 18. Jahrhunderts. Nach einer zeitgenössischen österreichischen Wirtschaftsstudie des Freiherrn Karl Hieronymus Cristani v. Rall, in: Wilhelm ABEL u.a. (Hrsg.), Wirtschaft, Geschichte und Wirtschaftsgeschichte. Festschrift zum 65. Geburtstag von Friedrich Lütge,

letzt aufgrund der Verbesserung der dortigen Verkehrswege – an Bedeutung für den Alpentransit zu gewinnen begannen,[102] zeigen die Überlegungen, in Chiavenna, d.h. auf dem Weg vom Comer See über den Splügen nach Chur, zwei „Fiere all'Anno" – Jahrmärkte – einzurichten, was der Bozner Merkantilmagistrat 1719 zu verhindern wußte.[103] Insgesamt ist festzustellen, daß Bozen „von dem allgemeinen Verkehrsaufschwung, der um die Mitte des 18. Jahrhunderts einsetzte [...], verhältnismäßig wenig profitieren [konnte]; der Zwischenhandel der Bozner Märkte hatte seine beherrschende Umschlagsfunktion eingebüßt," wenn auch „der Rückgang selbst [...] doch eher ein relativer im Verhältnis zur allgemeinen Handelsbelebung [war]."[104] Dies ist nicht zuletzt auch auf die veränderten Rahmenbedingungen des Fernhandels zurückzuführen, der infolge der Verbesserung des Post- und Nachrichtenwesens und durch die Vereinheitlichung und Vereinfachung der Maß- und Gewichtssysteme[105] sowie in gewissem Sinne auch des Münzwesens (s.u.) nicht mehr auf ‚Zwischenstationen' wie die Bozner Messen angewiesen war, deren Periodizität im übrigen der gewerblich-manufakturellen Produktionsweise nicht mehr entsprach.[106]

Was hier für den Bereich des Handels nur angerissen werden kann und soll, wird sich aus der Perspektive des bargeldlosen Zahlungsverkehrs sehr klar belegen lassen: Die im 17. Jahrhundert für die Bozner Messen geradezu dominierende Bedeutung der Wechselplätze der Republik Venedig – neben Venedig selbst vor allem Verona – nimmt im Verlauf des 18. Jahrhunderts, vor allem in dessen zweiter Hälfte, drastisch ab – ein deutlicher Hinweis auf die rückläufige Bedeutung des „Venezianer Handels" auf den Bozner Messen insgesamt.

Auch die merkantilistische Handels- und Zollpolitik der benachbarten Länder trug langfristig zum Niedergang der Bozner Messen in der zweiten Hälfte des 18. Jahrhunderts bei: Die Durchsetzung des Merkantilismus im Kurfürstentum Bayern schadete dem Tiroler Handel beträchtlich, da Bayern die Einfuhr von Wein, Südfrüchten und Seide zunehmend unterband.[107] Von Seiten der Wiener Regierung wurden zwar die Claudianischen Privilegien noch mehrfach anerkannt und sogar geringfügig erweitert, so am 6. August 1718 durch Karl VI., am 1. April 1744 durch Maria Theresia, am 13.

Stuttgart 1966, S. 206–226, hier: S. 210. Vgl. auch Herbert HASSINGER, Der Verkehr über Brenner und Reschen vom Ende des 13. bis in die zweite Hälfte des 18. Jahrhunderts. Mit einem Tabellenanhang, in: Ernest TROGER / Georg ZWANOWETZ (Hrsg.), Neue Beiträge zur geschichtlichen Landeskunde Tirols. Festschrift für Univ.-Prof. Dr. Franz Huter anläßlich der Vollendung des 70. Lebensjahres, Innsbruck 1969, Erster Teil, S. 137–194, hier: S. 158–169.

102 MÜHLBERGER, Absolutismus und Freiheitskämpfe, S. 425.

103 SLA, A.M.M., 3.7.9, fasc. 28, fol. 462–523. Vgl. auch MÜHLBERGER, Absolutismus und Freiheitskämpfe, S. 328.

104 Ebd., S. 425.

105 Vgl. SLA, A.M.M., 3.7.22, fasc. 18, fol. 487–497.

106 MÜHLBERGER, Absolutismus und Freiheitskämpfe, S. 425.

107 Ebd., S. 327.

Januar 1787 durch Joseph II. und am 23. März 1792 durch Franz II.,[108] doch versuchte die Wiener Regierung trotz dieser augenfällig dokumentierten Förderung der Messen spätestens seit 1763, Wirtschaft und Handel Tirols „stärker als bisher in den größeren Kontext der Erbländer einzubinden", um einen einheitlichen Wirtschaftsraum – einen „Universalkommerz" – in der Österreichischen Monarchie zu schaffen. Hierzu dienten einerseits neue Institutionen – die Einrichtung der Kreisämter 1745 und des Innsbrucker Guberniums sowie des *Commercial-Consеß* 1763 (seit 1772 *Commercial Commission*) –, die nicht zuletzt einer merkantilistischen Wirtschafts-, speziell Gewerbeförderung dienen sollten, andererseits protektionistische Maßnahmen, wie sie in den Zolltarifen von 1751 und 1763 angelegt waren.[109] „Man sah in den Maßnahmen der Zentralregierung eine wesentliche Ursache für den Rückgang des Straßengewerbes und führte auch den fortschreitenden Bedeutungsrückgang der Bozner und Haller Märkte darauf zurück."[110] Die Auseinandersetzungen zwischen dem Bozner Merkantilmagistrat und der Wiener Regierung um eine für die Messen und Tirol möglichst liberale Handelspolitik zogen sich das weitere 18. Jahrhundert hin, zeitigten aus Bozner Sicht in mehreren Novellierungen der Zolltarifordnungen (so etwa 1766) Erfolge, doch gelang es nicht, dem zunehmenden Warenschmuggel Einhalt zu gebieten, zumal 1775 und 1780 von Seiten der k.k. Regierung versucht wurde, durch neue Zollpatente Tirol ein streng protektionistisches System zu oktroyieren, was aber letztendlich scheiterte. Durch massiven Einsatz von Bestechungsgeldern gelang es den Delegierten des Merkantilmagistrats, bei der Wiener Regierung die Aufhebung der für Bozen und Tirol schädlichen Zollbestimmungen von 1780 zum 1. November 1783 und die Wiedereinführung der Zollordnung von 1766 mit einigen kleineren Änderungen zu erreichen, so daß der bereits einsetzenden Umorientierung der Warenströme hin zu den Schweizer Pässen Einhalt geboten wurde. 1786 wurde schließlich zugunsten der Bozner Messen dem Transitverkehr und -handel ein gewisser Vorrang zugestanden und von bestimmten protektionistischen Maßnahmen zum Schutz der heimischen Produktion wieder abgesehen.[111] Ziel des Bozner Handelskapitals blieb der Erhalt eines möglichst freizügigen Warenverkehrs im „transalpinen Transitkanal" Tirol, weswegen auch alle Ansätze zu einer spätmerkantilistisch-frühindustriellen Gewerbeförderung, die über die Prätur Rovereto und das Oberinntal hinausreichten, vom Merkantilmagistrat unterlaufen bzw. verhindert wurden.[112]

---

108 Eugen J. MUTH, Die Bozner Messe, Innsbruck 1968, S. 23; Walter VON WALTHER, Zur Geschichte der Bozner Handelskammer seit 1851, in: Bozner Handelskammer (Hrsg), Die Bozner Handelskammer, S. 97–119, hier: S. 98; SPRUNG, Das Privileg, S. 16.

109 HEISS, Die ökonomische Schattenregierung, S. 77; BONOLDI, La fiera e il dazio, S. 79–152; MÜHLBERGER, Absolutismus und Freiheitskämpfe, S. 407.

110 Ebd., S. 408.

111 Ebd.; RIZZOLLI, Bozen, S. 32.

112 HEISS, Die ökonomische Schattenregierung, S. 78–81. Vgl. auch Otto STOLZ, Zollwesen und Handelsverkehr in Tirol in alter Zeit, in: Hermann GERHARDINGER / Franz EGERT / Franz HUTER (Hrsg.), Tiroler Wirtschaft in Vergangenheit und Gegenwart. Festgabe zur 100-Jahrfeier der Tiroler Handelskammer, Bd. I: Beiträge zur Wirtschafts- und Sozialgeschichte Tirols, Innsbruck 1951, S. 53–76, hier: S. 67.

Die ‚Industriefeindlichkeit' des traditionellen Handelsbürgertums[113] konnte sich dabei sowohl mit der anhaltenden Blüte des Transithandels in der zweiten Hälfte des 18. Jahrhunderts, wie sie Angelo Moioli konstatierte (s.o.), als auch mit der Sonderkonjunktur der 1790er Jahre rechtfertigen. Erstere Entwicklung spiegelt sich auch in einer Bemerkung Johann Wolfgang von Goethes wider, der am 11. September 1786 anläßlich seiner Reise nach Italien feststellte: „Die Botzner Messe bewirkt einen starken Seidenvertrieb, auch Tücher werden dahin gebracht und was an Leder aus den gebirgigen Gegenden zusammengeschafft wird. Doch kommen mehrere Kaufleute hauptsächlich um Gelder einzucassiren, Bestellungen anzunehmen und neuen Credit zu geben dahin."[114] Im übrigen zeigt diese knappe Bemerkung, daß die Bozner Messen im ausgehenden 18. Jahrhundert ihre überregionale Bedeutung nicht zuletzt dem Zahlungsverkehr zu verdanken schienen.

Spätestens die 1792 einsetzenden Koalitionskriege mit den effizienten Seeblockaden der Häfen Toulon, Marseille, Genua und Livorno durch die Briten zogen dann eine erneute Hochblüte der Warendurchfuhr durch Tirol nach sich, deren Transit-Tonnagen sich in wenigen Jahren verdoppelten, da der Landweg zwischen dem Raum nördlich der Alpen und dem Mittelmeerraum in dieser Zeit sicherer als der Seeweg durch das Mittelmeer erschien. Diese Kriegskonjunktur dauerte bis 1801, worauf eine Phase eines raschen Rückgangs der Warendurchfuhr durch Tirol einsetzte.[115] Allerdings konnte auch diese konjunkturelle Blüte nicht über zunehmende Unregelmäßigkeiten hinwegtäuschen, die die Organisation und Ablauf der Messen betrafen. Am 20. September 1794 wurde durch Mandat Kaiser Franz' II. der Geld-, Wechsel- und Warenhandel mit Frankreich und allen französisch besetzten Provinzen verboten. Dieses Mandat wurde erst am 1. Mai 1795 nach dem Sonderfrieden von Basel zwischen Frankreich und Preußen (5. April 1795) wieder teilweise aufgehoben.[116] Die Bartholomäusmesse 1796 mußte wegen der Kriegshandlungen durch den Merkantilmagistrat verlängert werden, da sie es den Kaufleuten nicht möglich gewesen war, rechtzeitig zu ihrem Beginn in Bozen einzutreffen. Wechsel derjenigen Kaufleute, die nicht rechtzeitig auf den Messen erscheinen konnten, mußten nicht bezahlt werden, sondern wurden bis zur Andreämesse 1796 prolongiert,[117] und es kam – ausdrücklich so deklariert – zu kriegsbedingten Wechselprotesten, da zahlreiche Kaufleute nicht nach Bozen reisen konnten.[118] Die Mittfastenmesse 1797 fiel wegen der ersten französischen Besetzung Bozens am 23. März gänzlich aus: „Nachdem wegen der gegenwärtigen Kriegszustände der bevorstehende Halbfasten Markt [Mittfastenmesse; A.d.A.] wie gewöhnlich mit der gehörigen Ruhe und Ordnung nicht kann gehalten werden, als ist durch

---

113 Vgl. dazu allgemein Hans-Ulrich WEHLER, Deutsche Gesellschaftsgeschichte, 2. Bd.: Von der Reformära bis zur industriellen und politischen „Deutschen Doppelrevolution" 1815–1845/49, München ²1989, S. 183.

114 Zitiert nach SPRUNG, Das Privileg, S. 16, 19.

115 HEISS, Die ökonomische Schattenregierung, S. 82; RIZZOLLI, Bozen, S. 34.

116 SLA, A.M.M., 3.5.17, fol. 23f.; 3.7.41, fasc. 8, fol. 39–42, hier: fol. 40.

117 SLA, A.M.M., 3.5.18, fol. 24, 26, 48.

118 SLA, A.M.M., 3.5.31, fol. 17.

hohe Ministerial-Verordnung vom 10ten dieß[en Jahres] den Markts-Magistraten aufgetragen worden, denselben auf ruhigere Zeiten dergestalt jedoch zu verlegen, daß jedem Fieranten, und Kontrattanten seine Marktgerechtsame vorbehalten, und jeder Fierant, und Kontrattant den aufhabenden Markts-Verbindlichkeiten nachzuleben verbunden seyn solle."[119] Auch die Zahl der Fallimente stieg spätestens um die Mitte der 1790er Jahre deutlich an.[120] – Diese Bozner ‚Kriegskonjunktur' endete mit der zweiten französischen Besetzung der Stadt, die von Ende 1800 bis zum 9. Februar 1801 dauerte und die den Transithandel erstmals weitgehend lahmlegte.[121]

Nach dem Übergang Tirols an Bayern im Zuge des Friedens von Preßburg von Weihnachten 1805 – Bozen war am 16. November 1805 erneut von französischen Truppen besetzt worden – setzte sich die Stagnationszeit fort, obwohl die bayerische Regierung die Privilegien der Bozner Messen vorerst bestätigte, die Statuten dann jedoch 1808 aufhob.[122] Die Akten zu den Messen berichten vornehmlich über den Handel mit roveretanischen Seidenwaren, die zur wichtigsten Handelsware auf den Messen wurden.[123] Am 2. Januar 1808 wurde ein Handelsvertrag zwischen den Königreichen Italien und Bayern abgeschlossen,[124] der die Handelssperre zwischen den beiden Nachbarn im wesentlichen beseitigen und durch massive Zollsenkungen nicht zuletzt Tiroler bzw. Bozner Interessen berücksichtigen sollte; allerdings wurde der Vertrag von den beiden Monarchen nicht ratifiziert, so daß sich daraus kein Aufschwung für die Bozner Messen ergab.[125] Für die Mittfastenmesse 1807 findet sich der ausdrückliche Hinweis, daß diese Messe „schlecht ausgefallen" sei.[126] Zwar fungierten die Bozner Messen in dieser Zeit noch als ein wichtiger Treffpunkt oberdeutscher und oberitalienischer Händler, doch wurde die „Provinzialisierung", das Übergewicht der Kaufleute aus Bozen selbst und aus Tirol, unverkennbar, wie die Kontrattantenlisten dieser Jahre belegen. Und nicht zuletzt Trient versuchte, Bozen dadurch Konkurrenz zu machen, daß es bei der bayerischen Regierung die Einrichtung eines Merkantilgerichts

---

119 SLA, A.M.M., 3.7.41, fasc. 53, fol. 346–370, hier: fol. 360f. (Benachrichtigung vom 18. März 1797). Vgl. RIZZOLLI, Bozen, S. 34.

120 SLA, A.M.M., 3.7.41, fasc. 20, fol. 111–118, hier: fol. 112.

121 RIZZOLLI, Bozen, S. 34.

122 HEISS, Die ökonomische Schattenregierung, S. 83; SPRUNG, Das Privileg, S. 19; MUTH, Die Bozner Messe, S. 23; MÜHLBERGER, Absolutismus und Freiheitskämpfe, S. 425. – Die umfangreichen Akten, die anläßlich der Bozner Eingabe um Bestätigung der alten Messeprivilegien an den König von Bayern zwischen Januar und Mai 1806 erstellt wurden, siehe unter SLA, A.M.M., 3.7.45, fasc. 36, fol. 629–708.

123 Werner ZUBLASING, Die Bozner Messen im 18. und 19. Jahrhundert. Der Niedergang, Dipl.arb. in Wirtschaftsgeschichte an der Fakultät für Wirtschaftswissenschaften der Freien Universität Bozen, Bozen 2005, Kapitel 4.

124 Die Akten zum *Kommerztraktat* zwischen den Königreichen Bayern und Italien aus der Perspektive des Bozner Merkantilmagistrats siehe in SLA, A.M.M., 3.7.47, fasc. 21, fol. 659–808.

125 HEISS, Die ökonomische Schattenregierung, S. 83f. Vgl. MÜHLBERGER, Absolutismus und Freiheitskämpfe, S. 505; RIZZOLLI, Bozen, S. 35.

126 SLA, A.M.M. 3.7.47, fasc. 6, fol. 70–79, hier: fol. 70.

und zweier Messen nach Bozner Vorbild beantragte.[127] Während des Tiroler Aufstands 1809, den die Bozner Kaufleute mit einem Darlehen von 100.000 Gulden unterstützten, wurden die Messen noch stärker beeinträchtigt: Die Wechselzahlungen mußten gleich dreimal verschoben werden, und auch die Wahl der Konsuln entfiel.[128]

Als die Stadt Bozen mit dem gesamten neuen Dipartimento dell'Alto Adige 1810 an das Königreich Italien fiel, wurde dies von Merkantilmagistrat und Handelsstand eher postiv gesehen, da man hoffte, von den Folgen des 1806 verkündeten napoleonischen Kontinentalsystems nunmehr in geringerem Maße betroffen zu sein und zugleich seine kommerziellen Interessen innerhalb des italienischen Wirtschaftsraums besser wahrnehmen zu können, was allerdings nicht eintrat.[129] Am 10. August 1810 verfügte der Vizekönig des Königreichs Italien, Eugenio Napoleone (Eugène Beauharnais), die Errichtung eines Tribunale di prima istanza, das zugleich als Tribunale di commercio fungierte.[130] Nachdem am 24. August 1810 der Merkantilmagistrat vom Vizekönig aufgehoben worden war, installierte er am 24. November 1810 ein Tribunale di commercio e delle fiere[131], das am 1. Februar 1811 seine Arbeit begann. Zugleich setzte die Tätigkeit einer provisorischen Handelskammer nach den Bestimmungen des Gesetzes der Italienischen Republik vom 30. August 1802 ein. Nachdem Kaiser Napoleon selbst im Dekret von St-Cloud vom 27. Juni 1811 Bozen als Standort einer Camera di commercio, arti e manifatture bestimmt hatte,[132] wurde die Handelskammer in Bozen endgültig eingerichtet und nahm am 13. Februar 1812 ihre Tätigkeit auf.[133] „Trotz lückenhafter Quellenlage hat es den Anschein, als ob sich Bozens Handelstätigkeit unter dem Königreich Italien bestens entwickelt habe."[134] Am 23. August 1811 bestätigte die Mailänder Regierung den Fortbestand der vier Bozner Messen und billigte der Stadt Stapelrechte und Importprivilegien zu. Dies bewirkte eine zumindest

---

127 RIZZOLLI, Bozen, S. 35f.

128 SLA, A.M.M. 3.5.31, fol. 17, 26, 28, 36.

129 MÜHLBERGER, Absolutismus und Freiheitskämpfe, S. 505. Vgl. dazu Josef NÖSSING, Der Bozner Bezirk unter dem Königreich Italien 1810–1813, in: Informationsblatt ARGE ALP 8, hrsg. v. Land Vorarlberg, Bregenz 1983, S. 116–123; RIZZOLLI, Bozen, S. 37.

130 *Decreto relativo all'organizzazione giudiziaria del dipartimento dell'Alto Adige, e della parte del Tirolo da unirsi al dipartimento della Piave*, in: Bollettino delle leggi del Regno d'Italia 1810 II, Nr. 163.

131 *Decreto relativo all'istituzione di un tribunale di commercio e delle fiere in Bolzano*, in: Bollettino delle leggi del Regno d'Italia 1810 III, Nr. 262.

132 *Decreto riguardante lo stabilimento di un consiglio generale e delle camere di commercio, arti e manufatture*, in: Bollettino delle leggi del Regno d'Italia 1811 I, Nr. 145. Hierzu auch SLA, A.M.M., 3.7.50, fasc. 3, fol. 47–65.

133 VON WALTHER, Bozner Handelskammer, S. 99; SPRUNG, Das Privileg, S. 20; Hermann GERHARDINGER, Aus der Vorgeschichte der österreichischen Handels- und Gewerbekammern, in: Ders. / EGERT / HUTER (Hrsg.), Tiroler Wirtschaft, Bd. II: Kammergeschichte, S. 7–128, hier: 59–62. Vgl. auch Guido CANALI, La Camera di commercio di Bolzano durante il periodo napoleonico, in: Atesia augusta. Rassegna mensile dell'Alto Adige 2/4, 1940, S. 45–48.

134 HEISS, Die ökonomische Schattenregierung, S. 85. Vgl. dazu kritisch MUTH, Die Bozner Messen, S. 27.

kurzfristige ökonomische Erholung Bozens nach der Rezessionsphase des Kontinentalsystems.[135]

Nach der Rückkehr Tirols zum Kaisertum Österreich blieben Handelskammer und Handelsgericht noch für einige Monate in Funktion. Auf Bitten der Bozner Kaufmannschaft wurde der Merkantilmagistrat durch Kaiser Franz I. mit Dekret vom 21. Februar 1816 wiederhergestellt und löste am 12. Juni 1816 Handelskammer und Handelsgericht in ihren Funktionen ab. Auch die Bozner Marktordnung vom 23. März 1792 wurde mit Dekret vom 5. März 1816 wieder in Kraft gesetzt.[136] Darüber hinaus galt aber auch der *Codice di commercio di terra e di mare del regno d'Italia*, der im südlichen, d.h. von Frankreich damals besetzten Tirol wie auch in Dalmatien mit Dekret vom 15. Juni 1810 eingeführt worden war, gemäß dem Hofdekret vom 28. Dezember 1816 neben dem österreichischen Handels- und Wechselrecht weiter. Allerdings hatten die Bestimmungen des genannten *Codice* nur in den Fällen Gültigkeit, „in welchen derselbe besondere Entscheidungen liefert, welche nicht durch die schon kundgemachten österreichischen Gesetze erneuert od. aufgehoben wurden".[137] Spätestens seit den 1820er Jahren begann auch das durchgängig festzustellende zahlenmäßige Übergewicht der italienischen Kaufleute in der Kontrattantschaft zu schwinden, womit sich in der Amtsführung der Übergang zur Doppelsprachigkeit bemerkbar machte.[138]

Die Marktberichte der Jahre um 1820 zeigen sowohl aus der Perspektive des Handels als auch aus der des bargeldlosen Zahlungsverkehrs durchwegs ein düsteres Bild, wobei in den Berichten der unmittelbare Zusammenhang zwischen beiden Geschäftszweigen betont wurde. So heißt es im Marktbericht anläßlich der Mittfastenmesse 1822: „Die Geld- und Wechselgeschäfte waren klein und unbedeutend, was man wohl als eine natürliche Folge des Stockens im Waarenhandel betrachten mag,"[139] wobei insbesondere der Transithandel unter den Zöllen litt, denen Tirol seit seiner Eingliederung in den östereichischen Mautverband am 20. Mai 1816 unterworfen war.[140] Und anläßlich der darauffolgenden Fronleichnamsmesse findet sich die Bemerkung: „Die Geld- und Wechselgeschäfte waren im letzten Markte beÿnahe ebenso unbedeutend und leblos, als die Waaren-Geschäfte."[141] Daß die Geld- und Wechselgeschäfte auf

---

135 HEISS, Die ökonomische Schattenregierung, S. 85.

136 SLA, A.M.M., 3.7.53, fasc. 8, fol. 45–56. VON WALTHER, Bozner Handelskammer, S. 99; GERHARDINGER, Aus der Vorgeschichte, S. 64; SPRUNG, Das Privileg, S. 20.

137 LIEBHOLD (Hrsg.), Georg Thomas Flügel's Cours-Zettel [1832], S. 80; NOBACK / NOBACK, Vollständiges Taschenbuch der Münz-, Maass- und Gewichts-Verhältnisse [1851], 1. Abth., S. 145.

138 HUTER, Die Quellen des Meßgerichts-Privilegs, S. 70. Noch weitreichender Josef FONTANA, Von der Restauration bis zur Revolution (1814–1848), in: Ders. u.a. (Hrsg.), Geschichte des Landes Tirol, Bd. 2, S. 581–760, hier: S. 641: „Die italienischen Kaufleute blieben seit 1814 weg", was nach Ausweis der Wechselprotestbücher zumindest bis 1816 nicht korrekt ist.

139 SLA, A.M.M., 3.7.57, fasc. 86, fol. 1178–1221, hier: fol. 1181'.

140 RIZZOLLI, Bozen, S. 38.

141 SLA, A.M.M., 3.7.57, fasc. 86, fol. 1188'.

den Bozner Messen dieser Jahre regelmäßig „leblos“[142] – so der anläßlich der Mittfastenmesse 1823 wiederum gebrauchte Ausdruck – waren, wird im Marktbericht zur Fronleichnamsmesse 1824 näher erläutert: „Die Geld- und Wechselgeschäfte, welche in diesem Markte in früheren Zeiten gewöhnlich lebhafter waarn, als die Waaren-Geschäfte, weil die italienischen Kaufleute zum Behufe des Seideneinkaufes gerade um diese Zeit immer einer großen Baarschaft bedurften, standen nun mit der Leblosigkeit aller Marktgeschäfte vollkommen im Einklange; – man muß daher mit Bedauern bemerken, daß beÿ einem allgemein gefühlten großen Geldmangel auch das wenige noch vorräthige Capital nicht mehr mit Nutzen auf die nicht so enträglichen Zweige der Industrien verwendet werden kann.“[143] Der Rückgang des Seidenhandels als eines, wenn nicht des zentralen Handelszweiges der Bozner Messen dieser Jahre war damit ein gewichtiger Grund für den oftmals beklagten „große[n] Geldmangel“[144], der dann erheblich zum Einbruch im Kreditgeschäft und damit im bargeldlosen Zahlungsverkehr beitrug, wie aus dem Messebericht zur Mittfastenmesse 1820 ersichtlich wird: „Die Geldnoth war sehr groß, der allgemeine Mißkredit noch größer; also gab es nur äußerst wenige Geld- und Wechsel-Geschäfte.“[145]

Ein zweiter Grund für das Darniederliegen des Geld- und Wechselgeschäfts auf den Messen resultierte aus den Währungsverhältnissen, da die Warengeschäfte in der sogenannten Abusivwährung getätigt wurden, die gegenüber dem offiziell gebräuchlichen 20-Gulden-Fuß (Konventionskurant) bzw. den 24-Gulden-Fuß (sogenanntes ‚Augsburger Kurant‘ oder ‚Reichswährung‘[146]) bisweilen stark schwankte,[147] wie etwa anläßlich der Bartholomäusmesse 1821 betont wurde: „Die Wechselgeschäfte stockten [...], wozu auch noch der Umstand beÿtrug, daß die sogenannte Abusiv-Währung ganz ungewöhnlich schwankte, und ihr früheres Verhältnis zum Augsburger Corrent überschritt. Dieses Schwanken hielt Viele wegen der damit verknüpften Unsicherheit von allen Geldspekulationen ab.“[148]

Die weitere Entwicklung der Bozner Messen wurde weitgehend durch die zumindest teilweise Verlagerung der traditionellen Handelswege über die Alpen bestimmt. Alpenstraßen und -pässe wurden zunehmend ausgebaut, so über den St. Bernhard, den Simplon, den St. Gotthard und den Splügen, so daß alternative Routen entstanden und der Transit nicht mehr gleichsam zwangsläufig über Bozen gehen mußte. Insbesondere der für die Bozner Messen wichtige Seidenhandel von Bergamo und Brescia, der bereits Erwähnung fand, wich auf die Wege entweder über den Pontafel (Pontebba) oder über Chur aus wie in umgekehrter Richtung auch österreichische Fabrikate nach

142 SLA, A.M.M., 3.7.57, fasc. 100, fol. 1306–1333, hier: fol. 1308’.

143 SLA, A.M.M., 3.7.58, fasc. 35, fol. 804–817, hier: fol. 812–812’.

144 So etwa auf der Bartholomäusmesse 1822; SLA, A.M.M., 3.7.57, fasc. 86, fol. 1200’.

145 SLA, A.M.M., 3.7.57, fasc. 34, fol. 355–407, hier: fol. 364’–365.

146 Zum Augsburger Kurant siehe *Kapitel 4.9*, zur Reichswährung siehe *Kapitel 3.4*.

147 SLA, A.M.M., 3.7.57, fasc. 62, fol. 736–774, hier: fol. 740’.

148 Ebd., fol. 757.

Oberitalien: „Bozen mußte seinen Rang als Handelszentrum an Verona abtreten."[149] Die intensiven und langwierigen Verhandlungen um die Abhaltung von „Märkten" in Verona in den Jahren 1815 bis 1822 legen ein beredtes Zeugnis von dieser Konkurrenzsituation ab.[150] Gerade die Graubündner Route, aber auch die über Triest beeinträchtigten den Alpentransit über Bozen erheblich, was im übrigen auch die mit den Bozner Messen eng verbundenen oberdeutschen Handelsplätze Augsburg, Regensburg und Passau an Bedeutung für den überregionalen Handel verlieren ließ. Doch nicht nur die Verschiebung von überregionalen Verkehrsrouten, sondern auch die Rationalisierung in der Abwicklung von Handelsgeschäften trug zum Bedeutungsverlust der Bozner – wie auch zahlreicher anderer – Messen in Europa bei, sofern sie nicht – wie in Leipzig geradezu vorbildlich geschehen[151] – den Übergang zur Mustermesse vollzogen. Der internationale Warenaustausch ging im 19. Jahrhundert mehr und mehr zur Direktlieferung über und ließ so bislang notwendige Zwischenstationen – wie etwa die Messen – obsolet werden, was insbesondere durch die deutlich verbesserte Nachrichtenübermittlung zwischen den Handelspartnern auch über weite Strecken hinweg ermöglicht wurde.[152]

„So sanken die einstmals berühmten Bozner Messen zu Provinzialmärkten herab, auf denen vorwiegend kleine Landkrämer zu finden waren,"[153] die mit Tiroler Leinen-, Eisen- und Lederwaren sowie mit Vorarlberger Baumwolltuchen handelten:[154] „Die [...] geänderten Verkehrs- und Wirtschaftsverhältnisse ließen die früher berühmten Bozner Märkte jedoch alsbald zu Provinzmärkten herabsinken, bei denen nicht mehr die großen Handelsherren, sondern kleine Landkrämer aus dem tirolischen Bereich das Gros der Besucher stellten; wo einst Pelze, Damast, Samt und Seide, Genfer Bänder, südländische Spezereien, Fische, Öl und Wein, aber auch zum Schnupfen bestimmter Spanioltabak in zierlichen Elfenbeindöschen den Eigentümer gewechselt hatten, feilschte man nun um Roßpeitschen, Sägeblätter, Nägel und Taschenmesser."[155]

Daß Bozen für den Tiroler Geld- und Wechselhandel aber auch in der ersten Hälfte des 19. Jahrhunderts noch von einer gewissen Bedeutung war, belegen die entsprechenden Kursnotierungen aus dieser Zeit.[156] In einer „Statistische[n] Darstellung der Handelsverhältnisse der Stadt Bozen" aus dem Jahre 1817 wird sogar eine völlig überzogene Sichtweise der Bozner Messen propagiert: „Das Wechselnegoce ist mit jenem des Waarenhandels allzuenge verbunden als daß eines ohne dem andern bestehen

---

149 FONTANA, Von der Restauration bis zur Revolution, S. 641.

150 SLA, A.M.M., 3.7.51, fasc. 77, fol. 909–1053.

151 Karlheinz BLASCHKE, Der Übergang von der Warenmesse zur Mustermesse im 19. Jahrhundert, in: POHL (Hrsg.) unter Mitarb. v. POHLE, Frankfurt im Messenetz Europas, Bd. I, S. 263–280.

152 MUTH, Die Bozner Messen, S. 27–29. Vgl. auch STOLZ, Geschichte des Zollwesens, S. 214f.

153 MUTH, Die Bozner Messen, S. 27. Vgl. auch RIZZOLLI, Bozen, S. 38.

154 MUTH, Die Bozner Messen, S. 28.

155 SPRUNG, Das Privileg, S. 20, 23.

156 Siehe *Kapitel 3*.

hen könnte. Fallen die Märkte, so verliert das Land, ja man darf sagen, die Monarchie einen wichtigen, mit seinem ordentlichen Wechsel- und Handlungsgerichte versehenen Wechselplatz, der in seiner Gattung der einzige ist, und bloß aus dem Commerce entspringet. [...] Mann kann sicher annehmen, daß auf den 4 Jahrmärkten inwendig wenig Wochen einige Millionen verwechselt werden."[157] Noch um die Mitte des 19. Jahrhunderts charakterisiert eine zeitgenössische Handelspraktik Bozen als „eine der wichtigsten Städte Tyrols [...] mit bedeutendem Handel nach Italien, dessen Verkehr mit Deutschland es vorzüglich vermittelt, auch durch seine Messen bedeutend".[158] Allerdings war die Bedeutung der Bozner Messen und mit ihnen auch die des Merkantilmagistrats in den ersten Jahrzehnten des 19. Jahrhunderts bereits so gesunken, daß unter Kaiser Ferdinand I. (1835–1848) keine Erneuerung der alten Privilegien mehr erfolgte.[159]

Einen wesentlichen Einschnitt in der Geschichte der Bozner Messen, ihres Handels und Zahlungsverkehrs stellte schließlich die Umbildung des traditionellen Merkantilmagistrats in eine Handels- und Gewerbekammer dar, die schon 1818 in der Diskussion war. Erst im Zuge der wirtschaftspolitischen Reformbestrebungen der neoabsolutistischen Ära wurden durch eine kaiserliche Resolution vom 18. März 1850 in Tirol drei Kammern – Innsbruck, Bozen und Rovereto – eingerichtet, von denen sich die Bozner Kammer am 10. März 1851 konstituierte; die bisherigen Jurisdiktionsbefugnisse des Merkantilmagistrats, die ihm am 2. Mai 1850 entzogen worden waren, gingen auf das neuerrichtete Landesgericht Bozen über.[160] Damit war nach mehr als 200 Jahren die Geschichte des Bozner Merkantilmagistrats zu Ende gegangen.

Die Bozner Messen lassen sich einige Jahre weiter verfolgen, denn ein gutes Vierteljahrhundert später werden in einem zeitgenössischen Kaufmannshandbuch immer noch die vier Messen erwähnt, jedoch mit folgender Bemerkung: „Die wichtigsten der Messen sind der Herbstmarkt und der Mittfastenmarkt; im erstern pflegen die Einkäufe für den Winter, im letztern diejenigen für den Sommer gemacht zu werden. Die beiden andern Messen sind nur sehr wenig besucht. Von besonderer Bedeutung sind die Geschäfte in Rohseide."[161] Dieser Hinweis darf jedoch nicht darüber hinwegtäuschen, daß die Bedeutung Bozens als Messeplatz zumindest für das 19. Jahrhundert beendet war, wofür die Umbildung des mit den Messen auf das Engste verbundene Merkantilmagistrats der letzte Anstoß war, denn nunmehr unterblieben auch die letzten Relikte einer eigenständigen Messehandelspolitik, die bislang immerhin noch durch die regelmäßige Aufstellung eines Geld- und Wechselpreiskuranten zumindest nach außen hin vorgenommen wurde.

---

157 SLA, A.M.M., 3.7.55, fasc. 35, fol. 318–522, hier: fol. 364f.

158 NOBACK / NOBACK, Vollständiges Taschenbuch der Münz-, Maass- und Gewichts-Verhältnisse [1851], 1. Abth., S. 144.

159 SPRUNG, Das Privileg, S. 23; RIZZOLLI, Bozen, S. 39.

160 VON WALTHER, Bozner Handelskammer, S. 97, 99; HEISS, Die ökonomische Schattenregierung, S. 85; SPRUNG, Das Privileg, S. 23.

161 NOBACK, Münz-, Maass- und Gewichtsbuch [1877], S. 178.

Abb. 7: Wechsel- und Geldkurszettel der Bozner Fronleichnamsmesse 1769[162]

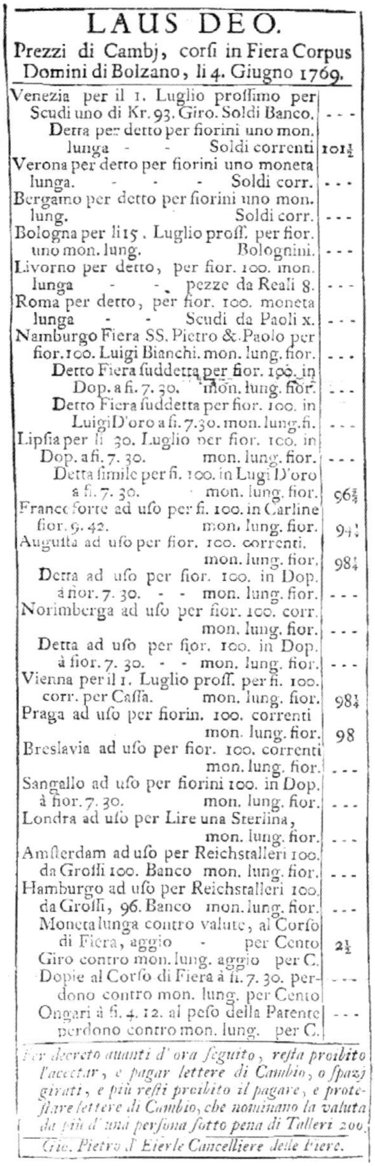

LAUS DEO.

Prezzi di Cambj, corſi in Fiera Corpus Domini di Bolzano, li 4. Giugno 1769.

Venezia per il 1. Luglio proſſimo per Scudi uno di Kr. 93. Giro. Soldi Banco.	- - -
Detta per detto per fiorini uno mon. lunga - - Soldi correnti	101½
Verona per detto per fiorini uno moneta lunga. - - - Soldi corr.	- - -
Bergamo per detto per fiorini uno mon. lung. Soldi corr.	- - -
Bologna per li 15. Luglio proſſ. per fior. uno mon. lung. Bolognini.	- - -
Livorno per detto, per fior. 100. mon. lunga - - pezze da Reali 8.	- - -
Roma per detto, per fior. 100. moneta lunga - - Scudi da Paoli x.	- - -
Namburgo Fiera SS. Pietro & Paolo per fior. 100. Luigi Bianchi. mon. lung. fior.	- - -
Detto Fiera ſuddetta per fior. 100. in Dop. a fi. 7. 30. mon. lung. fior.	- - -
Detto Fiera ſuddetta per fior. 100. in Luigi D'oro a fi. 7. 30. mon. lung. fi.	- - -
Lipſia per li 30. Luglio per fior. 100. in Dop. a fi. 7. 30. mon. lung. fior.	- - -
Detta ſimile per fi. 100. in Lugi D'oro a fi. 7. 30. mon. lung. fior.	96¾
Franco forte ad uſo per fi. 100. in Carline fior. 9. 42. mon. lung. fior.	94¼
Augusta ad uſo per fior. 100. correnti. mon. lung. fior.	98¼
Detta ad uſo per fior. 100. in Dop. à fior. 7. 30. - - mon. lung. fior.	- - -
Norimberga ad uſo per fior. 100. corr. mon. lung. fior.	- - -
Detta ad uſo per fior. 100. in Dop. à fior. 7. 30. - - mon. lung. fior.	- - -
Vienna per il 1. Luglio proſſ. per fi. 100. corr. per Caſſa. mon. lung. fior.	98¼
Praga ad uſo per fiorin. 100. correnti mon. lung. fior.	98
Breslavia ad uſo per fior. 100. correnti mon. lung. fior.	- - -
Sangallo ad uſo per fiorini 100. in Dop. à fior. 7. 30. mon. lung. fior.	- - -
Londra ad uſo per Lire una Sterlina, mon. lung. fior.	- - -
Amſterdam ad uſo per Reichstalleri 100. da Groſſi 100. Banco mon. lung. fior.	- - -
Hamburgo ad uſo per Reichstalleri 100. da Groſſi, 96. Banco mon. lung. fior.	- - -
Moneta lunga contro valute, al Corſo di Fiera, aggio - per Cento	2½
Giro contro mon. lung. aggio per C.	
Dopie al Corſo di Fiera à fi. 7. 30. perdono contro mon. lung. per Cento	- - -
Ongari à fi. 4. 12. al peſo della Patente perdono contro mon. lung. per C.	- - -

Per decreto avanti d'ora ſeguito, reſta proibito l'accettar, e pagar lettere di Cambio, o ſpazj girati, e più reſti proibito il pagare, e proteſtare lettere di Cambio, che nominano la valuta da più d'una perſona ſotto pena di Talleri 200.

Gio. Pietro d'Eierle Cancelliere delle Fiere.

162 Quelle: SLA, A.M.M. 3.5.10, fol. 412.

2. DIE RECHTLICHEN GRUNDLAGEN DES BARGELDLOSEN ZAHLUNGSVERKEHRS AUF DEN BOZNER MESSEN

Die rechtlichen Grundlagen der Abwicklung des Zahlungsverkehrs verdienen eine intensive Durchleuchtung, da die bisherige Forschung gerade hierbei entscheidende, ja determinierende Faktoren für die weitere Entwicklung der Messen und vor allem für deren ‚Rückständigkeit' gegenüber anderen Handels- und Finanzmärkten des 17. und 18. Jahrhunderts erkannte. Gerade aus der Etablierung und Beibehaltung nicht mehr ‚zeitgemäßer' Institutionen leitete sie gewichtige Argumente ab, die den Niedergang der Bozner Messen seit der zweiten Hälfte des 18. Jahrhunderts mit erklären sollten.

Die rechtlichen Grundlagen des bargeldlosen Zahlungsverkehrs auf den Bozner Messen wurden im wesentlichen durch den zweiten Teil des Claudianischen Privilegs von 1635, die „von dem Magistrat unnd Kauffleuthen gemachten Marckts-Ordnungen", grundgelegt. Anläßlich jeden Regierungswechsels bemühte sich der Bozner Merkantilmagistrat um eine Erneuerung bzw. Bestätigung des für die Messen zentralen Claudianischen Privilegs, die durch die Erzherzöge Ferdinand Karl am 16. Oktober 1648 und Sigismund Franz am 19. Juli 1663, sodann durch Kaiser Leopold I. am 30. August 1666 erfolgte.[1] Ein Nachtrag wurde am 3. September 1674 hinzugefügt.[2] Nach der Thronbestigung Karls VI. 1711 wurde allerdings fast sieben Jahre gewartet, bis um die erneute Bestätigung gebeten wurde. Gleich drei Eingaben vom 31. Dezember 1717, vom 30. März und vom 7. Mai 1718 waren erforderlich, bis mit Datum vom 6. August 1718 die Bestätigung Karls VI. erteilt wurde, die dann 1719 in Bozen in Druck ging.[3] Es war dies allerdings nicht mehr eine bloße Bestätigung der traditionellen Privilegien wie in den früheren Fällen, sondern es wurde eine in wichtigen Bereichen veränderte und erweiterte Fassung des ursprünglichen Privilegiums erteilt. Die *Marktordnung* von 1718, wie sie gemeinhin genannt wird, zeigt, daß zum einen eine Professionalisierung der Verwaltungs- und Jurisdiktionsabläufe angestrebt wurde und man zum anderen auf neue Entwicklungen im Bereich des Handels- und Zahlungsverkehrs reagieren wollte bzw. mußte: Ein erster Schwerpunkt der Veränderungen war der Ausbau des Merkantilgerichts durch weitere Beamte; an Stelle des Marktschreibers trat ein juristisch gebildeter Messekanzler – ein deutliches Anzeichen für die an-

---

1 SLA, A.M.M., 2.14, fol. 24–37: Capittoli delle Fiere di Bolgiano. Zur Bestätigung von 1766 vgl. das vorangegangene *Decreto sopra la confirmatione de Privileggi* vom 15. September 1665; SLA, A.M.M., 3.1.11. fol. 145–145'.

2 RIZZOLLI, Bozen, S. 27.

3 KRASENSKY, Die Bozener Marktordnung, S. 51.

gestrebte Professionalisierung –, dem ein Aktuar und ein Pedell beigegeben wurde. Die Bestimmungen zum Wechselrecht, zum Konkursrecht und zum Giroverkehr wurden wesentlich erweitert, um der sich in diesem Bereich ausdehnenden Geschäftstätigkeit gerecht zu werden, zumal Tauschhandel und Barzahlung auch auf den Bozner Messen immer mehr an Bedeutung verloren. Die neuartige „Compagnie-Handlung“ wurde zur Kontrattation zugelassen, und daher war nun auch ein Register über Vollmachten und Gesellschaftsverhältnisse zu führen.[4] Eine weitere Konkretisierung der Regelungen im bargeldlosen Zahlungsverkehr brachte dann die Bestätigung der Meßprivilegien durch Maria Theresia vom 1. April 1744.

Neben der am 23. März 1792 durch Kaiser Franz II. (1792–1806/35) erneuerten Bozner Marktordnung,[5] die sich in wesentlichen Teilen an die nur sechs Jahre ältere Marktordnung Kaiser Josephs II. (1765–1790) vom 13. Januar 1787 anschloß,[6] galt im 19. Jahrhundert auf den Bozner Messen auch das österreichische Handels- und Wechselrecht gemäß dem Hofdekret vom 28. Dezember 1816 sowie der *Codice di commercio di terra e di mare del regno d'Italia*, der im südlichen, d.h. von Frankreich besetzten Tirol wie auch in Dalmatien mit Dekret vom 15. Juni 1810 eingeführt worden war. Während der Zugehörigkeit des Bozner Distrikts zum Dipartimento dell' Alto Adige des Königreichs Italien veröffentlichte das Commerz- und Markttribunal in Bozen am 30. April 1811 einen Auszug aus dem *Codice* mit dessen wichtigsten Bestimmungen in deutscher Übersetzung „in der Besorgnis, daß nicht alle Handelsleute dieses Distriktes von jenen Verfügungen hinlänglich unterrichtet seyen, welche der neue Codex über die Haltung der Handlungsbücher, über die verschiedenen den betreffenden Behörden zu machenden Anzeigen, über die Natur und Folgen des Falliments und der Bankerotte, endlich über die Wiedereinsetzung des Falliten bestimmet hat […]“[7] Allerdings hatten die Bestimmungen des genannten *Codice* nach der sukzessiven Wiedereingliederung Südtirols in das Kaisertum Österreich ab 1814 nur in den Fällen Gültigkeit, „in welchen derselbe besondere Entscheidungen liefert, welche nicht durch die schon kundgemachten österreichischen Gesetze erneuert od. aufgehoben wurden“. Aufgrund dieser gesetzlichen Grundlage besaßen die Meßwechsel, d.h. die von auswärts zahlbar in die Bozner Messen gezogenen Wechsel – faktisch die einzigen, die nach dem Wiener Kongreß auf den Messen (noch) gehandelt wurden – weder Uso noch Respekttage.[8]

---

4 Ebd., S. 55f.; RIZZOLLI, Bozen, S. 28.

5 SLA, A.M.M., 2.19, fol. 1–79: Kaiserlich-Königliche Satzungen und Freyheiten für die freyen Märckte der Stadt Botzen, Botzen 1793.

6 SLA, A.M.M., 2.18, fol. 1–76: Kaiserlich-Königliche Satzungen und Freyheiten für die freyen Märckte der Stadt Botzen, Botzen 1797.

7 SLA, A.M.M., 3.7.49, fol. 786f., hier: fol. 786.

8 LIEBHOLD (Hrsg.), Georg Thomas Flügel's Cours-Zettel [1832], S. 80; NOBACK / NOBACK, Vollständiges Taschenbuch der Münz-, Maass- und Gewichts-Verhältnisse [1851], 1. Abth., S. 145.

2.1 DER „CONTO“: DIE FESTLEGUNG DER KURSNOTIERUNGEN

Eine der wichtigsten Grundlagen des Zahlungsverkehrs auf den Bozner Messen, die Festlegung der Kursnotierungen, wurde im ersten Teil des Claudianischen Privilegs in Artikel 19 geregelt: „Der Wexl Conto auff die Jenige Plätz unn Märckt / dahin es / zu besserer befürderung der Handlungen / für nothwendig angesehen würdet / solle yedem Marckt durch vorgemelte Magistrat: mit zueziehung noch anderer zehen in der Marckts Matricul zuegelassner Kaufleuth / Nemblichen Fünff von der Teutschen: und Fünff von der Welschen Nation / gesetzt: Unnd dise zehen Zuegezogne / von ainem Jahr zu dem andern erwöhlt und bestettiget werden.“[9] Demnach lag die Entscheidungsbefugnis über die Festsetzung der Wechsel- wie ab 1742 auch der Geldkurse sowie – in den ersten Jahren – der Zinssätze für die ebenfalls bargeldlos abgewickelten Depositargeschäfte[10] bei einem Gremium, das sich aus dem Merkantilmagistrat unter Beiziehung von weiteren zehn gewählten Kontrattanten („in der Marckts Matricul zuegelassner Kaufleuth“) wiederum in paritätischer Besetzung zwischen den beiden Handelsnationen zusammensetzte. Diese gewählten *Signori del conto*, denen noch zwei ‚deutsche‘ und zwei ‚italienische‘ *Revisori del conto* beigeordnet waren, wurden auf jeder Messe vom Magistrat zur Festsetzung des *conto* durch sogenannte *Mandati del conto* einberufen, die seit dem 17. Jahrhundert überliefert sind.[11] Ein Wechselconto, d.h. eine offizielle Liste der Kursnotierungen, nach denen auf den einzelnen Märkten die Wechselgeschäfte abgeschlossen werden sollten, mußte auf jedem Markt erstellt werden, wobei Kursnotierungen für alle diejenigen „Plätz unn Märckt“ festzuhalten waren, für welche es „zu besserer befürderung der Handlungen / für nothwendig angesehen würdet“. Hierin zeigt sich der deutliche Unterschied zu den Genuesischen Bisenzone-Messen in Piacenza bzw. Novi und zu den venezianischen Wechselmessen in Verona, die ausschließlich und ausdrücklich als Wechselmessen gegründet worden waren: In Bozen sollten alle wichtigen Handelspartner, d.h. Geschäftspartner im Warenhandel, mit einer Kursnotierung versehen werden. Dies zeigt die deutliche Vorrangstellung des Warenhandels gegenüber dem Geld- und Wechselhandel in Bozen, wobei letzterer dem ersteren faktisch untergeordnet war. Dieses bis in

---

9 Alle Quellenzitate aus den beiden Teilen des Privilegs nach SPRUNG, Das Privileg, S. 32–46, hier: S. 39.

10 Neben den Wechselkursen und ab 1742 auch Geldkursen verzeichneten die Preiskuranten in den ersten Jahrzehnten nämlich auch eine Rubrik „Deposito“, die allerdings in der Regel ohne Eintrag blieb; wenn ein solcher erfolgte, wurde durchwegs ein Aufgeld von 2% vermerkt. „Deposito per Fiera s'intendono li Cambij, che si fanno da Fiera à Fiera; come per Esempio: Pietro si troua in Bolgiano in Fiera di S. Andrea in auanzo Fiorini 1000., questi gli dà à Cambio à Giouanni, per la prossima Fiera di mezza Quaresima, con aggio à 2. per cento: à segno si fà Lettera di Cambio, per pagare in detta Fiera seguente Fiorini 1020. è questo prezzo varia più, ò meno circa l'aggio, secondo la larghezza, ò strettezza di denaro si troua per disponere; benche si hà risguardo alla persona, à chi si fida; che alle volte più serue l'oppinione, e buon concetto, che altro; & così ogni Fiera s'intende sempre questo Deposito, ò Cambio, per la prossima;“ ROSSO, Informatione per più chiara inteligenza de' Cambij [1680], S. 25.

11 SLA, A.M.M., 3.1.1–3.1.5; 3.1.18; 3.4, passim; 3.18/II, passim.

das 19. Jahrhundert beibehaltene Grundcharakteristikum der Bozner Messen, wonach sich der Geld- und Wechselhandel am Warenhandel ausrichtete und nicht einen vom Warenhandel völlig losgelösten Geschäftszweig bildete,[12] wird durch Artikel 19 des ersten Teils des Claudianischen Privilegs ausdrücklich festgelegt: Die Bozner Messen sollten hiernach eben keine Wechselmessen, sondern Warenmessen mit einem gut geordneten Zahlungsverkehr sein. Die Betonung des Warenhandels als Grundlage und Ausgangspunkt des Geld- und Wechselhandels wird nicht zuletzt auf die negativen Erfahrungen der Kaufleute mit den Münz- und Wechselspekulationen in den ersten Jahrzehnten des 17. Jahrhunderts, vor allem in den 1620er und frühen 1630er Jahren zurückzuführen sein. Zugleich wird ausdrücklich zwischen „Plätz unn Märckt" unterschieden, wie es in zeitgenössischen und späteren Markt- und Wechselordnungen des 17. und 18. Jahrhunderts üblich war: Ein „Platz" ist dabei eine Stadt, in der ein ganzjähriger Wechselmarkt bestand, mit welchem also das gesamte Jahr über Wechselgeschäfte getätigt werden konnten, während ein „Markt" oder eine „Messe" nur saisonal als Wechselpartner zur Verfügung war.[13] Diese klare Unterscheidung findet sich auch in wechselrechtlichen Abhandlungen des 17. Jahrhunderts.[14] Bis zur Ausbreitung von Börsen war allerdings „le principal aventage des foires sur les places [...] la concentration des affaires".[15]

Die oben zitierte Bestimmung zum Wechselconto im ersten Teil des Claudianische Privilegs wird in dessen zweitem Teil, in der Markt- und Wechselordnung, näher ausgeführt (Artikel 9): „Der Conto der Wechßl solle von dem Magistrat / mit zueziehung der Zehen Deputierten / den Ailfften tag nach Anfang des Marckts / gesetzt und gemacht: und dahin verstanden werden / Daß der Preeß auff alle Plätz bestimbte seye / wohin der mehrern: unnd aber den halben thail der Versambleten mit den Stimmen sich vergleichen; ist auch alßdann der Marcktschreiber schuldig / solliches offentlichen zuverzaichnen. Wann sich aber begeben solte / daß die Stimmen der Versambleten sich uber derer halben thail nit vergleichen / so solle auff solchen fahl dise Ordnung gehalten werden: Nembliche/ Alle auffgezaichnete pretia in ain Summa zuziehen / und dieselbe / nach anzahl der Versambleten / zuthailen / was dann herauß kombt / das solle der bestimbte Preeß sein und bleiben."[16]

Der Wechselconto war somit jeweils am elften Tag nach der Eröffnung jeder Messe durch den Magistrat und die zehn Deputierten zu erstellen. Waren terminliche Verschiebungen notwendig (wie etwa auf der Mittfastenmesse 1639 oder auf den Fronleichnamsmessen 1777 und 1780), wurde dies vom Merkantilmagistrat gesondert

---

12 Vgl. HUTER, Die Quellen des Meßgerichts-Privilegs, S. 56.

13 Markus A. DENZEL, „La Practica della Cambiatura". Europäischer Zahlungsverkehr vom 14. bis zum 17. Jahrhundert, Stuttgart 1994, S. 2; ders., Die Integration Deutschlands, S. 62f.

14 So Matthias BODE, Dissertatio juridica de cambiis, Marpurgi 1646, S. 11–14; Johann Martin VOGT, Tractatus analyticus de cambiis, tam regularibus quam irregularibus, Giessæ 1658, S. 45–52; Johann Jacob HEYDIGER, Anleytung zu gründlichem Verstand des Wechselrechts, Franckfurt am Mayn 1676, S. 24–26.

15 Raymond DE ROOVER, L'évolution de la lettre de change (XIVe–XVIIIe siècles), Paris 1953, S. 81.

16 Zitiert nach SPRUNG, Das Privileg, S. 42.

und vorab angekündigt.[17] Nach der Einberufung der *Signori del conto* durch den Merkantilmagistrat (s.o.) wurden in einem Kurstableau die jeweiligen Kursvorschläge der *Signori* wie der Mitglieder des Merkantilmagistrats in die Rubriken der einzelnen zu notierenden Orte eingetragen.[18] Für jede Kursfestsetzung sollte die Entscheidung der absoluten Mehrheit der 16 Beteiligten gelten. War für einen Kurs keine absolute Mehrheit der Beteiligten zu erlangen, so wurden die vorgeschlagenen Kurse gemittelt und dieser Mittelwert als Kurs festgesetzt. Darüber hinaus wurde in diesem Abschnitt auch festgelegt, daß jeder an diesem Verfahren beteiligte „bey seinem Gewissen / rechtmessige billiche Preeß fürzuschlagen" habe, und zwar „bey straff biß auff Fünfftzig Gulden". Gerade die Erfahrungen der Kipper- und Wipperzeit legten es ja nahe, daß man einen „gantz ungereimbt: und ubermässigen Preeß" auszuschließen trachtete.[19]

Als im ausgehenden 18. Jahrhundert immer weniger Kontrattanten auf den Bozner Messen anwesend waren, machten einzelne von diesen – wie aus den *Prodotte e carte volanti* ersichtlich wird – nach der offiziellen Einladung der Kontrattanten durch den Merkantilmagistrat Vorschläge, wie die Wechselkurse festzusetzen seien. Es waren dies in der Regel nicht mehr als drei bis fünf Kontrattanten, deren Kursvorschläge meist nur um bis zu ½–1 Prozentpunkt voneinander abwichen. Auch schlugen nicht alle Kontrattanten für alle möglichen Plätze Kurse vor, manche für keinen einzigen, manche für mehrere, einzelne für alle, wie eben die jeweiligen Wechseltransaktionen für den einzelnen Kontrattanten auf der entsprechenden Messe verlaufen waren (*Abb. 8* und *9*).

Abb. 8: Vorschläge der Kontrattanten zur Erstellung der Wechsel- und Geldkurse, Mittfastenmesse 1801[20]

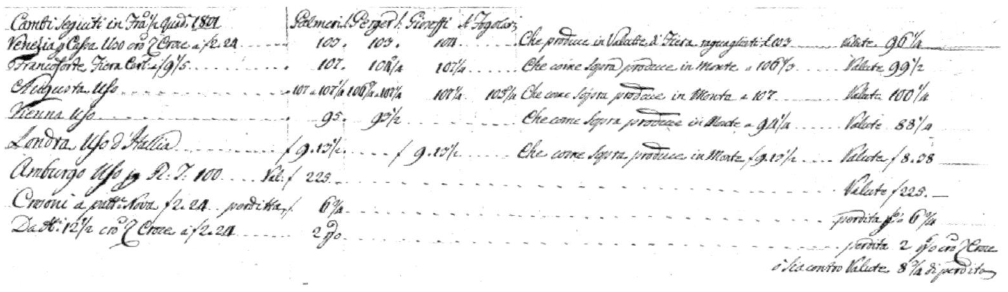

17 SLA, A.M.M., 3.4.16, fol. 523; 3.7.29, fasc. 21, fol. 223f.

18 Dies zeigt etwa ein Kurstableau von der Fronleichnamsmesse 1703; SLA, A.M.M., 3.4.33, fol. 138' und 273.

19 Zitiert nach SPRUNG, Das Privileg, S. 42 (Artikel 9).

20 Quelle: SLA, A.M.M. 3.7.43, fasc. 11, fol. 286–288.

Abb. 9: Vorschläge der Kontrattanten zur Erstellung der Wechsel- und Geldkurse, Mittfastenmesse 1787[21]

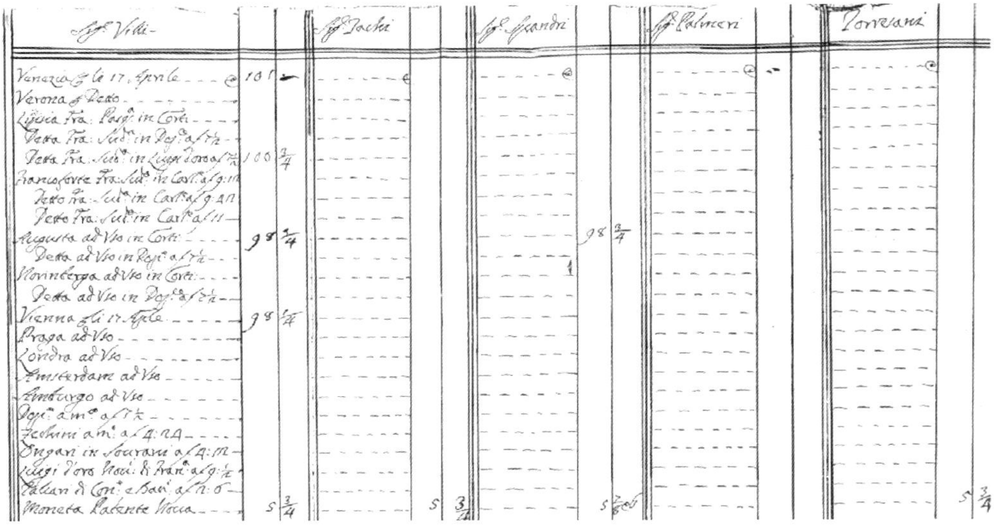

Am Ende wurde dann für diejenigen Plätze, für die es mehrere Vorschläge der Kontrattanten gab, ein Kurs festgelegt, der der Mehrheitsmeinung entsprach oder zwischen etwaigen ‚Extremwerten' vermittelte (dies war in der Regel aber kein rechnerischer Mittelwert) und der dann handschriftlich in ein (zu dieser Zeit in der Regel gedrucktes) Formular eines Wechsel- und Geldkurszettels eingetragen wurde. Ein Beispiel mag dies verdeutlichen: Waren zwei Kontrattanten der Ansicht, der Kurs auf Augsburg solle 98 Gulden moneta lunga für 100 Gulden Augsburger Kurant betragen, und plädierte einer hingegen für 97½, so konnte entweder ein Kurs von 98 (Mehrheitsmeinung) oder von 97¾ (‚vermittelnder' Kurs, aber kein rechnerischer Mittelwert) festgesetzt werden. Wieviele Kontrattanten einen Kursvorschlag für einen Platz machen mußten, damit dieser in den offiziellen Kurszettel aufgenommen wurde, war ebenfalls unterschiedlich: Zum Teil genügte es, wenn ein Kontrattant einen Vorschlag unterbreitete, zum Teil waren mehrere erforderlich, so daß diejenigen Plätze, für die es nur einen Vorschlag gab, im offiziellen Kurszettel ohne Kursangabe blieben.[22] Dieses Verfahren war bis 1850 üblich, wobei aber spätestens in den Jahren vor der Mitte des 19. Jahrhunderts vornehmlich die Wechselsensalen die Vorschläge unterbreiteten, pro Messe in der Regel zwischen einem und drei.[23]

21 Quelle: SLA, A.M.M. 3.5.12, fol. 72f.

22 Aus der Vielzahl der zur Verfügung stehenden Fallbeispiele seien einige wenige hier exemplarisch genannt: SLA, A.M.M., 3.5.12, fol. 3f., 72f., 98f., 160, 215, 230.

23 SLA, A.M.M., 3.5.33, passim.

Die hier festgelegten Kurse waren für alle Geld- und Wechseltransaktionen einer Messe bindend, worauf etwa Mandate des Merkantilmagistrats aus den Jahren 1660 und 1661 die Wechselsensalen mit Nachdruck hinwiesen,[24] und somit handelte es sich durchwegs um offizielle Meßkurse. Sie wurden dann vom Marktschreiber, seit der Marktordnung von 1718 vom Messekanzler (*cancelliere delle fiere*) als offizielle Wechselkurse dieser Messe in das *Conto*-Buch eingetragen und in Form von gedruckten Kurszetteln zur Information der Kaufleute veröffentlicht; seit der zweiten Hälfte der 1690er Jahre wurden diese Kurszettel in der Regel den Akten der jeweiligen Messe beigelegt.[25] Diese Kurszettel beinhalteten dabei nicht nur den Namen der jeweiligen Messe, sondern in der Regel auch das Datum der *conto*-Festsetzung. Bisweilen wurden einzelne Exemplare des jeweiligen Kurszettels in die entsprechenden Seiten des *Conto*-Buchs eingelegt.

Seit 1717 entfiel die Eintragung in das *Conto*-Buch – zumindest ist keines mehr vorhanden; statt dessen wurden die festgelegten Kursnotierungen nur noch handschriftlich in ein handschriftliches oder gedrucktes Kurszettel-Formular eingetragen, welches dann vom Merkantil- und Stadtbuchdrucker gedruckt wurde. Um die jeweiligen Kursnotierungen auf jeder Messe zu dokumentieren, wurden dann bis zum Ende des Untersuchungszeitraums ein und/oder mehrere Exemplare des handschriftlichen oder gedruckten Kurszettels zu den Akten der jeweiligen Messen genommen (*Abb. 10*). Über die Drucklegung wurde schließlich eine Rechnung ausgestellt, die der Merkantilmagistrat bezahlte. So quittierte der Mercantil- und Stadtbuchdrucker Karl Joseph Weiss nach der Bartholomäusmesse 1754: „Anno 1754 den 18. 7ber habe für meine Hochlöbl. Mercantil-Magistrat die gewöhnliche Cambium oder Curs-Zettel gedruckt, für welche mir rechtens bezahlt worden 22 fl."[26] – ein Preis, der über lange Jahre hinweg gleich blieb und wohl für die Drucklegung der Kurszettel von jeweils vier Messen galt.

Nach John J. McCusker und Cora Gravesteijn folgte die Festsetzung des Bozner Wechsel- und ab 1742 auch Geld-*Conto* dabei einer standardisierten Praxis,[27] wie sie etwa auch auf den Genuesischen Bisenzone-Messen oder den venezianischen Wechselmessen in Verona oder Murano üblich war.

---

24 SLA, A.M.M., 3.4.6, fol. 88 (= 61 alt) (Mandat vom 8. Januar 1660) und 386 (= 364 alt) (Mandat vom 24. Januar 1661).

25 SLA, A.M.M., 3.4.29ff., passim.

26 SLA, A.M.M., 3.24.8: Conti (1754–1759), fol. 211 sowie 607.

27 McCusker / Gravesteijn, The Beginnings of Commercial and Financial Journalism, S. 146.

Abb. 10: Wechsel- und Geldkurszettel der Bartholomäusmesse 1830 mit handschriftlichen Einträgen der Notierung nach den Vorgaben der Kontrattanten und in gedruckter Form[28]

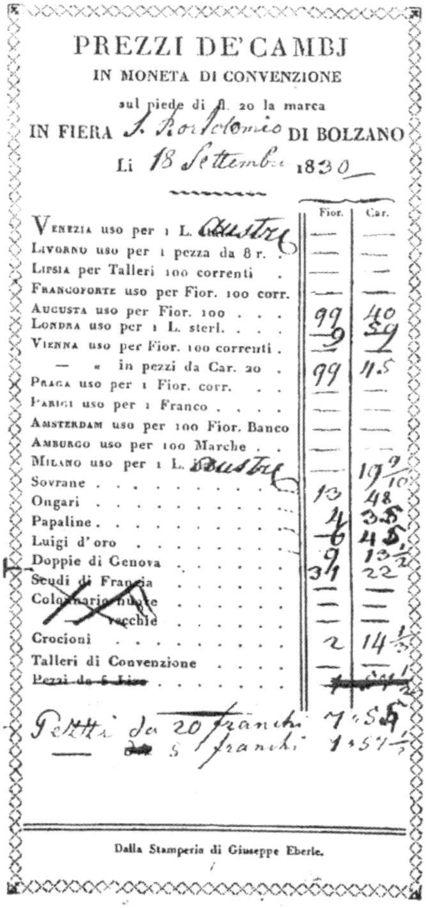

PREZZI DE' CAMBJ

IN MONETA DI CONVENZIONE

sul piede di fl. 20 la marca

IN FIERA S. Bortolomio DI BOLZANO

Li 18 Settembre 1830

	Fior.	Car.
Venezia uso per 1 L. austr.	—	—
Livorno uso per 1 pezza da 8 r.	—	—
Lipsia per Talleri 100 correnti	—	—
Francoforte uso per Fior. 100 corr.	—	—
Augusta uso per Fior. 100	99	40
Londra uso per 1 L. sterl.	9	59
Vienna uso per Fior. 100 correnti	—	—
— « in pezzi da Car. 20	99	45
Praga uso per 1 Fior. corr.	—	—
Parigi uso per 1 Franco	—	—
Amsterdam uso per 100 Fior. Banco	—	—
Amburgo uso per 100 Marche	—	—
Milano uso per 1 L. austr.	—	19 9/10
Sovrane	13	48
Ongari	4	35
Papaline	6	45
Luigi d'oro	9	13½
Doppie di Genova	31	22
~~Scudi di Francia~~	—	—
~~Colonnari nuove~~	—	—
~~— vecchie~~	—	—
Crocioni	2	14 1/3
Talleri di Convenzione	—	—
~~Pezzi da 5 Lire~~	—	[illegible]
Pezzi da 20 franchi	7	55
— da 5 franchi	1	57½

Dalla Stamperia di Giuseppe Eberle.

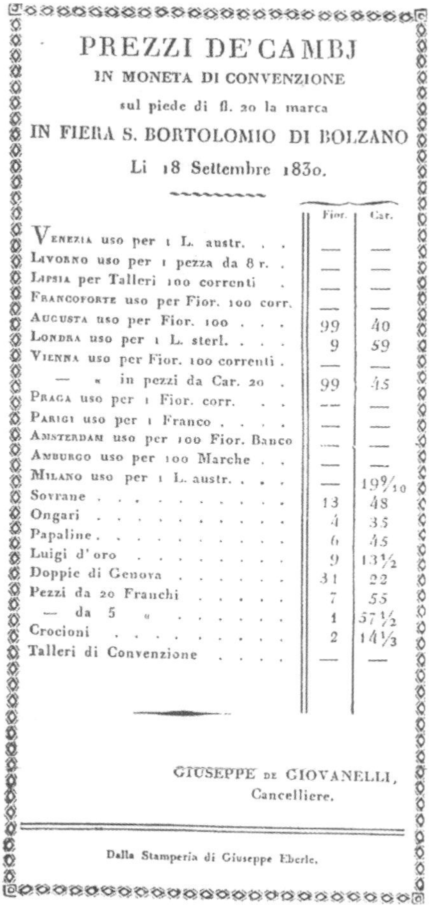

PREZZI DE' CAMBJ

IN MONETA DI CONVENZIONE

sul piede di fl. 20 la marca

IN FIERA S. BORTOLOMIO DI BOLZANO

Li 18 Settembre 1830.

	Fior.	Car.
Venezia uso per 1 L. austr.	—	—
Livorno uso per 1 pezza da 8 r.	—	—
Lipsia per Talleri 100 correnti	—	—
Francoforte uso per Fior. 100 corr.	—	—
Augusta uso per Fior. 100	99	40
Londra uso per 1 L. sterl.	9	59
Vienna uso per Fior. 100 correnti	—	—
— « in pezzi da Car. 20	99	45
Praga uso per 1 Fior. corr.	—	—
Parigi uso per 1 Franco	—	—
Amsterdam uso per 100 Fior. Banco	—	—
Amburgo uso per 100 Marche	—	—
Milano uso per 1 L. austr.	—	19 9/10
Sovrane	13	48
Ongari	4	35
Papaline	6	45
Luigi d'oro	9	13½
Doppie di Genova	31	22
Pezzi da 20 Franchi	7	55
— da 5 «	1	57½
Crocioni	2	14⅓
Talleri di Convenzione	—	—

GIUSEPPE DE GIOVANELLI,
Cancelliere.

Dalla Stamperia di Giuseppe Eberle.

28 Quelle: SLA, A.M.M. 3.5.33, fol. 957f.

2.2 AKZEPTATION UND PROTEST VON WECHSELN

Nach dem Claudianischen Privileg hatte ab dem achten Tag – im 19. Jahrhundert dann bereits ab dem sechsten Tag[29] – der Messen die Akzeptation der Wechselbriefe zu erfolgen (Artikel 4[30]), wobei das Original des Wechselbriefs präsentiert werden mußte, wie ein Edikt des Merkantilmagistrats vom 11. Juni 1654 klarstellte: „Die Acceptationen sollen auff die Wechßlbrieff gezaichnet werden / unn dieselben den Achten tag eingang deß Marckts ihren anfang nemmen / sich auch biß auff den tag / an welchem man den Wechßl-Conto macht / erstrecken.“[31] Anläßlich der Mittfastenmesse 1637 wurde auf Vorschlag des Merkantilmagistrats eingeführt, die Abrechnung am neunten Tag der Messe abzuhalten, damit alle Händler genügend Zeit hätten, alle Bezahlungen innerhalb der Termine zu erledigen. Wechsel konnten bis zum elften Tag der Messe akzeptiert werden. Hintergrund dieser Entscheidung der Kontrattantenversammlung war, daß die vorherigen Messen drei oder vier Tage später beendet wurden, als dies vom Merkantilmagistrat vorgesehen war, d.h. die Termine zu knapp aufeinander folgten.[32]

Diese Frist wurde mit der Marktordnung von 1718 bis auf den zwölften Tag verschoben, und „wann dann die Acceptation geschehen, so ist derselbe, welcher acceptirt hat, auff alle Weise schuldig, die Bezahlung zu thun,“[33] die dann zwischen dem 13. und 15. Messetag bzw. an den beiden folgenden Respekttagen zu erfolgen hatte (Kapitel 37, 45 und 46); diese beiden Respekttage waren spätestens seit einem Mandat des Merkantilmagistrats vom 9. Dezember 1692 üblich geworden.[34] Besondere Bedeutung kam dabei dem Fall zu, wenn eine Akzeptation nicht oder nur „unter Protest“ geleistet wurde (Artikel 5 des Claudianischen Privilegs): „Und die Jenigen / bey welchen zuacceptieren etwas zweifel schwebt / sollten den gantzen Tag / an welchem man den Conto stellt / sich zuerklären zeit haben / ob sie freywillig oder mit Protestation, oder auch gar nicht acceptieren wöllen / Also daß / wann derselbig tag zu endt geloffen / der Creditor nicht allain vergwißt sein könde / was deßhalben zuerfolgen / sondern / da ihme kain antwort geben würde / Er auch die Protestation verzaichnen lassen möge.“[35] Diese Bestimmung wurde in der Marktordnung von 1718 sinngemäß wiederholt (Artikel 33). Nach Artikel 35 stand dem Inhaber des Wechsels „vor allen anderen“ das Recht der Akzeptation unter Protest „per honor [!] di lettera“, d.h. die Ehrenannahme und -bezahlung, zu, dann aber auch „demjenigen, auff welchen der Wechsel-Brieff lautet, […] umb nach Befehl zu erwarten, oder umb auff Rechnung zu

29 LIEBHOLD (Hrsg.), Georg Thomas Flügel's Cours–Zettel [1832], S. 80.

30 Zitiert nach SPRUNG, Das Privileg, S. 41.

31 SLA, A.M.M., 3.4.3, fol. 502 (= 468 alt).

32 SLA, A.M.M., 3.1.1, fol. 157–157'.

33 Zitiert nach SLA, A.M.M., 3.7.28, fasc. 2, fol. 6–205, hier: fol. 158 (Artikel 32).

34 SLA, A.M.M. 3.4.27, fol. 594 (= 453 alt).

35 Zitiert nach SPRUNG, Das Privileg, S. 41.

stellen."[36] Letztere Bestimmung wurde in Bozen sehr häufig angewandt, und der Bezogene wartete dann auf weitere Anweisungen des Ausstellers oder stellte diesem den Wechsel in Rechnung. „Es kam nicht selten vor, daß der Wechsel auf fremde Rechnung gezogen und der Bezogene angewiesen wurde, sich wechselmäßig auf einen Dritten zu erholen. Zur Erhaltung des Regreßrechtes mußte vom 16. Jahrhunderts an unter Protest akzeptiert werden."[37] Ein Großteil der Bozner Wechselproteste geht hierauf zurück.

Bezüglich der protestierten Wechselbriefe war eine hohe Transparenz gewährleistet, denn, wie bereits der Artikel 6 des zweiten Teils des Claudianischen Privilegs bestimmte, „der Marcktschreiber solle ein absonderlich Buech halten und schuldig sein / die jhenige Wechßlbrieff / so protestiert werden / ordentlich darein zuverzaichnen / Und solches Buch solle offen: unnd kainem Handlsmann verborgen sein / damit / wann jemandt dergleichen protestierte Brieff ehren oder acceptieren wollte / Er dessen ein wissenschafft haben könde."[38] Die Anlage eines Protestregisters, das nach der Marktordnung vom Aktuar geführt wurde,[39] erlaubte zum einen die nachträgliche Akzeptation oder die Akzeptation eines Wechsels durch einen anderen Kaufmann; zum anderen aber – und dies ist wesentlich wichtiger – gestattete die Offenheit und Zugänglichkeit dieses Verzeichnisses jedem Kaufmann auf den Messen, sich über einen Geschäftspartner dahingehend zu informieren, ob von diesem Wechsel zu Protest gegangen sind. Das Buch der Wechselproteste war somit zugleich ein Kontrollmechanismus, der über die Zahlungsfähigkeit bzw. die Zahlungswilligkeit von Geschäftsleuten auf den Messen Auskunft gab. Die Bezahlung der protestierten oder unter Protest akzeptierten Wechsel hatte an den dazu Berechtigten bzw. den Präsentanten zu erfolgten (Artikel 7 des zweiten Teils des Claudianischen Privilegs).[40]

2.3 DIE SKONTRATION

Ein zentraler Vorgang bei der Abwicklung der bargeldlosen Zahlungsverkehrstransaktionen auf allen Messen war die Skontration, die im italienischen Sprachtgebrauch in der Regel als Giro bezeichnet wurde. Unter Skontration, wie sie sich seit den mittelalterlichen Messen in der Champagne entwickelt hat, versteht man die geordnete, bargeldlose, gegenseitige Verrechnung von Forderungen und Verbindlichkeiten auf einer Messe durch die teilnehmenden Kaufleute, bei der nur noch die verbliebenen Salden bar ausgeglichen werden mußten oder auf der folgenden Messe mit verrechnet wur-

[36] Zitiert nach SLA, A.M.M., 3.7.28, fasc. 2, fol. 158 (Artikel 35).

[37] KRASENSKY, Die Bozener Marktordnung, S. 85 Anm. 68.

[38] Zitiert nach SPRUNG, Das Privileg, S. 41.

[39] SLA, A.M.M., 3.7.28, fasc. 2, fol. 158 (Artikel 34).

[40] Vgl. SPRUNG, Das Privileg, S. 41.

den.[41] Die Verrechnung der gegenseitigen Zahlungsverpflichtungen durch Skontration erfolgte auf den Bozner Messen, wie auch andernorts üblich, nach der Akzeptation bzw. Protestation der Wechsel und der offiziellen Kursfeststellung vom zwölften bis zum 14. Tag, wovon Artikel 10 des zweiten Teils des Claudianischen Privilegs handelt: „Die Bezahlungen sollen am Zwölfften Tag deß Marckts ihren anfang nemmen / und biß zum ende desselben verrichtet werden. Man solle auch mit abzahlung der Schulden / welliche sowol von Wechßlen / als auch von Wahren herrüeren / die jenige Ordnung im uberweisen gebrauche / so bis anhero in den Märckten yeblich gewesen / daß nemblich ein jeder / so bey dem uberschreiben ainer post einkombt / in seinem memorial oder Handbüechl richtige verzaichnus mache / denen man / auff hernach vorfallende strittigkait / glauben zuestellen solle / da anderst von dem Magistrat kain Haubtsächlicher mangl oder Arglistigkeit darbey erkanndt werden mag; und da auch ainer / wider verhoffen / sein memorial durch ernewerung zuverfelschen sich understehen wurde / derselbige solle von dem Magistrat mit höchster straff angesehen: unnd uber das auch für unehrbar gehalten werden / und sollen die Posten / so also beschriben und incontriert / für aine vollkommne bezahlung erkennt sein; Die jenigen partiden aber / so nur allainig und ohne incontro verwisen und notiert worden / möge den Creditorn nit praeiudiciern / biß sye ire würckliche vollkommenhait erraicht haben. Und zum fahl der Creditor von dem Debitorn nicht köndte einbringen / völlig oder zumthail / was ime angewisen worden / so solle Er schuldig sein / in gebürender zeit / und vor der Marckts endung / dem principal Debitorn / in offner unnd gnuegsamer forma / die gezimmende ankündigung unnd protestation zuthuen / damit der Magistratus die Anweisung widerumben auffhebe: unn den Erstern schuldner zur vollkommnen bezahlung halten künde / Da aber vor endung des Marckts besagte intimation oder protestation nicht beschähe / solle der uberwisne Creditor die Anweisung gültig sein lassen / und gegen seinem Erstern Schuldner kain zuegang oder Action mehr haben / sondern dessen Schuldbrieff unnd Obligationes / ohne ein: unnd widerred / demselben herauß zugeben schuldig sein. Alles was nach beschehnen acceptationen entzwischen den eingeschribnen Handlsleuthen sich incontriert / solle von einander abgezogen und für guete bezahlung gehalten werden / es raichen gleich die gegeneinander habende Posten von Wechslen oder Wahren / unnd man allain hernach den Rest durch Uberweisung oder pare bezahlung gewohnlichermassen auch abrichten."[42]

Wie auf allen internationalen Messen seit dem Mittelalter war die Skontration auch auf den Bozner Messen sicherlich schon lange vor dem Claudianischen Privileg gängige Kaufmannspraxis. Unter „Skontration" – hier als „uberschreiben" oder auch als „giro" oder „uberweisung" (Artikel 16) bezeichnet[43] – verstand man die gegenseitige Verrechnung von Schulden oder Guthaben, resultierend aus (akzeptierten) Wech-

---

41 Vgl. Jürgen SCHNEIDER, Messen, Banken und Börsen (15.–18. Jahrhundert), in: Banchi pubblici, banchi privati e monti di pietà nell'Europa preindustriale. Amministrazione, tecniche operative e ruoli economici. Atti del Convegno, Genova, 1–6 ottobre 1990, Genova 1991, S. 133–169, hier: S. 139.

42 Zitiert nach SPRUNG, Das Privileg, S. 42f.

43 Zitiert nach ebd., S. 44.

seln oder Waren, in den Handelsbüchern, den Memorialen, der einzelnen Kaufleute, so daß „man allain hernach den Rest durch Uberweisung oder pare bezahlung gewohlichermassen auch abrichten" mußte (Artikel 10) und somit vergleichsweise geringe Mengen an Bargeld benötigte. Die Ansicht Krasenskys, daß der Giroverkehr erst in der Marktordnung von 1718 „als ganz neue[s] Stoffgebiet" Erwähnung findet, daß „das Claudianische Privileg [...] keine Bestimmungen über den Abrechnungsverkehr [kennt]" und demnach „diese Zahlungsform [...] erst spät in Bozen Eingang gefunden [hat]", ist somit falsch.[44]

Auf der Fronleichnamsmesse 1665 wurde am 10. Juni von der Kontrattantschaft mit 33 zu drei Stimmen festgelegt, da bei der „Wechselnegotiation" auf den vorangegangenen Messen Unregelmäßigkeiten vorgekommen waren, daß die Abrechnung nur am sechsten Tag der zweiten Woche erfolgen solle. Diejenigen Makler, die dieser Anordnung nicht nachkämen, riskierten Berufsverbot. Vor diesem Termin durften Makler Wechselgeschäfte nur zu „prezzi rotti" vornehmen. Weiterhin sollte die Weitergabe von (akzeptierten) Wechseln während der Fronleichnams- und der Bartholomäusmesse zwischen 9 Uhr morgens und 5 Uhr nachmittags erfolgen, während der Andreä- und der Mittfastenmesse hingegen zwischen 10 Uhr morgens und 3 Uhr nachmittags.[45] Eine Verlängerung der Zeit für das Giro war auf Anordnung des Merkantilmagistrats möglich.[46]

Durch die Marktordnung von 1718 wurde die Skontration ausführlicher und detaillierter geregelt als noch 1635: Vom 13. (nicht vom 12.) Tag nach Messebeginn, d.h. gemäß dem Beschluß von 1665, bis zu deren Ende am 15. Tag fanden die sogenannten „Markts-Zahlungen" statt, wobei „mit Abzahlung der Schulden von Wechsel und Waaren [...] im Uberweisen die Ordnung, so bißhero in Ubung gewesen, gerner gebrauchet werden [solle]; daß nemblich ein jeder, so bey einer Post einkommet, in sein Memorial, oder Giro-Büchlein richtige Verzeichnuß mache".[47] Gerade der Einschub „so bißhero in Ubung gewesen" belegt, daß sich diese Skontration um eine traditionelle kaufmännische Usance auf den Bozner Messen handelt.[48] Alle Kaufleute, die Forderungen oder Schulden – sogenannte „Bilanzi" – hatten, waren verpflichtet, „in gewöhnlicher Zeit" den „Giro", d.h. die Versammlung der gegenseitig verrechnenden Kaufleute, zu besuchen, und zwar solange, bis sie dieser ledig waren, „damit durch die fleißige Zusammenkunfft die Bezahlungen leichter und bälder zu Ende gelangen".[49] Der Skontrationsvorgang selbst wird dann so beschrieben: „Alles, was nach beschehenen Acceptationen zwischen denen immatriculirten Handels-Leuten sich incontrirt, sowohl Waaren, als Wechsels-Posten sollen von einander abgezogen, und für

44 Krasensky, Die Bozener Marktordnung, S. 55 und 80f.

45 A.M.M. 3.1.11, fol. 119–119' (Decreto sopra il conto de cambi).

46 Z.B. SLA, A.M.M. 3.1.18, fol. 105 (= 82 alt) (Decreto del Magistrato circa la proroga del giro, 15. Dezember 1692).

47 Zitiert nach SLA, A.M.M., 3.7.28, fasc. 2, fol. 158' (Artikel 37).

48 So auch Krasensky, Die Bozener Marktordnung, S. 82.

49 Zitiert nach SLA, A.M.M., 3.7.28, fasc. 2, fol. 159 (Artikel 39).

gute Zahlung gelten, und hernach allein der Uberrest durch Uberweisungen, oder bahre Bezahlung entrichtet werden."[50]

Für dieses Skontrationsverfahren war das uneingeschränkte Vertrauen in die Buchführung des jeweiligen Geschäftspartners unerläßlich, waren die geführten Memoriale doch das einzige ‚Beweismaterial' bei eventuellen Streitigkeiten, das aber auch nur ein Richter einsehen durfte, um Geschäftsgeheimnisse wahren zu können. Prinzipiell galt der Grundsatz, daß dem Giro-Memorial „bey vorfallenden Strittigkeiten Glauben zuzustellen" sei, doch: „Solte [...] einer sich unterstehen besagtes sein Memorial-Büchlein durch Correction zu verfälschen, derselbige solle von dem Magistrat mit schärpffester Straff angesehen, und noch darzu für unehrlich gehalten werden."[51] Aufgrund der erforderlichen Überprüfbarkeit und Echtheit sowie, um Korrekturen möglichst auszuschließen, wurde auch das Führen der Giro-Memoriale mit Bleistift verboten und angeordnet, daß diese ausschließlich „mit Dinten" zu schreiben seien, „damit die Mißbräuche abgethan, und der Argwohn wegen besorgender Veränderung der geschribenen Posten verhütet werde".[52] Für fehlerhafte Überweisung haftet der Schuldner, wenn diese „vor der Abreise auß dem Marckt nicht kund gemacht, corrigirt, und gebessert werden", denn „die geschribene Uberweisungs- und Zahlungs-Posten seynd für würckliche Zahlungen zu halten".[53]

Wie bedeutsam gerade die Frage des Vertrauens in die jeweiligen Geschäftsbücher, aber auch der Schutz der Geschäftsgeheimnisse, zwei zentrale Faktoren für das Messegeschäft überhaupt, war, zeigen auch spätere, einschlägige Bestimmungen, die diese Aspekte besonders eindringlich betonen. So findet sich in einem Mandat der Innsbrucker Regierung vom 24. Juni 1794 dieser für das Geschäftsleben so grundlegende Hinweis, „daß ein Handelsmann seine Handlungsbücher Niemand andern, als seinem gehörigen Richter vorzuweisen schuldig, und gehalten sey."[54] Dabei wurde bei Streitfällen in der Regel nur ein Auszug aus dem Handlungsbuch mit dem Konto des Prozeßgegners vor Gericht verlangt, wie dies der Merkantilmagistrat spätestens seit den 1660er Jahren praktizierte.[55] Im Gegenzug wird Kaufleuten deshalb auch bereits im zweiten Teil des Claudianischen Privilegs bei Fälschungen auch „mit höchster straff", 1718 dann „mit schärpffester Straff", d.h. in beiden Fällen mit der Unehrbarkeit, gedroht, was den vollständigen Verlust ihrer geschäftlichen Reputation und somit das Ende ihrer kaufmännischen Tätigkeit bedeutet hätte. Derartige Bestimmungen wurden Ende des 18. Jahrhunderts auch auf die Verwendung von Abkürzungen in den Geschäftsbüchern ausgedehnt, wie das Edikt des Innsbrucker Gouverneurs über die Handlungsbücher vom 17. April 1795 belegt: „Um den Bevortheilungen, und nachtheiligen Folgen vorzubeugen, welche aus dem Gebrauch der Verkürzungswörter in

50 Zitiert nach ebd., fol. 159' (Artikel 42).

51 Zitiert nach ebd., fol. 158' (Artikel 37).

52 Zitiert nach ebd. (Artikel 38).

53 Zitiert nach ebd., fol. 159 (Artikel 40).

54 SLA, A.M.M., 3.5.16, fol. 39.

55 Z.B. SLA, A.M.M., 3.4.10 und 13.

den Handlungsbüchern nicht nur für die Handlungsgeschäfte, sondern auch für das Publikum überhaupt entstehen können, wird zu Folge k.k. Hofdirektorialdekrets vom 14ten März dieses Jahrs hiemit allgemein kund gemacht, daß der Gebrauch derley Abkürzungen, oder solcher Abkürzungswörter, welche entweder die Sache, und den Gegenstand selbst, um den es sich handelt, oder aber den Sinn dunckel, ungewiß, zweifelhaft, und mehrdeutig machen, vom Tage der Kundmachung unter Strafe verbothen, und in Beziehung auf alle hieraus führenden Beweise ganz ungültig sey."[56]

Anders verhielt es sich im übrigen mit Kaufleuten, die nach erfolgter Akzeptation Bankrott gingen („fallierten"); für diese wurden Regelungen für ihre Vergleichung mit ihren Gläubigern („Creditoren") getroffen (Artikel 11 und 12 des Claudianischen Privilegs), die aber hier nicht weiter von Interesse sind.[57]

Krasensky folgert aus den Bestimmungen der Marktordnung von 1718 zum Giroverkehr, daß sich „gerade darin [...] die Rückständigkeit Bozens im Vergleich mit Oberitalien sehr deutlich [zeigt], das einen regen Giroverkehr schon sehr lange besaß", und er bemängelt das Fehlen einer Girobank in Bozen.[58] Dem kann in dieser Schärfe nicht zugestimmt werden, denn der Vergleich mit den oberitalienischen Verhältnissen ist nicht korrekt: Hier hatte sich aus dem ganzjährigen, d.h. nicht nur zu den Messezeiten stattfindenden, wechselseitigen Verrechnungsverkehr der Kaufleute-Bankiers ein öffentliches Bankwesen entwickelt, so etwa in Venedig der Banco della Piazza di Rialto 1587[59] und in Mailand der Banco di Sant'Ambrogio 1594[60]. Diese Banken nahmen als ‚Wechselbanken' die Abwicklung des bargeldlosen Zahlungsverkehrs in einer Stadt ganzjährig wahr, wie dies später – nach diesem Vorbild – auch die Wechselbanken in Amsterdam, Hamburg oder Nürnberg taten, und konzentrierten somit die verschiedenen Skontrationen hocheffizient jeweils in einer Institution. Auf den nur periodisch abgehaltenen Messen – sei es in Bozen wie auch andernorts – war dies überhaupt nicht erforderlich, da ja gerade die Messen diese bankmäßige Dienstleistung und Funktion ausübten. Die Einrichtung einer Girobank in Bozen hätte die Messen zumindest in zahlungsverkehrstechischer Hinsicht obsolet werden lassen. Das auf den Bozner Messen geübte Verfahren der Skontration war ein seit den hochmittelalterlichen Messen in der Champagne etabliertes, traditionelles, für die periodisch abgehaltene Institution ‚Messe' auch durchaus effizientes Verfahren, das mit den jeweiligen kaufmännischen Usancen in Einklang stand und zudem, wie gerade das Bozner Beispiel zeigt, hohe Rechtssicherheit gewährleistete.

---

56 SLA, A.M.M., 3.7.41, fol. 22–26, hier: fol. 23.

57 Vgl. SPRUNG, Das Privileg, S. 43f.

58 KRASENSKY, Die Bozener Marktordnung, S. 83.

59 Ugo TUCCI, Il Banco della Piazza di Rialto, prima banc pubblica veneziana, in: Ders., Mercanti, navi, monete nel Cinquecento veneziano, Bologna 1981, S. 231–250; ders., Il banco pubblico a Venezia, in: Banchi pubblici, banchi privati e monti di pietà, S. 309–325.

60 Alberto COVA, Banchi e monti di pietà a Milano nei secoli XVI e XVII, in: Ebd., S. 327–340.

2.4 DAS INDOSSAMENT ODER „GIRO“

Das Indossament, das auf den Bozner Messen regelmäßig wie oft auch an anderen Finanzplätzen zeitgenössisch als „Giro“ bezeichnet wurde, was zu Verwechslungen mit der Skontration (s.o.) Anlaß gab, war auf den europäischen Wechselmärkten des 17. und 18. Jahrhunderts eines der umstrittensten, wenngleich langfristig innovativsten Instrumente im bargeldlosen Zahlungsverkehr. Beim Indossament, das durch handschriftlichen Vermerk auf der Rückseite des Wechsels (*in dosso*) eine bisher am Wechselgeschäft nicht beteiligte Person ermächtigt, den Wechsel zu präsentieren, handelt es sich um eine Forderungsübertragung, die sich in Italien seit dem ausgehenden 14. Jahrhundert entwickelt und sich im Zusammenhang mit der Herausbildung bzw. Einrichtung von Börsen in Nordwesteuropa (v.a. in Antwerpen und Amsterdam) durchgesetzt hatte. Diese Möglichkeit der Weitergabe eines Wechsels konnte die Notwendigkeit, neue Wechsel zu ziehen, drastisch einschränken, weshalb sich Messe-, aber auch ‚normale‘ Handelsstädte insbesondere im Mittelmeerraum wegen des Funktionsverlusts ihrer Wechselsensalen (s.u.) häufig gegen das Indossament und gegen die Annahme „girierter“, d.h. indossierter Wechsel aussprachen.[61] Durch Jürgen Schneider wurde nachgewiesen, daß durch das Indossament die internationalen Wechselmessen ihren entscheidenden Funktionsverlust erlitten, weswegen ihr Niedergang im 17. und vor allem im 18. Jahrhundert nicht mehr aufzuhalten war.[62]

Auf den Bozner Messen war das Indossament gänzlich verboten, wie es in Artikel 8 des zweiten Teils des Claudianischen Privilegs von 1635 heißt: „Daß ins könfftig in kainerley weiß girierte oder uberwisene Wechßlbrieff mögen acceptiert werden / die Confusiones unnd Unordnungen / so sich dardurch begeben möchten / zuverhüetten. Ist derowegen verordnet / daß kain eingeschribner Handlsmann schuldig sein wirdt / dieselben zubezahlen / Wie sie dann auch nit sollen könden eingefordert / intimiert / noch auff dise Brieff protestationes angeben vil weniger solche protestation erhebt und versandt werden / sondern verbleiben / dergleichen Brieff gentzlich verbotten / Wie mans dann auch in anderen Märckten also pflegt zuhalten.“[63] Als Begründung wird dabei angeführt, daß man keine diesbezügliche Konkurrenz zu den etablierten Wechselmessen in Piacenza bzw. Novi und Verona aufkommen lassen wollte.[64] Nichtsdestoweniger finden sich in den Wechselprotestbüchern des 17. Jahrhunderts

---

61 Markus A. DENZEL, Art. „Indossament“, in: Michael NORTH (Hrsg.), Von Aktie bis Zoll. Ein historisches Lexikon des Geldes, München 1995, S. 165f.

62 Jürgen SCHNEIDER, Hat das Indossament zum Niedergang der Wechselmessen im 17. und 18. Jahrhundert beigetragen?, in: Michael NORTH (Hrsg.), Geldumlauf, Währungssysteme und Zahlungsverkehr in Nordwesteuropa 1300–1800. Beiträge zur Geldgeschichte der späten Hansezeit, Köln – Wien 1989, S. 183–193.

63 Zitiert nach SPRUNG, Das Privileg, S. 41f.

64 MANDICH, Geld- und Kreditwesen, S. 532; KRASENSKY, Die Bozener Marktordnung, S. 51 (mit Anm. 22). Vgl. auch RIZZOLLI, Bozen, S. 24. In diesem Sinne auch Peter OPITZ, Der Funktionswandel des Wechselindossaments, Berlin 1968, S. 53 Anm. 66: „In Bozen hielt sich das Verbot des Indossaments am längsten.“

vielfach Wechsel, die einfache und auch mehrfache Indossierungen aufweisen. Es wäre dem Merkantilmagistrat aufgrund der eindeutigen Aktenkundigkeit solcher mehrfacher Indossamente zwar ein Leichtes gewesen, derartige Kaufleute, die solche Wechsel zu Protest gaben, zur Verantwortung zu ziehen und zu bestrafen, doch wurde dies nicht getan. „Dieses Verbot wird einige Jahre lang ziemlich elastisch gehandhabt; nicht nur die Fieranten, sondern auch einige Richter setzen sich mitunter darüber hinweg. Denn von den verschiedenen Handelsplätzen treffen weiterhin in Bozen Wechselbriefe mit der ‚Giro-Klausel' ein[,] und sie werden dann auch auf einen Giratar übertragen. Einige dieser ‚girierten Briefe' werden auf den Messen anstandlos akzeptiert, gegen andere hingegen wird der übliche Protest erhoben."[65]

Erfolgte bereits am 22. September 1634 ein ausdrückliches Verbot der Annahme girierter Wechsel in Bozen,[66] so waren solche in den 1650er Jahren auf den Messen wieder häufiger zu finden, nachdem ihre Zahl im vorherigen Jahrzehnt eher zurückgegangen war. So wurde am 15. Februar 1656 erneut verboten, girierte Wechselbriefe zu bezahlen.[67] Auf der Andreämesse 1656 ermahnte der Merkantilmagistrat die Messebesucher zur Einhaltung der Marktordnung von 1635, doch als dies nichts half, wurde die Akzeptation oder Bezahlung girierter Briefe ein Jahr später am 8. Dezember 1657 mit einer Geldstrafe von 200 Reichstalern belegt.[68] Diese Strafandrohung wurde auch auf den seit den 1660er Jahren zunehmend gedruckten Bozner Kurszetteln regelmäßig wiederholt: „Per Decreto seguito auanti d'hora, resta prohibito l'accettare, e pagare lettere di Cambio, ò spacij girati sotto pena di Tal[eri] 200."[69] Im 36. Artikel der Marktordnung Karls VI. von 1718 wurde wiederum ein explizites Verbot aller indossierten Wechsel ausgesprochen, obwohl noch ein Jahr zuvor in der Wiener Wechselordnung (Artikel 33) nur das Blankoindossament[70] untersagt worden war:[71] „Verbott

65 MANDICH, Geld- und Kreditwesen, S. 532.

66 SLA, A.M.M., 3.1.1, fol. 46'.

67 SLA, A.M.M., 3.4.3, fol. 1100.

68 SLA, A.M.M., 3.1.8, fol. 221 (Decreto sopra l'accettare lettere di Cambio) sowie fol. 230–230'; MANDICH, Geld- und Kreditwesen, S. 534.

69 Zitiert nach SLA, A.M.M., 2.46, fol. 142 (Andreämesse 1663).

70 Den Unterschied zwischen Voll- und Blankoindossament erklärt Opitz wie folgt: „Das Vollindossament nannte beide Parteien des Begebungsvertrages, das Blankoindossament nur den Begebenden. Wird der Wechsel nur einmal übertragen, so sind die Wirkungen von Voll- und Blankoindossament die gleichen; zwar ist der Indossatar im Blankoindossament nicht genannt, doch ergeben sich hieraus keine rechtlichen Folgen. Erhebliche Differenzen jedoch zeigen sich bei mehrfacher Begebung. Wird nur das Vollindossament verwandt, so erscheinen alle, die an dem Wechsel berechtigt waren, in den Indossamenten. Anders beim Blankoindossament. Nachdem die erste Blankoindossierung erfolgte, war eine Aufnahme aller weiterhin Berechtigten in die Urkunde nicht mehr erforderlich." Rechtssicherheit gewährleistete somit nur das (Voll)Indossament, denn in diesem Falle war die ‚Kette' von Indossanten und Indossataren zweifelsfrei nachvollziehbar, so daß die Haftungsfrage beim Platzen eines Wechsel eindeutig geklärt und der jeweils vorherige Indossant regreßpflichtig gemacht werden konnte. Da „der blanko indossierte Wechsel im ‚Eigentum' einer unbestimmten Vielzahl von Personen gestanden haben" kann, war in diesem Falle die Haftungsfrage nicht mit gleicher Eindeutigkeit wie im Falle des (Voll)Indossaments klärbar, so daß

der girirten Wechsel-Brieff. Für das künfftige sollen umb Unordnung und Ungelegenheiten zu vermeiden auff keine Weise girirte oder überwisene Wechsel-Brieff, weniger die, wo die Valuta mehr als von einer Persohn oder Handlung gestellet ist, weder angenohmen, noch bezahlet werden. Wie dann dergleichen Wechsel-Brieff auch nicht eingefordert, intimirt, noch protestirt werden, sondern gäntzlich verbotten seyn sollen: gleichwie ein solches auch auff andern Wechsel-Plätzen gebräuchig ist."[72]

Für die Bezahlung von indossierten Wechseln wurde weiterhin eine Geldstrafe von 200 Reichstalern verhängt (Artikel 49). Eine Ausnahme von diesem generellen Indossamentverbot bestand nur für diejenigen indossierten Wechsel, „wo die Valuta mehr als von einer Persohn oder Handlung gestellet ist", „also ein mehrfacher Gegenwert vorhanden war".[73] Trotz der breiten internationalen Verflechtung der Bozner Messen wurde somit auch in der neuen Wechselordnung von 1718 das Girieren erneut verboten, da dies „auch auff andern Wechsel-Plätzen" – insbesondere in Venedig – noch so üblich sei. Die enge Verbindung zu Venedig als dem wichtigsten Partner im bargeldlosen Zahlungsverkehr brachte es demnach mit sich, daß die Bozner Messen in diesem Belang gleichsam ‚rückständig' wurden – und das gesamte 18. Jahrhundert hindurch bleiben. Diese Bozner Besonderheit hob etwa bereits die Wiener Wechselordnung von 1729 nachdrücklich hervor.[74]

Eine weitere Verschärfung des Indossamentverbots brachte die Bestätigung der Meßprivilegien durch Maria Theresia von 1744 mit sich: „Um alle etwa entstehen möchtender Verwirr- und Unordnung bevor zu kommen, sollen hinkünfftig auf keine Weis können acceptirt werden die girirte Wechsel-Brief, oder auch jene, welche den Werth oder Valuta von mehr als einer Persohn enthalten, wie dann dergleichen kein Fierant zu bezahlen schuldig ist, ja selbige auch nicht eingefordert, intimirt- oder protestirt werden können, sondern gäntzlich, und zwar bey Straff von zwey hundert Thaler, verbotten seyn sollen."[75]

Damit waren nunmehr auch jene indossierten Wechsel, „welche den Werth oder Valuta von mehr als einer Persohn enthalten", die die Marktordnung von 1718 ja noch erlaubt hatte, ebenfalls verboten. Das strikte Indossament-Verbot auf den Bozner Messen blieb das gesamte 18. und frühe 19. Jahrhundert über erhalten, und noch im Kaufmannshandbuch von Flügel von 1832 heißt es: „Alle auf Botzen gezogene Wechsel, es sey in oder außer den Messen, dürfen nicht girirt, sondern müssen an den Inhaber direct gestellt sein. Alle indossirte sowohl wie solche Wechsel, welche an mehr als eine Person zu zahlen gestellt, sind bei Strafe von 200 Rthlr. verboten."[76]

Rechtsunsicherheit entstehen konnte. Opitz, Der Funktionswandel des Wechselindossaments, S. 55.

71 Krasensky, Die Bozener Marktordnung, S. 85 Anm. 69.

72 Zitiert nach SLA, A.M.M., 3.7.28, fasc. 2, fol. 158'.

73 Krasensky, Die Bozener Marktordnung, S. 85.

74 Rizzolli, Bozen, S. 27f.

75 SLA, A.M.M., 3.7.28, fasc. 2, fol. 175'–176.

76 Liebhold (Hrsg.), Georg Thomas Flügel's Cours-Zettel [1832], S. 80.

2.5 KOMMISSIONSWECHSEL

Eine Regelung bezüglich der sogenannten Kommissionswechsel wurde erstmals in der Marktordnung von 1718 getroffen, deren Artikel 47 die Kommissionsrimesse verbot: „Und weilen der Mißbrauch eingeschlichen, daß in andern Handels-Städten mit einander in die Botzner-Märckte gewechslet wird; anstatt aber, daß der Nehmer dem Geber die behörige Wechsel-Brieff zustellen sollte, geschiehet, daß der Nehmer von dem Geber Erlaubnuß bekommet, die Bezahlung in den Botzner-Marckt an seinen Freund zu verschaffen, ohne daß ein Wechsel-Brieff darüber ergehet [...]“[77]

Der aufkommende Kommissionshandel, nicht, wie Krasensky annimmt,[78] das Verbot des Indossaments, hatte diese Praxis üblich werden, ja so ausufern lassen, daß „manchmal über eine Rimessa, die in dem Botzner-Marckt eingezogen werden solle, zwey, drey, vier, ja biß sechs Brieffe, oder Spazj von unterschidlichen Städten, und Handels-Leuten einlauffen: woraus Verwirrung und Hindernuß in Registrirung der Posten; ja auch Unkosten und Nachtheil; nicht weniger Hemmung der Güter und Handels-Ordnung entstehet.“[79] Daher wurde festgelegt, daß der „Nehmer“ – zum Beispiel der Käufer einer Ware – dem „Geber“ – in diesem Falle der Verkäufer – eine Rimesse übermitteln solle, die dann der „Geber“ mit entsprechendem Begleitbrief – dem Spazio – an denjenigen zu übersenden habe, der für ihn die entsprechende Summe einkassieren solle. Dieses durch die verschiedenen Versendungen vergleichsweise umständliche, aufgrund der Verkehrsverhältnisse zeitraubende und aufgrund der jeweils zu bezahlenden Kommissionsgebühren kostenintensive Verfahren wurde allerdings in Artikel 48 wieder eingeschränkt, zum einen für diejenigen, die „auff Plätzen wohnen, da nicht gewechselt wird (die dann ohnumbgänglich durch andere Orth sich helffen müssen)“, und zum anderen um zu vermeiden, „daß mehrmalen von einem Platz an den andern in die Märckte zu trassiren, oder zu remittiren Commissionen ertheilet werden müssen“.[80] So wurde die einmalige Kommission erlaubt, d.h. daß ein Kommittent an einem Ort A einen Kommissionär an einem Ort B beauftragen durfte, als Aussteller eines Wechsels auf einen Bezogenen auf den Bozner Messen zu fungieren, der dann von einem Remittenten bzw. Präsentanten auf den Messen einkassiert wurde. Dabei hatte der Remittent nicht mit dem Aussteller des Wechsels, sondern mit dem Auftraggeber abzurechnen. Diese „Erlaubnuß durch die zweyte Hand in die Botzner-Märckt zu wechseln“ durfte aber nicht auf mehrere Kommittenten ausgeweitet werden. Falls dies geschah, brauchte der Remittent sich nicht bemühen, die Zahlung einzuziehen, behielt aber sein Forderungsrecht gegenüber dem ersten Kommittenten und erhielt das Recht, „so vil Provisionen zu einem Drittel per Cento für sich zu behalten, als viel der Spazj in solcher Parthey passirt seyn“.

---

77 SLA, A.M.M., 3.7.28, fasc. 2, fol. 160' (Artikel 47).

78 KRASENSKY, Die Bozener Marktordnung, S. 86.

79 SLA, A.M.M., 3.7.28, fasc. 2, fol. 160' (Artikel 47).

80 Ebd., fol. 161 (Artikel 48).

Für die Kommissionstratte wurde Ähnliches festlegt: Wenn sie durch mehr als zwei Hände ging, so stand es dem Bezogenen frei, sie „per honor di Lettera" zu bezahlen oder bis zur folgenden Messe offen zu lassen, ohne daß daraus eine Zinsforderung des Gläubigers entstünde. In jedem Falle wurde ihm die Möglichkeit eingeräumt, „sich von dem Geber des Brieffs [zu] erhohlen".[81]

2.6 DIE „CAMBI SECCHI" ODER „BEMÄNTELTEN WECHSEL"

Im 50. Artikel der Marktordnung von 1718 werden „falsch-bedeckte Wechsel [...], die nichts, als den blossen Nahmen haben, sonsten im Werck selber in allen Gesätzen verbottene, falsch-bemäntelte Wucher sind".[82] Dieser Artikel wendet sich gegen Spekulationsgeschäfte à la Hausse auf den Messen, bei denen zu Beginn – bei niedrigem Kursstand – Geld per Wechsel aufgenommen und dann nach der Conto-Festsetzung – bei in der Regel höherem Kursstand – bezahlt wird. Es handelt sich dabei um reine Platzwechsel, denen somit die für ein Wechselgeschäft zur damaligen Zeit immer noch konstitutive Währungs- und Ortsverschiedenheit fehlte. Für entstandenden Schaden aus solchen Geschäften hatte der Beklagte zu haften, und dem Magistrat Geldstarfen zu entrichten, „welche er zu Abtreibung solch unerlaubter Handlungen für billich erachtet".[83] In der maria-theresianischen Bestätigung von 1744 finden sich diese „Cambj secchj" unter der Bezeichnung „Schein-" oder „verdeckte Wechsel" wieder.[84]

Die Regelungen bezüglich der trockenen Wechsel wurden im ausgehenden 18. Jahrhundert für die gesamte Österreichische Monarchie dahingehend gelockert, daß „jene Fabrikanten, Manufakturisten, griechische Handelsleute, Juden, und sämmtliche auf die innländischen Märkte zum Waareneinkaufe kommenden Fieranten, welche zu Betreibung ihres Handels sich der trockenen Wechselbriefe, und der von den Gesetzen darauf ertheilten Begünstigung bedienen wollen, sich öffentlich bekannt zu machen und darzuthun haben, daß sie zu einem ordentlichen Handel berechtigt seyn. Demzufolge können jene Professionisten, und Fabrikanten, welche nicht insbesondere mit einem Privilegium versehen, und keinem ordentlichen Gremium einverleibt sind, in so fern zur Ausstellung trockner Wechsel die Befugniß erlangen, als sie entweder einem bürgerlichen Mittel einverleibt, oder zum Betriebe ihrer Gewerbe, und Manufakturen ordentlich berechtigt, und qua tales von ihren Ortsobrigkeiten durch auszustellende Zeugniße erkannt, und förmlich protokollirt sind," wie es in einem in Innsbruck am 13. März 1792 bekanntgemachten Hofdekret vom 24. Februar dieses Jahres heißt, das wiederum ein einsprechendes Patent vom 28. Februar 1791 erläuterte.[85]

---

81 Ebd., fol. 161–161' (Artikel 49).

82 Ebd., fol. 161' (Artikel 50).

83 Vgl. hierzu ausführlich KRASENSKY, Die Bozener Marktordnung, S. 88–92.

84 SLA, A.M.M., 3.7.28, fasc. 2, fol. 178' (Artikel 52).

85 A.M.M., 3.7.39, fasc. 39, fol. 450–469, hier: fol. 452.

Ausdrücklich gelten die obigen Bestimmungen auch für die Juden: „dießfalls wird den innländischen tolerirten sowohl, als auch den aus andern Ländern herein kommenden Juden, welche sich ausweisen können, daß sie eine wirkliche Waarenhandlung führen, die Ausstellung der trocknen Wechselbriefe gegen dem gestattet, daß sie, und zwar in den Städten bey der politischen Obrigkeit, und auf dem Lande bey den Kreisämtern als wirkliche Handelsleute förmlich protokollirt, und von denenselben mit einem Zeugniße über ihre wirkliche Handlungsführung versehen worden.“[86]

Durch die Ausstellung trockener Wechsel sollten Gewerbe und Handel, aber auch Private die Möglichkeit erhalten, auf den Wechselmärkten leichter als bisher Liquidität zu erlangen, wovon sich die Obrigkeit einen Aufschwung von Handel und Produktion versprach. Deshalb wurde dies auch den ‚Griechen‘, d.h. den Kaufleuten aus dem Osmanischen Reich, und den Juden eingeräumt. Speziell werden dabei noch die polnischen Juden erwähnt, die in der Regel als Kleinhändler und ohne größere Kreditwürdigkeit auf verschiedene mitteleuropäische Messen kamen.[87] Sogar ihnen wurde mit den oben genannten Auflagen die Erlaubnis zum Ziehen trockener Wechsel gegeben. Daß die Ausübung einer tatsächlichen Warenhandelstätigkeit so explizit verlangt wurde, ist darauf zurückzuführen, daß man vermeiden wollte, daß sogenannte „Wechseljuden“, jüdische Kaufleute, die nur Geld- und Wechselgeschäfte betrieben, die Messen für ihre Arbitrage- und Spekulationsgeschäfte nutzten. Hinter den einzelnen Wechselgeschäften sollte eben immer eine Warentransaktion stehen.

2.7 DIE WECHSELSENSALEN[88]

An Stelle des Begriffs „Sensal“ („Sensari“) findet sich im Artikel 13 des zweiten Teils des Claudianischen Privilegs noch der des „Unterkäufers“,[89] wie im übrigen auch in der Marktordnung des Jahres 1600. Nach Artikel 20 des ersten Teils des Claudianischen Privilegs wurden Unterkäufer, Sensalen oder Makler vom Magistrat gewählt (während sie zuvor vom Stadtrat ernannt worden waren), und zwar einer oder mehrere „nach notturft und vorfallenheit deß Marckts“, und mußten vom Landesherrn bestätigt werden.[90] Mit der Marktordnung von 1718 wurden dann die einschlägigen Bestim-

86 Ebd.

87 HELLER, Der Handel mit dem Osten, passim.

88 Die Wechselsensalen können in der vorliegenden Untersuchung nur am Rande gestreift werden, denn das einschlägige Bozner Quellenmaterial ist so umfangreich, daß zu seiner Auswertung eine eigene monographische Untersuchung erforderlich wäre.

89 Die deutliche Differenzierung zwischen „Unterkäuf[l]er“ und „Sensal“, die KRASENSKY, Die Bozener Marktordnung, S. 63f., vornimmt, erscheint trotz aller Entwicklungen, die dieses ‚Amt‘ im Verlauf von gut 150 Jahren genommen hat, wenig sinnvoll und kaum nachvollziehbar.

90 Vgl. HUTER, Die Quellen des Meßgerichts-Privilegs, S. 70. – Protokolle zur Wahl und Tätigkeit der Wechselsensale im 18. Jahrhundert siehe in: SLA, A.M.M., 3.7.18, fasc. 1, fol. 19–285: Elezione de Sensali, e loro memoriali a tal fine (1761–1770); fasc. 3, fol. 358–511.

mungen ausführlicher und zugleich nach Waren- und Wechselsensalen unterschieden. Die Wahl hatte durch den Merkantilmagistrat mit einfacher Stimmenmehrheit in Form der Ballotation für eine Amtszeit von drei Jahren zu erfolgen: „Hernach mögen diese Erwählte, und keine andere das Geschäfft der Unterhändler verrichten, und Sensarien verdienen, anderen aber, die nicht angenommen seynd, sie mögen gleich Vorwendung, Beschönung, oder Entschuldigung haben, wie sie wollen, ist solches verbotten bey Straff der Nullität ihrer schliessenden Contracten, und noch ein hundert Thaler, die da verfallen, so offt sie sich unterstehen wurden, darwider zu thun."[91]

Juden waren als Sensale nicht zugelassen und wurden, wenn sie gegen dieses Verbot verstießen, von den Messen ausgeschlossen. Diese Bestimmungen, die im theresianischen Edikt von 1744 im wesentlichen bestätigt wurden, wobei man die Strafbestimmungen noch näher ausführte,[92] bedeuteten aber nicht, daß auf den Bozner Messen wie häufig andernorts ein durchgängiger Maklerzwang herrschte, um den auswärtigen Kaufmann gleichsam zu kontrollieren und dem Sensal ein hinreichendes Auskommen zu verschaffen.[93] Daß das ‚Amt' eines Sensalen – sei es eines Wechsel- oder eines Warensensalen – trotzdem sehr attraktiv gewesen sein muß, zeigen die zahlreichen ‚Bewerbungsschreiben' aus der zweiten Hälfte des 18. und dem beginnenden 19. Jahrhundert, die beim Merkantilmagistrat nach dem Tode eines Sensalen oder der Niederlegung seines Amtes eingingen.[94]

Die knappen Bestimmung zu den Sensalen in den Ordnungen bis 1744 waren offensichtlich nicht ausreichend, um Unregelmäßigkeiten abzuwenden, was auch die zahlreichen Edikte und Mandate des Merkantilmagistrats zum Sensalenwesen insgesamt wie zu einzelnen Maklern seit dem 17. Jahrhundert belegen.[95] Am 17. Juni 1755 veröffentlichte daher der öffentliche Notar Joseph Seraphin Bruni in seiner Eigenschaft als Bozner Nuntius eine „Instruzione per li Sensali tanto di Cambj, quanto di Mercanzie", die deren jeweilige ‚Dienstpflichten' genauer zu regeln versuchte: Diese Instruktion legte zum einen eine strikte Trennung zwischen Waren- und Wechselsensalen fest, weshalb es „den Wechselsensalen absolut nicht erlaubt ist, als Sensale für Waren aufzutreten, und vice versa es auch den Warensensalen nicht erlaubt, ist Wechselgeschäfte zu tätigen". Zum anderen durften weder Wechsel- noch Warensensalen „unter welchem Vorwand auch immer – ob nun ohne wahres Interesse oder aus reiner

---

91 SLA, A.M.M., 3.7.28, fasc. 2, fol. 154 (Artikel 14).

92 Ebd., fol. 170 und 170' (Artikel 17).

93 KRASENSKY, Die Bozener Marktordnung, S. 63.

94 Als Beispiele für ‚Bewerbungen' für das Amt eines Wechselsensalen seien angeführt: SLA, A.M.M., 3.7.26, fasc. 16, fol. 96–160; 3.7.33, fasc. 21, fol. 1175–1188; 3.7.35, fasc. 7, fol. 35–38; fasc. 13, fol. 79–91; 3.7.38, fasc. 20, fol. 323–329; fasc. 22, fol. 326–329; fasc. 24, fol. 336–341; 3.7.41, fasc. 12, fol. 61–65; fasc. 13, fol. 66–70; fasc. 14, fol. 71–74; fasc. 18, fol. 95–100; fasc. 49, fol. 318–324; fasc. 127, fol. 853–858; fasc. 142, fol. 1015–1023; 3.7.42, fasc. 18, fol. 191–205; fasc. 57, fol. 965–981; fasc. 59, fol. 986–995; 3.7.43, fasc. 8, fol. 266–280; 3.7.44, fasc. 7, fol. 44–54; 3.7.45, fasc. 20, fol. 187–193; 3.7.47, fasc. 8, fol. 87–92; 3.7.51, fasc. 42, fol. 533–537; fasc. 48, fol. 586–588.

95 SLA, A.M.M., 3.4, passim.

Freundschaft – weder von sich aus noch mit Hilfe von Zwischenhändlern für eigene Rechnung oder für die Rechnung eines Interessierten Wechsel oder Rückwechsel zu machen, zu geben oder zur Verwahrung zu empfangen bzw. Wechselbriefe oder Waren zu kaufen oder zu verkaufen. Noch weniger wird es ihnen erlaubt sein, Spazii zu empfangen und incombentie von Freunden in Hypothek zu geben oder zu nehmen. Auf diese Art und Weise soll verdeutlicht werden, dass sich die Funktion eines Wechselsensalen bei diesen Messen nur darauf beschränkt, Kaufgeschäfte und Wechselverkäufe für die Pietät, Wertanpassungen, Geldgeschäfte und Depositargeschäfte vorzuschlagen und festzulegen, ohne sich in Kaufgeschäfte oder Verkäufe oder Tauschgeschäfte oder jede andere Form von Warenaustausch einzumischen."[96] Im Gegenzug wurde den Warensensalen jegliche Einmischung in die Geschäfte der Wechselsensale nachdrücklich untersagt.

Daß es trotz der klaren Reglementierungen der Sensalentätigkeit auf den Bozner Messen zu erheblichen Verfehlungen einzelner Sensale kam, zeigt der Fall des Wechselsensalen Agostino Tacchi aus Rovereto in der zweiten Hälfte der 1790er Jahre – der nach Aktenlage wohl spektakulärste Fall eines betrügerischen Wechselsensalen in der jüngeren Geschichte der Bozner Messen überhaupt:[97] Tacchi veröffentlichte am 10. Mai 1796 in den *Gazette di Trento* und in einem anderen Blatt während der Fronleichnamsmesse dieses Jahres eine Bescheinigung, aus der hervorgehen sollte, daß er Giovanni Claudio Ciani aus Trient einen von ihm garantierten Wechsel der nicht mehr existierenden Firma Bartolomeo Palmeri über 3.181 Gulden 31 Kreutzer hätte zahlen müssen. Daraufhin wehrte sich der Sohn des verstorbenen Bartolomeo Palmeri, Bartolomeo Giuseppe Palmeri, öffentlich gegen diese – aus seiner Sicht – Verleumdung, und es kam heraus, daß Tacchi bereits am 25. Mai 1795 das Handelshaus Gebrüder Parisi um 547 Gulden 30 Kreutzer Wiener Kurant betrogen hatte. Trotz gerichtlicher Verurteilung durch den Magistrat von Rovereto kam Tacchi seiner Verpflichtung zur Haftung nicht nach. Als Wechselsensal war Tacchi inzwischen vom Bozner Merkantilmagistrat (mehrfach) suspendiert worden, was Tacchi allerdings nicht akzeptierte. Er machte umfangreiche Eingaben an den Merkantilmagistrat gegen seine Entlassung und brachte Unterschriften von verschiedenen deutschen und Trentiner Händlern bei, die seine Ehrenhaftigkeit bezeugen sollten. Jedoch waren letztere wahrscheinlich von Tacchi bestochen worden; die deutschen Händler jedenfalls widerriefen ihre Unterschrift öffentlich auf der Fronleichnamsmesse 1796. Darüber hinaus fuhr Tacchi trotz seiner Suspendierung fort, auf den Messen als Wechselmakler zu arbeiten. Kurz vor der Fronleichnamsmesse 1797 kam Tacchi dann erneut ins Gefängnis von Rovereto, aus welchem er aber fliehen konnte. Mit Dekret vom 23. Juni 1797 wurde Tacchi durch den Bozner Merkantilmagistrat öffentlich seines Amtes als Wechselsensal für verlustig erklärt. Darüber hinaus wurde gegen ihn ein Konkursverfahren eröffnet, da er seine Gläubiger nicht befriedigte. Der hochverschuldete Tacchi versuchte, sich mit

---

96 SLA, A.M.M., 3.7.40, fasc. 46, fol. 587–593, hier: fol. 588'–589.

97 SLA, A.M.M., 3.7.41, passim, insbesondere fol. 664–677 (Confutazione delle stampe pubblicate da Agostino Tachi in fiera passata Corpus Domini di Bolzano, Verona 1797) und fol. 760f.; 3.7.42, fasc. 40; 3.7.43, fasc. 3.

Betrügereien im Seidenhandel zu retten, was aber ebenfalls aufflog. Die mit großem publizistischem Aufwand durch die Veröffentlichung von Druckwerken und Anschlägen geführte Auseinandersetzung insbesondere zwischen Palmeri dem Jüngeren und Tacchi zeigt dabei, daß es auch für den hocheffizient arbeitenden Merkantilmagistrat nicht leicht war, einen einmal bestellten Sensalen wieder aus seinem Amt zu entfernen, obwohl dessen betrügerisches Handeln offensichtlich war. Die Möglichkeit und wohl auch die Bereitschaft einiger Sensalen zur Unterschlagung, illegalen Absprachen und vor allem zu Geschäften auf eigene Rechnung dürfen demnach nicht unterschätzt werden.

Nach einem Bericht, der im Vorfeld der Erarbeitung einer neuen Sensalenordnung im beginnenden 19. Jahrhundert angefertigt wurde, waren auf den Bozner Messen dieser Zeit vier Sensalen tätig, je zwei für das Wechsel- und das Warengeschäft.[98] Im Jahre 1817 wurde dann eine eigenständige („neue") Sensalenordnung in Kraft gesetzt, die sich an der Triestiner Sensalenordnung orientierte. Danach sollte es auf den Bozner Messe je vier Waren- und Wechselsensale geben, deren Geschäftsbereiche strikt voneinander getrennt waren und denen es verboten war, „negozj per proprio conto" zu tätigen. Die Wechselsensale sollten 1‰ des zu verhandelnden Wechselbelaufs von jeder beteiligten Partei erhalten.[99]

[98] SLA, A.M.M., 3.7.51, fasc. 59, fol. 772–787, hier: fol. 773.

[99] SLA, A.M.M., 3.7.55, fasc. 45, fol. 852–872, hier: fol. 854–857; 3.7.51, fasc. 59, fol. 775–786.

Abb. 11: Handschriftlicher Wechsel- und Geldkurszettel der Bozner Fronleichnamsmesse 1766[100]

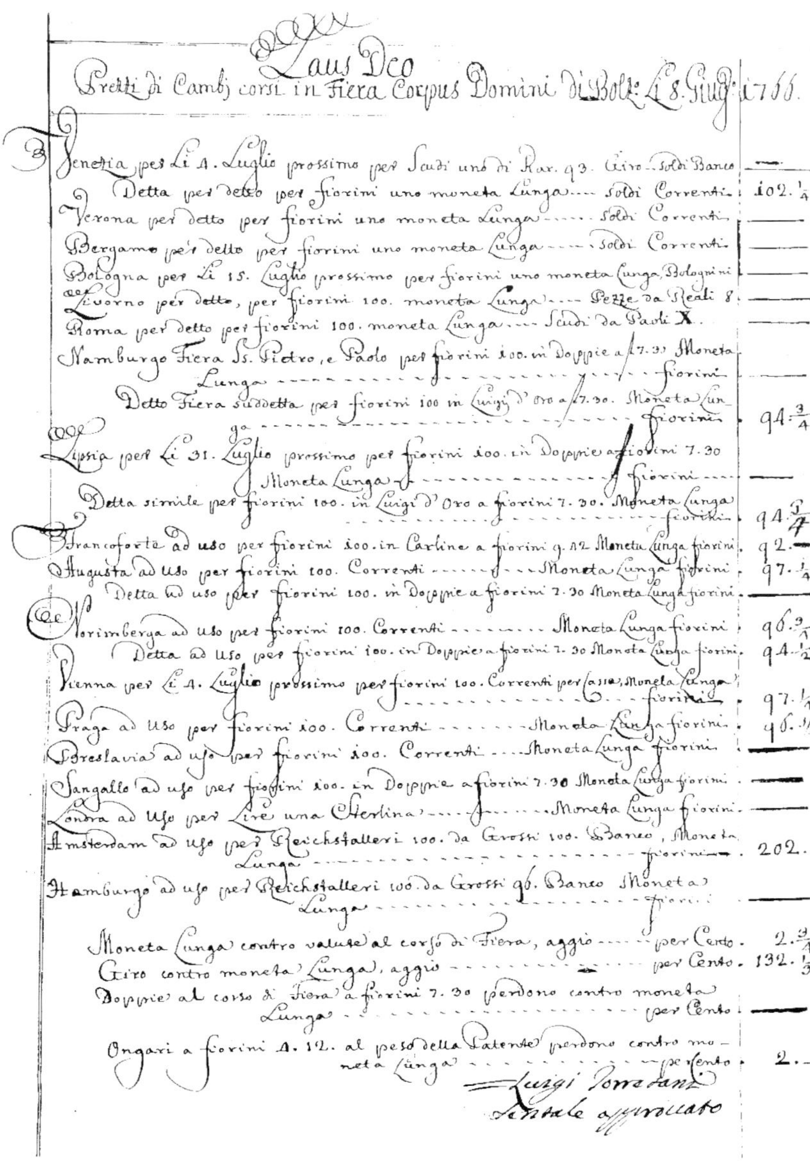

Laus Deo

Prezzi di Cambj corsi in Fiera Corpus Domini di Bolz: li 8. Giug: 1766.

Venezia per li 4. Luglio prossimo per Scudi uno di Lir. 93. Giro ... Soldi Banco —
Detta per detto per fiorini uno moneta Lunga .... Soldi Correnti 102. 1/4
Verona per detto per fiorini uno moneta Lunga ..... Soldi Correnti —
Bergamo per detto per fiorini uno moneta Lunga ... Soldi Correnti —
Bologna per li 15. Luglio prossimo per fiorini uno moneta Lunga, Bolognini —
Livorno per detto, per fiorini 100. moneta Lunga ... Pezze da Reali 8. —
Roma per detto per fiorini 100. moneta Lunga ... Scudi da Paoli X. —
Hamburgo Fiera SS. Pietro, e Paolo per fiorini 100. in Doppie a f 7.30 Moneta Lunga ... fiorini —
Detto Fiera suddetta per fiorini 100 in Luigi d'oro a f 7.30. Moneta Lunga ... fiorini 94. 3/4
Lipsia per li 31. Luglio prossimo per fiorini 100. in Doppie a fiorini 7.30 Moneta Lunga ... fiorini —
Detta simile per fiorini 100. in Luigi d'Oro a fiorini 7.30. Moneta Lunga ... fiorini 94. 3/4
Francoforte ad uso per fiorini 100. in Carline a fiorini 9.12 Moneta Lunga fiorini 92. —
Augusta ad uso per fiorini 100. Correnti ... Moneta Lunga fiorini 97. 1/4
Detta ad uso per fiorini 100. in Doppie a fiorini 7.30 Moneta Lunga fiorini —
Norimberga ad uso per fiorini 100. Correnti ... Moneta Lunga fiorini 96. 3/4
Detta ad uso per fiorini 100. in Doppie a fiorini 7.30 Moneta Lunga fiorini 94. 1/2
Vienna per li 4. Luglio prossimo per fiorini 100. Correnti per Cassa, Moneta Lunga ... fiorini 97. 1/4
Praga ad uso per fiorini 100. Correnti ... Moneta Lunga fiorini 96. 3/4
Breslavia ad uso per fiorini 100. Correnti ... Moneta Lunga fiorini —
Sangallo ad uso per fiorini 100. in Doppie a fiorini 7.30 Moneta Lunga fiorini —
Londra ad uso per Lire una Sterlina ... Moneta Lunga fiorini —
Amsterdam ad uso per Reichstalleri 100. da Grossi 100. Banco, Moneta Lunga ... fiorini 202. —
Hamburgo ad uso per Reichstalleri 100. da Grossi 96. Banco Moneta Lunga ... fiorini —

Moneta Lunga contro valute al corso di Fiera, aggio ... per Cento 2. 3/4
Giro contro moneta Lunga, aggio ... per Cento 132. 1/3
Doppie al corso di Fiera a fiorini 7.30 perdono contro moneta Lunga ... per Cento —
Ongari a fiorini 4.12. al peso della Patente perdono contro moneta Lunga ... per Cento 2. —

Luigi Torresani
Sensale approvato

100 Quelle: SLA, A.M.M. 3.5.10, fol. 192.

3. DIE GELD- UND WÄHRUNGSVERHÄLTNISSE AUF DEN BOZNER MESSEN

Die Währungsverhältnisse auf den Bozner Messen waren untrennbar verbunden mit der wechselvollen Tiroler Münz- und Geldgeschichte, die wiederum trotz aller im Laufe der Jahrhunderte eingeschlagener Sonderwege in die Geld- und Währungsgeschichte des Alten Reiches eingebunden war. Die folgenden Ausführungen zu den Geld- und Währungsverhältnissen auf den Bozner Messen können und wollen allerdings keine umfassende Darstellung der Geld- und Währungsgeschichte Tirols oder gar der gesamten Habsburgermonarchie sein. Es wird ausschließlich auf diejenigen Entwicklungen Bezug genommen, die für das Verständnis der folgenden Untersuchungen zum Zahlungsverkehr auf den Bozner Messen aus monetärer Perspektive unabdingbar erforderlich sind. Daher ist die Gliederung dieses Kapitels auch im wesentlichen an den währungshistorischen Brüchen, die in den Bozner Kursübersichten deutlich werden, orientiert.

3.1 DIE GIRO-WÄHRUNG (VON DEN 1620ER JAHREN BIS IN DIE 1690ER JAHRE BZW. BIS 1742)

Als mit Abstand und langfristig wichtigste Rechnungseinheit auf den Bozner Messen diente der Gulden zu 60 Kreuzern, der seit den Jahren der Kipper- und Wipperzeit eine imaginäre „Maßeinheit", eine Rechenwährung der Kaufleute, war. Mandich führt dies darauf zurück, daß die Messekaufleute es seit dem 16. Jahrhundert „gewohnt [waren], in Gulden zu rechnen, als die effektiv geprägten Gulden den Wert von 60 Kreuzern hatten. Sie rechnen weiter in Gulden (jetzt allerdings in ‚erdichteten')", sobald die „effektiven" Gulden seit der Wende vom 16. zum 17. Jahrhundert und vor allem während der Kipper- und Wipperzeit ihren Silbergehalt verändert hatten und nunmehr einem anderen Wert in Kreuzern entsprachen.[1]

Hintergrund dieses Befundes war die Entwicklung des Münz- und Währungswesens, die das Reich und speziell Tirol seit der zweiten Hälfte des 16. Jahrhunderts infolge der beiden Augsburger Reichsmünzordnungen nahm, mit denen Ferdinand I. (1531/56–1564) das Geldwesen des Reiches generell zu regeln versuchte: 1551 wurde der Reichstaler, der bislang 70 Kreuzern entsprochen hatte, durch die Erste Augsbur-

1 MANDICH, Geld- und Kreditwesen, S. 477f. mit Anm. 8.

ger Reichsmünzordnung mit 72 Kreuzern bewertet, durch die Zweite Augsburger Reichsmünzordnung vom 19. August 1559 allerdings auf 60 Kreuzer herabgesetzt, so daß der Reichstaler dem Wert eines Rechenguldens entsprach.[2] Aufgrund der unrentabel gewordenen Talerausprägung kehrte der Tiroler Landesfürst, Erzherzog Ferdinand II., 1573 nach einem Geheimvertrag mit Kaiser Maximilian II. vom 17. März für seinen Machtbereich zur Prägung von Talern wie unter Ferdinand I. zurück und scherte somit aus der Reichsmünzordnung von 1559 aus. 1577, als durch den Tod Maximilians II. ein gewisses Machtvakuum entstanden war, gab er eine eigene Münzordnung für Tirol heraus, durch welche der Feingehalt aller Tiroler Münzen gesenkt wurde, so bei den Talern um ein Quentel auf 14 Lot (daher sogenanntes, wenn auch rechtlich unhaltbares „Privileg des Quentchens"). Der Kurs dieses Tiroler Talers zu 25,22 Gramm Feinsilber wurde mit 68 Kreuzern festgesetzt; 1584 war eine Ausprägung auch bei diesem Kurs nicht mehr rentabel, so daß er in diesem Jahr auf 69, wenig später auf 70 Kreuzer angehoben wurde.[3]

Im ausgehenden 16. Jahrhundert stieg dann der Silberpreis aufgrund der rückläufigen Produktionsergebnisse in den mitteleuropäischen Revieren[4], wenn auch immer noch recht langsam an, so daß der Taler, der ja mit keinem festen Nominal verbunden war, immer höher gehandelt wurde, was sich in der Regierungszeit Erzherzog Maximilians III. (1602–1619) nochmals verstärkte. Zudem kamen schon allein im Gefolge des umfangreichen Warenhandels minderwertige Münzen aus Ober- und Mittelitalien, aus dem Rheinland, dem Elsaß und Lothringen, aus den Niederlanden, Sachsen und Polen sowie aus der Ostschweiz nach Tirol. Auch wurden teilweise deutsche Gepräge nachgeahmt und in besonderen Transporten nach Tirol gebracht, um dort auf wichtigen Märkten abgesetzt zu werden, wie etwa 1608 in Bozen. „Die Ursachen der Mißstände lassen sich [...] wie folgt zusammenfassen: falsche Relation des Talers zu den Scheidemünzen, ständige Verschlechterung des Münzfußes, Verpachtung vieler Münzstätten an gewinnsüchtige Unternehmer, mangelnde Kontrolle bei der Münzprägung, keinerlei Aktivitäten des Kaisers zur Besserung der Situation aufgrund seiner schwachen politischen Stellung. Den Gewinn aus dieser Situation zogen einerseits die Händler und Geldwechsler, die in großem Umfange gute in schlechte Münzen umprägen ließen, und andererseits die Münzunternehmer, die aus dem Betreiben der Münzstätten ihren Gewinn holten."[5] Die Folge war, daß „gerade in der Zeit 1602–1612 der entscheidende Aufwärtstrend des Talerkurses einsetzte"[6] und sich „die Inflationsspira-

---

2 Heinz MOSER / Heinz TURSKY, Die Münzstätte Hall in Tirol [1984], in: MOSER / RIZZOLLI / TURSKY (Hrsg.), Tiroler Münzbuch, S. 61–194, hier: S. 93f.

3 Heinz MOSER / Heinz TURSKY, Corpus Nummorum Tirolensium. Die Münzen Kaiser Rudolfs II. aus der Münzstätte Hall in Tirol 1602–1612, Rum bei Innsbruck 1986, S. 19f., 22; dies., Die Münzstätte Hall in Tirol [1984], S. 108–110; HIRN, Die lange Münze in Tirol, S. 3–13.

4 Vgl. hierzu Paul W. ROTH, Die Kipper- und Wipperzeit in den Habsburgischen Ländern, 1620 bis 1623, in: Eckart SCHREMMER (Hrsg.), Geld- und Währung vom 16. Jahrhundert bis zur Gegenwart. Referate der 14. Arbeitstagung der Gesellschaft für Sozial- und Wirtschaftsgeschichte vom 9. bis 13. April 1991 in Dortmund, Stuttgart 1993, S. 85–103, hier: S. 86.

5 MOSER / TURSKY, Corpus Nummorum Tirolensium, S. 41 sowie S. 27, 29–32, 39f.

6 Ebd., S. 42.

le [...] im letzten Dezennium vor dem Dreißigjährigen Krieg immer rascher zu drehen [begann]."[7] Mit Beginn des Dreißigjährigen Krieges geriet der Silberpreis und mit ihm der Talerkurs „vollends außer Kontrolle", da der Krieg enorme finanzielle Aufwendungen für die Bezahlung der Truppen nach sich zog. In den Habsburger Ländern setzte die sogenannte Kipper- und Wipperzeit (1619–1623)[8], die geprägt war von der massenhaften Ausbringung minderwertiger Kleinmünzen – der sogenannten „langen Münze" –, erst nach der Schlacht am Weißen Berge (8. November 1620) und der sich anschließenden Rückgliederung Böhmens in den habsburgischen Machtbereich ein.[9]

In Tirol erreichte im Februar/März 1622 „die Inflation ihren Höhepunkt, als man für einen Taler 600 Kreuzer zahlen mußte. Zwar ging der Kurs in der Folge etwas zurück, blieb aber trotzdem noch weit überhöht."[10] Vorausgegangene Versuche, den Kurs des Reichstalers zu stabilisieren, waren allenfalls von kurzer Dauer und geringer Effizienz, wie alle drei Münzmandate Erzherzog Leopolds V. aus dem Jahr 1621 (Mai, August und November) belegen. So vereinbarten Vertreter von Tirol, der Herzogtümer Bayern und Württemberg, des Erzstifts Salzburg, der Hochstifte Augsburg und Konstanz und der Reichsstädte Augsburg und Nürnberg am 18. Juli 1621 in Füssen einen Reichstalerkurs von 3¼ Gulden (= 195 Kreuzer), den Erzherzog Leopold V. nur wenige Wochen später in einem Münzmandat vom 31. August 1621 trotz starker Bedenken publizierte, da Tirol damit aus dem Währungsverbund mit dem Kaiser ausscherte, der bislang weiterhin an einem Reichstalerkurs von 2½ Gulden (= 150 Kreuzer) festhielt. Bereits zwei Monate nach dem auf der Grundlage des Füssener Rezesses publizierten Münzmandats sah Leopold V. seine bisherige Münzpolitik für gescheitert an und begann, der Kippermünzenprägung in der Haller Münzstätte ebenso wie dem Kursanstieg des Reichstalers freien Lauf zu lassen, um „sich der Zeit und der Nachbarschaft zu akkommodieren".[11] Dabei war Tirol von den Auswirkungen der Kipper- und Wipperzeit auf den Handel besonders betroffen, da im südlich angrenzenden Gebiet von Venedig „der Taler auch in der ärgsten Inflationszeit immer nur mit höchstens 210 Kreuzern verrechnet" wurde.[12]

---

7 Dies., Die Münzstätte Hall in Tirol [1984], S. 123. Vgl. auch HIRN, Die lange Münze in Tirol, S. 15–18.

8 Vgl. Fritz REDLICH, Die deutsche Inflation des frühen Siebzehnten Jahrhunderts in der zeitgenössischen Literatur: Die Kipper und Wipper, Köln – Wien 1972; ROTH, Die Kipper- und Wipperzeit in den Habsburgischen Ländern, insbesondere S. 96f. (zu Tirol).

9 Vgl. Richard GAETTENS, Geschichte der Inflationen. Vom Altertum bis zur Gegenwart, München ²1957 (ND. 1982), S. 84.

10 MOSER / TURSKY, Die Münzstätte Hall in Tirol [1984], S. (125–)126.

11 HIRN, Die lange Münze in Tirol, S. 18–20 (Zitat: S. 20). So auch MOSER / TURSKY, Die Münzstätte Hall in Tirol [1977], S. 248–250.

12 Ebd., S. 255; dies., Die Münzstätte Hall in Tirol [1984], S. 127(f.). Vgl. auch ROTH, Die Kipper- und Wipperzeit in den Habsburgischen Ländern, S. 100; HIRN, Die lange Münze in Tirol, S. 21; nach ebd., S. 23, stieg der Reichstaler in Italien nie über 3¼ Gulden (= 195 Kreuzer).

Tab. 3.1: Geldkurse in Tirol von 1577 bis 1624 in Gulden und Kreuzern[13]

	Reichs-taler	Dukaten Zecchini	Span., genues. u. franz. Kronen	Kreuz-duka-ten	Gold-gulden	Phil-ipps-taler	Silber-krone	Silber-gulden
1577	1.8							
1584	1.10							
1596	1.12							
1605	1.15							
1606, Egidimarkt[14]	1.15-17	2.12						
1608, 6. IX (M)	1.20	2.12	2	2.6	1.30		1.38	
1609, 9. IX (M)	1.24	2.35	2	2.4	1.30	1.32	1.36	1.12
1610	1.27[15]							
1611	1.30							
1614, VIII	1.28	2.20			1.45			1.16
1614, XII	1.25-26							
1615, III	1.28	2.20			1.45	1.34		1.16
1615, X	1.28							
1615, XI	1.30	2.30			1.52	1.40		1.20
1616, 8. III (M)	1.30	2.30	2.12	2.15	1.48	1.36	1.36	1.20
1617, V	1.30	2.31			1.52	1.40		1.20
1618, V	1.32	2.32	2.16	2.12	2	1.42		1.22
1619, VI	1.36							
1619, X	1.48	2.48	2.30	2.28	2.10	1.58		1.36
1620, 25. III (M)	2.8	3.12 (Duk.) 3.18 (Zec.)	2.48		2.18	2.15	2.24	1.54
1620, VI	2.8	3.12	2.50	2.58	2.20	2.18	2.20	1.56
1620, XI	2.20	3.30	3	3.4	2.30	2.30	2.30	2
1621, I	2.20	3.30	3	3.4	2.30	2.30	2.50	2
1621, II	2.24	3.36	3.15		2.36	2.36	2.56	2.6
1621, III	2.30	3.40	3.30(?)		2.40	2.50	2.50	2.10
1621, IV	2.36	3.45	3.45		2.45	3	3	2.15

13 1 Gulden = 60 Kreuzer. – M = landesherrliches Münzmandat. Quelle: *Verzaichnuß der groben gulden und silbern Müntzen, wie solche im Tyrol 1608. biß 1623. Jar valuiert worden*, Innsbruck 1626, abgedruckt in: MOSER / TURSKY, Die Münzstätte Hall in Tirol [1977], S. 251. Dieses Tableau enthält zudem auch einige wenige Geldkurse für Engelotten, Rosennobel und Schiffsnobel sowie für italienische Kronen, speziell aus Mailand und Savoyen, auf deren Wiedergabe hier verzichtet wird. – Die darüber hinausgehenden Angaben zu Reichstalerkursen sind entnommen aus: HIRN, Die lange Münze in Tirol, S. 14, 19f., 29; MANDICH, Geld- und Kreditwesen, S. 480, 508; MOSER / TURSKY, Die Münzstätte Hall in Tirol [1984], S. 122f.; dies., Corpus Nummorum Tirolensium, S. 42; ROTH, Die Kipper- und Wipperzeit in den Habsburgischen Ländern, S. 89; MOSER / TURSKY, Die Münzstätte Hall in Tirol [1977], S. 235f., 247f., 251, 256. – Die Angaben zum Egidimarkt 1606 sind entnommen aus: Georg MUTSCHLECHNER, Vom Geldwesen am Bozner Markt (1606), in: Der Schlern 55, 1981, S. 475f., hier: S. 476.

14 Weitere Geldkurse in Gulden und Kreuzern: Dukaten (Ongari): 2.5 (offizielle Kursfestsetzung durch den Landesherrn: 2.4) – spanische Doppie: 3.42 (offiziell: 3.18) – Doppie d'Italia: 3.36 (offiziell: 3.0) – genuesische Goldkrone: 1.36 (offiziell).

15 Faktischer Geldkurs auf dem Herbstmarkt in St. Lorenzen im Pustertal.

	Reichs-taler	Dukaten Zecchini	Span., genues. u. franz. Kronen	Kreuz-duka-ten	Gold-gulden	Phil-ipps-taler	Silber-krone	Silber-gulden
1621, 26. V (M)	2.30	3.50	3.20	3.50(?)	2.48(?)	2.48	2.48	2.12
1621, VI	3.6	4.30	4.30		3.30	3.30	3.30	2.36
1621, VII	3.15	5	5	4.40	3.40	3.32	4	2.52
1621, 31. VIII (M)	3.15	5	4.30	4.42	3.40			2.52
1621, IX	4.30	8	6.45		6.12	5.20	5.48	4
1621, X	5	9.30	7.30		7	5.36	6	4.24
1621, 17. XI (M)	5.30	8.27	7.36	7.57	6.12	6		4.51
1621, XII	6.30	12	9.30		8	7	7	5.30
1622, I	7.30	13.30	11		10	8	8	6.30
1622, II	10	16	14		12	11.30	12	8.30
1622, III	10	15	14.30	14.20	11	10.30	11	8.30
1622, IV	5.30							
1622, X	5	8	6.30	7.20	5.45	5.30	6	4.30
1622, XI	6	9.30	8		7	6.30	7.20	5.30
1623, 22. III (M)	6	9.12	8.18	8.36	6.45	6.42	6.48	5.18
1623, 16. V (M)	1.30							
1623, 26. VI (M)	1.30	2.20	2.4	2.10	1.44	1.40	1.44	1.20
1624	1.30							

Eine Rückkehr zu stabileren Geldverhältnissen begann erst mit der Proklamation eines Talerkurses von 90 Kreuzern durch den Kaiser und mit dem Münzprobationstag von Augsburg, auf dem sich die drei korrespondierenden oberdeutschen Reichskreise – der Bayerische, der Fränkische und der Schwäbische Reichskreis – auf Veranlassung Kurbayerns am 10. April 1623 darauf einigten, daß der Reichstaler künftig 1½ Gulden (= 90 Kreuzer) gelten sollte.[16] Erzherzog Leopold V., der bereits am 22. März 1623 den Talerkurs mit 360 Kreuzern festgelegt hatte, schloß sich diesem Vorgehen an und setzte in einem Münzmandat vom 26. Juni bzw. am 29. August 1623 den Kurs des Talers mit 90 Kreuzern fest, nachdem er in Tirol durch seine Provisorische Münzordnung vom 16. Mai 1623 die Abwertung der „langen Münze" eingeleitet hatte.[17] Als in Wien ein Aufstand drohte, wurde im Sommer 1623 die Ausprägung der leichten Münzen aufgrund kaiserlicher Entschließung vom 3./6. Juli 1623 in den habsburgischen Ländern gänzlich eingestellt. Auch der übrige süddeutsche Raum kehrte um diese Zeit zur alten Ausmünzung zurück, der Kaiser schließlich am 10. Dezember 1623. „Für Jahrzehnte war nun der Wert des Talers nicht mehr mit dem Silberpreis gekoppelt,

16 Hierzu ausführlich Hans Christian ALTMANN, Die Kipper- und Wipperinflation in Bayern (1620–23). Ein Beitrag zur Strukturanalyse des frühabsolutistischen Staates, München 1976, S. 155–165.

17 Hiernach sollte der Taler nach der Tiroler Münzordnung von 1577 90 Kreuzer, der Taler nach der Reichsmünzordnung von 1551 94 Kreuzer, der Taler nach der Reichsmünzordnung von 1559 80 Kreuzer, der Kipper-Gulden von 1621 und 1622 12 Kreuzer und der Kipper-Gulden von 1623 8 Kreuzer gelten; MOSER / TURSKY, Die Münzstätte Hall in Tirol [1977], S. 253–256. Vgl. auch ROTH, Die Kipper- und Wipperzeit in den Habsburgischen Ländern, S. 101; HIRN, Die lange Münze in Tirol, S. 29f.

sondern war so wie alle anderen Nominale mit einem bestimmten Wert belegt."[18] Allerdings zogen sich die Einziehung der „langen Münze" und die Verhandlungen mit Kreditgebern, die in „langer Münze" Kredite gewährt hatten, noch über Jahre hin.[19]

Die landesherrlichen ‚Experimente' in der Geld- und Währungspolitik der Kipper- und Wipperzeit wie auch der vorausgegangenen Jahrzehnte machten es unabdingbar erforderlich, daß sich die Kaufleute durch die Verwendung von imaginärem Rechengeld gegen diese salvierten, indem sie ihre traditionelle(n) Rechnungsweise(n) beibehielten, auch wenn der imaginäre Wert ihrer Recheneinheiten nicht mehr dem effektiven Wert der kursierenden Münzen entsprach. Dabei „liegt die praktische Bedeutung der Rechnungswährung eines bestimmten Wirtschaftsbereichs vor allem in der qualitativen und quantitativen Konvertierbarkeit dieses fingierten Geldes in Effektivwährungen, sobald eine Forderung bzw. Schuld mit Bargeld zu begleichen ist."[20] Der Vorteil dieser Handlungsweise wird beispielsweise in den Bozner Notierungen auf Venedig in den frühen 1620er Jahre deutlich: Die Kurse in Gulden Giro für venezianische Ducati di banco stiegen in den Jahren 1620 bis 1623 ‚nur' auf gut das Doppelte, während sich der Wert des effektiven Guldens etwa verzehnfachte. Mit der Mittfastenmesse 1624 war die Bozner Kursnotierung auf Venedig wieder auf dem Stand der Andreämesse 1619 angelangt; 1626 entsprach sie dem Stand von 1618. Damit hatten sich die Kursverhältnisse im bargeldlosen Zahlungsverkehr der Bozner Messen nach den Jahren der „langen Münze" wieder normalisiert.

Die Herausbildung einer kaufmännischen Rechenwährung war demnach „ein Mittel der Selbsthilfe"[21] der Kaufleute gegen die Folgen der verfehlten landesherrlichen Geld- und Währungspolitik seit dem ausgehenden 16. Jahrhundert. Zur besseren Unterscheidung zwischen dem imaginären Rechengulden und dem effektiven Gulden bezeichnete man ersteren als *Gulden Wechselgeld* (*de cambio*) oder *Gulden Giro*, und in diesem Gulden Wechselgeld oder Gulden Giro wurden die Bozner Wechselgeschäfte dieser Zeit großenteils, wenn auch nicht ausschließlich abgewickelt, wie die überlieferten Wechselproteste seit den 1630er Jahren belegen.[22] In den Kursnotierungen auf den Bozner Messen war dieser Gulden Giro ebenfalls in vielen, wenn auch nicht allen Fällen die unmittelbare oder mittelbare Bezugsgröße: In drei Fällen, bei den Kursen auf Mailand, Bologna und St. Gallen, wurde unmittelbar auf den Gulden Giro rekur-

---

18 MOSER / TURSKY, Die Münzstätte Hall in Tirol [1984], S. 129; GAETTENS, Geschichte der Inflationen, S. 93.

19 Für Tirol kann hier beispielhaft der lange und gut dokumentierte Prozeß des in Bozen niedergelassenen Augsburger Handelsherrn und Bankiers David Wagner auf Rückzahlung der 1622 an die Landschaft und den Landesherrn in guter Münze gewährten Kredite angeführt werden, dessen Ende er infolge seines Todes 1637 nicht mehr erlebte; ROTH, Die Kipper- und Wipperzeit in den Habsburgischen Ländern, S. 103; HIRN, Die lange Münze in Tirol, S. 54–107.

20 MANDICH, Geld- und Kreditwesen, S. 479; vgl auch ebd., S. 476: „Die Bedeutung der ‚idealen' (erdichteten) Währung dieser Zeit lag darin, daß sie als abstrakte Maßeinheit dazu diente, den Wert oder Preis der verschiedenen geprägten Münzeinheiten auszudrücken."

21 KRASENSKY, Die Bozener Marktordnung, S. 81.

22 Siehe *Kapitel 6*.

riert, während mehrenteils Notierungen in Kreuzern Giro für eine Einheit Fremdwährung erfolgten, im Falle dreier deutscher Städte – Frankfurt am Main, Leipzig und Augsburg – auch in Reichstalern Giro zu 90 Kreuzern Giro, da die deutschen Kaufleute als Rechnungswährung vorzugsweise den Reichstaler zu 90 Kreuzern gebrauchten.[23]

Eine Besonderheit stellte die Bozner Notierung auf Venedig und die Städte des venezianischen Festlandsgebietes (Verona und Bergamo) – wie auch umgekehrt – dar, denn hier notierte man Soldi Fremdwährung für einen Scudo di cambio (‚Wechsel-Krone'[24]) zu 93 Kreuzern Giro in Bozen. Der Scudo di cambio, ebenfalls eine Rechenwährung, war ein um 3 Kreuzer Giro höher bewerteter imaginärer Reichstaler, so daß 20 Scudi di cambio 31 Gulden Giro entsprachen.

Darüber hinaus existierte die Rechnung nach einer imaginären Lira (‚Pfund') oder dem Tron zu 20 Soldi à 12 Denari – der traditionellen Rechnungsweise im Hochstift Trient –, wobei dieses Rechnungs- oder ‚Messepfund' 12 Kreuzern Giro, d.h. 1/5 Gulden Giro, entsprach.[25] Auch wenn diese Rechnungsweise in zahlreichen Wechselgeschäften üblich war, wie die Wechselproteste des 17. Jahrhunderts belegen, spielte sie bei der Notierung der Wechselkurse keine Rolle.

Zugleich ergab sich aber aus der Verwendung der verschiedenen Rechenwährungen auch ein Problem, nämlich welches Kurantgeld zur Bezahlung von Wechseln erlaubt sei und zu welchem Geldkurs dies zu geschehen habe. So bestimmte eine Resolution Erzherzog Leopolds vom 4. Mai 1627, daß alle Zahlungen auf den Bozner Messen in guten, d.h. vollwichtigen, zu 90 Kreuzern zu rechnenden Tiroler oder Reichstalern oder anderen Großsilber- oder Goldmünzen von vergleichbarem Wert zu erfolgen hätten; als kleinste Münze sei das Viertel-Taler-Stück erlaubt. Hierbei wird Bezug genommen auf den nach dem Reichsmünzfuß von 1566, einem 9-Taler-Fuß, ausgebrachten Reichstaler, der – später als Speciesreichstaler oder Reichstaler species bezeichnet – 25,98 Gramm Feinsilber entsprach. Tatsächlich erfolgte die Bezahlung der auf Giro oder Wechselgeld lautetenden Wechsel in den ersten Jahren nach der Errichtung des Messegerichts vorrangig in Dukaten (Ongari), deren Kurs in den 1630er und 1640er Jahren sowohl innerhalb der Kontrattantschaft als auch zwischen der Kontrattantschaft und der Landesherrschaft heftig umstritten war.[26] Auf Initiative venezianischer Kaufleute-Bankiers hatte die Kontrattantschaft am 23. März 1635 unter anderem einen Höchstkurs für den Dukaten von 2 Gulden 58 Kreuzer Giro festgelegt, die Landesherrschaft bestand jedoch auf einem Kurs von 3 Gulden Giro, so daß innerhalb der Kontrattantschaft je nach Interessenslage Uneinigkeit herrschte: „Wer Schulden hat, verlangt den neuen Kurs von 3 Gulden, die Gläubiger wollen den alten Kurs – 2 Gulden und 58 Kreuzer – beibehalten."[27] In einem Fall ist auch bekannt, daß das Messe-

---

23 MANDICH, Geld- und Kreditwesen, S. 478.

24 Vgl. ebd., S. 479.

25 Ebd., S. 479 mit Anm. 10.

26 SLA, A.M.M., 3.1.1, fol. 106', 184'.

27 MANDICH, Geld- und Kreditwesen, S. 481–487 (Zitat: S. 487).

gericht einen Mittelweg ging und den Kurs in einem entsprechenden Streitfall auf 2 Gulden 59 Kreuzer Giro pro Dukat festsetzte.[28]

Darüber hinaus waren auch – wie bereits in den 1620er Jahren[29] – andere vollwichtige Münzen zur Bezahlung von Wechseln üblich, wie die mannigfaltigen landesherrlichen Kurstafeln wie auch die verschiedenen Vorschläge der Kontrattantschaft zur Festsetzung der Münzkurse aus den 1630er und 1640er Jahren belegen. So waren spanische Doppien oder Dublonen im Pistolen-Fuß und – nach 1640 – (alte) französische Louisd'ors in Gebrauch, die nach ihrem Münzfuß den spanischen Pistolen oder Doppien entsprachen.[30] Die den hochwertigen spanischen Doppien im Feingewicht und Wert gleichstehenden Doppienprägungen etwa aus Frankreich bezeichnete man als Doppie d'oro delle buone stampe, um sie von den etwas schlechteren Doppie d'Italia zu unterscheiden, die bisweilen wiederum nach ihrer Herkunft unterschiedlich bewertet wurden. In der landesherrlichen Kurstafel vom 4. September 1641 etwa wurden Doppien aus Mailand, Mantua und dem Kirchenstaat mit 5 Gulden 9 Kreuzern Giro bewertet, Doppien aus Venedig und Florenz mit 5 Gulden 3 Kreuzern Giro und solche aus Parma mit 5 Gulden 1 Kreuzer.[31] Daneben werden der rheinische Goldgulden, der Genovino (die Genueser Silberkrone), der Silberdukat oder Scudo, der Philippustaler in Silber, der Reichstaler *in specie* (zu 90 Kreuzern), der dem Reichstaler species entsprechende spanische Silberreal „mit richtigem Gewicht" (d.h. der vollwichtige Real) und der rheinische Silbergulden genannt. – Die folgenden Angaben zu Geldkursen aus einem Mandat der Hofkammer („circa le monete") vom 11. Juni 1639 bzw. aus der landesherrlichen Münztafel vom 6. Mai 1647 entsprachen im wesentlichen einem Vorschlag der Bozner Kontrattantschaft, der bereits zur Mittfastenmesse 1635 vorgelegt worden war:

---

28 Ebd.

29 SLA, A.M.M. 3.4.1, fol. 401–405 (= 372–376 alt) (*Mandato circa le mercancie de moneta*, 4. Mai 1627).

30 Herbert RITTMANN, Deutsche Geldgeschichte 1484–1914, München 1975, S. 293, 375f.

31 MANDICH, Geld- und Kreditwesen, S. 482–484.

Tab. 3.2: Geldkurse auf den Bozner Messen 1639 und 1647[32]

	1635	1639	1647
Dukaten (Ongari)	2 fl. 58 xr.	3 fl.	3 fl.
Rosennobel			6 fl.
Spanische, französische und genuesische Doppie, 1635 und 1647 auch florentinische und veneziantische Doppie, 1635 auch neapolitanische Doppie	5 fl. 12 xr.	5 fl. 20 xr.	5 fl. 20 xr.
Doppie d'Italia	5 fl.	5 fl. 2 xr.	5 fl. 12 xr.
Rheinische Goldgulden	1 fl. 52 xr.	1 fl. 50 xr.	1 fl. 50 xr.
Kreuzdukaten			2 fl. 40 xr.
Genovini	2 fl. 12 xr.		2 fl. 12 xr.
Silberscudi (Ducatone)	1 fl. 48 xr.		1 fl. 48 xr.
Philippus- oder Königstaler	1 fl. 40 xr.		1 fl. 40 xr.
Portugiesertaler		1 fl. 24 xr	
Speciesreichstaler (Reichstaler species)	1 fl. 30 xr.	1 fl. 30 xr.	1 fl. 30 xr.
Spanische Silberreales	1 fl. 30 xr.		1 fl. 24 fl.

Das Münzmandat Erzherzog Ferdinand Carls von 1647, dessen Kursfestsetzungen denen eines Mandates vom 5. März 1642 entsprachen, wurde erlassen aufgrund von erheblichen Kursschwankungen „etwelcher Orthen und sonderlich aus den welschen Confinen gegen Italia", denn daraus resultierten „nit geringe hindernis der Comercien vnnd nach ziechende betrangnus des gemainen Manns".[33] Derartige Schwankungen fanden auch schon in den vorherigen Jahren ihren Niederschlag in verschiedenen Mandaten: So wurden venezianische Doppie ein halbes Jahr nach der Festsetzung der Hofkammer 1639 mit 5 Gulden 18 Kreuzern, andere italienische Doppie mit 5 Gulden 6 Kreuzern Giro notiert.[34] 1647 war allerdings als erschwerender Faktor das Problem des Kleingeldes auf den Messen hinzugekommen. Noch am 24. Oktober 1646 wurde der Mangel an venezianischem Kleingeld in Bozen beklagt,[35] doch im Frühjahr 1647 war der Bozner Markt mit Kleingeld aus Frankreich, der Schweiz, Württemberg und auch aus Venedig geradezu überschwemmt worden, wobei die venezianischen Marchetti so geringwertig waren, daß zwei Marchetti für einen Kreuzer genommen wurden. Nunmehr wurde festgelegt, daß an „Kupfferner Müntz allein der zwantzigste theil oder Fünff per cento und darüber nicht weder außgeben noch eingenommen" werden durfte.[36] Probleme mit den Zahlungsmitteln gab es auch auf den folgenden Messen noch häufig und besonders in den ausgehenden 1650er und den beginnenden

32 1635: SLA, A.M.M. 3.1.1, fol. 61f.; 1639: SLA, A.M.M. 3.4.16, fol. 502 (= 472 alt), dazu auch fol. 512 (= 482 alt) und 516–518 (= 476–478 alt); 1647: SLA, A.M.M. 3.4.1, fol. 692 (= 652 alt) und 738 (= 695 alt). Vgl. auch MANDICH, Geld- und Kreditwesen, S. 484f. sowie 482.

33 SLA, A.M.M. 3.4.1, fol. 692 (= 652 alt) und 738 (= 695 alt).

34 SLA, A.M.M. 3.4.17, fol. 34 (= 8 alt) (*Mandato circa le monete*, 4. Dezember 1639).

35 SLA, A.M.M. 3.4.1, fol. 537 (= 500 alt).

36 SLA, A.M.M. 3.4.1, fol. 692 (= 652 alt) und 738 (= 695 alt).

1660er Jahren, als extrem minderwertige und auch gefälschte Münzen aller Art auf den Messen zirkulierten. Aber auch von Geldknappheit auf den Messen ist in den einschlägigen Mandaten und Edikten des Merkantilmagistrats in den ausgehenden 1650er und in den 1660er Jahren häufig die Rede. In diesem Zusammenhang wurde am 15. September 1658 wie auch am 7. März 1663 verordnet, daß den Kaufleuten und Besuchern der Bozner Messen der Gebrauch von nicht ordnungsgemäßem Hartgeld verboten sei. Als Strafe waren die Beschlagnahmung der beanstandeten Geldsumme sowie weitere strenge Bußen gemäß der Anordnung von Erzherzog Sigismund Franz vorgesehen. Der jeweilige Denunziant sollte anonym bleiben und eine Belohnung von einem Drittel der beanstandeten Summe erhalten.[37]

Die hier skizzierte Krise des Geldwesens auf den Bozner Messen in den ausgehenden 1650er und beginnenden 1660er Jahren zog im übrigen eine Krise der Zahlungsmoral nach sich, d.h. daß Waren erst nach langer Zeit bezahlt wurden, was die Geschäfte auf den Bozner Messen erheblich beeinträchtigte. Um die in Bozen traditionell kurzen Zahlungsfristen[38] wieder zu einer allgemein gültigen Regel und Konvention zu machen, wurden alle Kaufleute verpflichtet, ab der Mittfastenmesse 1659 die Waren bis spätestens zur übernächsten Messe zu bezahlen, d.h. daß die auf der Mittfastenmesse verkauften Waren bis zum Bartholomäusmarkt bezahlt sein mußten, die auf der Fronleichnamsmesse verkauften bis zur Andreämesse, die auf der Bartholomäusmesse verkauften bis zur Mittfastenmesse und die auf der Andreämesse verkauften bis zum Fronleichnamsmarkt. Dies galt gleichermaßen für direkt verkaufte wie für versandte Waren, so daß auch alle Händler, die die Bozner Messen nicht besuchten, aber Waren dorthin schickten, von dieser Regelung betroffen waren. Weiterhin galt diese Zahlungspflicht auch für Waren, die bis zu einem Monat nach der Messe verkauft wurden. Um Betrug zu vermeiden, wurden alle Händler aufgefordert, eventuelle gesetzeswidrige Handlungen aufzuzeigen, wobei die Anzeige geheimgehalten werden sollte. Die Mindeststrafe für den Verurteilten betrug 1.000 Reichstaler. Diese Summe wurde mit der Anzahl der Anzeigen multipliziert und nach Bezahlung folgendermaßen aufgeteilt: Ein Drittel erhielt die Kammer, ein Drittel der Magistrat und das letzte Drittel der Denunziant, wenn dieser die Summe annahm. Ansonsten bekamen die Kammer und der Magistrat je die Hälfte des Betrags. Bei einem wiederholten Verstoß wurde zusätzlich der Ausschluß des Verurteilten aus der Kontrattantschaft verkündet.[39]

---

37 SLA, A.M.M. 3.1.8, fol. 217'–218, 256; 3.1.9, fol. 54; 3.1.10, fol. 207 (= 371 alt); 3.1.12, fol. 152 (= 243 alt); 3.4.4, fol. 202 (= 209 alt); 3.4.7, fol. 151 (= 128 alt), 384 (= 367 alt), 473 (= 457 alt), 521 (= 537 alt), 617 (= 600 alt), 777 (763 alt), 829 (= 816 alt), 873 (= 859 alt).

38 Bemerkenswerterweise hebt diesen Umstand bereits der bekannte Tiroler Landreim von 1558:

Auff der Stat Botzen keller tieff
Groß Märckt vn Gwerb / kurtze Schuldbrieff.

nachdrücklich hervor; [Georg Rösch von Geroldshausen], Der Fürstlichen Grafschafft Tÿrol Lanndtreim, 1558, Z. 652f.

39 SLA, A.M.M. 3.1.9, fol. 54–56.

Die Giro-Währung wurde auf den Bozner Messen als Grundlage der Kursnotierung bis zur Fronleichnamsmesse 1742 beibehalten. Allerdings bildete sich seit den 1690er Jahren eine Differenzierung zwischen der Giro- und der für die praktische Abwicklung der bargeldlosen Zahlungsverkehrstransaktionen zunehmend an Bedeutung gewinnenden Kurantwährung heraus. Diese Kurantwährung wurde in Bozen als *Moneta lunga*, als „lange Münze", bezeichnet.

3.2 DER ÜBERGANG ZUR MONETA LUNGA (1690ER JAHRE BIS 1742)

Die Parallelität zwischen der ‚offiziellen' Giro- und der Kurantwährung auf den Bozner Messen entwickelte sich im Gefolge und als Resultat der Veränderungen im Währungswesen des Heiligen Römischen Reiches seit der Münzvereinbarung von Zinna von 1667/68. Ende August 1667 hatten sich im Kloster Zinna Kursachsen und Kurbrandenburg und im April 1668 in Leipzig auch das Herzogtum Braunschweig-Lüneburg auf einen 10½-Taler-Fuß für die Ausbringung der Groschen und Kleinmünzen und somit im Ergebnis auf einen ‚neuen', in seinem inneren Wert um ein Sechstel verringerten Reichstaler, der aber wie bisher 90 Kreuzer galt, geeinigt, um die Münzprägung wieder rentabel zu machen. Der alte ‚gute' Reichstaler entsprach nunmehr de facto 105 Kreuzer nach dem Zinnaischen Münzfuß und wurde, um Verwechslungen zu vermeiden, in der Regel als Speciestaler oder Reichstaler species bezeichnet. Vereinbarungsgemäß wurden von den Vertragsparteien in der Folge allerdings keine Talermünzen geprägt, sondern Zwei-Drittel-Taler (zu 14,85 Gramm Feinsilber), die mit 60 Kreuzern dem (Rechen-)Gulden entsprachen.[40] Die Einschmelzung vollwichtiger Speciestaler und von Gulden früherer Emissionen und die massenhafte Ausbringung immer schlechterer Zwei-Drittel-Münzen vor allem im norddeutschen Raum führten erneut zu inflationären Tendenzen, so daß in den Jahrzehnten zwischen etwa 1675 und 1695 – in der numismatischen Forschung oft als „Zweite"oder „Kleine Kipper- und Wipper-Zeit" bezeichnet[41] – der Wert des Speciestalers erneut stieg. Der Kaiser, der der Münzvereinbarung von Zinna nicht zustimmte, mußte dieser Entwicklung insofern Rechnung tragen, als er 1676 zumindest einer teilweisen Erhöhung des Kurses der Speciestaler auf 96 Kreuzer, 1683/84 schließlich auf 105 Kreuzer zustimmte. In Bo-

40 Zur Zinnaischen Union ausführlich Hans-Jürgen GERHARD, Neue Erkenntnisse zum Münzvergleich von Zinna. Wandlungen in der Währungsstruktur des Reiches in der zweiten Hälfte des 17. Jahrhunderts, in: Ders. (Hrsg.), Struktur und Dimension. Festschrift für Karl Heinrich Kaufhold zum 65. Geburtstag, Stuttgart 1997, Bd. 1: Mittelalter und Frühe Neuzeit, S. 138–172. Vgl. auch MOSER / TURSKY, Die Münzstätte Hall in Tirol [1981], S. 32f.

41 Gegen diesen Begriff einer „Zweiten" oder „Kleinen Kipper- und Wipper-Zeit" wendet sich mit guten Argumenten Hans-Jürgen GERHARD, Vom Leipziger Fuß zur Reichsgoldwährung. Der lange Weg zur „deutschen Währungsunion" von 1871/76, in: Reiner CUNZ (Hrsg.), Währungsunionen. Beiträge zur Geschichte überregionaler Münz- und Geldpolitik, Hamburg 2002, S. 249–290, hier: S. 251–254.

zen war bereits mit Mandat des Merkantilmagistrats vom 11. September 1673 der Gulden („Guldiner“) auf 48 Kreuzer festgesetzt worden, wobei insbesondere auf einen Beschluß des Kreistages des Niedersächsischen Reichskreises in Hamburg Bezug genommen wurde.[42] Daneben wurden mit Mandat des Hofkammerrats vom 10. März 1673 Ducatoni (Silberkronen) aus Mailand und Venedig mit 1 Gulden 50 Kreuzern, solche aus Genua mit 2 Gulden 12 Kreuzern und alle anderen mit 1 Gulden 48 Kreuzern bewertet.[43] Darüber hinaus wurden 1676 alle minderwertigen Gulden verboten, aber durch sogenannte Heckenmünzstätten in immer größerem Umfang nachgeahmt und ausgegeben, zumal Leopold I. für seine Kriege gegen Frankreich und das Osmanische Reich wachsenden Geldbedarf hatte. „Der Vertrag von Zinna war durch diese Entwicklung längst ad absurdum geführt.“[44]

Daher einigten sich die oben genannten Vertragsparteien von Zinna am 26. Januar 1690 in Leipzig wiederum auf einen neuen Münzfuß, den sogenannten Leipziger Münzfuß, einen 12-Taler-Fuß mit einem (fingierten) Reichs- oder Kuranttaler von 19,49 Gramm Feinsilber (das Zweidrittel-Stück entsprechend zu 12,99 Gramm Feinsilber). Der Speziestaler entsprach nunmehr 120 Kreuzern im Leipziger Münzfuß, ein Kurs, den auch Kaiser Leopold I. 1693 anerkennen mußte. „Das entscheidende war [...], daß alle anderen Nominale in Relation zu diesem neuen Kurs bewertet wurden und damit seit langem wieder ein korrektes Wertverhältnis zwischen Talern und den kleineren Münzsorten bestand, so daß die Gefahr des Einschmelzens und Umprägens nicht mehr gegeben war.“[45] Der Fünfzehner wurde 1693 mit 18 Kreuzern, ab 1695 – als die Heckenmünzstätten beseitigt waren – mit 17 Kreuzern bewertet; der Sechser galt seither 7 Kreuzer. Beide Münzen entwickelten sich seit den 1690er Jahren zu beliebten und gängigen Zahlungsmitteln in der Österreichischen Monarchie, wobei aber spätestens seit 1697 die freie Ausfuhr von 17-Kreuzer-Stücken in Länder außerhalb der Habsburger Erblande verboten war.[46] „Ab 1695 war somit auf der Grundlage des Leipziger Fußes von 1690 das Münzwesen des Reiches wieder in einigermaßen brauchbare Bahnen gelenkt worden.“[47] Die Bestimmungen von 1690/93 hatten in der Österreichischen Monarchie bis in die 1740er Jahre Bestand, wobei der Taler zu 25,22 Gramm Feinsilber, der Dukat bis 1734 zu 3,46 Gramm Feingold, ab 1735 zu 3,446 Gramm Feingold ausgeprägt wurden.[48]

Den neuen Kurs des Speciesreichstalers erkannte Kaiser Leopold I., der noch am 10. Juni 1692 die Einfuhr und Zirkulation aller geringhaltigen Münzen unter Andro-

---

42 SLA, A.M.M., 3.4.14, fol. 231 (= 205 alt).

43 SLA, A.M.M., 3.4.14, fol. 154 (= 129 alt).

44 MOSER / TURSKY, Die Münzstätte Hall in Tirol [1981], S. 33.

45 Dies., Die Münzstätte Hall in Tirol [1984], S. 145. Vgl. auch dies., Die Münzstätte Hall in Tirol [1981], S. 34.

46 Ebd.; dies., Die Münzstätte Hall in Tirol [1984], S. 143–145. SLA, A.M.M., 3.4.30, fol. 99 (= 59 alt).

47 MOSER / TURSKY, Die Münzstätte Hall in Tirol [1981], S. 34.

48 Vgl. hierzu ausführlich ebd., S. 57–117, zum Dukaten insbesondere S. 69, 102.

hung der Konfiskation verboten hatte,[49] für die habsburgischen Erblande im Jahre 1693 an – letztlich durch die Faktizität des Geldverkehrs dazu gezwungen, da vollwichtige Stücke spätestens seit 1690 grundsätzlich mit einem Aufgeld gehandelt wurden.[50] Am 27. Mai 1693 wurde dem Bozner Merkantilmagistrat durch Edikt des Geheimen Rates in Innsbruck bekanntgemacht, daß in den kaiserlichen Edikten zur Kurserhöhung die Bozner Messen zwar nicht explizit genannt würden, daß aber alle Bezahlungen „in moneta cesarea al solito vechio stile et uso senza alteratione" durchgeführt werden müßten,[51] was am 16. September 1693 erneut bestätigt wurde.[52] Wenige Tage darauf, am 21. September, verpflichtete ein Mandat des oberösterreichischen Hofkammerrats die Bozner Messegäste, „die Marckhts-Zahlungen nach der zwischen Ihnen herkombenen Marckhts-Valuta zu reguliren".[53] Damit hatte sich für die Bozner Messen die Situation ergeben, daß die auf dem Speciesreichstaler beruhende Bozner Rechenwährung um ein Drittel höher bewertet wurde als das Kurantgeld, die Moneta lunga: Da

1 Speciesreichstaler = 1 Reichstaler Giro = 120 Kreuzer und

1 Reichstaler Kurant oder moneta lunga = 90 Kreuzer,

ergibt sich:

3 Reichstaler Giro = 4 Reichstaler moneta lunga,

d.h. das Girogeld verzeichnete ein Aufgeld von nominell etwa 33%. Diese Problematik war dem Bozner Merkantilmagistrat spätestens um 1695 bewußt, der das Ziel verfolgte, das Auseinanderklaffen zwischen der Bozner Rechenwährung und der Moneta lunga möglichst einzudämmen und das wechselseitige Verhältnis zu stabilisieren.[54] Wie der Bozner Handelsherr Mattio Domenico Menz in einer umfangreichen Denkschrift von 1738 niederlegte,[55] wurde 1703, als sowohl Reichstaler als auch die für die Wechselzahlung gebräuchlichen Burgundertaler[56] nicht mehr in hinreichendem Umfang zur Verfügung standen und daher – spätestens ab 1695[57] – ein Aufgeld verzeichneten,[58] vom Merkantilmagistrat dahingehend Abhilfe geschaffen, daß die „in Euro-

---

49 SLA, A.M.M., 3.4.27, fol. 533 (= 412 alt).

50 SLA, A.M.M., 3.4.26, fol. 702' und 705 (= 540 und 543 alt) sowie 684 (= 522 alt).

51 SLA, A.M.M., 3.4.28, fol. 118' und 127 (= 71 und 80 alt).

52 Ebd., fol. 218'–219 (= 136f. alt).

53 Ebd., fol. 611 (= 289 alt). In diesem Sinne auch ein Mandat des Innsbrucker Geheimen Rats vom 16. September 1692: SLA, A.M.M., 3.4.27, fol 511 (= 388 alt).

54 SLA, A.M.M., 3.1.19, fol. 58' (= 56' alt).

55 SLA, A.M.M., 3.7.14, fasc. 3, fol. 152–165, hier: fol. 155.

56 Der holländische Burgundertaler oder Patacon war ein „Reichstaler", der im burgundischen 9⅔-Taler-Fuß ausgebracht und daher um etwa 2 Groschen geringerwertig war als der vollwichtige Speciesreichstaler (s.u.).

57 SLA, A.M.M., 3.4.29, fol. 37 (= 3 alt) (Mandat vom 12. März 1695).

58 Ein Edikt des oberösterreichischen Hofkammerrats vom 30. Oktober 1693 setzte das Gulden–Stück, den sogenannten Guldiner, bei mangelnder Vollwichtigkeit mit 52½ Kreuzern fest; SLA, A.M.M., 3.4.28, fol. 612 (= 290 alt).

pa“ bekanntesten Sorten, der Dukat (Ongaro)[59] und die (spanische) Doppia (Dublone), dazu der Reichstaler, der französische Écu, venezianische und Mailänder Scudi, der Genovino und die Doppie d'Italia zur Bezahlung der in Giro-Währung festgesetzten Beträge zugelassen wurden. Die Vielfalt an unterschiedlichen Münzen machte – ähnlich wie bereits im Mittelalter – den Gebrauch von versiegelten Ledersäckchen für die Zahlung von größeren Summen üblich, wie ein Mandat des Bozner Merkantilmagistrats vom 15. März 1698 belegt: Um die häufig vorgekommenden Streitfälle bei der Zahlung in dieser „moneta corrente“ künftig zu vermeiden, wurde angeordnet, daß ab der Mittfastenmesse 1698 nur Münzsäckchen mit dem Siegel des Magistrats angenommen werden durften. Der Inhalt der Säckchen betrug 50 oder 100 Gulden, und die Qualität der eingelegten Münzen wie auch deren Zahl waren strengen Kontrollen unterworfen.[60]

Vom 22. September 1703 datiert eine Übersicht des Meßaktuars Francesco Serafino Bruni, die die ‚offiziellen', in Giro-Währung festgesetzten – abgewerteten – Geldkurse verzeichnete (*Tab. 3.3*), die erstmals für die folgende Andreämesse Gültigkeit besaßen und dann bis in die beginnenden 1740er Jahre hinein fixiert blieben. Das ‚offizielle' Aufgeld der Moneta lunga gegenüber der Giro-Währung von 33% bzw. 33⅓% konnte aber in den kommenden Jahrzehnten durchaus höher liegen, wenn, wie in den Jahren 1714/15[61], 1720[62] und 1722, starke Knappheit an Moneta lunga herrschte.[63] Dies zeigt der Vergleich zwischen den offiziellen Geldkursen von 1703 und den schwankenden Kursen in Moneta lunga. So wurden 1714/15 Dukaten und Doppie mit einem faktischen Aufgeld 33,8%, die etwas schlechteren Doppie d'Italia sogar mit einem von 34,1% gehandelt.

---

59 So wurde der Ongaro auf der Bartholomäusmesse 1696 mit 3 Gulden 9 Kreuzern Giro festgesetzt; SLA, A.M.M., 3.4.29, fol. 583 (= 372 alt).

60 SLA, A.M.M., 3.4.30. fol. 519 (= 311 alt).

61 Bereits 1713 war den Messebesuchern die Ausfuhr von (Species)Reichstalern und Zweidrittelstükken (= halben Speciesreichstalern) verboten worden; SLA, A.M.M., 3.7.5, fasc. 17, fol. 152–192.

62 Um die Geldknappheit auf den Messen zumindest etwas zu entschärfen, wurde 1720 durch kaiserliche Resolution der kurbayerische Maxd'or zu 5 Gulden 45 Kreuzern moneta lunga auf den Messen zugelassen; SLA, A.M.M., 3.7.7, fasc. 2, fol. 8–16, hier: fol. 9.

63 SLA, A.M.M., 3.7.5, fasc. 27, fol. 333–353.

Tab. 3.3: Geldkurse auf den Bozner Messen 1703, 1714/15 und 1726[64]

	1703 in Giro	1714/15 in Moneta lunga	1726
Reichs- und kaiserliche Taler und gleichwertige französische Écus	1 fl. 30 xr.		
Schweizer Taler, Burgundertaler	1 fl. 27 xr.		
Venezianische und Mailänder Silber-Scudi	1 fl. 48 xr.		
Genovini	2 fl. 10 xr.		
Zecchini		4 fl. 20 xr.	4 fl. 10 xr.
Mailänder Filippi (Philippustaler)		2 fl. 5 xr.	
Dukaten	3 fl. 6 xr.	4 fl. 9 xr.	
Kurbayerische Carolins			4 fl. 24 xr.
Doppie delle quatro stampe[65] und gleichwertige französische Stücke (Alte Louisd'ors)	5 fl. 34 xr.	7 fl. 27 xr.	7 fl. 18 xr.
Doppie d'Italia	5 fl. 28 xr.	7 fl. 20 xr.	
(Neue) Louisd'ors ab 1726			7 fl. 6 xr.

Diese schwankende Differenz zwischen der Giro-Währung und der Moneta lunga, welche im Bozner Kurszettel vor 1742 allerdings nicht notiert wurde, führte dazu, daß die Kaufleute nach 1693 und vor allem im beginnenden 18. Jahrhundert ihre Wechsel zunehmend in Moneta lunga und nicht mehr in Giro ausstellten, wie die auf den Bozner Messen aktenkundig gewordenen Wechselproteste dieser Jahre belegen. Damit setzte der faktische Übergang der Kaufleute von der Giro-Währung zur Moneta lunga als Zahlungs- und Rechnungseinheit schon lange vor der Umstellung des Kurszettels auf die Notierung in oder für Moneta lunga ein.

Diese Entwicklung erreichte in den ausgehenden 1730er Jahren ihren Kulminationspunkt, als sich auf der Mittfastenmesse 1737 47 Kontrattanten und Fieranten mit einer Eingabe, deren Konzept der Bozner Handelsherr Mattio Domenico Menz erstellt

---

64 1703: SLA, A.M.M., 3.7.14, fasc. 1, fol. 3–9, hier: fol. 4 (Übersicht des Meßaktuars Francesco Serafino Bruni). – 1714/15: SLA, A.M.M., 3.7.5, fasc. 27, fol. 338 (hierbei handelt es sich um eine Liste, die die in Bozen handelnden Kaufleute mit den einzelnen Geldkursen der auf den Messen verfügbaren Münzen beim Merkantilmagistrat einreichten, wobei die deutsche und die italienische Handels‚nation' in ihren jeweiligen Preisen durchaus voneinander abwich; eine dritte Rubrik verzeichnete dann diejenigen Geldkurse, die von den Kaufleuten im Ergebnis gemeinsam beschlossen wurden; letztere werden hier präsentiert). – 1726: SLA, A.M.M., 3.7.7, fasc. 7, fol. 132–145, hier: fol. 142 (kaiserliches Münzpatent vom 6. August 1726). – Die öffentliche Kursfestlegung für *pagamenti di Giro*, die für die kommende Andreämesse 1703 am 22. September erfolgte, wich in einigen Details von der Übersicht des Meßaktuars Bruni ab: Der Dukat (Ongaro) wurde zu 3 Gulden Giro notiert; neben dem Schweizer und dem Burgundertaler wurden auch holländische und Kölner Taler mit 1 Gulden 27 Kreuzern Giro bewertet, und schließlich wurden unter die Doppie delle quatro stampe auch spanische Dublonen (Doppie) gezählt; SLA, A.M.M., 3.4.33, fol. 290–292 (= 144–146 alt).

65 Mit Ausnahme der (geringerwertigen) spanischen Doppien, die nach 1702 geprägt wurden, und aller, die diesen gleichwertig waren.

hatte, an den Merkantilmagistrat wandten:[66] Das immer noch gültige Münzmandat von 1703 mit seinen in Girogeld fixierten Geldkursen sei überholt und für den Zahlungsverkehr auf den Messen nicht mehr zeitgemäß. Stattdessen sei eine Neufestsetzung erforderlich, die aber nach Ansicht der Unterzeichneten in Moneta lunga erfolgen solle. Bisher sei zudem die *valuta di cambio* – das Giro – in Schweizer und Burgundertalern bezahlt worden, die aber „*imaginarii*" geworden und nicht mehr „*in rerum natura*" verfügbar seien. Mit dem sprichwörtlichen „Tempora mutantur & nos mutamur in illis" plädierten die Kaufleute für eine Erneuerung des Münzmandats von 1703 in der zeitgemäßeren Moneta lunga. Bedenken des Merkantilmagistrats gegenüber den Schwankungen der Moneta lunga von Messe zu Messe – und damit den impliziten Befürchtungen einer Überschwemmung durch Münzen der Nachbarländer – könne man entgegnen, daß solche in den österreichischen Ländern nicht einmal in hinreichendem Umfang vorhanden seien, so daß der Dukaten in Wien, Prag, Breslau und Linz in Wechselzahlungen mit 4 Gulden 10 Kreuzern zu akzeptieren sei, in Bozen hingegen mit 3 Gulden 6 Kreuzern, d.h. zu einem um gut 34% niedrigeren Wert. Auch liefere weder die Stadt Augsburg in hinreichender Menge gutes Geld, noch seien genügend gute und vollwichtige französische Taler verfügbar, was sowohl für die Gegenwart wie auch für die Zukunft gelte. Die Moneta lunga im Land Tirol bestehe hingegen aus (Gold-)Dukaten, Doppien, Zecchinen, Philippstalern, Genovini und Silberdukaten.

Zur Fronleichnamsmesse 1738 verfaßte Mattio Domenico Menz wiederum ein umfangreiches Konvolut mit Informationen und Überlegungen über die Zahlungen auf den Bozner Messen.[67] Hieraus geht hervor, daß spätestens seit der Bartholomäusmesse 1736 die auf den Messen herrschenden Geld- und Währungsverhältnisse mit der schwankenden Relation zwischen Giro und Moneta lunga dem Handel so abträglich gewesen seien, daß zum einen eine Neuregelung der Währungsverhältnisse durch den Merkantilmagistrat unabdingbar notwendig geworden sei und zum anderen vom Kaiser eine hinreichende Menge an Silbermünzen bereitsgestellt werden müßte, um die ärgste Münzknappheit auf den Messen zu beseitigen. Die seit der Fronleichnamsmesse 1738 getroffene Maßnahme, die Möglichkeit der Zahlung in vollwichtigen Zecchinen, habe keine Lösung gebracht, ja die Situation sogar verschlimmert, da nunmehr die Zahlungen nicht mehr in Bozen, sondern in Venedig getätigt würden und somit den Messen weiterer Schaden entstünde. Menz erinnerte daran, daß im Jahre 1703 durch die seinerzeitigen Maßnahmen die damals herrschende Münzknappheit beseitigt und das Vertrauen der auswärtigen Handelspartner in die Bozner Messen wiederhergestellt worden sei. Dies sei jetzt, im Jahre 1738, wieder erforderlich, da die Bezahlungen für Transitwaren auf den Messen stockten und die Messen somit bei den auswärtigen Handelspartner diskreditiert würden. Wie 1703 vor allem die als wichtigste Zahlungsmittel gebräuchlichen Burgundertaler, so fehlten nunmehr die in diese Position gekommenen spanischen Doppien, so daß eine erneute Abwertung und Angleichung der Geldkurse an den gesunkenen inneren Wert der auf den Messen kursierenden

66 SLA, A.M.M., 3.7.14, fasc. 3, fol. 19–166, hier: fol. 144f.

67 SLA, A.M.M., 3.7.14, fasc. 3, fol. 152–165.

Münzen erforderlich sei. Dies betreffe insbesondere die Goldmünzen (vor allem der Dukaten und Doppien), die bis zu einer Neuregelung nur *al marco* akzeptiert werden sollten. Um den Mißstand der Münzknappheit zu beseitigen, sollte zudem die kaiserliche Silberprägung von Levantetalern[68] in Hall eingestellt werden, die ja nur für den Export über Venedig in das Osmanische Reich hergestellt würden, den Erblanden und ihrem Handel aber keinen Nutzen brächten. Statt dessen sollte das bislang hierfür vermünzte Silber für die Ausmünzung von Reichstalern zur Beseitigung der Geldknappheit im Inland verwendet werden.

Zur Andreämesse 1739 unterbreitete Mattio Domenico Menz dem Merkantilmagistrat nach umfangreichen Berechnungen und unter Einbeziehung von einschlägigen Münzprobationen einen konkreten Vorschlag, wie eine neue Geldkursfestsetzung aussehen könnte.[69] Er geht aus von einer Relation von 100 Gulden Giro = 133⅓ Gulden moneta lunga und errechnet somit aufgrund des Münzmandats von 1703 folgende Geldkurse:

Tab. 3.4: Vorschlag für die Neufestsetzung der Geldkurse auf den Bozner Messen nach Mattio Domenico Menz, Andreämesse 1739

	in Giro	in Moneta lunga
Vollwichtige Reichstaler, alte französische Taler	1 fl. 30 xr.	2 fl.
Schweizer, holländische, Burgunder und Kölner Taler[70]	1 fl. 27 xr.[71]	1 fl. 56 xr.
Venezianische und Mailänder Silberscudi	1 fl. 48 xr.	2 fl. 24 xr.
Genovini	2 fl. 10 xr.	2 fl. 53⅓ xr.
Kaiserliche Dukaten und Reichsdukaten	3 fl. 6 xr.	4 fl. 8 xr.
Doppie delle quattro stampe[72]	5 fl. 34 xr.	7 fl. 25⅓ xr.
Doppie d'Italia	5 fl. 28 xr.	7 fl. 17⅓ xr.
Spanische Doppien nach 1693	5 fl. 29 xr.	7 fl. 18⅔ xr.
Spanische Doppien nach 1702[73]	5 fl. 26 xr.	7 fl. 15 xr.
Venezianische Zecchini	3 fl. 8 xr.	4 fl. 10⅔ xr.

68 Der Levantetaler oder später Maria-Theresien-Taler wurde ausschließlich als Handelsmünze für den Export in die Levante geprägt; ebd., S. 163–169; MOSER / TURSKY, Die Münzstätte Hall in Tirol [1981], S. 129–163.

69 SLA, A.M.M., 3.7.14, fasc. 3, fol. 148f.

70 Alle im Burgunder- oder 9-Taler-Fuß. – Die freie Stadt Köln prägte 1699 und 1701/02 anstelle von Reichstalern Taler nach dem burgundischen Münzfuß (s.o.), kehrte jedoch bereits 1705 zur Ausprägung von Reichstalern zurück; Dietrich KLOSE, Albertus-Taler in Deutschland und im Ostseegebiet, in: Wolfgang HEß / Dietrich KLOSE (Bearb.), Vom Taler zum Dollar 1486–1986, München 1986, S. 129f., hier: S. 129.

71 Der Kurs von 1 Gulden 27 Kreuzer Giro wurde 1715 für den Burgundertaler im Zusammenhang mit Zahlungen für den Eisackzoll festgelegt; SLA, A.M.M., 3.7.6, fasc. 1, fol. 1–4, hier: fol. 2.

72 Mit Ausnahme der (geringerwertigen) spanischen Doppien, die nach 1702 geprägt wurden.

73 Menz greift hierbei auf eine Regensburger Festlegung von 1737 für die geringerwertigen spanischen Doppien, die nach 1702 geprägt wurden, zurück, die er in einem anderen Schreiben dem Merkantilmagistrat ebenfalls zur Andreämesse 1639 bekanntmacht; SLA, A.M.M., 3.7.14, fasc. 3, fol. 146.

Wie die weiteren Verhandlungen bzw. Überlegungen aussahen, geht aus den bislang eingesehenen Quellen nicht hervor. Auf der Bartholomäusmesse 1742 kam es schließlich zur Umstellung der Notierungsweise im Bozner Kurszettel auf Moneta lunga. Neben den umfangreichen und eindringlichen Bemühungen der auf den Bozner Messen engagierten Kaufmannschaft könnten dafür indirekt auch die zwischen 1737 und 1740/41 angestrengten Planungen, den Leipziger Münzfuß zum ‚Reichsmünzfuß' zu machen, mit verantwortlich gewesen sein. Diese Überlegungen blieben zwar in den ersten Schritten der Durchführung stecken und wurden nicht vollendet,[74] doch die Ratifikation eines entsprechenden Reichsgutachtens vom 10. September 1738 bzw. des daraus resultierenden General-Reichs-Conclusums durch den Kaiser am 1. Dezember dieses Jahres könnte dem Leipziger Münzfuß, auf dem ja die Moneta lunga beruhte, für den Merkantilmagistrat in Bozen einen quasi-offiziellen Charakter verliehen haben, die ihnen die Änderung der traditionellen Notierungsweise auf den Kurszetteln eher als früher angeraten sein ließ.

3.3 MONETA LUNGA, KONVENTIONSKURANT UND MESSVALUTA (1742–1806)

Als anläßlich der Bartholomäusmesse 1742 die meisten Bozner Kursnotierungen auf Moneta lunga umgestellt wurden, begann eine Ära, in der sich bis 1806 die jeweils maßgebliche Rechnungs- und Notierungseinheit auf den Bozner Messen an der österreichischen Kurantwährung orientierte. Die österreichische Kurantwährung war dabei selbst mannigfaltigen Veränderungen unterworfen, die sich somit auch auf die Bozner Messen und deren Kursnotierungen übertrugen.

Bereits mit der Regierungsübernahme durch Maria Theresia nach dem Tod Karls VI. am 20. Oktober 1740 begann eine Zeit größerer Umwälzungen im Münz- und Währungswesen der gesamten habsburgischen Erblande. Zum Jahresende 1740 wurde die Prägung von Talern in der Münzstätte Hall eingestellt, in den folgenden Jahren auch in den anderen erbländischen Münzstätten. Damit waren die 1740er Jahre durch das Verschwinden der großen Silbernominale charakterisiert.[75] Um überhaupt Zahlungsmittel für die Messen zur Verfügung zu haben und um die Knappheit an Moneta lunga einzudämmen, ließ der Merkantilmagistrat nach der Mittfastenmesse 1740 für eine Summe von 40.000 Gulden Siebener prägen.[76] Noch 1751 verloren die für den Bozner Zahlungsverkehr wichtigsten groben Sorten deutlich gegenüber der Moneta lunga, da an letzterer erheblicher Mangel herrschte, wie der Bozner Meßkanzler Fran-

---

74 GERHARD, Vom Leipziger Fuß zur Reichsgoldwährung, S. 262–265. Vgl. auch MOSER / TURSKY, Die Münzstätte Hall in Tirol [1981], S. 111, 121.

75 Ebd., S. 111–114; dies., Die Münzstätte Hall in Tirol [1984], S. 157f.

76 SLA, A.M.M., 3.7.14, fasc. 7, fol. 188–191, hier: fol. 189. Vgl. auch RIZZOLLI, Bozen, S. 31.

cesco Giuseppe de Rosmini am 31. März 1751 festhielt und der Consul Carlo Maria Marrani bestätigte:[77]

Tab. 3.5: Verluste der groben Sorten gegenüber der Moneta lunga 1751

	nominell	verlieren gegenüber der Moneta lunga
Dukaten (Ongari)	4 Gulden 12 Kreuzer	3¼%
Zecchini	4 Gulden 24 Kreuzer	5¼%
Doppie	7 Gulden 30 Kreuzer	4¼%

Zur Beseitigung der Mißstände wurde ab Mai 1744 mit der Einsetzung einer Kommission unter Rudolf Graf von Chotek eine umfangreiche Münzreform eingeleitet, der neben den internen Problemen der erbländischen Münzstätten die Festlegung einheitlicher und den realen Verhältnissen entsprechender Geldkurse für ausländische Währungen, die Ausarbeitung einer neuen Münzordnung und die Vorbereitung von Münzkonventionen mit anderen Staaten, die die Akzeptanz der neuen Münzordnung absichern und diese in ihrer Gültigkeit auf andere Reichsterritorien ausdehnen sollte, oblag. 1746 wurden nicht nur alle Münzpatente Karls VI. erneuert,[78] sondern auch verbindliche Geldkurse für alle wichtigen europäischen Handelsmünzen, die in den Erblanden kursierten, festgelegt.[79] Um die Mißstände im erbländischen Münzsystem, insbesondere die Diskrepanz im Münzfuß zwischen Taler und Scheidemünze, zu beseitigen und das Geldwesen in den Habsburger Erblanden wieder auf eine tragfähige Grundlage zu stellen – auf der gesamten Reichsebene war dies aus machtpolitischen Gründen nicht möglich –, wurde seit 1748 schrittweise eine Münzreform durchgeführt. Mit der Münzinstruktion vom 30. Juli 1748 wurde erstmals seit 1659 in den gesamten Erblanden und erstmals seit 1577 in Tirol der Feingehalt des Talers gesenkt, der nunmehr ein Feingewicht von 24,58 Gramm besaß. In einem zweiten Schritt wurde am 7. November 1750 der Feingehalt des Talers erneut verringert, diesmal auf 23,42 Gramm Feinsilber pro Stück, da aus der Wiener Mark Feinsilber 12 Taler ausgebracht werden sollten. Auf dieser Grundlage wurde dann auch der Münzfuß der kleineren Nominale festgesetzt. Es ist bemerkenswert für die neue österreichische Münzpolitik, die sich von der traditionell verfolgten kaiserlichen Zielsetzung, eine neue Reichsmünzordnung zu installieren, bewußt absetzte, daß die Münzreform „in aller Stille abgewickelt“ und „die neue Münzordnung vorläufig geheimgehalten wur-

---

77 SLA, A.M.M., 3.7.14, fasc. 10, fol. 204–209, hier: fol. 205'–206.

78 Vgl. Josef EGGER, Geschichte Tirols von den ältesten Zeiten bis in die Neuzeit, 3 Bde., Innsbruck 1880, III. Bd., S. 58.

79 Siehe *Tab. 3.6*. – Für Tirol wurde darüber hinaus mit Datum vom 12. Juni 1747 eine *Provisionalanordnung* herausgegeben, die die Bestimmungen der *Specification* von 1746 nochmals bekräftigte, und dieser eine *Specification derjenigen Gold- und Silbersorten, welche im ganzen Land Tirol [...] künftighin patentmäßig in Cours zu verbleiben haben*, beigegeben, die auf die speziellen Tiroler Münzverhältnisse Bezug nahm; MOSER / TURSKY, Die Münzstätte Hall in Tirol [1981], S. 120.

de".[80] Die nach der neuen Ordnung ausgeprägten Münzen erhielten ab 1751 zur Kennzeichnung auf der Rückseite nur ein burgundisches Andreaskreuzlein.

In einem zweiten Schritt sollten die Nachbarländer der habsburgischen Erblande für die österreichische Münzreform gewonnen werden. Zuerst gelang dies mit dem Kurfürstentum Bayern, mit welchem am 21. September 1753 die „Österreichisch-Bayerische Münzkonvention" unterzeichnet wurde.[81] Noch 1753 trat auch das Erzstift Salzburg dieser Münzkonvention bei; 1754 folgten die Reichsstadt Regensburg, 1754/55 der fränkische und der schwäbische Reichskreis, 1761 der kurrheinische und der oberrheinische Reichskreis, 1763 Kursachsen (s.u.). Die tirolische Münzstätte Hall erhielt Ende Februar 1754 zusammen mit der Münzkonvention eine neue Münzordnung, nach der der Gulden (oder Halbtaler) zu 60 Kreuzern 11,71 Gramm Feinsilber äquivalent zu sein habe, was einem 20-Gulden- oder 10-Taler-Fuß entsprach. Da er auf der Münzkonvention von 1753 basierte, wurde dieser Münzfuß als ‚Konventionsfuß', das in diesem Fuß ausgebrachte Kurantgeld als ‚Konventionskurant' bezeichnet. Der Konventionsfuß bedeutete eine etwa 8%ige Verschlechterung des Talermünzfußes gegenüber der Zeit Kaiser Karls VI. Da aber zugleich die kleineren Nominale auf den neuen Münzfuß abgestimmt wurden und ab 1751 auf den Sechsern nunmehr die Wertzahl VII und auf den Fünfzehnern die Wertzahl XVII angebracht wurde, stimmten erstmals seit mehr als einem halben Jahrhundert Wertzahl und Kurs dieser Münzen wieder überein.[82] Allerdings wurden ab 1754 – gemäß dem Münzmandat vom 12. Januar 1754[83] – diese (rechnerisch) unpraktischen Nominale nach den Bestimmungen der Münzkonvention von 1753 – „zu mehrerer Zahlungs-Gemächligkeit" – nach und nach aus dem Verkehr gezogen und durch Zehn- und 20-Kreuzer-Stücke ersetzt, die sich nach 1763/65 im Zahlungsverkehr der Erblande endgültig gegenüber den Siebzehnern und Siebenern durchsetzten. 1779 kam darüber hinaus noch ein Fünf-Kreuzer-Stück hinzu.[84] Spätestens um 1780 – dem Jahr der beginnenden Alleinregierung Kaiser Josephs II. – war der Zwanziger zur wichtigsten und zugleich größten Silbermünze geworden, die in der Österreichischen Monarchie ausgeprägt wurde und hier auch umlief – ein Zustand, der bis in die Zeit Kaiser Franz' II. so bestehen blieb.[85]

Im Zuge der theresianischen Münzreform wurde darüber hinaus am 27. März 1752 für Tirol ein Münzpatent – eine sogenannte „Specification" – erlassen, das die Geldkursfestlegungen von 1746 modifizierte[86] und das sich gegen das Eindringen von

---

80 Ebd., S. 121f.

81 Die entsprechenden *Ratifications-Instrumenta* wurden am 17. Oktober 1753 ausgetauscht. Vgl. SLA, A.M.M., 3.7.14, fasc. 14, fol. 274–367, hier: fol. 351–354 (Münzmandat Maria Theresias, Wien, 12. Januar 1754), insbesondere fol. 352. MOSER / TURSKY, Die Münzstätte Hall in Tirol [1981], S. 122f.

82 Ebd., S. 122–124, 166–171; dies., Die Münzstätte Hall in Tirol [1984], S. 160f.

83 SLA, A.M.M., 3.7.14, fasc. 14, fol. 352'.

84 MOSER / TURSKY, Die Münzstätte Hall in Tirol [1981], S. 172–187; dies., Die Münzstätte Hall in Tirol [1984], S. 170, 175.

85 Ebd., S. 177, 180.

86 Siehe *Tab. 3.6.*

geringhaltigen ausländischen Münzen in die gefürstete Grafschaft wandte, deren Umfang immer mehr zugenommen hätte. Zudem sei es zu beobachten, daß „neuerlich noch solche, so vorhin in dieser gefürsteten Grafschaft Tyrol niemals *coursiret* haben, einzudringen anfangen". Derartige minderwerte Münzen würden „einestheils in dem vollen Werth angenommen, und verausgabet, anderseits aber von denen gewinnsüchtigen Wucheren gegen Unser gutes Geld mit Gewinn eingewechslet". Sie würden „in großer Zahl eingeschleppet", so daß „Unsere Erbländer empfindlichst benachtheilet, das gute Geld ausgeführet, Handel und Wandel zerrittet, und endlichen das *Universum* der sichtbahrsten Gefahr sich von denen guten Münz-Sorten vollkommen entblößet" würden.[87] Alle ausländischen Geldsorten mit einem Wert von weniger als einem halben Gulden sollten als Scheidemünzen („Schied-Münzen") von den öffentlichen Kassen sofort nach der Publikation des Münzpatents nicht mehr akzeptiert werden, im „gemeinen Handel" jedoch noch so lange, wie die beigefügte Specification dies gestatte (s.u.). Königlich-preußische Kleinmünzen wurden gänzlich verrufen.[88] Für die übrigen, „in dem *Cours* verbleibend[en]" Münzen gelte die genannte Specification, wobei aber unterschieden werde zwischen dem Kurs, den die zugelassenen Münzen an den öffentlichen Kassen besäßen, und dem Kurs, der für den Handel Gültigkeit habe, denn man habe „bey einigen deren frembden Silber-*Species*-Müntzen zu mehrer *sublevirung* des *Publici* in etwas erhöhen lassen". Weiterhin verbot das Patent die Ausfuhr der erbländischen Taler, Gulden, halben Gulden, Siebzehner und Siebener und gestattete nur die der ausländischen Münzen sowie der erbländischen Groschen und anderen Scheidemünzen. Die Einziehung und Umwechslung der nicht mehr kursfähigen Kleinmünzen habe in den kommenden drei Monaten über das Faktoramt in Schwaz und das Münzamt in Hall zu geschehen; danach würden solche Stücke nur noch als Pagament angekauft. – Bereits am 27. Februar 1753 wurde in Bozen eine neue Specification herausgegeben, die die des Jahres 1752 in einigen Fällen modifizierte.[89] In dieser neuen Specification wurden wiederum bei den meisten Sorten die Kurse der Annahme an den öffentlichen Kassen zugrundegelegt, aber bei den Federtalern, den spanischen Säulenpiastern, den toskanischen Pezze und Livornini sowie den päpstlichen Scudi wurden die im Handel üblichen Kurse verbindlich.

Nach der Bayerisch-österreichischen Münzkonvention vom 21. September 1753 und dem erklärten Beitritt des Erzstifts Salzburg wurde in einem weiteren Münzmandat vom 12. Januar 1754 bestimmt[90], daß alle nach dem neuen Konventionsfuß ausgebrachten kurbayerischen und salzburgischen Gold- und Silbermünzen (bis hinab zu

---

[87] SLA, A.M.M., 3.7.14, fasc. 11, fol. 210–230, hier: fol. 221 (Münzmandat Maria Theresias, Innsbruck, 27. März 1752); fasc. 12, fol. 231–253 (Münzmandat Maria Theresias, Innsbruck, 27. März 1752), hier: fol. 233f. (Zitate: fol. 233').

[88] Darüber hinaus wurden noch an die 30 verschiedenen Kleinmünzen aus den südlichen Territorien des Reiches und aus den Schweizer Kantonen verzeichnet, wobei Zürcher und Appenzeller Stücke ebenso wie venezianische Kleinmünzen überhaupt aus dem Zahlungsverkehr eliminiert werden sollten.

[89] Siehe *Tab. 3.6.*

[90] SLA, A.M.M., 3.7.14, fasc. 14, fol. 351–354, insbesondere fol. 352f.

den Kleinmünzen), ebenso die vor 1753 geprägten salzburgischen Siebzehner (mit der Aufzahl XV) sowie die 1753 ausgebrachten kurbayerischen Zwanziger und Zehner als den kaiserlich königlichen gleichwertig angenommen werden mußten, „ohne eine gegen die andere mit einigen Aggio zu beschweren". Darüber hinaus wurden folgende Geldkurse neu festgesetzt: Der kurbayerische Maxd'or galt nunmehr 6 Gulden 8 Kreuzer, kurbayerische, kurpfälzische und württembergische Karolinen 9 Gulden 12 Kreuzer Konventionskurant. Die kurbayerischen und salzburgischen Dukaten wurden mit dem gleichen Kurs versehen wie die kaiserlich königlichen Dukaten (4 Gulden 10 Kreuzer). Der Kurs der Kremnitzer Dukaten, der venzianischen Zecchinen und der toskanischen Gigliati wurde „wegen ihren in etwas mehreren Feingehalt in bisherigen Preis" zu 4 Gulden 12 Kreuzer bestätigt. Reichs- und holländische Dukaten sollten weiterhin zu 4 Gulden 7½ Kreuzer kursieren. Bereits am 15. September 1755 wurde eine „Erneuerte Specification" für die gesamten Erblande erlassen, die diese Veränderungen nochmals dokumentierte.[91]

Tab. 3.6: Bewertung der ausländischen Gold- und Silbermünzen 1746–1755 für die gefürstete Grafschaft Tirol in Gulden und Kreuzern (Auswahl)[92]

	1746	1752[93]	1753	1755
Louisd'ors (Ludwigs XIV.)	7.13	7.13	7.13	7.13
Sonnen-Louisd'ors (Ludwigs XIV.)	8.40	8.40	8.40	8.40
Schild-Louisd'ors (Ludwigs XV.)	8.44	8.44	8.44	8.44
Louisblancs (Alte französische Taler)	1.54	2	2	2
Federtaler (Neue französische Taler[94])	2.3	2.10¾	2.16	2.16
Spanische Doppie	7.16	7.16	7.16	7.17½
Spanische Pezze Colonarie	1.53	2	2.4	2.4
Ganze oder sog. doppelte Souverainsd'ors der österreichischen Niederlande	12.6	12.6	12.6	12.18

91 SLA, A.M.M., 3.7.14, fasc. 15, fol. 368–378, hier: fol. 370–376.

92 1 Gulden = 60 Kreuzer. 1746: Tiroler Landesarchiv [künftig: TLA], Innsbruck, „Causa Domini" 1746, fol. 161f. – 1752: SLA, A.M.M., 3.7.14, fasc. 11, fol. 223–229 (Specification der jenigen frembden Gold- und Silber-Sorten [...] [Innsbruck, 27. März 1752]); vgl. auch ebd., fasc. 14, fol. 341. – 1753: SLA, A.M.M., 3.7.14, fasc. 12, fol. 251 (Specification deren jenigen Gold- und Silber-Sorten [...], Bozen, 27. Februar 1753); ebenso in: TLA, „Causa Domini" 1753, fol. 70. – 1755: SLA, A.M.M., 3.7.14, fasc. 15, fol. 368–378, hier: fol. 370–376 (Erneuerte Specification aller und jeder fremden Gold- und Silber-Münz-Gattungen [...] 15. September 1755).

93 Hierzu findet sich folgender Hinweis: Nach der vierten Publikation, „wornach sich die Kays.Kön. Aembter und Cassen und zwar *à die* dises kund werdenden *Patents*, das *Publicum* aber nach verstrichenen 3. *publicationen* zu wenden hat". Die Kurse der drei ersten Publikationen werden hier aufgrund ihrer nur geringen Gültigkeitsdauer nicht dokumentiert.

94 Die französischen Feder- und Kronentaler wurden unter dem Begriff „Agiotaler" zusammengefaßt, deren ältere aufgrund ihres Gepräges – drei im Dreieck gegeneinander gestellte Kronen – als Kronentaler bezeichnet wurden. Die neueren Agiotaler hießen nach ihrem Gepräge – das von Palm- oder Lorbeerzweigen („Federn") umgebene königliche Wappen – Federtaler; SLA, A.M.M., 3.7.14, fasc. 11, fol 223'; fasc. 15, fol. 371.

	1746	1752	1753	1755
Burgundertaler, Kreuztaler oder Patacons	1.52	2	2	2
Toskanische (Zecchini) Gigliati	4.9	4.12	4.12	4.12
Venezianische Zecchini	4.9	4.12	4.12	4.12
Venezianische Scudi (Ducatons oder Kreuzkronen)	2.19	2.28	2.28	2.28
Venezianische Silber-Dukaten	1.27	1.32½	1.33	1.33
Mailänder Philippustaler	2.3	2.10¾	2.12	2.12
Holländische Dukaten	4.6	4.7½	4.7½	4.7½
Reichsdukaten	4.6	4.7½	4.7½	4.7½
Kremnitzer Dukaten	4.12	4.12	4.12	4.12
Kaiserlich königliche Dukaten (Ordinari Dukaten)	4.9	4.10	4.10	4.9
Kurbayerische Karolinen[95]		8.50	8.50	9.12
Speciesreichstaler[96]	2	2	2	2
Zweidrittel (Halber Speciesreichstaler, „Guldiner")	1	1	1	1
Kurbayerische und salzburgische Dukaten				4.10
Neue preußische Friedrichd'ors				7.12

In der zweiten Hälfte der 1750er Jahre wuchs in der Tiroler Bevölkerung die Unzufriedenheit über die Münzreduktion, die die rigide Durchsetzung des Konventionsfußes in den Erblanden mit sich gebracht hatte. Die Gravamina der Landesausschusses verwiesen seit 1755 darauf, daß die Münzreduktion einen erheblichen Verlust an Einkommen für die Tiroler Bevölkerung bedeutet habe, die, ungeachtet der landesherrlichen Verbote, die hereinkommenden geringerhaltigen Münzen weiterhin annahm. Insbesondere ausländische Sechs- und Zwölf-Kreuzer-Stücke drangen massenhaft nach Tirol ein. Dabei gelang es nicht, die geringerwertigen Münzen vollständig in patentmäßiges, d.h. konventionsmäßiges, Geld umzuwechseln. 1761 wurde für Tirol provisorisch der Kurs für die „Landeswährung" um 5% gesenkt, so daß faktisch ein 21-Gulden-Fuß bestand. Dieses Provisorium wurde nach dem Meraner Aufstand von 1762 durch kaiserliche Resolution vom 12. November 1762 als „Tiroler Währung" bestätigt und in den folgenden Jahrzehnten als solches bestehen gelassen.[97] „Nach dem Aufruhr des Jahres 1762 gab das Münzwesen keinen erheblichen Anstand mehr."[98] Die Unterscheidung zwischen dem Konventionskurant – oder wie es in den zeitgenössischen Quellen hieß: der „Wienerischen Patent-Valuta" oder der „Cameral-

95 Diese Kursfestsetzung galt 1752 auch für kurpfälzische, Württemberger, hessische, Darmstädtische, Baden–Durlachische, Ansbachische, Waldecksche, Fuldische, Hohenzollersche und Montfort'sche Karolinen–Prägungen („sogenannte 10 fl. Stück[e]"). 1755 werden nur noch kurbayerische, kurpfälzische und württembergische Karolinen in dieser Rubrik erwähnt.

96 Insbesondere werden 1752 erwähnt: Braunschweigische, lüneburgische und sächsische Reichstaler, 1755 dann kurbayerische und salzburgische Speciestaler.

97 EGGER, Geschichte Tirols, III. Bd., S. 61, 64f. – Vgl. NOBACK / NOBACK, Vollständiges Taschenbuch der Münz-, Maass- und Gewichts-Verhältnisse [1851], 1. Abth., S. 144: „Vor etwa 50 bis 60 Jahren hatte man hier angeblich auch eine besondere Tyroler Kurant-Valuta, welche um 5 Procent geringer gewesen sein soll, als der gesetzliche 20 Guldenfuss, so daß diese Währung einen 21 Guldenfuss vorstellte, worin der Conventions-Speciesthaler 2 Gulden 6 Xr., das Kopfstück 21 Xr. galt."

98 EGGER, Geschichte Tirols, III. Bd., S. 65.

Patent-Valuta" – und der Tiroler Landeswährung, der sogenannten „Landes-Current-Valuta" oder dem „Landkurs",[99] schlug sich dann auch in den entsprechenden Münzmandaten nieder, in denen nunmehr die Geldkurse in beiden Währungen notiert wurden:

Tab. 3.7: Bewertung in- und ausländischer Gold- und Silbermünzen im Patent vom 18. Mai 1779 für die gefürstete Grafschaft Tirol in Gulden und Kreuzern (Auswahl)[100]

	Cameral-Patent-Valuta	Landeskurant-Valuta
Alte Louisd'ors (Ludwigs XIV.)	7 fl. 2 xr.	7 fl. 23 xr.
Schild-Louisd'ors (Ludwigs XV.)	9 fl. 4 xr.	9 fl. 31 xr.
Federtaler (Neue französische Taler)	2 fl. 16 xr.	2 fl. 22½ xr.
Spanische Doppien	7 fl. 6 xr.	7 fl. 27 xr.
Alte spanische Pezze Colonnari	2 fl. 4 xr.	2 fl. 10 xr.
Neue spanische Pezze Colonnari	2 fl. 3 xr.	2 fl. 9 xr.
Ganze oder sog. doppelte Souverainsd'ors der österreichischen Niederlande	12 fl. 40 xr.	13 fl. 18 xr.
K.k. niederländische Kreuz- oder Kronentaler	2 fl. 12 xr.	2 fl. 18½ xr.
Niederländischer Dukaton	2 fl. 30 xr.	2 fl. 37½ xr.
Toskanische (Zecchini) Gigliati	4 fl. 18 xr.	4 fl. 31 xr.
Venezianische Zecchini	4 fl. 18 xr.	4 fl. 31 xr.
Mailänder Zecchini	4 fl. 18 xr.	4 fl. 31 xr.
Mailänder Doppie	7 fl. 6 xr.	7 fl. 27 xr.
Mailänder Scudi	1 fl. 46 xr.	1 fl. 51 xr.
Holländische Dukaten	4 fl. 14 xr.	4 fl. 26½ xr.
Reichsdukaten	4 fl. 14 xr.	4 fl. 26½ xr.
Kremnitzer Dukaten	4 fl. 18 xr.	4 fl. 31 xr.
Kaiserlich-königliche Dukaten (Ordinari Dukaten)	4 fl. 16 xr.	4 fl. 28½ xr.
Kurbayerische und salzburgische Dukaten	4 fl. 16 xr.	4 fl. 28½ xr.
(Species-)Reichstaler	2 fl.	2 fl. 6 xr.

Für die Kursnotierungen auf den Bozner Messen hatten die münz- und währungstechnischen Veränderungen der 1750er und 1760er Jahre dahingehend Bedeutung, daß seit der Einführung des Konventionsfußes in den Habsburgischen Erblanden dieser auch zur Grundlage der Moneta lunga wurde, d.h. daß die Moneta lunga seither de facto nicht anderes als Konventionskurant vorstellte. Ein Unterschied bestand nur im jeweiligen rechnerischen Bezug zum Konventions-Speciestaler: „*Moneta longa* oder Courent Geld, welches aus neue Oesterreichische [sic!] Spec[ies] Thaler à 1½, ¾ und 3/8 fl. gerechnet, besteht. Die aber als Courent zu 2, 1 und ½ fl. gerechnet werden, und

99 Diese Bezeichnungen finden sich etwa im Münzpatent vom 28. Mai bzw. 28. Juni 1779; SLA, A.M.M., 3.7.30, fasc. 40, fol. 523.

100 SLA, A.M.M., 3.7.30, fasc. 40, fol. 525–527.

dazu nebst 20, 17, 10, 7 und 3 Xr Stücken, auch andern fremden Gold und Silbernen Münzsorten [...] gelten."[101] Diese faktische Übereinstimmung belegen sowohl die Bozner Notierungen auf Wien mit ihren geringen Schwankungen um die Parität als auch die Geldkursangaben, die im zeitgenössischen Kaufmannshandbuch von Nelkenbrecher [1775] in Moneta lunga angegeben sind und exakt denen der Specification von 1755 entsprechen (s.o.).[102]

Darüber hinaus wurden seit der Bartholomäusmesse 1742 in den Bozner Kurszetteln regelmäßig prozentuale Aufschläge für die beiden anderen Rechnungsweisen auf den Bozner Messen verzeichnet: Zum einen wurde das Aufgeld der Giro-Währung gegenüber der Moneta lunga verzeichnet, was ja weiterhin für die Umrechnung der venezianischen Kursnotierungen erforderlich war. Zum anderen wurde das Agio der Moneta lunga gegenüber der ‚valuta al corso di Fiera' oder der Meßvaluta notiert, die oft auch als ‚valuta' schlechthin bezeichnet wurde, „weil es dasjenige Geld, oder vielmehr die Preise ausmacht, nach denen bey Meßzeiten [die verschiedenen] Geldsorten können angenommen und weggegeben werden, ohne sich nach [den in den Specificationen] verzeichneten Geldpreisen zu richten".[103] So galt die spanische Doppia oder Pistole nach den Specificationen 7 Gulden 16 Kreuzer Moneta lunga, der Alte Louisd'or 7 Gulden 13 Kreuzer (s.o.); beide Münzen wurden in der Meßvaluta zu 7½ Gulden gerechnet, d.h. mit einem Aufgeld von 3–4% versehen.

Während das Agio der Moneta lunga gegenüber der Meßvaluta in den 1750er und 1760er Jahren damit noch vergleichsweise hoch lag und 1751 mit 6% seinen Höhepunkt erreichte, wurde es spätestens in der zweiten Hälfte der 1760er Jahre deutlich geringer und schwankte um 2–3%; teilweise lag es auch darunter. Die beiden Rechnungsweisen näherten sich demnach immer weiter an.[104] Daher setzte mit der Fronleichnamsmesse 1770 eine erneute Änderung der Bozner Notierungsweise ein: Nunmehr erfolgte die Kursangabe nicht mehr in Moneta lunga, sondern in oder für Meßvaluta (‚valuta in fiera' oder ‚valuta di fiera'), wobei auch die bisher noch bestehenden Notierungen in Giro-Währung gänzlich auf Meßvaluta umgestellt wurden. Ausdrücklich stellen die zeitgenössischen Kaufmannshandbücher fest, daß man unter der Bozner Meßvaluta „Wiener Courent oder den 20 Gulden-Fuß verstehet, der 5 pCt. besser denn Tyroler Courent ist".[105] Die Bozner Meßvaluta bezeichnet damit – de facto! – auf den Bozner Messen wiederum nichts anderes als Konventionskurant, um die Bozner Meßwährung von der auf dem Lande und im alltäglichen Kleinhandel üblichen Tiroler Landeswährung im 21-Gulden-Fuß zu unterscheiden. Daß man in Bozen nicht schlicht die Bezeichnung Konventionskurant in seinen Kurszettel übernommen hat, ist wohl darauf zurückzuführen, daß nicht in erster Linie im Konventionsfuß geprägte Münzen zur Bezahlung der Wechsel dienten, sondern vielmehr international geläufige

---

101 G[ERHARDT] (Hrsg.), Nelkenbrechers Taschenbuch eines Banquiers und Kaufmanns [1775], S. 56.

102 Ebd., S. 56f.

103 Ebd., S. 56.

104 Siehe *Tab. 5.1*.

105 GERHARDT sen. (Hrsg.), Nelkenbrechers Taschenbuch der Münz- Maaß- und Gewichtskunde [1798], S. 43.

Handelsmünzen, wie etwa Doppie, Louisd'ors und Dukaten. Die Tiroler Landeswährung, teilweise auch als „Tiroler Kurant" bezeichnet, wurde seit der Fronleichnamsmesse 1770 unter der Bezeichnung ‚Moneta corrente in sorte' oder ‚Moneta a Patente nuova' regelmäßig mit einem Disagio notiert, das um die 5%-Marke schwankte und erst in den 1790er Jahren auf über 6%, teilweise sogar auf 7% stieg.[106]

Daß die nun folgenden Jahrzehnte ohne wesentliche Veränderungen in der Notierungsweise der Bozner Wechsel- und Geldkurse abliefen, darf nicht über die massiven Währungsprobleme hinwegtäuschen, denen sich die Österreichische Monarchie seit dem Ende des Siebenjährigen Krieges (1756–1763) ausgesetzt sah. Bereits 1762 wurde zur Sanierung des Staatshaushaltes erstmals Papiergeld, die sogenannten *Bancozettel*, ausgegeben. Diese Bancozettel galten als Schuld des 1706 gegründeten Wiener Stadtbanco, der als Staatsbank fungierte und über den die k.k. Finanzverwaltung einen erheblichen Teil ihrer Schuldgeschäfte abwickelte.[107] Der unmittelbare Bezug des neuen Papiergeldes zum Wiener Stadtbanco legte es nahe, diese Bancozettel nach und nach als ‚Wiener Währung' zu bezeichnen. Weitere, immer umfangreichere Bancozettel-Emissionen folgten in den Jahren 1771, 1785, 1788 und 1794. Bis in die 1790er Jahre standen dabei die Bancozettel zum Konventionskurant 1:1, wie eine Gubernial-Verordnung vom 1. September 1796 für Tirol betonte, denn ein Bancozettel zu 5 Gulden Wiener Währung – so jetzt ausdrücklich verwendet – entsprach in Tirol 5 Gulden 15 Kreuzern Tiroler Landeswährung.[108] Allerdings war inzwischen der Papiergeldumlauf auf 44 Millionen Gulden Wiener Währung angestiegen, und am Ende des Ersten Koalitionskrieges gegen das revolutionäre Frankreich (1792–1797) mußte 1797 aufgrund der enormen Staatsausgaben Zwangskurs für die Bancozettel verordnet werden. Während des Zweiten Koalitionskrieges (1799–1802) wurde im Gefolge der französischen Siege bei Marengo und Hohenlinden 1800 die Einlösung der Bancozettel in Edelmetall suspendiert.[109] Die Papiergeldinflation in den Jahren der Koalitionskriege zeigte sich nicht zuletzt daran, daß 1800 mit Bancozetteln im Wert von 1 und 2 Gulden Wiener Währung zugleich deutlich kleinere Nominale als bisher mit dem 5-Gulden-Schein als niedrigstem Wert in Umlauf gesetzt wurden.[110]

Hinzu kam, daß die k.k. Regierung die finanziellen Aufwendungen für das Militär zugleich mit drastischen Münzverschlechterungen zu bestreiten hoffte. An die Stelle der guten Zwanziger traten ab 1795 geringhaltige Zwölf- und Sechs-Kreuzer-Stücke mit nur 25% Silberanteil. Diese „in den übrigen Erblanden in Kurs gebrachte und allenthalben mit großen [sic!] Beifall aufgenommene silberne Landmünz", wie es euphemistisch in einer Gubernial-Intimation der Tiroler Regierung vom 5. Juni 1796 hieß, wurde gemäß Hofdirektorialdekret vom 27. Mai 1796 auch in Tirol eingeführt

---

106 Siehe *Tab. 5.5.*

107 Vgl. Friedrich ZELLFELDER, Die Währungsprobleme der Donaumonarchie, in: Jürgen SCHNEIDER u.a. (Hrsg.), Währungen der Welt I: Europäische und nordamerikanische Devisenkurse 1777–1914, Teilbd. I, Stuttgart 1991, S. 122–135, hier: S. 123 sowie die angegebene Literatur.

108 SLA, A.M.M., 3.7.41, fasc. 40, fol. 227–233, hier: fol. 229. Vgl. auch ebd., fasc. 46, fol. 288–297.

109 ZELLFELDER, Währungsprobleme, S. 123.

110 SLA, A.M.M., 3.7.42, fasc. 44, fol. 713–716.

und hatte dort zu 12½ bzw. 6¼ Kreuzer akzeptiert zu werden und wurde damit zu obligatorischem Geld. Allerdings sollte sie, wenn die erforderliche Menge an Kleingeld im Konventionsfuß wieder verfügbar sei, wieder eingezogen und umgeprägt werden.[111] Nach dem Frieden von Lunéville im Februar 1801, in dessen Gefolge Österreich aus der Zweiten Koalition gegen Frankreich ausschied, wurden dann durch Münzpatent vom 26. August dieses Jahres die unterwertigen Sechs-Kreuzer- und die 24-Kreuzer-Stücke außer Kurs gesetzt, doch dafür ein Sieben-Kreuzer-Stück eingeführt.[112] Mit Patent vom 15. März 1802 wurde schließlich auch das unterwertige Zwölf-Kreuzer-Stück zum 30. November diesen Jahres außer Kurs gesetzt und eingezogen.[113]

Beide währungspolitischen Maßnahmen, die Verschlechterung der Kurantmünzen und die Aufwertung der Bancozettel zu obligatorischem Geld, führten ab 1799 zu einem drastischen Kursverfall der Wiener Notierung auf den Bozner Messen. 1804 war die Wiener Währung bereits weniger als drei Viertel der Bozner Meßvaluta wert. Als der Dritte Koalitionskrieg (1805) erneut eine umfangreiche Bancozettel-Emission mit sich brachte, sah man sich in Bozen gezwungen, die Kursnotierungen auf die Wiener Währung (‚correnti di Vienna') umzustellen, was zur Mittfastenmesse 1805 geschah. Bis zur Fronleichnamsmesse 1806, d.h. bis in die bayerische Zeit hinein (s.u.), erfolgten die Kursnotierungen auf den Bozner Messen infolgedessen in Gulden und Kreuzern Wiener Währung, d.h. in Bancozetteln, was sofort den Kurs auf Wien der Parität annäherte,[114] die übrigen Notierungen allerdings drastisch in die Höhe trieb.

3.4 DIE ‚REICHSWÄHRUNG' (24-GULDEN-FUSS) WÄHREND DER ZUGEHÖRIGKEIT TIROLS ZUM KÖNIGREICH BAYERN (1806–1810/11)

Als Tirol im Gefolge des Friedens von Preßburg von Weihnachten 1805 an das neue Königreich Bayern gefallen war, wurden die bestehenden Geld- und Währungsverhältnisse in den ersten Monaten nicht angetastet. So war die Tiroler Landeswährung noch in einem Mandat des königlichen Hofkommissars und Gouverneurs vom 28. Mai 1806 bestätigt worden.[115] Anlaß für grundlegende Veränderungen, d.h. die Einführung des in Bayern gebräuchlichen 24-Gulden-Fußes, war das Vorhandensein der übergroßen Menge an in Wiener Währung ausgestellten Bancozetteln. Am 26. Juni 1806 erließ König Max I. Joseph ein Patent, das als Ziel der bayerischen Währungspolitik formulierte, „das bisher kursierende Papiergeld aus dem Lande zu schaffen, und nur baares Geld in Umlauf zu bringen". Da dies aber aufgrund der großen Menge an

111 SLA, A.M.M., 3.7.41, fasc. 32, fol. 191–194, hier: fol. 192.

112 SLA, A.M.M., 3.7.43, fasc. 26, fol. 404–409, hier: fol. 405f.

113 Ebd., fasc. 45, fol. 739–753, hier: fol. 741f.

114 Siehe *Tab. 4.23*.

115 SLA, A.M.M., 3.7.47, fasc. 19, fol. 318–608, hier: fol. 512.

umlaufenden Bancozetteln vorerst nicht möglich sei, wurden die Bancozettel auf einen Kurs abgewertet, der 2% unter dem zu liegen hatte, zu welchem sie in Augsburg, dem wichtigsten Geld- und Wechselmarkt des Königreiches, notiert wurden, denn, wie der königliche Hofkommissar und Gouverneur Carl Graf Arco am 30. Juni 1806 erläuterte, „der Besitzer der Bankozettel muß hiedurch gereizt werden, sie durch Wechselplätze aus dem Lande zu schaffen, um auf diese Art den Verlust der 2 per Cent. wo nicht ganz, doch wenigstens zum Theile, zu ersparen, weil es ihm frey steht, ob er seine Schuld in baarem Gelde, oder in Bankozetteln bezahlen wolle. – Würde man die Bankozettel genau um den Commerzialkurs annehmen müssen, so würden sie nicht nur im Lande bleiben, sondern Spekulanten und Agioteurs würden fortfahren, alles baare Geld, um den Commerzial-Werth der Bankozettel aufzukaufen, und Tyrol ewig mit diesem unseligen Papiergelde uäberschwemmt lassen."[116] Da die Kursfestlegung in Augsburg wöchentlich erfolgte, sollte auch der für Tirol gültige Kurs der Bancozettel jeweils wöchentlich neu festgelegt werden.[117] Soweit dies derzeit erkennbar ist, kam es jedoch nie dazu; der hierfür einschlägige Bozner Wechselpreiskurant dieser Jahre jedenfalls verzeichnet zu keiner Zeit derartige Notierungen für Bancozettel. Vielmehr erfolgte in Ergänzung zu diesem Patent vom 26. Juni 1806 am 1. Juli 1806 eine regierungsamtliche Bekanntmachung, die den Kurs der Bancozettel wie folgt fixierte:

100 Gulden in Bancozetteln = 53 Gulden Wiener Währung
55 Gulden 40 Kreuzer Tiroler Landeswährung
63 Gulden 36 Kreuzer im 24-Gulden-Fuß[118]

Damit entsprach der Gulden in Bancozetteln 37 Kreuzern im 24-Gulden-Fuß. Einen Monat später, am 1. August 1806, wurde der Kurs der Bancozettel nochmals – „bis auf weiters" – herabgesetzt, nunmehr auf 35 Kreuzer im 24-Gulden-Fuß pro Gulden in Bancozetteln.[119] Da die Bancozettel in Österreich aber zu 55 Gulden Wiener Währung für 100 Gulden in Bancozetteln akzeptiert wurden, flossen letztere relativ rasch aus Tirol nach Österreich ab.[120]

Am 2. Juli 1806 der im übrigen Königreich Bayern gültige 24-Gulden-Fußes unter der Bezeichnung ‚Reichswährung' auch in Tirol eingeführt. Gut zwei Wochen später,

---

116 Ebd., fol. 503f., hier: fol. 503'–504. Vgl. RIZZOLLI, Bozen, S. 34.

117 SLA, A.M.M., 3.7.45, fasc. 45, fol. 777–780, hier unpaginiert zwischen fol. 779 und 780; 3.7.47, fasc. 19, fol. 518.

118 Ebd., fol. 519.

119 Ebd., fol. 516. – Zu den politischen und gesellschaftlichen Folgen dieser Abwertungen vgl. MÜHLBERGER, Absolutismus und Freiheitskämpfe, S. 504. Vgl. auch die Schrift von D. G. HUFELAND, Jurist und Staatswissenschaftler an der Universität Landshut, mit dem Titel „Rechtliches Gutachten über die [durch die] Entscheidung der Herabwürdigung der Bankozettel in Tirol entstandenen Rechtsstreitigkeiten" (Landshut 1807), in: SLA, A.M.M., 3.7.47, fasc. 19, fol. 372–395 bzw. 396–419, und die Beiträge im Allgemeine[n] Kameral- Oekonomie- Forst- und Technologie-Korrespondent[en], Nr. 29 vom 10. März 1807 und Nr. 34 vom 21. März 1807; ebd., fol. 320–330. Vgl. RIZZOLLI, Bozen, S. 34; Margot HAMM, Die bayerische Integrationspolitik in Tirol 1806–1814, München 1996.

120 MOSER / TURSKY, Die Münzstätte Hall in Tirol [1981], S. 250f.

am 16. Juli 1806, wurde in einer Verordnung des königlich bayerischen General-Landes-Kommissariats in Tirol diese Bekanntmachung durch einschlägige tabellarische Übersichten über die neuen Geld- und Währungsverhältnisse verdeutlicht:

Tab. 3.8: Relation der Wiener Währung und der Tiroler Landeswährung zur bayerischen Reichswährung (1806)[121]

Münze	Wiener Währung	Tiroler Landeswährung	Reichswährung
Zwanziger	20 xr.	21 xr.	24 xr.
Gulden	1 fl.	1 fl. 3 xr.	1 fl. 12 xr.
Konventionstaler	2 fl.	2 fl. 6 xr.	2 fl. 24 xr.
Kronentaler	2 fl. 15 xr.	2 fl. 21¾ xr.	2 fl. 42 xr.
Laubtaler	2 fl. 17½ xr.	2 fl. 24⅜xr.	2 fl. 45 xr.

Damit entsprach 1 Gulden Tiroler Landeswährung exakt 1 Gulden 8 4/7 Kreuzern Reichswährung,[122] wobei in dem im September 1806 veröffentlichten „Währungs-reductions-Raitknecht" auf 1 Gulden 9 Kreuzer Reichswährung für 1 Gulden Tiroler Landeswährung gerundet wurde, wie dies im alltäglichen Handel und Zahlungsverkehr sicherlich üblich war.[123] Die Einführung der bayerischen Reichswährung, in welcher nunmehr auch die Kursnotierungen auf den Bozner Messen zu erfolgen hatten und von der Bartholomäusmesse 1806 bis zur Fronleichnamsmesse 1811 auch getätigt wurden, wurde mit einer Verordnung der königlich bayerischen Landeskommission vom 4. Oktober 1806 abgeschlossen, die den Begriff ‚Tiroler Landeswährung' gänzlich abschaffte und anordnete, die vormals in Tirol gültige Währung als ‚21-Gulden-Fuß' zu bezeichnen. Der 24-Gulden-Fuß sei jedoch als allein zulässige „Landeswährung" anzusehen.[124] Wie auch später im Gefolge der administrativ-territorialen Umstrukturierung wurde im Währungswesen der Name ‚Tirol' damit amtlich getilgt[125] und die bisherige währungspolitische Sonderstellung Tirols ohne Einschränkungen beseitigt.

121 SLA, A.M.M., 3.7.47, fasc. 19, fol. 499–502, hier: fol. 500.

122 Ebd., fol. 501.

123 SLA, A.M.M., 3.7.45, fasc. 45, fol. 779.

124 SLA, A.M.M., 3.7.47, fasc. 19, fol. 505.

125 Vgl. MÜHLBERGER, Absolutismus und Freiheitskämpfe, S. 508.

3.5 DIE LIRA-WÄHRUNG DES NAPOLEONISCHEN KÖNIGREICHS ITALIEN (1810/11–1813)

Mit dem Übergang des südlichen Teils von Tirol und damit auch Bozens an das napoleonische Königreich Italien bzw. dessen Dipartimento dell'Alto Adige in der ersten Jahreshälfte 1810 änderten sich die Geld- und Währungsverhältnisse auf den Bozner Messen erneut. Mit Edikt vom 14. August 1810 führte die Regierung des Vizekönigs Eugenio Napoleone das Münz- und Währungssystem des Königreichs Italien in der neuen Provinz ein und erklärte die bisherigen Münzgesetze des Königreichs Italien – insbesondere die vom 21. März 1806 und 12. Januar 1807 – auch für das Dipartimento dell'Alto Adige gültig.[126] Als Währungseinheit des napoleonischen Königreichs Italien fungierte die Lira italiana zu 100 Centesimi, die durch das Dekret Napoleons vom 21. März 1806[127] eingeführt worden war und nach den in einem weiteren kaiserlichen Dekret vom 12. Januar 1807[128] festgelegten Ausführungsbestimmungen seit 1808 in den drei Münzstätten des Königreichs Italien – Mailand, Bologna und Venedig – ausgeprägt wurde.[129] Die Lira italiana entsprach in Feingewicht (4,50 Gramm Feinsilber) und Wert exakt dem französischen Franc von 1803, dem sogenannten ‚Franc Gérminal'[130] – und war während der Zeit der französischen Besetzung Bozens die offizielle Zahlungs- und Rechnungseinheit. In den Kurszetteln der Bozner Messen erscheint die neue Währung jedoch erst ab der Bartholomäusmesse 1811, d.h. mit über einjähriger Verspätung, und wurde bis zur Fronleichnamsmesse 1813 beibehalten.

Nach dem Währungsedikt Eugenio Napoleones vom 14. August 1810 entsprachen 6.750 Gulden Reichswährung (‚fiorini d'Impero') 14.279 Lire italiane bzw. 1 Gulden Reichswährung 2,115 Lire italiane oder 1 Lira italiana 28 Kreuzern,[131] und es wurden folgende Geldkurse festgelegt:

126 SLA, A.M.M., 3.7.51, fasc. 45, fol. 556–575, hier: fol. 564.

127 Bollettino delle leggi del Regno d'Italia 1806, Nr. 133, 577.

128 Bollettino delle leggi del Regno d'Italia 1807, Supplemento Nr. 1542.

129 Quintilio PERINI, Le monete che ebbero corso nell'Alto Adige sotto il dominio napoleonico (1810–1814), in: Archivio per l'Alto Adige 4/1, 1909, S. 141–144, hier: S. 142.

130 Hierzu ausführlich *Kapitel 4.13*.

131 SLA, A.M.M., 3.7.51, fasc. 45, fol. 564, 566f.

Tab. 3.9: Geldkurse nach dem Währungsedikt vom 14. August 1810 (Auszug)[132]

Münzen	in Gulden Reichswährung	in Lire italiane
Mailänder Doppie	9 fl. 20 xr.	19,77
Mailänder Zecchini	5 fl. 38 xr.	11,94
Venezianische Zecchini	5 fl. 41 xr.	12,03
Neue Louisd'ors	11 fl. 9 xr.	23,62
Genuesische Doppie zu 96 Lire	37 fl. 13 xr.	78,74
Florentinische Zecchini	5 fl. 36 xr.	11,88
Römische Doppie	8 fl. 3 xr.	17,05
Reichsdukaten	5 fl. 32 xr.	11,74
Souveraind'ors/Sovrani	16 fl. 29 xr.	34,89
Écus neuf (Scudi di lire sei tornesi)	2 fl. 45 xr.	5,84
Mailänder Scudi	2 fl. 10 xr.	4,60
Alte und neue Mailänder Lire	21 xr.	0,765
Reichstaler	2 fl. 24 xr.	5,09
Kronentaler/Crocioni	2 fl. 39 xr.	5,62
Spanische Säulenpiaster	2 fl. 30 xr.	5,29
Bayerische Kronentaler	2 fl. 45 xr.	5,84

3.6 DIE RÜCKKEHR ZUM KONVENTIONSKURANT (1813–1850)

Nach der Niederlage Napoleons in Rußland und dem Anschluß Österreichs an die russisch-preußisch-englische Koalition am 12. August 1813 wurden in den folgenden Monaten unter anderem die zum Königreich Italien und zu den Illyrischen Provinzen gehörigen Gebiete – am 11. Oktober 1813 Bozen – durch k.k. Truppen besetzt, weswegen die Bozner Bartholomäusmesse 1813 ausfallen mußte.[133] Allerdings kam es vorerst noch nicht zur verwaltungsmäßigen Wiedereingliederung der besetzten Gebiete in den Verband des Kaisertums Österreich, denn „die offizielle Besitzergreifung bzw. das Tiroler Bittgesuch um Vereinigung mit Österreich [...] wurde auf Wunsch Metternichs bis zum künftigen Friedensschluß aufgeschoben."[134] Dies ersparte den Bozner Messen die Übernahme der seit dem 1. Februar 1812 im Kaisertum weiterhin unter der Bezeichnung „Wiener Währung" als alleiniges Währungsgeld zirkulierenden Einlösungs- und Antizipationsscheine, d.h. des stark inflationären staatlichen Papiergeldes.[135] Vielmehr konnte ab der Andreämesse 1813 die Kursnotierung in Gulden und Kreuzern Konventionskurant und damit in einer relativ stabilen Rechnungseinheit

132 Ebd., fol. 565 und 565bis. – Hier werden nur diejenigen Münzen bzw. Geldkurse aufgeführt, die auf den Bozner Messen dieser Jahre Bedeutung besaßen, d.h. in den Notierungen der Kursübersichten genannt wurden.

133 SLA, A.M.M., 2.53.

134 MÜHLBERGER, Absolutismus und Freiheitskämpfe, S. 543.

135 Hierzu ausführlich *Kapitel 4.10*.

erfolgen. Die Kursnotierungen auf den Bozner Messen dieser Jahre wurden folglich durch die inflationäre Entwicklung der Wiener Währung bis 1818/20 nicht beeinflußt.

Während der 20-Gulden- oder Konventionsfuß, der nach dem Flügel'schen Kaufmannshandbuch von 1832 im Bozen dieser Jahre als ‚Wechselgeld' oder ‚valuta di cambio' bezeichnet wurde,[136] den Zahlungen und Notierungen auf den Messen vorbehalten blieb, wurde im Alltag und im Kleinhandel seit 1813 wiederum die Reichswährung oder Moneta d'Impero üblich, die freilich auch während der Zugehörigkeit zum Königreich Italien nie gänzlich außer Gebrauch gekommen war, wie die überlieferten Wechselproteste aus dieser Zeit belegen.[137] Nach dem Österreichisch-bayerischen Vertrag vom 3. Juni 1814, durch welchen die bislang bayerischen Gebiete Tirols und Vorarlberg wieder an das Haus Habsburg kamen, und nach der Veröffentlichung des Besitzergreifungspatents am 26. Juni diesen Jahres wurde den faktischen Währungsverhältnissen in Tirol durch eine Bekanntmachung des Gouverneurs vom 31. Dezember 1814, „Die provisorische Organisirung des Finanzwesens im italienischen, und illyrischen Antheile Tyrols betreffend", Rechnung getragen, nach der die sogenannte ‚Reichswährung' mit ‚Reichsgulden' und ‚Reichskreuzern' im 24-Gulden-Fuß in Tirol Gültigkeit besaß.[138] Hiernach wurde, wie seit 1806 üblich, das im Konventionsfuß ausgebrachte 20-Kreuzer-Stück zu 24 Kreuzern akzeptiert. Im Gebiet des ehemaligen Dipartimento dell'Alto Adige, insbesondere von Bozen abwärts, war allerdings stattdessen die sogenannte ‚Abusivwährung' in Gebrauch, nach der das 20-Kreuzer-Stück zu 25 Kreuzern, seit etwa 1847 aber in Bozen zu 25½ Kreuzern und bald darauf sogar zu 26 Kreuzern angenommen" wurde.[139] Dieser 25-Gulden-Fuß war dadurch entstanden, daß mit Verordnung der k.k. bevollmächtigten Hofkommission in Tirol und Vorarlberg vom 30. Dezember 1813 die Goldmünzen zu hoch bewertet worden waren.[140]

Ziel der k.k. bevollmächtigten Hofkommission in Tirol und Vorarlberg war es seither, diejenigen Münzen, welche nicht dem Konventionsfuß entsprachen, aus dem Umlauf zu holen, statt dessen die österreichischen Münzen ins Land zu bringen und dort zu halten. Zu diesem Zweck richtete die Hofkammer am 22. Oktober 1814 eine Anfrage an die Bozner „Kommerz-Kammer" (Camera di commercio), welche Münzen von einer Anpassung an die österreichischen Währungsverhältnisse – den 20-Gulden-Fuß – betroffen seien, worauf die Kommerz-Kammer bereits drei Tage später über die in Bozen zu diesem Zeitpunkt gültigen Münzkurse berichtete, daß dies auf annähernd alle in Südtirol umlaufenden Münzen zuträfe:[141]

---

136 LIEBHOLD (Hrsg.), Georg Thomas Flügel's Cours-Zettel [1832], S. 79.

137 Siehe hierzu *Kapitel 5*.

138 SLA, A.M.M., 3.7.51, fol. 384 (IV §7).

139 NOBACK, Münz-, Maass- und Gewichtsbuch [1877], S. 177.

140 FONTANA, Von der Restauration bis zur Revolution, S. 629; Egon KOLER, Die Wiedereinrichtung der österreichischen Verwaltung in Tirol und Vorarlberg in den Jahren 1814–1821, Diss. Innsbruck 1937, S. 200.

141 SLA, A.M.M., 3.7.51, fasc. 45, fol. 557–559, hier: fol. 557–558.

Tab. 3.10: Geldkurse nach dem Bericht der Bozner Kommerz-Kammer vom 25. Oktober 1814 (Auszug)[142]

	Wiener Währung (20-Gulden-Fuß)	Reichswährung (24-Gulden-Fuß)
Genuesische Doppie	30 fl.	36 fl.
Doppelte Napoleond'ors	15 fl. 36 xr.	18 fl. 40 xr.
Einfache Napoleond'ors	7 fl. 48 xr.	9 fl. 20 xr.
Souvraind'ors	13 fl. 20 xr.	16 fl.
Savoyische Doppie	10 fl. 50 xr.	13 fl.
(Neue) Louisd'ors	9 fl. 10 xr.	11 fl.
Alte Louisd'ors	9 fl. 35 xr.	11 fl. 30 xr.
Doppie di Parma	8 fl. 20 xr.	10 fl.
Preußischer Friedrichsd'ors	7 fl. 45 xr.	9 fl. 18 xr.
Römische Doppie	6 fl. 35 xr.	7 fl. 54 xr.
Holländische und venezianische Dukaten sowie Gigliati	4 fl. 30 xr.	5 fl. 24 xr.
Salzburger und Reichsdukaten	4 fl. 20 xr.	5 fl. 12 xr.
Päpstliche Dukaten	4 fl. 18 xr.	5 fl. 10 xr.
Laubtaler	2 fl. 15 xr.	2 fl. 42 xr.
Niederländische und bayerische Kronentaler	2 fl. 15 xr.	2 fl. 42 xr.
Francescone	2 fl. 5 xr.	2 fl. 30 xr.
Bologneser	2 fl. 4 xr.	2 fl. 28 xr.
Alte spanische Säulenpiaster	2 fl. 4 xr.	2 fl. 28 xr.
Neue spanische Säulenpiaster	2 fl. 3 xr.	2 fl. 27 xr.
Römische Scudi	2 fl. 2 xr.	2 fl. 26 xr.
Konventionstaler	2 fl.	2 fl. 24 xr.
Ganze Silber-Napoleons (= 5 Lire italiane)	1 fl. 57 xr.	2 fl. 20 xr.
Eine-Lira-Stücke	23½ xr.	28 xr.

Der Gesamtumlauf an entsprechenden Münzen wurde auf einen Wert von etwa 500.000 Gulden geschätzt, die aber im Zuge des Handels – d.h. der defizitären Handelsbilanz Tirols – regelmäßig nach Italien abflössen. Zugleich wurde aber auch betont, daß „im Handel der nun eingeführte abusive Kurs wohl nicht so leicht aufhören kann, da der italienische Vieh- und Warenkäufer schon gewohnt ist[,] sein Gold gegen ein unverhältnismäßiges Aggio herzugeben, und derselbe sich leichter einen höheren Preis der Waren, als einen geringeren der Geldsorten gefallen lässt".[143] So dauerte es noch bis zum 4. April 1818, daß in Tirol der 20-Gulden-Fuß, d.h. das Konventionskurant, als einziger gesetzlicher Münzfuß eingeführt wurde, ohne jedoch zugleich die Reichswährung abzuschaffen, an welcher man im Privatverkehr in Deutschtirol ebenso festhielt wie in Bozen und den Gebieten südlich davon an der Abusivwährung.[144] Die sukzessive Rückkehr der Gesamtmonarchie zum Konventionskurant – inzwischen häufig auch als ‚Konventionsmünze Wiener Währung' (C.M.W.W.) bezeichnet[145] –

142 Ebd., fol. 558–558'.

143 Ebd., fol. 559.

144 FONTANA, Von der Restauration bis zur Revolution, S. 629; KOLER, Die Wiedereinrichtung der österreichischen Verwaltung, S. 201.

145 FONTANA, Von der Restauration bis zur Revolution, S. 629.

wurde möglich, als die am 1. Juni 1816 gegründete Privilegierte Österreichische Notenbank nach und nach das umlaufende Papiergeld einlöste und die Einlösepflicht für das Papiergeld damit wiederhergestellt wurde. Daraufhin pendelte sich der Kurs der Bankozettel Ende des Jahres 1818 um 250 Gulden Wiener Währung für 100 Gulden Konventionskurant ein und stabilisierte sich bis zum Jahresende 1820 auf diesem Niveau endgültig.[146] Am 20. Mai 1818 war auch die Wiener Börse in ihrer Notierungsweise zum Konventionskurant zurückgekehrt.[147]

Auf die Phase einer „relative[n] Stabilität der österreichischen Währung 1820–1847" folgte mit dem Ausbruch der Revolutionswirren 1848 erneut eine Krise. Während des Zweiten Aufstands in Wien im Mai 1848 wurde den Noten der Nationalbank Zwangskurs beigelegt, am 12. Juni die Bareinlösung suspendiert, und der Finanzbedarf für die Kriegshandlungen 1848/49 leitete die erneute Ausgabe von Staatspapiergeld in verschiedenen Kategorien staatlicher Anweisungen in den einzelnen Teilen der Monarchie in großem Umfang ein.[148] Dazu kamen 1848 noch die kleinen Wiener Banknoten zu 1 und 2 Gulden in großer Menge – wie zur Zeit der Koalitionskriege ein „untrügliches Zeichen jeder Geldverschlechterung"[149] – und verdrängten auch in Tirol das Silbergeld vollständig. Das geringe Vertrauen des Publikums in die faktisch nur auf Staatskredit fußenden Noten[150] führte dazu, daß „man jenes Papiergeld zu dem nämlichen Abusivpreise an[nahm], wie bis dahin die das Silbergeld, d.h. den Papiergulden zu dreimal 26 Kreuzern, d.i. zu 1 Gulden 18 Kreuzern = 1 3/10 Gulden, sodass nun die ‚Reichswährung' sich noch um ebensoviel verschlechterte, als (in Wien etc.) die Banknoten gegen Silbergeld im Kurse verloren." Da nach 1848 das Papiergeld in Tirol das Hauptzahlungsmittel geworden war, während es vordem allenfalls vereinzelt im Zahlungsverkehr vorgekommen war, war das Silbergeld nur noch in geringer Menge im Umlauf. „Zugleich wurde nun die ‚Reichswährung' eine, je nach dem Preiswechsel der wiener Banknoten gegenüber dem Silbergelde, fort und fort schwankende Valuta."[151]

Allerdings wurden in Bozen die Kursnotierungen weiterhin in Konventionskurant festgesetzt, „gleich als ob hier lediglich Silber im Umlauf wäre", und – nach 1850 von der Handelskammer – veröffentlicht, auch wenn man sich in der Kurshöhe außerhalb der Messezeiten bereits an den Wiener Kursen, die nach Bozen telegraphiert wurden, orientierte.[152] Zumindest die Kursnotierungen auf den Messen waren damit aber von den inflationären Entwicklungen, denen sich die Wiener Börse unterworfen sah und die in den sinkenden Bozner Notierungen auf Wien zum Ausdruck kamen, relativ un-

---

146 Othmar BACHMAYER, Die Geschichte der österreichischen Währungspolitik, Wien 1960, S. 100.

147 Alfred Francis PRIBRAM (Hrsg.), Materialien zur Geschichte der Preise und Löhne in Österreich, Bd. 1, Wien 1938, S. 57.

148 ZELLFELDER, Währungsprobleme, S. 126(f.).

149 Harm-Hinrich BRAND, Der österreichische Neoabsolutismus. Staatsfinanzen und Politik 1848–1860, 2 Bde., Göttingen 1978, Bd. 1, S. 162.

150 Vgl. BACHMAYER, Währungspolitik, S. 103.

151 NOBACK, Münz-, Maass- und Gewichtsbuch [1877], S. 177.

152 NOBACK / NOBACK, Münz-, Maass- und Gewichtsbuch [1858], S. 117.

abhängig; allerdings wurde auf der Bartholomäusmesse 1848 eine Notierung für die Banknoten eingeführt, in der deren Disagio gegenüber dem Konventionskurant deutlich wurde.[153] Um die Jahresmitte 1850 stabilisierten sich dann die Währungsverhältnisse zumindest insoweit, daß die Bozner Messen Wien wieder auf dem vor 1848 gebräuchlichen Niveau notieren konnten.

3.7 ZUSAMMENFASSENDE ÜBERSICHT: DIE NOTIERUNGSWEISE DER WECHSEL- UND GELDKURSE AUF DEN BOZNER MESSEN VON 1633 BIS 1850

Damit ist festzuhalten, daß die Wechsel- und Geldkursnotierungen auf den Bozner Messen in folgenden Währungen vorgenommen wurden:

Tab. 3.11: Die Notierungsweise der Wechsel- und Geldkurse auf den Bozner Messen von 1633 bis 1850

Zeitraum:	in:
1633, Andreämesse, bis 1742, Fronleichnamsmesse	Giro-Währung
1742, Bartholomäusmesse, bis 1770, Fronleichnamsmesse	Moneta lunga
1770, Bartholomäusmesse, bis 1804, Andreämesse	Meßvaluta
1805, Mittfastenmesse, bis 1806, Fronleichnamsmesse	Wiener Währung (Bancozettel)
1806, Bartholomäusmesse, bis 1811, Fronleichnamsmesse	Reichswährung (24-Gulden-Fuß)
1811, Bartholomäusmesse, bis 1813, Fronleichnamsmesse	Lire italiane
ab 1813, Andreämesse	Konventionskurant

Diese Übersicht läßt allerdings keine Aussage darüber zu, in welchen Münzen die Wechsel tatsächlich bezahlt wurden.

153 Vgl. *Tab. 5.11.*

Abb. 12: Wechsel- und Geldkurszettel der Bozner Bartholomäusmesse 1769 mit handschriftlichen Kurseinträgen[154]

L A U S D E O.

Prezzi di Cambj corsi in Fiera San Bartolammeo di Bolzano li 18. Settembre 1769—

Venezia per li 14. Ottobre prossimo per Scudi uno da Kar. 93. Giro	Soldi Banco	
Detta per detto per fiorini uno moneta lunga	Soldi correnti	101½
Verona per detto per fiorini uno moneta lunga	Soldi correnti	—
Bergamo per detto per fiorini uno moneta lunga	Soldi correnti	—
Bologna per li 11. suddetto per fiorini uno moneta lunga	Bolognini	—
Livorno per detto, per fiorini 100. moneta lunga	Pezze da Reali 8.	—
Roma per detto per fiorini 100. moneta lunga	Scudi da Paoli X.	—
Lipsia Fiera San Michaele per fiorini 100. correnti	Moneta lunga fiorini	—
Detta Fiera suddetta per fiorini 100. Luigi Bianchi	Moneta lunga fiorini	—
Detta Fiera suddetta per fiorini 100. in Dopie a fiorini 7. 30.	Moneta lunga fiorini	
Detta Fiera suddetta per fiorini 100. in Luigi d'Oro a fiorini 7. 30.	Moneta lunga fiorini	97½
Francoforte Fiera di Settembre per fiorini 100. Carline a fi. 9. 42.	Moneta lunga fiorini	94—
Augusta ad uso per fiorini 100. correnti	Moneta lunga fiorini	98¾
Detta ad uso per fiorini 100. in Dopie a fiorini 7. 30	Moneta lunga fiorini	—
Norimberga ad uso per fiorini 100. correnti	Moneta lunga fiorini	98¾
Detta ad uso per fiorini 100. in Dopie a fiorini 7. 30.	Moneta lunga fiorini	—
Vienna per li 14. Ottobre prossimo per fiorini 100. correnti per Cassa	Moneta lunga fiorini	98½
Praga ad uso per fiorini 100. correnti	Moneta lunga fiorini	98¼
Breslavia ad uso per fiorini 100. correnti	Moneta lunga fiorini	—
Sangallo ad uso per fiorini 100. in Dopie a fiorini 7. 30.	Moneta lunga fiorini	—
Londra ad uso per Lire una Sterlina	Moneta lunga fiorini	—
Amsterdam ad uso per Reichstalleri 100. da Grossi 100. Banco	Moneta lunga fiorini	209¾
Hamburgo ad uso per Reichstalleri 100. da Grossi 96. Banco	Moneta lunga fiorini	
Moneta lunga contro valute al corso di Fiera, aggio	per Cento	2½
Giro contro moneta lunga aggio	per Cento	133¼
Dopie al Corso di Fiera a fiorini 7. 30. perdono contro moneta lunga	per Cento	—
Ongari a fiorini 4. 12. al peso della Patente perdono contro moneta lunga	per Cento	—

Luigi Torrasani
Sensale approvato

154 Quelle: SLA, A.M.M. 3.5.10, fol. 411.

4. DIE BOZNER WECHSELKURSNOTIERUNGEN VON 1618/33 BIS 1850

Im Zeitraum von 1633 bis 1850 verzeichnen die Bozner Wechselkursübersichten – seien sie handschriftlich oder gedruckt – Rubriken für die Kursnotierungen auf folgende Wechselmärkte:

Tab. 4.1: Die im Bozner Wechselkurszettel verzeichneten Rubriken für Wechselmärkte[1]

1633/34	1640	1647	1656	1742	1787	1806	1840
Venedig	Venedig	Venedig	Venedig	Venedig	Venedig	Venedig	Venedig
Verona	Verona	Verona	Verona	Verona	Verona		
Bologna	Bologna	Bologna	Bologna	Bologna	Bologna		
Frankfurt	Frankfurt	Frankfurt	Frankfurt	Frankfurt	Frankfurt	Frankfurt	
Lyon	Lyon	Lyon	Lyon		Paris	Paris	Paris
Leipzig	Leipzig	Leipzig	Leipzig	Leipzig	Leipzig	Leipzig	
Augsburg	Augsburg	Augsburg	Augsburg	Augsburg	Augsburg	Augsburg	Augsburg
Nürnberg	Nürnberg	Nürnberg	Nürnberg	Nürnberg	Nürnberg	Nürnberg[*]	
Wien	Wien	Wien	Wien	Wien	Wien	Wien	Wien
St. Gallen	St. Gallen	St. Gallen	St. Gallen	St. Gallen			
	Florenz	Florenz	Florenz	Livorno	Livorno	Livorno	
	Mailand	Mailand	Mailand			Mailand	Mailand
	Rom	Rom	Rom	Rom			
	Neapel	Neapel	Neapel				
	Bisenzone	Bisenzone	Bisenzone				
		Bergamo	Bergamo	Bergamo			
			Ancona				
				Prag	Prag	Prag	
				Breslau			
				London	London	London	London
				Amsterdam	Amsterdam	Amsterdam	
				Hamburg	Hamburg	Hamburg	

1 Quelle: SLA, A.M.M., 2.46–47; 2.53; 3.5.2–33.
Rubriken, die nur für einige wenige Monate oder Jahre erscheinen – so etwa für Murano oder Piacenza –, sind hier nicht berücksichtigt.
[*] Nürnberg fällt nach wenigen Jahren weg.

Karte 1: Die Bozner Wechselkursnotierungen zwischen 1633/34 und 1840[2]

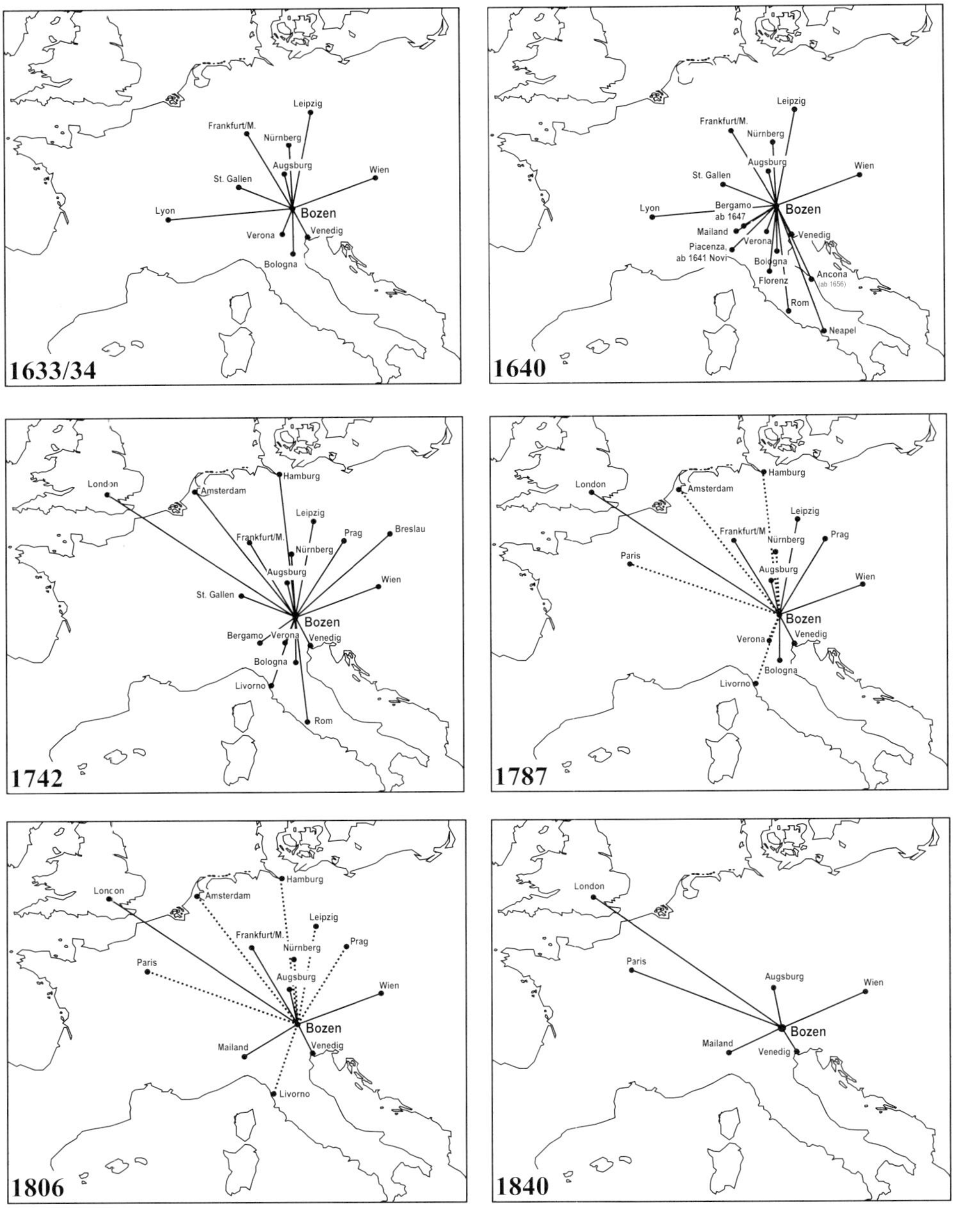

2 Quelle: Siehe Text. – Konzeption: Markus A. Denzel, Design: Jens T. Böttger; 2005. – Gestrichelte Linie: Unregelmäßige oder nicht erfolgte Notierung.

In dieser Aufstellung ist nicht berücksichtigt, daß für einige Wechselpartner zumindest zu bestimmten Zeiten mehr als eine Kursnotierung verzeichnet wurde, und es ist weiterhin nicht gesagt, daß alle Wechselmärkte immer auch tatsächlich notiert wurden. Vielmehr ist vor allem im ausgehenden 18. und beginnenden 19. Jahrhundert festzustellen, daß nur ein Bruchteil der ‚offiziellen' Rubriken überhaupt noch regelmäßig mit einer Kursnotierung gefüllt wurde. Hierauf wird bei der Erörterung der einzelnen Kursreihen detailliert einzugehen sein.

Nach dieser Übersicht verfügten die Bozner Messen zu Beginn der offiziellen Wechselkursaufzeichnungen über einen zwar noch kleinen, aber doch stabilen Kreis an Wechselpartnern, der über mehr als ein Jahrhundert Bestand hatte. Eine erste größere Erweiterung durch die Aufnahme von ausschließlich italienischen Wechselplätzen – Florenz, Mailand, Rom, Neapel und die Genuesischen Bisenzone-Messen – in den Kurszettel fand 1640 – am Ende der Ersten Sezession von Kaufleuten von den Genuesischen Bisenzone-Messen[3] – statt, wozu dann bis 1656 nur noch zwei weitere Rubriken – für Bergamo und Ancona – kamen. Zwischen 1656 und 1742 gab es keinerlei Veränderungen im Kreis der offiziell gelisteten Wechselplätze, und nur die Kursnotierung auf die Lyoner Messen wurde mehrfach ausgesetzt. Allerdings scheint dieser Zustand spätestens um 1740 nicht mehr den tatsächlichen Anforderungen der Kaufleute entsprochen zu haben, denn anläßlich der Bartholomäusmesse 1742 kam es nach immerhin 86 Jahren zum ersten großen Revirement des Bozner Wechselkurszettels: Zum einen wurde die offizielle Bozner Meßwährung, in der oder für die die Kursnontierungen erfolgten, in den meisten Fällen von der Girowährung in Moneta lunga geändert.[4] Zum anderen fielen diejenigen Plätze – vor allem Süd- und Mittelitaliens, aber auch die Lyoner Messen –, die für die Bozner Messen als Wechselpartner keine Bedeutung mehr besaßen, aus dem Kurszettel, und ‚neue' kamen hinzu, so insbesondere die bedeutenden nordwesteuropäischen Finanzzentren Amsterdam, London und Hamburg, die aufgrund ihrer gesamteuropäischen Relevanz im bargeldlosen Zahlungsverkehr von annähernd allen europäischen Wechselmärkten notiert wurden, und darüber hinaus eher regional bedeutende Plätze des ostmitteleuropäischen Raumes (Breslau und Prag). Schließlich löste das aufstrebende Handels- und Finanzzentrum der Toskana, Livorno, Florenz ab. Auffällig ist, daß einer der bedeutendsten italienischen Wechselplätze, Genua, in Bozen nie notiert wurde, bargeldlose Zahlungsverkehrsbeziehungen zu diesem zentralen Finanzintermediär in den gesamten westlichen Mittelmeerraum mithin nicht bestanden. Zu einer weiteren Veränderung des Wechselkurszettels kam es dann 35 Jahre später mit der Aufnahme von Paris, wobei aber zugleich wiederum mehrere italienische Plätze und St. Gallen, an denen kein Interesse mehr zu bestehen schien, aus dem Kurszettel wegfielen. Nach dieser letzten Erweiterung um das französische Finanzzentrum wurden 1806 und 1840 zwei weitere Reduktionen des gelisteten Kreises an Wechselmärkten vorgenommen, die jeweils der Realität, daß schon seit Jahren, zum Teil Jahrzehnten keine Kursnotierungen für diese mehr verzeichnet wurden, Rechnung trugen (*Abb. 13* bis *16*).

---

3 Siehe *Kapitel 4.6.*

4 Siehe *Kapitel 3.*

Abb. 13: Handschriftlicher Wechsel- und Geldkurszettel der Bozner Mittfastenmesse 1753[5]

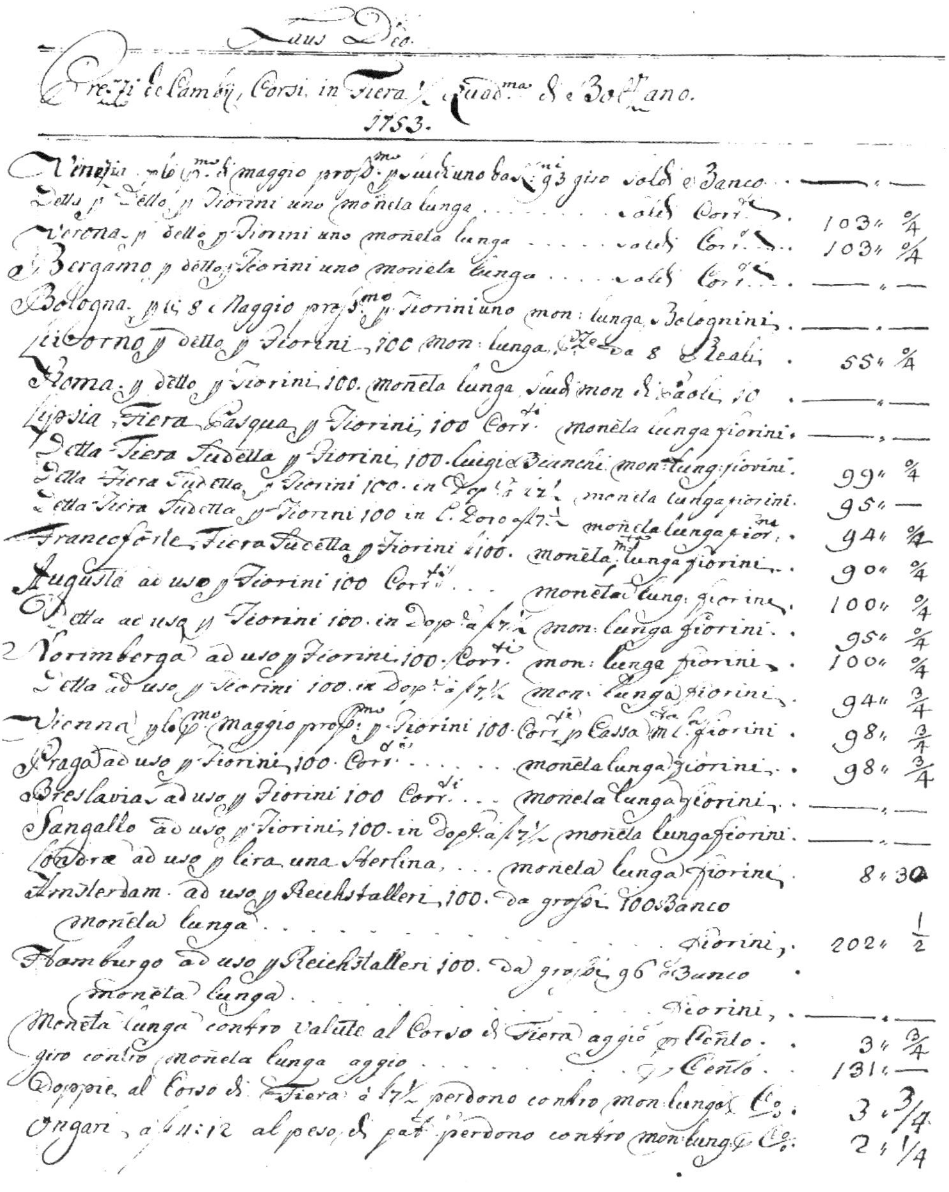

Laus Deo.

Prezzi de Cambij, Corsi in Fiera di Quadr.ma di Bolzano.

1753.

Venezia p. 16 di maggio pross.mo p. ducati uno ban.ni 93 giro soldi e Banco . .	—,—
Detta p. detto p. Fiorini uno moneta lunga . . . . valeà Corr.ti .	103 3/4
Verona p. detto p. Fiorini uno moneta lunga . . . . valeà Corr.ti . .	103 3/4
Bergamo p. detto p. Fiorini uno moneta lunga . . . valeà Corr.ti . .	—,—
Bologna p. li 8 Maggio pross.mo p. Fiorini uno mon: lunga Bolognini .	—,—
Livorno p. detto p. Fiorini 100 mon: lunga pezze da 8 Reali .	55 3/4
Roma p. detto p. Fiorini 100. moneta lunga scudi mon. di paoli 10 .	—,—
Lipsia Fiera Pasqua p. Fiorini 100 Corr.ti moneta lunga fiorini .	—,—
Detta Fiera Sudetta p. Fiorini 100 Luigi e Bianchi mon: lung: fiorini .	99 3/4
Detta Fiera Sudetta p. Fiorini 100 in Dop.e a f 7½ moneta lunga fiorini .	95 —
Detta Fiera Sudetta p. Fiorini 100 in L. Doro a f 7½ moneta lunga fior. .	94 3/4
Francoforte Fiera Sudetta p. Fiorini 100. moneta lunga fiorini . .	90 3/4
Augusta ad uso p. Fiorini 100 Corr.ti . . . moneta lung. fiorini .	100 3/4
Detta ad uso p. Fiorini 100 in Dop.e a f 7½ mon. lunga fiorini .	95 3/4
Norimberga ad uso p. Fiorini 100 Corr.ti mon: lunga fiorini .	100 3/4
Detta ad uso p. Fiorini 100 in Dop.e a f 7½ mon. lunga fiorini .	94 3/4
Vienna p. 16 maggio pross.mo p. Fiorini 100 Corr.ti p. Cassa m. l. fiorini .	98 3/4
Praga ad uso p. Fiorini 100 Corr.ti . . . . . moneta lunga fiorini . .	98 3/4
Breslavia ad uso p. Fiorini 100 Corr.ti . . . moneta lunga fiorini . .	—,—
Sangallo ad uso p. Fiorini 100 in Dop.e a f 7½ moneta lunga fiorini .	—,—
Londra ad uso p. lira una Sterlina . . . moneta lunga fiorini .	8,30
Amsterdam ad uso p. Reichstalleri 100 da grossi 100 Banco moneta lunga . . . . . . fiorini .	202 1/2
Hamburgo ad uso p. Reichstalleri 100 da grossi 96 di Banco moneta lunga . . . . . fiorini .	—,—
Moneta lunga contro valute al Corso di Fiera aggio p. Cento . .	3 3/4
giro contro moneta lunga aggio . . . . . p. Cento .	131 —
Doppie al Corso di Fiera a f 7½ perdono contro mon. lunga p. C.o .	3 3/4
Ongari a f 4:12 al peso di fat. perdono contro mon. lunga p. C.o .	2 1/4

5 Quelle: SLA, A.M.M. 3.5.8, fol. 421.

Abb. 14: Gedruckter Wechsel- und Geldkurszettel der Bozner Andreämesse 1770[6]

LAUS DEO.

Prezzi di Cambj corſi contro valute in Fiera S. Andrea di Bolzano li 10. Decembre 1770.

Venezia p. li 6. Gen. prof. 1771.	p. L.	500.	piccole correnti . .	$100\frac{1}{2}$
Verona per detto . . .	p. L.	500.	ſimili	----
Bergamo per detto	p. L.	500.	ſimili	----
Bologna per li 21. ſudetto per Scudi		1.	da Bolognini 100.	----
Livorno per detto . .	p. Pezze	1.	da Reali 8. . . .	----
Roma per detto . .	p. Scudi	1.	da Paoli x. . . .	----
Lipſia Fiera Anno nuovo .	p. fi.	100.	correnti . . .	----
Detta Fiera ſudetta . .	p. fi.	100.	Luigi Bianchi . .	----
Detta Fiera ſudetta . .	p. fi.	100.	in Luigi d'oro à fi. 7. 30.	99
Detta Fiera ſudetta . .	p. fi.	100.	in Doppie à fi. 7. 30.	----
Francoforte ad uſo	p. fi.	100.	in Carline à fi. 9. 12.	----
Detto per detto . . .	p. fi.	100.	in Carline à fi. 9. 42.	----
Detto per detto . . .	p. fi.	100.	in Carline à fi. 11. .	----
Auguſta ad uſo	p. fi.	100.	correnti . . .	$99\frac{3}{4}$
Detta ad uſo	p. fi.	100.	in Doppie à fi. 7. 30.	----
Norimberga ad uſo . . .	p. fi.	100.	correnti . . .	$99\frac{1}{2}$
Detta ad uſo	p. fi.	100.	in Doppie à fi. 7. 30.	----
Vienna per li 6. Genaro prof.	p. fi.	100.	corenti per Caſſa .	100
Praga ad uſo	p. fi.	100.	correnti . . .	$99\frac{3}{4}$
Breslavia ad uſo	p. fi.	100.	correnti . . .	----
Sangallo ad uſo	p. fi.	100.	in Doppie à fi. 7. 30.	----
Londra ad uſo	p. L.	1.	Sterlina . . .	----
Amſterdam ad uſo . .	p. R.T.	100.	da Groſſi 100. Banco.	----
Amburgo ad uſo . . .	p. R.T.	100.	da Groſſi 96. Banco.	----

					Aggio.	Perdita
Doppie à Marco	à fi.	7	30.	per Cento .	----	----
Doppie al corſo di Fiera .	à	7	30.	per Cento .	----	----
Zechini à Marco	à	4	24.	per Cento .	----	----
Ongari à Marco	à	4	12.	per Cento .	----	----
Ongari in Sovrani . . .	à	4	12.	per Cento .	----	----
Ongari al peſo della Patente .	à	4	12.	per Cento .	----	----
Luigi d'oro nuovi di Franzia .	à	9	30.	per Cento .	----	----
Carline alla Patente delle buone ſtampe	à	9	12.	per Cento .	----	----
Max d'oro à peſo di Patente .	à	6	8.	per Cento .	----	----
Gigliati	à	4	18.	per Cento .	----	----
Ongaro Romano	à	4	12.	per Cento .	----	----
Tallero di Convenz. e Bavaro	à	2	6.	per Cento .	----	$4\frac{3}{4}$
Federtallero	à	2	24.	per Cento .	----	----
Filippo à Patente	à	2	12.	per Cento .	----	----
Scudo Papale ſimile . . .	à	2	26.	per Cento .	----	----
Pezze Colonarie ſimile . .	à	2	4.	per Cento .	----	----
Giro - - per Scudi uno . .	à	-	93.	per Cento .	$136\frac{2}{3}$	----
Moneta lunga	à	-	---	per Cento .	----	----
Patente di Dazio	à	-	---	per Cento .	----	----
Moneta corrente in Sorte .	à	-	---	per Cento .	----	5

Per decreto auanti d' ora ſeguito, reſta proibito l' accetar, e pagar lettere di Cambio, o ſpazi girati, e più reſti proibito il pagare, e proteſtare lettere di Cambio, che nominano la valuta di più d' una perſona ſotto pena di Talleri 200

Giovanni Pietro d' Eierle Cancelliere delle Fiere.

6 Quelle: SLA, A.M.M. 3.5.10, fol. 502.

Abb. 15: Wechsel- und Geldkurszettel der Bozner Bartholomäusmesse 1802[7]

LAUS DEO.

Prezzi di Cambj corſi contro valute in Fiera S. Bartolomeo di Bolzano li 18. Settemb. 1802.

Veneziа uſo per Caſſa	p. L.	500.	piccole correnti fior.	----
Verona uſo	p. L.	500.	ſimili	----
Bologna per detto	p. Scudi	1.	da Bolognini 100 .	----
Livorno per detto	p. pezze	1.	da Reali 8 . . fior.	----
Lipſia per Fiera	p. fi.	100.	Moneta di Cambio .	----
Francoforte per Fiera	p. fi.	100.	in Carline à fi. 9 12	----
Detto per detto	p. fi.	100.	in Carline à fi. 9. 42.	----
Detto per detto	p. fi.	100.	in Carline à fi. 11. .	----
Auguſta ad uſo	p. fi.	100.	correnti	$99\frac{1}{2}$
Norimberga ad uſo	p. fi.	100.	correnti . . .	----
Vienna per li 14. Ottob.	p. fi.	100.	correnti per Caſſa .	$77\frac{1}{2}$
Praga ad uſo	p. fi.	100.	correnti . . .	----
Parigi	p. L.	1.	torneſe Karantani .	----
Londra ad uſo	p. L.	1.	Sterlina . . fior.	8 : 54
Amſterdam ad uſo	p. R. T.	100.	da Groſſi 100. Banco.	----
Amburgo ad uſo	p. R. T.	100.	da Groſſi 96. Banco.	----

					Aggio	Perdita
Orgari Imperiali	à fi.	4	$43\frac{1}{2}$	per Cento .	----	----
Sovrani	à —	14	---	per Cento .	----	----
Zechini a Marco	à —	4	35	per Cento .	----	----
Doppie delle due Armi	à —	9	$39\frac{1}{2}$	per Cento .	----	----
Dette	à —	9	30	per Cento .	----	----
Gigliati	à —	4	35	per Cento .	----	----
Tallero di Conv. e Bavaro	à —	2	6	per Cento .	----	----
Federtalleri	à —	2	24	per Cento .	----	----
Pezze Colonarie vechie	à —	2	10	per Cento .	----	----
Dette nuove	à —	2	9	per Cento .	----	----
Moneta a Patente nuova in Croſoni	à —	2	24	per Cento .	----	$6\frac{3}{8}$
detta in da kr. 9 contro li Croſoni	à —	2	24	per Cento .	----	----

Per Decreto avanti d'ora ſeguito, reſta proibito l'accetar, e pagar lettere di Cambio, o ſpazi girati, e più reſti proibito il pagare, e proteſtare lettere di Cambio, che nominano la valuta di più d'una perſona ſotto pena di Talleri 200.

Giuſeppe Tabarelli de Fatis Cancelliere delle Fiere.

---

7 Quelle: SLA, A.M.M. 3.5.24, fol. 32.

Abb. 16: Wechsel- und Geldkurszettel der Bozner Mittfastenmesse 1806[8]

PREZZI DE CAMBI

contro correnti di Vienna

corsi in Fiera di

Bolzano mezza Quareſima

li 19. Marzo 1806.

	fl.	car.
Venezia uſo per Caſſa N. C. - -	113	30
Livorno uſo in pezze da 8/r - -	—	—
Lipſia Fiera in Moneta di Cambio -	—	—
Francoforte Fiera in Carline fl. 9 1/5	155	45
Auguſta uſo - - - - - - -	156	—
Norimberga uſo - - - - - -	—	—
Londra a 3/m. - - - - - -	14 : 38	—
Vienna per li 15. Aprile - - -	99	—
Praga uſo - - - - - - - -	—	—
Parigi uſo - - - - - - car.	—	—
Amſterdam uſo in Bco. - - car.	—	—
Amburgo uſo ſimile - - - car.	—	—
Milano - - - - - - - - -	—	28 1/2

	fl.	car.
Ongari Imperiali a Marco - - fl.	—	—
Sovrani à Marco - - - - - —	20	57
Doppie due Armi à Marco - - —	14	15
Doppie di Genova à Marco - —	47	25
Talleri di Convenzione - - - —	3	3
Federtalleri - - - - - - - —	3	33
Colonarie - - - - - - - - —	—	—
Talleri dalla Croce - - - - —	3	30
Patente nuova perde contro correnti di Vienna. - - - -	5	p. C.

Reſtano innoltre nell' intiero loro vigore, e valore le Valute di Fiera nelle abbilitate ſpecie, come per il paſſato.

Per Decreto avanti d' ora ſeguito, reſta proibito l' accetar, e pagar lettere di Cambio, o ſpazi girati, e più reſti proibito il pagare, e proteſtare lettere di Cambio, che nominano la valuta di più d' una perſona ſotto pena di Talleri 200.

Franceſco de Plattner Cancelliere.

[8] Quelle: SLA, A.M.M. 3.5.28, fol. 6.

Im letzten Jahrzehnt seiner Existenz präsentiert sich der Bozner Wechselkurszettel – seit der Fronleichnamsmesse 1840 – mit gerade noch sechs Notierungen daher sehr ‚kompakt': Neben den beiden wichtigsten nordwesteuropäischen Zentren, London und Paris, werden nur noch die für die Messen einzig interessanten Wechselmärkte der Region – Augsburg für Oberdeutschland, Mailand und Venedig für Oberitalien – sowie Wien als das Finanzzentrum der Österreichischen Monarchie bzw. des Kaisertums Österreich angegeben (*Abb. 17*).

Abb. 17: Wechsel- und Geldkurszettel der Bozner Fronleichnamsmesse 1840[9]

BOLZANO

IN FIERA CORPUS DOMINI 1840.

CORSO DE' CAMBI.

						Mta. di Conv.
Augusta	20	giorni	per fi.	100 . .	fi.	99 ⅔
—	90	„	„	„ . . .	„	98
Vienna	20	„	„	„ . . .	„	99 ½
—	90	„	„	„ . . .	„	97 ⅞
Parigi	30	„	„	Fchi. 300 . . .	„	116 ½
Venezia	20	„	„	A. L. 300 . . .	„	99 ⅔
Milano	30	„	„	„ „ . . .	„	99 ⅞
Londra	90	„	„	1 L. Sterl. . . .	„	9 . 44

PREZZI DELLE VALUTE.

Sovrane	fi.	13 . 56
Luigi d'oro	„	9 . 14
Doppie di Genova	„	31 . 31
Pezzi da 20 Franchi	„	1 . 57 ¼
„ „ 5 „	„	7 . 57 ½
Talleri di Convenzione	„	2 . —

DAL MAGISTRATO MERCANTILE.

9 Quelle: SLA, A.M.M. 3.5.33, fol. 1505 (man beachte die vertauschten Kurse bei den Pezze!).

Um die Mitte des 19. Jahrhunderts berichtet Noback [1851] über den Bozner Wechselverkehr: „Botzen notirt eigentlich nur in den hier stattfindenden Messen Kurse auf verschiedene fremde Plätze, nach den Kursnormen Wiens; allenfalls mit dem Unterschiede, daß die Kurse, welche in Wien in Thalern Conventionskurant gestellt sind, hier gewöhnlich in Gulden Conventionskurant [...] notirt werden." Den 20-Gulden-Fuß bezeichnet Noback als „Meßvaluta" und nennt folgende Wechselpartner: Amsterdam, Augsburg und Wien, Frankfurt am Main und Leipzig, Bologna, Hamburg, London, Mailand und Venedig, Paris und Rom.[10] Allerdings wurden auf den Bozner Kurszetteln seit der Fronleichnamsmesse 1840 überhaupt nur noch Augsburg, Wien – diese beiden mit je zwei Usancen (20 und 90 Tage dato) –, Paris (30 Tage dato), Venedig (20 Tage dato), Mailand (30 Tage dato) und London (90 Tage dato) verzeichnet. Die Angaben bei Noback beziehen sich daher auf den älteren, bis 1840 gebrauchten Kurszettel, der immerhin darüber hinaus noch Livorno, Leipzig, Frankfurt am Main, Prag, Amsterdam und Hamburg enthielt; Bologna und Rom wurden in Bozen seit dem ausgehenden 18. Jahrhundert nicht mehr in den Kurszetteln geführt. Noback [1858] führte genau diejenigen sechs Wechselpartner an, die auch in den Kurszetteln zwischen 1840 und 1850 verzeichnet wurden, und gab für die Mittfastenmesse 1850 sogar Kurse für London, Paris und Venedig an, obwohl diese drei Plätze im Kurszettel nicht notiert worden sind. Wahrscheinlich handelt es sich hierbei um Notierungen eines Kaufmanns, die keinen Eingang in den offiziellen Kurszettel gefunden haben. Es wird betont, daß in Bozen außerhalb der Messen keine selbständigen Kursnotierungen vorgenommen und Kurszettel herausgegeben würden und man sich an den Wiener Kursen orientiere, „welche in neuester Zeit hierher telegraphirt und im botzener Wochenblatte veröffentlicht werden". Die Veröffentlichung der Kurse nahm nach 1850 die Handelskammer vor.[11]

Ein gutes Vierteljahrhundert später berichtet Noback, daß man sich „ganz nach den Kursen von Wien" richte, „welche täglich hierher telegraphirt werden", und betont, daß man „früher [...] in den bozener Messen eigene Kurszettel" herausgegeben habe.[12] Damit hatte Bozen nach 1850 jegliche Bedeutung als eigenständiger Wechselmarkt verloren. Selbst die immer noch „häufig vorkommenden sogenannten ‚*bozener Marktwechsel*', welche als eigene Wechsel gegeben werden", besaßen „keine Wechselkraft" mehr, da auf ihnen in der Regel nicht der Kalendertag der Ausstellung, sondern nur der Markt, auf dem sie ausgestellt worden sind, angegeben wurden. Damit fehlte ihnen sowohl nach der österreichischen wie nach der deutschen Wechselordnung ein grundlegendes Charakteristikum, um von ihnen überhaupt als ‚Wechsel' sprechen zu können. Rechtlich galten sie vielmehr nur als Privatschuldscheine.[13]

10 NOBACK / NOBACK, Vollständiges Taschenbuch der Münz-, Maass- und Gewichts-Verhältnisse [1851], 1. Abth., S. 145. Vgl. LIEBHOLD (Hrsg.), Georg Thomas Flügel's Cours-Zettel [1832], S. 79, der ebenfalls diese Plätze nennt, wobei er allerdings statt Mailand Livorno auflistet. Hierbei wird der 20-Gulden-Fuß als „Wechselgeld" oder „valuta di cambio" bezeichnet.

11 NOBACK / NOBACK, Münz-, Maass- und Gewichtsbuch [1858], S. 117.

12 NOBACK, Münz-, Maass- und Gewichtsbuch [1877], S. 177.

13 Ebd.; JERUSALEM (Hrsg.), J.C. Nelkenbrecher's Taschenbuch für Kaufleute [1890], S. 145.

4.1 VENEDIG UND DIE WECHSELMÄRKTE SEINES FESTLANDSGEBIETS

Unter allen italienischen Wechselpartnern der Bozner Messen war Venedig über das gesamte 17. und 18. Jahrhundert hinweg der mit Abstand wichtigste. Erst im ausgehenden 18. und beginnenden 19. Jahrhundert ging die Bedeutung Venedigs für die Bozner Messen wie im internationalen bargeldlosen Zahlungsverkehr insgesamt deutlich zurück. Diese zentrale Rolle Venedigs für die Bozner Messen in der Frühneuzeit wird ersichtlich aus dem Umstand, daß Kursnotierungen von Bozen auf Venedig schon für die Zeit vor der Einrichtung des offiziellen *conto*, und zwar seit der Fronleichnamsmesse 1618 vorliegen. Somit setzten die Notierungen auf Venedig als einzige der Bozner Kurse bereits vor der Kipper- und Wipperzeit ein, so daß die teilweise dramatischen Kursausschläge dieser Zeit an diesen Angaben ersichtlich und nachvollziehbar werden. Zugleich war Venedig der in Bozen über den längsten Zeitraum hinweg notierte italienische Wechselmarkt, zwischen den ausgehenden 1760er Jahren und dem beginnenden 19. Jahrhundert sogar der einzige. Diese herausragende Stellung innerhalb des Bozner Zahlungsverkehrssystems war zum einen auf die Bedeutung Venedigs als eines zentralen italienischen Wechselmarktes – wenngleich auch im 18. Jahrhundert von im Vergleich zu den Konkurrenten Genua und Livorno abnehmender Relevanz – zurückzuführen; zum anderen – und dies ist entscheidend – auf die handelsgeographischen Zusammenhänge: Von und über die Stadt bzw. die Republik Venedig kam der mit Abstand größte Teil der in Bozen von Süden nach Norden verhandelten Waren – nicht zuletzt die aus der Levante –, und auch wenn die in Bozen anwesenden Kaufleute, die diese weiterverkauften, nur selten Venezianer waren, so stammten sie doch sehr häufig aus dem Staatsgebiet der Serenissima und wickelten ihren bargeldlosen Zahlungsverkehr über Venedig ab.

Überhaupt galt Venedig im 17. und 18. Jahrhundert wie durchwegs seit dem Mittelalter als der zentrale Wechselmarkt im gesamten adriatischen und nordostitalienischen Raum, der auch Verbindungen – wenngleich in sehr unterschiedlicher Intensität – in die Levante hielt. Erst im beginnenden 19. Jahrhundert wurde Venedig in dieser Funktion von Triest abgelöst, das seit 1719 zum Freihafen erklärt und dessen Freihandelszone 1749 auf die gesamte Stadt ausgedehnt worden war.[14] Die gewichtige internationale Bedeutung Venedigs als Wechselmarkt im 17. und 18. Jahrhundert insbesondere auch im Vergleich mit anderen italienischen Wechselmärkten zeigt sich nicht zuletzt im weiten Rayon seiner Kursnotierungen: Venedig notierte im 17. Jahrhundert neben zahlreichen italienischen Plätzen – Mailand, Genua, die Bisenzone Messen, Livorno (seit 1624/57), Florenz, Lucca (seit 1632), Rom, Neapel, aber auch Ancona, Bari, Lecce, Bergamo, Piacenza (1623–1630), Bologna (seit 1627/30) und Messina

---

14 Vgl. Fulvio BABUDIERI, Il porto di Trieste nel quadro della politica asburgica dell'Ottocento, in: Franz HUTER / Gerhard ZWANOWETZ (Hrsg.), Erzeugung, Verkehr und Handel in der Geschichte der Alpenländer. Festschrift für Herbert Hassinger, Innsbruck 1977, S. 21–34 bzw. Helmut GRITSCH, Der Hafen Triest im Rahmen der Habsburgischen Politik des 19. Jahrhunderts [deutsche Kurzfassung], in: Ebd., S. 35–38.

(1626/27) – annähernd alle wichtigen Wechselplätze nördlich der Alpen: Amsterdam, Antwerpen, London, die Messen von Lyon, Köln, Hamburg (seit 1626), Frankfurt, Nürnberg, Augsburg, Wien, ja sogar St. Gallen (seit 1637).[15] Die iberischen Plätze spielten hingegen für den direkten venezianischen Wechselverkehr keine Rolle; denn Sevilla, Madrid und Lissabon finden sich in den venezianischen Wechselpreiskuranten nur 1627(/28), auch wenn diese Finanzplätze teilweise noch in Kaufmannshandbüchern des 18. Jahrhunderts als Wechselpartner Venedigs erscheinen.[16] Seit dem späten Mittelalter war der oberdeutsche Raum traditionell für Venedig von zentraler Bedeutung,[17] in welchen es die meisten und engsten Wechselverbindungen von allen (ober)italienischen Städten verfügte, und als Intermediäre in diesen Raum wurden die Bozner Messen und kurzzeitig auch die Veroneser Messen notiert.

Die Veroneser Messen wurden eigens von Venedig eingerichtet, um den Genuesischen Bisenzone-Messen Konkurrenz zu machen.[18] „Um der Erfordernis der differentia loci gerecht zu werden, halten die Bankiers in Venedig ihre ersten Wechselmessen (Februar, Mai und August 1631) in Murano ab"[19] und wichen dann nach Verona aus. Dieser ‚Umzug' erfolgte im Rahmen der sogenannten Ersten Sezession von den Genuesischen Bisenzone-Messen: Eine erste Gruppe von Kaufleuten war bereits 1622 nach Piacenza ‚zurückgekehrt' (auch wenn die Messen nicht immer dort gehalten wurden), eine zweite Gruppe – vorrangig Venezianer – orientierte sich nunmehr 1631 nach Murano bzw. Verona. Die Sezessionisten von 1631 bezeichneten ihre Messen nach den Monaten, in denen sie stattfanden, als Februar-, Mai-, August- und Novembermessen. Man wollte für seine Wechsel- und Kreditgeschäfte nicht mehr auf die genuesisch dominierten Bisenzone-Messen angewiesen sein, gleichwohl aber den gleichen Rayon an Wechselpartnern ‚bedienen' können. Daher entsprach der Veroneser Kurszettel im wesentlichen dem der Bisenzone-Messen; er verzeichnete dabei auch Bozen, noch bevor dieses Verona offiziell notierte.[20] Venedig nahm seine Notierung auf die Veroneser Wechselmessen 1631 auf, wobei gleichzeitig die auf Piacenza – d.h. auf die erste Gruppe von Sezessionisten –, nicht hingegen die auf die Bisenzone-

---

15 Markus A. DENZEL, Handbook of World Exchange Rates, 1590–1914, Aldershot – Brookfield – Singapore – Sydney 2006, S. 129–151; SCHNEIDER u.a. (Hrsg.), Währungen der Welt III, S. 123–202. Vgl. VAN VELDEN, Fondament van de Wisselhandeling [1629], S. 262f.; DENZEL, „Practica della Cambiatura", S. 429–431.

16 HERBACH, Wechsel-Handlung [1716], S. 91; ders., Europäische Wechselhandlung [1756/57], S. 78.

17 VON STROMER, Oberdeutsche Hochfinanz, passim; ders., Die oberdeutschen Geld- und Wechselmärkte. Ihre Entwicklung vom Spätmittelalter bis zum Dreißigjährigen Krieg, in: Scripta Mercaturae 10/1, 1976, S. 23–51.

18 Heinrich SIEVEKING, Das Bankwesen in Genua und die Bank von S. Giorgio, in: J.G. VAN DILLEN (ed.), History of the Principal Public Banks Accompanied by Extensive Bibliographies of the History of Banking and Credit in Eleven European Countries, The Hague 1934, S. 15–38, hier: S. 26.

19 MANDICH, Geld- und Kreditwesen, S. 507. Vgl. auch ders., Istituzione delle fiere veronesi, S. 107, 155 mit Anm. 84.

20 MCCUSKER / GRAVESTEIJN, The Beginnings of Commercial and Financial Journalism, S. 423.

Messen in Novi eingestellt wurde.[21] Im Bozner *conto* wurden seit dessen Einrichtung mit der Andreämesse 1633 der Platz Verona wie auch die dortigen Messen mit getrennten Notierungen versehen. Von der Bartholomäusmesse 1638 bis zur Fronleichnamsmesse 1639 erscheinen die Veroneser Messen im Bozner Wechselkurszettel mit dem Zusatz: „& Reggio Fiere unite", d.h. die Kursnotierung gilt für die in Verona und Reggio Emilia gleichzeitig abgehaltenen Messen. Bereits in den 1640er Jahren, d.h. nach dem Ende der sogenannten Ersten Sezession (1640), als zahlreiche Bankiers wieder auf die ‚offiziellen' Bisenzone-Messen zurückkehrten, die Venezianer ‚ihre' Wechselmessen gleichwohl weiterhin abhielten, nahm die Bedeutung der Veroneser Wechselmessen für Venedig – und damit auch für Bozen – ab, und 1648 wurden sie erneut nach Murano – gleichsam vor die ‚Haustüre' der Lagunenstadt – verlegt.[22] Demzufolge erscheint Verona im Venezianer Kurszettel in den 1640er Jahren nur noch vereinzelt,[23] und die Bozner Messen stellen die Notierung auf die Veroneser Messen mit der Andreämesse 1647 ein, um mit der Mittfastenmesse 1648 an ihrer Stelle die Wechselmessen in Murano zu notieren. Doch auch in Murano verloren die venezianischen Wechselmessen immer mehr an Bedeutung. Ab der Bartholomäusmesse 1652 wurden sie von den Bozner Messen nicht mehr notiert.[24] Nichtsdestoweniger wurde der Platz Verona als zentraler Handels- und Verkehrsknotenpunkt, woher vergleichsweise viele Kaufleute auf die Bozner Messen kamen, und als Intermediär im bargeldlosen Zahlungsverkehr zwischen Venedig und Bozen bis in die 1760er Jahre hinein auf den Bozner Messen mit einer Kursangabe versehen.

Allerdings konzentrierte sich der Bozner Zahlungsverkehr im oberitalienischen Raum im 18. Jahrhundert vorrangig auf Venedig selbst, auch wenn die Serenissima ihrerseits einen langsamen, aber nicht verkennbaren Bedeutungsrückgang im System des internationalen bargeldlosen Zahlungsverkehrs hinnehmen mußte. Der Rayon der venezianischen Kursnotierungen hatte sich gegenüber dem 17. Jahrhundert um drei deutsche Plätze verringert, da Köln und Nürnberg ihre internationale Bedeutung überhaupt, die Frankfurter Messen ihre Relevanz für Italien weitgehend eingebüßt hatten. Somit konzentrierte sich der venezianische Wechselverkehr mit Oberdeutschland zunehmend auf Augsburg, auch wenn in zeitgenössischen Kaufmannshandbüchern sogar noch im ausgehenden 18. Jahrhundert Nürnberg, Frankfurt/Main und sogar Leipzig als Wechselpartner Venedigs genannt werden.[25] Auch die Verbindung nach St. Gallen,

---

21 SCHNEIDER u.a. (Hrsg.), Währungen der Welt III, S. 145, 148f. – Siehe *Kapitel 4.6.*

22 MANDICH, Geld- und Kreditwesen, S. 507. Vgl. auch ders., Istituzione delle fiere veronesi, S. 107, 155 mit Anm. 84.

23 SCHNEIDER u.a. (Hrsg.), Währungen der Welt III, S. 149.

24 MANDICH, Geld- und Kreditwesen, S. 472 Anm. 29.

25 G[ERHARDT] (Hrsg.), Nelkenbrechers Taschenbuch eines Banquiers und Kaufmanns [1775], S. 240f.; Jürgen Elert KRUSE, Allgemeiner und besonders Hamburgischer Contorist [...], Hamburg ^{4}1781, S. 384; Jürgen SCHNEIDER u.a. (Hrsg.), Währungen der Welt VI: Geld und Währungen in Europa im 18. Jahrhundert, Stuttgart 1992, S. 256–282; DENZEL, Handbook, S. 129–151.

die in Kaufmannshandbüchern noch um die Mitte des 18. Jahrhunderts belegt ist,[26] scheint im beginnenden 18. Jahrhundert eingestellt worden zu sein. 1768 begann die venezianische Notierung auf Paris, das nunmehr aus venezianischer Perspektive die Lyoner Messen als wichtigster französischer Wechselmarkt abzulösen begann. Der Vergleich mit anderen italienischen Wechselplätzen dieser Zeit – so wie etwa Florenz[27] – zeigt allerdings, daß Venedig immer noch über eines der weitestgespannten Netzwerke an Kursnotierungen besaß, obwohl auch innerhalb Italiens inzwischen zahlreiche Notierungen mangels Relevanz – oder auch quellenbedingt – eingestellt worden waren, so die Notierungen auf Lucca, Bergamo, auf die Bisenzone-Messen (1745), auf Bari und Lecce (in den 1750er Jahren).

Erst im ausgehenden 18. Jahrhundert – in der Zeit der politischen, wirtschaftlichen und finanziellen Krise Venedigs in den 1790er Jahren – wurde der Rayon der venezianischen Notierungen deutlich enger; so wurden 1796 nur noch Kurse für Rom, Neapel, Livorno, Mailand, Genua, Amsterdam, London, Augsburg und Wien, neuerdings aber auch Hamburg verzeichnet.[28] Nach dem Sturz der Republik am 12. Mai 1797 durch den Frieden von Campo Formio (Oktober 1797) seit dem 17. Oktober 1797 österreichisch geworden und – im Gefolge des Friedens von Preßburg vom 25. Dezember 1805 – am 19. Januar 1806 dem neuen Königreich Italien zugeschlagen, ging Venedigs bereits in der zweiten Hälfte des 18. Jahrhunderts rückläufige Bedeutung im bargeldlosen Zahlungsverkehrssystem nach dem Ende seiner Unabhängigkeit und mit dem fortschreitenden Wertverlust seiner Währung weiter zurück. Zwar stabilisierten sich mit der Rückkehr zu Österreich am 30. Mai 1814 im Gefolge des Wiener Kongresses die inneren, wirtschaftlichen und finanziellen Verhältnisse etwas, doch sah sich die Stadt nunmehr der Konkurrenz von gleich zwei Handelszentren ausgesetzt: So war Mailand als Hauptstadt des Königreichs Lombardo-Venetien zur bedeutendsten binnenländischen oberitalienischen Wirtschaftsmetropole geworden, und im adriatischen Raum wurde der österreichische Freihafen Triest mit seinen engen Verbindungen in die Levante – vor allem nach Konstantinopel und Smyrna – nach und nach zum dominierenden Handels- und Wechselplatz.[29] Demgegenüber nahm Venedig nur noch eine untergeordnete Rolle ein: So hatten Hamburg und Wien 1802, Amsterdam 1806 und London 1826 ihre Notierungen auf Venedig eingestellt, und als regelmäßige Notierungen von Plätzen außerhalb Italiens (einschließlich Triests) auf Venedig verblieben im wesentlichen nur die von Paris und – ab 1834 – die von Augsburg.[30] Auch wenn Venedig nach Ausweis zeitgenössischer Handelspraktiken Am-

---

26 Z.B. HERBACH, Wechsel-Handlung [1716], S. 91; ders., Europäische Wechselhandlung [1756/57], S. 78.

27 SCHNEIDER u.a. (Hrsg.), Währungen der Welt VI, S. 284–293.

28 Schweizerisches Wirtschaftsarchiv [künftig: SWA], Basel, Segerhof, Handschriften 420, F 38, 1796, Belege, Cours de diverses places 1796.

29 Jürgen SCHNEIDER u.a. (Hrsg.), Währungen der Welt I: Europäische und nordamerikanische Devisenkurse 1777–1914, 3 Bde., Stuttgart 1991, I/III, S. 413–451; DENZEL, Handbook, S. 261–278.

30 SCHNEIDER u.a. (Hrsg.), Währungen der Welt I/II, S. 90, 179, 307–310; I/III, S. 334, 400; ders. u.a. (Hrsg.); Währungen der Welt VI, S. 309.

sterdam, Augsburg, Hamburg, Konstantinopel, Lissabon, London, Lyon, Marseille, Paris, Wien und Triest sowie zahlreiche andere italienische Wechselplätze (Ancona, Bologna, Florenz, Genua, Livorno, Mailand, Neapel, Rom), vielleicht auch Palermo und Korfu notierte,[31] hatte die Stadt als Wechselmarkt im wesentlichen nur mehr regionale Bedeutung und fiel im Laufe der Jahrzehnte zunehmend hinter Triest zurück.[32] In diesem Sinne behielt auch Bozen seine Notierung auf Venedig als einen italienischen Regionalplatz bis 1847 bei, wenngleich die Kursangaben seit dem Ende der 1820er Jahre nicht mehr regelmäßig verzeichnet wurden.

Auf dem Gebiet des venezianischen Festlandsterritoriums wurde von den Bozner Messen neben Venedig und Verona seit 1647 auch Bergamo notiert: „Diese Stadt war schon seit längerem ebenso wie Bologna als Marktplatz mit Wechseltätigkeit anerkannt worden."[33] In einem Brief von der Bartholomäusmesse 1647 wird behauptet, daß von „Bergamo auf diese [Bozner] Messe wahrscheinlich wichtigere Geschäfte abgeschlossen werden als von den Plätzen, die auf dem Wechselkurszettel aufscheinen."[34] Dies ist wohl zum einen auf die besondere Lage Bergamos an der Grenze der Republik Venedig zum Herzogtum Mailand und zugleich am Hauptverkehrsweg zwischen Verona und Mailand mit den dahinter liegenden Alpenpässen und der daraus resultierenden Intermediärfunktion nicht nur im Handel, sondern auch im Zahlungsverkehr zurückzuführen. Zum anderen war die Stadt wegen ihrer Textilproduktion auch als Lieferant für die Bozner Messen von Interesse. Insgesamt war Bergamo aus dem Blickwinkel des internationalen bargeldlosen Zahlungsverkehrs vorrangig von lokaler Bedeutung, da hier fast ausschließlich italienische Partner, nur zum Teil auch Amsterdam und Wien notiert wurden. Erst in der zweiten Hälfte des 18. Jahrhunderts scheinen auch Notierungen auf andere ausländische Plätze üblich geworden zu sein (Augsburg, Hamburg, Leipzig, London, Lyon und Paris, Nürnberg); darüber hinaus wurden nach Ausweis der zeitgenössischen Handelspraktiken in Bergamo in größerem Umfang auch Wechsel aus Bozen und Zürich gehandelt[35] – ein deutlicher Hinweis auf die bozen-bergamaskische Verbindung. Allerdings stellten auch die Bozner Messen ihre Notierungen auf Bergamo 1749 ein.

Daß die Bozner Notierung auf Venedig und die anderen zum venezianischen Staatsgebiet gehörenden Wechselplätze eine Besonderheit darstellte, zeigt sich nicht zuletzt in der Notierungsweise: Die Bozner Messen notierten Venedig in venziani-

---

31 U.a. BOCK / CRÜGER (Hrsg.), Nelkenbrechers allgemeines Taschenbuch [...] für Banquiers und Kaufleute [1828], S. 388; WOLFF (Hrsg.), Nelkenbrecher's allgemeines Taschenbuch [...] für Banquiers und Kaufleute [1842], S. 416f.; NOBACK / NOBACK, Vollständiges Taschenbuch der Münz-, Maass- und Gewichts-Verhältnisse [1851], 2. Abth., S. 1323f.

32 Der Triester Kurszettel orientierte sich im Rayon der notierten Plätze am älteren venezianischen; SCHNEIDER u.a. (Hrsg.), Währungen der Welt I/III, S. 413–449.

33 MANDICH, Geld- und Kreditwesen, S. 504.

34 Ebd., S. 504 Anm. 15.

35 HERBACH, Wechsel-Handlung [1726], S. 143; ders., Europäische Wechselhandlung [1756/57], S. 234; GIRAUDEAU, La banque [1759], S. 259; G[ERHARDT] (Hrsg.), Nelkenbrechers Taschenbuch eines Banquiers und Kaufmanns [1775], S. 36.

schen Soldi di banco für 1 Scudo zu 93 Kreuzern Giro oder Wechselgeld in Bozen,[36] wobei die imaginäre Recheneinheit Scudo in Bozen ausschließlich für die Kursangabe auf Venedig und auf die zum venezianischen Staatsgebiet gehörenden Städte Verona und Bergamo Verwendung fand. Dabei galten 20 Scudi di cambio 31 Gulden Giro, weswegen der Scudo geringfügig – d.h. um 3 Kreuzer – höher bewertet war als der Reichstaler zu 90 Kreuzer Giro. Auf dieser Grundlage konnte in Bozen die Umrechnung der Notierung auf Venedig in den gebräuchlicheren Gulden Giro oder Wechselzahlung erfolgen.

In Venedig war der Soldo di banco der 124. Teil des Ducato di banco, wobei der Soldo auch als Marchetto bezeichnet wurde. Diese Relation errechnet sich daraus, daß der Ducato 24 Grossi à 12 Denari oder Grossetti, zugleich aber auch 6 1/5 Lire à 20 Soldi à 12 Denari galt.[37] Der Zusatz ‚di banco' bei der venezianischen Währungsangabe bezog sich auf die Abwicklung des Wechselverkehrs in Venedig, die seit dem ausgehenden 16. Jahrhundert größtenteils über den (öffentlichen) Banco della Piazza di Rialto erfolgte.[38] Dieser Banco war 1587 errichtet worden, um mit Hilfe städtischer Kontrolle größere Sicherheit und Währungsstabilität im bargeldlosen Zahlungsverkehr zu gewährleisten. Seit 1593 mußten alle auf Valuta di Banco lautenden Wechsel im Banco eingelöst werden. Die Funktionen des Banco della Piazza di Rialto gingen seit den 1620er/1630er Jahren auf eine neue öffentliche Bank, den Banco (del) Giro (seit 1619), über, so daß der ältere Banco 1637 aufgelöst wurde. Die Einlösung der Guthaben durch den Banco (del) Giro war bis zu dessen Liquidation 1806 fast durchwegs gewährleistet; Ausnahmen bildeten nur die Jahre 1650–1666 und 1714–1739, obwohl auch in dieser Zeit der bargeldlose Zahlungs- und Giroverkehr über die Bank abgewickelt wurde.[39] Bis in das ausgehende 18. Jahrhundert blieben auf Bankgeld lautende und daher im Banco einzulösende Wechsel im venezianischen bargeldlosen Zahlungsverkehr die Regel. Auf Kurantgeld (Moneta corrente) lautende und somit nicht einlösungspflichtige Wechsel waren meist nur bei Ausländern und Privatpersonen üblich, die vor Ort Bargeld benötigten oder solches aus Venedig transferieren wollten.[40]

Für letztere, d.h. auf venezianisches Kurantgeld lautende Wechsel, wurde auf den Bozner Messen 1744 eine eigene Rubrik eingerichtet, die Kurse in Soldi correnti für Gulden moneta lunga verzeichnete. Das venezianische Kurantgeld bestand aus den jeweils geprägten und umlaufenden Münzsorten der Republik, wobei 1686 festgesetzt wurde:

1 Doppia	= 29 Lire correnti
1 Zecchino	= 17 Lire correnti
1 Ducato d'argento	= 6 Lire 4 Soldi correnti

36 Vgl. ROSSO, Informatione per più chiara inteligenza de' Cambij [1680], S. 6f.

37 G[ERHARDT] (Hrsg.), Nelkenbrechers Taschenbuch eines Banquiers und Kaufmanns [1775], S. 238.

38 ROSSO, Informatione per più chiara inteligenza de' Cambij [1680], S. 26: „al principio in Venetia sempre si cambia per Bolgiano in moneta di Banco."

39 TUCCI, Il banco pubblico a Venezia, S. 320–324.

40 KRUSE, Hamburgischer Contorist [1781], S. 381.

Somit besaß das Kurantgeld seit 1686 ein fixes Aufgeld von 20% gegenüber dem Banco-Geld, so daß 100 Ducati di banco 120 Ducati correnti oder 5 Ducati di banco 6 Ducati correnti entsprachen. Dieses Kurantgeld verlor in den folgenden Jahrzehnten deutlich an Wert, so bis 1750 insgesamt 29%.

Um die Währungsverhältnisse wieder zu stabilisieren, setzte die Signoria daher 1750 den Ducato di banco zu 9 Lire 12 Soldi (= 9 3/5 Lire) piccoli correnti fest, dem nunmehr gebräuchlichen Kurant(klein)geld, nach welchem der Warenhandel abgewickelt wurde. In deutschsprachigen Handelspraktiken wurde diese Moneta piccola corrente als „Piccoli Geld“ bezeichnet, „worunter man das jetzige Courent verstehet, als worinne oben erwehnte Venetianische Münzsorten zu höhern Preisen sind gerechnet und gesetzt worden.“[41] Seit 1750 war damit festgelegt, daß die Moneta piccola corrente gegenüber dem Banco-Geld ein fixes Aufgeld von 54 26/31% (faktisch zu 54 5/6% gerechnet), so daß 154 5/6 Ducati piccoli correnti 100 Ducati di banco entsprachen. Gegenüber der älteren Valuta corrente besaß die Moneta piccola corrente ein Aufgeld von 29 1/31% bis 29 1/36%; letzteres Aufgeld wurde als ‚sopra-agio‘ bezeichnet, als Aufgeld auf das Aufgeld, das die valuta corrente gegenüber dem Banco-Geld seit 1686 verzeichnete. Im kaufmännischen Handelsbrauch wurden allerdings 100 Einheiten in Kurantgeld gleich 129 Einheiten in Kurantkleingeld gerechnet.[42]

Daß auf den Bozner Messen die Notierungen auf Venedig ab 1753 fast ausschließlich in venezianischem Kurantkleingeld für Bozner Kurantgeld, ab 1770 dann in Gulden Meßvaluta für 500 Lire piccoli correnti – wohl um die Umrechnung zu erleichtern – erfolgten, ist in doppelter Hinsicht bemerkenswert: Zum einen widerspricht dies den Angaben in den bereits angeführten zeitgenössischen Handelspraktiken, die die Abkehr vom Banco-Geld erst für das Ende des 18. und das beginnende 19. Jahrhundert konstatieren. Zum anderen liegt damit der Schluß nahe, daß die auf den Bozner Messen anwesenden Kaufleute vornehmlich daran interessiert waren, in Venedig Bargeld zu erhalten oder solches aus Venedig mitzunehmen. Somit scheint eine Notierung für Banco-Geld auf Venedig nicht mehr erforderlich gewesen zu sein. In dieser Hinsicht unterschied sich Bozen von anderen europäischen Wechselmärkten, die den Übergang zum venezianischen Kurantkleingeld in der Notierungsweise erst vollzogen, als das Banco-Geld seit den 1790er Jahren gegenüber der Moneta piccola corrente drastisch an Wert verloren hatte und deswegen Zahlungen in Banco-Geld in Venedig nicht mehr akzeptiert wurden.[43] – Mit der Eingliederung Venedigs in das napoleonische Königreich Italien bzw. das österreichische Königreich Lombardo-Venetien wurde die Lagunen-Stadt auch in das Währungsgebiet dieser Staaten integriert.[44]

Die zum Staatsgebiet der Republik Venedig gehörenden Plätze Verona und Bergamo wurden von den Bozner Messen ähnlich wie Venedig selbst notiert, und zwar in

---

41 G[ERHARDT] (Hrsg.), Nelkenbrechers Taschenbuch eines Banquiers und Kaufmanns [1775], S. 239.

42 KRUSE, Hamburgischer Contorist [1781], S. 379.

43 SCHELLENBERG (Hrsg.), Nelkenbrechers allgemeines Taschenbuch [...] für Banquiers und Kaufleute [1820], S. 341.

44 Siehe *Kapitel 4.5.*

venezianischen Soldi correnti für einen Scudo di cambio zu 93 Kreuzern.[45] Da Verona und Bergamo keinen *Banco* besaßen, wurde hier von Anfang an das (venezianische) Kurantgeld als Grundlage der Kursangabe verwendet.[46] Der Vergleich zwischen der venezianischen Banco-Währung in Venedig und der venezianischen Kurantwährung in Verona (bzw. später auch in Bergamo) zeigt dabei, daß bereits seit den 1630er Jahren die Relation zwischen Banco und Kurant über viele Jahre hinweg etwa 5:6 betrug. Allerdings konnte es vor 1686 – dem Jahr der offiziellen Fixierung des Agios bei 20% (s.o.) – auch noch zu größeren Abweichungen kommen.

Von der Fronleichnamsmesse 1649 bis zur Mittfastenmesse 1651 unterschied man für Verona zwischen Zahlung in Wechselgeld und Zahlung in Kurantgeld, d.h. zahlbar in kleinen Münzen,[47] wobei die Zahlung in Kurantgeld dem venezianischen Kurant entsprach und die Zahlung in Wechselgeld sich dem venezianischem Banco-Geld annäherte. Als auf der Bartholomäusmesse 1650 die Notierung auf Verona in Wechselzahlung *al pari* zu der für venezianisches Banco-Geld stand, wurde sie wieder eingestellt. Danach waren die Abweichungen des Kurantgeldes in Verona vom venezianischen Banco-Geld von der Relation von 6:5 jedoch sehr gering, nach 1665 allenfalls marginal.

Für Bergamo wurde ab der Bartholomäusmesse 1727 in Bozen eine weitere Notierung eingeführt, und zwar in Soldi correnti für 1 Gulden moneta lunga,[48] die bis zur Mittfastenmesse 1749 fortgesetzt wurde, während die traditionelle Notierung für den Scudo zu 93 Kreuzern bereits mit der Neugestaltung des Bozner Kurszettels nach der Fronleichnamsmesse 1742 eingestellt worden war.

Die Notierung auf die in Verona bzw. in Murano abgehaltenen Wechselmessen („Fier[e] di Cambij per Negotij di Venetia, e Città del Stato“[49]) hingegen erfolgte in Kreuzern Giro für einen Scudo (d'oro) di marche, da sowohl die Wechselmessen in Verona wie auch die in Murano als venezianisches ‚Konkurrenzunternehmen‘ der Genuesischen Bisenzone-Messen gedacht waren und diese von den meisten europäischen Plätzen in lokalen Einheiten für einen Scudo di marche notiert wurden. Um Akzeptanz für die venezianischen Wechselmessen als ‚Ableger‘ der Bisenzone-Messen innerhalb der Kaufmannschaft zu erlangen, wurde auch auf den Wechselmessen in Verona bzw. in Murano die für die Bisenzone-Messen übliche Notierungsweise beibehalten, wobei wie auf den Bisenzone-Messen selbst galt: „Scudi [d'oro marche] 101. [...] fanno

---

45 Vgl. ROSSO, Informatione per più chiara inteligenza de' Cambij [1680], S. 8; SCHURTZ, Nutzbare Richtschnur [1695], S. 147. Die Angabe von MANDICH, Geld- und Kreditwesen, S. 504, nach der die Notierung in Bozen in bergamaskischen Soldi (1/186 des Ducato) für 1 Gulden erfolgte, ist demnach für diese Zeit nicht korrekt.

46 ROSSO, Informatione per più chiara inteligenza de' Cambij [1680], S. 26.

47 Vgl. MANDICH, Geld- und Kreditwesen, S. 519.

48 G[ERHARDT] (Hrsg.), Nelkenbrechers Taschenbuch eines Banquiers und Kaufmanns [1775], S. 36. Auf diese Weise erfolgten auch die Gegennotierungen von Bergamo auf Bozen.

49 ROSSO, Informatione per più chiara inteligenza de' Cambij [1680], S. 14.

d'oro di giusto peso, & di buone stampe, cioè Spagna, Venetia, Genoua Scudi 100. d'oro in oro."[50]

Die Usance der Wechselzahlung von den Bozner Messen nach Venedig und Verona betrug 33 bis 34 Tage dato, d.h. nach der Beschlußfassung über die Wechselkurse.[51]

In den folgenden Tabellen sind die bis 1756 in Soldi di banco erfolgenden Notierungen auf Venedig (Datenreihe VE1) sowohl in Scudi di cambio (= 93 Kreuzer Giro; Datenreihe VE2) als auch in Gulden Giro (= 60 Kreuzer Giro; Datenreihe VE3) für jeweils 100 Ducati di banco umgerechnet worden (20 Scudi di cambio = 31 Gulden Giro). Erstere Umrechnung ist erforderlich, da die zeitgenössischen Kaufleute ihre Geschäfte mit Venedig bis in die zweite Hälfte des 18. Jahrhunderts hinein in ebendiesen Scudi di cambio abwickelten, letztere, um die Vergleichbarkeit zu anderen Kursreihen zu erleichtern. Im Falle der Datenreihe VE 4 – Gulden moneta lunga für 100 Ducati di banco – wird nur die Originalnotierung wiedergegeben. Die in venezianischem Kurant(klein)geld notierten Kurse werden im Original (Datenreihe VE5) und in Umrechnung in die jeweils in Bozen gebräuchlichen Gulden für 100 Einheiten der jeweiligen venezianischen Kurantwährung (Datenreihe VE6) dokumentiert. – Die in Soldi correnti notierten Kurse auf Verona und Bergamo werden in Scudi di cambio für 100 Lire correnti (Datenreihe VR2) bzw. 100 Scudi di 7 Lire (Datenreihe BG2) umgerechnet, sofern die Originalnotierung für den Scudo di cambio verzeichnet wurde (Datenreihen VR1 und BG1), hingegen in Gulden moneta lunga für 100 Lire correnti (Datenreihe VR4) bzw. für 100 Scudi di 7 Lire (Datenreihe BG4) im Falle der Originalnotierung für den Gulden moneta lunga (Datenreihen VR3 und BG3). – Bei den Notierungen auf die venezianischen Wechselmessen in Verona bzw. in Murano wird, wie bei denen auf die genuesischen Bisenzone-Messen, neben den Originalnotierungen (Datenreihen VR5 und MR1) auch jeweils eine Umrechnung in Gulden Giro (= 60 Kreuzer Giro) für 100 Scudi di marche (Datenreihen VR6 und MR2) präsentiert.

50 Ebd., S. 14. Zu dieser Recheneinheit ausführlich in *Kapitel 4.6*.

51 MANDICH, Geld- und Kreditwesen, S. 507.

Tab. 4.2: Wechselkurse der Bozner Messen auf Venedig für Bankgeld von 1618 bis 1769

[VE1] Soldi di banco für 1 Scudo di cambio [O]
[VE2] Scudi di cambio für 100 Ducati di banco [U]
[VE3] Gulden Giro für 100 Ducati di banco [U]
[VE4] Gulden moneta lunga für 100 Ducati di banco [2. O, ab 1750]

Messe		[VE1]	[VE2]	[VE3]
		sol.	sc.	fl.
1618	CD	123 1/2	100,40	155,63
1618	B	123	100,81	156,26
1618	A	122 3/4	101,02	156,58
1619	MQ	123	100,81	156,26
1619	CD	123	100,81	156,26
1619	B	121 1/2	102,06	158,19
1619	A	118	105,08	162,88
1620	MQ	104	119,23	184,81
1620	CD	94 1/2	131,22	203,39
1620	B	94 1/2	131,22	203,39
1620	A	92 3/4	133,69	207,22
1621	MQ	87 1/2	141,71	219,66
1621	CD	78	158,97	246,41
1621	B	66	187,88	291,21
1621	A	58	213,79	331,38
1622	MQ	62	200,00	310,00
1622	CD	62	200,00	310,00
1622	B	61 1/2	201,63	312,52
1622	A	61	203,28	315,08
1623	MQ	59 1/2	208,40	323,03
1623	CD	58	213,79	331,38
1623	B	58	213,79	331,38
1623	A	56	221,43	343,21
1624	MQ	118	105,08	162,88
1624	CD	118	105,08	162,88
1624	B	118 1/2	104,64	162,19
1624	A	118 1/2	104,64	162,19
1625	MQ	119	104,20	161,51
1625	CD	119	104,20	161,51
1625	B	119 1/2	103,77	160,84
1625	A	120	103,33	160,17
1626	MQ	121	102,48	158,84
1626	CD	124	100,00	155,00
1626	B	125 1/2	98,80	153,15
1626	A	124 1/4	99,80	154,69
1627	MQ	124	100,00	155,00
1627	CD	124	100,00	155,00
1627	B	124	100,00	155,00
1627	A	124 1/4	99,80	154,69
1628	MQ	124	100,00	155,00
1628	CD	124 1/2	99,60	154,38
1628	B	125	99,20	153,76
1628	A	126	98,41	152,54
1629	MQ	126 1/2	98,02	151,94
1629	CD	126 1/2	98,02	151,94
1629	B	123	100,81	156,26
1629	A	129 1/2	95,75	148,42
1630	MQ	133	93,23	144,51
1630	CD	136 1/2	90,84	140,81
1630	B	136	91,18	141,32
1630	A	135	91,85	142,37
1631	MQ	133	93,23	144,51
1631	CD	131 1/2	94,30	146,16
1631	B	132 3/4	93,41	144,78
1631	A	134 1/2	92,19	142,90
1632	MQ	134 3/4	92,02	142,63
1632	CD	134	92,54	143,43
1632	B	133 3/4	92,71	143,70
1632	A	134 1/2	92,19	142,90
1633	MQ	135 1/2	91,51	141,85
1633	CD	137 1/2	90,18	139,78
1633	B	137 1/2	90,18	139,78
1633	A	137 1/2	90,18	139,78
1634	MQ	138 1/2	89,53	138,77
1634	CD	140 1/2	88,26	136,80
1634	B	140	88,57	137,29
1634	A	139	89,21	138,27
1635	MQ	134	92,54	143,43
1635	CD	132	93,94	145,61
1635	B	130 1/2	95,02	147,28
1635	A	130 1/4	95,20	147,56
1636	MQ	130 1/2	95,02	147,28

Messe		[VE1]	[VE2]	[VE3]
		sol.	sc.	fl.
1636	CD	135 1/2	91,51	141,85
1636	B	134 1/2	92,19	142,90
1636	A	130 1/3	95,14	147,47
1637	MQ	128 1/2	96,50	149,57
1637	CD	128 1/2	96,50	149,57
1637	B	127 1/2	97,25	150,75
1637	A	125	99,20	153,76
1638	MQ	128 1/2	96,50	149,57
1638	CD	129 1/2	95,75	148,42
1638	B	127	97,64	151,34
1638	A	126 1/2	98,02	151,94
1639	MQ	132	93,94	145,61
1639	CD	131 1/2	94,30	146,16
1639	B	131 1/2	94,30	146,16
1639	A	133 1/2	92,88	143,97
1640	MQ	133 1/4	93,06	144,24
1640	CD	134	92,54	143,43
1640	B	134	92,54	143,43
1640	A	132 1/2	93,58	145,06
1641	MQ	128 1/2	96,50	149,57
1641	CD	127	97,64	151,34
1641	B	128 1/2	96,50	149,57
1641	A	128 1/2	96,50	149,57
1642	MQ	128 1/2	96,50	149,57
1642	CD	132	93,94	145,61
1642	B	131 1/2	94,30	146,16
1642	A	129 1/2	95,75	148,42
1643	MQ	129 1/2	95,75	148,42
1643	CD	129 1/2	95,75	148,42
1643	B	130 1/3	95,14	147,47
1643	A	130 1/2	95,02	147,28
1644	MQ	131	94,66	146,72
1644	CD	132 1/2	93,58	145,06
1644	B	133 1/2	92,88	143,97
1644	A	133 3/4	92,71	143,70
1645	MQ	133 1/2	92,88	143,97
1645	CD	133	93,23	144,51
1645	B	133	93,23	144,51
1645	A	133 1/2	92,88	143,97
1646	MQ	133 1/2	92,88	143,97
1646	CD	134 1/4	92,36	143,17
1646	B	132 1/2	93,58	145,06
1646	A	134	92,54	143,43
1647	MQ	134 ½	92,19	142,90
1647	CD	136 ½	90,84	140,81
1647	B	137 ¼	90,35	140,04

Messe		[VE1]	[VE2]	[VE3]
		sol.	sc.	fl.
1647	A	139 3/4	88,73	137,53
1648	MQ	147 1/2	84,07	130,31
1648	CD	148 1/2	83,50	129,43
1648	B	150 1/2	82,39	127,71
1648	A	153 2/3	80,69	125,08
1649	MQ	156 1/2	79,23	122,81
1649	CD	158	78,48	121,65
1649	B	160	77,50	120,13
1649	A	160	77,50	120,13
1650	MQ	159 3/4	77,62	120,31
1650	CD	162	76,54	118,64
1650	B	164	75,61	117,20
1650	A	164	75,61	117,20
1651	MQ	154 1/4	80,39	124,60
1651	CD	138 1/2	89,53	138,77
1651	B	135 1/2	91,51	141,85
1651	A	133 1/2	92,88	143,97
1652	MQ	132	93,94	145,61
1652	CD	131	94,66	146,72
1652	B	130 1/2	95,02	147,28
1652	A	131	94,66	146,72
1653	MQ	130	95,38	147,85
1653	CD	131 1/2	94,30	146,16
1653	B	132 1/2	93,58	145,06
1653	A	132	93,94	145,61
1654	MQ	132 3/4	93,41	144,78
1654	CD	132 1/2	93,58	145,06
1654	B	132 1/2	93,58	145,06
1654	A	132 1/2	93,58	145,06
1655	MQ	131 1/2	94,30	146,16
1655	CD	133	93,23	144,51
1655	B	133	93,23	144,51
1655	A	133 1/2	92,88	143,97
1656	MQ	134 1/2	92,19	142,90
1656	CD	136	91,18	141,32
1656	B	136	91,18	141,32
1656	A	135	91,85	142,37
1657	MQ	134	92,54	143,43
1657	CD	132	93,94	145,61
1657	B	133	93,23	144,51
1657	A	133 1/2	92,88	143,97
1658	MQ	133 1/2	92,88	143,97
1658	CD	134	92,54	143,43
1658	B	135	91,85	142,37
1658	A	134 1/2	92,19	142,90
1659	MQ	139	89,21	138,27

Messe		[VE1]	[VE2]	[VE3]
		sol.	sc.	fl.
1659	CD	134 3/4	92,02	142,63
1659	B	134	92,54	143,43
1659	A	133 1/2	92,88	143,97
1660	MQ	134 1/4	92,36	143,17
1660	CD	135 1/4	91,68	142,11
1660	B	134	92,54	143,43
1660	A	134	92,54	143,43
1661	MQ	135	91,85	142,37
1661	CD	135	91,85	142,37
1661	B	134 1/4	92,36	143,17
1661	A	134 1/4	92,36	143,17
1662	MQ	134 1/2	92,19	142,90
1662	CD	134 1/2	92,19	142,90
1662	B	134	92,54	143,43
1662	A	132 1/2	93,58	145,06
1663	MQ	129 1/2	95,75	148,42
1663	CD	131	94,66	146,72
1663	B	130 3/4	94,84	147,00
1663	A	131 1/4	94,48	146,44
1664	MQ	134	92,54	143,43
1664	CD	132 1/4	93,76	145,33
1664	B	130 1/8	95,29	147,70
1664	A	130 1/8	95,29	147,70
1665	MQ	131	94,66	146,72
1665	CD	131	94,66	146,72
1665	B	131 1/2	94,30	146,16
1665	A	133 1/4	93,06	144,24
1666	MQ	134	92,54	143,43
1666	CD	134	92,54	143,43
1666	B	134	92,54	143,43
1666	A	132 1/2	93,58	145,06
1667	MQ	132 2/3	93,47	144,87
1667	CD	132 1/4	93,76	145,33
1667	B	132 1/4	93,76	145,33
1667	A	132 1/2	93,58	145,06
1668	MQ	133	93,23	144,51
1668	CD	133 1/2	92,88	143,97
1668	B	133 3/4	92,71	143,70
1668	A	131 1/2	94,30	146,16
1669	MQ	133	93,23	144,51
1669	CD	132 3/4	93,41	144,78
1669	B	132 1/2	93,58	145,06
1669	A	132	93,94	145,61
1670	MQ	132	93,94	145,61
1670	CD	132 1/4	93,76	145,33
1670	B	132	93,94	145,61

Messe		[VE1]	[VE2]	[VE3]
		sol.	sc.	fl.
1670	A	132 1/4	93,76	145,33
1671	MQ	133 1/2	92,88	143,97
1671	CD	134	92,54	143,43
1671	B	133 3/4	92,71	143,70
1671	A	134	92,54	143,43
1672	MQ	136 1/4	91,01	141,06
1672	CD	138	89,86	139,28
1672	B	136 3/4	90,68	140,55
1672	A	138 1/4	89,69	139,02
1673	MQ	138 1/4	89,69	139,02
1673	CD	137 1/4	90,35	140,04
1673	B	136 1/2	90,84	140,81
1673	A	137 1/2	90,18	139,78
1674	MQ	137 1/4	90,35	140,04
1674	CD	137	90,51	140,29
1674	B	135 3/4	91,34	141,58
1674	A	132 1/4	93,76	145,33
1675	MQ	134 1/4	92,36	143,17
1675	CD	134 1/2	92,19	142,90
1675	B	135	91,85	142,37
1675	A	136 1/2	90,84	140,81
1676	MQ	137 2/3	90,07	139,61
1676	CD	138	89,86	139,28
1676	B	137 1/2	90,18	139,78
1676	A	135	91,85	142,37
1677	MQ	136 1/2	90,84	140,81
1677	CD	136	91,18	141,32
1677	B	134 3/4	92,02	142,63
1677	A	134	92,54	143,43
1678	MQ	136 1/2	90,84	140,81
1678	CD	137 1/2	90,18	139,78
1678	B	136 1/2	90,84	140,81
1678	A	136	91,18	141,32
1679	MQ	138 1/3	89,64	138,94
1679	CD	138	89,86	139,28
1679	B	138 1/2	89,53	138,77
1679	A	137 1/4	90,35	140,04
1680	MQ	138 3/4	89,37	138,52
1680	CD	137	90,51	140,29
1680	B	135 1/2	91,51	141,85
1680	A	136 1/3	90,95	140,98
1681	MQ	138	89,86	139,28
1681	CD	137 1/2	90,18	139,78
1681	B	135 1/4	91,68	142,11
1681	A	135 1/4	91,68	142,11
1682	MQ	136 1/2	90,84	140,81

Messe		[VE1]	[VE2]	[VE3]
		sol.	sc.	fl.
1682	CD	136	91,18	141,32
1682	B	134 3/4	92,02	142,63
1682	A	135 1/2	91,51	141,85
1683	MQ	138	89,86	139,28
1683	CD	137 1/2	90,18	139,78
1683	B	139 1/4	89,05	138,03
1683	A	137 1/2	90,18	139,78
1684	MQ	135 3/4	91,34	141,58
1684	CD	136 3/4	90,68	140,55
1684	B	136 1/4	91,01	141,06
1684	A	137	90,51	140,29
1685	MQ	136 3/4	90,68	140,55
1685	CD	137 1/2	90,18	139,78
1685	B	136 1/2	90,84	140,81
1685	A	139 1/2	88,89	137,78
1686	MQ	141 1/4	87,79	136,07
1686	CD	140	88,57	137,29
1686	B	139	89,21	138,27
1686	A	139	89,21	138,27
1687	MQ	138 1/2	89,53	138,77
1687	CD	136 1/4	91,01	141,06
1687	B	136	91,18	141,32
1688	A			
1688	MQ	136 1/4	91,01	141,06
1688	CD	135	91,85	142,37
1688	B	134 1/2	92,19	142,90
1688	A	134 1/2	92,19	142,90
1689	MQ	135	91,85	142,37
1689	CD	137 1/2	90,18	139,78
1689	B	139	89,21	138,27
1689	A	137	90,51	140,29
1690	MQ			
1690	CD	136 1/4	91,01	141,06
1690	B	136	91,18	141,32
1690	A	136	91,18	141,32
1691	MQ	136 3/4	90,68	140,55
1691	CD	135 1/2	91,51	141,85
1691	B	133 1/4	93,06	144,24
1691	A	131 3/4	94,12	145,88
1692	MQ	130 1/2	95,02	147,28
1692	CD	132 1/2	93,58	145,06
1692	B	133 1/2	92,88	143,97
1692	A	132 1/2	93,58	145,06
1693	MQ			
1693	CD	133	93,23	144,51
1693	B	133 1/4	93,06	144,24

Messe		[VE1]	[VE2]	[VE3]
		sol.	sc.	fl.
1693	A	134	92,54	143,43
1694	MQ	134	92,54	143,43
1694	CD	134 3/4	92,02	142,63
1694	B	134 3/4	92,02	142,63
1694	A	135 1/4	91,68	142,11
1695	MQ	134 1/4	92,36	143,17
1695	CD	134 1/4	92,36	143,17
1695	B	133	93,23	144,51
1695	A	130 3/4	94,84	147,00
1696	MQ	131	94,66	146,72
1696	CD	129 1/2	95,75	148,42
1696	B	132	93,94	145,61
1696	A	137	90,51	140,29
1697	MQ	138	89,86	139,28
1697	CD	137 1/2	90,18	139,78
1697	B	137 3/4	90,02	139,53
1697	A	137 1/2	90,18	139,78
1698	MQ	137 1/2	90,18	139,78
1698	CD	137 1/2	90,18	139,78
1698	B	136 3/4	90,68	140,55
1698	A	137 1/4	90,35	140,04
1699	MQ	137 3/4	90,02	139,53
1699	CD	137	90,51	140,29
1699	B	137	90,51	140,29
1699	A	137 1/2	90,18	139,78
1700	MQ	137 1/2	90,18	139,78
1700	CD	136 3/4	90,68	140,55
1700	B	136 3/4	90,68	140,55
1700	A	137 1/2	90,18	139,78
1701	MQ	137	90,51	140,29
1701	CD	135	91,85	142,37
1701	B	135	91,85	142,37
1701	A	135	91,85	142,37
1702	MQ	135 1/3	91,63	142,02
1702	CD	138	89,86	139,28
1702	B	138 1/4	89,69	139,02
1702	A	140	88,57	137,29
1703	MQ	140 1/4	88,41	137,04
1703	CD	140	88,57	137,29
1703	B	137	90,51	140,29
1703	A	138	89,86	139,28
1704	MQ	138 1/4	89,69	139,02
1704	CD	139 3/4	88,73	137,53
1704	B	139 3/4	88,73	137,53
1704	A	138	89,86	139,28
1705	MQ	138	89,86	139,28

Messe		[VE1]	[VE2]	[VE3]
		sol.	sc.	fl.
1705	CD	137	90,51	140,29
1705	B	137 3/4	90,02	139,53
1705	A	138	89,86	139,28
1706	MQ	137 1/2	90,18	139,78
1706	CD	138 1/4	89,69	139,02
1706	B	137 3/4	90,02	139,53
1706	A	137 3/4	90,02	139,53
1707	MQ	138	89,86	139,28
1707	CD	138	89,86	139,28
1707	B	138 1/2	89,53	138,77
1707	A	138 1/4	89,69	139,02
1708	MQ	138	89,86	139,28
1708	CD	138	89,86	139,28
1708	B	136 1/4	91,01	141,06
1708	A	136 1/4	91,01	141,06
1709	MQ	137 1/2	90,18	139,78
1709	CD	137	90,51	140,29
1709	B	137 1/2	90,18	139,78
1709	A	137 3/4	90,02	139,53
1710	MQ	139 1/2	88,89	137,78
1710	CD	139	89,21	138,27
1710	B	138 1/2	89,53	138,77
1710	A	138 1/4	89,69	139,02
1711	MQ	139 3/4	88,73	137,53
1711	CD	140	88,57	137,29
1711	B	138 1/3	89,64	138,94
1711	A	139 3/4	88,73	137,53
1712	MQ	139 1/2	88,89	137,78
1712	CD	138 1/2	89,53	138,77
1712	B	138 1/2	89,53	138,77
1712	A	138 1/2	89,53	138,77
1713	MQ	138 1/4	89,69	139,02
1713	CD	140	88,57	137,29
1713	B	140 3/4	88,10	136,55
1713	A	142 1/2	87,02	134,88
1714	MQ	141 3/4	87,48	135,59
1714	CD	142 1/4	87,17	135,11
1714	B	143 1/2	86,41	133,94
1714	A	142 3/4	86,87	134,64
1715	MQ	143	86,71	134,41
1715	CD	144 3/4	85,66	132,78
1715	B	147 1/4	84,21	130,53
1715	A	146 1/2	84,64	131,19
1716	MQ	148 3/4	83,36	129,21
1716	CD	153 1/2	80,78	125,21
1716	B	162	76,54	118,64

Messe		[VE1]	[VE2]	[VE3]
		sol.	sc.	fl.
1716	A	164	75,61	117,20
1717	MQ	162 3/4	76,19	118,10
1717	CD	164	75,61	117,20
1717	B	166 3/4	74,36	115,26
1717	A	171 1/2	72,30	112,07
1718	MQ	172 3/4	71,78	111,26
1718	CD			
1718	B			
1718	A			
1719	MQ	153	81,05	125,62
1719	CD	156 1/4	79,36	123,01
1719	B	144 3/4	85,66	132,78
1719	A	144 3/4	85,66	132,78
1720	MQ	145	85,52	132,55
1720	CD	144 7/8	85,59	132,67
1720	B			
1720	A			
1721	MQ	144 1/4	85,96	133,24
1721	CD			
1721	B	146 1/2	84,64	131,19
1721	A	144 1/4	85,96	133,24
1722	MQ	142 3/4	86,87	134,64
1722	CD	146 1/2	84,64	131,19
1722	B	149 1/2	82,94	128,56
1722	A	149 1/2	82,94	128,56
1723	MQ			
1723	CD	146 3/4	84,50	130,97
1723	B	147	84,35	130,75
1723	A	147 1/4	84,21	130,53
1724	MQ			
1724	CD	146 1/4	84,79	131,42
1724	B			
1724	A	146 3/4	84,50	130,97
1725	MQ	147	84,35	130,75
1725	CD	147 3/4	83,93	130,08
1725	B	147 3/4	83,93	130,08
1725	A			
1726	MQ	148	83,78	129,86
1726	CD	147 1/2	84,07	130,31
1726	B	147	84,35	130,75
1726	A	147	84,35	130,75
1727	MQ	147	84,35	130,75
1727	CD	146 3/4	84,50	130,97
1727	B	146 1/8	84,86	131,53
1727	A	147 1/2	84,07	130,31
1728	MQ			

Messe		[VE1]	[VE2]	[VE3]
		sol.	sc.	fl.
1728	CD	147 1/2	84,07	130,31
1728	B	148	83,78	129,86
1728	A	147 1/2	84,07	130,31
1729	MQ	147 1/2	84,07	130,31
1729	CD	147 1/4	84,21	130,53
1729	B	147 1/3	84,16	130,45
1729	A	147 1/4	84,21	130,53
1730	MQ	147	84,35	130,75
1730	CD	147	84,35	130,75
1730	B	146 1/2	84,64	131,19
1730	A	146 7/8	84,43	130,86
1731	MQ			
1731	CD	145 3/4	85,08	131,87
1731	B	145 1/8	85,44	132,44
1731	A	145	85,52	132,55
1732	MQ	144 1/3	85,91	133,16
1732	CD	144 3/4	85,66	132,78
1732	B	144 1/2	85,81	133,01
1732	A	144	86,11	133,47
1733	MQ	144	86,11	133,47
1733	CD	144 1/2	85,81	133,01
1733	B	143 1/4	86,56	134,17
1733	A	142 1/4	87,17	135,11
1734	MQ	140 1/2	88,26	136,80
1734	CD	140	88,57	137,29
1734	B	140	88,57	137,29
1734	A	139	89,21	138,27
1735	MQ	136	91,18	141,32
1735	CD	136 3/4	90,68	140,55
1735	B	137	90,51	140,29
1735	A	136 3/4	90,68	140,55
1736	MQ	137	90,51	140,29
1736	CD	137 3/4	90,02	139,53
1736	B	137 1/4	90,35	140,04
1736	A	139	89,21	138,27
1737	MQ	139 1/2	88,89	137,78
1737	CD	140 1/4	88,41	137,04
1737	B	139	89,21	138,27
1737	A	137 1/4	90,35	140,04
1738	MQ	138 1/4	89,69	139,02
1738	CD	140	88,57	137,29
1738	B	139	89,21	138,27
1738	A	137 1/2	90,18	139,78
1739	MQ	136 1/2	90,84	140,81

Messe		[VE1]	[VE2]	[VE3]
		sol.	sc.	fl.
1739	CD	138	89,86	139,28
1739	B	137 1/4	90,35	140,04
1739	A	137	90,51	140,29
1740	MQ	138	89,86	139,28
1740	CD	137	90,51	140,29
1740	B	137 1/4	90,35	140,04
1740	A	136 1/2	90,84	140,81
1741	MQ	137 1/2	90,18	139,78
1741	CD	137 3/4	90,02	139,53
1741	B	137 1/2	90,18	139,78
1741	A	138 3/4	89,37	138,52
1742	MQ	138 3/4	89,37	138,52
1742	CD	139	89,21	138,27
1742	B	137 3/4	90,02	139,53
1742	A	137 1/2	90,18	139,78
1743	MQ	138	89,86	139,28
1743	CD	138	89,86	139,28
1743	B	136 1/2	90,84	140,81
1743	A	137	90,51	140,29
1744	MQ	138 1/2	89,53	138,77
1744	CD	137 3/4	90,02	139,53
1744	B	137 1/2	93,58	145,06
1744	A	137 3/4	90,02	139,53
1745	MQ	138	89,86	139,28
1745	CD	136	91,18	141,32
1745	B	137 1/2	90,18	139,78
1745	A	132	93,94	145,61
1746	MQ	132 1/4	93,76	145,33
1746	CD	136 1/2	90,84	140,81
1746	B	132	93,94	145,61
1746	A	136 1/2	90,84	140,81
1747	MQ	132 1/2	93,58	145,06
1747	CD	136 1/2	90,84	140,81
1747	B	136 3/4	90,68	140,55
1747	A	137	90,51	140,29
1748	MQ	137	90,51	140,29
1748	CD	136	91,18	141,32
1748	B	137	90,51	140,29
1748	A	137 1/4	90,35	140,04
1749	MQ	137 1/4	90,35	140,04
1749	CD	135 1/4	91,68	142,11
1749	B	135 3/4	91,34	141,58
1749	A	136 1/2	90,84	140,81

Messe		[VE1]	[VE2]	[VE3]	[VE4]
		sol.	sc.	fl.	fl.
1750	MQ	137 1/4	90,35	140,04	184 1/6
1750	CD	136 1/4	91,01	141,06	186
1750	B	136 3/4	90,68	140,55	184 3/5
1750	A	137 1/4	90,35	140,04	184 3/5
1751	MQ	137	90,51	140,29	183 2/7
1751	CD	135 3/4	91,34	141,58	183 5/7
1751	B	135	91,85	142,37	182
1751	A	133 1/2	92,88	143,97	183 5/7
1752	MQ	133 1/2	92,88	143,97	182 6/7
1752	CD	134	92,54	143,43	187 1/3
1752	B	134 1/4	92,36	143,17	187 1/3
1752	A	136 1/2	90,84	140,81	182 6/7
1753	MQ				186 2/5
1753	CD	134	92,54	143,43	188 2/9
1753	B				185 1/2
1753	A	135	91,85	142,37	185 1/2
1754	MQ				186 6/7
1754	CD				186 5/8
1754	B				186 2/5
1754	A				185 1/2
1755	MQ				185
1755	CD				184 5/6
1755	B				185 1/2
1755	A	136	91,18	141,32	184 3/5
1756	MQ				186 2/5
1756	CD	135 1/2	91,51	141,85	186 2/5
1756	B	135 1/2	91,51	141,85	185 1/2
1756	A				183 5/7
1757	MQ				184 3/5
1757	CD				185 1/2
1757	B				186 2/5
1757	A				186 2/5
1758	MQ				186 2/5
1758	CD				185 1/2
1758	B				185
1758	A				185
1759	MQ				187 1/3
1759	CD				186 6/7
1759	B				186 3/4
1759	A				187 1/3

Messe		[VE4]
		fl.
1760	MQ	186 6/7
1760	CD	186 6/7
1760	B	188 2/3
1760	A	188 2/3
1761	MQ	188 2/3
1761	CD	188 2/9
1761	B	188 2/3
1761	A	188 2/3
1762	MQ	188 2/3
1762	CD	188 2/3
1762	B	188 2/3
1762	A	186 6/7
1763	MQ	187 1/3
1763	CD	186 6/7
1763	B	186 6/7
1763	A	187 3/4
1764	MQ	190 1/2
1764	CD	189 1/6
1764	B	189 1/6
1764	A	189 5/8
1765	MQ	190
1765	CD	189 5/8
1765	B	189 5/8
1765	A	190
1766	MQ	189 5/8
1766	CD	187 1/3
1766	B	187 3/4
1766	A	
1767	MQ	187 1/3
1767	CD	188 2/3
1767	B	186 6/7
1767	A	186 2/5
1768	MQ	187 3/4
1768	CD	188 2/9
1768	B	187 1/3
1768	A	187 3/4
1769	MQ	187 3/4
1769	CD	189 1/6
1769	B	189 1/6
1769	A	188 2/9

Tab. 4.3: Wechselkurse der Bozner Messen auf Venedig für Kurantgeld von 1744 bis 1850

[VE5] Soldi correnti für 1 Gulden moneta lunga,
- ab 1770 (CD) Gulden Meßvaluta für 500 Lire piccoli correnti,
- ab 1805 (MQ) Gulden Wiener Währung für 500 Lire piccoli correnti,
- ab 1806 (B) Gulden Reichswährung für 500 Lire piccoli correnti,
- ab 1811 (MQ) Kreuzer Reichswährung für 1 Lira italiana,
- ab 1811 (B) Lire italiane für 100 Lire italiane,
- ab 1813 (A) Kreuzer Konventionskurant für 1 Lira italiana,
- ab 1823 (A) Kreuzer Konventionskurant für 1 österreichische Lira,
- ab 1840 (CD) Gulden Konventionskurant für 300 österreichische Lire [3. O]

[VE6] Gulden moneta lunga für 100 Ducati (piccoli) correnti,
- ab 1770 (CD) Gulden Meßvaluta für 100 Lire piccoli correnti,
- ab 1805 (MQ) Gulden Wiener Währung für 100 Lire piccoli correnti,
- ab 1806 (B) Gulden Reichswährung für 100 Lire piccoli correnti,
- ab 1811 (MQ) Gulden Meßvaluta für 100 Lire italiane,
- ab 1811 (B) Lire italiane für 100 Lire italiane
- ab 1813 (A) Gulden Konventionskurant für 100 Lire italiane
- ab 1823 (A) Gulden Konventionskurant für 100 österreichische Lire [U]

Messe		[VE5]	[VE6]
		sol.	fl.
1744	MQ	103 3/4	119,52
1744	CD	104	119,23
1744	B	104 3/4	118,38
1744	A	106	116,98
1745	MQ	105 1/2	117,54
1745	CD	103 3/4	119,52
1745	B	104	119,23
1745	A	103 1/2	119,81
1746	MQ	103 1/4	120,10
1746	CD	102 1/2	120,98
1746	B	104	119,23
1746	A	104	119,23
1747	MQ	104 1/4	118,94
1747	CD	103 3/4	119,52
1747	B	103 1/2	119,81
1747	A	104 1/2	118,66
1748	MQ	103 3/4	119,52
1748	CD	102 1/2	120,98
1748	B	103	120,39
1748	A	104	119,23

Messe		[VE5]	[VE6]
		sol.	fl.
1749	MQ	103 3/4	119,52
1749	CD	102 1/2	120,98
1749	B	103 1/4	120,10
1749	A	103	120,39
1750	MQ	104 1/4	118,94
1750	CD	103 1/4	120,10
1750	B	104	119,23
1750	A	104	119,23
1751	MQ	104 3/4	118,38
1751	CD	104 1/2	118,66
1751	B	105 1/2	117,54
1751	A	104 1/2	118,66
1752	MQ	105	118,10
1752	CD	102 1/2	120,98
1752	B	102 1/2	120,98
1752	A	105	118,10
1753	MQ	103	120,39
1753	CD	102	121,57
1753	B	103 1/2	119,81
1753	A	103 1/2	119,81

Messe		[VE5]	[VE6]
		sol.	fl.
1754	MQ	102 3/4	120,68
1754	CD	102 7/8	120,53
1754	B	103	120,39
1754	A	103 1/2	119,81
1755	MQ	103 4/5	119,46
1755	CD	103 7/8	119,37
1755	B	103 1/2	119,81
1755	A	104	119,23
1756	MQ	103	120,39
1756	CD	103	120,39
1756	B	103 1/2	119,81
1756	A	104 1/2	118,66
1757	MQ	104	119,23
1757	CD	103 1/2	119,81
1757	B	103	120,39
1757	A	103	120,39
1758	MQ	103	120,39
1758	CD	103 1/2	119,81
1758	B	103 3/4	119,52
1758	A	103 3/4	119,52
1759	MQ	102 1/2	120,98
1759	CD	102 3/4	120,68
1759	B	102 4/5	120,62
1759	A	102 1/2	120,98
1760	MQ	102 3/4	120,68
1760	CD	102 3/4	120,68
1760	B	101 3/4	121,87
1760	A	101 3/4	121,87
1761	MQ	101 3/4	121,87
1761	CD	102	121,57
1761	B	101 3/4	121,87
1761	A	101 3/4	121,87
1762	MQ	101 3/4	121,87
1762	CD	101 3/4	121,87
1762	B	101 3/4	121,87
1762	A	102 3/4	120,68
1763	MQ	102 1/2	120,98
1763	CD	102 3/4	120,68
1763	B	102 3/4	120,68
1763	A	102 1/4	121,27
1764	MQ	100 4/5	123,02
1764	CD	101 1/2	122,17
1764	B	101 1/2	122,17
1764	A	101 1/4	122,47
1765	MQ	101	122,77
1765	CD	101 1/4	122,47

Messe		[VE5]	[VE6]
		sol.	fl.
1765	B	101 1/4	122,47
1765	A	101	122,77
1766	MQ	101 1/4	122,47
1766	CD	102 1/2	120,98
1766	B	102 1/4	121,27
1766	A		
1767	MQ	102 1/2	120,98
1767	CD	101 3/4	121,87
1767	B	102 3/4	120,68
1767	A	103	120,39
1768	MQ	102 1/4	121,27
1768	CD	102	121,57
1768	B	102 1/2	120,98
1768	A	102 1/4	121,27
1769	MQ	102 1/4	121,27
1769	CD	101 1/2	122,17
1769	B	101 1/2	122,17
1769	A	102	121,57
		fl.	fl.
1770	MQ	100 3/4	20,15
1770	CD	100 1/2	20,10
1770	B	100 1/2	20,10
1770	A	100 1/2	20,10
1771	MQ	100 1/2	20,10
1771	CD		
1771	B	100 1/4	20,05
1771	A	100 1/2	20,10
1772	MQ		
1772	CD		
1772	B	100 1/4	20,05
1772	A	100 1/3	20,07
1773	MQ	100 1/2	20,10
1773	CD	100 1/4	20,05
1773	B	100 1/2	20,10
1773	A	100 1/4	20,05
1774	MQ		
1774	CD		
1774	B		
1774	A	100 1/2	20,10
1775	MQ	100 1/4	20,05
1775	CD	100 1/8	20,03
1775	B	99 3/4	19,95
1775	A	100	20,00
1776	MQ	100 1/4	20,05
1776	CD	100	20,00
1776	B	100	20,00

Messe		[VE5]	[VE6]
		fl.	fl.
1776	A	101	20,20
1777	MQ	100 1/4	20,05
1777	CD	101 3/4	20,35
1777	B	101 1/4	20,25
1777	A	100 3/4	20,15
1778	MQ	100 2/3	20,13
1778	CD	101	20,20
1778	B	101	20,20
1778	A	100 3/4	20,15
1779	MQ	100 1/2	20,10
1779	CD		
1779	B	100	20,00
1779	A	100 1/4	20,05
1780	MQ	100 1/4	20,05
1780	CD	100 1/2	20,10
1780	B		
1780	A		
1781	MQ		
1781	CD	100 1/2	20,10
1781	B	100 2/3	20,13
1781	A	100 3/4	20,15
1782	MQ	100 1/2	20,10
1782	CD	101	20,20
1782	B	101	20,20
1782	A	100 3/4	20,15
1783	MQ		
1783	CD	99	19,80
1783	B	99 1/2	19,90
1783	A		
1784	MQ	100 1/2	20,10
1784	CD	101	20,20
1784	B	100 3/4	20,15
1784	A	100 1/2	20,10
1785	MQ	100 1/2	20,10
1785	CD		
1785	B	100 1/4	20,05
1785	A	100	20,00
1786	MQ	100 1/2	20,10
1786	CD	101	20,20
1786	B	101	20,20
1786	A	101 1/2	20,30
1787	MQ	101	20,20
1787	CD	101 1/2	20,30
1787	B	100 3/4	20,15
1787	A	101 1/4	20,25
1788	MQ	100 1/2	20,10
1788	CD		
1788	B		
1788	A	100 1/4	20,05
1789	MQ	100	20,00
1789	CD	100 1/2	20,10
1789	B	100 1/2	20,10
1789	A	100 1/4	20,05
1790	MQ	100 1/2	20,10
1790	CD	100 3/4	20,15
1790	B	100 3/4	20,15
1790	A		
1791	MQ	100 1/2	20,10
1791	CD	100 1/4	20,05
1791	B		
1791	A		
1792	MQ	100 3/4	20,15
1792	CD	100	20,00
1792	B	100 3/4	20,15
1792	A	101	20,20
1793	MQ	101	20,20
1793	CD	100 3/4	20,15
1793	B	100 1/4	20,05
1793	A	100 1/4	20,05
1794	MQ		
1794	CD		
1794	B	100 1/4	20,05
1794	A	100 1/2	20,10
1795	MQ	100 1/2	20,10
1795	CD	100 1/4	20,05
1795	B		
1795	A	100	20,00
1796	MQ		
1796	CD		
1796	B		
1796	A	100 1/2	20,10
1797	MQ		
1797	CD	99 1/2	19,90
1797	B	97 1/2	19,50
1797	A		
1798	MQ		
1798	CD		
1798	B		
1798	A		
1799	MQ		
1799	CD		
1799	B		

Messe	[VE5]	[VE6]
	fl.	fl.
1799 A		
1800 MQ		
1800 CD		
1800 B		
1800 A		
1801 MQ	96 1/4 [a]	19,25
1801 CD	91	18,20
1801 B	90	18,00
1801 A	87 1/4	17,45
1802 MQ		
1802 CD	81 1/2	16,30
1802 B		
1802 A	93 1/2	18,70
1803 MQ	86 1/2	17,30
1803 CD	86 1/3	17,27
1803 B	87	17,40
1803 A	86 1/3	17,27
1804 MQ	85	17,00
1804 CD	84 1/2	16,90
1804 B	82 1/2	16,50
1804 A	83	16,60
	fl.	fl.
1805 MQ	108 1/3	21,67
1805 CD	106 2/3	21,33
1805 B	105 1/2	21,10
1805 A	114,15	22,83
1806 MQ	113,30	22,66
1806 CD	142,45	28,49
	fl.	fl.
1806 B	97	19,40
1806 A	97 1/2	19,50
1807 MQ	96 2/3	19,33
1807 CD	97	19,40
1807 B	96 1/2	19,30
1807 A	97	19,40
1808 MQ	97 7/8	19,58
1808 CD	97 1/2	19,50
1808 B	96 3/10	19,26
1808 A	97 1/4	19,45
1809 MQ	98	19,60
1809 CD		
1809 B		
1809 A		
1810 MQ	97 3/5	19,52
1810 CD	98	19,60
1810 B		
Messe	[VE5]	[VE6]
	fl.	fl.
1810 A		
	xr.	fl.
1811 MQ		
1811 CD	22 3/4	37,92
	l.	l.
1811 B		
1811 A	96,60	96,60
1812 MQ	96,60	96,60
1812 CD	96,60	96,60
1812 B	96,50	96,50
1812 A	99,00	99,00
1813 MQ	98,80	98,80
1813 CD	98,80	98,80
	xr.	fl.
1813 B		
1813 A		
1814 MQ		
1814 CD	23 1/3	38,89
1814 B	23 1/4	38,75
1814 A	23	38,33
1815 MQ	22 3/4	37,92
1815 CD	22	36,67
1815 B	22 1/2	37,50
1815 A	22 3/4	37,92
1816 MQ	22	36,67
1816 CD	22 1/8	36,88
1816 B	22 1/3	37,22
1816 A	22 1/2	37,50
1817 MQ	22 1/4	37,08
1817 CD	22	36,67
1817 B	22 1/3	37,22
1817 A	22 1/2	37,50
1818 MQ	23	38,33
1818 CD	23	38,33
1818 B	22 2/3	37,78
1818 A	22 3/5	37,67
1819 MQ	22 1/2	37,50
1819 CD	22 1/2	37,50
1819 B	22 1/3	37,22
1819 A	22 1/3	37,22
1820 MQ	22 1/4	37,08
1820 CD	22 1/2	37,50
1820 B	22 1/2	37,50
1820 A	22 2/3	37,78
1821 MQ	22 2/3	37,78

1821	CD	22 2/3	37,78
Messe		**[VE5]**	**[VE6]**
		xr.	fl.
1821	B	22 2/3	37,78
1821	A	22 2/3	37,78
1822	MQ	22 2/3	37,78
1822	CD	22 3/4	37,92
1822	B	22 2/3	37,78
1822	A	22 1/2	37,50
1823	MQ	22 3/4	37,92
1823	CD	22 1/2	37,50
1823	B	22 3/5	37,67
		xr.	fl.
1823	A	19 3/4	32,92
1824	MQ	20	33,33
1824	CD	19 9/10	33,17
1824	B	19 9/10	33,17
1824	A	19 4/5	33,00
1825	MQ	19 4/5	33,00
1825	CD	19 4/5	33,00
1825	B	19 4/5	33,00
1825	A	19 4/5	33,00
1826	MQ	19 3/4	32,92
1826	CD	19 9/10	33,17
1826	B	19 4/5	33,00
1826	A	19 19/20	33,25
1827	MQ	19 9/10	33,17
1827	CD		
1827	B	19 4/5	33,00
1827	A	19 4/5	33,00
1828	MQ	19 4/5	33,00
1828	CD		
1828	B	19 4/5	33,00
1828	A	19 4/5	33,00
1829	MQ	19 4/5	33,00
1829	CD	19 4/5	33,00
1829	B		
1829	A		
1830	MQ		
1830	CD		
1830	B		
1830	A		
1831	MQ	19 9/10	33,17
1831	CD	19 7/8	33,13
1831	B	19 7/8	33,13
1831	A	19 4/5	33,00
1832	MQ	19 4/5	33,00

1832	CD	19 5/6	33,06
1832	B	19 5/6	33,06
Messe		**[VE5]**	**[VE6]**
		xr.	fl.
1832	A	19 9/10	33,17
1833	MQ		
1833	CD		
1833	B	20	33,33
1833	A		
1834	MQ	19 3/5	32,67
1834	CD	19 4/5	33,00
1834	B	19 3/4	32,92
1834	A		
1835	MQ	19 4/5	33,00
1835	CD		
1835	B		
1835	A		
1836	MQ	19 4/5	33,00
1836	CD		
1836	B		
1836	A		
1837	MQ		
1837	CD		
1837	B		
1837	A	19 9/10	33,17
1838	MQ	19 9/10	33,17
1838	CD		
1838	B		
1838	A		
1839	MQ		
1839	CD		
1839	B		
1839	A		
1840	MQ		
		fl.	fl.
1840	CD	99 2/3	33,22
1840	B	99 1/2	33,17
1840	A	99 2/3	33,22
1841	MQ	99 2/3	33,22
1841	CD		
1841	B		
1841	A	99 1/2	33,17
1842	MQ		
1842	CD	99	33,00
1842	B		
1842	A	99 2/3	33,22
1843	MQ		
1843	CD		

1843	B	99 3/4	33,25
1843	A	99 2/3	33,22
Messe		**[VE5]**	**[VE6]**
		fl.	fl.
1844	MQ	99 2/3	33,22
1844	CD		
1844	B		
1844	A		
1845	MQ	99 3/4	33,25
1845	CD	99 3/4	33,25
1845	B		
1845	A		
1846	MQ		
1846	CD	99 1/2	33,17
1846	B		
1846	A		
1847	MQ	99 1/2	33,17
1847	CD		
Messe		**[VE5]**	**[VE6]**
		fl.	fl.
1847	B		
1847	A		
1848	MQ		
1848	CD		
1848	B		
1848	A		
1849	MQ		
1849	CD		
1849	B		
1849	A		
1850	MQ	87 [b]	29,00
1850	CD		

Anmerkungen:

[a] Nach der Vorschlagsliste für die *Conto*-Festsetzung auf dieser Messe, für welche kein offizieller Kurszettel gefunden werden konnte; SLA, A.M.M., 3.7.43, fasc. 11, fol. 287.

[b] Nach NOBACK / NOBACK, Münz-, Maass- und Gewichtsbuch [1858], S. 117.

Tab. 4.4: Wechselkurse der Bozner Messen auf Verona 1633 bis 1767

[VR1] Soldi correnti für 1 Scudo di cambio [O]
[VR2] Scudi di cambio für 100 Lire correnti [U]
[VR3] Soldi correnti für 1 Gulden moneta lunga [2. O, ab 1727]
[VR4] Gulden moneta lunga für 100 Lire correnti [U]

Messe		[VR1]	[VR2]
		sol.	sc.
1633	A	163	12,27
1634	MQ	164 1/2	12,16
1634	CD	168	11,90
1634	B	167 1/2	11,94
1634	A	168 1/2	11,87
1635	MQ	167	11,98
1635	CD	157 1/2	12,70
1635	B	156 1/2	12,78
1635	A	155 1/2	12,86
1636	MQ	157	12,74
1636	CD	160	12,50
1636	B	159	12,58
1636	A	158	12,66
1637	MQ	157	12,74
1637	CD	156 1/2	12,78
1637	B	156 1/2	12,78
1637	A	154 3/4	12,92
1638	MQ	156 1/2	12,78
1638	CD	157	12,74
1638	B	156	12,82
1638	A	156 3/4	12,76
1639	MQ	160	12,50
1639	CD	158 1/2	12,62
1639	B	158 1/2	12,62
1639	A	159 1/2	12,54
1640	MQ	159 1/2	12,54
1640	CD	160	12,50
1640	B	160	12,50
1640	A	159 1/4	12,56
1641	MQ	156 1/2	12,78
1641	CD	155 1/2	12,86
1641	B	155 1/2	12,86
1641	A	156 1/2	12,78
1642	MQ	157	12,74
1642	CD	158 1/2	12,62
1642	B	158	12,66
1642	A	157 1/2	12,70
1643	MQ	157 1/2	12,70
1643	CD	160 1/4	12,48
1643	B	161	12,42
1643	A	160 1/2	12,46
1644	MQ	161 3/4	12,36
1644	CD	161 3/4	12,36
1644	B	162	12,35
1644	A	162	12,35
1645	MQ	162	12,35
1645	CD	162 1/2	12,31
1645	B	162 1/2	12,31
1645	A	162	12,35
1646	MQ	161 1/2	12,38
1646	CD	162	12,35
1646	B	161 1/2	12,38
1646	A	162	12,35
1647	MQ	162	12,35
1647	CD	161	12,42
1647	B	161	12,42
1647	A	161 1/2	12,38
1648	MQ	162	12,35
1648	CD	162	12,35
1648	B	163	12,27
1648	A	165 1/2	12,08
1649	MQ	168	11,90
1649	CD	167 1/2	11,94
1649	B	167	11,98
1649	A	167	11,98
1650	MQ	166 1/4	12,03
1650	CD	164	12,20
1650	B	163	12,27
1650	A		
1651	MQ		
1651	CD	160	12,50
1651	B	160 1/2	12,46
1651	A	161 1/2	12,38
1652	MQ	160 1/2	12,46
1652	CD	160	12,50
1652	B	160	12,50

Messe		[VR1]	[VR2]
		sol.	sc.
1652	A	159 1/2	12,54
1653	MQ	159	12,58
1653	CD	160	12,50
1653	B	162 1/2	12,31
1653	A	161	12,42
1654	MQ	162 1/2	12,31
1654	CD	161 3/4	12,36
1654	B	161 1/2	12,38
1654	A	162	12,35
1655	MQ	162	12,35
1655	CD	161 3/4	12,36
1655	B	162	12,35
1655	A	162 1/2	12,31
1656	MQ	164	12,20
1656	CD	163 1/2	12,23
1656	B	164 1/2	12,16
1656	A	164	12,20
1657	MQ	163	12,27
1657	CD	161 3/4	12,36
1657	B	162 1/2	12,31
1657	A	162 1/2	12,31
1658	MQ	162 1/2	12,31
1658	CD	162 2/3	12,30
1658	B	163 1/2	12,23
1658	A	163 1/2	12,23
1659	MQ	163 1/2	12,23
1659	CD	163	12,27
1659	B	163	12,27
1659	A	162 1/2	12,31
1660	MQ	162 3/4	12,29
1660	CD	162 3/4	12,29
1660	B	162 1/2	12,31
1660	A	162 1/2	12,31
1661	MQ	163 1/2	12,23
1661	CD	163	12,27
1661	B	162 1/2	12,31
1661	A	163	12,27
1662	MQ	162 3/4	12,29
1662	CD	163	12,27
1662	B	162 3/4	12,29
1662	A	162 3/4	12,29
1663	MQ	163	12,27
1663	CD	163	12,27
1663	B	162	12,35
1663	A	163	12,27
1664	MQ	166	12,05

Messe		[VR1]	[VR2]
		sol.	sc.
1664	CD	163 1/2	12,23
1664	B	163	12,27
1664	A	164	12,20
1665	MQ	167	11,98
1665	CD	167	11,98
1665	B	159	12,58
1665	A	162 1/2	12,31
1666	MQ	162	12,35
1666	CD	161 1/2	12,38
1666	B	161	12,42
1666	A	159	12,58
1667	MQ	160	12,50
1667	CD	159 1/2	12,54
1667	B	159	12,58
1667	A	159 1/4	12,56
1668	MQ	159 1/2	12,54
1668	CD	160	12,50
1668	B	161	12,42
1668	A	158 1/2	12,62
1669	MQ	160 3/4	12,44
1669	CD	159 3/4	12,52
1669	B	159 3/4	12,52
1669	A	159	12,58
1670	MQ	159	12,58
1670	CD	159	12,58
1670	B	159	12,58
1670	A	159	12,58
1671	MQ	161	12,42
1671	CD	161	12,42
1671	B	160 1/2	12,46
1671	A	161	12,42
1672	MQ	163 1/4	12,25
1672	CD	165	12,12
1672	B	163	12,27
1672	A	165 7/8	12,06
1673	MQ	165 3/4	12,07
1673	CD	164 1/2	12,16
1673	B	163 3/4	12,21
1673	A	164 1/2	12,16
1674	MQ	164 1/2	12,16
1674	CD	164	12,20
1674	B	163	12,27
1674	A	159 1/2	12,54
1675	MQ	161 1/2	12,38
1675	CD	161 1/2	12,38
1675	B	164	12,20

Messe		[VR1]	[VR2]
		sol.	sc.
1675	A	166	12,05
1676	MQ	168 1/4	11,89
1676	CD	168 1/3	11,88
1676	B	165	12,12
1676	A	162 1/2	12,31
1677	MQ	163 3/4	12,21
1677	CD	162 1/2	12,31
1677	B	161 1/2	12,38
1677	A	160 1/2	12,46
1678	MQ	164	12,20
1678	CD	164 1/2	12,16
1678	B	163 3/4	12,21
1678	A	163 1/4	12,25
1679	MQ	166	12,05
1679	CD	165 1/2	12,08
1679	B	166	12,05
1679	A	164 3/4	12,14
1680	MQ	166 1/2	12,01
1680	CD	165 1/4	12,10
1680	B	162 1/2	12,31
1680	A	163 3/5	12,22
1681	MQ	165 2/3	12,07
1681	CD	165	12,12
1681	B	162 7/8	12,28
1681	A	162 1/3	12,32
1682	MQ	164 1/8	12,19
1682	CD	163 1/5	12,25
1682	B	161 3/4	12,36
1682	A	162 3/5	12,30
1683	MQ	165 3/4	12,07
1683	CD	165	12,12
1683	B	167	11,98
1683	A	165	12,12
1684	MQ	163	12,27
1684	CD	164	12,20
1684	B	163 1/5	12,25
1684	A	164 2/5	12,17
1685	MQ	164	12,20
1685	CD	165	12,12
1685	B	163 4/5	12,21
1685	A	167 2/5	11,95
1686	MQ	169 1/2	11,80
1686	CD	168	11,90
1686	B	166 4/5	11,99
1686	A	166 4/5	11,99
1687	MQ	166 1/6	12,04

Messe		[VR1]	[VR2]
		sol.	sc.
1687	CD	163 1/2	12,23
1687	B	163 1/5	12,25
1687	A		
1688	MQ	163 1/2	12,23
1688	CD	161 2/3	12,37
1688	B	161 2/5	12,39
1688	A	161 1/5	12,41
1689	MQ	162	12,35
1689	CD	165	12,12
1689	B	166 1/2	12,01
1689	A	164 2/5	12,17
1690	MQ		
1690	CD	163 1/2	12,23
1690	B	163 1/5	12,25
1690	A	163 1/3	12,24
1691	MQ	164	12,20
1691	CD	162 7/8	12,28
1691	B	165 1/2	12,08
1691	A	158	12,66
1692	MQ	156 3/5	12,77
1692	CD	159	12,58
1692	B	160 1/6	12,49
1692	A	159	12,58
1693	MQ		
1693	CD	159 3/5	12,53
1693	B	160	12,50
1693	A	160 4/5	12,44
1694	MQ	160 4/5	12,44
1694	CD	161 2/3	12,37
1694	B	161 1/2	12,38
1694	A	162 1/5	12,33
1695	MQ	161 1/8	12,41
1695	CD	161 1/8	12,41
1695	B	159 3/5	12,53
1695	A	156 3/4	12,76
1696	MQ	157 1/5	12,72
1696	CD	155 2/5	12,87
1696	B	158 2/5	12,63
1696	A	164 2/5	12,17
1697	MQ	165 3/5	12,08
1697	CD	165	12,12
1697	B	165 1/3	12,10
1697	A	165	12,12
1698	MQ	165	12,12
1698	CD	165	12,12
1698	B	164 1/10	12,19

Messe		[VR1]	[VR2]
		sol.	sc.
1698	A	164 2/3	12,15
1699	MQ	165 2/3	12,07
1699	CD	164 2/5	12,17
1699	B	164 3/4	12,14
1699	A	165	12,12
1700	MQ	165	12,12
1700	CD	164 1/20	12,19
1700	B	164 1/8	12,19
1700	A	165	12,12
1701	MQ	164 2/5	12,17
1701	CD	162	12,35
1701	B	162	12,35
1701	A	162	12,35
1702	MQ	162 2/5	12,32
1702	CD	160 3/4	12,44
1702	B	165 7/8	12,06
1702	A	168	11,90
1703	MQ	167 1/3	11,95
1703	CD	168	11,90
1703	B	164 1/2	12,16
1703	A	166	12,05
1704	MQ	163 1/2	12,23
1704	CD	167 2/3	11,93
1704	B	167 3/4	11,92
1704	A	165 3/4	12,07
1705	MQ	164 1/4	12,18
1705	CD	164 1/2	12,16
1705	B	166	12,05
1705	A	165 1/3	12,10
1706	MQ	165	12,12
1706	CD	165 7/8	12,06
1706	B	165 1/3	12,10
1706	A	165 1/3	12,10
1707	MQ	165 2/3	12,07
1707	CD	165 2/3	12,07
1707	B	166 1/5	12,03
1707	A	165 7/8	12,06
1708	MQ	165 2/3	12,07
1708	CD	165 3/5	12,08
1708	B	164	12,20
1708	A	163 1/3	12,24
1709	MQ	165	12,12
1709	CD	164 1/2	12,16
1709	B	165	12,12
1709	A	169 1/3	11,81
1710	MQ	167 2/5	11,95

Messe		[VR1]	[VR2]
		sol.	sc.
1710	CD	166 4/5	11,99
1710	B	166 1/5	12,03
1710	A	165 7/8	12,06
1711	MQ	167 2/3	11,93
1711	CD	168	11,90
1711	B	166	12,05
1711	A	167 2/3	11,93
1712	MQ	167 1/2	11,94
1712	CD	166 1/5	12,03
1712	B	166 1/5	12,03
1712	A	166 1/5	12,03
1713	MQ	165 9/10	12,06
1713	CD	168	11,90
1713	B	168 9/10	11,84
1713	A	171	11,70
1714	MQ	170	11,76
1714	CD	170 2/3	11,72
1714	B	172	11,63
1714	A	171 1/3	11,67
1715	MQ	171 3/5	11,66
1715	CD	173 3/4	11,51
1715	B	176 7/8	11,31
1715	A	175 4/5	11,38
1716	MQ	178 1/2	11,20
1716	CD	184 1/5	10,86
1716	B	194 2/5	10,29
1716	A	196 4/5	10,16
1717	MQ	195 1/3	10,24
1717	CD	196 4/5	10,16
1717	B	200 1/8	9,99
1717	A	205 4/5	9,72
1718	MQ	207 1/3	9,65
1718	CD		
1718	B		
1718	A		
1719	MQ	183 3/5	10,89
1719	CD	187 1/2	10,67
1719	B	173 2/3	11,52
1719	A	172 1/2	11,59
1720	MQ	174	11,49
1720	CD	174	11,49
1720	B		
1720	A		
1721	MQ	172 2/3	11,58
1721	CD		
1721	B	175 4/5	11,38

Messe		[VR1]	[VR2]
		sol.	sc.
1721	A	173	11,56
1722	MQ	171 1/4	11,68
1722	CD	175 4/5	11,38
1722	B	179 2/5	11,15
1722	A	179	11,17
1723	MQ		
1723	CD	176	11,36
1723	B	176 1/3	11,34
1723	A	176 1/2	11,33
1724	MQ		
1724	CD	175 1/4	11,41
1724	B		

Messe		[VR1]	[VR2]
		sol.	sc.
1724	A	176	11,36
1725	MQ	176 1/2	11,33
1725	CD	177	11,30
1725	B	177 1/3	11,28
1725	A		
1726	MQ	177 1/2	11,27
1726	CD	177	11,30
1726	B	176 1/3	11,34
1726	A	176 1/3	11,34
1727	MQ	176 1/3	11,34
1727	CD	176	11,36

Messe		[VR1]	[VR2]	[VR3]	[VR4]
		sol.	sc.	sol.	fl.
1727	B	176 1/3	11,34	102	19,61
1727	A	177	11,30	103	19,42
1728	MQ				
1728	CD	177	11,30	102 1/2	19,51
1728	B	177 3/5	11,26	97 1/4	20,57
1728	A	177	11,30	103	19,42
1729	MQ	177	11,30	102 3/4	19,46
1729	CD	176 2/3	11,32	102	19,61
1729	B	176 4/5	11,31	102 1/2	19,51
1729	A	176 2/3	11,32	102 1/3	19,54
1730	MQ	176 1/2	11,33	102 3/4	19,46
1730	CD	176 2/5	11,34	102	19,61
1730	B	175 3/5	11,39	102 1/2	19,51
1730	A	176 1/5	11,35	102 2/3	19,48
1731	MQ				
1731	CD	174 7/8	11,44	102 3/4	19,46
1731	B	174 2/3	11,45	102 3/4	19,46
1731	A	174	11,49	102 3/4	19,46
1732	MQ	173	11,56	103 1/4	19,37
1732	CD	173 2/3	11,52	102 3/4	19,46
1732	B	173 1/2	11,53	103 1/4	19,37
1732	A	173	11,56	103 1/2	19,32
1733	MQ	172 4/5	11,57	104 1/2	19,14
1733	CD	173	11,56	105	19,05
1733	B	175	11,43	104 1/2	19,14
1733	A	170 2/3	11,72	102 1/2	19,51
1734	MQ	168 1/2	11,87	102	19,61
1734	CD	168 1/2	11,87	101 1/2	19,70
1734	B	168	11,90	101 1/4	19,75
1734	A	166 3/4	11,99	100 3/4	19,85

Messe		[VR1]	[VR2]	[VR3]	[VR4]
		sol.	sc.	sol.	fl.
1735	MQ	163 1/4	12,25	100 1/2	19,90
1735	CD	163 1/2	12,23	100 3/4	19,85
1735	B	163 1/3	12,24	100 1/8	19,98
1735	A	163 1/8	12,26	100	20,00
1736	MQ	163 1/4	12,25	102 3/4	19,46
1736	CD	165	12,12	99 1/2	20,10
1736	B	164 3/4	12,14	103 1/2	19,32
1736	A	166 4/5	11,99	104 1/2	19,14
1737	MQ	167	11,98	104 3/4	19,09
1737	CD	168 1/3	11,88	106	18,87
1737	B	167	11,98	105 3/4	18,91
1737	A	164 2/5	12,17	106 1/4	18,82
1738	MQ	166	12,05	106	18,87
1738	CD	168	11,90	106	18,87
1738	B	166 1/2	12,01	106	18,87
1738	A	165	12,12	105 2/3	18,93
1739	MQ	163 4/5	12,21	105	19,05
1739	CD	165 1/2	12,08	105 1/4	19,00
1739	B	164 2/5	12,17	104 1/3	19,17
1739	A	164 1/2	12,16	105 1/3	18,99
1740	MQ	165 3/5	12,08	106	18,87
1740	CD	164 1/8	12,19	105 1/2	18,96
1740	B	164 3/4	12,14	106	18,87
1740	A	163 4/5	12,21	106	18,87
1741	MQ	165	12,12	106	18,87
1741	CD	165 1/4	12,10	106 1/4	18,82
1741	B	165	12,12	106 1/2	18,78
1741	A	166 1/2	12,01	107 2/3	18,58
1742	MQ	166 1/2	12,01	107	18,69
1742	CD	166 4/5	11,99	106 2/3	18,75

Messe		[VR3]	[VR4]
		sol.	fl.
1742	B	106	18,87
1742	A	106	18,87
1743	MQ	105	19,05
1743	CD	104 1/2	19,14
1743	B	104	19,23
1743	A	103 1/2	19,32
1744	MQ	103 3/4	19,28
1744	CD	104	19,23
1744	B	104 3/4	19,09
1744	A	106	18,87
1745	MQ	105 1/2	18,96
1745	CD	103 3/4	19,28

Messe		[VR3]	[VR4]
		sol.	fl.
1745	B	104	19,23
1745	A	103 1/2	19,32
1746	MQ	103 1/4	19,37
1746	CD	102 1/2	19,51
1746	B	104	19,23
1746	A	104	19,23
1747	MQ	104 1/4	19,18
1747	CD	103 3/4	19,28
1747	B	103 1/2	19,32
1747	A	104 1/2	19,14
1748	MQ	103 3/4	19,28
1748	CD	102 1/2	19,51

Messe		[VR3]	[VR4]
		sol.	fl.
1748	B	103	19,42
1748	A	104	19,23
1749	MQ	103 3/4	19,28
1749	CD	102 1/2	19,51
1749	B	103 1/4	19,37
1749	A	103	19,42
1750	MQ	104 1/4	19,18
1750	CD	103 1/4	19,37
1750	B	104	19,23
1750	A	104 1/2	19,14
1751	MQ	105	19,05
1751	CD	104 1/2	19,14
1751	B	105 1/2	18,96
1751	A	104 1/2	19,14
1752	MQ	105	19,05
1752	CD	102 1/2	19,51
1752	B	102 1/2	19,51
1752	A	104 3/4	19,09
1753	MQ	103	19,42
1753	CD	102	19,61
1753	B	103 1/4	19,37
1753	A	103	19,42
1754	MQ	102 1/2	19,51
1754	CD	103	19,42
1754	B	103	19,42
1754	A	103 2/3	19,29
1755	MQ	103 4/5	19,27
1755	CD	103 7/8	19,25
1755	B	103 1/2	19,32
1755	A	104	19,23
1756	MQ	103	19,42
1756	CD	103	19,42
1756	B	103 3/4	19,28
1756	A	104 3/4	19,09
1757	MQ	104	19,23

Messe		[VR3]	[VR4]
		sol.	fl.
1757	CD	103 1/2	19,32
1757	B	103	19,42
1757	A	103	19,42
1758	MQ	103 1/2	19,32
1758	CD		
1758	B	103 3/4	19,28
1758	A	103 3/4	19,28
1759	MQ	102 3/4	19,46
1759	CD	102 1/2	19,51
1759	B	103	19,42
1759	A	102	19,61
1760	MQ	102	19,61
1760	CD	102 1/2	19,51
1760	B	102 1/2	19,51
1760	A	102 3/4	19,46
1761	MQ	102 3/4	19,46
1761	CD	102 3/4	19,46
1761	B	102 3/4	19,46
1761	A	102 3/4	19,46
1762	MQ	101 3/4	19,66
1762	CD	101 3/4	19,66
1762	B	101 3/4	19,66
1762	A	102 3/4	19,46
1763	MQ	103	19,42
1763	CD	102 1/2	19,51
1763	B	102 3/4	19,46
1763	A		
1764	MQ		
1764	CD	102	19,61
1764	B		
1764	A		
[…]			
1767	MQ		
1767	CD		
1767	B	103 1/4	19,37

Anmerkung:

[a] Zahlung in Wechselgeld:

Messe		[VR1a]	[VR2a]
		sol.	fl.
1649	CD	177 1/2	11,27
1649	B	178 3/4	11,19
1649	A	179	11,17
1650	MQ	179	11,17

Messe		[VR1a]	[VR2a]
		sol.	fl.
1650	CD	183	10,93
1650	B	184	10,87
1650	A	188 1/2	10,61
1651	MQ	191	10,47

Tab. 4.5: Wechselkurse der Bozner Messen auf die venezianischen Wechselmessen in Verona bzw. in Murano 1633 bis 1652

[VR5] Kreuzer Giro für 1 Scudo di marche [O]
[VR6] Gulden Giro für 100 Scudi di marche [U]

[MR1] Kreuzer Giro für 1 Scudo di marche [O]
[MR2] Gulden Giro für 100 Scudi di marche [U]

Messe		[VR5]	[VR6]
		xr.	fl.
1633	A	150	250,00
1634	MQ	151	251,67
1634	CD	150	250,00
1634	B	148 1/2	247,50
1634	A	153	255,00
1635	MQ	155 1/3	258,89
1635	CD	153 1/2	255,83
1635	B	155 1/2	259,17
1635	A	157	261,67
1636	MQ	156 1/2	260,83
1636	CD	151	251,67
1636	B	153	255,00
1636	A	158 3/4	264,58
1637	MQ	158 1/2	264,17
1637	CD	158	263,33
1637	B	159	265,00
1637	A	162 1/2	270,83
1638	MQ	158	263,33
1638	CD	157 1/2	262,50
1638	B	159 1/2 [a]	265,83
1638	A	161 [a]	268,33
1639	MQ	156 [a]	260,00
1639	CD	158 [a]	263,33
1639	B	155 3/4	259,58
1639	A	154	256,67
1640	MQ	156	260,00
1640	CD	155 1/2	259,17
1640	B	157 1/2	262,50
1640	A	158	263,33
1641	MQ	157 1/2	262,50
1641	CD	159	265,00
1641	B	157	261,67
1641	A	156 1/2	260,83
1642	MQ	159 1/3	265,56
1642	CD	158	263,33
1642	B	160	266,67

Messe		[VR5]	[VR6]
		xr.	fl.
1642	A	161	268,33
1643	MQ	161	268,33
1643	CD	163 1/2	272,50
1643	B	162 3/4	271,25
1643	A	163	271,67
1644	MQ	162 1/2	270,83
1644	CD	160 1/2	267,50
1644	B	160 1/4	267,08
1644	A	160 3/4	267,92
1645	MQ	160	266,67
1645	CD	159 1/3	265,56
1645	B	160 1/2	267,50
1645	A	160 1/2	267,50
1646	MQ	160 1/2	267,50
1646	CD	161	268,33
1646	B	160 1/2	267,50
1646	A	160	266,67
1647	MQ	160	266,67
1647	CD	162	270,00
1647	B	161 1/2	269,17
1647	A	161 1/2	269,17
Messe		**[MR1]**	**[MR2]**
		xr.	fl.
1648	MQ	161 1/2	269,17
1648	CD	158	263,33
1648	B	157 3/4	262,92
1648	A	154 1/2	257,50
1649	MQ	154	256,67
1649	CD	154 3/4	257,92
1649	B	155 3/4	259,58
1649	A	159	265,00
1650	MQ	162	270,00
1650	CD	162	270,00
1650	B	161 1/2	269,17
1650	A	161	268,33
1651	MQ	160	266,67

Messe		[MR1]	[MR2]
		xr.	fl.
1651	CD	157 1/2	262,50
1651	B	159 1/4	265,42
1651	A	160	266,67

Messe		[MR1]	[MR2]
		xr.	fl.
1652	MQ	161 2/3	269,44
1652	CD	163 1/2	272,50
1652	B	164	273,33

Anmerkung:

[a] Für die vier Messen von der Bartholomäusmesse 1638 bis zur Fronleichnamsmesse 1639 findet sich in den Kursübersichten der Hinweis: „Verona & Reggio Fiere unite“, d.h. die Kursnotierung gilt für die in Verona und Reggio Emilia gleichzeitig abgehaltenen Messen.

Tab. 4.6: Wechselkurse der Bozner Messen auf Bergamo 1647 bis 1749

[BG1] Soldi correnti für 1 Scudo di cambio [O]
[BG2] Scudi di cambio für 100 Scudi di 7 Lire [U]
[BG3] Soldi correnti für 1 Gulden moneta lunga [2. O, ab 1727]
[BG4] Gulden moneta lunga für 100 Scudi di 7 Lire [U]

Messe		[BG1]	[BG2]
		sol.	sc.
1647	B	161 1/2	86,69
1647	A	163 1/2	85,63
1648	MQ	162 1/2	86,15
1648	CD	163	85,89
1648	B	164	85,37
1648	A	166 1/2	84,08
1649	MQ	167	83,83
1649	CD	168	83,33
1649	B	165	84,85
1649	A	166	84,34
1650	MQ	165	84,85
1650	CD	163 1/4	85,76
1650	B	165	84,85
1650	A	168	83,33
1651	MQ	172	81,40
1651	CD	165	84,85
1651	B	163	85,89
1651	A	162	86,42
1652	MQ	160 1/2	87,23
1652	CD	160	87,50
1652	B	160	87,50
1652	A	160	87,50
1653	MQ	160 1/2	87,23
1653	CD	162 1/2	86,15
1653	B	163	85,89
1653	A	164	85,37
1654	MQ	165 1/2	84,59
1654	CD	164 1/2	85,11
1654	B	164 1/4	85,24
1654	A	164 1/2	85,11
1655	MQ	164 3/4	84,98
1655	CD	164 1/2	85,11
1655	B	164	85,37
1655	A	164 1/2	85,11
1656	MQ	166	84,34
1656	CD	165 1/2	84,59
1656	B	166	84,34
1656	A	166 1/4	84,21
1657	MQ	165	84,85
1657	CD	163 5/6	85,45
1657	B	163 1/2	85,63
1657	A	165 1/2	84,59
1658	MQ	165 1/2	84,59
1658	CD	165 7/8	84,40
1658	B	167	83,83
1658	A	166	84,34
1659	MQ	163 1/2	85,63
1659	CD	165 1/8	84,78
1659	B	164 1/2	85,11
1659	A	164	85,37
1660	MQ	164 3/4	84,98
1660	CD	165	84,85
1660	B	164	85,37
1660	A	164 1/2	85,11
1661	MQ	165	84,85
1661	CD	165	84,85
1661	B	165	84,85
1661	A	165 3/4	84,46
1662	MQ	165 1/2	84,59
1662	CD	164 1/2	85,11
1662	B	165 1/3	84,68
1662	A	165	84,85
1663	MQ	164	85,37
1663	CD	162 1/2	86,15
1663	B	163 7/8	85,43
1663	A	164	85,37
1664	MQ	166	84,34
1664	CD	163	85,89
1664	B	163	85,89
1664	A	162 1/2	86,15
1665	MQ	162 3/4	86,02
1665	CD	162 1/2	86,15
1665	B	163 5/8	85,56
1665	A	164 1/4	85,24
1666	MQ	166 1/4	84,21
1666	CD	161 3/4	86,55

Messe		[BG1]	[BG2]
		sol.	sc.
1666	B	161	86,96
1666	A	160 1/4	87,36
1667	MQ	161 1/2	86,69
1667	CD	161	86,96
1667	B	159 1/2	87,77
1667	A	159 1/2	87,77
1668	MQ	159 2/3	87,68
1668	CD	160	87,50
1668	B	160 1/2	87,23
1668	A	159 2/3	87,68
1669	MQ	160	87,50
1669	CD	158 3/4	88,19
1669	B	160	87,50
1669	A	160	87,50
1670	MQ	159	88,05
1670	CD	159	88,05
1670	B	159 1/3	87,87
1670	A	159 1/2	87,77
1671	MQ	161 1/2	86,69
1671	CD	160 1/4	87,36
1671	B	161 1/2	86,69
1671	A	161	86,96
1672	MQ	164 1/3	85,19
1672	CD	165	84,85
1672	B	165	84,85
1672	A	167 1/3	83,67
1673	MQ	166	84,34
1673	CD	165 1/3	84,68
1673	B	165	84,85
1673	A	165	84,85
1674	MQ	164 1/2	85,11
1674	CD	163 1/2	85,63
1674	B	162 1/2	86,15
1674	A	160 1/2	87,23
1675	MQ	161 1/2	86,69
1675	CD	162 1/3	86,24
1675	B	163	85,89
1675	A	164 3/4	84,98
1676	MQ	165 1/4	84,72
1676	CD	164 1/3	85,19
1676	B	165 1/4	84,72
1676	A	162 1/4	86,29
1677	MQ	163 1/3	85,71
1677	CD	162	86,42
1677	B	161	86,96
1677	A	161 3/4	86,55
1678	MQ	164	85,37
1678	CD	165 1/4	84,72
1678	B	165 3/4	84,46
1678	A	165	84,85
1679	MQ	165 2/3	84,51
1679	CD	165	84,85
1679	B	164	85,37
1679	A	165	84,85
1680	MQ	165 1/4	84,72
1680	CD	163 3/4	85,50
1680	B	162 3/5	86,10
1680	A	162 3/5	86,10
1681	MQ	165 1/3	84,68
1681	CD	164 3/4	84,98
1681	B	163 2/5	85,68
1681	A	162 1/3	86,24
1682	MQ	163 4/5	85,47
1682	CD	163 1/5	85,78
1682	B	163 2/5	85,68
1682	A	165 3/4	84,46
1683	MQ	165	84,85
1683	CD	165 1/2	84,59
1683	B	168 1/2	83,09
1683	A	166	84,34
1684	MQ	164 1/3	85,19
1684	CD	164 2/3	85,02
1684	B	164 1/3	85,19
1684	A	163 7/8	85,43
1685	MQ	164 1/2	85,11
1685	CD	164 1/2	85,11
1685	B	163 1/2	85,63
1685	A	167 1/3	83,67
1686	MQ	169 1/2	82,60
1686	CD	167 1/2	83,58
1686	B	167 1/3	83,67
1686	A	166 4/5	83,93
1687	MQ	165 3/4	84,46
1687	CD	164	85,37
1687	B	163 1/5	85,78
1687	A		
1688	MQ	164	85,37
1688	CD	162	86,42
1688	B	161 1/6	86,87
1688	A	162 2/5	86,21
1689	MQ	163 1/5	85,78
1689	CD	166	84,34

Messe		[BG1]	[BG2]
		sol.	sc.
1689	B	167 1/4	83,71
1689	A	165	84,85
1690	MQ		
1690	CD	164 3/4	84,98
1690	B	163 3/4	85,50
1690	A	164	85,37
1691	MQ	164 3/5	85,05
1691	CD	162 3/5	86,10
1691	B	159 7/8	87,57
1691	A	159 1/2	87,77
1692	MQ	158 2/3	88,24
1692	CD	160 1/6	87,41
1692	B	160 2/3	87,14
1692	A	159 7/8	87,57
1693	MQ		
1693	CD	162 1/3	86,24
1693	B	161 4/5	86,53
1693	A	162 1/2	86,15
1694	MQ	162	86,42
1694	CD	162 1/2	86,15
1694	B	162	86,42
1694	A	162 3/4	86,02
1695	MQ	161 3/5	86,63
1695	CD	161 1/3	86,78
1695	B	159 1/2	87,77
1695	A	157 3/5	88,83
1696	MQ	157 1/4	89,03
1696	CD	155 2/5	90,09
1696	B	158 3/5	88,27
1696	A	164 2/5	85,16
1697	MQ	166	84,34
1697	CD	165 1/2	84,59
1697	B	166	84,34
1697	A	165 2/3	84,51
1698	MQ	165 1/2	84,59
1698	CD	165 1/2	84,59
1698	B	165	84,85
1698	A	166	84,34
1699	MQ	165 2/5	84,64
1699	CD	174 7/8	80,06
1699	B	164 7/8	84,91
1699	A	165 1/2	84,59
1700	MQ	165	84,85
1700	CD	163 3/5	85,57
1700	B	164 3/5	85,05
1700	A	165 1/4	84,72

Messe		[BG1]	[BG2]
		sol.	sc.
1701	MQ	164 3/4	84,98
1701	CD	162 1/2	86,15
1701	B	162 1/3	86,24
1701	A	162 1/8	86,35
1702	MQ	162 2/3	86,07
1702	CD	161	86,96
1702	B	166	84,34
1702	A	168	83,33
1703	MQ	166	84,34
1703	CD	165 1/2	84,59
1703	B	164 3/4	84,98
1703	A	166	84,34
1704	MQ	165	84,85
1704	CD	168	83,33
1704	B	164 3/4	84,98
1704	A	163 1/8	85,82
1705	MQ	163 2/3	85,54
1705	CD	165	84,85
1705	B	165	84,85
1705	A	164 1/3	85,19
1706	MQ	163	85,89
1706	CD	164	85,37
1706	B	163 1/3	85,71
1706	A	163 1/3	85,71
1707	MQ	163 2/3	85,54
1707	CD	163 2/3	85,54
1707	B	164 1/2	85,11
1707	A	164	85,37
1708	MQ	163 2/3	85,54
1708	CD	163	85,89
1708	B	162	86,42
1708	A	162	86,42
1709	MQ	163	85,89
1709	CD	162 1/2	86,15
1709	B	163	85,89
1709	A	163 1/3	85,71
1710	MQ	167 2/5	83,63
1710	CD	165	84,85
1710	B	164 1/5	85,26
1710	A	164	85,37
1711	MQ	165 2/3	84,51
1711	CD	166	84,34
1711	B	164	85,37
1711	A	165 3/4	84,46
1712	MQ	165 1/2	84,59
1712	CD	164 1/4	85,24

Messe		[BG1]	[BG2]
		sol.	sc.
1712	B	164 1/2	85,11
1712	A	164 1/5	85,26
1713	MQ	163 1/4	85,76
1713	CD	166 1/2	84,08
1713	B	167	83,83
1713	A	169	82,84
1714	MQ	168	83,33
1714	CD	168 3/4	82,96
1714	B	170	82,35
1714	A	169 1/4	82,72
1715	MQ	169 2/3	82,51
1715	CD	171 3/4	81,51
1715	B	174 1/2	80,23
1715	A	173 3/4	80,58
1716	MQ	176 1/2	79,32
1716	CD	182 1/2	76,71
1716	B	192 1/2	72,73
1716	A	194 4/5	71,87
1717	MQ	193 1/4	72,45
1717	CD	194 1/2	71,98
1717	B	198	70,71
1717	A	203 3/4	68,71
1718	MQ	205 1/4	68,21
1718	CD		
1718	B		
1718	A		
1719	MQ	181 1/2	77,13
1719	CD	185 1/2	75,47
1719	B	171 3/4	81,51
1719	A	170 3/4	81,99

Messe		[BG1]	[BG2]
		sol.	sc.
1720	MQ	172	81,40
1720	CD	172 1/4	81,28
1720	B		
1720	A		
1721	MQ	170 3/4	81,99
1721	CD		
1721	B	173 3/4	80,58
1721	A	171	81,87
1722	MQ	169 1/2	82,60
1722	CD	174	80,46
1722	B	177 1/2	78,87
1722	A	177	79,10
1723	MQ		
1723	CD	174 1/4	80,34
1723	B	174 1/4	80,34
1723	A	174 1/2	80,23
1724	MQ		
1724	CD	173 1/4	80,81
1724	B		
1724	A	174	80,46
1725	MQ	174 1/2	80,23
1725	CD	175	80,00
1725	B	175 1/3	79,85
1725	A		
1726	MQ	175 1/2	79,77
1726	CD	175	80,00
1726	B	174 1/3	80,31
1726	A	174 1/3	80,31
1727	MQ	174 1/3	80,31
1727	CD	174	80,46

Messe		[BG1]	[BG2]	[BG3]	[BG4]
		sol.	sc.	sol.	fl.
1727	B	176 1/4	79,43	103	135,92
1727	A	177	79,10	104	134,62
1728	MQ				
1728	CD	177	79,10	103 1/2	135,27
1728	B	177 3/5	78,83	96 1/4	145,45
1728	A	177	79,10	104	134,62
1729	MQ	177	79,10	103 3/4	134,94
1729	CD	176 2/3	79,25	103	135,92
1729	B	176 4/5	79,19	103 1/2	135,27
1729	A	176 2/3	79,25	103 1/3	135,48
1730	MQ	176 ½	79,32	103 1/2	135,27

Messe		[BG1]	[BG2]	[BG3]	[BG4]
		sol.	sc.	sol.	fl.
1730	CD	176 2/5	79,37	103	135,92
1730	B	176 4/5	79,19	103 1/2	135,27
1730	A	176 1/5	79,46	103 2/3	135,05
1731	MQ				
1731	CD	174 7/8	80,06	103 3/4	134,94
1731	B	174 2/3	80,15	103 3/4	134,94
1731	A	174	80,46	103 3/4	134,94
1732	MQ	173	80,92	104 1/4	134,29
1732	CD	173 2/3	80,61	103 1/2	135,27
1732	B	173 1/2	80,69	104	134,62
1732	A	173	80,92	104	134,62
1733	MQ	172 4/5	81,02	105	133,33
1733	CD	173	80,92	105 1/2	132,70
1733	B	175	80,00	105	133,33
1733	A	176 2/3	79,25	103	135,92
1734	MQ	168 1/2	83,09	102 1/2	136,59
1734	CD	168 1/2	83,09	102	137,25
1734	B	168	83,33	101 3/4	137,59
1734	A	168 3/4	82,96	101 1/2	137,93
1735	MQ	163 1/2	85,63	101	138,61
1735	CD	163 1/2	85,63	101	138,61
1735	B	163 1/3	85,71	100 3/8	139,48
1735	A	163 1/8	85,82	100 1/4	139,65
1736	MQ	163 1/4	85,76	103	135,92
1736	CD	165	84,85	100	140,00
1736	B	164 3/4	84,98	104	134,62
1736	A	166 4/5	83,93	105	133,33
1737	MQ	167	83,83	105 1/4	133,02
1737	CD	168 1/3	83,17	106 1/2	131,46
1737	B	167	83,83	106 1/4	131,76
1737	A	164 2/5	85,16	106 3/4	131,15
1738	MQ	166	84,34	106 1/2	131,46
1738	CD	168	83,33	106 1/2	131,46
1738	B	166 1/2	84,08	107	130,84
1738	A	165	84,85	106 2/3	131,25
1739	MQ	163 4/5	85,47	106	132,08
1739	CD	165 1/2	84,59	105 3/4	132,39
1739	B	164 2/5	85,16	105 1/3	132,91
1739	A	164 1/2	85,11	106 1/3	131,66
1740	MQ	165 3/5	84,54	107	130,84
1740	CD	164 1/8	85,30	106 1/2	131,46
1740	B	164 3/4	84,98	107	130,84
1740	A	163 4/5	85,47	107	130,84
1741	MQ	165	84,85	107	130,84
1741	CD	165 1/4	84,72	107 1/2	130,23
1741	B	165	84,85	107 1/2	130,23

Messe	[BG1]	[BG2]	[BG3]	[BG4]
	sol.	sc.	sol.	fl.
1741 A	166 1/2	84,08	108 2/3	128,83
1742 MQ	166 1/2	84,08	108	129,63
1742 CD	166 4/5	83,93	108 1/4	129,33

Messe	[BG3] sol.	[BG4] fl.
1742 B	107 1/4	130,54
1742 A	107 1/4	130,54
1743 MQ	106	132,08
1743 CD	105 3/4	132,39
1743 B	105 1/4	133,02
1743 A	104 3/4	133,65
1744 MQ	105	133,33
1744 CD	105 1/4	133,02
1744 B	106	132,08
1744 A	107 1/4	130,54
1745 MQ	106 3/4	131,15
1745 CD	105	133,33
1745 B	105	133,33
1745 A	104 3/4	133,65

Messe	[BG3] sol.	[BG4] fl.
1746 MQ	104 1/2	133,97
1746 CD	103 3/4	134,94
1746 B	105 1/4	133,02
1746 A	105 1/4	133,02
1747 MQ	105 1/2	132,70
1747 CD	105	133,33
1747 B	104 3/4	133,65
1747 A	105 3/4	132,39
1748 MQ	105	133,33
1748 CD	103 3/4	134,94
1748 B	105 1/2	132,70
1748 A	107	130,84
1749 MQ	107 1/4	130,54

4.2 NEAPEL – DAS FINANZZENTRUM DES KÖNIGREICHS NEAPEL

Seit dem Mittelalter war Neapel der wichtigste Wechselmarkt Süditaliens und eng in das italienische Wechselnetz eingebunden.[52] In den Jahrzehnten, als Neapel für Bozen als Wechselpartner relevant war, d.h. von 1640 bis 1742, verfügte die Hauptstadt des gleichnamigen Königreichs – wie die meisten italienischen Wechselplätze des 17. Jahrhunderts – zwar über eine große Anzahl von Wechselpartnern, von denen die meisten aber im italienischen Raum selbst angesiedelt waren. So verzeichnet van Veldens Wechselhandbuch (1629) neben Rom, Florenz, Venedig, Mailand, Lecce, Bari, Monteleone, Cosenza, Messina, Palermo und Genua Antwerpen, die Lyoner und Bisenzone-Messen, London, Valencia, Sevilla und Lissabon als neapolitanische Wechselpartner.[53] Als wichtigste unter diesen erscheinen Venedig und Rom, daneben noch Florenz, das gegen Ende des 17. Jahrhunderts in dieser Bedeutung vom seit 1659 notierten Livorno abgelöst wurde.[54] Dies ist an der Regelmäßigkeit der Notierungen, die für diese Städte vorliegen,[55] zu ersehen. Der Großteil der anderen italienischen Plätze wurde unregelmäßig oder gar nur vereinzelt mit Kursnotierungen versehen. Selbst für Genua liegen regelmäßige Angaben erst ab den 1670er Jahren vor, während die ligurische Metropole zuvor (ab 1626) ähnlich wie Mailand ab 1633 nur sporadisch verzeichnet wurde. Eine aufgrund seiner herausragenden geographischen Lage besondere Stellung nahm auch Messina ein, das Neapel im Gegensatz zu Palermo im gesamten Untersuchungszeitraum (relativ) regelmäßig notierte, während dies für Palermo erst seit dem Ende der 1650er Jahre zutraf. Eine ähnliche Sonderstellung hatten auch die Genuesischen Wechselmessen inne, vermittelten sie für Neapel doch den Zahlungsverkehr mit Plätzen nördlich der Alpen.

Plätze außerhalb Italiens brauchten daher nur in geringer Anzahl verzeichnet werden. In Nordwesteuropa waren dies Antwerpen (1637–1696) und London (1637–1667), wobei aber für beide Städte kaum Kursnotierungen zu finden sind. Als einziger Partner von Bedeutung außerhalb des italienischen Raumes kann somit – nicht zuletzt aufgrund der politischen Verbindung zwischen den beiden Hauptstädten (Personalunion zwischen den Königreichen Neapel und Aragón bzw. Spanien bis 1707) – Madrid bezeichnet werden, das, wenn zwar meist unregelmäßig, so doch ab 1627 (relativ) durchgehend angegeben wurde.[56] Barcelona war kurzzeitig zwischen 1678 und 1687

---

52 Alfonso LEONE, Note sul movimento cambiario nella seconda metà del sec. XV: Barcellona – Avignone – Napoli, in: Medioevo. Saggi e rassegne 6, Cagliari 1981, S. 167–181.

53 VAN VELDEN, Fondament van de Wisselhandeling [1629], S. 119f.; vgl. DENZEL, „Practica della Cambiatura“, S. 449.

54 Luigi DE ROSA, I cambi esteri del Regno di Napoli dal 1591 al 1707, Napoli 1955, S. 21, 23; Antonio DI VITTORIO, Gli Austriaci e il regno di Napoli 1707–1734. Ideologia e politica di sviluppo, Napoli 1973, S. 344.

55 DE ROSA, I cambi esteri, S. 67ff.; SCHNEIDER u.a. (Hrsg.), Währungen der Welt III, S. 203–253.

56 DE ROSA, I cambi esteri, S. 16: „Madrid diventò una piazza cambiaria interessante.“

von Interesse, weist aber nur wenige Kursnotierungen auf.[57] Nach 1707 wurden dann nach Antonio di Vittorio neben Venedig, Rom, Livorno und Genua auch Madrid und – aufgrund der neuen politischen Verbindung zur Österreichischen Monarchie – Wien sowie innerhalb des italienischen Raumes Florenz, Messina, Palermo und Foligno notiert.[58] Mit diesem Befund stimmen im wesentlichen auch die Angaben in zeitgenössischen Kaufmannshandbüchern überein.[59] Eine Kursübersicht von der Mitte des 18. Jahrhunderts nennt Lyon, Rom, Venedig, Genua, Palermo und Messina als neapolitanische Wechselpartner.[60]

Charakteristisch für das Königreich Italien ist ein weitverzweigtes Subsystem von kleineren Plätzen, wie sie bereits van Velden (1629) mit Lecce, Bari, Monteleone, Cosenza und allen Messeplätze Süditaliens („alle de Fieres van't Coninghrijck") nennt; sie werden bei Luigi de Rosa zwar nicht verzeichnet, ihre Existenz aber bestätigt: „In realtà, Napoli era collegata, attraverso una fitta rete di cambiatori, alle principali città mercantili del Regno. Per esempio, agli Abruzzi (L'Aquila, Lanciano,[61] Castel di Sangro, ecc.), alla Campania (Aversa, Salerno, Benevento, ecc.), alla Puglia (Lucera, Lecce, Bari, Foggia, Molfetta, Barletta, Bitonto, Monopoli, Brindisi, Taranto, Otranto, ecc.), alle Calabrie (Monteleone, Rossano, Cosenza, Reggio, ecc.), ecc. Ma, poichè i cambi con queste piazze non importavano altra spesa al di fuori di quella di una provvigione, commisurata 'in ragione del travaglio di recapitar la negotiatione, e non del rischio', quelle napoletane possono rappresentare le quotazione dei cambi dell'intero Regno."[62] Diese nur lokal, allenfalls regional bedeutenden Plätze wurden in der Regel ausschließlich innerhalb des Königreichs Neapel bzw. des Königreichs Beider Sizilien notiert – und dies jeweils nur für wenige Monate oder Jahre.[63] Ausnahmen bildeten al-

57 Ebd., S. 354–356. Valencia und Lissabon, die bei VAN VELDEN, Fondament van de Wisselhandeling [1629], S. 324, als Wechselpartner von Neapel genannt worden sind, wurden hingegen nach de Rosas Angaben überhaupt nicht notiert. Darüber hinaus wurden noch andere Plätze außerhalb Italiens, wiederum aber jeweils nur für wenige Monate, notiert, und zwar Sevilla (1622), Cádiz (1678, 1688), Paris (1667), Lyon (1681, 1683), Brüssel (1685/86) und Wien (1633, 1687/88).

58 DI VITTORIO, Gli Austriaci, S. 344.

59 HERBACH, Wechsel-Handlung [1716], S. 97; ders., Wechsel-Handlung [1726], S. 104; ders., Europäische Wechselhandlung [1756/57], S. 83.

60 GIRAUDEAU, La banque [1759], S. 248.

61 Zu dieser regional bedeutenden Messe und ihrem Zahlungsverkehr ausführlich Corrado MARCIANI, Lettres de change aux foires de Lanciano au XVIe siècle, Paris 1962. Für Lanciano ist Wechselverkehr spätestens seit den 1570er Jahren belegt. In den Monaten, in denen die Messen stattfanden (Juni und September), notierten verschiedene italienische Plätze diese wichtigen Messen im Königreich Neapel.

62 DE ROSA, I cambi esteri, S. 14.

63 So Macerata (1633), Bologna (1633–1635), Pesaro (1636, 1640), Ferrara (1664), Terni (1669), Foligno (1687, 1691, 1703), Loreto (1686), Mantua (1695/96), Civitavecchia (1706/07), Trapani (1669, 1686), Augusta (1675), Milazzo (1676), Syrakus (1679), Brescia (1636, 1692/93, 1699/1700), Chioggia (1653, 1655, 1657, 1669, 1678/79, 1684, 1686, 1691, 1694, 1700, 1702/03), Trient (1660), Padua (1680), Cremona (1681, 1684, 1695), Bergamo (1691) und Ragusa (1678). Demgegenüber liegen Notierungen auf Ancona, Siena und Verona in der ersten Hälfte des 17. Jahrhunderts zumindest für einige Jahre in relativ regelmäßiger Folge und darüber hinaus zum Teil

lenfalls Bari und Lecce, die zumindest innerhalb Italiens eine zeitweilige Bedeutung als mehr als nur lokale Wechselpartner besaßen und etwa von Venedig und den Bisenzone-Messen im 17. und 18. Jahrhundert nachgewiesenermaßen notiert wurden.[64] Für alle diese lokalen Wechselmärkte bildete Neapel das zentrale Intermediär, über welches diese an das internationale bargeldlose Zahlungsverkehrssystem angeschlossen wurden.

Aus dem Blickwinkel des bargeldlosen Zahlungsverkehrs kann Neapel damit im 17. und 18. Jahrhundert insgesamt als ein Regionalzentrum für den Süden Italiens unter Einschluß Siziliens bezeichnet werden, das aber außerhalb Italiens allenfalls eine vergleichsweise geringe Relevanz als Wechselmarkt besaß.

Die Bozner Kursreihe auf Neapel begann 1640, d.h. gleichzeitig mit denen auf die meisten anderen Wechselpartner Bozens in Italien, und endete mit der Fronleichnamsmesse 1742 und somit ebenfalls in dem Zeitraum, in dem die meisten Bozner Verbindungen zu italienischen Wechselmärkten abgebrochen wurden. Die Notierung erfolgte in Bozen in Kreuzern Wechselgeld für 1 (imaginären) Ducato.[65] Die traditionelle neapolitanische Währung war der Ducato zu 10 Carlini à 10 Grani oder zu 5 Tari à 20 Grani. Im beginnenden 17. Jahrhundert war sie durch mehrere Inflationswellen gekennzeichnet, so insbesondere in der zweiten Dekade (1611: 8,4%, 1617: 15,9%, 1618: 20,3%, 1620: 33,1%).[66] Im 18. Jahrhundert ist die Bezeichnung „Ducato del regno" oder „Ducato di regno" für den neapolitanischen Ducato nachgewiesen, doch verbarg sich hinter dieser ‚neuen' Bezeichnung keine Änderung der Währungsverhältnisse.

Die Usance zwischen den Bozner Messen und Neapel betrug nach Mandich 48 bis 50 Tage dato, nach Herbach [1716] 6 Wochen dato.[67]

Neben der Originalnotierung (Datenreihe NA1) wird in der folgenden Tabelle auch eine Umrechnung in Scudi di cambio (= 93 Kreuzer Grio) für 100 Ducati di regno (Datenreihe NA2) präsentiert.

---

noch vereinzelt vor; De Rosa, I cambi esteri, S. 18f., 349–353; vgl. auch ebd., S. 16: „Le piazze di Pesaro, Brescia, Bologna, Macerata, Ferrara non figurarono più come oggetto di transazioni finanziarie internazionali, ma altre si presentarono al loro posto."

64 Schneider u.a. (Hrsg.), Währungen der Welt III, S. 173–178, 297–301; ders. u.a. (Hrsg.), Währungen der Welt VI, S. 276f.

65 Rosso, Informatione per più chiara inteligenza de' Cambij [1680], S. 13; Herbach, Wechsel-Handlung [1716], S. 146. Vgl. auch Mandich, Geld- und Kreditwesen, S. 504, wo aber die Unterteilung des Ducato mit 100 „Grazie" angegeben wird.

66 De Rosa, I cambi esteri [1955], S. 33f.

67 Mandich, Geld- und Kreditwesen, S. 507; Herbach, Wechsel-Handlung [1716], S. 146.

Tab. 4.7: Wechselkurse der Bozner Messen auf Neapel von 1640 bis 1742

[NA1] Kreuzer Giro für 1 Ducato di regno [O]
[NA2] Scudi di cambio für 100 Ducati di regno [U]

Messe		[NA1]	[NA2]
		xr.	sc.
1640	MQ	91	97,85
1640	CD	92	98,92
1640	B	93 1/2	100,54
1640	A	93	100,00
1641	MQ	92 1/2	99,46
1641	CD	94	101,08
1641	B	93 1/2	100,54
1641	A	93 3/4	100,81
1642	MQ	93	100,00
1642	CD	92 1/2	99,46
1642	B	95	102,15
1642	A	94	101,08
1643	MQ	96	103,23
1643	CD	94	101,08
1643	B	93	100,00
1643	A	93	100,00
1644	MQ	93	100,00
1644	CD	95	102,15
1644	B	96 1/4	103,49
1644	A	96 1/2	103,76
1645	MQ	96 1/2	103,76
1645	CD	96 1/2	103,76
1645	B	97	104,30
1645	A	98	105,38
1646	MQ	99	106,45
1646	CD	100	107,53
1646	B	98	105,38
1646	A	97	104,30
1647	MQ	96 1/2	103,76
1647	CD	95 1/2	102,69
1647	B	93 3/4	100,81
1647	A		
1648	MQ		
1648	CD		
1648	B	99	106,45
1648	A	98	105,38
1649	MQ	89 1/2	96,24
1649	CD	90	96,77
1649	B	97 1/2	104,84
1649	A	97 1/2	104,84

Messe		[NA1]	[NA2]
		xr.	sc.
1650	MQ	101	108,60
1650	CD	104	111,83
1650	B	101 3/4	109,41
1650	A	96 1/2	103,76
1651	MQ	91 1/2	98,39
1651	CD	98	105,38
1651	B	99	106,45
1651	A	101 3/4	109,41
1652	MQ	100	107,53
1652	CD	100	107,53
1652	B	99 1/2	106,99
1652	A	98	105,38
1653	MQ	99	106,45
1653	CD	99	106,45
1653	B	97	104,30
1653	A	96	103,23
1654	MQ	95 1/2	102,69
1654	CD	99 1/2	106,99
1654	B	101 1/2	109,14
1654	A	100	107,53
1655	MQ	100	107,53
1655	CD	100 1/2	108,06
1655	B	99	106,45
1655	A	96	103,23
1656	MQ	94 1/2	101,61
1656	CD	94 1/2	101,61
1656	B		
1656	A	94 1/2	101,61
1657	MQ	95 1/4	102,42
1657	CD	97	104,30
1657	B	96 1/2	103,76
1657	A	93	100,00
1658	MQ	93	100,00
1658	CD	91	97,85
1658	B	90	96,77
1658	A	91	97,85
1659	MQ	91 1/2	98,39
1659	CD	92	98,92
1659	B	96 3/4	104,03
1659	A	96 3/4	104,03

Messe		[NA1]	[NA2]
		xr.	sc.
1660	MQ	95 1/2	102,69
1660	CD	94 3/4	101,88
1660	B	95	102,15
1660	A	95 3/4	102,96
1661	MQ	94 1/2	101,61
1661	CD	95	102,15
1661	B	97 1/2	104,84
1661	A	96	103,23
1662	MQ	96 1/3	103,58
1662	CD	95 1/2	102,69
1662	B	95 3/4	102,96
1662	A	96 2/3	103,94
1663	MQ	97	104,30
1663	CD	98 1/3	105,73
1663	B	98 1/4	105,65
1663	A	97 1/3	104,66
1664	MQ	98	105,38
1664	CD	99 3/4	107,26
1664	B	99 1/2	106,99
1664	A	99	106,45
1665	MQ	98 1/2	105,91
1665	CD	98 3/4	106,18
1665	B	97 1/4	104,57
1665	A	97	104,30
1666	MQ	96 3/4	104,03
1666	CD	98 1/3	105,73
1666	B	98 1/4	105,65
1666	A	98	105,38
1667	MQ	97 2/3	105,02
1667	CD	97 1/3	104,66
1667	B	97 1/4	104,57
1667	A	95 1/2	102,69
1668	MQ	92 1/4	99,19
1668	CD	94 3/4	101,88
1668	B	96 1/3	103,58
1668	A	98 1/4	105,65
1669	MQ	96 1/4	103,49
1669	CD	97 1/2	104,84
1669	B	98	105,38
1669	A	97 1/2	104,84
1670	MQ	97 1/3	104,66
1670	CD	97 1/2	104,84
1670	B	97 1/3	104,66
1670	A	98	105,38
1671	MQ	98 1/4	105,65
1671	CD	97 3/4	105,11

Messe		[NA1]	[NA2]
		xr.	sc.
1671	B	97 1/4	104,57
1671	A	97	104,30
1672	MQ	94 1/4	101,34
1672	CD	92 1/3	99,28
1672	B	92 3/4	99,73
1672	A	92 1/4	99,19
1673	MQ	91	97,85
1673	CD	90 1/4	97,04
1673	B	89 1/3	96,06
1673	A	90 7/8	97,72
1674	MQ	91 3/4	98,66
1674	CD	92 1/4	99,19
1674	B	91 7/8	98,79
1674	A	92	98,92
1675	MQ	94	101,08
1675	CD	94	101,08
1675	B	92	98,92
1675	A	92 3/4	99,73
1676	MQ	93 1/2	100,54
1676	CD	94 1/4	101,34
1676	B	92 2/3	99,64
1676	A	94 1/3	101,43
1677	MQ	94 1/2	101,61
1677	CD	93 3/4	100,81
1677	B	93 1/2	100,54
1677	A	93 1/4	100,27
1678	MQ	93 3/4	100,81
1678	CD	96	103,23
1678	B	95 1/4	102,42
1678	A	95 3/4	102,96
1679	MQ	92 1/3	99,28
1679	CD	91 3/4	98,66
1679	B	88 3/4	95,43
1679	A	90	96,77
1680	MQ	90 4/5	97,63
1680	CD	91 1/2	98,39
1680	B	91	97,85
1680	A	92 1/5	99,14
1681	MQ	91 2/3	98,57
1681	CD	94 1/4	101,34
1681	B	92 2/5	99,35
1681	A	92 1/6	99,10
1682	MQ	90 1/8	96,91
1682	CD	89 4/5	96,56
1682	B	87	93,55
1682	A	86 1/5	92,69

Messe		[NA1]	[NA2]
		xr.	sc.
1683	MQ	84	90,32
1683	CD	84 1/2	90,86
1683	B	89 1/3	96,06
1683	A	89	95,70
1684	MQ	86 1/4	92,74
1684	CD	87 1/2	94,09
1684	B	87 1/4	93,82
1684	A	88 1/6	94,80
1685	MQ	86 1/3	92,83
1685	CD	86 1/4	92,74
1685	B	85 3/5	92,04
1685	A	85 1/2	91,94
1686	MQ	82 2/5	88,60
1686	CD	83 2/5	89,68
1686	B	83	89,25
1686	A	86	92,47
1687	MQ	83 2/3	89,96
1687	CD	82	88,17
1687	B	81 3/8	87,50
1687	A		
1688	MQ	79	84,95
1688	CD	80 1/2	86,56
1688	B	81 1/8	87,23
1688	A	80 1/2	86,56
1689	MQ	80	86,02
1689	CD	79 2/3	85,66
1689	B	76 1/2	82,26
1689	A	75	80,65
1690	MQ		
1690	CD	79 1/2	85,48
1690	B	77 1/2	83,33
1690	A	78 2/5	84,30
1691	MQ	72 1/4	77,69
1691	CD	75	80,65
1691	B	77 1/4	83,06
1691	A	78	83,87
1692	MQ	77 3/4	83,60
1692	CD	76 3/4	82,53
1692	B	76 1/4	81,99
1692	A	76	81,72
1693	MQ		
1693	CD	78 3/4	84,68
1693	B	75 3/5	81,29
1693	A	75 3/5	81,29
1694	MQ	75 1/2	81,18
1694	CD	75 3/5	81,29

Messe		[NA1]	[NA2]
		xr.	sc.
1694	B	75 7/8	81,59
1694	A	75 1/8	80,78
1695	MQ	75 2/3	81,36
1695	CD	76 1/3	82,08
1695	B	77 2/5	83,23
1695	A	78 1/5	84,09
1696	MQ	79 1/3	85,30
1696	CD	79 1/3	85,30
1696	B	77 2/5	83,23
1696	A	74 1/2	80,11
1697	MQ	73 3/4	79,30
1697	CD	73	78,49
1697	B	73 1/8	78,63
1697	A	74	79,57
1698	MQ	73 1/4	78,76
1698	CD	74 3/5	80,22
1698	B	74 1/8	79,70
1698	A	74 1/6	79,75
1699	MQ	74 3/4	80,38
1699	CD	74 1/6	79,75
1699	B	73 4/5	79,35
1699	A	73	78,49
1700	MQ	72 3/4	78,23
1700	CD	73 1/5	78,71
1700	B	72 1/2	77,96
1700	A	71 2/5	76,77
1701	MQ	73 2/5	78,92
1701	CD	75 1/6	80,82
1701	B	72 2/3	78,14
1701	A	71 1/2	76,88
1702	MQ	70 2/5	75,70
1702	CD	73 1/3	78,85
1702	B	75 3/4	81,45
1702	A	72 3/4	78,23
1703	MQ	71 1/2	76,88
1703	CD	72	77,42
1703	B	72	77,42
1703	A	71	76,34
1704	MQ	70 3/4	76,08
1704	CD	69 3/4	75,00
1704	B	70 1/3	75,63
1704	A	70	75,27
1705	MQ	69 1/3	74,55
1705	CD	69 3/4	75,00
1705	B	68	73,12
1705	A	67 1/2	72,58

Messe		[NA1]	[NA2]
		xr.	sc.
1706	MQ	66	70,97
1706	CD	68	73,12
1706	B	66	70,97
1706	A	66 1/5	71,18
1707	MQ	67 1/8	72,18
1707	CD	68	73,12
1707	B	70 3/5	75,91
1707	A	68 1/2	73,66
1708	MQ	68	73,12
1708	CD	67	72,04
1708	B	66	70,97
1708	A	66 1/2	71,51
1709	MQ	66 3/4	71,77
1709	CD	69	74,19
1709	B	70 1/2	75,81
1709	A	71 1/2	76,88
1710	MQ	73 1/2	79,03
1710	CD	75 1/3	81,00
1710	B	77 3/4	83,60
1710	A	76 1/6	81,90
1711	MQ	73 3/4	79,30
1711	CD	73 1/5	78,71
1711	B	72	77,42
1711	A	72 1/2	77,96
1712	MQ	73 1/3	78,85
1712	CD	75 2/3	81,36
1712	B	75 1/3	81,00
1712	A	75 1/2	81,18
1713	MQ	76 1/2	82,26
1713	CD	75 1/2	81,18
1713	B	75	80,65
1713	A	74	79,57
1714	MQ	74	79,57
1714	CD	75 1/4	80,91
1714	B	75	80,65
1714	A	76 1/2	82,26
1715	MQ	75 1/3	81,00
1715	CD	73 1/4	78,76
1715	B	73 1/4	78,76
1715	A	73	78,49
1716	MQ	72 1/2	77,96
1716	CD	71 1/5	76,56
1716	B	71 1/2	76,88
1716	A	71 2/5	76,77
1717	MQ	72 2/5	77,85
1717	CD	73 1/4	78,76
1717	B	73 1/6	78,67
1717	A	71 2/3	77,06
1718	MQ	71 3/4	77,15
1718	CD		
1718	B		
1718	A		
1719	MQ	74 1/2	80,11
1719	CD	75 1/2	81,18
1719	B	73 7/8	79,44
1719	A	75 1/2	81,18
1720	MQ	76 4/5	82,58
1720	CD	73 2/3	79,21
1720	B		
1720	A		
1721	MQ	70 3/5	75,91
1721	CD		
1721	B	74 1/2	80,11
1721	A	74	79,57
1722	MQ	73 4/5	79,35
1722	CD	72 4/5	78,28
1722	B	71 4/5	77,20
1722	A	71 2/5	76,77
1723	MQ		
1723	CD	71 3/4	77,15
1723	B	72	77,42
1723	A	73 1/5	78,71
1724	MQ	73 1/3	78,85
1724	CD		
1724	B	72 1/4	77,69
1724	A		
1725	MQ	72 3/4	78,23
1725	CD	71 1/2	76,88
1725	B	70 1/2	75,81
1725	A		
1726	MQ	71 3/4	77,15
1726	CD	72 3/4	78,23
1726	B	71 3/4	77,15
1726	A	71 3/4	77,15
1727	MQ	71 1/2	76,88
1727	CD	71	76,34
1727	B	71 1/3	76,70
1727	A	70 3/5	75,91
1728	MQ		
1728	CD	71	76,34
1728	B	70 3/4	76,08
1728	A	70 1/2	75,81

Messe		[NA1]	[NA2]
		xr.	sc.
1729	MQ	70	75,27
1729	CD	70 3/4	76,08
1729	B	70 3/4	76,08
1729	A	70 1/2	75,81
1730	MQ	70	75,27
1730	CD	71 1/3	76,70
1730	B	71 1/8	76,48
1730	A	71 1/5	76,56
1731	MQ		
1731	CD	71 1/4	76,61
1731	B	70 4/5	76,13
1731	A	70 7/8	76,21
1732	MQ	70 2/5	75,70
1732	CD	70 1/3	75,63
1732	B	70 3/4	76,08
1732	A	71	76,34
1733	MQ	71 3/4	77,15
1733	CD	72	77,42
1733	B	72 2/5	77,85
1733	A	71 1/8	76,48
1734	MQ	71 1/3	76,70
1734	CD	72	77,42
1734	B	72 1/2	77,96
1734	A	72 1/2	77,96
1735	MQ	73 1/4	78,76
1735	CD	73 1/4	78,76
1735	B	72 3/4	78,23

Messe		[NA1]	[NA2]
		xr.	sc.
1735	A	72 1/2	77,96
1736	MQ	72 1/2	77,96
1736	CD	69 1/2	74,73
1736	B	72 2/5	77,85
1736	A	70 1/5	75,48
1737	MQ	72 1/5	77,63
1737	CD	70 3/4	76,08
1737	B	72 1/4	77,69
1737	A	70 3/4	76,08
1738	MQ	70 2/3	75,99
1738	CD	70 3/4	76,08
1738	B	71 1/4	76,61
1738	A	72 7/8	78,36
1739	MQ	71 3/4	77,15
1739	CD	70 1/2	75,81
1739	B	72 1/3	77,78
1739	A	72	77,42
1740	MQ	71 4/5	77,20
1740	CD	72 2/5	77,85
1740	B	72 2/3	78,14
1740	A	74 2/5	80,00
1741	MQ	74	79,57
1741	CD	72 1/4	77,69
1741	B	73	78,49
1741	A	71 2/5	76,77
1742	MQ	70 1/2	75,81
1742	CD	71 4/5	77,20

4.3 DIE WECHSELMÄRKTE DES KIRCHENSTAATES: ROM, ANCONA UND BOLOGNA

Die Wechselmärkte des Kirchenstaates waren im Rahmen des internationalen Zahlungsverkehrs von eher regionaler Bedeutung und darin auf den mittelitalienischen Raum beschränkt. Rom hatte im bargeldlosen Zahlungsverkehr keine früheren Jahrhunderten vergleichbare Bedeutung mehr, was nicht zuletzt auf die deutlich rückläufige Relevanz des kurialen Zahlungsverkehrs zurückzuführen ist. Spätestens im ausgehenden 17. Jahrhundert verlor „die Papstfinanz ihren universalen Charakter und wird eben eine rein italienische Mittelstaatsfinanz neben zahlreichen anderen".[68] Demzufolge war auch der bargeldlose Zahlungsverkehr von Rom zunehmend auf einen – vor allem im Vergleich zum späten Mittelalter – eher eingeschränkten Rayon an Wechselpartner insbesondere innerhalb Italiens ausgerichtet, so um 1750 auf Florenz, Neapel, Venedig, Mailand, Ancona, Livorno, Bologna, Genua; außerhalb Italiens erschienen als Wechselpartner Amsterdam und Paris oder London, in seltenen Fällen auch Madrid und Cádiz.[69] Noch um 1630 hatte Rom neben Verbindungen mit allen wichtigen italienischen Wechselmärkten auch solche nach Antwerpen, London, auf die iberische Halbinsel (Sevilla, Saragossa, Valencia, Lissabon) und zu den Lyoner Messen besessen[70] – ein Rayon, der weitgehend den wichtigsten, noch verbliebenen Erhebungsgebieten der Kollektoren der Apostolischen Kammer – Italien, Spanien (sowie Antwerpen als Vorort der katholischen Spanischen Niederlande) und Portugal – entsprach.[71]

Innerhalb des Kirchenstaates fungierten neben Rom noch das für den über die Adria abgewickelten Handelsverkehr nicht unbedeutende, 1593 von Papst Clemens VIII. zum Freihafen erklärte Ancona[72] und Bologna als weitere, wenn auch nur regional bedeutende Wechselmärkte. Nach Ausweis von zeitgenössischen Kaufmannshandbüchern des 18. Jahrhunderts notierte Ancona ausschließlich, Bologna vorrangig italieni-

---

68 Clemens BAUER, Die Epochen der Papstfinanz. Ein Versuch, in: Historische Zeitschrift 138, 1928, 457–503, hier: S. 497. Vgl. auch Markus A. DENZEL, Staatliche und kirchliche Steuersysteme im 18. Jahrhundert. Aspekte und Entwicklungslinien des Steuerwesens weltlicher und geistlicher Territorien im Heiligen Römischen Reich, in: Simonetta CAVACIOCCHI (a cura di), Poteri politici – poteri economici. Atti della XXX Settimana di studio dell'Istituto internazionale di storia economica "F. Datini", Prato 1999, S. 663–675, hier: S. 663f.

69 Economisch-Historische Biblioteek, Amsterdam, Posthumus-Archiv, ohne Signatur. Vgl. auch HERBACH, Wechsel-Handlung [1716], S. 106; ders., Wechsel-Handlung [1726], S. 115; ders., Europäische Wechselhandlung [1756/57], S. 92, 252; GIRAUDEAUX, La banque [1759], S. 255; G[ERHARDT] (Hrsg.), Nelkenbrechers Taschenbuch eines Banquiers und Kaufmanns [1775], S. 209.

70 VAN VELDEN, Fondament van de Wisselhandeling [1629], S. 198; DENZEL, „Practica della Cambiatura", S. 445.

71 Vgl. Wolfgang REINHARD, Papstfinanz und Kirchenstaat im 16. und 17. Jahrhundert, in: Aldo DE MADDALENA / Hermann KELLENBENZ (Hrsg.), Finanzen und Staatsräson in Italien und Deutschland in der frühen Neuzeit, Berlin 1992, S. 269–294, hier: S. 273.

72 Vgl. BEUTIN, Der wirtschaftliche Niedergang Venedigs, S. 45f.

sche Plätze, letzterer Platz darüber hinaus allenfalls Amsterdam, Lyon und Wien.[73] Notierungen auf beide erfolgten ausschließlich von anderen italienischen Plätzen.

Von diesen Plätzen notierten die Bozner Messen zuerst den ihnen geographisch am nächsten gelegenen Wechselmarkt Bologna. Diese Notierungen setzten „auf ausdrückliches Ersuchen seiner Kaufleute“[74] mit der Bartholomäusmesse 1634 ein, „da sie für diese Messe viele bedeutende Wechselgeschäfte von der Emilia, der Romagna, der Lombardei und von anderen Plätzen aus getätigt hätten“[75], und endeten mit der Mittfastenmesse 1749. Sie erfolgten in Bolognini für 1 Gulden Giro oder Wechselgeld zu 60 Kreuzern, wie im übrigen auch Bologna die Bozner Messen notierte.[76] In Bologna selbst wurden Buch und Rechnung im Wechselverkehr nach dem imaginären Scudo di cambio zu 85 Bolognini (auch Soldi bolognini) oder zu 4 Lire 5 Bolognini (Soldi bolognini) oder zu 4¼ Lire geführt, wobei 1 Lira = 20 Soldi (bolognini) = 240 Denari gerechnet wurde. Der Scudo di cambio entsprach in Bologna der realen Pezza da otto reali und wurde daher auch so bezeichnet. Damit galten 4 Scudi di cambio 17 Lire. Das Wechselgeld wurde in Bologna auch als Banco-Geld bezeichnet und war – in den eingesehenen Kaufmannshandbüchern allerdings erst um 1775 belegbar – 3% mehr oder weniger besser als das Kurantgeld, die Moneta lunga oder Moneta fuori di banco.[77] Seit der Bartholomäusmesse 1727 notierten die Bozner Messen Bologna auch in Bologneser Moneta corrente für einen Gulden moneta lunga in Bozen. Diese Notierungsweise war seit 1738 fast ausschließlich in Gebrauch, während die ältere, traditionelle in und für Wechselgeld in beiden Städten nur noch in Ausnahmefällen Verwendung fand. Die Usance von den Bozner Messen nach Bologna betrug nach Mandich 40 bis 42 Tage dato.[78]

Für Rom verzeichneten die Bozner Messen wie für Neapel erst seit 1640 Kursnotierungen, und zwar in Kreuzern di cambio für 1 römischen Scudo di stampa zu 12 Giuli oder 15 Giuli (benannt nach Papst Julius III., 1550–1555) à 10 Baiocchi.[79] Ros-

---

73 HERBACH, Wechsel-Handlung [1716], S. 130; ders., Wechsel-Handlung [1726], S. 140; ders., Europäische Wechselhandlung [1756/57], S. 114, 234; GIRAUDEAUX, La banque [1759], S. 261; G[ERHARDT] (Hrsg.), Nelkenbrechers Taschenbuch eines Banquiers und Kaufmanns [1775], S. 15, 54.

74 MANDICH, Wechselgeschäfte auf den Bozner Messen, S. 90.

75 Ders., Geld- und Kreditwesen, S. 503.

76 ROSSO, Informatione per più chiara inteligenza de' Cambij [1680], S. 12; HERBACH, Wechsel-Handlung [1716], S. 130, 146; SCHURTZ, Nutzbare Richtschnur [1695], S. 147; RICARD, Traité general du commerce [1714], S. 434. Vgl. MANDICH, Geld- und Kreditwesen, S. 504: Die hier angegebene Notierungsweise: „Bozen bietet einen Gulden für soundsoviele Bologneser Pfund [Lire] (Bruchwert eines erdichteten Dukaten zu 5 Pfund oder 100 Bolognini)“, ist falsch, da Mandich hier Lire und Soldi bolognini verwechselt. Der bei Mandich genannte „Dukat“ wurde in der Regel als Ducatone bezeichnet; ROSSO, Informatione per più chiara inteligenza de' Cambij [1680], S. 12.

77 HERBACH, Wechsel-Handlung [1716], S. 130; G[ERHARDT] (Hrsg.), Nelkenbrechers Taschenbuch eines Banquiers und Kaufmanns [1775], S. 53.

78 MANDICH, Geld- und Kreditwesen, S. 507.

79 VAN VELDEN, Fondament van de Wisselhandeling [1629], S. 198; ROSSO, Informatione per più chiara inteligenza de' Cambij [1680], S. 11; SCHURTZ, Nutzbare Richtschnur [1695], S. 147; RI-

so [1680] bezeichnet diesen Scudo als „Scudo d'oro, s'intende mezza Dobla d'Italia", und gibt eine Unterteilung in 20 Soldi à 12 Denari an, die ebenfalls Verwendung fand.[80] Zu dieser Notierung in Wechselgeld in beiden Städten kam mit der Bartholomäusmesse 1742 eine weitere Notierung in Kurantgeld, d.h. in römischen Scudi moneta für 100 Gulden moneta lunga, wobei der Scudo moneta = 10 Paoli = 100 Baiocchi gerechnet und daher in den Bozner Quellen als „Scudo da Paoli X" bezeichnet wurde. Dagegen galt in Rom der fingierte Scudo di stampa d'oro 15 Paoli oder 150 Baiocchi oder 750 Quattrini oder 1.500 Mezzi quattrini mit einem festem Agio von 23 oder 25 Mezzi quattrini, wobei wie folgt verfahren wurde: „Der Remittent, so in Rom Briefe kauft, zahlet vor jeden Scudi di Stampa d'oro 1523 Mezzi quattrini. Wenn aber ein fremder Wechsel in Rom bezahlet wird, empfängt der Innhaber des Briefes 1525 Mezzi Quatrini vor jeden Scudo di Stampa d'oro."[81] Daher rechnete man in Rom 1.000 Scudi di stampa d'oro à 1.523 Mezzi quattrini gleich 1.523 Scudi moneta oder 40 Scudi di stampa d'oro à 1.525 Mezzi quattrini = 61 Scudi moneta.

Die Bozner Notierung auf Rom wurde bis zur Mittfastenmesse 1749 vorgenommen. Sie erfolgte nach den vorliegenden Kurszetteln für eine Usance von einem Monat zuzüglich einer Woche, d.h. 5 Wochen dato, während Mandich eine Usance von 40 bis 42 Tagen dato angibt.[82]

Der Freihafen Ancona schließlich wurde erst ab 1657 notiert, und zwar in Baiocchi von Ancona für 1 Gulden Giro oder Wechselgeld in Bozen. Wie in Rom wurde in Ancona der Scudo moneta zu 10 Paoli oder 100 Baiocchi gerechnet.[83] Rechnet man diese Notierungen in Gulden Giro für 100 Scudi di stampa um, um sie so den Notierungen auf Rom vergleichbar zu machen, so ergeben sich Kursdifferenzen von maximal 5%, wobei in der Regel Rom höher notiert wurde als Ancona, Wechsel auf Rom in Bozen also teurer waren als solche auf Ancona.

Im folgenden sind die bis 1742 in Kreuzern Giro erfolgten Notierungen auf Rom (Datenreihe RM1) sowohl in Scudi di cambio (= 93 Kreuzer Giro; Datenreihe RM2) als auch in Gulden Giro (= 60 Kreuzer Giro; Datenreihe RM3) für jeweils 100 Scudi di stampa umgerechnet worden (20 Scudi di cambio = 31 Gulden Giro). Erstere Umrechnung ist erforderlich, da die zeitgenössischen Kaufleute ihre Geschäfte mit Rom bis in die zweite Hälfte des 18. Jahrhunderts hinein in ebendiesen Scudi di cambio

---

CARD, Traité general du commerce [1714], S. 434; HERBACH, Wechsel-Handlung [1716], S. 106. Vgl. auch DENZEL, „Practica della Cambiatura", S. 444. Die Angabe bei MANDICH, Geld- und Kreditwesen, S. 504, ist ungenau – er spricht nur von einem „erdichtete[n] Scudo", – und die Unterteilung dieses Scudo d'oro di stampa in 100 Baiocchi ist in den in dieser Untersuchung verwendeten Handelspraktiken nicht nachgewisen.

80 ROSSO, Informatione per più chiara inteligenza de' Cambij [1680], S. 11.

81 G[ERHARDT] (Hrsg.), Nelkenbrechers Taschenbuch eines Banquiers und Kaufmanns [1775], S. 207.

82 MANDICH, Geld- und Kreditwesen, S. 507.

83 RICARD, Traité general du commerce [1714], S. 434; G[ERHARDT] (Hrsg.), Nelkenbrechers Taschenbuch eines Banquiers und Kaufmanns [1775], S. 15. Vgl. auch MANDICH, Geld- und Kreditwesen, S. 504.

abwickelten, letztere, um die Vergleichbarkeit zu anderen Kursreihen zu erleichtern. Nach der Umstellung des Bozner Kurszettels anläßlich der Bartholomäusmesse 1742 erfolgt die Umrechnung der Originalnotierung (Datenreihe RM1) in Gulden moneta lunga für 100 Scudi moneta (Datenreihe RM3). – Die in Bolognini notierten Kurse auf Bologna werden in Gulden Giro für 100 Scudi di cambio zu 85 Bolognini (Datenreihe BO2) umgerechnet, sofern die Originalnotierung für den Gulden Giro verzeichnet wurde (Datenreihe BO1), hingegen in Gulden moneta lunga für 100 Bologneser Lire moneta corrente (Datenreihe BO4) im Falle der Originalnotierung für den Gulden moneta lunga (Datenreihe BO3). – Neben den Originalnotierungen auf Ancona (Datenreihe AN1) werden auch Umrechnungen in Gulden Giro für 100 Scudi di stampa (Datenreihe AN2) präsentiert, die die Vergleichbarkeit mit den entsprechenden Bozner Notierungen auf Rom erlauben.

Tab. 4.8: Wechselkurse der Bozner Messen auf Rom von 1640 bis 1749

[RM1] Kreuzer Giro für 1 Scudo di stampa
- ab 1742 (B) Scudi moneta für 100 Gulden moneta lunga [O]

[RM2] Scudi di cambio für 100 Scudi di stampa [U]

[RM3] Gulden Giro für 100 Scudi di stampa
- ab 1742 (B) Gulden moneta lunga für 100 Scudi moneta [U]

Messe		[RM1]	[RM2]	[RM3]
		xr.	sc.	fl.
1640	MQ	153 1/4	164,78	255,42
1640	CD	153	164,52	255,00
1640	B	154 1/4	165,86	257,08
1640	A	156	167,74	260,00
1641	MQ	155	166,67	258,33
1641	CD	158	169,89	263,33
1641	B	158	169,89	263,33
1641	A	158	169,89	263,33
1642	MQ	158	169,89	263,33
1642	CD	157	168,82	261,67
1642	B	158	169,89	263,33
1642	A	158	169,89	263,33
1643	MQ	158	169,89	263,33
1643	CD	161	173,12	268,33
1643	B	160 1/4	172,31	267,08
1643	A	161	173,12	268,33
1644	MQ	160 2/3	172,76	267,78
1644	CD	158	169,89	263,33
1644	B	155 1/4	166,94	258,75
1644	A	158	169,89	263,33
1645	MQ	158 1/2	170,43	264,17
1645	CD	157	168,82	261,67
1645	B	156 1/2	168,28	260,83
1645	A	158	169,89	263,33
1646	MQ	159	170,97	265,00
1646	CD	161 1/2	173,66	269,17
1646	B	160	172,04	266,67
1646	A	159 1/2	171,51	265,83
1647	MQ	159 1/2	171,51	265,83
1647	CD	161	173,12	268,33
1647	B	161	173,12	268,33
1647	A	160	172,04	266,67
1648	MQ	160	172,04	266,67
1648	CD	158	169,89	263,33
1648	B	153 1/2	165,05	255,83
1648	A	153 1/2	165,05	255,83

Messe		[RM1]	[RM]	[RM3]
		xr.	sc.	fl.
1649	MQ	142	152,69	236,67
1649	CD	146	156,99	243,33
1649	B	159 1/2	171,51	265,83
1649	A	163	175,27	271,67
1650	MQ	163	175,27	271,67
1650	CD	165	177,42	275,00
1650	B	163 1/2	175,81	272,50
1650	A	160	172,04	266,67
1651	MQ	155	166,67	258,33
1651	CD	162	174,19	270,00
1651	B	163	175,27	271,67
1651	A	166 1/2	179,03	277,50
1652	MQ	164	176,34	273,33
1652	CD	165 1/3	177,78	275,56
1652	B	164 1/2	176,88	274,17
1652	A	162 1/2	174,73	270,83
1653	MQ	160	172,04	266,67
1653	CD	162 1/2	174,73	270,83
1653	B	159 1/2	171,51	265,83
1653	A	158	169,89	263,33
1654	MQ	158	169,89	263,33
1654	CD	162	174,19	270,00
1654	B	160 1/2	172,58	267,50
1654	A	159 1/2	171,51	265,83
1655	MQ	159 1/2	171,51	265,83
1655	CD	158 1/2	170,43	264,17
1655	B	158	169,89	263,33
1655	A	155	166,67	258,33
1656	MQ	154	165,59	256,67
1656	CD	154	165,59	256,67
1656	B	157	168,82	261,67
1656	A	158	169,89	263,33
1657	MQ	159	170,97	265,00
1657	CD	162 1/2	174,73	270,83
1657	B	162	174,19	270,00
1657	A	158	169,89	263,33

Messe		[RM1]	[RM]	[RM3]
		xr.	sc.	fl.
1658	MQ	157 1/2	169,35	262,50
1658	CD	157	168,82	261,67
1658	B	153 3/4	165,32	256,25
1658	A	154	165,59	256,67
1659	MQ	155 1/2	167,20	259,17
1659	CD	155 1/2	167,20	259,17
1659	B	159 1/2	171,51	265,83
1659	A	159	170,97	265,00
1660	MQ	161	173,12	268,33
1660	CD	158 1/2	170,43	264,17
1660	B	159 1/2	171,51	265,83
1660	A	161	173,12	268,33
1661	MQ	160 1/2	172,58	267,50
1661	CD	159 1/2	171,51	265,83
1661	B	160	172,04	266,67
1661	A	160	172,04	266,67
1662	MQ	160	172,04	266,67
1662	CD	159 1/2	171,51	265,83
1662	B	158 1/2	170,43	264,17
1662	A	158 1/4	170,16	263,75
1663	MQ	160 1/2	172,58	267,50
1663	CD	161	173,12	268,33
1663	B	160 1/3	172,40	267,22
1663	A	159 3/4	171,77	266,25
1664	MQ	158	169,89	263,33
1664	CD	160	172,04	266,67
1664	B	162	174,19	270,00
1664	A	162	174,19	270,00
1665	MQ	161	173,12	268,33
1665	CD	160 3/4	172,85	267,92
1665	B	159 3/4	171,77	266,25
1665	A	158	169,89	263,33
1666	MQ	158	169,89	263,33
1666	CD	161 1/2	173,66	269,17
1666	B	162 1/3	174,55	270,56
1666	A	161 1/8	173,25	268,54
1667	MQ	160 1/4	172,31	267,08
1667	CD	162 1/2	174,73	270,83
1667	B	160 3/4	172,85	267,92
1667	A	159 1/4	171,24	265,42
1668	MQ	157 2/3	169,53	262,78
1668	CD	158 1/2	170,43	264,17
1668	B	160 1/3	172,40	267,22
1668	A	160 1/4	172,31	267,08
1669	MQ	159 1/3	171,33	265,56
1669	CD	160 1/8	172,18	266,88

Messe		[RM1]	[RM]	[RM3]
		xr.	sc.	fl.
1669	B	161	173,12	268,33
1669	A	162 1/5	174,41	270,33
1670	MQ	162 1/3	174,55	270,56
1670	CD	161	173,12	268,33
1670	B	160 2/3	172,76	267,78
1670	A	161 3/4	173,92	269,58
1671	MQ	161 3/4	173,92	269,58
1671	CD	161 1/2	173,66	269,17
1671	B	160 1/3	172,40	267,22
1671	A	159	170,97	265,00
1672	MQ	157 3/4	169,62	262,92
1672	CD	154	165,59	256,67
1672	B	155	166,67	258,33
1672	A	156 1/2	168,28	260,83
1673	MQ	153 1/2	165,05	255,83
1673	CD	154 3/4	166,40	257,92
1673	B	154 1/2	166,13	257,50
1673	A	154 1/3	165,95	257,22
1674	MQ	154 1/4	165,86	257,08
1674	CD	153 3/4	165,32	256,25
1674	B	156 3/4	168,55	261,25
1674	A	162 1/2	174,73	270,83
1675	MQ	162 1/4	174,46	270,42
1675	CD	163 1/4	175,54	272,08
1675	B	159	170,97	265,00
1675	A	159 1/2	171,51	265,83
1676	MQ	159 1/2	171,51	265,83
1676	CD	158	169,89	263,33
1676	B	157 1/2	169,35	262,50
1676	A	158 1/4	170,16	263,75
1677	MQ	158	169,89	263,33
1677	CD	159	170,97	265,00
1677	B	160	172,04	266,67
1677	A	162 1/3	174,55	270,56
1678	MQ	160	172,04	266,67
1678	CD	158 1/4	170,16	263,75
1678	B	157 1/4	169,09	262,08
1678	A	156	167,74	260,00
1679	MQ	155 1/4	166,94	258,75
1679	CD	154	165,59	256,67
1679	B	154 3/4	166,40	257,92
1679	A	157	168,82	261,67
1680	MQ	157 3/5	169,46	262,67
1680	CD	159 1/2	171,51	265,83
1680	B	159 1/8	171,10	265,21
1680	A	158 3/5	170,54	264,33

Messe		[RM1]	[RM]	[RM3]
		xr.	sc.	fl.
1681	MQ	156 3/4	168,55	261,25
1681	CD	158 1/4	170,16	263,75
1681	B	159 1/2	171,51	265,83
1681	A	163 1/6	175,45	271,94
1682	MQ	158	169,89	263,33
1682	CD	157 3/4	169,62	262,92
1682	B	154 7/8	166,53	258,13
1682	A	157 3/5	169,46	262,67
1683	MQ	157 1/5	169,03	262,00
1683	CD	156	167,74	260,00
1683	B	151 2/3	163,08	252,78
1683	A	155 1/3	167,03	258,89
1684	MQ	157 1/3	169,18	262,22
1684	CD	158 2/5	170,32	264,00
1684	B	159 1/4	171,24	265,42
1684	A	161 1/2	173,66	269,17
1685	MQ	161 1/6	173,30	268,61
1685	CD	159 3/4	171,77	266,25
1685	B	158 2/5	170,32	264,00
1685	A	154 2/3	166,31	257,78
1686	MQ	152 2/5	163,87	254,00
1686	CD	154 3/4	166,40	257,92
1686	B	155 3/4	167,47	259,58
1686	A	155 3/4	167,47	259,58
1687	MQ	155 2/3	167,38	259,44
1687	CD	154 1/4	165,86	257,08
1687	B	155 1/6	166,85	258,61
1687	A			
1688	MQ	154 3/5	166,24	257,67
1688	CD	156 1/4	168,01	260,42
1688	B	153 1/2	165,05	255,83
1688	A	155 1/5	166,88	258,67
1689	MQ	153 3/5	165,16	256,00
1689	CD	151 1/3	162,72	252,22
1689	B	149 1/2	160,75	249,17
1689	A	149 3/4	161,02	249,58
1690	MQ			
1690	CD	152	163,44	253,33
1690	B	155 3/5	167,31	259,33
1690	A	154 1/4	165,86	257,08
1691	MQ	154 3/4	166,40	257,92
1691	CD	161	173,12	268,33
1691	B	163 1/4	175,54	272,08
1691	A	162 1/6	174,37	270,28
1692	MQ	163 7/8	176,21	273,13
1692	CD	161 1/5	173,33	268,67

Messe		[RM1]	[RM]	[RM3]
		xr.	sc.	fl.
1692	B	157 7/8	169,76	263,13
1692	A	159 1/3	171,33	265,56
1693	MQ			
1693	CD	161	173,12	268,33
1693	B	159 7/8	171,91	266,46
1693	A	157 4/5	169,68	263,00
1694	MQ	160	172,04	266,67
1694	CD	158 4/5	170,75	264,67
1694	B	158 4/5	170,75	264,67
1694	A	158 1/4	170,16	263,75
1695	MQ	159	170,97	265,00
1695	CD	159 4/5	171,83	266,33
1695	B	162	174,19	270,00
1695	A	161 1/2	173,66	269,17
1696	MQ	166	178,49	276,67
1696	CD	166	178,49	276,67
1696	B	161 3/4	173,92	269,58
1696	A	157 4/5	169,68	263,00
1697	MQ	154 2/5	166,02	257,33
1697	CD	155 1/3	167,03	258,89
1697	B	155	166,67	258,33
1697	A	156 3/4	168,55	261,25
1698	MQ	152 1/2	163,98	254,17
1698	CD	154	165,59	256,67
1698	B	156	167,74	260,00
1698	A	153 3/4	165,32	256,25
1699	MQ	156 1/2	168,28	260,83
1699	CD	157 1/3	169,18	262,22
1699	B	158	169,89	263,33
1699	A	156 3/5	168,39	261,00
1700	MQ	159	170,97	265,00
1700	CD	159 7/8	171,91	266,46
1700	B	157 1/8	168,95	261,88
1700	A	156 1/4	168,01	260,42
1701	MQ	157	168,82	261,67
1701	CD	157 2/3	169,53	262,78
1701	B	155 1/3	167,03	258,89
1701	A	156 3/4	168,55	261,25
1702	MQ	157 3/4	169,62	262,92
1702	CD	158 2/3	170,61	264,44
1702	B	157 1/3	169,18	262,22
1702	A	152 1/6	163,62	253,61
1703	MQ	151	162,37	251,67
1703	CD	151 1/2	162,90	252,50
1703	B	153	164,52	255,00
1703	A	152	163,44	253,33

Messe		[RM1]	[RM]	[RM3]
		xr.	sc.	fl.
1704	MQ	153	164,52	255,00
1704	CD	151	162,37	251,67
1704	B	152	163,44	253,33
1704	A	151	162,37	251,67
1705	MQ	153	164,52	255,00
1705	CD	153	164,52	255,00
1705	B	152 1/4	163,71	253,75
1705	A	151 1/2	162,90	252,50
1706	MQ	152 1/2	163,98	254,17
1706	CD	151 2/3	163,08	252,78
1706	B	152	163,44	253,33
1706	A	152 1/4	163,71	253,75
1707	MQ	153 1/2	165,05	255,83
1707	CD	154 1/2	166,13	257,50
1707	B	154 1/5	165,81	257,00
1707	A	152	163,44	253,33
1708	MQ	152	163,44	253,33
1708	CD	152	163,44	253,33
1708	B	148	159,14	246,67
1708	A	147	158,06	245,00
1709	MQ	148 1/2	159,68	247,50
1709	CD	144 1/2	155,38	240,83
1709	B	147	158,06	245,00
1709	A	147	158,06	245,00
1710	MQ	151 2/3	163,08	252,78
1710	CD	151 3/4	163,17	252,92
1710	B	151 2/5	162,80	252,33
1710	A	153	164,52	255,00
1711	MQ	151 1/2	162,90	252,50
1711	CD	151 1/8	162,50	251,88
1711	B	151 1/2	162,90	252,50
1711	A	151 1/2	162,90	252,50
1712	MQ	155 3/5	167,31	259,33
1712	CD	156 3/4	168,55	261,25
1712	B	154	165,59	256,67
1712	A	155	166,67	258,33
1713	MQ	155 1/6	166,85	258,61
1713	CD	154	165,59	256,67
1713	B	151 2/3	163,08	252,78
1713	A	150	161,29	250,00
1714	MQ	149 3/4	161,02	249,58
1714	CD	152 3/5	164,09	254,33
1714	B	153 1/3	164,87	255,56
1714	A	153 1/4	164,78	255,42
1715	MQ	154 1/2	166,13	257,50
1715	CD	151	162,37	251,67

Messe		[RM1]	[RM]	[RM3]
		xr.	sc.	fl.
1715	B	150 3/4	162,10	251,25
1715	A	150 2/5	161,72	250,67
1716	MQ	150	161,29	250,00
1716	CD	145 7/8	156,85	243,13
1716	B	148 1/3	159,50	247,22
1716	A	152	163,44	253,33
1717	MQ	152 2/5	163,87	254,00
1717	CD	153 2/3	165,23	256,11
1717	B	152 7/8	164,38	254,79
1717	A	150 1/2	161,83	250,83
1718	MQ	153	164,52	255,00
1718	CD			
1718	B			
1718	A			
1719	MQ	152 1/4	163,71	253,75
1719	CD	153 3/4	165,32	256,25
1719	B	151 2/5	162,80	252,33
1719	A	153 1/5	164,73	255,33
1720	MQ	155 3/4	167,47	259,58
1720	CD	153	164,52	255,00
1720	B			
1720	A			
1721	MQ	152	163,44	253,33
1721	CD			
1721	B	154 1/2	166,13	257,50
1721	A	154 9/10	166,56	258,17
1722	MQ	153 9/10	165,48	256,50
1722	CD	152 2/5	163,87	254,00
1722	B	150 1/2	161,83	250,83
1722	A	149 1/3	160,57	248,89
1723	MQ			
1723	CD	149 1/4	160,48	248,75
1723	B	150	161,29	250,00
1723	A	150 1/2	161,83	250,83
1724	MQ			
1724	CD	152	163,44	253,33
1724	B			
1724	A	150	161,29	250,00
1725	MQ	150	161,29	250,00
1725	CD	149 1/4	160,48	248,75
1725	B	147 3/4	158,87	246,25
1725	A			
1726	MQ	148 3/4	159,95	247,92
1726	CD	149	160,22	248,33
1726	B	147 3/4	158,87	246,25
1726	A	146 3/4	157,80	244,58

Messe	[RM1]	[RM]	[RM3]
	xr.	sc.	fl.
1727 MQ	147 1/2	158,60	245,83
1727 CD	147	158,06	245,00
1727 B	146 1/3	157,35	243,89
1727 A	146 2/5	157,42	244,00
1728 MQ			
1728 CD	146 1/4	157,26	243,75
1728 B	146 1/3	157,35	243,89
1728 A	146	156,99	243,33
1729 MQ	144 3/4	155,65	241,25
1729 CD	147 3/4	158,87	246,25
1729 B	147	158,06	245,00
1729 A	146 3/4	157,80	244,58
1730 MQ	145 1/3	156,27	242,22
1730 CD	145 1/4	156,18	242,08
1730 B	145 4/5	156,77	243,00
1730 A	145 3/4	156,72	242,92
1731 MQ			
1731 CD	147 7/8	159,01	246,46
1731 B	145 1/8	156,05	241,88
1731 A	144 1/8	154,97	240,21
1732 MQ	145 1/4	156,18	242,08
1732 CD	145 1/5	156,13	242,00
1732 B	145 1/3	156,27	242,22
1732 A	145	155,91	241,67
1733 MQ	145 1/3	156,27	242,22
1733 CD	144 3/4	155,65	241,25
1733 B	145	155,91	241,67
1733 A	144 3/4	155,65	241,25
1734 MQ	146 1/2	157,53	244,17
1734 CD	146 1/2	157,53	244,17
1734 B	144 3/4	155,65	241,25
1734 A	143 1/2	154,30	239,17
1735 MQ	145 1/5	156,13	242,00
1735 CD	145 1/5	156,13	242,00
1735 B	145 1/2	156,45	242,50
1735 A	145 1/4	156,18	242,08
1736 MQ	145 1/2	156,45	242,50
1736 CD	136 1/4	146,51	227,08
1736 B	134	144,09	223,33
1736 A	139 1/2	150,00	232,50
1737 MQ	135 4/5	146,02	226,33
1737 CD	135 7/8	146,10	226,46
1737 B	136	146,24	226,67
1737 A	135 1/4	145,43	225,42
1738 MQ	135 3/4	145,97	226,25

Messe	[RM1]	[RM]	[RM3]
	xr.	sc.	fl.
1738 CD	133 2/3	143,73	222,78
1738 B	135 2/3	145,88	226,11
1738 A	135 1/4	145,43	225,42
1739 MQ	138	148,39	230,00
1739 CD	133	143,01	221,67
1739 B	137 1/4	147,58	228,75
1739 A	137 1/2	147,85	229,17
1740 MQ	139 1/4	149,73	232,08
1740 CD	137 3/4	148,12	229,58
1740 B	138 1/4	148,66	230,42
1740 A	138	148,39	230,00
1741 MQ	140 1/2	151,08	234,17
1741 CD	137 1/3	147,67	228,89
1741 B	139 1/5	149,68	232,00
1741 A	135 2/3	145,88	226,11
1742 MQ	134 1/2	144,62	224,17
1742 CD	135	145,16	225,00
	sc.		fl.
1742 B	52		192,31
1742 A	52		192,31
1743 MQ	52 1/2		190,48
1743 CD	51		196,08
1743 B	49 3/4		201,01
1743 A	50 3/4		197,04
1744 MQ	50 1/4		199,00
1744 CD	51		196,08
1744 B	51		196,08
1744 A	52 1/5		191,57
1745 MQ	53		188,68
1745 CD	52		192,31
1745 B	51 3/4		193,24
1745 A	52		192,31
1746 MQ	51 3/5		193,80
1746 CD	50 1/4		199,00
1746 B	52		192,31
1746 A	51 3/4		193,24
1747 MQ	51 3/4		193,24
1747 CD	50 3/4		197,04
1747 B	51		196,08
1747 A	51 3/4		193,24
1748 MQ	51 2/3		193,55
1748 CD	52		192,31
1748 B	50 3/4		197,04
1748 A	51 1/3		194,81
1749 MQ	51 3/4		193,24

Tab. 4.9: Wechselkurse der Bozner Messen auf Bologna von 1634 bis 1749

[BO1] Bolognini für 1 Gulden Giro [O]
[BO2] Gulden Giro für 100 Scudi di cambio zu 85 Bolognini [U]
[BO3] Bolognini moneta corrente für 1 Gulden moneta lunga [2. O, ab 1727]
[BO4] Gulden moneta lunga für 100 Bologneser Lire moneta corrente [U]

Messe		[BO1]	[BO2]
		bol.	fl.
1634	B	58	146,55
1634	A	56 1/2	150,44
1635	MQ	54 1/2	155,96
1635	CD	54 1/2	155,96
1635	B	55 3/4	152,47
1635	A	56	151,79
1636	MQ	56	151,79
1636	CD	58	146,55
1636	B	57	149,12
1636	A	56	151,79
1637	MQ	56	151,79
1637	CD	55 1/2	153,15
1637	B	55	154,55
1637	A	54 1/2	155,96
1638	MQ	54 1/2	155,96
1638	CD	55	154,55
1638	B	54 1/2	155,96
1638	A	54 1/2	155,96
1639	MQ	56	151,79
1639	CD	56	151,79
1639	B	56	151,79
1639	A	56	151,79
1640	MQ	56	151,79
1640	CD	56	151,79
1640	B	55 1/2	153,15
1640	A	55	154,55
1641	MQ	54	157,41
1641	CD	54	157,41
1641	B	54 1/2	155,96
1641	A	55 1/2	153,15
1642	MQ	55 1/2	153,15
1642	CD	54	157,41
1642	B	55	154,55
1642	A	55	154,55
1643	MQ	55 1/8	154,20
1643	CD	55 1/2	153,15
1643	B	56	151,79
1643	A	56	151,79

Messe		[BO1]	[BO2]
		bol.	fl.
1644	MQ	56	151,79
1644	CD	56	151,79
1644	B	56 1/2	150,44
1644	A	55 1/2	153,15
1645	MQ	56 1/2	150,44
1645	CD	57	149,12
1645	B	56 1/2	150,44
1645	A	56 1/2	150,44
1646	MQ	57	149,12
1646	CD	56 1/2	150,44
1646	B	56 1/4	151,11
1646	A	56	151,79
1647	MQ	56	151,79
1647	CD	55	154,55
1647	B	55 1/2	153,15
1647	A	56	151,79
1648	MQ	56 1/2	150,44
1648	CD	57	149,12
1648	B	58	146,55
1648	A	58 1/2	145,30
1649	MQ	59 1/2	142,86
1649	CD	59 1/2	142,86
1649	B	57	149,12
1649	A	56	151,79
1650	MQ	55 1/2	153,15
1650	CD	54 1/2	155,96
1650	B	55 1/2	153,15
1650	A	56	151,79
1651	MQ	56 1/2	150,44
1651	CD	56	151,79
1651	B	56	151,79
1651	A	56	151,79
1652	MQ	57 1/4	148,47
1652	CD	56	151,79
1652	B	56	151,79
1652	A	56 3/4	149,78
1653	MQ	56 3/4	149,78
1653	CD	56 1/2	150,44

Messe		[BO1]	[BO2]
		bol.	fl.
1653	B	57	149,12
1653	A	57	149,12
1654	MQ	58	146,55
1654	CD	58 1/4	145,92
1654	B	56 1/2	150,44
1654	A	56 1/2	150,44
1655	MQ	56 1/4	151,11
1655	CD	58 1/2	145,30
1655	B	57	149,12
1655	A	56 1/2	150,44
1656	MQ	57 1/2	147,83
1656	CD	57 1/2	147,83
1656	B	58	146,55
1656	A	58 1/2	145,30
1657	MQ	58	146,55
1657	CD	56	151,79
1657	B	56 1/2	150,44
1657	A	56 1/2	150,44
1658	MQ	58	146,55
1658	CD	58	146,55
1658	B	58 1/4	145,92
1658	A	57 3/4	147,19
1659	MQ	58	146,55
1659	CD	57 1/2	147,83
1659	B	57 3/8	148,15
1659	A	57	149,12
1660	MQ	57	149,12
1660	CD	57 1/2	147,83
1660	B	57	149,12
1660	A	57	149,12
1661	MQ	56 2/3	150,00
1661	CD	57	149,12
1661	B	57	149,12
1661	A	57	149,12
1662	MQ	57	149,12
1662	CD	58	146,55
1662	B	58 1/2	145,30
1662	A	58	146,55
1663	MQ	57	149,12
1663	CD	57 1/4	148,47
1663	B	56 1/4	151,11
1663	A	57 3/4	147,19
1664	MQ	58 1/4	145,92
1664	CD	57 1/2	147,83
1664	B	57	149,12
1664	A	57	149,12

Messe		[BO1]	[BO2]
		bol.	fl.
1665	MQ	57 3/8	148,15
1665	CD	57 1/2	147,83
1665	B	57 2/3	147,40
1665	A	58	146,55
1666	MQ	58 5/8	144,99
1666	CD	57	149,12
1666	B	58	146,55
1666	A	57 1/2	147,83
1667	MQ	57 1/2	147,83
1667	CD	56 7/8	149,45
1667	B	57	149,12
1667	A	57	149,12
1668	MQ	57 1/4	148,47
1668	CD	57	149,12
1668	B	57 1/2	147,83
1668	A	56 1/3	150,89
1669	MQ	57 1/2	147,83
1669	CD	57	149,12
1669	B	57 1/4	148,47
1669	A	57	149,12
1670	MQ	56 3/4	149,78
1670	CD	56 3/4	149,78
1670	B	57 1/2	147,83
1670	A	57 1/2	147,83
1671	MQ	57 3/4	147,19
1671	CD	57 1/3	148,26
1671	B	57 1/8	148,80
1671	A	57 2/3	147,40
1672	MQ	58 3/4	144,68
1672	CD	58 2/3	144,89
1672	B	59 1/2	142,86
1672	A	60 1/4	141,08
1673	MQ	60	141,67
1673	CD	59	144,07
1673	B	59 1/3	143,26
1673	A	59 2/3	142,46
1674	MQ	59	144,07
1674	CD	58 3/4	144,68
1674	B	59	144,07
1674	A	57 1/3	148,26
1675	MQ	58	146,55
1675	CD	57 1/2	147,83
1675	B	58 1/2	145,30
1675	A	59	144,07
1676	MQ	59 1/4	143,46
1676	CD	59 1/2	142,86

Messe		[BO1]	[BO2]
		bol.	fl.
1676	B	59 1/4	143,46
1676	A	58 1/3	145,71
1677	MQ	58 3/4	144,68
1677	CD	58 1/2	145,30
1677	B	58	146,55
1677	A	57 7/8	146,87
1678	MQ	58 3/4	144,68
1678	CD	58 1/2	145,30
1678	B	59 1/4	143,46
1678	A	58 3/4	144,68
1679	MQ	59 2/3	142,46
1679	CD	58 3/4	144,68
1679	B	59 1/4	143,46
1679	A	59	144,07
1680	MQ	59 1/4	143,46
1680	CD	58 1/2	145,30
1680	B	58 1/2	145,30
1680	A	58 7/8	144,37
1681	MQ	59 1/2	142,86
1681	CD	59 1/3	143,26
1681	B	59 3/5	142,62
1681	A	58 2/5	145,55
1682	MQ	58 7/8	144,37
1682	CD	58 3/4	144,68
1682	B	58 2/5	145,55
1682	A	58 3/4	144,68
1683	MQ	59 2/3	142,46
1683	CD	59 1/4	143,46
1683	B	60 2/3	140,11
1683	A	59 3/5	142,62
1684	MQ	59	144,07
1684	CD	59 1/2	142,86
1684	B	59 1/5	143,58
1684	A	59 1/3	143,26
1685	MQ		
1685	CD	58 2/3	144,89
1685	B	58 2/3	144,89
1685	A	59 2/3	142,46
1686	MQ	60 3/4	139,92
1686	CD	60 1/4	141,08
1686	B	59 3/4	142,26
1686	A	59 1/4	143,46
1687	MQ	59 3/4	142,26
1687	CD	59 1/8	143,76
1687	B	59 1/3	143,26
1687	A		

Messe		[BO1]	[BO2]
		bol.	fl.
1688	MQ	60 1/6	141,27
1688	CD	58 3/4	144,68
1688	B	58 1/2	145,30
1688	A	58 3/5	145,05
1689	MQ	59 2/5	143,10
1689	CD	60 1/8	141,37
1689	B	61	139,34
1689	A	60	141,67
1690	MQ		
1690	CD	60	141,67
1690	B	58 7/8	144,37
1690	A	58 4/5	144,56
1691	MQ	59 1/2	142,86
1691	CD	58 1/2	145,30
1691	B	58 1/2	145,30
1691	A	57 3/4	147,19
1692	MQ	57 1/5	148,60
1692	CD	57 1/3	148,26
1692	B	58 1/5	146,05
1692	A	57 3/4	147,19
1693	MQ		
1693	CD	58	146,55
1693	B	59	144,07
1693	A	58 2/3	144,89
1694	MQ	59	144,07
1694	CD	58 7/8	144,37
1694	B	59 1/5	143,58
1694	A	58 7/8	144,37
1695	MQ	59 2/3	142,46
1695	CD	58 1/3	145,71
1695	B	57 3/4	147,19
1695	A	57 2/5	148,08
1696	MQ	57 1/2	147,83
1696	CD	56 3/4	149,78
1696	B	57 1/8	148,80
1696	A	58 3/4	144,68
1697	MQ	60 1/4	141,08
1697	CD	60 1/4	141,08
1697	B	60 1/8	141,37
1697	A	59 3/5	142,62
1698	MQ	60 3/5	140,26
1698	CD	60 1/3	140,88
1698	B	59 1/2	142,86
1698	A	59 1/3	143,26
1699	MQ	59 7/8	141,96
1699	CD	59 2/5	143,10

Messe		[BO1]	[BO2]
		bol.	fl.
1699	B	59 3/4	142,26
1699	A	59 1/4	143,46
1700	MQ	59 2/5	143,10
1700	CD	58 1/2	145,30
1700	B	58 3/4	144,68
1700	A	59 3/4	142,26
1701	MQ	59	144,07
1701	CD	58 1/2	145,30
1701	B	58 1/2	145,30
1701	A	58 2/3	144,89
1702	MQ	58 7/8	144,37
1702	CD	58 1/3	145,71
1702	B	58 2/3	144,89
1702	A	59 1/2	142,86
1703	MQ	60 1/4	141,08
1703	CD	60 1/8	141,37
1703	B	60	141,67
1703	A	59 3/4	142,26
1704	MQ	60 1/3	140,88
1704	CD	60 1/3	140,88
1704	B	61	139,34
1704	A	60 1/2	140,50
1705	MQ	60 1/3	140,88
1705	CD	59 3/4	142,26
1705	B	60	141,67
1705	A	59 3/4	142,26
1706	MQ	60 1/4	141,08
1706	CD	60 1/4	141,08
1706	B	60 1/4	141,08
1706	A	60	141,67
1707	MQ	60 1/4	141,08
1707	CD	60 1/3	140,88
1707	B	60 2/5	140,73
1707	A	60 3/4	139,92
1708	MQ	61 3/4	137,65
1708	CD	61 1/4	138,78
1708	B	60 1/4	141,08
1708	A	59 3/4	142,26
1709	MQ	60 1/3	140,88
1709	CD	61	139,34
1709	B	61 1/4	138,78
1709	A	61 3/5	137,99
1710	MQ	62 3/4	135,46
1710	CD	61 3/4	137,65
1710	B	60 7/8	139,63
1710	A	60 3/4	139,92
1711	MQ	61 3/4	137,65
1711	CD	62	137,10
1711	B	61 1/4	138,78
1711	A	60 3/4	139,92
1712	MQ	60 1/8	141,37
1712	CD	59 2/3	142,46
1712	B	60	141,67
1712	A	60 1/5	141,20
1713	MQ	60 1/4	141,08
1713	CD	60 3/4	139,92
1713	B	62	137,10
1713	A	62 1/2	136,00
1714	MQ	62 1/4	136,55
1714	CD	61 3/4	137,65
1714	B	61 1/2	138,21
1714	A	60 3/4	139,92
1715	MQ	61 1/4	138,78
1715	CD	61 3/4	137,65
1715	B	63	134,92
1715	A	62 1/4	136,55
1716	MQ	62	137,10
1716	CD	62 1/2	136,00
1716	B	62 1/2	136,00
1716	A	62	137,10
1717	MQ	61 1/4	138,78
1717	CD	61 1/4	138,78
1717	B	61 1/8	139,06
1717	A	62	137,10
1718	MQ	61 1/2	138,21
1718	CD		
1718	B		
1718	A		
1719	MQ	61 1/8	139,06
1719	CD	60 2/3	140,11
1719	B	61 2/5	138,44
1719	A	60 3/4	139,92
1720	MQ	60 1/2	140,50
1720	CD	60 2/3	140,11
1720	B		
1720	A		
1721	MQ	61	139,34
1721	CD		
1721	B	60 2/3	140,11
1721	A	60 1/4	141,08
1722	MQ	61	139,34
1722	CD	60 3/4	139,92

Messe		[BO1]	[BO2]
		bol.	fl.
1722	B	61 5/6	137,47
1722	A	62	137,10
1723	MQ		
1723	CD	62 1/4	136,55
1723	B	62 1/4	136,55
1723	A	62 1/2	136,00
1724	MQ		
1724	CD	62 1/2	136,00
1724	B		
1724	A	63	134,92

Messe		[BO1]	[BO2]
		bol.	fl.
1725	MQ	63 1/4	134,39
1725	CD	63	134,92
1725	B	63 1/4	134,39
1725	A		
1726	MQ	63	134,92
1726	CD	63	134,92
1726	B	63	134,92
1726	A	63 1/4	134,39
1727	MQ	64 1/4	132,30
1727	CD	63 3/4	133,33

Messe		[BO1]	[BO2]	[BO3]	[BO4]
		bol.	fl.	bol.	fl.
1727	B	63 1/2	133,86	48 1/4	41,45
1727	A	63 1/4	134,39	48 1/4	41,45
1728	MQ				
1728	CD	64 1/4	132,30	48 1/2	41,24
1728	B	64 1/2	131,78	48 3/4	41,03
1728	A	64 1/4	132,30	48 1/2	41,24
1729	MQ	64 1/4	132,30	48	41,67
1729	CD	63 2/5	134,07	47 2/3	41,96
1729	B	64 1/4	132,30	48 1/4	41,45
1729	A	64 1/5	132,40	48	41,67
1730	MQ	64 1/8	132,55	48	41,67
1730	CD	64	132,81	48	41,67
1730	B	64 1/4	132,30	48 1/2	41,24
1730	A	64 1/3	132,12	48 1/3	41,38
1731	MQ				
1731	CD	64	132,81	48	41,67
1731	B	64 1/4	132,30	48 1/4	41,45
1731	A	64	132,81	48 2/3	41,10
1732	MQ	64 1/2	131,78	48 1/2	41,24
1732	CD	64 1/4	132,30	48 1/2	41,24
1732	B	64 1/3	132,12	48 1/2	41,24
1732	A	63 1/2	133,86	48 1/4	41,45
1733	MQ	63 3/4	133,33	48 1/2	41,24
1733	CD	64	132,81	49 1/2	40,40
1733	B	64 1/3	132,12	49 1/2	40,40
1733	A	64	132,81	49	40,82
1734	MQ	63 1/2	133,86	48	41,67
1734	CD	58	146,55	48	41,67
1734	B	57 1/4	148,47	48	41,67
1734	A	56 3/4	149,78	47 2/3	41,96
1735	MQ	55 1/2	153,15	47 1/4	42,33
1735	CD	55 1/4	153,85	47	42,55

Messe		[BO1]	[BO2]	[BO3]	[BO4]
		bol.	fl.	bol.	fl.
1735	B	55 1/2	153,15	47 1/4	42,33
1735	A	55 1/3	153,61	47 1/3	42,25
1736	MQ	55 3/4	152,47	47 1/4	42,33
1736	CD	55 1/3	153,61	47 3/4	41,88
1736	B	55 3/5	152,88	48 1/4	41,45
1736	A	56	151,79	48 1/2	41,24
1737	MQ	56	151,79	49 1/4	40,61
1737	CD	55 3/4	152,47	49	40,82
1737	B	55 2/3	152,69	48 3/4	41,03
1737	A	64 3/4	131,27	50	40,00
1738	MQ			50	40,00
1738	CD			49 1/4	40,61
1738	B	64 3/5	131,58	49 2/5	40,49
1738	A	64 1/2	131,78	49 2/5	40,49
1739	MQ			49 1/3	40,54
1739	CD			48 3/5	41,15
1739	B			49 3/5	40,32
1739	A			49 3/4	40,20
1740	MQ			49 1/4	40,61
1740	CD			48 4/5	40,98
1740	B			49 1/2	40,40
1740	A			49 1/2	40,40
1741	MQ			50	40,00
1741	CD			47	42,55
1741	B	49 3/4	170,85	51 1/2	38,83
1741	A			49 3/4	40,20
1742	MQ			49 3/5	40,32
1742	CD			49 1/4	40,61

Messe		[BO3]	[BO4]
		bol.	fl.
1742	B		
1742	A	49	40,82
1743	MQ	49	40,82
1743	CD	48 1/2	41,24
1743	B	48	41,67
1743	A	48 1/4	41,45
1744	MQ	48 3/4	41,03
1744	CD	48 1/2	41,24
1744	B	48 1/4	41,45
1744	A	49 3/4	40,20
1745	MQ	48 7/9	41,00
1745	CD	48 1/3	41,38
1745	B	48 1/2	41,24
1745	A	48 3/4	41,03

Messe		[BO3]	[BO4]
		bol.	fl.
1746	MQ	48 3/5	41,15
1746	CD	47 3/4	41,88
1746	B	49 1/5	40,65
1746	A	49	40,82
1747	MQ	48 3/4	41,03
1747	CD	48 1/4	41,45
1747	B	49 1/6	40,68
1747	A	48 3/4	41,03
1748	MQ	48 3/4	41,03
1748	CD	48 1/3	41,38
1748	B	49	40,82
1748	A	49 1/4	40,61
1749	MQ	49	40,82

Tab. 4.10: Wechselkurse der Bozner Messen auf Ancona von 1656 bis 1740

[AN1] Baiocchi für 1 Gulden Giro [O]
[AN2] Gulden Giro für 100 Scudi di stampa [U]

Messe		[AN1]	[AN2]
		bai.	fl.
1657	MQ	58	258,62
1657	CD	56	267,86
1657	B	56 3/4	264,32
1657	A	56 3/4	264,32
1658	MQ	58	258,62
1658	CD	58 1/4	257,51
1658	B	58 1/2	256,41
1658	A	58	258,62
1659	MQ	58 1/2	256,41
1659	CD	57 3/4	259,74
1659	B	57 3/8	261,44
1659	A	57	263,16
1660	MQ	57	263,16
1660	CD	57 3/4	259,74
1660	B	57	263,16
1660	A	57 1/4	262,01
1661	MQ	57	263,16
1661	CD	57	263,16
1661	B	57	263,16
1661	A	57	263,16
1662	MQ	57	263,16
1662	CD	57 3/4	259,74
1662	B	58	258,62
1662	A	57 1/2	260,87
1663	MQ	57	263,16
1663	CD	57	263,16
1663	B	56 1/2	265,49
1663	A	57	263,16
1664	MQ	58	258,62
1664	CD	57 1/4	262,01
1664	B	56 7/8	263,74
1664	A	57	263,16
1665	MQ	57 1/4	262,01
1665	CD	57 1/2	260,87
1665	B	57 1/2	260,87
1665	A	57 3/4	259,74
1666	MQ	58	258,62
1666	CD	56 3/4	264,32
1666	B	57 1/3	261,63
1666	A	57	263,16

Messe		[AN1]	[AN2]
		bai.	fl.
1667	MQ	57	263,16
1667	CD	56 1/4	266,67
1667	B	56 3/4	264,32
1667	A	57	263,16
1668	MQ	57 2/3	260,12
1668	CD	57 1/8	262,58
1668	B	57 1/3	261,63
1668	A	56 3/4	264,32
1669	MQ	57 1/2	260,87
1669	CD	56 3/4	264,32
1669	B	56 3/4	264,32
1669	A	57	263,16
1670	MQ	56 1/4	266,67
1670	CD	56 3/4	264,32
1670	B	57 1/3	261,63
1670	A	57 1/2	260,87
1671	MQ	56 1/2	265,49
1671	CD	57 1/2	260,87
1671	B	57 1/3	261,63
1671	A	57 2/3	260,12
1672	MQ	58 2/3	255,68
1672	CD	59	254,24
1672	B	59 1/2	252,10
1672	A	60	250,00
1673	MQ	59 3/4	251,05
1673	CD	59 1/4	253,16
1673	B	60	250,00
1673	A	59 2/3	251,40
1674	MQ	59 1/2	252,10
1674	CD	59 1/2	252,10
1674	B	59	254,24
1674	A	57 2/3	260,12
1675	MQ	58	258,62
1675	CD	56 1/2	265,49
1675	B	57 1/2	260,87
1675	A	57	263,16
1676	MQ	57 1/2	260,87
1676	CD	58 1/2	256,41
1676	B	59 1/2	252,10
1676	A	57 3/4	259,74

Messe		[AN1]	[AN2]
		bai.	fl.
1677	MQ	58 1/2	256,41
1677	CD	57 1/4	262,01
1677	B	57 1/2	260,87
1677	A	56 3/4	264,32
1678	MQ	57 1/4	262,01
1678	CD	58 2/3	255,68
1678	B	58 1/2	256,41
1678	A	58	258,62
1679	MQ	59 1/3	252,81
1679	CD	59 1/4	253,16
1679	B	58 3/4	255,32
1679	A	59	254,24
1680	MQ	58 1/2	256,41
1680	CD	57 3/4	259,74
1680	B	58 1/8	258,06
1680	A	58 1/6	257,88
1681	MQ	59	254,24
1681	CD	58	258,62
1681	B	57 4/5	259,52
1681	A	56 4/5	264,08
1682	MQ	58 2/3	255,68
1682	CD	57 2/3	260,12
1682	B	59	254,24
1682	A	58 4/5	255,10
1683	MQ	59 3/4	251,05
1683	CD	59	254,24
1683	B	60 1/3	248,62
1683	A	59 4/5	250,84
1684	MQ	58 4/5	255,10
1684	CD	58 1/3	257,14
1684	B	57 2/3	260,12
1684	A	57	263,16
1685	MQ	56 1/4	266,67
1685	CD	57 1/5	262,24
1685	B	58 1/3	257,14
1685	A	58 7/8	254,78
1686	MQ	58 3/4	255,32
1686	CD	59 1/3	252,81
1686	B	59 1/6	253,52
1686	A	59	254,24
1687	MQ	59 3/4	251,05
1687	CD	59	254,24
1687	B	59 1/4	253,16
1687	A		
1688	MQ	59	254,24
1688	CD	58 1/2	256,41
1688	B	59	254,24
1688	A	58 7/8	254,78
1689	MQ	59 1/3	252,81
1689	CD	59 3/4	251,05
1689	B	61	245,90
1689	A	60	250,00
1690	MQ		
1690	CD	59 3/4	251,05
1690	B	58 3/4	255,32
1690	A	59 1/4	253,16
1691	MQ	59 2/5	252,53
1691	CD	57 1/2	260,87
1691	B	56 1/4	266,67
1691	A	56 2/5	265,96
1692	MQ	55 2/3	269,46
1692	CD	56 1/2	265,49
1692	B	57 1/3	261,63
1692	A	57 2/3	260,12
1693	MQ		
1693	CD	57	263,16
1693	B	57 1/3	261,63
1693	A	57 2/3	260,12
1694	MQ	57 1/3	261,63
1694	CD	57 1/2	260,87
1694	B	57 1/2	260,87
1694	A	58	258,62
1695	MQ	57 2/5	261,32
1695	CD	57 2/5	261,32
1695	B	57 1/3	261,63
1695	A	55 3/4	269,06
1696	MQ	56	267,86
1696	CD	55 1/4	271,49
1696	B	56 2/3	264,71
1696	A	58 2/5	256,85
1697	MQ	59 1/3	252,81
1697	CD	57 2/5	261,32
1697	B	59	254,24
1697	A	58 7/8	254,78
1698	MQ	59	254,24
1698	CD	59 1/5	253,38
1698	B	59 3/4	251,05
1698	A	58 1/2	256,41
1699	MQ	58 3/4	255,32
1699	CD	58	258,62
1699	B	58 1/2	256,41
1699	A	58 2/3	255,68

Messe		[AN1]	[AN2]
		bai.	fl.
1700	MQ	58 1/3	257,14
1700	CD	57 1/4	262,01
1700	B	58 1/2	256,41
1700	A	58 4/5	255,10
1701	MQ	58 1/8	258,06
1701	CD	57 1/2	260,87
1701	B	58 3/5	255,97
1701	A	57 3/4	259,74
1702	MQ	58	258,62
1702	CD	58	258,62
1702	B	58 1/2	256,41
1702	A	60 1/2	247,93
1703	MQ	60 1/5	249,17
1703	CD	60	250,00
1703	B	59 3/4	251,05
1703	A	60	250,00
1704	MQ	60 1/2	247,93
1704	CD	60 1/3	248,62
1704	B	61	245,90
1704	A	60 2/3	247,25
1705	MQ	60 2/5	248,34
1705	CD	60	250,00
1705	B	60 1/5	249,17
1705	A	60	250,00
1706	MQ	60	250,00
1706	CD	60	250,00
1706	B	60 1/6	249,31
1706	A	59 1/2	252,10
1707	MQ	59 3/4	251,05
1707	CD	60	250,00
1707	B	60 1/4	248,96
1707	A	60 2/3	247,25
1708	MQ	61 2/5	244,30
1708	CD	60 1/3	248,62
1708	B	61 1/2	243,90
1708	A	61	245,90
1709	MQ	61 1/8	245,40
1709	CD	62	241,94
1709	B	61 1/2	243,90
1709	A	61	245,90
1710	MQ	60 1/2	247,93
1710	CD	61	245,90
1710	B	61 1/4	244,90
1710	A	60 1/2	247,93
1711	MQ	61 1/2	243,90
1711	CD	60 1/2	247,93

Messe		[AN1]	[AN2]
		bai.	fl.
1711	B	60	250,00
1711	A	60 1/3	248,62
1712	MQ	59 1/2	252,10
1712	CD	59 1/8	253,70
1712	B	59 7/8	250,52
1712	A	59 1/2	252,10
1713	MQ	58 1/4	257,51
1713	CD	59 1/3	252,81
1713	B	61	245,90
1713	A	62 1/8	241,45
1714	MQ	61 1/4	244,90
1714	CD	60 1/2	247,93
1714	B	60	250,00
1714	A	59 3/4	251,05
1715	MQ	59 2/5	252,53
1715	CD	61	245,90
1715	B	61	245,90
1715	A	60 3/5	247,52
1716	MQ	60 3/4	246,91
1716	CD	61 1/3	244,57
1716	B	63 1/8	237,62
1716	A	61	245,90
1717	MQ	60 1/8	249,48
1717	CD	59 3/4	251,05
1717	B	60 3/10	248,76
1717	A	61	245,90
1718	MQ	59 3/4	251,05
1718	CD		
1718	B		
1718	A		
1719	MQ		
1719	CD		
1719	B		
1719	A	60 1/4	248,96
1720	MQ		
1720	CD		
1720	B		
1720	A		
1721	MQ		
1721	CD		
1721	B		
1721	A		
1722	MQ		
1722	CD	60 3/5	247,52
1722	B	61 2/5	244,30
1722	A	61 4/5	242,72

Messe		[AN1]	[AN2]
		bai.	fl.
1723	MQ		
1723	CD	61 4/5	242,72
1723	B	62 1/4	240,96
1723	A	61 1/4	244,90
1724	MQ		
1724	CD	60 3/4	246,91
1724	B		
1724	A		
1725	MQ		
1725	CD		
1725	B		
1725	A		
1726	MQ		
1726	CD		
1726	B		
1726	A		
1727	MQ		
1727	CD		
1727	B	63 1/4	237,15
1727	A	63 1/8	237,62
1728	MQ		
1728	CD		
1728	B		
1728	A		
1729	MQ	63 2/3	235,60
1729	CD		
1729	B		
1729	A		
1730	MQ		
1730	CD		
1730	B	61	245,90
1730	A		
1731	MQ		
1731	CD	63 1/4	237,15
1731	B	63 3/4	235,29
1731	A	63 3/5	235,85

Messe		[AN1]	[AN2]
		bai.	fl.
1732	MQ	64	234,38
1732	CD	63 2/3	235,60
1732	B	63 3/4	235,29
1732	A	63 1/2	236,22
1733	MQ	60	250,00
1733	CD	60 1/2	247,93
1733	B	63 2/5	236,59
1733	A	62 1/20	241,74
1734	MQ	59 3/4	251,05
1734	CD	58 2/3	255,68
1734	B	59	254,24
1734	A	58 3/4	255,32
1735	MQ	58 1/8	258,06
1735	CD	58	258,62
1735	B	58	258,62
1735	A	58	258,62
1736	MQ	58 1/4	257,51
1736	CD	57 3/4	259,74
1736	B	58	258,62
1736	A	52 1/4	287,08
1737	MQ	51 3/4	289,86
1737	CD	50 2/3	296,05
1737	B	63	238,10
1737	A	62	241,94
1738	MQ		
1738	CD	50 1/3	298,01
1738	B	50 1/8	299,25
1738	A	50	300,00
1739	MQ		
1739	CD	50 1/3	298,01
1739	B	50	300,00
1739	A	50 1/2	297,03
1740	MQ		
1740	CD	50 1/3	298,01
1740	B	51 1/4	292,68
1740	A	51 1/4	292,68

4.4 DIE WECHSELMÄRKTE DES GROSSHERZOGTUMS TOSKANA: FLORENZ UND LIVORNO

Aus dem Großherzogtum Toskana notierten die Bozner Messen von 1640 bis zur Fronleichnamsmesse 1742 Florenz, danach – im Zuge der Umstellung des Bozner Kurszettels – Livorno. Damit folgten die Bozner Messen mit einigen Jahrzehnten Verspätung der faktischen Entwicklung der beiden Städte als Wechselmärkte im internationalen bargeldlosen Zahlungsverkehrssystem: Denn das politische Zentrum des Großherzogtums Toskana, die traditionsreiche Handels- und Finanzstadt Florenz, fiel im 17. und 18. Jahrhundert aus dem Blickwinkel des internationalen Zahlungsverkehrssystems deutlich hinter den toskanischen Freihafen Livorno zurück. Erschien Florenz noch um 1630 als das unangefochtene Zahlungsverkehrszentrum Mittelitaliens, das neben allen wichtigen italienischen Plätzen (und dem Lokalmarkt Pisa) Antwerpen (später auch Amsterdam), London, Valencia, Barcelona, Sevilla und Lissabon notierte,[84] so verzeichnete die Arno-Stadt um die Mitte des 18. Jahrhunderts neben einigen italienischen Städten (Venedig, Genua, Livorno, Rom, Bologna, Neapel, selten auch Mailand) nur noch Amsterdam, London und – aufgrund der engen politischen Verbindung des Großherzogtums Toskana zur Österreichischen Monarchie – spätestens ab 1751 Wien, während Paris, Lyon und Lissabon nur in wenigen Einzelfällen angegeben wurden.[85] Dieser Befund deckt sich im wesentlichen mit den Angaben in zeitgenössischen Kaufmannshandbüchern für weite Teile des 18. Jahrhunderts, wobei aber in letzteren in der Regel auch Bozen, Bisenzone oder Novi, Madrid und Cádiz, gegen Ende des 18. Jahrhunderts auch Hamburg und weitere italienische Plätze (u.a. Bologna, Palermo und Messina) Erwähnung als florentiner Wechselpartner finden.[86] Insgesamt erscheint Florenz damit als ein allenfalls noch überregional, nicht mehr aber international bedeutender Wechselmarkt, dessen internationale Relevanz aber im Vergleich zu den italienischen Hafenstädten und vor allem zum benachbarten Livorno schon dadurch eingeschränkt war, daß es von außerhalb Italiens – und eben auch von den Bozner Messen – (vorerst) nicht mehr notiert wurde; seine traditionelle Funktion als zentraler internationaler Wechselmarkt Mittelitaliens war in der zweiten Hälfte des 17. Jahrhunderts vollständig auf Livorno übergegangen.

Ein wichtiger Indikator für diese neue Funktion von Livorno ist es, daß Venedig seit 1657 den toskanischen Hafen regelmäßig notierte, Neapel – nach einigen vereinzelten Notierungen seit 1629 – seit 1659 regelmäßig, London spätestens seit 1667,

---

84 VAN VELDEN, Fondament van de Wisselhandeling [1629], S. 230f.; DENZEL, „Practica della Cambiatura", S. 442.

85 SCHNEIDER u.a. (Hrsg.), Währungen der Welt VI, S. 283–293.

86 HERBACH, Wechsel-Handlung [1716], S. 113; ders., Wechsel-Handlung [1726], S. 122; ders., Europäische Wechselhandlung [1756/57], S. 99, 239; G[ERHARDT] (Hrsg.), Nelkenbrechers Taschenbuch eines Banquiers und Kaufmanns [1775], S. 89f.

Amsterdam seit 1678/80, die Bisenzone-Messen dann seit den 1690er Jahren,[87] so daß bereits in der zweiten Hälfte des 17. Jahrhunderts von einer vollständigen Integration in das internationale bargeldlose Zahlungsverkehrssystem und einer weitreichenden internationalen Anerkennung des toskanischen Freihafens als Wechselmarkt auszugehen ist. Als zentraler Entrepôt der Engländer im Mittelmeerraum[88] spielte Livorno seither „a crucially important part in England's Levant trade as a centre where English exports or re-exports could be converted into valuable currency."[89] Zugleich war es der westliche Vorposten der wichtigsten levantinischen ‚Handelsnationen', der Juden, Griechen und Armenier, mit ihren engen Handelsverbindungen in das Osmanische und das Russische Reich. Somit war Livorno spätestens seit 1737 – seit der Übernahme der Großherzogtums durch Habsburg-Lothringen und der Bestätigung und Ausweitung der Freiheiten des Hafens – geradezu prädestiniert, einer, wenn nicht der zentrale Markt Italiens für internationale bargeldlose Zahlungsverkehrstransaktionen zu werden.[90] Eine Kursübersicht von 1755 nennt als livornesische Wechselpartner Amsterdam, Augsburg, Bologna, Cádiz, Florenz, Hamburg, Lissabon, London, Lyon, Madrid, Marseille, Messina, Mailand, Neapel, Palermo, Paris, Rom, Turin, Venedig, Novi und Wien.[91] Um so bemerkenswerter ist es, daß Livorno seit 1754 von den Bozner Messen nicht mehr regelmäßig notiert wurde. Bis 1766 finden sich dann noch einige vereinzelte Notierungen, doch spielte Livorno im Bozner Zahlungsverkehr seit der Mitte der 1750er Jahre keine Rolle mehr.

Die Notierungen von Bozen auf Florenz erfolgten in Kreuzern di cambio für 1 Scudo d'oro zu 20 Soldi d'oro à 12 Denari d'oro oder zu 7½ Lire correnti in Florenz.[92] Daneben fand am Arno auch die Pezza da otto reali zu 15 1/3 Soldi d'oro oder

---

87 SCHNEIDER u.a. (Hrsg.), Währungen der Welt III, S. 71, 162f., 228f., 287; DENZEL, Handbook, S. 37, 84, 143.

88 Charles A. KEENE, American Shipping and Trade, 1798–1820: The Evidence from Leghorn, in: Journal of Economic History 38/3, 1978, S. 681–700, hier: S. 684.

89 Gigliola PAGANO DE DEVITIIS, English Merchants in Seventeenth-Century Italy, Cambridge 1997 [ital. Venezia 1990], S. 123.

90 Die Einschätzung von MCCUSKER / GRAVESTEIJN, Journalism, S. 253 ist sogar noch enthusiastischer: „Sold by the Emperor Charles V to Cosimo de' Medici in 1543, declared a free port in 1593, offered as a haven to English Catholics, French Protestants, Jews and Moors from Portugal and Spain, and seekers of the main chance of all persuasions, accessible by river, by canal, and by road to major markets deep within Italy itself, connected overseas with places remote and near like the Baltic and the Levant, Leghorn rose rapidly as an entrepôt without rival in the western Mediterranean of the seventeenth century. [...] As *the* source of goods, as *the* center for trade and finance, it was also the hub of an information network that proffered in exchange what it so readily obtained, the latest business news."

91 GIRAUDEAUX, La banque [1759], S. 229.

92 ROSSO, Informatione per più chiara inteligenza de' Cambij [1680], S. 9; SCHURTZ, Nutzbare Richtschnur [1695], S. 147; RICARD, Traité general du commerce [1714], S. 434. Vgl. MANDICH, Geld- und Kreditwesen, S. 504, der aber die Notierungsweise mit „Kreuzern" (welchen?) für „einen Florentiner Dukaten (es handelt sich um einen erdichteten Dukaten zu 7 Pfund oder 140 Soldi)" angibt. Diesen „Dukaten" zu 7 Lire bezeichnet man in der Regel korrekt als Ducatone, so auch ROSSO, Informatione per più chiara inteligenza de' Cambij [1680], S. 9.

184 Denari d'oro oder 5¾ Lire correnti Verwendung, so daß der Scudo d'oro 1 7/23 Pezza da otto reali entsprach. Dabei wurden auch Pezze und Lire correnti noch jeweils in 20 Soldi (pezzi oder correnti) à 12 Denari (pezzi oder correnti) unterteilt.[93] In Pezze da otto reali für 100 Gulden moneta lunga wurden dann die Bozner Notierungen auf Livorno ab 1742 verzeichnet, so daß mit der Änderung des notierten Wechselplatzes auch die Notierungsweise ‚modernisiert' wurde.

Die Usance der Bozner Notierungen auf Florenz und Livorno betrug nach den ausgewerteten Kurszetteln einen Monat zuzüglich einer Woche, d.h. fünf Wochen dato, nach Mandich hingegen 40 bis 42 Tage dato.[94]

Im folgenden sind die in Kreuzern Giro erfolgten Notierungen auf Florenz (Datenreihe FI1) sowohl in Scudi di cambio (= 93 Kreuzer Giro; Datenreihe FI2) als auch in Gulden Giro (= 60 Kreuzer Giro; Datenreihe FI3) für jeweils 100 Scudi d'oro zu 7½ Lire umgerechnet worden (20 Scudi di cambio = 31 Gulden Giro). Erstere Umrechnung ist erforderlich, da die zeitgenössischen Kaufleute ihre Geschäfte mit Florenz bis in die zweite Hälfte des 18. Jahrhunderts hinein in ebendiesen Scudi di cambio abwickelten, letztere, um die Vergleichbarkeit zu anderen Kursreihen zu erleichtern. –Neben den Originalnotierungen auf Livorno (Datenreihe LI1) werden auch Umrechnungen in Gulden moneta lunga für 100 Pezze da otto reali (Datenreihe LI2) präsentiert.

93 G[ERHARDT] (Hrsg.), Nelkenbrechers Taschenbuch eines Banquiers und Kaufmanns [1775], S. 87.

94 MANDICH, Geld- und Kreditwesen, S. 507.

Tab. 4.11: Wechselkurse der Bozner Messen auf Florenz von 1640 bis 1742

[FI1] Kreuzer Giro für 1 Scudo d'oro zu 7½ Lire [O]
[FI2] Scudi di cambio für 100 Scudi d'oro zu 7½ Lire [U]
[FI3] Gulden Giro für 100 Scudi d'oro zu 7½ Lire [U]

Messe		[FI1]	[FI2]	[FI3]
		xr.	sc.	fl.
1640	MQ	114 1/2	123,12	190,83
1640	CD	115	123,66	191,67
1640	B	119	127,96	198,33
1640	A	117 1/2	126,34	195,83
1641	MQ	118 1/2	127,42	197,50
1641	CD	120	129,03	200,00
1641	B	119	127,96	198,33
1641	A	119	127,96	198,33
1642	MQ	119	127,96	198,33
1642	CD	119	127,96	198,33
1642	B	119 1/2	128,49	199,17
1642	A	119	127,96	198,33
1643	MQ	119	127,96	198,33
1643	CD	119 1/2	128,49	199,17
1643	B	119	127,96	198,33
1643	A	120 1/2	129,57	200,83
1644	MQ	120	129,03	200,00
1644	CD	118	126,88	196,67
1644	B	118	126,88	196,67
1644	A	117 1/2	126,34	195,83
1645	MQ	116 1/2	125,27	194,17
1645	CD	117	125,81	195,00
1645	B	116	124,73	193,33
1645	A	117	125,81	195,00
1646	MQ	117	125,81	195,00
1646	CD	117	125,81	195,00
1646	B	117 3/4	126,61	196,25
1646	A	118	126,88	196,67
1647	MQ	118	126,88	196,67
1647	CD	119	127,96	198,33
1647	B	118 1/2	127,42	197,50
1647	A	118	126,88	196,67
1648	MQ	118	126,88	196,67
1648	CD	117 1/2	126,34	195,83
1648	B	115 1/2	124,19	192,50
1648	A	116	124,73	193,33
1649	MQ	116	124,73	193,33
1649	CD	113	121,51	188,33
1649	B	118 1/2	127,42	197,50

Messe		[FI1]	[FI2]	[FI3]
		xr.	sc.	fl.
1649	A	118 3/4	127,69	197,92
1650	MQ	121	130,11	201,67
1650	CD	123	132,26	205,00
1650	B	120	129,03	200,00
1650	A	119 1/2	128,49	199,17
1651	MQ	114 3/4	123,39	191,25
1651	CD	122	131,18	203,33
1651	B	121 1/2	130,65	202,50
1651	A	122	131,18	203,33
1652	MQ	122 2/3	131,90	204,44
1652	CD	122 1/4	131,45	203,75
1652	B	122 1/2	131,72	204,17
1652	A	123	132,26	205,00
1653	MQ	119 1/2	128,49	199,17
1653	CD	120 1/2	129,57	200,83
1653	B	119	127,96	198,33
1653	A	117 1/2	126,34	195,83
1654	MQ	119	127,96	198,33
1654	CD	120 1/2	129,57	200,83
1654	B	120	129,03	200,00
1654	A	119	127,96	198,33
1655	MQ	119	127,96	198,33
1655	CD	119	127,96	198,33
1655	B	120	129,03	200,00
1655	A	118	126,88	196,67
1656	MQ	117 1/2	126,34	195,83
1656	CD	116 1/2	125,27	194,17
1656	B	115 1/2	124,19	192,50
1656	A	118 1/2	127,42	197,50
1657	MQ	116 1/2	125,27	194,17
1657	CD	120	129,03	200,00
1657	B	119 1/2	128,49	199,17
1657	A	118 1/3	127,24	197,22
1658	MQ	116 1/2	125,27	194,17
1658	CD	117 1/2	126,34	195,83
1658	B	116 1/5	124,95	193,67
1658	A	116	124,73	193,33
1659	MQ	116 2/3	125,45	194,44
1659	CD	117	125,81	195,00

Messe		[FI1]	[FI2]	[FI3]
		xr.	sc.	fl.
1659	B	119 1/2	128,49	199,17
1659	A	119	127,96	198,33
1660	MQ	121	130,11	201,67
1660	CD	118	126,88	196,67
1660	B	118	126,88	196,67
1660	A	119	127,96	198,33
1661	MQ	118 3/8	127,28	197,29
1661	CD	118 1/2	127,42	197,50
1661	B	119	127,96	198,33
1661	A	119	127,96	198,33
1662	MQ	118 1/4	127,15	197,08
1662	CD	117 1/2	126,34	195,83
1662	B	116 1/2	125,27	194,17
1662	A	117	125,81	195,00
1663	MQ	119	127,96	198,33
1663	CD	119 3/4	128,76	199,58
1663	B	119 3/4	128,76	199,58
1663	A	119 1/4	128,23	198,75
1664	MQ	117	125,81	195,00
1664	CD	118 1/4	127,15	197,08
1664	B	120 1/2	129,57	200,83
1664	A	120	129,03	200,00
1665	MQ	119	127,96	198,33
1665	CD	119	127,96	198,33
1665	B	118	126,88	196,67
1665	A	118	126,88	196,67
1666	MQ	116 1/3	125,09	193,89
1666	CD	118 3/4	127,69	197,92
1666	B	118 3/4	127,69	197,92
1666	A	119	127,96	198,33
1667	MQ	118 2/3	127,60	197,78
1667	CD	119 1/4	128,23	198,75
1667	B	119 1/2	128,49	199,17
1667	A	118 3/4	127,69	197,92
1668	MQ	118	126,88	196,67
1668	CD	118 1/4	127,15	197,08
1668	B	118 1/2	127,42	197,50
1668	A	119 1/3	128,32	198,89
1669	MQ	118 1/2	127,42	197,50
1669	CD	119 3/4	128,76	199,58
1669	B	120	129,03	200,00
1669	A	120 1/3	129,39	200,56
1670	MQ	120 1/3	129,39	200,56
1670	CD	119 1/4	128,23	198,75
1670	B	118 1/2	127,42	197,50
1670	A	119	127,96	198,33

Messe		[FI1]	[FI2]	[FI3]
		xr.	sc.	fl.
1671	MQ	120 1/2	129,57	200,83
1671	CD	119 1/2	128,49	199,17
1671	B	118 1/4	127,15	197,08
1671	A	118	126,88	196,67
1672	MQ	116 1/4	125,00	193,75
1672	CD	114 3/4	123,39	191,25
1672	B	114 1/4	122,85	190,42
1672	A	113 1/2	122,04	189,17
1673	MQ	113 3/4	122,31	189,58
1673	CD	114 1/2	123,12	190,83
1673	B	113 1/3	121,86	188,89
1673	A	113 1/2	122,04	189,17
1674	MQ	114	122,58	190,00
1674	CD	114 1/4	122,85	190,42
1674	B	115 1/4	123,92	192,08
1674	A	118 2/3	127,60	197,78
1675	MQ	118 1/4	127,15	197,08
1675	CD	119	127,96	198,33
1675	B	117 2/3	126,52	196,11
1675	A	116 3/4	125,54	194,58
1676	MQ	116 1/2	125,27	194,17
1676	CD	116 1/2	125,27	194,17
1676	B	115 2/3	124,37	192,78
1676	A	117 1/4	126,08	195,42
1677	MQ	117 3/4	126,61	196,25
1677	CD	119 3/4	128,76	199,58
1677	B	119	127,96	198,33
1677	A	120	129,03	200,00
1678	MQ	118 2/3	127,60	197,78
1678	CD	115 2/3	124,37	192,78
1678	B	115 1/3	124,01	192,22
1678	A	115 1/3	124,01	192,22
1679	MQ	115 3/4	124,46	192,92
1679	CD	116	124,73	193,33
1679	B	116 3/4	125,54	194,58
1679	A	117	125,81	195,00
1680	MQ	117	125,81	195,00
1680	CD	117	125,81	195,00
1680	B	117 2/5	126,24	195,67
1680	A	116 3/4	125,54	194,58
1681	MQ	113 1/3	121,86	188,89
1681	CD	117 3/4	126,61	196,25
1681	B	118 3/4	127,69	197,92
1681	A	119 2/3	128,67	199,44
1682	MQ	118	126,88	196,67
1682	CD	118 1/5	127,10	197,00

Messe		[FI1]	[FI2]	[FI3]
		xr.	sc.	fl.
1682	B	114 1/2	123,12	190,83
1682	A	115 4/5	124,52	193,00
1683	MQ	114 1/3	122,94	190,56
1683	CD	114	122,58	190,00
1683	B	113	121,51	188,33
1683	A	116	124,73	193,33
1684	MQ	115	123,66	191,67
1684	CD	117	125,81	195,00
1684	B	118 1/3	127,24	197,22
1684	A	118	126,88	196,67
1685	MQ	117 7/8	126,75	196,46
1685	CD	119 3/5	128,60	199,33
1685	B	118 3/4	127,69	197,92
1685	A	116	124,73	193,33
1686	MQ	113 2/5	121,94	189,00
1686	CD	115 1/6	123,84	191,94
1686	B	114 3/4	123,39	191,25
1686	A	114 2/5	123,01	190,67
1687	MQ	114 3/4	123,39	191,25
1687	CD	114	122,58	190,00
1687	B	115 1/3	124,01	192,22
1687	A			
1688	MQ	115 1/4	123,92	192,08
1688	CD	116 1/4	125,00	193,75
1688	B	118	126,88	196,67
1688	A	115 1/2	124,19	192,50
1689	MQ	114 3/4	123,39	191,25
1689	CD	112 1/6	120,61	186,94
1689	B	111 3/4	120,16	186,25
1689	A	110 3/4	119,09	184,58
1690	MQ			
1690	CD	112 2/3	121,15	187,78
1690	B	115 1/2	124,19	192,50
1690	A	115	123,66	191,67
1691	MQ	114 2/3	123,30	191,11
1691	CD	117	125,81	195,00
1691	B	118 3/4	127,69	197,92
1691	A	118 2/3	127,60	197,78
1692	MQ	120 1/2	129,57	200,83
1692	CD	118 1/3	127,24	197,22
1692	B	117 2/3	126,52	196,11
1692	A	117 3/5	126,45	196,00
1693	MQ			
1693	CD	118 7/8	127,82	198,13
1693	B	118	126,88	196,67
1693	A	116 3/5	125,38	194,33
1694	MQ	117 2/5	126,24	195,67
1694	CD	116 2/5	125,16	194,00
1694	B	117 2/3	126,52	196,11
1694	A	117 2/5	126,24	195,67
1695	MQ	116 7/8	125,67	194,79
1695	CD	118	126,88	196,67
1695	B	119	127,96	198,33
1695	A	119 1/3	128,32	198,89
1696	MQ	120 3/5	129,68	201,00
1696	CD	122 5/6	132,08	204,72
1696	B	120 1/2	129,57	200,83
1696	A	116 1/2	125,27	194,17
1697	MQ	115 7/8	124,60	193,13
1697	CD	115 1/4	123,92	192,08
1697	B	115	123,66	191,67
1697	A	115 1/4	123,92	192,08
1698	MQ	113 2/3	122,22	189,44
1698	CD	114 1/6	122,76	190,28
1698	B	115	123,66	191,67
1698	A	113 1/3	121,86	188,89
1699	MQ	115 1/2	124,19	192,50
1699	CD	117	125,81	195,00
1699	B	116 1/2	125,27	194,17
1699	A	115 2/5	124,09	192,33
1700	MQ	116	124,73	193,33
1700	CD	117	125,81	195,00
1700	B	116 1/3	125,09	193,89
1700	A	114 1/2	123,12	190,83
1701	MQ	114 3/4	123,39	191,25
1701	CD	116	124,73	193,33
1701	B	114 2/3	123,30	191,11
1701	A	115	123,66	191,67
1702	MQ	116 1/3	125,09	193,89
1702	CD	118 1/2	127,42	197,50
1702	B	117 1/2	126,34	195,83
1702	A	114	122,58	190,00
1703	MQ	113	121,51	188,33
1703	CD	113 1/4	121,77	188,75
1703	B	114	122,58	190,00
1703	A	113	121,51	188,33
1704	MQ	113 1/2	122,04	189,17
1704	CD	112 1/4	120,70	187,08
1704	B	114	122,58	190,00
1704	A	112 1/2	120,97	187,50
1705	MQ	114 1/2	123,12	190,83
1705	CD	115	123,66	191,67

Messe		[FI1]	[FI2]	[FI3]
		xr.	sc.	fl.
1705	B	114 2/3	123,30	191,11
1705	A	114	122,58	190,00
1706	MQ	113 1/3	121,86	188,89
1706	CD	111 3/4	120,16	186,25
1706	B	113	121,51	188,33
1706	A	114	122,58	190,00
1707	MQ	114	122,58	190,00
1707	CD	113 3/4	122,31	189,58
1707	B	114	122,58	190,00
1707	A	113 1/2	122,04	189,17
1708	MQ	114	122,58	190,00
1708	CD	113 2/3	122,22	189,44
1708	B	112 7/8	121,37	188,13
1708	A	114	122,58	190,00
1709	MQ	114	122,58	190,00
1709	CD	113 1/6	121,68	188,61
1709	B	113 1/3	121,86	188,89
1709	A	114	122,58	190,00
1710	MQ	113 1/4	121,77	188,75
1710	CD	114	122,58	190,00
1710	B	113 1/2	122,04	189,17
1710	A	113 1/2	122,04	189,17
1711	MQ	112	120,43	186,67
1711	CD	111 7/8	120,30	186,46
1711	B	115	123,66	191,67
1711	A	114	122,58	190,00
1712	MQ	115 1/5	123,87	192,00
1712	CD	115 1/2	124,19	192,50
1712	B	115	123,66	191,67
1712	A	114 4/5	123,44	191,33
1713	MQ	114 1/4	122,85	190,42
1713	CD	113 1/2	122,04	189,17
1713	B	112 1/4	120,70	187,08
1713	A	110	118,28	183,33
1714	MQ	110 1/2	118,82	184,17
1714	CD	112 1/3	120,79	187,22
1714	B	113	121,51	188,33
1714	A	112 1/4	120,70	187,08
1715	MQ	114 2/5	123,01	190,67
1715	CD	113 4/5	122,37	189,67
1715	B	112 1/2	120,97	187,50
1715	A	113 1/4	121,77	188,75
1716	MQ	111 1/5	119,57	185,33
1716	CD	111 1/3	119,71	185,56
1716	B	113 7/8	122,45	189,79
1716	A	112 1/2	120,97	187,50

Messe		[FI1]	[FI2]	[FI3]
		xr.	sc.	fl.
1717	MQ	113 1/3	121,86	188,89
1717	CD	114 1/3	122,94	190,56
1717	B	114	122,58	190,00
1717	A	112 2/5	120,86	187,33
1718	MQ	114 3/4	123,39	191,25
1718	CD			
1718	B			
1718	A			
1719	MQ	113 1/6	121,68	188,61
1719	CD	112 1/4	120,70	187,08
1719	B	111 1/3	119,71	185,56
1719	A	113	121,51	188,33
1720	MQ	114 1/4	122,85	190,42
1720	CD	112 1/3	120,79	187,22
1720	B			
1720	A			
1721	MQ	113 3/5	122,15	189,33
1721	CD			
1721	B	114 1/8	122,72	190,21
1721	A	114 1/5	122,80	190,33
1722	MQ	114 1/5	122,80	190,33
1722	CD	112	120,43	186,67
1722	B	111	119,35	185,00
1722	A	109 4/5	118,06	183,00
1723	MQ			
1723	CD	110 1/2	118,82	184,17
1723	B	111	119,35	185,00
1723	A	111	119,35	185,00
1724	MQ			
1724	CD	111 2/3	120,07	186,11
1724	B			
1724	A	110 1/4	118,55	183,75
1725	MQ	110	118,28	183,33
1725	CD	109 1/2	117,74	182,50
1725	B	109	117,20	181,67
1725	A			
1726	MQ	108 1/2	116,67	180,83
1726	CD	109 1/3	117,56	182,22
1726	B	109	117,20	181,67
1726	A	107 1/2	115,59	179,17
1727	MQ	108 1/3	116,49	180,56
1727	CD	109 1/8	117,34	181,88
1727	B	108	116,13	180,00
1727	A	107 4/5	115,91	179,67
1728	MQ			
1728	CD	107 3/4	115,86	179,58

Messe		[FI1]	[FI2]	[FI3]
		xr.	sc.	fl.
1728	B	107 1/2	115,59	179,17
1728	A	108	116,13	180,00
1729	MQ	107 4/5	115,91	179,67
1729	CD	108 4/5	116,99	181,33
1729	B	108 7/8	117,07	181,46
1729	A	108 2/5	116,56	180,67
1730	MQ	107 1/2	115,59	179,17
1730	CD	107 3/4	115,86	179,58
1730	B	107 4/5	115,91	179,67
1730	A	108 1/8	116,26	180,21
1731	MQ			
1731	CD	108	116,13	180,00
1731	B	107 1/2	115,59	179,17
1731	A	107 1/2	115,59	179,17
1732	MQ	108 1/6	116,31	180,28
1732	CD	107 2/3	115,77	179,44
1732	B	107 1/2	115,59	179,17
1732	A	107 1/5	115,27	178,67
1733	MQ	107 1/4	115,32	178,75
1733	CD	107	115,05	178,33
1733	B	107 1/4	115,32	178,75
1733	A	107 2/5	115,48	179,00
1734	MQ	109	117,20	181,67
1734	CD	108 1/3	116,49	180,56
1734	B	107 3/4	115,86	179,58
1734	A	107 3/4	115,86	179,58
1735	MQ	108 3/8	116,53	180,63
1735	CD	108 1/2	116,67	180,83

Messe		[FI1]	[FI2]	[FI3]
		xr.	sc.	fl.
1735	B	108 1/3	116,49	180,56
1735	A	108 1/2	116,67	180,83
1736	MQ	108 1/2	116,67	180,83
1736	CD	107 1/3	115,41	178,89
1736	B	107	115,05	178,33
1736	A	106 4/5	114,84	178,00
1737	MQ	106	113,98	176,67
1737	CD	105 3/4	113,71	176,25
1737	B	107	115,05	178,33
1737	A	106 3/4	114,78	177,92
1738	MQ	106 3/4	114,78	177,92
1738	CD	106 1/5	114,19	177,00
1738	B	106	113,98	176,67
1738	A	105 7/8	113,84	176,46
1739	MQ	108	116,13	180,00
1739	CD	107 1/3	115,41	178,89
1739	B	107	115,05	178,33
1739	A	107 3/4	115,86	179,58
1740	MQ	108	116,13	180,00
1740	CD	107	115,05	178,33
1740	B	107 1/2	115,59	179,17
1740	A	108	116,13	180,00
1741	MQ	108 1/3	116,49	180,56
1741	CD	107 1/4	115,32	178,75
1741	B	107	115,05	178,33
1741	A	105 1/4	113,17	175,42
1742	MQ	105 1/3	113,26	175,56
1742	CD	105 4/5	113,76	176,33

Tab. 4.12: Wechselkurse der Bozner Messen auf Livorno von 1742 bis 1766[a]

[LI1] Pezze da otto reali für 100 Gulden moneta lunga [O]
[LI2] Gulden moneta lunga für 100 Pezze da otto reali [U]

Messe		[LI1]	[LI2]
		pez.	fl.
1742	B	56	178,57
1742	A	55 1/3	180,72
1743	MQ	56	178,57
1743	CD	55 1/2	180,18
1743	B	55	181,82
1743	A	54 1/2	183,49
1744	MQ	54 7/8	182,23
1744	CD	55 1/4	181,00
1744	B	55	181,82
1744	A	56	178,57
1745	MQ	56	178,57
1745	CD	56	178,57
1745	B	55 2/5	180,51
1745	A	54 3/5	183,15
1746	MQ	55	181,82
1746	CD	54 1/3	184,05
1746	B	55 2/5	180,51
1746	A	55 1/2	180,18
1747	MQ	55 7/8	178,97
1747	CD	55 2/3	179,64
1747	B	55	181,82
1747	A	55 1/3	180,72
1748	MQ	55 2/5	180,51
1748	CD	55 3/4	179,37
1748	B	54 3/4	182,65
1748	A	55 3/4	179,37
1749	MQ	55 1/4	181,00
1749	CD	54 7/8	182,23
1749	B	56	178,57
1749	A	56	178,57
1750	MQ	56	178,57
1750	CD	55 7/8	178,97
1750	B	56 1/5	177,94
1750	A	55 3/4	179,37
1751	MQ	55 3/4	179,37

Messe		[LI1]	[LI2]
		pez.	fl.
1751	CD	56 1/2	176,99
1751	B	57	175,44
1751	A	57	175,44
1752	MQ	56	178,57
1752	CD	54 1/2	183,49
1752	B	55 1/8	181,41
1752	A	55	181,82
1753	MQ	55	181,82
1753	CD	55	181,82
1753	B	54 7/8	182,23
1753	A	54 7/8	182,23
1754	MQ	55	181,82
1754	CD		
1754	B		
1754	A		
1755	MQ		
1755	CD		
1755	B		
1755	A		
1756	MQ		
1756	CD	51	196,08
1756	B		
1756	A		
[...]			
1760	MQ		
1760	CD		
1760	B	55 3/4	179,37
1760	A		
[...]			
1765	MQ		
1765	CD		
1765	B	54	185,19
1765	A		
1766	MQ		
1766	CD	51 1/2	194,17

Anmerkung:

[a] Auf der Bartholomäusmesse 1798 wurde Livorno letztmals notiert, und zwar mit 1 Gulden 57½ Kreuzern Meßvaluta für 1 Pezza da otto reali (= 194,17 Gulden Meßvaluta für 100 Pezze da otto reali).

4.5 MAILAND – DAS FINANZZENTRUM DES HERZOGTUMS MAILAND, DES NAPOLEONISCHEN KÖNIGREICHS ITALIEN UND DES KÖNIGREICHS LOMBARDO-VENETIEN

Mailand, die Hauptstadt des gleichnamigen Herzogtums, wurde von den Bozner Messen seit 1640 notiert, d.h. zeitgleich mit Rom, Florenz und Neapel in den Bozner Kurszettel aufgenommen. Zwar ebenfalls seit dem Mittelalter vollständig in das internationale bargeldlose Zahlungsverkehrssystem integriert, finden sich jedoch für das lombardische Zentrum im 17. und 18. Jahrhundert kaum Überlieferungen zum Wechselverkehr, obwohl das internationale Engagement der Mailänder Großkaufleute im bargeldlosen Zahlungsverkehr – etwa auf den Bisenzone-Messen[95] – zweifelsfrei belegt ist. Nach van Velden (1629) notierte Mailand die wichtigsten italienischen Plätze, die Messen von Lyon und Bisenzone, in Nordwesteuropa London und Antwerpen und auf der Iberischen Halbinsel Valencia, Sevilla und Lissabon und wurde im Gegenzug von allen italienischen und iberischen Wechselpartnern notiert.[96] Nach ausgewählten Kaufmannshandbüchern verzeichnete Mailand im 18. Jahrhundert Kurse vorrangig auf italienische Plätze (Genua, Venedig, Rom, Neapel, Livorno, Novi, Bozen), sodann auf Lyon, London, Amsterdam, Madrid und Cádiz, St. Gallen und Nürnberg sowie – nach 1750 – Zürich.[97] Kurszettel von 1755 und 1756 nennen allerdings nur Lyon, Venedig, Genua, Livorno, Rom, Amsterdam, Augsburg, Wien, London, Paris und – ohne Kursangabe – Hamburg.[98] Kursnotierungen auf Mailand erfolgten im ausgehenden 18. Jahrhundert nachweislich nur von italienischen, Schweizer (Genf, Basel) und süddeutschen Städten (Wien ab 1786, Augsburg), von Paris erst ab 1801.[99] Die Bedeutung von Mailand im internationalen bargeldlosen Zahlungsverkehr war demnach deutlich geringer als die der ‚benachbarten' Hafenstädte Genua, Livorno oder auch Venedig und neben den Angaben für italienische Wechselpartner vorrangig auf die Landverbindung in den süddeutschen – gerade auch über die Bozner Messen – und den Schweizer Raum konzentriert. – Als mit der Bartholomäusmesse 1742 der Bozner Kurszettel neu gestaltet wurde, wurde für Mailand keine Rubrik mehr eingerichtet, so daß davon auszugehen ist, daß die lombardische Metropole ihre Bedeutung für den Bozner Zahlungsverkehr spätestens zu diesem Zeitpunkt vorerst verloren hatte.

Mehr als 60 Jahre später – auf der Mittfastenmesse 1805, gut eine Woche nach der Etablierung des Königreichs Italien unter Napoleon am 19. März 1805 – nahmen die Bozner Messen die Notierung auf Mailand wieder auf. Spätestens seit der franzö-

95 Vgl. Aldo DE MADDALENA, Dalla città al borgo. Avvio di una metamorfosi economica e sociale nella Lombardia spagnola, Milano 1982, S. 93–136.

96 VAN VELDEN, Fondament van de Wisselhandeling [1629], S. 388 und passim.

97 HERBACH, Wechsel-Handlung [1716], S. 126; ders., Wechsel-Handlung [1726], S. 136; ders., Europäische Wechselhandlung [1756/57], S. 111, 247.

98 Ebd., S. 12; GIRAUDEAU, La banque [1759], S. 265.

99 SCHNEIDER u.a. (Hrsg.), Währungen der Welt I/III, S. 392; I/II, S. 289, 292.

sischen Besetzung Bozens wurde Mailand für die Bozner Messen zum zentralen Wechselpartner in Oberitalien, der weitgehend regelmäßig notiert wurde. Mit der Einrichtung des Königreichs Lombardo-Venetien, als dessen Hauptstadt Mailand fungierte und dessen wirtschaftliches und finanzielles Zentrum es wurde, avancierte Mailand für die Bozner Messen zum wichtigsten Wechselmarkt im italienischen Raum überhaupt, zumal und weswegen Venedig seit Ende der 1820er Jahre von den Messen aus nur noch unregelmäßig mit einem Kurs versehen wurde.

Diese Entwicklung ging einher mit dem Aufschwung Mailands im bargeldlosen Zahlungsverkehr, der seit der Napoleonischen Zeit an den sich ausdehnenden Wechselkursbeziehungen der lombardischen Metropole ersichtlich wird, denn erst mit dem französischen Engagement in Oberitalien im Gefolge der Koalitionskriege wurde Mailand als Wechselmarkt für Paris so wichtig, daß im Herbst 1801 eine regelmäßige Notierung auf die lombardische Metropole eingeführt wurde. Dies war die erste regelmäßige Notierung eines bedeutenden internationalen nordwesteuropäischen Finanzzentrums auf Mailand überhaupt. Zuvor engagierten sich nur italienische, oberdeutsche (Augsburg und Frankfurt) und Schweizer Wechselmärkte und vor allem Wien im Wechselgeschäft mit Mailand, letzteres nachzuweisen seit 1786 und wohl nicht zuletzt vor dem Hintergrund der Personalunion zwischen der Österreichischen Monarchie und dem Herzogtum Mailand (seit 1706).[100] Im Gegenzug notierte Mailand im ausgehenden 18. Jahrhundert neben zahlreichen italienischen Wechselpartnern (Venedig, Florenz, Livorno, Rom, Neapel), Lyon, Paris, Wien, London, Amsterdam, Augsburg und bisweilen wohl auch Hamburg.[101] Spätestens ab 1807 sind dann Kurse auf Hamburg belegt, ab 1820 solche auf Triest, ab 1821 auf Frankfurt, und ab 1838 auf Turin.[102] Damit war Mailand derjenige Wechselplatz in Oberitalien, der neben Genua über die meisten und weitreichendsten Wechselkursverbindungen verfügte. Nicht zuletzt hieraus erklärt sich die hohe Attraktivität des Mailänder Wechselmarktes für die Bozner Messen auch als Intermediär zu weiteren italienischen Plätzen.

Die Bozner Notierungen auf Mailand erfolgten in Mailänder Soldi imperiali für 1 Gulden Giro in Bozen,[103] d.h. beiderseits auf Wechselgeldbasis. Auch die Gegenkurse, d.h. diejenigen von Mailand auf Bozen, belegen diese Rechnungsweise, denn Mailand notiert Bozen in Soldi imperiali (à 12 Denari) für 1 Gulden Wechselgeld oder Giro zu 60 Kreuzern Giro. In Mailand galt der Scudo imperiale oder Scudo di cambio (bisweilen auch als Ducaton bezeichnet) 5 Lire 17 Soldi imperiali oder 117 Soldi im-

---

100 Ders. u.a. (Hrsg.), Währungen der Welt I/III, pp. 392–395; I/II, pp. 289–294.

101 Archives de la Chambre de Commerce et d'Industrie Marseille-Provence, Marseille, L. IX 1035: Wechselkurszettel von Mailand 1776–1790; SWA Basel, Handschriften 28.k) Fotokopien diverser Kurszettel ausländischer Herkunft: Wechselkurszettel von Mailand 1770; Institut für Stadtgeschichte Frankfurt am Main, Handel Ugb. Nr. 406: Wechselkurszettel von Mailand 1777.

102 SCHNEIDER u.a. (Hrsg.), Währungen der I/III, S. 78–132.

103 ROSSO, Informatione per più chiara inteligenza de' Cambij [1680], S. 10; SCHURTZ, Nutzbare Richtschnur [1695], S. 147; HERBACH [1726], S. 136. Vgl. MANDICH, Geld- und Kreditwesen, S. 504, der hier von Mailänder Soldi correnti ausgeht; er spricht vom „Bruchwert des erdichteten Dukaten [Scudo; M.D.] zu 115 Soldi".

periali à 12 Denari imperiali. Neben dieser fingierten Rechenwährung existierte in Mailand auch ein Kurantgeld, die Valuta corrente. Hierin galt ein Scudo corrente 5 Lire 15 Soldi correnti oder 115 Soldi correnti à 12 Denari correnti. Die beiden Währungen verglichen sich über den Philippustaler oder Filippo, der in Valuta imperiale einen festen Wert von 106 Soldi imperiali besaß, in Valuta corrente aber um 7 Lire correnti schwankte, bis er 1755 auch in Kurantgeld mit einem festen Wert von 7½ Lire correnti versehen wurde. Seither galt eine feste Relation von 1.219 Scudi imperiali = 1.755 Scudi correnti.[104] Als Bozen im beginnenden 19. Jahrhundert die Kursnotierung auf Mailand wieder aufnahm, notierte es die Hauptstadt des neuen Königreichs Italien in Kreuzern Wiener Währung, seit der Bartholomäusmesse 1806 in Kreuzern Reichswährung. Die Notierung erfolgte zuerst für 1 Mailänder Lira corrente zu 20 Soldi à 12 Denari. Diese wurde im napoleonischen Königreich Italien gemäß Dekret vom 21. März 1806 abgelöst durch die Lira italiana, die in Gewicht und Feingehalt dem französischen Franc entsprach. Nach der am 7. April 1803 oder am 17. Germinal des Jahres XI erlassenen Charta sollte der sogenannte ‚Franc-Germinal' 4,50 Gramm Feinsilber bzw. 0,2903 Gramm Feingold beinhalten. Diese Bestimmungen und somit der französische Münzfuß wurden 1806 auf die neue Lira italiana zu 100 Centesimi italiani übertragen.[105] Mit Ausnahme der Jahre 1811 bis 1813 – d.h. während der Zeit der französischen Besetzung Bozens –, als auch Bozen in Lire italiane zu rechnen und zu notieren hatte, wurde diese Notierungsweise in Kreuzern für 1 Lira italiana bis 1823 beibehalten, wobei Bozen seit der Andreämesse 1813 wieder in Konventionskurant notierte. Mit dem Münzpatent vom 1. November 1823 wurde im Königreich Lombardo-Venetien die Rechnung und Zahlung nach Lire austriache oder österreichischen Lire eingeführt, die nach dem Konventionsfuß ausgebracht werden sollten. Dabei gingen 60 österreichische Lire zu 3,897 Gramm Feinsilber auf die Kölnische Mark Feinsilber, so daß 3 österreichische Lire 1 Gulden Konventionskurant oder die österreichische Lira zu 100 Centesimi dem Zwanzig-Kreuzer-Stück („Zwanziger" oder „la svanzica") entsprach. Sowohl die österreichische Lira als auch der Gulden Konventionskurant wurden durch das Münzpatent gesetzliche Zahlungsmittel im Königreich Lombardo-Venetien.[106] Seit der Fronleichnamsmesse 1840 erfolgte die Notierung schließlich für 300 österreichische Lire, was de facto 100 Gulden gleichkam.

Die Usance zwischen den Bozner Messen und Mailand betrug im 17. Jahrhundert nach Mandich 40 bis 42 Tage.[107]

Neben den bis 1742 in Soldi imperiali notierten Originalkursen auf Mailand (Datenreihe MI1) werden auch Umrechnungen in Gulden Giro für 100 Scudi imperiali zu

---

104 SCHURTZ, Nutzbare Richtschnur [1695], S. 142; HERBACH, Wechsel-Handlung [1726], S. 136; G[ERHARDT] (Hrsg.), Nelkenbrechers Taschenbuch eines Banquiers und Kaufmanns [1775], S. 172f.

105 NOBACK / NOBACK, Vollständiges Taschenbuch der Münz-, Maass- und Gewichts-Verhältnisse [1851], 1. Abth., S. 615.

106 Ira A. GLAZIER, Tradition et innovation monétaires en Italie de 1815 à 1848: la Lombardie-Vénétie et le Munzpatent de 1823, in: John DAY (éd.), Études d'histoire monétaire, Lille 1984, S. 423ff.

107 MANDICH, Geld- und Kreditwesen, S. 507.

117 Soldi (Datenreihe MI2) präsentiert. Nach der Wiederaufnahme der Bozner Notierungen auf Mailand ab 1805 werden die in Kreuzern der jeweiligen Bozner Kurantwährung erfolgten Angaben (Datenreihe MI3) in die entsprechenden Gulden für jeweils 100 Einheiten der in Mailand gebräuchlichen Kurantwährung umgerechnet (Datenreihe MI4). Die Angaben in Lire während der französischen Besetzung Bozens (1811–1813) (Datenreihe MI3) werden dezimalisiert (Datenreihe MI4).

Tab. 4.13: Wechselkurse der Bozner Messen auf Mailand von 1640 bis 1742

[MI1] Soldi imperiali für 1 Gulden Giro [O]
[MI2] Gulden Giro für 100 Scudi imperiali zu 117 Soldi [U]

Messe		[MI1]	[MI2]
		sol.	fl.
1640	MQ	64	135,87
1640	CD	65	133,78
1640	B	64 1/2	134,82
1640	A	64 1/4	135,34
1641	MQ	64	135,87
1641	CD	64 1/2	134,82
1641	B	65	133,78
1641	A	65 1/2	132,76
1642	MQ	65 1/2	132,76
1642	CD	66 1/2	130,76
1642	B	65 1/2	132,76
1642	A	65	133,78
1643	MQ	65	133,78
1643	CD	64 1/2	134,82
1643	B	64	135,87
1643	A	64 1/2	134,82
1644	MQ	64 1/2	134,82
1644	CD	65	133,78
1644	B	65	133,78
1644	A	64 1/2	134,82
1645	MQ	64 1/2	134,82
1645	CD	65	133,78
1645	B	65	133,78
1645	A	64 1/2	134,82
1646	MQ	64 1/2	134,82
1646	CD	64	135,87
1646	B	65	133,78
1646	A	65 1/2	132,76
1647	MQ	65 1/2	132,76
1647	CD	65 1/2	132,76
1647	B	65	133,78
1647	A	66	131,75
1648	MQ	65 1/2	132,76
1648	CD	65 1/2	132,76
1648	B	65 1/2	132,76
1648	A	66	131,75
1649	MQ	67	129,79
1649	CD	66	131,75
1649	B	64 1/2	134,82
1649	A	65	133,78

Messe		[MI1]	[MI2]
		sol.	fl.
1650	MQ	64 1/2	134,82
1650	CD	63 3/4	136,40
1650	B	65	133,78
1650	A	64 1/2	134,82
1651	MQ	65 3/4	132,25
1651	CD	63	138,03
1651	B	63	138,03
1651	A	63 1/2	136,94
1652	MQ	64	135,87
1652	CD	62 1/4	139,69
1652	B	62 1/2	139,13
1652	A	62	140,25
1653	MQ	63 1/2	136,94
1653	CD	64	135,87
1653	B	64	135,87
1653	A	66	131,75
1654	MQ	66	131,75
1654	CD	64	135,87
1654	B	64 1/2	134,82
1654	A	65	133,78
1655	MQ	65	133,78
1655	CD	64	135,87
1655	B	64 1/2	134,82
1655	A	65	133,78
1656	MQ	66	131,75
1656	CD	65 1/2	132,76
1656	B	66 1/4	131,26
1656	A	66	131,75
1657	MQ	66	131,75
1657	CD	65	133,78
1657	B	65 1/2	132,76
1657	A	67	129,79
1658	MQ	66 3/4	130,27
1658	CD	66	131,75
1658	B	65	133,78
1658	A	64	135,87
1659	MQ	64 1/2	134,82
1659	CD	64 1/2	134,82
1659	B	64 2/3	134,47
1659	A	65	133,78

Messe		[MI1]	[MI2]
		sol.	fl.
1660	MQ	64	135,87
1660	CD	65	133,78
1660	B	65	133,78
1660	A	65	133,78
1661	MQ	65 1/4	133,27
1661	CD	65	133,78
1661	B	65	133,78
1661	A	65	133,78
1662	MQ	65 3/4	132,25
1662	CD	65 1/4	133,27
1662	B	66	131,75
1662	A	66 1/4	131,26
1663	MQ	64 3/4	134,30
1663	CD	63 3/4	136,40
1663	B	65	133,78
1663	A	65 1/3	133,10
1664	MQ	66 2/5	130,96
1664	CD	65	133,78
1664	B	64 1/2	134,82
1664	A	64 1/2	134,82
1665	MQ	65 1/4	133,27
1665	CD	65 1/6	133,44
1665	B	65 3/4	132,25
1665	A	65 1/2	132,76
1666	MQ	67	129,79
1666	CD	65 3/4	132,25
1666	B	66 1/4	131,26
1666	A	66	131,75
1667	MQ	66 2/3	130,43
1667	CD	66 3/4	130,27
1667	B	64 3/4	134,30
1667	A	65	133,78
1668	MQ	65 1/2	132,76
1668	CD	65 3/4	132,25
1668	B	66 1/8	131,50
1668	A	65 1/2	132,76
1669	MQ	66	131,75
1669	CD	65 1/3	133,10
1669	B	65 1/3	133,10
1669	A	65 1/3	133,10
1670	MQ	65 3/4	132,25
1670	CD	65 3/4	132,25
1670	B	66 2/3	130,43
1670	A	67	129,79
1671	MQ	67 1/2	128,82
1671	CD	66 1/2	130,76
1671	B	67 1/4	129,30
1671	A	67 1/2	128,82
1672	MQ	68 1/8	127,64
1672	CD	68 1/4	127,41
1672	B	68 1/2	126,94
1672	A	68 1/8	127,64
1673	MQ	68 2/3	126,64
1673	CD	68 1/2	126,94
1673	B	69 1/2	125,12
1673	A	68 1/4	127,41
1674	MQ	68 1/2	126,94
1674	CD	69	126,02
1674	B	66	131,75
1674	A	66	131,75
1675	MQ	66	131,75
1675	CD	65 1/3	133,10
1675	B	67 2/3	128,51
1675	A	67 1/2	128,82
1676	MQ	67 1/4	129,30
1676	CD	67 1/5	129,40
1676	B	67 2/3	128,51
1676	A	66 3/4	130,27
1677	MQ	66 3/4	130,27
1677	CD	66 1/3	131,09
1677	B	66	131,75
1677	A	66 2/3	130,43
1678	MQ	66 1/4	131,26
1678	CD	67	129,79
1678	B	67 1/2	128,82
1678	A	67 1/4	129,30
1679	MQ	67 2/3	128,51
1679	CD	66 1/2	130,76
1679	B	66 1/3	131,09
1679	A	66	131,75
1680	MQ	66 3/4	130,27
1680	CD	65 2/3	132,42
1680	B	65 7/8	132,00
1680	A	66 1/5	131,35
1681	MQ	67	129,79
1681	CD	65 1/2	132,76
1681	B	65 1/4	133,27
1681	A	65	133,78
1682	MQ	66	131,75
1682	CD	65 1/2	132,76
1682	B	66 2/3	130,43
1682	A	66 3/5	130,57

Messe		[MI1]	[MI2]
		sol.	fl.
1683	MQ	67 1/4	129,30
1683	CD	67	129,79
1683	B	68 2/3	126,64
1683	A	67 1/2	128,82
1684	MQ	67	129,79
1684	CD	66 4/5	130,17
1684	B	66 1/2	130,76
1684	A	66	131,75
1685	MQ	66 1/4	131,26
1685	CD	65 7/8	132,00
1685	B	65 7/8	132,00
1685	A	67 1/2	128,82
1686	MQ	69 1/2	125,12
1686	CD	68 1/6	127,56
1686	B	67	129,79
1686	A	67 5/6	128,19
1687	MQ	66 1/2	130,76
1687	CD	66 2/5	130,96
1687	B	66 2/5	130,96
1687	A		
1688	MQ	67	129,79
1688	CD	66	131,75
1688	B	65 7/8	132,00
1688	A	66 1/8	131,50
1689	MQ	66 3/4	130,27
1689	CD	67 3/4	128,35
1689	B	67 7/8	128,11
1689	A	67	129,79
1690	MQ		
1690	CD	67 1/3	129,14
1690	B	65 4/5	132,15
1690	A	66	131,75
1691	MQ	66 1/5	131,35
1691	CD	65 3/5	132,56
1691	B	67 2/3	128,51
1691	A	64 7/8	134,04
1692	MQ	64 4/5	134,19
1692	CD	65 2/3	132,42
1692	B	66	131,75
1692	A	66 1/4	131,26
1693	MQ		
1693	CD	65 1/3	133,10
1693	B	64 1/2	134,82
1693	A	65	133,78
1694	MQ	65	133,78
1694	CD	65 1/5	133,37

Messe		[MI1]	[MI2]
		sol.	fl.
1694	B	65	133,78
1694	A	65 1/4	133,27
1695	MQ	65 3/5	132,56
1695	CD	65 1/2	132,76
1695	B	64 2/5	135,03
1695	A	65	133,78
1696	MQ	63 3/4	136,40
1696	CD	62 5/6	138,39
1696	B	63 2/5	137,16
1696	A	66	131,75
1697	MQ	64 1/2	134,82
1697	CD	66 1/2	130,76
1697	B	66 2/3	130,43
1697	A	66 2/3	130,43
1698	MQ	68 1/4	127,41
1698	CD	67 1/6	129,46
1698	B	67	129,79
1698	A	67 3/5	128,63
1699	MQ	67 1/3	129,14
1699	CD	66 4/5	130,17
1699	B	66 1/5	131,35
1699	A	66 3/4	130,27
1700	MQ	66 2/3	130,43
1700	CD	65 4/5	132,15
1700	B	66	131,75
1700	A	66 3/5	130,57
1701	MQ	66 1/4	131,26
1701	CD	65 1/4	133,27
1701	B	65	133,78
1701	A	65 1/5	133,37
1702	MQ	65	133,78
1702	CD	63 1/2	136,94
1702	B	64 3/4	134,30
1702	A	66 1/2	130,76
1703	MQ	67	129,79
1703	CD	67 1/2	128,82
1703	B	66 2/3	130,43
1703	A	67	129,79
1704	MQ	66	131,75
1704	CD	66 2/3	130,43
1704	B	66 2/3	130,43
1704	A	66	131,75
1705	MQ	65 3/4	132,25
1705	CD	66 1/8	131,50
1705	B	66 2/3	130,43
1705	A	65 3/4	132,25

Messe		[MI1]	[MI2]
		sol.	fl.
1706	MQ	66 1/3	131,09
1706	CD	67 1/2	128,82
1706	B	67	129,79
1706	A	65	133,78
1707	MQ	66 1/2	130,76
1707	CD	67 1/2	128,82
1707	B	66 1/3	131,09
1707	A	66 1/3	131,09
1708	MQ	66 3/4	130,27
1708	CD	66 3/4	130,27
1708	B	65	133,78
1708	A	66 1/2	130,76
1709	MQ	67	129,79
1709	CD	67	129,79
1709	B	64 1/3	135,17
1709	A	67	129,79
1710	MQ	67 1/6	129,46
1710	CD	66 1/3	131,09
1710	B	66 1/3	131,09
1710	A	66 1/6	131,42
1711	MQ	67 1/3	129,14
1711	CD	66 2/3	130,43
1711	B	65 1/2	132,76
1711	A	66 1/2	130,76
1712	MQ	66 1/2	130,76
1712	CD	66 3/4	130,27
1712	B	66 3/5	130,57
1712	A	66 2/3	130,43
1713	MQ	66 2/3	130,43
1713	CD	67	129,79
1713	B	67 1/4	129,30
1713	A	68	127,88
1714	MQ	67 3/4	128,35
1714	CD	67 1/3	129,14
1714	B	67 1/3	129,14
1714	A	67 1/2	128,82
1715	MQ	66 2/3	130,43
1715	CD	67 2/5	129,02
1715	B	68 1/3	127,25
1715	A	67 2/3	128,51
1716	MQ	68 1/2	126,94
1716	CD	69	126,02
1716	B	68 1/3	127,25
1716	A	68 1/2	126,94
1717	MQ	67	129,79
1717	CD	66 2/5	130,96

Messe		[MI1]	[MI2]
		sol.	fl.
1717	B	66 1/4	131,26
1717	A	67 7/8	128,11
1718	MQ	66 3/8	131,01
1718	CD		
1718	B		
1718	A		
1719	MQ	67 2/3	128,51
1719	CD	67 1/5	129,40
1719	B	67 1/2	128,82
1719	A	67 1/3	129,14
1720	MQ	67	129,79
1720	CD	67 1/2	128,82
1720	B		
1720	A		
1721	MQ	67 1/2	128,82
1721	CD		
1721	B	66 3/4	130,27
1721	A	66	131,75
1722	MQ	65 3/5	132,56
1722	CD	66 2/5	130,96
1722	B	66 4/5	130,17
1722	A	67 2/5	129,02
1723	MQ		
1723	CD	67 3/4	128,35
1723	B	67 1/2	128,82
1723	A	67 1/2	128,82
1724	MQ		
1724	CD	67 1/2	128,82
1724	B		
1724	A	67 3/4	128,35
1725	MQ	68 1/2	126,94
1725	CD	65 3/4	132,25
1725	B	66	131,75
1725	A		
1726	MQ	66	131,75
1726	CD	68 1/4	127,41
1726	B	69 1/2	125,12
1726	A	70 1/4	123,78
1727	MQ	69 2/3	124,82
1727	CD	68 1/4	127,41
1727	B	69 1/3	125,42
1727	A	69 2/3	124,82
1728	MQ		
1728	CD	68	127,88
1728	B	68	127,88
1728	A	68 1/4	127,41

Messe		[MI1]	[MI2]
		sol.	fl.
1729	MQ	69 3/8	125,34
1729	CD	68	127,88
1729	B	67 2/5	129,02
1729	A	67 1/2	128,82
1730	MQ	68 1/8	127,64
1730	CD	68	127,88
1730	B	67	129,79
1730	A	68	127,88
1731	MQ		
1731	CD	67 1/3	129,14
1731	B	67 1/3	129,14
1731	A	67 1/4	129,30
1732	MQ		
1732	CD	67 1/8	129,54
1732	B	67 1/4	129,30
1732	A	70	124,22
1733	MQ	70	124,22
1733	CD	70 2/5	123,52
1733	B	67 1/4	129,30
1733	A	70 1/3	123,63
1734	MQ	71 1/3	121,90
1734	CD	71 1/4	122,04
1734	B	67	129,79
1734	A	67 1/4	129,30
1735	MQ	66 3/4	130,27
1735	CD	67	129,79
1735	B	67 1/4	129,30

Messe		[MI1]	[MI2]
		sol.	fl.
1735	A	67 1/4	129,30
1736	MQ	67 1/3	129,14
1736	CD	68 1/3	127,25
1736	B	69 3/5	124,94
1736	A	70 1/2	123,34
1737	MQ	69 1/4	125,57
1737	CD	69 1/2	125,12
1737	B	68	127,88
1737	A	68 3/4	126,48
1738	MQ	67 1/3	129,14
1738	CD	70 2/3	123,05
1738	B	70 2/3	123,05
1738	A	70 1/2	123,34
1739	MQ	70	124,22
1739	CD	70 1/8	124,00
1739	B	69 1/2	125,12
1739	A	70 1/3	123,63
1740	MQ	71	122,47
1740	CD	70	124,22
1740	B	70 2/3	123,05
1740	A	70 2/3	123,05
1741	MQ	71	122,47
1741	CD	71	122,47
1741	B	71	122,47
1741	A	72	120,77
1742	MQ	72	120,77
1742	CD	72	120,77

Tab. 4.14: Wechselkurse der Bozner Messen auf Mailand von 1805 bis 1850

[MI3] Kreuzer Wiener Währung für 1 Mailänder Lira corrente,
- ➢ ab 1806 (B) Kreuzer Reichswährung für 1 Lira italiana
- ➢ ab 1811 (B) Lire italiane für 100 Lire italiane
- ➢ ab 1813 (A) Kreuzer Konventionskurant für 1 Lira italiana
- ➢ ab 1823 (A) Kreuzer Konventionskurant für 1 österreichische Lira
- ➢ ab 1840 (CD) Gulden Konventionskurant für 300 österreichische Lire [O]

[MI4] Gulden Wiener Währung für 100 Mailänder Lire correnti [U]
- ➢ ab 1806 (B) Gulden Reichswährung für 100 Lire italiane [U]
- ➢ ab 1811 (B) Lire italiane für 100 Lire italiane [dez.]
- ➢ ab 1813 (A) Gulden Konventionskurant für 100 Lire italiane [U]
- ➢ ab 1823 (A) Gulden Konventionskurant für 100 österreichische Lire [U]

Messe		[MI3]	[MI4]
		xr.	fl.
1805	MQ	22 3/4	37,92
1805	CD		
1805	B		
1805	A		
1806	MQ	28 1/2	47,50
1806	CD	[a]	55,55
		xr.	fl.
1806	B		
1806	A		
1807	MQ		
1807	CD		
1807	B		
1807	A		
1808	MQ		
1808	CD	18	30,00
1808	B		
1808	A		
1809	MQ	18 1/4	30,42
1809	CD		
1809	B		
1809	A		
1810	MQ	18 1/2	30,83
1810	CD	18 1/5	30,33
1810	B	18	30,00
1810	A		
1811	MQ		
1811	CD		
		l.	l.
1811	B		
1811	A	98 7/12	98,58

Messe		[MI3]	[MI4]
		l.	l.
1812	MQ	98	98,00
1812	CD	99 1/12	99,08
1812	B	99	99,00
1812	A	99 5/12	99,42
1813	MQ	99 1/2	99,50
1813	CD	99 5/12	99,42
1813	B		
		xr.	fl.
1813	A		
1814	MQ		
1814	CD	23 2/3	39,44
1814	B		
1814	A	23 1/3	38,89
1815	MQ		
1815	CD	23 1/2	39,17
1815	B	23	38,33
1815	A	23 1/4	38,75
1816	MQ	22 1/2	37,50
1816	CD	23	38,33
1816	B	23	38,33
1816	A	23	38,33
1817	MQ	22 7/8	38,13
1817	CD	22 7/8	38,13
1817	B	23	38,33
1817	A	23	38,33
1818	MQ	23 1/4	38,75
1818	CD	23 1/4	38,75
1818	B	23 1/16	38,44
1818	A	22 4/5	38,00
1819	MQ	23	38,33

Messe		[MI3]	[MI4]
		xr.	fl.
1819	CD	23	38,33
1819	B	22 3/4	37,92
1819	A	23	38,33
1820	MQ		
1820	CD	23 1/4	38,75
1820	B	23 1/4	38,75
1820	A		
1821	MQ	23	38,33
1821	CD	23 1/4	38,75
1821	B	23 1/3	38,89
1821	A	23 1/3	38,89
1822	MQ	23 1/5	38,67
1822	CD	23 1/3	38,89
1822	B	23 1/3	38,89
1822	A	23 1/3	38,89
1823	MQ	23 1/4	38,75
1823	CD	23 1/4	38,75
1823	B	23 1/2	39,17
		xr.	fl.
1823	A	19 3/4	32,92
1824	MQ	20	33,33
1824	CD	19 9/10	33,17
1824	B	19 9/10	33,17
1824	A	19 4/5	33,00
1825	MQ	19 9/10	33,17
1825	CD	19 9/10	33,17
1825	B	19 7/8	33,13
1825	A	19 9/10	33,17
1826	MQ	19 9/10	33,17
1826	CD	19 9/10	33,17
1826	B	19 4/5	33,00
1826	A	19 19/20	33,25
1827	MQ	19 9/10	33,17
1827	CD		
1827	B	19 7/8	33,13
1827	A	19 9/10	33,17
1828	MQ	19 9/10	33,17
1828	CD	19 9/10	33,17
1828	B	19 9/10	33,17
1828	A		
1829	MQ	19 9/10	33,17
1829	CD	19 7/8	33,13
1829	B	19 9/10	33,17

Messe		[MI3]	[MI4]
		xr.	fl.
1829	A		
1830	MQ		
1830	CD	19 7/8	33,13
1830	B	19 9/10	33,17
1830	A		
1831	MQ	19 9/10	33,17
1831	CD		
1831	B	19 4/5	33,00
1831	A		
1832	MQ	20	33,33
1832	CD	20	33,33
1832	B	20	33,33
1832	A	19 9/10	33,17
1833	MQ	20	33,33
1833	CD	20	33,33
1833	B	20	33,33
1833	A		
1834	MQ	19 4/5	33,00
1834	CD	20	33,33
1834	B	20	33,33
1834	A		
1835	MQ	20	33,33
1835	CD	20	33,33
1835	B	20	33,33
1835	A	19 7/8	33,13
1836	MQ	20	33,33
1836	CD	20	33,33
1836	B	20	33,33
1836	A		
1837	MQ	19 5/6	33,06
1837	CD	20	33,33
1837	B	19 9/10	33,17
1837	A	19 9/10	33,17
1838	MQ	20	33,33
1838	CD	19 4/5	33,00
1838	B	19 4/5	33,00
1838	A	19 7/8	33,13
1839	MQ	19 7/8	33,13
1839	CD	19 9/10	33,17
1839	B	20	33,33
1839	A	20	33,33
1840	MQ	19 15/16	33,23

Messe		[MI3]	[MI4]
		fl.	fl.
1840	CD	99 7/8	33,29
1840	B	99 2/3	33,22
1840	A	99 3/4	33,25
1841	MQ	99 1/2	33,17
1841	CD	99 3/4	33,25
1841	B	99 2/3	33,22
1841	A		
1842	MQ	99 1/2	33,17
1842	CD	99 3/4	33,25
1842	B	99 2/3	33,22
1842	A	99 2/3	33,22
1843	MQ	99 2/3	33,22
1843	CD		
1843	B		
1843	A		
1844	MQ	99 2/5	33,13
1844	CD	99 1/4	33,08
1844	B	99 3/4	33,25
1844	A	99 1/3	33,11
1845	MQ	99 1/2	33,17
1845	CD	99 2/3	33,22
1845	B	99 2/3	33,22
1845	A		
1846	MQ	99 3/4	33,25
1846	CD	99 5/8	33,21
1846	B	99 1/2	33,17
1846	A	99 1/2	33,17
1847	MQ	99 1/2	33,17
1847	CD		
1847	B	99 5/8	33,21
1847	A	99 3/4	33,25
1848	MQ		
1848	CD	100	33,33
1848	B		
1848	A		
1849	MQ	100	33,33
1849	CD	99 3/4	33,25
1849	B	99 1/3	33,11
1849	A		
1850	MQ	99 1/2	33,17
1850	CD		

Anmerkung:

[a] Auf der Fronleichnamsmesse 1806 lautete die Notierung auf Mailand ausnahmsweise: „per Soldi 36 1 fl.“, d.h. 36 Mailänder Soldi correnti für 1 Gulden Wiener Währung.

4.6 DIE GENUESISCHEN BISENZONE-MESSEN IN PIACENZA UND NOVI

Die Genuesischen Bisenzone-Messen wurden im zweiten Viertel des 16. Jahrhunderts von oberitalienischen und vor allem genuesischen Kaufmanns-Bankiers mit der Zielsetzung gegründet, Wechselmessen in Konkurrenz zu den Lyoner Messen zu etablieren, die ja von der französischen Krone kontrolliert und von Florentiner Bankiers dominiert wurden. Die Bisenzone-Messen wurden hingegen von genuesischen Bankiers beherrscht und sollten der Finanzierung der spanischen bzw. österreichischen Staats- und Kriegsausgaben dienen. Rosso bezeichnet sie in seiner Schrift über den Bozner Wechselverkehr von 1680 treffend als „Fiera di Genoua unita con Milano, Fiorenza, Lucca, e Città d'Italia, come Spagna, Francia, e più se occorre".[108] Obwohl die Messen in ihren Anfangszeiten keinen festen Standort besaßen und in Lons-le-Saunier, Besançon, Pontarlier, Poligny oder Chambéry, d.h. in verschiedenen Städten der dem habsburgischen Machtbereich zugehörigen Freigrafschaft Burgund (Franche-Compté) und damit in relativer geographischer Nähe zu den Lyoner Messen, abgehalten wurden, blieb die italienische Bezeichnung für Besançon, ‚Bisenzone', die für die Genuesischen Wechselmessen charakteristische und vor allem in den Kurszetteln zu findende Benennung, gleich an welchem Ort die einzelne Messe abgehalten wurde.[109] Ein besonderes Charakteristikum der Bisenzone-Messen war es, daß sie ausschließlich für den Handel mit Wechseln gegründet worden waren und keinerlei Warenhandel mehr aufwiesen. Die Mechanismen des bargeldlosen Forderungsausgleichs waren hier so ausgefeilt, daß sie als „foire[s] de change par excellence"[110] bezeichnet werden können. In ihrer Organisationsstruktur orientierten sich die Genuesischen Bisenzone-Messen deutlich am Vorbild der Lyoner Konkurrenz: Wie in Lyon gab es eine Dreikönigs-, eine Oster-, eine August- und eine Allerheiligenmesse, die am 1. Februar, am 2. Mai, am 1. August und am 2. November eines jeden Jahres begannen, d.h. der Messezyklus der Bisenzone-Messen entsprach, wenn auch bisweilen um einige Tage zeitverschoben, im wesentlichen dem der Messen von Lyon.[111]

---

108 ROSSO, Informatione per più chiara inteligenza de' Cambij [1680], S. 15.

109 DA SILVA, Banque et crédit, S. 33–36; Marie-Thérèse BOYER-XAMBEU / Ghislain DELEPLACE / Lucien GILLARD, Monnaie privé et pouvoir des Princes. L'économie des relations monétaires à la Renaissance, Paris 1986; dies., Goldstandard, Währung und Finanz im 16. Jahrhundert, in: Michael NORTH (Hrsg.), Geldumlauf, Währungssysteme und Zahlungsverkehr in Nordwesteuropa 1300–1800. Beiträge zur Geldgeschichte der späten Hansezeit, Köln – Wien 1989, S. 167–181; Pierre RACINE, Messen in Italien im 16. Jahrhundert: Die Wechselmessen von Piacenza, in: Hans POHL (Hrsg.) unter Mitarb. v. Monika POHLE, Frankfurt im Messenetz Europas – Erträge der Forschung (= Brücke zwischen den Völkern – Zur Geschichte der Frankfurter Messe, hrsg. v. Rainer KOCH, Bd. I), Frankfurt/Main 1991, S. 155–170, hier: S. 155f. Vgl. auch DENZEL, „Practica della Cambiatura", S. 314f.

110 DA SILVA, Banque et crédit, S. 12.

111 RACINE, Messen in Italien, S. 156–161, 168f.; DA SILVA, Banque et crédit, S. 80–82, 99.

Diese Genuesischen Messen, die ab Ende 1579 in Piacenza, ab Februar 1622 in der Regel in Novi abgehalten und 1641 endgültig dorthin verlegt wurden, veränderten im 17. Jahrhundert ihren Charakter einer „foire des changes par définition" grundlegend. Nach dem dritten spanischen Staatsbankrott 1607, dem darauffolgenden Rückzug der Genuesen aus dem Geschäft mit der spanischen Krone und vor allem nach der Krise von 1619–1622 traten auf den Bisenzone-Messen Spekulationsgeschäfte eindeutig in den Vordergrund genuesischen Interesses.[112] „Seit 1623 handelt es sich nicht mehr darum, den internationalen Zahlungsverkehr zu regeln, sondern vielmehr den Teilnehmern einen erklecklichen Gewinn im Spiel auf dem Geldmarkt zu sichern."[113] Doch behaupteten die Messen über weite Teile des 17. Jahrhunderts ihre Position als nach Giuseppe Felloni „Italiens größter Finanzplatz", obwohl zwei Sezessionen von Kaufleuten in andere Städte ihre Bedeutung einschränkten.

Die Erste Sezession begann 1622, als Bankiers aus Florenz, Mailand, Venedig und anderen Städten nach Piacenza zurückkehrten; die Messen dieser Jahre wurden jedoch teilweise auch in Caserata, Modigliana, Lodi, Rimini, Livorno, Prato, Reggio Emilia oder Verona abgehalten. Eine zweite Gruppe von Bankiers aus Florenz und Venedig unternahm 1631 eine erneute ‚Rückkehr nach Piacenza', hielt jedoch ihre Messen wegen der guten Verkehrsanbindung in den Norden in Murano oder Verona ab. Dies war die Keimzelle der venezianischen Wechselmessen in Verona bzw. in Murano.[114] Die Sezession der zweiten Gruppe endete ‚offiziell' 1639, wobei die Venezianer ‚ihre' Wechselmessen in Verona bzw. Murano allerdings fortsetzten; die Sezession der ersten Gruppe wurde ein Jahr später beigelegt. – Die Zweite Sezession fand zwischen 1686 und 1693 statt, als die Messekaufleute aus Mailand und der Toskana wiederum nach Piacenza zurückkehrten.

Der Messekalender der Sezessionsmessen unterschied sich nur in der Bezeichnung der einzelnen Messen: Die Sezessionisten von 1622 und 1686 orientierten sich in ihren Bezeichnungen an den Stadtpatronatsfesten der bedeutendsten auf diesen Messen vertretenen Städte; so wurde die am 1. Februar beginnende Messe als Lichtmesse (Hommage an Bologna), die am 1. (!) Mai einsetzende als St.-Markus-Messe (Hommage an Venedig), die am 1. August anfangende als Johannes Baptista-Messe (Hommage an Florenz) und schließlich die am 1. (!) November beginnende als St.-Karls-

112 Giuseppe FELLONI, Kredit und Banken in Italien, 15.–17. Jahrhundert, in: Michael NORTH (Hrsg.), Kredit im spätmittelalterlichen und frühneuzeitlichen Europa, Köln – Wien 1991, S. 9–23, hier: S. 21; Michael NORTH, Von den Warenmessen zu den Wechselmessen. Grundlagen des europäischen Zahlungsverkehrs in Spätmittelalter und früher Neuzeit, in: Peter JOHANEK / Heinz STOOB (Hrsg.), Europäische Messen und Märktesysteme in Mittelalter und Neuzeit, Köln – Weimar – Wien 1996, S. 223–238, hier: S. 231; RACINE, Messen in Italien, S. 160–167; Giulio MANDICH, Delle fiere genovesi di cambi particolarmente studiate come mercati periodici del credito, in: Rivista di storia economica 4, 1939, S. 257–276. Vgl. auch Silvano GHILINO, Un banchiere del '600: Stefano Balbi. Affari di stato e fiere dei cambi, Genova 1996.

113 RACINE, Messen in Italien, S. 164.

114 Siehe *Kapitel 4.1.*

Messe (Hommage an Mailand) bezeichnet. Die Sezessionisten von 1631 bezeichneten ihre Messen schlicht als Februar-, Mai-, August- und Novembermessen.[115]

Ihrem Kern nach waren diese Messen zwar eine Institution, mit deren Hilfe italienische *banchieri* ihre Forderungen gegenseitig auszugleichen vermochten, doch annähernd das gesamte West- und Südeuropa, zunehmend auch Mitteleuropa war Teil des Netzwerks dieser Messen. So erscheinen neben den wichtigsten italienischen Wechselmärkten der Zeit – Venedig, Genua, Mailand, Florenz, Lucca, Rom, Neapel und Livorno (seit 1693/1712) – und eher regional bedeutenden Plätze Italiens – Palermo, Messina, Bergamo, Bologna, Ancona, Bari und Lecce (seit 1625), später auch Turin (seit 1677) – die Lyoner Messen, Lissabon (bis 1601), niederländische (Antwerpen, seit den späten 1620er Jahren auch Amsterdam), spanische (Sevilla, Barcelona, Valencia und Saragossa sowie die Messen von Medina del Campo und seit 1694/1712 Cádiz) und deutsche Plätze (die Frankfurter Messen, Köln bis 1601, dann Nürnberg und seit 1636 Wien) auf den *conti* von Bisenzone.[116] Damit deckten die Kursnotierungen von Bisenzone den gesamten Raum ab, der für die italienischen Wechselhändler am meisten von Interesse war; nur England und der Norden Frankreichs – wohin Antwerpen, Amsterdam und die Messen von Lyon als Intermediäre dienen konnten – sowie der Ostseeraum blieben außen vor. Insgesamt reflektieren die Wechselkursnotierungen der Bisenzone-Messen bis in das 18. Jahrhundert hinein das alte, noch in Italien zentrierte und von italienischen – hier insbesondere genuesischen – *banchieri* dominierte bargeldlose Zahlungsverkehrssystem, wie es sich seit dem Mittelalter entwickelt hatte. Allerdings verloren die Bisenzone-Messen im zweiten Viertel des 17. Jahrhunderts, d.h. nach der Krise von 1619–1622 (s.o.) ihre herausragende Bedeutung als internationaler Wechselmarkt und besaßen seit etwa 1650 nur noch lokale, allenfalls regionale Relevanz, bis sie 1763 offiziell zu bestehen aufhörten,[117] auch wenn Novi als letzter bedeutender Austragungsort der Bisenzone-Messen weiterhin als Wechselplatz mit einem für einen Regionalmarkt vergleichsweise umfangreichen Kurszettel in zeitgenössischen Kaufmannshandbüchern erscheint, was allerdings mehr auf kaufmännische Tradition in der Kursnotierung als auf tatsächlich getätigte Wechselgeschäfte zurückzuführen ist.[118] So verzeichnet etwa eine Kursübersicht von 1755 für die in diesem Jahr in Rapallo abgehaltenen Bisenzone-Messen Genua, Lyon, Mai-

115 Die Kursnotierungen dieser Sezessionsmessen, die im wesentlichen denen der ‚offiziellen' Bisenzone-Messen entsprachen, sind abgedruckt bei DA SILVA, Banque et crédit, Bd. II, S. 241–279; vgl. auch ebd., Bd. I, S. 55–58, 125; Bd. II, S. 99.

116 Markus A. DENZEL (Hrsg.), Währungen der Welt IX: Europäische Wechselkurse vor 1620, Stuttgart 1995, S. 70–103; VAN VELDEN, Fondament van de Wisselhandeling [1629], S. 298f.; DENZEL, „Practica della Cambiatura", S. 438–440; ders., Handbook, S. 118–128; vgl. auch Paul Jacob MARPERGER, Beschreibung der Messen und Jahr-Märckte, Leipzig 1711 (ND. Frankfurt/Main 1968), S. 170f.

117 Helma HOUTMAN-DE SMEDT / Herman VAN DER WEE, Die Entstehung des modernen Geld- und Finanzwesens Europas in der Neuzeit, in: Hans POHL (Hrsg.), Europäische Bankengeschichte, Frankfurt/Main 1993, S. 73–173, hier: S. 110.

118 Z.B. G[ERHARDT] (Hrsg.), Nelkenbrechers Taschenbuch eines Banquiers und Kaufmanns [1775], S. 187f.; GERHARDT sen. (Hrsg.), Nelkenbrechers Taschenbuch [...] für Kaufleute [1793], S. 172.

land, Neapel, Venedig, Livorno, Florenz, Rom, Lecce, Bari, Cádiz, Sevilla, Madrid, Palermo und Messina als Wechselpartner, wonach sich der Zahlungsverkehr dieser Messen ausschließlich auf italienische und spanische Plätze beschränkt hätte, was sehr wahrscheinlich erscheint.[119] Mit dem Ausklingen der internationalen Bedeutung der Genuesischen Wechselmessen nach 1650 setzte Fernand Braudel zugleich auch das Ende des „Jahrhunderts der Genuesen" an, das mit diesen Messen 1528 begonnen hatte.[120]

Notierungen von den Wechselmessen auf Bozen erfolgten während der ersten Sezession nur von denjenigen Florentiner und venezianischen Kaufleuten, die sich 1631 bis 1639 in „Piacenza", d.h. in Wirklichkeit auf den Wechselmessen in Murano oder Verona, trafen. Als nach der Beendigung der Ersten Sezession die Notierung von den Bozner Messen auf die Bisenzone-Messen mit der Andreämesse 1640 einsetzte, fanden diese in Piacenza statt, weswegen die Notierung unter diesem Ort erscheint. Eine derartige Notierung scheint zuvor überhaupt nicht erforderlich gewesen zu sein, da man sich zur Abwicklung des Zahlungsverkehrs mit den italienischen Wechselmärkten der venezianischen Wechselmessen in Murano bzw. Verona bedienen konnte. Als aber zahlreiche Bankiers diese nicht mehr besuchten, sondern wieder auf die ‚offiziellen' Bisenzone-Messen zurückkehrte, nahm man diese in den Bozner Kurszettel auf. Die Notierung „Piacenza" wurde auch beibehalten, als die Bisenzone-Messen Mitte 1641 wieder nach Novi (bzw. 1642/43 auch nach Rapallo) verlegt wurden. Erst ab der Bartholomäusmesse 1647 wurden die Genuesischen Wechselmessen unter der Bezeichnung ‚Bisenzone' unter dem Zusatz der jeweiligen Messe geführt. Diese Notierung erfolgte bis zur Fronleichnamsmesse 1742, während im seit der Bartholomäusmesse 1742 neugestalteten Bozner Kurszettel keine Rubrik mehr für die Bisenzone-Messen vorgesehen war, was deren drastisch gesunkener Bedeutung im internationalen Zahlungsverkehr wie für den der Bozner Messen selbst Rechnung trug. Darüber hinaus wurde in den Jahren 1686 bis 1692, d.h. während der sogenannten Zweiten Sezession nach Piacenza eine eigene Kursnotierung für Piacenza eingerichtet. Die Zweite Sezession dauerte allerdings noch ein Jahr länger – bis 1693 –, wobei die Messen im letzten Jahr in Greggio nahe der Sesia, einem kleinen Ort nördlich von Vercelli und östlich von Novara, stattfanden. Greggio oder, wie es in den zeitgenössischen Dokumenten heißt, Greco, wurde allerdings in Bozen nicht mehr verzeichnet. Anders als auf den ‚offiziellen' Bisenzone-Messen, auf denen Bozen nicht einmal im Kurszettel erschien, wurde Bozen allerdings auf den Sezessionsmessen in Piacenza bzw. in Greggio in den Jahren 1686 bis 1693 notiert.[121]

Die Notierungsweise der Bozner Messen für die jeweils darauffolgende Bisenzone-Messe entsprach der auf die Lyoner Messen:[122] Die Kurse wurden in Kreuzer Giro

---

[119] GIRAUDEAU, La banque [1759], S. 241.

[120] Fernand BRAUDEL, La Méditerranée et le monde méditerranéen à l'époque de Philippe II, Paris 1966 (1949, ^{4}1979), dt. Ausg.: Das Mittelmeer und die mediterrane Welt in der Epoche Philipps II., 3 Bde., Frankfurt am Main 1990, ND. 1994, Bd. 2, S. 222–227.

[121] DA SILVA, Banque et crédit, Bd. II, S. 215–218, 261–279.

[122] Zu den Lyoner Messen siehe *Kapitel 4.13*.

für 1 (imaginären) Scudo di marche zu 20 Soldi à 12 Denari angegeben: „Scudi 101. di questo di fanno d'oro giusto peso di buone stampe, cioè Spagna, Genoua, Venetia, Fiorenza [...] Scu.[di] 100. di oro in oro."[123] Der Scudo di marche resultierte seit 1594/95 aus einem Kompensationsvorgang – zu genuesischem Nutzen – zwischen den fünf am meisten geschätzten Scudoprägungen dieser Jahre, und zwar denen aus Spanien, Venedig, Genua, Florenz und Neapel.[124] In den Wechselzahlungen in Novi bediente man sich der Scudi d'oro oder halben Pistolen als Zahlungsmittel, wobei 49½ Pistolen = 100 Scudi di marche, aber 50 Pistolen = 100 Scudi d'oro waren. Damit bestand 1% Differenz zwischen dem imaginären Scudo di marche und dem realen Scudo d'oro.[125]

Neben den Originalnotierungen (Datenreihen PC1 und NV1) wird in der folgenden Tabelle auch jeweils eine Umrechnung in Gulden Giro (= 60 Kreuzer Giro) für 100 Scudi di marche (Datenreihen PC2 und NV2) präsentiert.

---

123 ROSSO, Informatione per più chiara inteligenza de' Cambij [1680], S. 15. So auch MANDICH, Geld- und Kreditwesen, S. 504.

124 DENZEL, „Practica della Cambiatura", S. 315.

125 HERBACH, Wechsel-Handlung [1716], S. 101.

Tab. 4.15: Wechselkurse der Bozner Messen auf die Bisenzone-Messen in Piacenza und Novi von 1640 bis 1742

[PC1] Kreuzer Giro für 1 Scudo di marche [O]
[PC2] Gulden Giro für 100 Scudi di marche [U]

[NV1] Kreuzer Giro für 1 Scudo di marche [O]
[NV2] Gulden Giro für 100 Scudi di marche [U]

Messe	[PC1]	[PC2]
	xr.	fl.
1640 A	157 3/4	262,92
1641 MQ	158	263,33
1641 CD	160	266,67
1641 B	159	265,00
1641 A	157 1/2	262,50
1642 MQ	160 1/3	267,22
1642 CD	157	261,67
1642 B	157 1/2	262,50
1642 A	158	263,33
1643 MQ	157	261,67
1643 CD	159 1/2	265,83
1643 B	160	266,67
1643 A	161	268,33
1644 MQ	160 1/2	267,50
1644 CD	158 1/2	264,17
1644 B	158 1/4	263,75
1644 A	159	265,00
1645 MQ	160 1/2	267,50
1645 CD	159 2/3	266,11
1645 B	159	265,00
1645 A	159	265,00
1646 MQ	161	268,33
1646 CD	161 3/4	269,58
1646 B	161	268,33
1646 A	159	265,00
1647 MQ	159	265,00
1647 CD	161 1/2	269,17
Messe	**[NV1]**	**[NV2]**
1647 B	160	266,67
1647 A	161	268,33
1648 MQ	161	268,33
1648 CD	158 1/4	263,75
1648 B	157	261,67
1648 A	153 1/2	255,83
1649 MQ	153 1/4	255,42
1649 CD	157 1/2	262,50

Messe	[NV1]	[NV2]
	xr.	fl.
1649 B	162 1/2	270,83
1649 A	162	270,00
1650 MQ	163	271,67
1650 CD	164	273,33
1650 B	164	273,33
1650 A	163 2/3	272,78
1651 MQ	161	268,33
1651 CD	162	270,00
1651 B	163 1/2	272,50
1651 A	164	273,33
1652 MQ	165	275,00
1652 CD	165 3/4	276,25
1652 B	167	278,33
1652 A	168 1/2	280,83
1653 MQ	167 1/2	279,17
1653 CD	163 1/2	272,50
1653 B	160 1/2	267,50
1653 A	156	260,00
1654 MQ	157 1/2	262,50
1654 CD	158 2/3	264,44
1654 B	159 5/8	266,04
1654 A	158 1/2	264,17
1655 MQ	159 1/2	265,83
1655 CD	159 1/2	265,83
1655 B	160	266,67
1655 A	157 1/2	262,50
1656 MQ	157	261,67
1656 CD	156 5/8	261,04
1656 B	153 1/2	255,83
1656 A	155	258,33
1657 MQ	158 1/2	264,17
1657 CD	164	273,33
1657 B	162	270,00
1657 A	159 1/4	265,42
1658 MQ	162	270,00
1658 CD	161 1/2	269,17

Messe		[NV1]	[NV2]
		xr.	fl.
1658	B	158 2/3	264,44
1658	A	157 1/3	262,22
1659	MQ	159 1/4	265,42
1659	CD	159	265,00
1659	B	160 1/2	267,50
1659	A	160	266,67
1660	MQ	161 1/2	269,17
1660	CD	159 1/2	265,83
1660	B	160	266,67
1660	A	160 1/2	267,50
1661	MQ	160	266,67
1661	CD	159 1/2	265,83
1661	B	159	265,00
1661	A	158	263,33
1662	MQ	159 3/4	266,25
1662	CD	158 7/8	264,79
1662	B	159 1/4	265,42
1662	A	159 1/4	265,42
1663	MQ	161	268,33
1663	CD	162	270,00
1663	B	161	268,33
1663	A	160 1/3	267,22
1664	MQ	158 3/4	264,58
1664	CD	160 1/4	267,08
1664	B	162 1/2	270,83
1664	A	163 1/2	272,50
1665	MQ	162	270,00
1665	CD	160 1/4	267,08
1665	B	158 1/2	264,17
1665	A	157	261,67
1666	MQ	157 1/2	262,50
1666	CD	159	265,00
1666	B	160 1/3	267,22
1666	A	159 1/2	265,83
1667	MQ	158 1/2	264,17
1667	CD	159	265,00
1667	B	159 1/2	265,83
1667	A	159 3/4	266,25
1668	MQ	161	268,33
1668	CD	160 3/4	267,92
1668	B	161 1/3	268,89
1668	A	162 3/4	271,25
1669	MQ	162 3/4	271,25
1669	CD	162 3/4	271,25
1669	B	163	271,67
1669	A	163 1/3	272,22

Messe		[NV1]	[NV2]
		xr.	fl.
1670	MQ	163 3/4	272,92
1670	CD	163	271,67
1670	B	161 3/4	269,58
1670	A	163	271,67
1671	MQ	161 3/4	269,58
1671	CD	163	271,67
1671	B	161	268,33
1671	A	159 3/4	266,25
1672	MQ	159 1/3	265,56
1672	CD	157 1/2	262,50
1672	B	157 1/2	262,50
1672	A	156	260,00
1673	MQ	156 7/8	261,46
1673	CD	156 1/4	260,42
1673	B	154	256,67
1673	A	155 1/2	259,17
1674	MQ	157 1/4	262,08
1674	CD	157 3/4	262,92
1674	B	158 1/3	263,89
1674	A	160	266,67
1675	MQ	161 1/2	269,17
1675	CD	162	270,00
1675	B	160 1/4	267,08
1675	A	158 1/3	263,89
1676	MQ	157 2/3	262,78
1676	CD	157 1/2	262,50
1676	B	158 1/4	263,75
1676	A	160 1/2	267,50
1677	MQ	161	268,33
1677	CD	161	268,33
1677	B	160 1/3	267,22
1677	A	160 1/2	267,50
1678	MQ	159	265,00
1678	CD	157	261,67
1678	B	157 1/2	262,50
1678	A	158 3/4	264,58
1679	MQ	158 3/4	264,58
1679	CD	159 3/4	266,25
1679	B	158 1/4	263,75
1679	A	160 1/4	267,08
1680	MQ	161 2/3	269,44
1680	CD	162 5/6	271,39
1680	B	162 1/2	270,83
1680	A	162 1/5	270,33
1681	MQ	161 1/4	268,75
1681	CD	163 1/8	271,88

Messe		[NV1]	[NV2]
		xr.	fl.
1681	B	164	273,33
1681	A	164 3/5	274,33
1682	MQ	163 1/2	272,50
1682	CD	163 2/5	272,33
1682	B	158 4/5	264,67
1682	A	159 1/3	265,56
1683	MQ	160	266,67
1683	CD	159	265,00
1683	B	155 1/3	258,89
1683	A	157 3/4	262,92
1684	MQ	158	263,33
1684	CD	159 3/4	266,25
1684	B	163 2/5	272,33
1684	A	163	271,67
1685	MQ	164	273,33
1685	CD	165 2/3	276,11
1685	B	164	273,33
1685	A	161	268,33
1686	MQ	158 2/5	264,00
1686	CD	159 1/6	265,28
1686	B	159 1/4	265,42
1686	A	159 1/4	265,42
1687	MQ	160 1/4	267,08
1687	CD	161	268,33
1687	B	161 4/5	269,67
1687	A		
1688	MQ	161 1/4	268,75
1688	CD	163 1/2	272,50
1688	B	162 1/2	270,83
1688	A	162	270,00
1689	MQ	160 3/5	267,67
1689	CD	160 1/5	267,00
1689	B	158	263,33
1689	A	158 4/5	264,67
1690	MQ		
1690	CD	159 2/5	265,67
1690	B	163	271,67
1690	A	162 3/4	271,25
1691	MQ	161 1/2	269,17
1691	CD	163 1/4	272,08
1691	B	169	281,67
1691	A	165 2/5	275,67
1692	MQ	166 4/5	278,00
1692	CD	163 7/8	273,13
1692	B	163 3/4	272,92
1692	A	163	271,67

Messe		[PC1]	[PC2]
		xr.	fl.
1686	MQ	157	261,67
1686	CD	158 1/6	263,61
1686	B	158 4/5	264,67
1686	A	158 1/2	264,17
1687	MQ	160 1/4	267,08
1687	CD	161 1/3	268,89
1687	B	161 1/2	269,17
1687	A		
1688	MQ	160 1/4	267,08
1688	CD	162 1/2	270,83
1688	B	161 2/3	269,44
1688	A	161 1/4	268,75
1689	MQ	160 3/5	267,67
1689	CD	160 2/3	267,78
1689	B	158	263,33
1689	A	159	265,00
1690	MQ		
1690	CD	159	265,00
1690	B	162 1/4	270,42
1690	A	160	266,67
1691	MQ	161 1/4	268,75
1691	CD	163 1/6	271,94
1691	B	164 5/6	274,72
1691	A	165	275,00
1692	MQ	166 1/8	276,88
1692	CD	164 1/3	273,89
1692	B	163 3/4	272,92
1692	A	163	271,67

Messe		[NV1]	[NV2]
		xr.	fl.
1693	MQ		
1693	CD	164	273,33
1693	B	165 1/2	275,83
1693	A	163	271,67
1694	MQ	163 1/2	272,50
1694	CD	163 2/5	272,33
1694	B	165 1/3	275,56
1694	A	165	275,00
1695	MQ	165	275,00
1695	CD	165	275,00
1695	B	167 1/3	278,89
1695	A	166 1/2	277,50
1696	MQ	169	281,67
1696	CD	171 2/5	285,67
1696	B	167 3/4	279,58
1696	A	160	266,67
1697	MQ	162 1/3	270,56
1697	CD	161 2/5	269,00
1697	B	160 1/2	267,50
1697	A	160 1/5	267,00
1698	MQ	158 7/8	264,79
1698	CD	158 3/5	264,33
1698	B	158 1/4	263,75
1698	A	156 7/8	261,46
1699	MQ	162 1/6	270,28
1699	CD	164 1/2	274,17
1699	B	163 1/2	272,50
1699	A	162 3/4	271,25
1700	MQ	164	273,33
1700	CD	163 2/3	272,78
1700	B	160 1/2	267,50
1700	A	161 7/8	269,79
1701	MQ	161 4/5	269,67
1701	CD	162	270,00
1701	B	162 3/4	271,25
1701	A	163 2/5	272,33
1702	MQ	163 1/2	272,50
1702	CD	165 2/3	276,11
1702	B	165 1/4	275,42
1702	A	162 1/3	270,56
1703	MQ	159 1/2	265,83
1703	CD	157 1/3	262,22
1703	B	160	266,67
1703	A	159	265,00
1704	MQ	158	263,33
1704	CD	157	261,67

Messe		[NV1]	[NV2]
		xr.	fl.
1704	B	159	265,00
1704	A	160	266,67
1705	MQ	160 2/5	267,33
1705	CD	161	268,33
1705	B	160 1/3	267,22
1705	A	159	265,00
1706	MQ	160	266,67
1706	CD	159	265,00
1706	B	158 1/2	264,17
1706	A	160	266,67
1707	MQ	162	270,00
1707	CD	161 1/2	269,17
1707	B	162	270,00
1707	A	158	263,33
1708	MQ	161 1/3	268,89
1708	CD	162 1/3	270,56
1708	B	160 1/2	267,50
1708	A	162	270,00
1709	MQ	161 2/3	269,44
1709	CD	161 2/3	269,44
1709	B	161	268,33
1709	A	161	268,33
1710	MQ	160 1/2	267,50
1710	CD	161 1/2	269,17
1710	B	162 1/2	270,83
1710	A	163	271,67
1711	MQ	160 1/2	267,50
1711	CD	162 3/4	271,25
1711	B	164	273,33
1711	A	162 2/3	271,11
1712	MQ	162 1/2	270,83
1712	CD	162	270,00
1712	B	162 1/2	270,83
1712	A	168 2/3	281,11
1713	MQ	163	271,67
1713	CD	162	270,00
1713	B	160	266,67
1713	A	156 1/2	260,83
1714	MQ	156 2/3	261,11
1714	CD	159	265,00
1714	B	158	263,33
1714	A	158 1/2	264,17
1715	MQ	161 1/4	268,75
1715	CD	159 1/2	265,83
1715	B	160 1/2	267,50
1715	A	161	268,33

Messe		[NV1]	[NV2]
		xr.	fl.
1716	MQ	159	265,00
1716	CD	159 1/3	265,56
1716	B	160 1/2	267,50
1716	A	156 4/5	261,33
1717	MQ	159 4/5	266,33
1717	CD	161 1/2	269,17
1717	B	160 2/5	267,33
1717	A	157 4/5	263,00
1718	MQ	161 1/2	269,17
1718	CD		
1718	B		
1718	A		
1719	MQ	162 1/2	270,83
1719	CD	163 1/2	272,50
1719	B	161	268,33
1719	A	163 1/3	272,22
1720	MQ	165 3/4	276,25
1720	CD	162 3/4	271,25
1720	B		
1720	A		
1721	MQ	163 3/5	272,67
1721	CD		
1721	B	164	273,33
1721	A	164 7/10	274,50
1722	MQ	162 2/5	270,67
1722	CD	163 1/2	272,50
1722	B	161 1/5	268,67
1722	A	161	268,33
1723	MQ		
1723	CD	160 1/3	267,22
1723	B	161	268,33
1723	A	162 1/2	270,83
1724	MQ		
1724	CD	164	273,33
1724	B		
1724	A	162 1/2	270,83
1725	MQ	162 3/4	271,25
1725	CD	161	268,33
1725	B	160	266,67
1725	A		
1726	MQ	161 1/3	268,89
1726	CD	162 1/4	270,42
1726	B	161	268,33
1726	A	159 1/2	265,83
1727	MQ	161 1/2	269,17
1727	CD	161 3/4	269,58
1727	B	161 1/3	268,89
1727	A	161 4/5	269,67
1728	MQ		
1728	CD	162	270,00
1728	B	160 1/4	267,08
1728	A	161	268,33
1729	MQ	161 4/5	269,67
1729	CD	162 3/4	271,25
1729	B	163	271,67
1729	A	162 1/2	270,83
1730	MQ	160 1/4	267,08
1730	CD	161 2/5	269,00
1730	B	160 4/5	268,00
1730	A	160	266,67
1731	MQ		
1731	CD	160 3/4	267,92
1731	B	161	268,33
1731	A	159 5/8	266,04
1732	MQ	160 4/5	268,00
1732	CD	160 1/2	267,50
1732	B	160 2/3	267,78
1732	A	159 3/4	266,25
1733	MQ	160	266,67
1733	CD	160 1/4	267,08
1733	B	160	266,67
1733	A		
1734	MQ	160 1/2	267,50
1734	CD	161 1/8	268,54
1734	B	159 3/4	266,25
1734	A	158 1/2	264,17
1735	MQ	155 1/8	258,54
1735	CD	155	258,33
1735	B	157 1/2	262,50
1735	A	157 1/5	262,00
1736	MQ	158	263,33
1736	CD	158	263,33
1736	B	160	266,67
1736	A	156 1/2	260,83
1737	MQ	157 1/4	262,08
1737	CD	158	263,33
1737	B	158 1/2	264,17
1737	A	158 3/4	264,58
1738	MQ	158 2/3	264,44
1738	CD	159 1/2	265,83
1738	B	157 1/2	262,50
1738	A	158 1/2	264,17

Messe		[NV1]	[NV2]
		xr.	fl.
1739	MQ	161 1/2	269,17
1739	CD	159 1/8	265,21
1739	B	161 1/2	269,17
1739	A	163 1/3	272,22
1740	MQ	161 1/2	269,17
1740	CD	163	271,67
1740	B	163 1/2	272,50

Messe		[NV1]	[NV2]
		xr.	fl.
1740	A	164	273,33
1741	MQ	164	273,33
1741	CD	163 1/8	271,88
1741	B	163	271,67
1741	A	160 2/5	267,33
1742	MQ	160	266,67
1742	CD	161	268,33

4.7 FRANKFURT AM MAIN UND SEINE MESSEN

Frankfurt am Main galt seit dem Mittelalter als der wichtigste Messeplatz im Alten Reich,[126] bis es diesen Rang im 18. Jahrhundert an Leipzig einbüßte. Auch wenn Handel und Verkehr auf den Frankfurter Fasten- und Herbstmessen im 18. Jahrhundert absolut gesehen stagnierten und in Relation zu den Leipziger Messen sogar rückläufig waren, blieb die Mainmetropole immer einer der bedeutendsten Finanz- und Wechselmärkte des Reiches. Im 17. und 18. Jahrhundert hatte sich die Stadt durch innovative Wechselordnungen und die daraus resultierende Belebung des börsenmäßigen Handels mit Wechseln zu einer der wichtigsten Wirkungsstätten deutscher Privatbankiers entwickelt. Insbesondere die erstmals im Alten Reich erfolgende Zulassung des mehrfachen Indossaments in der Wechselordnung von 1666[127] ermöglichte den unbeschränkten, börsenmäßigen Handel mit Wechseln außerhalb der Messezeiten – eine unabdingbare Voraussetzung für das Aufkommen von Privatbankiers. Gerade diese Form des Finanzgeschäfts konnte sich daher in Frankfurt hervorragend entwikkeln; als vielleicht wichtigste Vertreter seien hier beispielsweise das Bankhaus Gebrüder Bethmann und – für das beginnende 19. Jahrhundert – die Unternehmung von Meyer Amschel Rothschild genannt. Im letzten Drittel des 18. Jahrhunderts wurde die Entwicklung Frankfurts als Finanz- und Wechselplatz stark gefördert durch die zunehmende Bedeutung des Handels mit Staatsanleihen, der auch im 19. Jahrhundert die ‚Spezialität' des Finanzmarktes Frankfurt bleiben sollte.[128]

Im Bereich des bargeldlosen Zahlungsverkehrs war Frankfurt am Main traditionell vorrangig auf deutsche, nordwesteuropäische und italienische Partner ausgerichtet. Van Veldens Wechselhandbuch von 1629, dessen deutsche Übersetzung *Unterricht der Wechsel-Handlung* 1669 bezeichnenderweise in Frankfurt erschien, nennt als Frankfurter Wechselpartner Amsterdam, Antwerpen, Lille (Rijssel), Köln, Venedig, Piacenza (d.h. die Bisenzone-Messen), Mailand, Lyon, Hamburg, Nürnberg, Augsburg und Leipzig.[129] Nach Alexander Dietz kamen in den nächsten Jahrzehnten folgende Plätze hinzu: „Wien Herbstmesse 1629, Straßburg Ostern 1646, Bolzano (Bozen) Ostern 1651, Paris Herbst 1656, London, Prag und Breslau bis 1715 und Brüssel, Bremen, Naumburg Basel und Genf bis 1725, während Straßburg, Lille und Bozen längst wieder verschwunden sind."[130] Die wenigen verfügbaren Frankfurter Wechsel-

126 ROTHMANN, Die Frankfurter Messen.

127 Alexander DIETZ, Frankfurter Handelsgeschichte, III. Bd., Frankfurt/Main 1921, S. 273f.; IV. Bd., 1. Teil, Frankfurt/Main 1925, S. 24, 36.

128 Carl-Ludwig HOLTFRERICH, Finanzplatz Frankfurt. Von der mittelalterlichen Messestadt zum europäischen Bankenzentrum, München 1999, S. 104–118, 148ff.

129 VAN VELDEN, Fondament van de Wisselhandeling [1629], S. 463. Vgl. DENZEL, „Practica della cambiatura", S. 470.

130 DIETZ, Frankfurter Handelsgeschichte, III. Bd., S. 233. Diese Angaben übernimmt auch Hermann KELLENBENZ, Private und öffentliche Banken in Deutschland um die Wende zum 17. Jahrhundert, in: Banchi pubblici, banchi privati e monti di pietà, S. 843–877, hier: S. 863.

kurszettel aus dem beginnenden 18. Jahrhundert legen den Schluß nahe, daß sich der Frankfurter Wechselverkehr bereits im ausgehenden 17. Jahrhundert vorrangig auf deutsche (Hamburg, Augsburg, Nürnberg, Leipzig sowie Wien, darüber hinaus teilweise auch Breslau, Köln und andere) und westeuropäische Plätze (Amsterdam, Antwerpen, Paris, Lyon, London, teilweise auch Genf, Basel, Straßburg, Rotterdam, Dortrecht und Lille) ausrichtete, während die traditionell gewichtige Bedeutung Italiens stark zurückging, wobei allerdings Venedig durchwegs der mit Abstand wichtigste Wechselpartner Frankfurts in Italien blieb. Spätestens in den 1770er Jahren ist dann eine Konzentration auf die wichtigsten (nord)westeuropäischen und deutschen Wechselmärkte (einschließlich Wiens) zu erkennen, deren Notierung Frankfurt dann auch im 19. Jahrhundert fortsetzte.[131] Bozen scheint somit nur eine kurzfristige Rolle für den Frankfurter Zahlungsverkehr gespielt zu haben, beschränkt auf einige Jahre oder allenfalls Jahrzehnte in der zweiten Hälfte des 17. Jahrhunderts. Eine abschließende Beurteilung kann jedoch aufgrund der nicht mehr vorhandenen Quellen zum Frankfurter Wechselmarkt hier nicht gegeben werden.

Umgekehrt hatte Frankfurt für den Bozner Zahlungsverkehr jedoch eine gewichtige Bedeutung. Die Messestadt am Main wurde seit dem Einsetzen der offiziellen Kursnotierungen im Dezember 1633 bis zur Mittfastenmesse 1790 notiert. Allerdings erfolgten die Kursangaben in den letzten Jahrzehnten nicht mehr regelmäßig auf jeder Bozner Messe. Die Frankfurter Fastenmesse, deren Abhaltung ursprünglich auf die Fastenzeit beschränkt war, wurde wohl seit den 1510er Jahren in der Regel zwischen dem Sonntag *Judica* (zweiter Sonntag vor Ostern) und dem Dienstag nach Ostern abgehalten.[132] Mit Mandat vom 26. August 1710 verlegte Kaiser Joseph I. auf Bitten des Frankfurter Rats die Fastenmesse gänzlich in die österliche Zeit; sie begann nunmehr am Sonntag *Quasimodogeniti* (erster Sonntag nach Ostern) und wurde in zeitgenössischen Handelspraktiken folgerichtig als „Ostermesse“, in den Bozner Quellen als „Fiera di Pasqua“ bezeichnet.[133] Unter Berücksichtigung der Vormessezeit von vier Tagen begann die „Fastenmesse“ somit faktisch am Dienstag nach Ostern, wie es zeitgenössische Handelspraktiken belegen.[134] Die Frankfurter Herbstmesse fand im September um das Fest Mariä Geburt (8. September) statt[135] und wurde daher in den Bozner Quellen als „Fiera di Settembre“ angegeben. So wurden auf den Bozner Mittfasten- und Fronleichnamsmessen Kurse auf die jeweils folgende Frankfurter Herbstmesse notiert, auf den Bartholomäus- und Andreämessen dann die folgende Frankfurter Fasten- oder Ostermesse. „Da Bozen Frankfurt die Preisnotierung bietet, liegt die erste Kurssetzung etwas tiefer (da die Septembermesse noch rund sechs Monate ent-

---

131 DENZEL, Integration, S. 80–82; vgl. HOLTFRERICH, Frankfurt, S. 155.

132 Nils BRÜBACH, Die Reichsmessen von Frankfurt am Main, Leipzig und Braunschweig (14.–18. Jahrhundert), Stuttgart 1994, S. 135.

133 Die Hintergründe der terminlichen Verlegung der Frankfurter Fastenmesse und die daraus resultierenden Folgen für die Frankfurter, aber auch die nunmehr terminlich konkurrierenden Leipziger Messen werden ausführlich ebd., S. 135–142, erörtert.

134 G[ERHARDT] (Hrsg.), Nelkenbrechers Taschenbuch eines Banquiers und Kaufmanns [1775], S. 95.

135 Ebd.; BRÜBACH, Reichsmessen, S. 131.

fernt ist); die zweite Kurssetzung hingegen liegt etwas höher, weil die Septembermesse nur mehr drei Monate entfernt ist. Die Kursdifferenz beträgt in der Regel rund 1,50 Prozent."[136] Bisweilen wurde zusätzlich auch die jeweils ‚übernächste' Frankfurter Messe mit einer Kursnotierung versehen, doch mit einem Kursabschlag von etwa 3%.[137] Diese Notierungsweise der Frankfurter Messen wurde bis zur Bartholomäusmesse 1764 beibehalten. Auf eine zweijährige Lücke in der Kursangabe auf Frankfurt folgte dann mit der Bartholomäusmesse 1766 die Wiederaufnahme der Notierung, nunmehr aber *ad uso*, d.h. mit einer Usance von 14 (oder 15) Tagen nach Sicht bzw. Akzeptation des Wechsels – unabhängig von irgendeinem Messetermin.[138] Damit wird auch aus der Bozner Perspektive deutlich, daß die Frankfurter Messen ihre Bedeutung für Bozen verloren hatten, der Finanzplatz Frankfurt mit seinem ganzjährig und börsenmäßig betriebenen Wechselhandel jedoch weiterhin eine gewichtige Rolle im Bozner bargeldlosen Zahlungsverkehr spielte.

Die Bozner Kursnotierung auf die Frankfurter Messen erfolgte in Reichstalern Giro für 100 Reichstaler Frankfurter Wechselzahlung oder Wechselgeld.[139] Bereits seit 1584 bestand in Frankfurt die Verpflichtung, daß Wechsel nur in genau festgelegten, guten, d.h. vollwichtigen Sorten (Talern und Dukaten) zu bezahlen seien, der sogenannten Wechselzahlung. Ursprünglich wurden alle Wechselzahlungen in Frankfurt in Reichstaler oder Gulden Wechselgeld abgewickelt, wobei auf den Messen in Gulden zu 60 Kreuzern, außerhalb der Messen in Reichstalern zu 90 Kreuzern Kurant oder 74 (fingierten) Kreuzern Wechselgeld („Wechselkreuzern") gerechnet wurde. In der Frankfurter Wechselzahlung waren dabei drei Währungsarten gebräuchlich:

- der (fingierte) Reichstaler Kurant zu 1½ Gulden oder zu 22½ Batzen oder 45 Albus oder zu 90 Kreuzer oder 74 Wechsel-Kreuzer;
- das Edikt-Geld, d.h. ganze und halbe Speciestaler; und
- die sogenannte „Münz", „welches allerhand kleine Geld-Sorten sind", also Dreibätzner oder 12-Kreuzer-Stücke, Batzen, Albus etc.[140]

Das Wechselgeld unterschied sich nur geringfügig vom Kurant, wobei

100 Reichstaler Wechselgeld = 100 Reichstaler 24 16/41 Kreuzer Kurant oder

100 Reichstaler Kurant = 99 Reichstaler 54 Kreuzer Wechselgeld.

Die dahinterstehende Umrechnung war schon für die Zeitgenossen sehr kompliziert und mußte über den Philippstaler vorgenommen werden: Denn 1 Philippstaler entsprach in Wechselgeld 1,1081 Reichstaler, aber in Kurant 1,1111 Reichstaler, was die

---

136 MANDICH, Geld- und Kreditwesen, S. 508. Vgl. auch BRÜBACH, Reichsmessen, S. 614f.

137 Auf die Dokumentation der – sehr unregelmäßigen! – Notierungen auf die jeweils übernächste Frankfurter Messe wird in den folgenden Tabellen verzichtet.

138 MANDICH, Geld- und Kreditwesen, S. 507; G[ERHARDT] (Hrsg.), Nelkenbrechers Taschenbuch eines Banquiers und Kaufmanns [1775], S. 94.

139 ROSSO, Informatione per più chiara inteligenza de' Cambij [1680], S. 16. Nach SCHURTZ, Nutzbare Richtschnur [1695], S. 147, gab man 1 Taler à 90 Kreuzer für 1 Taler zu 74 Kreuzern Frankfurter Wechselgeld, nach RICARD, Traité general du commerce [1714], S. 434, 95 bis 98 Taler für 100 Taler Frankfurter Wechselzahlung. Vgl. MANDICH, Geld- und Kreditwesen, S. 504.

140 HERBACH, Wechsel-Handlung [1716], S. 173.

Grundlage für die Differenzierung zwischen Wechselgeld und Kurant bildete.[141] Der sich zwischen den beiden Rechnungsarten ergebende Unterschied von etwa 2,7‰ (!) war jedoch so gering, daß die kaufmännische Praxis sie spätestens im beginnenden 18. Jahrhundert nicht mehr berücksichtigte. Herbach [1716] berichtet, daß das Wechselgeld als fingierte Recheneinheit „seit einigen Jahren fast völlig abgekommen, und wird jetzo wenig oder gar nichts mehr (auser in denen Messen nach Niderland) in dergleichen [...] gewechselt. [...] Dahero dann glaublich, daß einige, welche in vorigen Zeiten dergleichen Rechnungen durch tägliche Übung völlig innen gehabt[,] solche vielleicht vergessen, andere aber davon gar keine Wissenschafft haben möchten. Wo nun solche, wiewohl nicht gäntzliche Abschaffung des Wechsel Geldes herrühret, ob solche vorträglich [vertraglich; A.d.A.] gewesen oder nicht, oder ob sich mancher mit der Reduction dergleichen Müntz-Rechnungen den Kopf nicht zerbrechen, sondern lieber alles nach dem gemeinen Form, und nach dem 100. (welches jeder verstehen kan) ausrechnen wollen, läßt man diß Orts dahin gestellt seyn."[142]

Wechselzahlungen wurden somit in Wechselzahlung bzw. Kurant abgewickelt, das aber nach Herbach 1716 „seit einigen Jahren" auf 4% Aufgeld „firmo" gegenüber dem tatsächlich umlaufenden Kurantgeld gesetzt ist. Damit mußte ein Wechsel, der auf „Kurant" lautete, zur Hälfte in Edikt-Geld und zur anderen Hälfte in „Münz" unter Berücksichtigung des 4%igen Aufgelds bezahlt werden. Standen dem Schuldner aber keine Speciestaler zur Verfügung und mußte er daher die vollständige Wechselsumme in „Münz" bezahlen, so hatte er das „normale" 4%ige Aufgeld zu entrichten und darüber hinaus die zweite, eigentlich in Edikt-Geld zu bezahlende Hälfte sodann „als Corso bonifizieren", d.h. das zwischen „Münz" und Species ebenfalls bestehende Aufgeld nach dem Tageskurs vergüten.[143]

Der Übergang zwischen den verschiedenen Rechnungs- und Zahlungsweisen wird auch in den Bozner Notierungen auf die Frankfurter Messen deutlich. Bis um 1680 gab es nur eine Notierung, und zwar für Moneta di cambio, also für das Wechselgeld. Nach 1680 erscheint dieser Zusatz nicht mehr, doch findet sich in den 1680er und frühen 1690er Jahren in Einzelfällen eine Parallelnotierung, die wiederum ausdrücklich für Moneta di cambio galt.[144] Dies bedeutet, daß in der bisherigen einzigen Notierung stillschweigend von Wechselgeld auf Kurant übergegangen wurde, ohne dies besonders auszuweisen, was sich mit den Aussagen bei Herbach [1716] weitgehend deckt. Ab 1693 wird dann darüber hinaus regelmäßig eine Parallelnotierung „in moneta" angegeben, d.h. „in Münz". Damit wird bereits in der Kursnotierung der Unterschied zwischen dem in Edikt-Geld und „Münz" zahlbaren Kurant und der Zahlung allein in „Münz" erkennbar. Auch wenn seit 1736 der Carolin – eine seit 1732 aufgekommene Goldmünze – Grundlage der Wechselzahlung in Frankfurt war, erfolgten in der zweiten Hälfte der 1730er Jahre die Notierungen für Wechselzahlung bzw. Kurant nur noch unregelmäßig, um 1741 dann gänzlich eingestellt zu werden. Damit bestand nur

---

141 SCHURTZ, Nutzbare Richtschnur [1695], S. 148f.

142 HERBACH, Wechsel-Handlung [1716], S. 173.

143 Ebd.

144 Diese wenigen Einzelnotierungen werden in den folgenden Tabellen nicht dokumentiert.

noch eine einzige Kursnotierung, und zwar ausdrücklich für die Zahlung in „Münz“. Dabei wurde seit der Umstellung des Bozner Kurszettels zur Bartholomäusmesse 1742 die Notierung von Reichstaler auf Gulden umgestellt, d.h. es wurden seitdem Gulden moneta lunga für 100 Gulden „Münz“ in Frankfurt angegeben. Der Wert der „Münz“ verfiel jedoch in der zweiten Hälfte der 1750er und in der ersten Hälfte der 1760er Jahre zusehends.

Um währungspolitisch die enge Verbindung zu den süddeutschen Territorien und der Österreichischen Monarchie aufrechtzuerhalten, wurde am 3. Februar 1766 in Frankfurt der Konventionsfuß mit einem Münzfuß von 20 Gulden für eine Kölnische Mark fein als fingierte, für alle Wechselzahlungen verbindliche Rechenwährung, d.h. faktisch als Wechselgeld, eingeführt, wobei aber der (bisherige) 24-Gulden-Fuß für den Warenhandel zugelassen blieb.[145] Damit bestand – auf der Grundlage der Bewertung des Carolin – von 1766 bis 1842 eine feste Relation von 11 Gulden im 24-Gulden-Fuß (später faktisch ein 24½-Gulden-Fuß; die sogenannte Warenzahlung oder Münze) = 9 1/5 Gulden Wechselgeld im 20-Gulden-Fuß (Konventionsfuß; die sogenannte Wechselzahlung oder das Wechselgeld) oder 46 Gulden Wechselgeld = 55 Gulden Münze. Um den Übergang auf das neue System für die Kaufleute zu erleichtern, wurde „für bestimmte alte Schulden, die auf nicht mehr umlaufende schlechtere Sorten lauteten, welche als ‚Frankfurter Münze‘ oder ‚Frankurter Währung‘ bekannt waren“, ein 22-Gulden-Fuß, eingeführt, nach dem der Louisd'or mit 9 Gulden 42 Kreuzern und der Carolin mit 10 Gulden 6 Kreuzern bewertet wurde.[146]

In Bozen wurde ab der Fronleichnamsmesse 1766 die Notierung auf Frankfurt auf die neue Wechselzahlung umgestellt: In den ersten Jahren wurde allerdings nur für 100 Gulden zahlbar in Frankfurt „in Carolin zu 9 Gulden 42 Kreuzer[n] das Stück“ notiert. Hierbei wurde in Bozen anscheinend der Carolin mit dem Louisd'or gleichgesetzt und somit der Kurs für die oben erwähnten ‚Altschulden‘ notiert. Erst ab 1771 kamen einige wenige Kursangaben für Gulden Warenzahlung oder Münze in Frankfurt („in Carolin zu 11 Gulden“, d.h. nach dem 24-Gulden-Fuß), aber vor allem der für das Wechselgeld („in Carolin zu 9 Gulden 12 Kreuzern“, d.h. nach dem Konventionsfuß), die sogenannte „Frankfurter Wechselzahlung“, hinzu.[147] Während die Notierungen für die Zahlung in Carolin zu 9 Gulden 42 Kreuzern endgültig 1797 eingestellt wurden, da nun keine ‚Altschulden‘ mehr abzuwickeln waren, wurde die Kursreihe für Frankfurter Wechselzahlung mit einer längeren Unterbrechung zwischen 1808 und 1815, die auf die kriegsbedingte Störung des überregionalen Handels zurückzuführen war, bis 1834, wenn auch nur unregelmäßig fortgeführt.

In den folgenden Tabellen werden nur Originalnotierungen dokumentiert, wobei die ab 1815 in Gulden und Kreuzern Konventionskurant notierten Kurse (Datenreihe: FF5) auch in dezimalisierter Form angegeben werden (Datenreihe: FF6).

---

145 G[ERHARDT] (Hrsg.), Nelkenbrechers Taschenbuch eines Banquiers und Kaufmanns [1775], S. 92; HOLTFRERICH, Frankfurt, S. 102f., 141.

146 RITTMANN, Deutsche Geldgeschichte, S. 345.

147 G[ERHARDT] (Hrsg.), Nelkenbrechers Taschenbuch eines Banquiers und Kaufmanns [1775], S. 93.

Tab. 4.16: Wechselkurse der Bozner Messen auf die Messen in Frankfurt am Main von 1633 bis 1764

[FF1] Reichstaler Giro für 100 Reichstaler Frankfurter Wechselzahlung [O]
[FF2] Reichstaler Giro für 100 Reichstaler „in Münz“ (*moneta*)
➢ ab 1742 (B) Gulden moneta lunga für 100 Gulden „in Münz“ (*moneta*) [2. O, ab 1689]

Messe		[FF1]
		rtlr.
1633	A	102
1634	MQ	97 3/4
1634	CD	99
1634	B	97
1634	A	98
1635	MQ	99
1635	CD	99
1635	B	98
1635	A	100
1636	MQ	101 1/2
1636	CD	98
1636	B	96 3/4
1636	A	98
1637	MQ	99 1/3
1637	CD	97 1/3
1637	B	97
1637	A	100
1638	MQ	97
1638	CD	100 1/2
1638	B	98 1/4
1638	A	101
1639	MQ	98
1639	CD	102
1639	B	99
1639	A	99 1/2
1640	MQ	98
1640	CD	98 1/2
1640	B	97 1/2
1640	A	98 1/2
1641	MQ	101 1/2
1641	CD	99
1641	B	97
1641	A	97 1/2
1642	MQ	96 1/2
1642	CD	97 1/2
1642	B	96

Messe		[FF1]
		rtlr.
1642	A	96 1/2
1643	MQ	96
1643	CD	98
1643	B	97
1643	A	98
1644	MQ	99 2/3
1644	CD	98 1/2
1644	B	96 1/2
1644	A	98
1645	MQ	96 1/2
1645	CD	98 3/4
1645	B	97
1645	A	99
1646	MQ	97
1646	CD	98 1/2
1646	B	97
1646	A	98 1/4
1647	MQ	100
1647	CD	98
1647	B	96
1647	A	98
1648	MQ	97
1648	CD	98
1648	B	96 3/4
1648	A	98
1649	MQ	97
1649	CD	98 1/2
1649	B	97
1649	A	98 1/2
1650	MQ	97
1650	CD	98 1/2
1650	B	96
1650	A	97
1651	MQ	96
1651	B	96
1651	A	97

Messe		[FF1]
		rtlr.
1651	CD	98
1652	MQ	99
1652	CD	97
1652	B	96 1/2
1652	A	98
1653	MQ	96
1653	CD	97 3/4
1653	B	96
1653	A	97 3/4
1654	MQ	96
1654	CD	96 7/8
1654	B	96 1/2
1654	A	98
1655	MQ	99
1655	CD	97 1/4
1655	B	96
1655	A	97 3/4
1656	MQ	96 1/2
1656	CD	98
1656	B	96
1656	A	98 1/5
1657	MQ	97
1657	CD	98 1/4
1657	B	96 1/2
1657	A	98
1658	MQ	96 1/2
1658	CD	98
1658	B	96
1658	A	98
1659	MQ	96 1/2
1659	CD	98
1659	B	96
1659	A	98
1660	B	96 1/2
1660	A	98
1661	MQ	96

Messe		[FF1]
		rtlr.
1660	MQ	99
1660	CD	98
1661	CD	98
1661	B	97
1661	A	98
1662	MQ	96 1/2
1662	CD	98
1662	B	96 1/2
1662	A	98
1663	MQ	98 3/4
1663	CD	98
1663	B	96 1/2
1663	A	98
1664	MQ	99 1/4
1664	CD	98
1664	B	99 1/2
1664	A	98 1/8
1665	MQ	96 1/2
1665	CD	98
1665	B	96 1/2
1665	A	98
1666	MQ	99 1/2
1666	CD	98 3/8
1666	B	96 1/2
1666	A	98
1667	MQ	99 1/2
1667	CD	98
1667	B	97
1667	A	98
1668	MQ	96 1/2
1668	CD	98 1/4
1668	B	96 3/4
1668	A	98 1/2
1669	MQ	97
1669	CD	98
1669	B	97
1669	A	98
1670	MQ	99 1/2
1670	CD	98 1/2

Messe		[FF1]
		rtlr.
1670	B	96 3/4
1670	A	98 1/4
1671	MQ	99 1/4
1671	CD	98
1671	B	93
1671	A	98
1672	MQ	96 1/2
1672	B	97
1672	CD	98 1/2
1672	A	98 1/2
1673	MQ	97
1673	CD	98 1/2
1673	B	97
1673	A	98 1/2
1674	MQ	100
1674	CD	98 1/2
1674	B	97
1674	A	97 1/2
1675	MQ	98 1/2
1675	CD	98
1675	B	96
1675	A	91
1676	MQ	95 1/2
1676	CD	98 1/4
1676	B	100
1676	A	98
1677	MQ	97
1677	CD	97 1/2
1677	B	99 1/2
1677	A	98
1678	MQ	97
1678	CD	97 1/2
1678	B	99 1/2
1678	A	98
1679	MQ	99
1679	CD	97 1/2
1679	B	97
1679	A	98

Messe		[FF1]
		rtlr.
1680	MQ	96 1/2
1680	CD	97 1/6
1680	B	92
1680	A	98
1681	MQ	100
1681	CD	98 1/2
1681	B	99
1681	A	98 1/2
1682	MQ	99 3/4
1682	CD	98
1682	B	99 1/2
1682	A	98 1/2
1683	MQ	99 1/2
1683	CD	98 1/2
1683	B	99 1/2
1683	A	98 1/2
1684	MQ	99 1/4
1684	CD	98 1/2
1684	B	99 1/2
1684	A	98
1685	MQ	99 1/2
1685	CD	98 1/2
1685	B	99 1/4
1685	A	98 1/2
1686	MQ	99 1/2
1686	CD	98 1/2
1686	B	99 3/4
1686	A	98 1/2
1687	MQ	99 1/2
1687	CD	98
1687	B	99 1/2
1687	A	
1688	MQ	99 1/2
1688	CD	98 1/2
1688	B	99 1/2
1688	A	99
1689	MQ	99 1/2
1689	CD	99

Messe		[FF1]	[FF2]
		rtlr.	rtlr.
1689	B	99	97
1689	A	98 1/2	
1690	MQ		
1690	CD	98 1/4	
1690	B	99	
1690	A	98 1/4	
1691	MQ	99 1/2	97
1691	CD	99	
1691	B	99 1/2	97
1691	A	98 1/2	
1692	MQ	99 1/2	97
1692	CD	99	
1692	B	99 1/2	97
1692	A	98 1/2	
1693	MQ		
1693	CD	98 1/2	100
1693	B	99 3/4	100
1693	A	98 1/2	98 1/2
1694	MQ	99 1/2	99 1/2
1694	CD	98 1/2	98 1/2
1694	B	99 1/4	98 1/2
1694	A	98 1/2	97 1/2
1695	MQ	99	99
1695	CD	98 1/2	97 1/2
1695	B	99 1/2	99
1695	A	98 1/5	97
1696	MQ	99	97
1696	CD	98 7/8	95
1696	B	99	96 1/2
1696	A	98 3/4	96
1697	MQ	99 1/2	96 3/4
1697	CD	95 1/2	92 1/2
1697	B	99 1/2	97
1697	A	98 3/4	96 1/4
1698	MQ	99	
1698	CD	98	
1698	B	99	
1698	A	98	
1699	MQ	99	
1699	CD	97	
1699	B	99	96
1699	A	98	
1700	MQ	99	
1700	CD	96 ½	
1700	B	99	
1700	A	97 1/2	

Messe		[FF1]	[FF2]
		rtlr.	rtlr.
1701	MQ	99	
1701	CD	95 1/2	
1701	B	96	
1701	A	97 1/4	
1702	MQ	99	
1702	CD	98 2/3	
1702	B	97 1/2	
1702	A	97 1/4	
1703	MQ	99	101
1703	CD	98	99 1/2
1703	B	96 1/2	98
1703	A	97	99
1704	MQ	99	101
1704	CD	98	99
1704	B	96	97 1/2
1704	A	97 1/4	98 3/4
1705	MQ	96 1/2	102 1/2
1705	CD	98	99
1705	B	96	99
1705	A	97 1/4	100 1/4
1706	MQ	95	102
1706	CD	98	99
1706	B	96	99
1706	A	97 1/2	101
1707	MQ	99	100
1707	CD	98 1/4	98 3/4
1707	B	96	99
1707	A	97 1/2	101
1708	MQ	99	100
1708	CD	98	99
1708	B	97	98
1708	A	98 1/2	98
1709	MQ	99 3/4	99 1/2
1709	CD	98	99
1709	B	97	98
1709	A	98 1/2	98
1710	MQ	99 3/4	99 1/2
1710	CD	98	99
1710	B	97	97 1/2
1710	A	98 1/2	98
1711	MQ	99 1/2	99 1/2
1711	CD	98	99
1711	B	97	97 1/2
1711	A	98 1/2	98
1712	MQ	99 1/2	99 1/2
1712	CD	98	97

Messe		[FF1]	[FF2]
		rtlr.	rtlr.
1712	B	97	96
1712	A	98	97
1713	MQ	99 1/2	99 1/2
1713	CD	98	97
1713	B	97	96
1713	A	98	97
1714	MQ	99 1/2	99 1/2
1714	CD	97 4/5	
1714	B	97	
1714	A	98	
1715	MQ	99 1/2	
1715	CD	98	
1715	B	93	
1715	A	97 1/2	
1716	MQ	99	96
1716	CD	96 1/2	95
1716	B	94	92
1716	A	95 3/4	
1717	MQ	99	
1717	CD	96	
1717	B	95	94
1717	A	96	
1718	MQ	99	
1718	CD		
1718	B		
1718	A		
1719	MQ	99	
1719	CD	96	
1719	B	97 1/2	
1719	A	96	
1720	MQ	99	99
1720	CD	96	97
1720	B		
1720	A		
1721	MQ	99	98
1721	CD		
1721	B	97 1/3	98 3/4
1721	A	96	97 1/2
1722	MQ	99	98 1/2
1722	CD	96 1/4	98
1722	B	97 1/2	99
1722	A	96	97 1/2
1723	MQ		
1723	CD	96	98 1/4
1723	B	97 1/3	98 3/4
1723	A	96	97 1/4

Messe		[FF1]	[FF2]
		rtlr.	rtlr.
1724	MQ		
1724	CD	96	98 1/4
1724	B		
1724	A	96	97 1/4
1725	MQ	99	98 1/2
1725	CD	96	98 1/4
1725	B	96	98 1/2
1725	A		
1726	MQ	99	98 1/4
1726	CD	96 1/4	98 1/2
1726	B	96 1/4	98
1726	A	95 1/2	97
1727	MQ	98 2/3	98
1727	CD	96	97 3/4
1727	B	96 1/4	98 1/2
1727	A	95 3/4	97 1/4
1728	MQ	95 7/8	97 1/2
1728	CD	96 1/2	98 5/8
1728	B	98 3/4	97 1/4
1729	A	97	98 1/4
1729	MQ	96	97
1729	CD	96 1/4	98
1729	B	95 3/4	97 1/2
1730	A	96 3/4	97 3/4
1730	MQ	95 3/4	97
1730	CD	96	98
1730	B	96	97 3/4
1731	A		
1731	MQ	95 1/4	96 1/2
1731	CD	96 1/4	98 1/4
1731	B	96 1/8	97 7/8
1732	A	96	97 2/3
1732	MQ	95	96 1/4
1732	CD	96	97 1/2
1732	B	95 3/4	97 1/2
1733	A	95 1/2	96 1/2
1733	MQ	94	95 1/2
1733	CD	94	95 3/4
1733	B	94	95 3/4
1734	A	96 3/8	97 3/4
1734	MQ	95	95 1/2
1734	CD	94 3/4	96 3/4
1734	B	94	96
1735	A	96	98
1735	MQ	96	97 3/4
1735	CD	96 1/4	97

Messe		[FF1]	[FF2]
		rtlr.	rtlr.
1735	B	92 1/2	92 1/4
1736	A	92	93
1736	MQ		91 1/2
1736	CD		91
1736	B		91
1737	A	91 1/4	92
1737	MQ		90 1/2
1737	CD		93
1737	B		92 1/2
1738	A	91 3/4	
1738	MQ		93 1/4
1738	CD		94 1/2
1738	B	91 3/4	93 1/4
1739	A		
1739	MQ		92 3/4

Messe		[FF2]
		rtlr.
1739	CD	94 1/2
1739	B	92 3/4
1740	A	93 1/4
1740	MQ	
1740	CD	94
1740	B	91
1741	A	
1741	MQ	
1741	CD	95 1/3
1741	B	94
1742	A	
1742	MQ	
1742	CD	95 1/4
1742	B	95 7/8
1743	A	96 1/4
1743	MQ	97 1/5
1743	CD	96
1743	B	97
1744	A	97 1/6
1744	MQ	96
1744	CD	95 1/4
1744	B	95 3/4
1745	A	
1745	MQ	
1745	CD	97
1745	B	96 1/5
1746	A	97 1/2
1746	MQ	
1746	CD	95 1/2
1746	B	94 1/2
1747	A	93 3/4
1747	MQ	
1747	CD	95
1747	B	94

Messe		[FF2]
		rtlr.
1748	A	95
1748	MQ	93 1/2
1748	CD	95
1748	B	93 1/2
1749	A	94 1/4
1749	MQ	
1749	CD	94
1749	B	
1750	A	93 1/2
1750	MQ	93 1/4
1750	CD	93 3/4
1750	B	93 1/2
1751	A	93 1/2
1751	MQ	93
1751	CD	93
1751	B	91 1/2
1752	A	92
1752	MQ	93
1752	CD	91
1752	B	
1753	A	90
1753	MQ	90 3/4
1753	CD	92 1/2
1753	B	91 1/2
1754	A	91 1/2
1754	MQ	90
1754	CD	90 3/4
1754	B	90
1755	A	89
1755	MQ	89 1/2
1755	CD	89 1/2
1755	B	
1756	A	89 2/3
1756	MQ	89 2/5

Messe		[FF2]
		rtlr.
1756	CD	89 3/4
1756	B	
1757	A	89 3/4
1757	MQ	
1757	CD	90
1757	B	
1758	A	87 3/4
1758	MQ	
1758	CD	88 2/5
1758	B	90 3/4
1759	A	87 1/2
1759	MQ	
1759	CD	86 1/2
1759	B	87
1760	A	86 3/8
1760	MQ	86
1760	CD	86 2/5
1760	B	85 3/5
1761	A	85 7/8
1761	MQ	85 2/3
1761	CD	85 2/3
1761	B	
1762	A	85 7/8
1762	MQ	
1762	CD	86 3/4
1762	B	
1763	A	83 1/2
1763	MQ	
1763	CD	84 1/2
1763	B	
1764	A	
1764	MQ	
1764	CD	86

Tab. 4.17: Wechselkurse der Bozner Messen auf die Messen in Frankfurt am Main von 1766 bis 1808

[FF3] Gulden Meßvaluta für 100 Gulden Wechselzahlung
- ➢ ab 1805 (MQ) Gulden Wiener Währung für 100 Gulden Wechselzahlung
- ➢ ab 1806 (B) Gulden Reichswährung für 100 Gulden Wechselzahlung, d.h. zahlbar in Carolin zu 9 Gulden 12 Kreuzern im Konventionsfuß [3. O]

[FF4] Gulden moneta lunga für 100 Gulden zahlbar in Carolin, das Stück zu 9 Gulden 42 Kreuzer im 22-Gulden-Fuß
- ➢ ab 1770 Gulden Meßvaluta für 100 Gulden zahlbar in Carolin zu 9 Gulden 42 Kreuzer im 22-Gulden-Fuß [4. O]

Messe		[FF3]	[FF4]
		fl.	fl.
1766	MQ		
1766	CD		92 3/4
1766	B		92
1766	A		94
1767	MQ		94 1/4
1767	CD		
1767	B		93 1/2
1767	A		93 1/4
1768	MQ		94 1/2
1768	CD		
1768	B		93 3/4
1768	A		
1769	MQ		94
1769	CD		94 1/4
1769	B		94
1769	A		
		fl.	fl.
1770	MQ		95 1/4
1770	CD		
1770	B		96 1/2
1770	A		
1771	MQ		96 1/3
1771	CD	[a]	
1771	B	101	
1771	A	100	
1772	MQ	100	96 1/3
1772	CD		
1772	B	100	96
1772	A		
1773	MQ	100	95 4/5
1773	CD	99 7/8	95 1/4
1773	B	[b]	
1773	A		95
1774	MQ		95 3/4
1774	CD		
1774	B	100	95 3/4
1774	A	100	95
1775	MQ		95 3/4
1775	CD		95 1/4
1775	B	100	95 1/4
1775	A		95 1/4
1776	MQ	100	95 1/2
1776	CD		95
1776	B	99 3/4	95 1/4
1776	A		95
1777	MQ	100	95 1/4
1777	CD	100	96
1777	B	104 1/2	96 1/4
1777	A		95 1/2
1778	MQ	101 1/2	96
1778	CD	100 1/2	96
1778	B		95 3/4
1778	A	100	
1779	MQ		95 3/4
1779	CD		
1779	B	100	95 1/4
1779	A		95
1780	MQ	100	95
1780	CD		94 3/4
1780	B		
1780	A		
1781	MQ		
1781	CD		95
1781	B		95 1/8

Messe		[FF3]	[FF4]
		fl.	fl.
1781	A		94 1/2
1782	MQ	100	95 1/4
1782	CD		
1782	B		94 1/2
1782	A		94
1783	MQ		
1783	CD		
1783	B		94 3/4
1783	A		
1784	MQ		94 1/2
1784	CD		
1784	B	99 1/2	94 1/2
1784	A	98 1/3	94 1/2
1785	MQ	99	94 1/2
1785	CD		94
1785	B		94 3/4
1785	A		
1786	MQ		94 3/4
1786	CD		
1786	B		95
1786	A		
1787	MQ		
1787	CD		94 1/4
1787	B		93 1/3
1787	A	98 1/4	
1788	MQ	99 1/2	93 3/4
1788	CD		93
1788	B		95
1788	A		
1789	MQ		94 1/2
1789	CD		
1789	B		93 1/2
1789	A		
1790	MQ		94
1790	CD		
1790	B		
1790	A		
1791	MQ	98 3/4	
1791	CD		
1791	B		
1791	A		
1792	MQ		
1792	CD		
1792	B		
1792	A		
1793	MQ		94 1/2

Messe		[FF3]	[FF4]
		fl.	fl.
1793	CD		
1793	B	99 1/2	94
1793	A		
1794	MQ		
1794	CD		
1794	B	100	94
1794	A		
1795	MQ		
1795	CD		93 1/4
1795	B		
1795	A		93 3/4
1796	MQ		
1796	CD		
1796	B		
1796	A		
1797	MQ		
1797	CD		93
1797	B	98 3/4	94 1/2
1797	A	98 5/8	
1798	MQ		
1798	CD		
1798	B	99	
1798	A		
1799	MQ		
1799	CD		
1799	B	101 1/4	
1799	A		
1800	MQ		
1800	CD		
1800	B	101 1/4	
1800	A		
1801	MQ	[c] 99 1/2	
1801	CD	100	
1801	B	101	
1801	A		
1802	MQ		
1802	CD	99 1/3	
1802	B		
1802	A		
1803	MQ		
1803	CD		
1803	B	100	
1803	A		
1804	MQ	99 3/4	
1804	CD		
1804	B	99 1/4	

Messe		[FF3]	[FF4]
		fl.	fl.
1804	A		
		fl.	fl.
1805	MQ		
1805	CD		
1805	B	135 1/4	
1805	A		
1806	MQ	155 3/4	
1806	CD		

Messe		[FF3]	[FF4]
		fl.	fl.
1806	B	97	
1806	A		
1807	MQ		
1807	CD		
1807	B		
1807	A		
1808	MQ	99	
1808	CD		
1808	B	99 1/2	

Anmerkungen:

[a] 84 Gulden Meßvaluta für 100 Gulden Münze, d.h. zahlbar in Carolin zu 11 Gulden im 24-Gulden-Fuß.

[b] 82¾ Gulden Meßvaluta für 100 Gulden Münze, d.h. zahlbar in Carolin zu 11 Gulden im 24-Gulden-Fuß.

[c] Nach der Vorschlagsliste für die *Conto*-Festsetzung auf dieser Messe, für welche kein offizieller Kurszettel gefunden werden konnte; SLA, A.M.M., 3.7.43, fasc. 11, fol. 287.

Tab. 4.18: Wechselkurse der Bozner Messen auf die Messen in Frankfurt am Main von 1815 bis 1834

[FF5] Gulden und Kreuzer Konventionskurant für 100 Gulden Wechselzahlung, d.h. zahlbar in Carolin zu 9 Gulden 12 Kreuzern im Konventionsfuß [5. O]
[FF6] Gulden Konventionskurant für 100 Gulden Wechselzahlung [dez.]

Messe		[FF5]		[FF6]
		fl.	xr.	fl.
1815	MQ	99	15	99,25
1815	CD			
1815	B	99	30	99,50
1815	A			
1816	MQ	100		100,00
1816	CD			
1816	B	100	30	100,50
1816	A			
1817	MQ	100	30	100,50
1817	CD			
1817	B			
1817	A	99	30	99,50
1818	MQ			
1818	CD			
1818	B			
1818	A			
1819	MQ	100		100,00
1819	CD			
1819	B			
1819	A			

Messe		[FF5]		[FF6]
		fl.	xr.	fl.
[...]				
1824	MQ			
1824	CD	98	45	98,75
1824	B			
1824	A			
[...]				
1831	MQ			
1831	CD			
1831	B	100		100,00
1831	A			
1832	MQ			
1832	CD	99	30	99,50
1832	B			
1832	A			
1833	MQ			
1833	CD			
1833	B			
1833	A			
1834	MQ	99	24	99,40

4.8 LEIPZIG UND SEINE MESSEN

Die Leipziger Messen waren einer der engsten und wichtigsten Partner im System des Bozner bargeldlosen Zahlungsverkehrs. Dies war zum einen auf den vor allem im 18. Jahrhundert bemerkenswerten sächsischen Export von mitteldeutscher Leinwand nach Italien über die Bozner Messen zurückzuführen, auch wenn der Höhepunkt dieser Entwicklung erst in die Zeit von 1790 bis 1805 fiel. Dieser Handelszweig war durch eine vergleichsweise rasche und sichere Bezahlung der gelieferten Waren charakterisiert, was dem direkten Wechselverkehr von Bozen nach Leipzig geschuldet war.[148] So schrieb die Zittauer Handlungssozietät im Rahmen ihrer „Vorschläge wegen Beförderung des Comercii zwischen den hiesigen und kgl. sardinischen Landen in Ansehung der seidenen Tuche und Leinwandwaren" 1746 an das sächsische Generalakzisekollegium: „Bozen und Verona auf der einen und Lindau am Bodensee auf der andern Seite sind die rechten Türen und Warenpassagen nach Italien, und die Leinwandnegozianten durch ganz Italien kaufen alles das, was sie von da in Deutschland nicht kommittieren oder kommittieren können, in den Bozner Märkten. [...] Es wird dahin eine große Menge von deutschen Leinwandwaren und eine noch weit größere von seidenen aus Italien verführt, die sich untereinander wohl die Hände bieten und den reziprozierlichen Verschleiß auf das möglichste erleichtern."[149] Zum anderen wurden bis in die beginnenden 1740er Jahre unter den Rubriken Augsburg und Nürnberg „ritorni di Lipsia" notiert,[150] d.h. Wechsel, die nach der Rückkehr der Wechsel (!) von den nächsten Leipziger Messen fällig wurden.[151] Damit waren die Leipziger Messen zugleich ein Referenz- bzw. Zahlungstermin für Bozner Wechsel auf Augsburg und Nürnberg.

In Leipzig wurden drei Messen abgehalten, die Neujahrsmesse, die am 1. Januar begann, die Oster- oder Jubilatemesse, die am Sonntag *Jubilate* anfing, und die Michalismesse, die am Sonntag nach dem 29. September, dem Michaelis-Tag, begann. Hinzu kam eine vierte, weniger bedeutende, die Peter-und-Paulsmesse, im etwa 60 Kilometer entfernten Naumburg, deren Anfang auf dem 29. Juni, dem Peter-und-Pauls-Fest lag. Als Geld- und Wechselmarkt für Sachsen und Thüringen mit im wesentlichen regionaler Bedeutung, der Leipzig schon im 15. und 16. Jahrhundert gewesen war, war Leipzig im Zuge der Wiederbelebung seiner Messen und deren Aufstiegs zur wichtigsten Messeveranstaltung ganz Europas nach dem Dreißigjährigen Krieg rasch zu einem der – mindestens zu Messezeiten – führenden Wechselmärkte des Alten Reiches aufgestiegen, der vorrangig vom steigenden Warenhandel profitierte, in dessen Abhängigkeit er sich bis weit in das 18. Jahrhundert hinein befand. 1678 wurde in

148 MEINERT, Handelsbeziehungen, S. 36, 79f., 241, 263 und passim.

149 Ebd., S. 241.

150 Siehe *Kapitel 4.9*.

151 MANDICH, Geld- und Kreditwesen, S. 507f.

Leipzig eine Börse gegründet,[152] 1682 eine Wechselordnung eingeführt, und 1690 wurde hier eine der wichtigsten Münzkonferenzen in der Geschichte des Reiches abgehalten, die dem Leipziger Münzfuß (12 Reichstaler aus der Kölnischen Mark fein) ihren Namen gab.[153] Nach den wenigen verfügbaren Wechselkurszetteln des ausgehenden 17. und der ersten Hälfte des 18. Jahrhunderts notierte Leipzig in dieser Zeit mit den Messen zu Frankfurt am Main, Breslau, Lyon und Bozen, dann Amsterdam, Hamburg, Augsburg, Wien, Nürnberg, Paris, Prag und London (teilweise sogar Danzig) die wichtigsten Wechselmärkte des Reiches und Nordwesteuropas.[154] Auf diese blieb der Leipziger bargeldlose Zahlungsverkehr auch im weiteren 18. und im 19. Jahrhundert ausgerichtet, wie dies die ab dem Jahr 1766 verfügbaren, regelmäßigen Kursnotierungen belegen.[155] Allerdings waren unbedeutendere Wechselpartner wie Bozen und Nürnberg inzwischen weggefallen,[156] auch wenn Bozen in zeitgenössischen Handelspraktiken noch bis in die 1780er Jahre hinein als Wechselpartner Leipzigs genannt wird,[157] was jedoch keine Bestätigung durch regelmäßige Kursnotierungen findet. Nach dem kaufmännischen Rechenbuch *Universal Regeln der Leipziger Wechsel Negotien* von Christlieb von Clausberg wickelte Bozen bereits um 1730 seinen Zahlungsverkehr nach Leipzig vorrangig über Augsburg, Frankfurt am Main, Nürnberg und Wien ab; eine direkte Wechselverbindung zwischen Leipzig und Bozen ist von Clausberg anscheinend nicht bekannt oder geläufig.[158] Spätestens nach dem Siebenjährigen Krieg (1756–1763) konnte Leipzig als die wichtigste deutsche Messe dieser Zeit und als ein Wechselmarkt von internationaler Bedeutung gelten. Diese Position gründete sich vornehmlich auf die Bedeutung seiner Messen als Drehscheibe für den Waren- und Geldverkehr zwischen West- und Osteuropa. Leipzig erlangte eine Schlüsselstellung für den Zahlungsausgleich zwischen dem Russischen Reich und dem Osmanischen Reich einerseits und Westeuropa andererseits, wobei in ersterem Falle Amsterdam, im letzteren Wien unverzichtbare Intermediäre waren.[159]

---

[152] Siegfried MOLTKE, Geschichte der Leipziger Börse, Leipzig 1936; ders., Geschichte der Leipziger Maklerschaft, Leipzig 1939.

[153] Siehe *Kapitel 3.2.*

[154] Vgl. u.a. HERBACH, Wechsel-Handlung [1716], S. 177.

[155] Markus A. DENZEL (Hrsg.), Währungen der Welt X: Geld- und Wechselkurse der deutschen Messeplätze Leipzig und Braunschweig (18. Jahrhundert bis 1823), Stuttgart 1994.

[156] In diesem Sinne ist auch MEINERT, Handelsbeziehungen, S. 40, zu verstehen: „Zwischen Leipzig und den italienischen Plätzen bestand kein direkter Wechselverkehr, er erfolgte meist über Augsburg oder Wien."

[157] Siehe hierzu die Übersicht in DENZEL, *Leipziger Wechsel Negotien*, S. 109.

[158] Ebd., S. 120. In diesem Sinne auch noch die erst Jahrzehnte später gedruckte Version des genannten Rechenbüchleins C[hristlieb] V[ON] CLAUSBERG, Universal-Regeln der Leipziger Wechsel-Negotien, sowohl bey steigenden als fallenden Coursen, zum Dienste derer hiesigen Comtoiren, Leipzig 1781, S. 55–58.

[159] Ausführlich hierzu Markus A. DENZEL, Zahlungsverkehr auf den Leipziger Messen vom 17. bis zum 19. Jahrhundert, in: ZWAHR / TOPFSTEDT / BENTELE (Hrsg.), Leipzigs Messen, Teilbd. 1, S. 149–165, hier: S. 152–158.

In Bozen wurden die Leipziger (und Naumburger) Messen seit dem Beginn des offiziellen Kursverzeichnisses 1633 notiert, wenn auch in den 1630er Jahren aufgrund der Kriegshandlungen im mitteldeutschen Raum noch nicht regelmäßig; erst seit den 1640er Jahren wurden die Leipziger (und Naumburger) Messen auf jeder Bozner Messe mit einem Kurs versehen. Die Bozner Notierungen gehören damit zu den frühesten regelmäßigen, bislang nachweisbaren Kursen auf die Leipziger (und Naumburger) Messen überhaupt – und dies in einer Zeit, in der die maßgebliche zeitgenössische Handelspraktik, van Veldens *Fondamment van der Wisselhandeling*, Leipzig gerade einmal am Rande als Wechselpartner Frankfurts erwähnt.[160] Ähnlich wie bei den Notierungen auf die Frankfurter Messen wurde von den einzelnen Bozner Messen ein Kurs für die jeweils nächste Messeveranstaltung in Leipzig angegeben, so von der Andreämesse für die Leipziger Neujahrsmesse, von der Mittfastenmesse für die Leipziger Oster- oder Jubilatemesse, von der Fronleichnamsmesse für die Naumburger Peter-und-Paulsmesse und schließlich von der Bartholomäusmesse für die Leipziger Michalismesse. Bisweilen finden sich auch zusätzliche Notierungen für die jeweils übernächste Messe, allerdings – ebenfalls wie für Frankfurt am Main – mit einem Kursabschlag von 2–3%.[161]

Die Bozner Kursnotierung auf Leipzig und Naumburg erfolgte in Reichstalern Giro für 100 Reichstaler auf den Leipziger oder Naumburger Messen,[162] seit der Umstellung des Kurszettels auf der Bartholomäusmesse 1742 in Gulden moneta lunga für 100 Gulden in Leipzig bzw. Naumburg. Nach van Velden (1629) rechnete Leipzig in Wechselgeschäften nach Reichstalern zu 33 Groschen,[163] nominell im Reichsmünzfuß von 1566 (9-Taler-Fuß), wobei der sogenannte „Speciesreichstaler" 25,98 Gramm Feinsilber entsprach. Mit der Währungsunion von Zinna (1667/68) zwischen Kursachsen, Kurbrandenburg und dem Herzogtum Braunschweig-Lüneburg (seit 1692 Kurhannover) begann die Rechnung nach (fingierten) Reichstalern zu 24 guten Groschen à 12 Pfennigen im 10½-Taler-Fuß,[164] wobei man sich in der Wechselzahlung der Kurfürstlich Sächsischen, Brandenburgischen und Braunschweig-Lüneburgischen Zweidrittel-Stücke (2/3 des Reichstalers = 1 Gulden; entsprach 14,85 Gramm Feinsilber) und ihrer Unterteilungen bediente.[165] Diese Zahlungsweise bezeichnete man als „Kurant" (*in corrente*) und den (fingierten) Reichstaler zu 24 guten Groschen als „Kuranttaler" (nominell gleich 22,27 Gramm Feinsilber). Die kurze Episode des Wechseltalers der Jahre 1670/71, einer Talerprägung im burgundischen 9⅔-Taler-Fuß (24,19

160 VAN VELDEN, Fondament van de Wisselhandeling [1629], S. 463.

161 Auf die Dokumentation dieser Notierungen wird in den folgenden Tabellen verzichtet.

162 ROSSO, Informatione per più chiara inteligenza de' Cambij [1680], S. 18. So auch MANDICH, Geld- und Kreditwesen, S. 504.

163 VAN VELDEN, Fondament van de Wisselhandeling [1629], S. 2.

164 Paul ARNOLD, Die Währungsunionen von Zinna (1667–1690) und Leipzig (1690–1750/1763) unter besonderer Berücksichtigung des kursächsischen Münzwesens, in: Reiner CUNZ (Hrsg.), Währungsunionen. Beiträge zur Geschichte überregionaler Münz- und Geldpolitik, Hamburg 2002, S. 221–248, hier: S. 221f.

165 HERBACH, Wechsel-Handlung [1716], S. 177.

Gramm Feinsilber), die zur Vereinfachung des Geldwechsels auf den Leipziger Messen gedacht und der kein Erfolg beschieden war,[166] führte zu einem leichten Kursrückgang auf der Bozner Mittfasten- und der Fronleichnamsmesse 1671. Mit der Wiedereinführung des Zinnaischen Münzfußes in Kursachsen am 22. September 1671 erfolgten die Kursnotierungen von Bozen auf Leipzig wieder auf dem gewohnten Niveau.

Am 26. Januar 1690 nahmen die drei Vertragsparteien von Zinna in Leipzig einen neuen Münzfuß an, den sogenannten Leipziger Münzfuß, einen 12-Taler-Fuß mit einem (fingierten) Reichs- oder Kuranttaler von 19,49 Gramm Feinsilber (das Zweidrittel-Stück entsprechend mit 12,99 Gramm Feinsilber).[167] „Die Zerrüttung des Münzwesens, die in Kursachsen nach 1750 – wohl nicht zuletzt auch als Ergebnis der korrupten Politik des sächsischen Premierministers Graf Brühl – einsetzte und während des Siebenjährigen Krieges (1756–1763) infolge der preußischen Kontributionen und Münzverfälschungen ein bisher ungeahntes Ausmaß erreichte, erforderte dringend eine Reform."[168] Am 14. Mai 1763 schloß sich Kursachsen währungspolitisch dem Konventions- oder 20-Gulden-Fuß (= 13⅓-Taler-Fuß) an, der in der Bayerisch-Österreichischen Münzkonvention von 1753 vereinbart worden war, nach welchem aus der feinen Kölnischen Mark 10 Konventionsspeciestaler zu 23,39 Gramm Feinsilber geprägt wurden, wobei der Konventionsspeciestaler 1⅓ Reichstaler (Rechnungstaler!) oder 2 Gulden entsprach.[169] Seither wurde die Leipziger Wechselzahlung auch als „Konventions-Wechselzahlung" bezeichnet, da sie in Münzen, die nach dem Konventionsfuß geprägt waren, zu erfolgen hatte.

Neben den Kursen für Zahlung in Kurant notierte Bozen im ausgehenden 17. und im 18. Jahrhundert folgende Angaben auf Leipzig:

1. Seit der Bartholomäusmesse 1693 wurden in Bozen Kurse auf Leipzig für Zahlung „in Münze" (*in moneta*) notiert, wenn auch nicht regelmäßig. Unter „Münze" wurden alle diejenigen Münzen verstanden, die nicht dem „Kurant", der Wechselzahlung, zugerechnet wurden.[170]

2. Seit der Andreämesse 1726 wurden eigene Notierungen für die Zahlung in (Alten französischen) Louisblancs (*Luigi bianchi*) zu 2 Gulden (oder zu 1⅓ Reichstaler) verzeichnet,[171] denn in der ersten Hälfte des 18. Jahrhunderts „bestanden die umlaufenden groben Silbersorten [im Alten Reich; M.D.] [...] aus ausländischem, vorwie-

---

166 ARNOLD, Währungsunionen, S. 229f.; ders., Die sächsische Talerwährung von 1500 bis 1763, in: Schweizerische Numismatische Rundschau 59, 1980, S. 50–94, hier: S. 80–83. Diese mit Dekret vom 3. März 1670 eingeführten Wechseltaler gehörten den sogenannten „Burgundertalern" an, die um 2 Groschen geringhaltiger als der nach dem Reichsmünzfuß gemünzte Speciesreichstaler waren, aber als diesem gleichwertig akzeptiert wurden.

167 Ders., Währungsunionen, S. 237; ders., Talerwährung, S. 84f.

168 Ebd., S. 89.

169 RITTMANN, Deutsche Geldgeschichte, S. 344–347; ARNOLD, Talerwährung, S. 89–92.

170 G[ERHARDT] (Hrsg.), Nelkenbrechers Taschenbuch eines Banquiers und Kaufmanns [1775], S. 122.

171 Vgl. ebd., S. 120.

gend französischem Geld".[172] Die Angabe für Louisblancs wurde schon nach der Fronleichnamsmesse 1753 wieder fallengelassen, als das französische Silbergeld – das sogenannte Franzgeld[173] – „mit dem Aufkommen des Konventionsgeldes im Süden und Westen um etwa 1750 und besonders vom Ende des Siebenjährigen Kriegs an und des preußischen Geldes des Vierzehntalerfußes in derselben Zeit sichtlich zurücktritt. Das Franzgeld wurde zwar nicht bedeutungslos, fiel aber doch in die Rolle gewöhnlicher Handelsmünzen zurück und verlor für das Geldwesen als solches seine Wichtigkeit."[174]

3. Dazu kamen seit der Bartholomäusmesse 1742 auch Kursangaben für die Zahlung „in doppie". Hierunter verstand man ausländische, ins Reich eingeführte Goldmünzen im Pistolen-Fuß – spanische Pistolen oder Dublonen, daneben in zunehmendem Maße aber auch französische Louisd'ors (nach dem Münzfuß von 1640[175]) –, die spätestens seit 1736 7½ Gulden oder 5 Reichstaler galten; diese Münzen wurden zunehmend mit einheimischem Münzbild nachgeahmt und oft mit einem Nennwert von „5 Taler" versehen.[176] Im Gegenzug wurde die Notierung für Kurant nach der Mittfastenmesse 1746 aufgegeben.

4. Neu hinzu kam mit der Andreämesse 1752 die Notierung für die Zahlungsweise ausdrücklich in Louisd'ors (*Luigi d'oro*) zu ebenfalls 7½ Gulden (oder zu 5 Reichstalern) das Stück, wobei der genannte Louisd'or in Leipzig spätestens ab 1763 zu etwa 1% geringer als Konventions-Wechselzahlung gehandelt wurde.[177] Unter der Bezeichnung Louisd'or verstand man, wie gesagt, den Alten französischen Louisd'or nach dem Fuß von 1640, der der spanischen Pistole entsprach.[178] In der Folge wurden die Angaben für „Doppie" (Pistolen) nach 1755 sehr unregelmäßig und nach der Währungsreform 1763 gänzlich aufgegeben. Bis zur Einstellung der Notierungen auf Leipzig in Bozen im Jahre 1791, wobei schon seit der zweiten Hälfte der 1770er Jahre die Kurse nicht mehr regelmäßig aufgezeichnet wurden, blieb dann die Angabe für die Zahlungsweise in Louisd'ors die einzige Leipziger Notierung auf den Bozner Messen, während die Konventions-Wechselzahlung nicht als eigene Kursnotierung erschien.

In der folgenden Tabelle werden ausschließlich Originalnotierungen wiedergegeben.

---

172 RITTMANN, Deutsche Geldgeschichte, S. 373.

173 Die Bezeichnung „Franzgeld" war besonders im Norden und Westen Deutschlands unter den Zeitgenossen gebräuchlich; ebd., S. 374.

174 Ebd., S. 379.

175 Siehe *Kapitel 5.4*.

176 Ebd., S. 293. Vgl. G[ERHARDT] (Hrsg.), Nelkenbrechers Taschenbuch eines Banquiers und Kaufmanns [1775], S. 118f.

177 Vgl. ebd., S. 118f., 121.

178 RITTMANN, Deutsche Geldgeschichte, S. 293, 375f.

Tab. 4.19: Wechselkurse der Bozner Messen auf die Leipziger (und Naumburger) Messen von 1633 bis 1791

[LP1] Reichstaler Giro für 100 Reichstaler Kurant [O]
[LP2] Reichstaler Giro für 100 Reichstaler in Münze,
- ➢ ab 1742 (B) Gulden moneta lunga für 100 Gulden Kurant [2. O]

[LP3] Reichstaler Giro für 100 Reichstaler in Louisblancs,
- ➢ ab 1742 (B) Gulden moneta lunga für 100 Gulden in Louisblancs [3. O]

[LP4] Gulden moneta lunga für 100 Gulden in Doppie zu 7½ Gulden [4. O]
[LP5] Gulden moneta lunga für 100 Gulden in Louisd'ors zu 7½ Gulden
- ➢ ab 1770 Gulden Meßvaluta für 100 Gulden in Louisd'ors zu 7½ Gulden [5. O]

Messe		[LP1]
		rtlr.
1633	A	100
1634	MQ	101 1/2
1634	CD	
1634	B	
1634	A	
1635	MQ	100
1635	CD	
1635	B	100
1635	A	100
1636	MQ	100
1636	CD	
1636	B	100
1636	A	
1637	MQ	98 1/2
1637	CD	
1637	B	100
1637	A	101 1/2
1638	MQ	101 1/2
1638	CD	
1638	B	102
1638	A	102 1/2
1639	MQ	103
1639	CD	
1639	B	
1639	A	
1640	MQ	102
1640	CD	
1640	B	101 1/2
1640	A	101
1641	MQ	101
1641	CD	101

Messe		[LP1]
		rtlr.
1641	B	101
1641	A	100 1/2
1642	MQ	100 1/2
1642	CD	99
1642	B	99
1642	A	
1643	MQ	99
1643	CD	100
1643	B	99
1643	A	99
1644	MQ	99
1644	CD	99
1644	B	100
1644	A	100
1645	MQ	100
1645	CD	99 1/2
1645	B	100
1645	A	100
1646	MQ	100
1646	CD	100
1646	B	100
1646	A	100
1647	MQ	99
1647	CD	100
1647	B	100
1647	A	99 1/2
1648	MQ	99
1648	CD	99
1648	B	99
1648	A	99
1649	MQ	100

Messe		[LP1]
		rtlr.
1649	CD	100
1649	B	100
1649	A	100
1650	MQ	99
1650	CD	99 1/2
1650	B	99
1650	A	99
1651	MQ	98 1/2
1651	CD	99
1651	B	99
1651	A	98 1/2
1652	MQ	98 1/2
1652	CD	98 1/2
1652	B	98 1/2
1652	A	99
1653	MQ	99
1653	CD	99
1653	B	98 1/2
1653	A	98 1/2
1654	MQ	98 1/2
1654	CD	98
1654	B	99
1654	A	99
1655	MQ	99
1655	CD	98 1/2
1655	B	99
1655	A	99
1656	MQ	99 1/4
1656	CD	99 1/2
1656	B	99
1656	A	98 1/2

Messe		[LP1]
		rtlr.
1657	MQ	99
1657	CD	98 1/4
1657	B	99 1/2
1657	A	98 7/8
1658	MQ	99 1/2
1658	CD	99
1658	B	99
1658	A	98 5/8
1659	MQ	99
1659	CD	99
1659	B	99
1659	A	99
1660	MQ	99
1660	CD	99
1660	B	99
1660	A	99
1661	MQ	99 1/4
1661	CD	99
1661	B	99 1/2
1661	A	99
1662	MQ	98 3/4
1662	CD	98 3/4
1662	B	98
1662	A	98 1/2
1663	MQ	98 1/2
1663	CD	98 3/4
1663	B	98 3/4
1663	A	98 1/2
1664	MQ	98 1/2
1664	CD	99
1664	B	99
1664	A	98 7/8
1665	MQ	99 1/2
1665	CD	99
1665	B	99
1665	A	99
1666	MQ	99 1/4
1666	CD	98
1666	B	99 1/2
1666	A	99
1667	MQ	99
1667	CD	99 1/4
1667	B	99 1/4
1667	A	99 1/2
1668	MQ	99 1/2
1668	CD	99 1/4
1668	B	99 1/4
1668	A	99 1/2
1669	MQ	99 1/4
1669	CD	99 1/2
1669	B	99 1/2
1669	A	99
1670	MQ	99 1/4
1670	CD	99 1/2
1670	B	99
1670	A	99 2/3
1671	MQ	98 1/4 [a]
1671	CD	98 3/4 [a]
1671	B	99
1671	A	99
1672	MQ	99 1/4
1672	CD	99 1/2
1672	B	99 1/2
1672	A	99 1/2
1673	MQ	99 1/2
1673	CD	99 1/2
1673	B	99 1/2
1673	A	99 1/2
1674	MQ	99
1674	CD	99
1674	B	98 3/4
1674	A	98 3/4
1675	MQ	99
1675	CD	99
1675	B	99
1675	A	99
1676	MQ	98 1/2
1676	CD	99
1676	B	99
1676	A	99 1/2
1677	MQ	99
1677	CD	97 1/4
1677	B	99
1677	A	99
1678	MQ	98 3/4
1678	CD	96 1/2
1678	B	99
1678	A	99
1679	MQ	98 3/4
1679	CD	98 3/4
1679	B	99 ½
1679	A	99
1680	MQ	98 1/2
1680	CD	99
1680	B	99
1680	A	
1681	MQ	
1681	CD	99
1681	B	99
1681	A	98 1/2
1682	MQ	98 3/4
1682	CD	99
1682	B	99
1682	A	98 3/4
1683	MQ	99
1683	CD	99 1/4
1683	B	99
1683	A	98 3/4
1684	MQ	98 1/2
1684	CD	99
1684	B	99
1684	A	98 3/4
1685	MQ	99
1685	CD	99
1685	B	99
1685	A	99
1686	MQ	99
1686	CD	99
1686	B	98 1/2
1686	A	99
1687	MQ	99
1687	CD	99
1687	B	99
1687	A	
1688	MQ	99
1688	CD	99
1688	B	99
1688	A	99
1689	MQ	99
1689	CD	99
1689	B	99
1689	A	99
1690	MQ	
1690	CD	99
1690	B	98 3/4
1690	A	98 3/4
1691	MQ	98 1/2
1691	CD	99

Messe		[LP1]	[LP2]
		rtlr.	rtlr.
1691	B	98 1/2	
1691	A	98 1/4	
1692	MQ	98	
1692	CD	98	
1692	B	98	
1692	A	98	
1693	MQ		
1693	CD	99	
1693	B	98 1/2	98 1/2
1693	A	99	
1694	MQ	99	
1694	CD	98 1/2	98 1/2
1694	B	99 1/4	
1694	A	99	96
1695	MQ	99	
1695	CD	98 1/2	96
1695	B	98 1/2	96
1695	A	98 2/3	96 1/4
1696	MQ	98	96 1/2
1696	CD	99	96
1696	B	99	96 1/2
1696	A	98	95 3/4
1697	MQ	98	96
1697	CD	97	95
1697	B	93 2/3	95 1/4
1697	A	94 3/4	95 3/4
1698	MQ	94 1/2	95 1/2
1698	CD	96 1/2	96
1698	B	96 3/4	96 1/4
1698	A	96 1/2	96
1699	MQ	96 1/2	96
1699	CD	97	
1699	B	97	
1699	A	97	96 3/4
1700	MQ	97 2/3	
1700	CD	97	
1700	B	97	
1700	A	97 1/2	
1701	MQ	97	96
1701	CD	95 1/2	95 1/4
1701	B	97	96
1701	A	97	96 1/2
1702	MQ	97	
1702	CD	97	96
1702	B	97	96

Messe		[LP1]	[LP2]
		rtlr.	rtlr.
1702	A	97	101 1/3
1703	MQ	97	102
1703	CD	97	102
1703	B	97	103
1703	A	97	102 1/2
1704	MQ	97	
1704	CD	97	102
1704	B	97	
1704	A	97	102
1705	MQ		
1705	CD	97	102
1705	B	97	
1705	A	97	
1706	MQ		102
1706	CD		102
1706	B		101 1/2
1706	A		101 1/2
1707	MQ		101 1/2
1707	CD		101 1/4
1707	B		102
1707	A		102
1708	MQ		101 1/2
1708	CD		101 2/3
1708	B		101 2/3
1708	A		101
1709	MQ		101 1/4
1709	CD		101 1/8
1709	B		102
1709	A		101 1/2
1710	MQ		101 1/3
1710	CD		101 3/4
1710	B		102
1710	A		102 2/3
1711	MQ		102 1/3
1711	CD		101 3/4
1711	B		102 1/4
1711	A		102 1/2
1712	MQ		101 1/2
1712	CD		101 1/2
1712	B		101 2/3
1712	A		101 1/2
1713	MQ		101 1/2
1713	CD		101 1/4
1713	B		101 2/3
1713	A		101 1/2

Messe		[LP2]
		rtlr.
1714	MQ	101 1/2
1714	CD	101 2/3
1714	B	101 3/4
1714	A	101 3/4
1715	MQ	101
1715	CD	101
1715	B	101 3/4
1715	A	101
1716	MQ	100 1/2
1716	CD	101
1716	B	100
1716	A	100 1/4
1717	MQ	99 3/4
1717	CD	100 1/4
1717	B	101 1/2
1717	A	99 3/4
1718	MQ	99 1/2
1718	CD	
1718	B	
1718	A	
1719	MQ	100 3/4
1719	CD	100 1/2
1719	B	100 3/4
1719	A	100 1/2
1720	MQ	101
1720	CD	101 1/4
1720	B	
1720	A	
1721	MQ	100 1/2
1721	CD	
1721	B	102
1721	A	101 1/2
1722	MQ	101 3/4
1722	CD	101 3/4
1722	B	102
1722	A	101 1/2
1723	MQ	
1723	CD	101 1/2
1723	B	101 1/2
1723	A	101 1/2
1724	MQ	
1724	CD	101 1/2
1724	B	
1724	A	101
1725	MQ	100 1/2
1725	CD	100 1/4

Messe		[LP2]	[LP3]
		rtlr.	rtlr.
1725	B	100 1/4	
1725	A		
1726	MQ	100	
1726	CD	100 1/2	
1726	B	101 1/4	
1726	A	100 3/4	99 1/2
1727	MQ	100	99
1727	CD	100 1/2	99 1/4
1727	B	100 3/4	99
1727	A	100 1/2	99 1/4
1728	MQ		
1728	CD	100 3/4	99 1/4
1728	B	100 3/4	99 1/4
1728	A	100 3/4	99 1/4
1729	MQ	100 3/4	99 1/3
1729	CD	101 1/8	99 1/2
1729	B	101 1/3	99 1/2
1729	A	101	99 2/3
1730	MQ	101 1/2	99 5/8
1730	CD	101 1/3	99 2/3
1730	B	102	100 3/4
1730	A	102	100
1731	MQ		
1731	CD	101 1/8	99 1/3
1731	B	101 3/4	100
1731	A	101 1/2	99 3/4
1732	MQ	101 3/8	99 5/8
1732	CD	101 1/2	99 1/2
1732	B	101 3/4	99 3/4
1732	A	101 1/2	99 1/2
1733	MQ	101 5/8	99 3/4
1733	CD	101 5/8	99 3/4
1733	B	101 1/2	100
1733	A	101 1/2	99 1/2
1734	MQ	101 1/8	99 3/8
1734	CD		
1734	B	101 3/4	100 1/4
1734	A	101	99 3/4
1735	MQ	101 2/3	99 3/4
1735	CD	101 1/4	100 1/2
1735	B	101 3/4	100 1/2
1735	A	101 1/2	100 1/4
1736	MQ	101 1/8	99 1/2
1736	CD	101	99 1/2
1736	B	101 1/4	99 1/2
1736	A	101 1/3	99

Messe		[LP2]	[LP3]	[LP4]
		rtlr.	rtlr.	rtlr.
1737	MQ	101	99 1/4	
1737	CD	101	99 3/4	
1737	B	101 1/3	99 1/2	
1737	A	102	99 1/4	
1738	MQ	101 2/3	99 1/4	
1738	CD	100 1/4	99 1/4	
1738	B	100 1/4	99 1/4	
1738	A	100 1/4	98 3/4	
1739	MQ	99 3/4	98 3/4	
1739	CD	99 1/2	98 1/2	
1739	B	100 1/2	99 1/2	
1739	A	100 1/3	98 3/4	
1740	MQ	100 1/8	98 3/5	
1740	CD	100	98 3/4	
1740	B	99 3/4	98 3/4	
1740	A	99 1/2	98 1/4	
1741	MQ	99	98	
1741	CD	99 1/2	98 1/2	
1741	B	99 1/2	98 1/2	
1741	A	100 1/2	99	
1742	MQ	100	98 1/2	
1742	CD	100	99	
		fl.	fl.	fl.
1742	B	100	98 3/4	95 3/4
1742	A	100 1/2	99	95 1/2
1743	MQ	101 1/4	99 1/4	96
1743	CD	101 3/4	98 3/4	96 1/2
1743	B	101 1/2	99 1/4	96 1/4
1743	A	101 1/2	99 1/2	96 1/2
1744	MQ	102 7/8	100 1/2	97
1744	CD	102 1/2		96 1/2
1744	B	102	100	95 3/4
1744	A	101 1/2	99 1/2	95 1/2
1745	MQ	102 1/2	100 1/2	96 3/4
1745	CD			96 1/4
1745	B	102 3/4	101	97 1/2
1745	A		100 1/2	97 1/2
1746	MQ	103	101 2/5	98 1/4
1746	CD		100 1/2	97 1/2
1746	B		99 1/4	95 3/4
1746	A		99 1/4	96 1/4
1747	MQ		99 1/4	95 3/4
1747	CD		100	96 1/4
1747	B		100	97
1747	A		99 1/2	95 3/4
1748	MQ		100	96 1/2

Messe		[LP3]	[LP4]	[LP5]
		fl.	fl.	fl.
1748	CD		100	96 1/4
1748	B	100 1/2	97	
1748	A	99	95 1/2	
1749	MQ	100	96	
1749	CD	100 1/4	96 3/4	
1749	B	100	96	
1749	A	101	96 1/4	
1750	MQ		95 1/2	
1750	CD		95 3/4	
1750	B		96 1/2	
1750	A	100	96	
1751	MQ		95 3/4	
1751	CD		95 1/2	
1751	B		94 1/2	
1751	A		94	
1752	MQ	98 1/2	93	
1752	CD	99 1/2	95	
1752	B	97 1/2	94	
1752	A		93	92
1753	MQ	99	95	94
1753	CD	99 1/2	94	93
1753	B		94 3/4	94
1753	A		94	94
1754	MQ		95 3/4	95 1/4
1754	CD		94 1/2	94
1754	B		95	94 3/4
1754	A		94 1/2	94 3/4
1755	MQ			93 1/2
1755	CD		93	93 1/2
1755	B		94 1/2	94
1755	A		94	94 1/4
1756	MQ			94 3/4
1756	CD			95
1756	B			95
1756	A			94 1/2
1757	MQ			95
1757	CD			95
1757	B			96
1757	A			96
1758	MQ			96
1758	CD			95 3/4
1758	B			95 2/3
1758	A		96	96
1759	MQ			95 3/4
1759	CD			96 3/4
1759	B			95 3/4

Messe		[LP4]	[LP5]
		fl.	fl.
1759	A		95 3/4
1760	MQ		96 3/8
1760	CD		96
1760	B		97
1760	A		97 1/2
1761	MQ		97 3/4
1761	CD	96 1/2	97 3/4
1761	B		97 3/4
1761	A		97 3/4
1762	MQ	97	97 3/4
1762	CD		97 3/4
1762	B	98 3/4	99 3/4
1762	A	96 1/2	98 1/2
1763	MQ	97 3/4	98 3/4
1763	CD		98 3/4
1763	B	95 1/2	96
1763	A		95 1/2
1764	MQ		98 1/4
1764	CD		95 3/4
1764	B		98
1764	A		96 3/4
1765	MQ		98 1/4
1765	CD		96 3/4
1765	B		97
1765	A		
1766	MQ		96
1766	CD		95 7/8
1766	B		94 3/4
1766	A		96
1767	MQ		96 3/4
1767	CD		96 1/4
1767	B		96 1/2
1767	A		96 3/4
1768	MQ		97 3/4
1768	CD		96 1/2
1768	B		97 3/4
1768	A		97 3/4
1769	MQ		98 1/2
1769	CD		96 3/4
1769	B		97 1/2
1769	A		97 1/4

Messe		[LP5]
		fl.
1770	MQ	98
1770	CD	99
1770	B	99 3/4
1770	A	99
1771	MQ	99 1/2
1771	CD	99 1/2
1771	B	99 1/4
1771	A	99 1/4
1772	MQ	99 1/2
1772	CD	98 1/2
1772	B	99 1/2
1772	A	99 3/4
1773	MQ	99 1/2
1773	CD	99 1/2
1773	B	98 1/4
1773	A	99 1/2
1774	MQ	99 3/4
1774	CD	99
1774	B	99 1/2
1774	A	99 3/4
1775	MQ	99 1/2
1775	CD	99 1/2
1775	B	99 3/4
1775	A	99 3/4
1776	MQ	
1776	CD	99 3/4
1776	B	
1776	A	99 3/4
1777	MQ	100
1777	CD	100 1/2
1777	B	101 1/4
1777	A	
1778	MQ	101 1/2
1778	CD	101
1778	B	
1778	A	100 1/4
1779	MQ	101
1779	CD	
1779	B	100 3/4
1779	A	
1780	MQ	100 5/8

Messe		[LP5]
		fl.
1780	CD	99
1781	B	100 1/4
1781	A	101
1781	MQ	100 1/2
1782	CD	100 1/2
1782	B	
1782	A	99
1782	MQ	
1783	CD	
1783	B	
1783	A	
1784	MQ	
1784	CD	99 1/4
1784	B	100
1784	A	
1785	MQ	
1785	CD	
1785	B	
1785	A	
1786	MQ	100 3/4
1786	CD	
1786	B	101
1786	A	
1787	MQ	100 3/4
1787	CD	
1787	B	100 3/4
1787	A	101
1788	MQ	100 3/4
1788	CD	99
1788	B	100 1/2
1788	A	
1789	MQ	
1789	CD	
1789	B	
1789	A	
1790	MQ	
1790	CD	
1790	B	
1790	A	
1791	MQ	100

Anmerkungen:

[a] Hier für 100 Wechseltaler im burgundischen Münzfuß.

4.9 DIE OBERDEUTSCHEN WECHSELMÄRKTE: AUGSBURG UND NÜRNBERG

Die beiden zentralen oberdeutschen Wechselmärkte der Frühen Neuzeit gehörten zu den wichtigsten Wechselpartnern der Bozner Messen überhaupt. Dies wird aus den jahrzehntelangen, regelmäßigen Bozner Notierungen auf beide Plätze deutlich, die im Falle Augsburgs bis 1850 andauerten, während Nürnberg nach 1770 nur noch selten mit einer Kursnotierung versehen wurde. Beide Plätze waren spätestens seit dem beginnenden 17. Jahrhundert vollständig in das internationale bargeldlose Zahlungsverkehrssystem integriert, im 16. Jahrhundert an dieses zumindest sehr eng angebunden, d.h. noch nicht regelmäßig von Plätzen außerhalb des Heiligen Römischen Reiches – außer von Venedig – regelmäßig notiert.

Augsburg war spätestens mit dem Aufblühen der großen Handelsgesellschaften seit dem ausgehenden 15. und beginnenden 16. Jahrhundert – erinnert sei an die Fugger und die Welser – zu einem wichtigen Wechselmarkt innerhalb des Reiches geworden, der um die Mitte des 16. Jahrhunderts zumindest über einige Finanzzentren von europäischer Relevanz an das internationale bargeldlose Zahlungsverkehrssystem der Zeit angebunden war, wie die 1548 abgeschlossene Fuggersche Handelspraktik und das Medersche Handel[s]buch von 1557/58 belegen.[179] Ein Fallbeispiel aus späterer Zeit sind etwa die europaweit vernetzten Wechselgeschäfte des Augsburgers Marx Conrad von Rehlingen in den 1630er und frühen 1640er Jahren, in welche auch der Wechselmarkt Bozen eingebunden war.[180] Relativ regelmäßige Augsburger Kursnotierungen können für diese Zeit jedoch nur auf Venedig und Lyon festgestellt werden, auch wenn das Wechselgeschäft mit Antwerpen nach zwei Augsburger Unterkaufbüchern der 1550er Jahre den mit Abstand größten Umsatz verzeichnete; dagegen waren die Umsätze der Transaktionen mit Frankfurt am Main, Genua, Lucca, Mailand, Neapel, Nürnberg, Rom, Ulm und Wien vergleichsweise gering.[181] Um 1610 unterhielt Augsburg Wechselbeziehungen mit Venedig, Antwerpen, Hamburg und Danzig.[182] Daß van Veldens *Fondamment van de Wisselhandeling* Augsburg eher am Rande und

---

179 Markus A. DENZEL, Eine Handelspraktik aus dem Hause Fugger (erste Hälfte des 16. Jahrhunderts). Ein Werkstattbericht, in: Ders. / Jean Claude HOCQUET / Harald WITTHÖFT (Hrsg.), Kaufmannsbücher und Handelspraktiken vom Spätmittelalter bis zum beginnenden 20. Jahrhundert / Merchant's Books and Mercantile *Pratiche* from the Late Middle Ages to the Beginning of the 20th Century, Stuttgart 2002, S. 125–152, hier: S. 144f.

180 Reinhard HILDEBRANDT (Hrsg.), Quellen und Regesten zu den Augsburger Handelshäusern Paler und Rehlinger 1539–1642. Wirtschaft und Politik im 16./17. Jahrhundert, Teil 2: 1624–1642, Stuttgart 2004, insbesondere S. 281.

181 Friedrich BLENDINGER (Hrsg.) unter Mitarb. v. Elfriede BLENDINGER, Zwei Augsburger Unterkaufbücher aus den Jahren 1551 bis 1558. Älteste Aufzeichnungen zur Vor- und Frühgeschichte der Augsburger Börse, Stuttgart 1994, S. 590–604; DENZEL (Hrsg.), Währungen der Welt IX, S. 166f. Vgl. auch JEANNIN, Change, crédit et circulation monétaire, S. 28.

182 VON STROMER, Die oberdeutschen Geld- und Wechselmärkte, S. 40.

ohne Angabe von Wechselverbindungen erwähnt, ist wohl der Tatsache geschuldet, daß aus niederländischer Perspektive Nürnberg (wo ja auch eine größere Niederlassung von italienischen Kaufleuten bestand) ein deutlich höheres Interesse genoß (s.u.).[183] Vielleicht ist dies auch der Hintergrund der Behauptung von Hermann Kellenbenz, daß Nürnberg im 17. Jahrhundert zum wichtigsten Wechselpartner Augsburgs im Reich geworden sei, wo „Hunderttausende" in Wechseln umgesetzt würden.[184]

Nach den Einbrüchen während des Dreißigjährigen Krieges konnte der Augsburger Geld- und Wechselmarkt spätestens in der zweiten Hälfte des 17. Jahrhunderts im Gefolge der wieder zunehmenden Bedeutung der Reichsstadt als Transitplatz für den Ost-West- und den Nord-Süd-Handel einen bemerkenswerten Aufstieg verzeichnen, der um 1665 Augsburg als den bedeutendsten süddeutschen Finanzplatz nach den Frankfurter Messen und bereits vor Nürnberg erscheinen ließ.[185] In den ausgehenden 1680er Jahren waren Bozen, Frankfurt am Main, Lyon, Leipzig, Amsterdam, Hamburg, Nürnberg, St. Gallen, Venedig und Wien Augsburger Wechselpartner, wobei Bozen eine wesentliche Intermediärfunktion für Augsburg nach Italien, St. Gallen eine solche nach Lyon zukam.[186] Daß der Augsburger Wechselmarkt im ausgehenden 17. und im 18. Jahrhundert eine zentrale Funktion bei der Finanzierung von Handelsgeschäften einnehmen konnte, war nicht zuletzt eine Konsequenz aus dem sogenannten ‚Augsburger Akzept', der eine zum Teil erhebliche Verlängerung des durch den Wechsel begründeten Kredits bewirken konnte, so daß das Finanzvolumen des Käufers einer Ware beträchtlich erweitert wurde.[187] Im Verlauf des 18. Jahrhunderts verstärkte Augsburg durch die Aufnahme von Paris und London, Livorno, Genua und Mailand in seinen Kurszettel seine Wechselverbindungen in den nordwesteuropäischen und in den oberitalienischen Raum, während mit dem Bedeutungsverlust von Lyon als Wechselmarkt gegenüber Paris dessen Funktion für Augsburg als Intermediär nach (West-)Italien, Frankreich und zur Iberischen Halbinsel von geringerem Belang und infolgedessen auch die Notierung auf St. Gallen obsolet wurde. Die Kursaufnahme auf die iberischen Plätze Cádiz, Madrid und Lissabon in den ausgehenden 1780er Jahren blieb aufgrund der geringen Bedeutung des Wechselverkehrs von Augsburg nach Spanien und Portugal eine rasch wieder vorübergehende Erscheinung.

---

183 Vgl. hierzu und zum Folgenden DENZEL, Integration, S. 67f.

184 Hermann KELLENBENZ, Die Münzen und die internationale Bank Ende des 15. bis Anfang des 17. Jahrhunderts (Das oberdeutsche Beispiel), in: Vera BARBAGLI BAGNOLI (a cura di), La moneta nell'economia europea, secoli XIII–XVIII, Prato 1983, S. 651–680, hier: S. 663f.

185 Wolfgang ZORN, Handels- und Industriegeschichte Bayerisch-Schwabens 1648–1870. Wirtschafts-, Sozial- und Kulturgeschichte des schwäbischen Unternehmertums, Augsburg 1961, S. 15; Peter FASSL, Konfession, Wirtschaft und Politik. Von der Reichsstadt zur Industriestadt, Augsburg 1750–1850, Sigmaringen 1988, S. 123–125.

186 DENZEL, Integration, S. 85.

187 ‚Augsburger Akzept' bedeutete wechselrechtlich, daß sich der Akzeptant erst 14 Tag vor dem Ziel über die Akzeptation des Wechsels aussprechen mußte. FASSL, Konfession, Wirtschaft und Politik, S. 124; DENZEL, Integration, S. 85.

In der ersten Hälfte des 19. Jahrhunderts notierte die Lech-Stadt dann London, Amsterdam, Paris, Lyon und Marseille, Genua, Mailand, Livorno, Venedig (1834–1848), Hamburg, Frankfurt am Main, Leipzig, Nürnberg, Wien, ab 1830 Triest und ab 1841 Berlin.[188] Augsburg war damit im ausgehenden 18. und in der ersten Hälfte des 19. Jahrhunderts der neben Frankfurt am Main bedeutendste süddeutsche Wechselmarkt und das wichtigste Intermediär im Wechselverkehr zwischen dem deutschen Raum und Italien. Gerade in dieser Funktion wurde Augsburg auch bis 1850 von den Bozner Messen aus notiert, wie überhaupt eine Vielzahl an Notierungen auf Augsburg seit dem 17. Jahrhundert nachgewiesen werden können, so aus Italien solche von Venedig (spätestens seit 1623), später auch aus Genua, Florenz, Livorno, Mailand, Novi und Turin, dann von den wichtigsten Plätzen des Heiligen Römischen Reiches, aus der Schweiz (St. Gallen, Basel, Zürich) und spätestens ab 1801 auch aus Paris.[189]

Gegenüber der zunehmenden Bedeutung Augsburgs im internationalen bargeldlosen Zahlungsverkehr des 17. und 18. Jahrhunderts war die des zweiten oberdeutschen Platzes, Nürnberg, in der langfristigen Entwicklung sinkend: Zwar seit dem ausgehenden 14. Jahrhundert als regionaler und internationaler Wechselmarkt zunehmend in Erscheinung getreten,[190] existierte eine regelmäßige Notierung von Wechselkursen in Nürnberg erst seit 1583. Regelmäßige Notierungen auf Nürnberg von Wechselmärkten außerhalb des Reiches können für diese Zeit noch nicht nachgewiesen werden; einzig Venedig bildete, wie gesagt, eine Ausnahme.[191] Um 1600 gehörten dann Amsterdam, Antwerpen, Venedig, Frankfurt am Main, Augsburg, Hamburg und Leipzig zu den von Nürnberg notierten Wechselmärkten.[192] Nach Roths „Geschichte des Nürnbergischen Handels“ waren „damals der Wechselhandel und die Geldgeschäfte ausserordentlich groß[,] und Nürnberg stand mit allen damaligen Wechselgeschäften in genauester Verbindung. Die meisten Anschaffungen und Geldrimessen aus dem nördlichen und westlichen Deutschland nach Italien und wieder rückwärts, wurden über Nürnberg gemacht, und aus der ganzen umliegenden Gegend strömte alles, was Geld- und Zahlungs-Geschäfte machen wollte, Nürnberg zu.“[193] Dieser sehr überschwenglichen und sicherlich zu positiven Einschätzung des Nürnberger Wechselhandels im beginnenden 17. Jahrhundert, ist nach Lambert Peters zu widersprechen, der sogar noch in den 1620er Jahren die Bedeutung des Wechsels „nach den Journalen des Banco Publico [...] als Zahlungs- und Kreditpapier aus Nürnberger Sicht bescheiden“[194] nennt. Nichtsdestoweniger erscheint Nürnberg im maßgeblichen Wechsel-

---

188 SCHNEIDER u.a. (Hrsg.), Währungen der Welt VI, S. 296–320.

189 DENZEL, Integration, S. 86–88.

190 VON STROMER, Oberdeutsche Hochfinanz, passim.

191 KELLENBENZ, Die Münzen und die internationale Bank, S. 675; DENZEL, „Practica della Cambiatura“, S. 329.

192 KELLENBENZ, Private und öffentliche Banken in Deutschland, S. 616, 627, 630.

193 Johann Ferdinand ROTH, Geschichte des Nürnbergischen Handels. Ein Versuch, III. Theil, Leipzig 1801, S. 246.

194 Lambert F. PETERS, Der Handel Nürnbergs am Anfang des Dreißigjährigen Krieges. Strukturkomponenten, Unternehmen und Unternehmer – Eine quantitative Analyse, Stuttgart 1994, S. 584.

handbuch dieser Zeit, van Veldens „Fondamment van der Wisselhandeling“, aus niederländischer Perspektive als der zentrale Wechselmarkt des oberdeutschen Raumes südlich der Frankfurter Messen und damit als Intermediär für den Amsterdamer Wechselverkehr mit Venedig, wie ja auch Roth zu verstehen gibt.[195] Der Nürnberger Wechselverkehr war vorrangig auf Venedig im Süden und Amsterdam und Hamburg im Nordwesten Europas ausgerichtet, die in den Jahren 1621 bis 1624 mehr als 90% des Gesamtumsatzes der über den Nürnberger Banco Publico abgerechneten Wechsel auf sich vereinigten.[196] Darüber hinaus werden in einer Nürnberger *Wechselpolizza*, d.h. einem Wechselkurszettel, vom 9. Juni 1676 die Messeplätze Lyon, Frankfurt am Main und Leipzig, daneben auch Danzig und St. Gallen als Nürnberger Wechselpartner genannt.[197] Mindestens in Venedig und auf den Genuesischen Wechselmessen von ‚Bisenzone‘, bis 1633 auch in Amsterdam ist Nürnberg als Gegenstand regelmäßiger Wechselkursnotierungen nachgewiesen.[198] Für verschiedene andere Wechselmärkte insbesondere im mitteleuropäischen Raum – etwa in Hamburg, Frankfurt am Main, Augsburg oder Leipzig – kann dies zumindest als sehr wahrscheinlich angesehen werden.

Gleichsam stichprobenartig zeigen für das 18. Jahrhundert zwei Kurszettel, die in den verschiedenen Auflagen von Herbachs „Wechsel-Handlung“ abgedruckt wurden, welchen Rayon an Kursnotierungen Nürnberg besaß:[199] Der eine Kurszettel stammt vom 8. April 1715 und listet in italienischer Sprache die Messestädte Frankfurt/Main, Leipzig, Naumburg, Bozen, Linz und Lyon, sodann als weitere Wechselmärkte Amsterdam, Hamburg, Frankfurt/Main, Venedig, Wien, Breslau, Prag, Augsburg und Paris auf. Notierungen erfolgten allerdings nur auf die Leipziger und Frankfurter Messen, auf Amsterdam, Hamburg, Venedig, Wien, Prag und Augsburg.[200] Der zweite Kurszettel vom 17. Juli 1756 – ebenfalls in Italienisch – nennt dann dieselben Wechselpartner, dazu London, aber ohne Linz wobei nur noch die Rubriken Amsterdam, Hamburg, Wien und Augsburg mit Kursnotierungen versehen sind.[201] Trotz dieser nur wenigen Belege ist demnach mit einer gewissen Sicherheit davon auszugehen, daß der

---

195 VAN VELDEN, Fondament van de Wisselhandeling [1629], S. 460. Vgl. Jürgen SCHNEIDER / Oskar SCHWARZER, International Rates of Exchange: Structures and Trends of Payments Mechanism in Europe, 17th to 19th Century, in: Wolfram FISCHER / R. Marvin MCINNIS / Jürgen SCHNEIDER (eds.), The Emergence of a World Economy 1500–1914. Papers of the IX. International Congress of Economic History, Part I: 1500–1850, Wiesbaden 1986, S. 143–170, hier: S. 145.

196 PETERS, Der Handel Nürnbergs, S. 117–123.

197 DENZEL, Integration, S. 91.

198 Ders. (Hrsg.), Währungen der Welt IX, S. 97f.; SCHNEIDER u.a. (Hrsg.), Währungen der Welt III, S. 89, 191–193, 324–326.

199 Zum Folgenden auch Markus A. DENZEL, Der Nürnberger Wechselmarkt im ausgehenden 18. Jahrhundert, in: Rainer GÖMMEL / Markus A. DENZEL (Hrsg.), Weltwirtschaft und Wirtschaftsordnung. Festschrift für Jürgen Schneider zum 65. Geburtstag, Stuttgart 2002, S. 169–192, hier: S. 172–176.

200 HERBACH, Wechsel-Handlung [1716], S. 11; ders., Wechsel-Handlung [1726], S. 11.

201 Ders., Europäische Wechselhandlung [1756/57], S. 10.

Nürnberger Rayon an notierten Wechselpartnern deutlich kleiner war, als die zeitgenössischen Handelspraktiken glauben machen wollen. Neben die beiden traditionell eng mit Nürnberg verbundenen Wechselmärkte Nordwesteuropas, Amsterdam[202] und Hamburg, und das relativ ‚benachbarte' Augsburg war Wien, das aufstrebende Finanzzentrum im Südosten des Reiches, als vierter wichtiger Wechselpartner Nürnbergs getreten. Auch Notierungen auf Nürnberg erfolgten im 18. Jahrhundert nur noch innerhalb des mitteleuropäischen Raumes, so von den Bozner Messen, von Hamburg bis 1755 und unregelmäßig von Wien bis 1773, vereinzelt wohl auch von Leipzig, Straßburg und Genf. Nur Augsburg notierte Nürnberg bis weit in das 19. Jahrhundert hinein, da Nürnberg um die Wende vom 18. zum 19. Jahrhundert seine Wechselgeschäfte vorrangig über Augsburg abwickelte.[203] Insgesamt kann daraus geschlossen werden, daß Nürnberg seine im 17. Jahrhundert im internationalen System des bargeldlosen Zahlungsverkehrs vergleichsweise ansehnliche, internationale Bedeutung im Verlaufe des 18. Jahrhunderts weitgehend eingebüßt hat: „Augsburg und Frankfurt am Main haben denselbigen [Wechselhandel; A.d.A.] nun größtentheils an sich gezogen [...] Nun wird derselbe allhier bloß zu dem einheimischen Bedürfniß und für die zunächst gelegenen Städte getrieben."[204] Frankfurt, Augsburg und seit der zweiten Hälfte des 18. Jahrhunderts auch Wien waren damit zu Erben des ehemals doch recht bedeutenden Nürnberger Wechselhandels geworden.[205] Seither „hat die hiesige Wechselhandlung sehr abgenommen, und grosse Wechsel-Operationen von und über hiesigen Platz finden nicht mehr Statt".[206] Als nur noch regional bedeutender Wechselplatz wurde Nürnberg weder international, ja noch nicht einmal mehr überregional notiert, wie dies ja auch die Bozner Messen nach 1770 nur noch in Einzelfällen taten.[207]

Die Kursnotierung der Bozner Messen auf Augsburg erfolgte in Reichstalern Wechselgeld bzw. Giro zu 90 Kreuzern für 100 Reichstaler Giro oder Wechselgeld in

---

[202] Nach Gerhard SEIBOLD, Die Blommart und ihr Handelshaus. Ein Beitrag zur Geschichte der niederländischen Kaufleute im Nürnberg des 17. Jahrhunderts unter besonderer Berücksichtigung der Familien de Brasserie, Buirette und von Lierdt, in: Mitteilungen des Vereins für Geschichte der Stadt Nürnberg 68, 1981, S. 164–220, hier: S. 192f. sollen auch die Beziehungen der aus den Niederlanden nach Nürnberg zugezogenen Kaufleute in ihre ehemalige Heimat eher von geringer Bedeutung gewesen sein.

[203] DENZEL, Integration, S. 90; Karl Heinrich KAUFHOLD, Der Übergang zu Fonds- und Wechselbörsen vom ausgehenden 17. bis zum ausgehenden 18. Jahrhundert, in: Hans POHL (Hrsg.), Deutsche Börsengeschichte, Frankfurt am Main 1992, S. 79–132, hier: S. 96; SCHNEIDER u.a. (Hrsg.), Währungen der Welt VI, S. 316f.

[204] ROTH, Geschichte, II. Theil, S. 164f.

[205] Ebd., III. Theil, S. 246f.; KAUFHOLD, Fonds- und Wechselbörsen, S. 120.

[206] ROTH, Geschichte, III. Theil, S. 247.

[207] Vgl. DENZEL, Integration, S. 108. – ROTH, Geschichte, III. Theil, S. 247: „Die ansehnlichen Waarengeschäfte, die allhier gemacht werden, und die Verbindung, in der Nürnberg mit nähern und entferntern grössern und kleinern Städten steht, machen aber demungeachtet den hiesigen Wechselhandel noch immer bedeutend genug."

Augsburg,[208] wie im übrigen auch die Gegennotierung von Augsburg auf Bozen verzeichnet wurde.[209] In Augsburg unterschied man drei Währungsarten, wobei in allen dreien der fingierte Reichstaler 1½ Gulden oder 30 Kaisergroschen oder 90 Kreuzern entsprach:[210]

– das Giro- oder Wechselgeld, das ausschließlich im bargeldlosen Zahlungsverkehr mit italienischen und niederländischen Plätzen in Gebrauch war. Das Augsburger Wechselgeld stand dabei um etwa 27% besser als das Augsburger Kurantgeld, so daß sich 100 Reichstaler Giro mit etwa 127 Reichstaler Kurant verglichen; dieses Aufgeld konnte im 17. Jahrhundert noch schwanken, während es im 18. Jahrhundert „unveränderlich" bei 27% lag;
– das Kurantgeld, das ursprünglich aus ganzen, halben und Viertel-Speciestalern, d.h. Reichstalern, die nach der Reichsmünzordnung von 1566 ausgebracht waren, zu 2, 1 bzw. ½ Gulden bestand;
– die „Münze" oder „moneta", worunter man alles Kleingeld und alle Scheidemünzen verstand, die – nach Nelkenbrecher [1775] – 20 bis 26% schlechter als Kurantgeld standen.[211]

Mit der Umstellung des Bozner Kurszettels zur Bartholomäusmesse 1742 wurde die Notierungsweise dann auf Gulden moneta lunga für 100 Gulden in Augsburg umgestellt. Dabei unterschied man nunmehr jeweils nach Gulden Kurant und nach Gulden, die in Doppien zu 7½ Gulden das Stück zahlbar waren. Kurantgeld bezeichnete in Augsburg nun allerdings nicht mehr Speciestaler und ihre Unterteilungen: „Weil aber diese Sorten fast nicht mehr zu haben sind, so verstehet man in Wechselzahlungen unter dem Nahmen *Corrent*-Geld, alt Franz Geld, oder ganze, halbe und Viertel-Louis blanc à 2, 1, und ½ fl. gerechnet," darüber hinaus kurbayerische Carolinen zu 9 Gulden, kurbayerische Maxd'or zu 6 Gulden, kurbayerische und württembergische halbe Gulden zu 25 Kreuzer und dazu alles Konventionsgeld, „so anjetzo noch des mehresten allhier gangbar ist".[212] Als Konventionsgeld bezeichnete man Münzen, die nach dem sogenannten Konventions- oder 20-Gulden-Fuß ausgebracht worden waren. Hiernach entsprach der Gulden zu 60 Kreuzern 11,69 Gramm Feinsilber. Die Österreichische Monarchie prägte nach diesem Fuß seit 1750, und seit dem Abschluß einer entsprechenden Münzkonvention mit dem Kurfürstentum Bayern 1753 wurde dieser Münzfuß als Konventionsfuß, das in diesem Fuß ausgebrachte Kurantgeld als Konventionskurant bezeichnet.[213] In Augsburg fand der Konventionsfuß „besonders seit

208 ROSSO, Informatione per più chiara inteligenza de' Cambij [1680], S. 21; HERBACH, Wechsel-Handlung [1716], S. 146. Vgl. RICARD, Traité general du commerce [1714], S. 434. Die Angabe bei MANDICH, Geld- und Kreditwesen, S. 504 (Gulden für 100 auswärtige Gulden), ist demnach für das 17. Jahrhundert, für welche er sie macht, nicht korrekt.

209 HERBACH, Wechsel-Handlung [1716], S. 170.

210 Ebd.

211 Ebd., S. 23f. Bei einer Differenz von 20% entsprach dies faktisch einem 24-Gulden-Fuß.

212 Ebd., S. 24.

213 Siehe *Kapitel 3.3.*

1764"[214] Verwendung, und zwar in leicht abgewandelter Form als 20 5/12-Gulden-Fuß, so daß der Gulden Augsburger Kurant nur 11,45 Gramm Feinsilber entsprach.

Bei der Zahlung in Doppien handelte es sich wie in Frankfurt/Main um ausländische, ins Reich eingeführte Goldmünzen im Pistolen-Fuß – spanische Pistolen oder Dublonen und vor allem französische Louisd'ors (nach dem Münzfuß von 1640[215]) –, die spätestens seit 1736 7½ Gulden oder 5 Reichstaler galten; diese Münzen wurden zunehmend mit einheimischem Münzbild nachgeahmt und oft mit einem Nennwert von „5 Taler" versehen.[216] Die Notierungen für Gulden zahlbar in Doppien erfolgten bis in die frühen 1760er Jahre annähernd regelmäßig neben den durchwegs verzeichneten Kursangaben für Gulden (Augsburger) Kurant, wurden aber auf der Fronleichnamsmesse 1766 letztmals notiert. Danach wurde auf Augsburg nur noch die eine Kursreihe für Gulden Augsburger Kurant, allerdings fast ununterbrochen, fortgesetzt.

Nur in der Zeit der französischen Okkupation Bozens erfolgte die Notierung in Lire des Königreichs Italien (Lire italiane) für 1 Gulden Augsburger Kurant; dies war von der Fronleichnamsmesse 1811 bis zur Fronleichnamsmesse 1813 der Fall. Danach kehrte man wieder zur traditionellen Notierungsweise zurück, allerdings mit einer Abweichung: Es wurden nunmehr in der Regel die Kreuzer ganzzahlig ausgewiesen und nicht mehr wie vor 1811 als Bruchteile eines Guldens notiert. Erst mit der erneuten Umstellung des Bozner Kurszettels anläßlich der Fronleichnamsmesse 1840 wurde wieder die Notierung mit Brüchen eingeführt und bis 1847 beibehalten, während man danach erneut zur ganzzahligen Notierung der Kreuzer zurückkehrte.

Nürnberg wurde von den Bozner Messen in Reichstalern Giro für 100 Reichstaler Kurant in Nürnberg notiert, der zu 1½ Gulden oder 90 Kreuzer gerechnet wurde.[217] Dieses sogenannte „Kurantgeld" war zugleich auch die Nürnberger Bankwährung,[218] denn „die Wechsel-Zahlungen müssen allda der *Banco*-Ordnung gemäß, es seyen nun *Tratten* oder *Remessen*, alle in *Banco* ab- und zugeschrieben werden, das *Banco*- oder *Corrent*-Geld aber bestehet in pur lauteren gantzen und halben *Species* Thalern von 2. und 1. Gulden, und werden kleinere Sorten in selbigen weder angenommen noch ausgegeben."[219]

Wechselgeschäfte hatten damit über den 1621 auf Initiative des Handelsvorstands nach dem Vorbild Venedigs, Amsterdams und Hamburgs gegründeten Banco Publico,

---

214 NOBACK / NOBACK, Vollständiges Taschenbuch der Münz-, Maass- und Gewichts-Verhältnisse [1851], 1. Abth., S. 70.

215 Siehe *Kapitel 5.4.*

216 RITTMANN, Deutsche Geldgeschichte, S. 293. Vgl. G[ERHARDT] (Hrsg.), Nelkenbrechers Taschenbuch eines Banquiers und Kaufmanns [1775], S. 118f.

217 ROSSO, Informatione per più chiara inteligenza de' Cambij [1680], S. 22. HERBACH, Wechsel-Handlung [1716], S. 146, gibt eine Notierungsweise von Gulden moneta lunga für 100 Gulden Kurant in Nürnberg an; dies stimmt nicht mit den Angaben auf den Bozner Wechselkurszetteln der Zeit überein.

218 G[ERHARDT] (Hrsg.), Nelkenbrechers Taschenbuch eines Banquiers und Kaufmanns [1775], S. 189.

219 HERBACH, Wechsel-Handlung [1716], S. 172 (Hervorhebungen im Original).

die reichsstädtische Giro- und Wechselbank, abgewickelt zu werden,[220] der „in den berüchtigten Kipper- und Wipper-Zeiten errichtet [wurde], um das gute Geld zu sichern."[221] Am 31. Mai 1695 war für „Zahlungen den Wechsel per Cassa betr.[effend]" bestimmt worden, daß alle Geldsummen oberhalb von 200 Gulden Kurant ausschließlich im Banco ausbezahlt werden sollten.[222] Nach Nelkenbrechers Taschenbuch von 1775 war diese Bestimmung sogar noch rigider (wofür sich aber bislang kein weiterer Beleg gefunden hat): „Alle Wechselbriefe und Assignationes von 50 fl. und darüber, sie mögen auf Münzen oder Courent, auch außer der Banco pro Cassa zu zahlen lauten, desgleichen alle Waarenposten, so nicht unter 200 fl. müssen durch die Banque bezahlet werden."[223] Dieses Bank- oder Kurantgeld bestand im 17. und frühen 18. Jahrhundert nur aus alten vollwichtigen Speciestalern und Gulden. Da im späteren 18. Jahrhundert aber „selbige durchaus in Deutschland sind seltsam worden, so bestehet anjetzo deren Annahme in coursirenden Sorten, an Carolins, alte Franz. Louisd'or, Span. Doppien, wie auch in denen nach Conventions-Fuß ausgeprägten Species-Thalern zu 2 fl. Obige Goldmünzen nimmt die Banco nach ihren [sic!] Werth an, wie sie die Course in Banco oder Courent setzen, und creditiret den Einbringer dafür auf seinen [sic!] Conto."[224]

Im Gegensatz zu den Bozner Notierungen auf Augsburg, die ja in Rechengeld verzeichnet wurden, läßt sich an den Kursangaben auf Nürnberg die Wertentwicklung des Nürnberger „Kurant"geldes verfolgen: Insbesondere zwischen 1676 und 1682 kam es zu einem bemerkenswerten Kurseinbruch, der auf der Bozner Fronleichnamsmesse 1679 mit einer Notierung von 12½% unter der Parität seinen Tiefpunkt erreichte. Dieser war die Folge der in diesen Jahren aufgrund des gestiegenen Silberpreises deutlich verschlechterten Kurantmünzen,[225] wie sie auch im Falle der Notierungen auf Wien festzustellen ist.

Mit der Fronleichnamsmesse 1693 wurde eine zweite Bozner Notierung auf Nürnberg eingerichtet, und zwar für Zahlungen „in moneta": Ähnlich wie in Augsburg verstand man unter „moneta" oder „Münze" in Nürnberg – oftmals unter der Bezeichnung „moneta bianca"[226] – Kleingeld oder Scheidemünzen (neue 30-, 15-, Zwölf-, Sechs-, Vier- und Zwei-Kreuzer-Stücke), die gegenüber Bank- oder Kurantgeld etwa

---

220 „Die Wechsel=Zahlungen müssen allda der *Banco*-Ordnung gemäß / es seyen nun *Tratten* oder *Remessen* / alle in *Banco* ab= und zugeschrieben werden [...];" HERBACH, Wechsel-Handlung [1716], S. 172; ders., Wechsel-Handlung [1726], S. 179. Diese Bestimmung wurde am 12.4.1710 bestätigt; ROTH, Geschichte, III. Theil, S. 249.

221 Ebd., III. Theil, S. 246 Anm.*; vgl. auch ebd., IV. Theil, S. 304–306.

222 Ebd., III. Theil, S. 248f.

223 Vgl. G[ERHARDT] (Hrsg.), Nelkenbrechers Taschenbuch eines Banquiers und Kaufmanns [1775], S. 192.

224 Ebd., S. 191f.; vgl. ROTH, Geschichte, IV. Theil, S. 291, 320f.

225 GERHARD, Vom Leipziger Fuß zur Reichsgoldwährung, S. 251–254.

226 Im Gegensatz zu „moneta d'oro", worunter man Carolinen zu 10 Gulden, d.h. zu 10% schlechter als Bank- oder Kurantgeld, verstand; G[ERHARDT] (Hrsg.), Nelkenbrechers Taschenbuch eines Banquiers und Kaufmanns [1775], S. 189.

20% verloren.[227] Diese Kursnotierung, die ursprünglich um etwa 5%, teilweise sogar über 7% schlechter angesetzt war als die für Bank- oder Kurantwährung, näherte sich in den ausgehenden 1690er Jahren immer mehr der letzteren an und war ihr seit der Bartholomäusmesse 1701 in der Regel gleich, weshalb des öfteren nur die eine oder die andere Notierung verzeichnet wurde. Seit 1721 wurde auf die Notierung „in moneta“ vollständig verzichtet.

Mit der Bartholomäusmesse 1742 wurde – wie auch im Falle Augsburgs – die Bozner Notierungsweise auf Nürnberg umgestellt: Nunmehr notierte man Gulden moneta lunga sowohl für 100 Gulden Bank- oder Kurantgeld in Nürnberg als auch für 100 Gulden zahlbar in Doppien zu 7½ Gulden das Stück (s.o.). Allerdings wurden beide Kursreihen nur bis 1749 regelmäßig notiert. Danach wurden beide, der sinkenden Bedeutung Nürnbergs im bargeldlosen Zahlungsverkehrssystem entsprechend, eher unregelmäßig angegeben, wobei aber bis 1767 die Notierungen für Gulden zahlbar in Doppien deutlich häufiger zu finden waren als solche für Gulden Kurant, unter welchem zunehmend Konventionskurant verstanden wurde (s.o.). Die übrigen umlaufenden Münzen schwankten nach Nelkenbrecher [1775] um folgende Richtwerte:[228]

	in Bank- oder Kurantgeld	in Münze
Carolin zu 10 Gulden oder 5 Reichstaler	9 fl. 10 xr.	11 fl.
Schild-Louisd'or zu 9 3/5 Gulden	8 fl. 50 xr.	10 fl. 36 xr.
Alter französischer Louisd'or zu 7½ Gulden	7 fl. 20 xr.	8 fl. 50 xr.
Spanische Doppia zu 7½ Gulden	7 fl. 18 xr.	8 fl. 45 xr.
Französischer Laubtaler (Louisblanc) zu 2 2/5 Gulden	2 fl. 16 xr.	2 fl. 43 xr.
Kreuz- oder Albertstaler	1 fl. 56 xr.	2 fl. 26 xr.

1770 wurden Notierungen für Gulden zahlbar in Doppie letztmals genannt, die Notierungen für Gulden Kurant hingegen, wenn auch recht unregelmäßig, noch bis 1780 fortgesetzt. Danach hatte Nürnberg seine Relevanz als Wechselpartner des Bozner Zahlungsverkehrs endgültig verloren und wurde nur noch in wenigen Einzelfällen notiert, wenn auch bis in das beginnende 19. Jahrhundert im Bozner Kurszettel aufgeführt. Die letzte Notierung auf Nürnberg erfolgte schließlich auf der Andreämesse 1817. Die wenigen Kursangaben zwischen etwa 1770 und 1817 orientierten sich in ihrer Notierungsweise durchwegs an den jeweiligen Notierungen auf Augsburg (s.o.).

Als Besonderheit bei den Kursnotierungen auf Augsburg und Nürnberg findet sich jeweils – neben der Notierungsweise Uso (15 Tage nach der Akzeptation[229]) – seit 1633 eine gesonderte Rubrik für „ritorni di Lipsia“, die in gleicher Weise wie die Plätze Augsburg und Nürnberg selbst notiert wurden.[230] Die „ritorni di Lipsia“ bezeichnen die „Fälligkeit zum Zeitpunkt der ‚Rückkehr von den Messen‘. Sie werden zusammen mit allen andern, die von ein- und derselben Messe kommen, einziehbar.

227 Ebd.

228 Ebd., S. 190.

229 Ebd., S. 25, 191.

230 Vgl. ROSSO, Informatione per più chiara inteligenza de' Cambij [1680], S. 19f.

[...] Wenn sämtliche Briefe einer Messe an einem Tag fällig werden, ergibt das eine Gruppe von Gläubigern und Schuldnern, die gegenseitig daran interessiert sind, sofort neue Wechselvereinbarungen zu treffen, um entweder Passivsalden zu decken oder Aktivsalden anzulegen. Auf den einzelnen Plätzen haben die Kaufleute ihre gewohnten Treffs, meist bei den ‚banchi di campsores' [!]. Um so leichter treffen sich die genannten Kontrattanten zur Zeit der ‚Rückkehr' (der Wechsel) von den Messen. Dies ist zugleich auch der Zeitpunkt für die Erstvereinbarungen auf die nächste Messe."[231] Die Notierungen für „ritorni di Lipsia" waren bis zur Umstellung des Bozner Kurszettels zur Bartholomäusmesse 1742 üblich. Zumindest aus Nürnberger Perspektive findet sich hierfür eine Erklärung, die auch verdeutlicht, warum die früher erfolgende wechselseitige Notierung zwischen Leipzig und Nürnberg im 18. Jahrhundert obsolet wurde: Leipzig bedurfte des Wechselhandels mit Nürnberg schlicht nicht mehr, seitdem das Seidenhandelsgeschäft von den Nürnbergern in sächsische Hände übergegangen war, und infolgedessen auch Nürnberg keine größeren Wechseltransaktionen mehr mit Leipzig oder seinen Messen unterhielt.[232]

Erst mit der Umstellung des Bozner Kurszettels wurde die Usance auf Augsburg geändert. Nunmehr notierten die Bozner Messen Augsburg (wie auch Wien) mit 20 Tagen dato und darüber hinaus auch langsichtig mit 90 Tagen dato.

In den folgenden Tabellen werden ausschließlich Originalnotierungen dokumentiert. Die Notierungen während der französischen Besatzungszeit werden darüber hinaus für 100 Lire italiane angegeben (Datenreihe AG7), und die seit der Andreämesse 1813 teilweise in Gulden und Kreuzern Konventionskurant notierten Kurse (Datenreihe AG6) werden auch in dezimalisierter Form präsentiert (Datenreihe AG7).

231 MANDICH, Geld- und Kreditwesen, S. 507f. mit Anm. 26.

232 ROTH, Geschichte, III. Theil, S. 248. Roth überspitzt dabei seine Argumentation dahingehend, daß die Nürnberger Sensale „zur Vergeltung" für die nicht mehr erfolgende Notierung in Leipzig, das „in solchen Sachen Nürnberg überspringt, und sich geradenwegs nach Augsburg oder Frankfurt damit wendet", die Messestadt aus ihren Kurszetteln gestrichen hätten. Bei Verkäufen von Nürnbergern auf den Leipziger Messen sei es üblich geworden, Bargeld anstelle von Wechseln mit nach Hause zu nehmen.

Tab. 4.20: Wechselkurse der Bozner Messen auf Augsburg und Nürnberg von 1633 bis 1742

[AG1] Reichstaler Giro für 100 Reichstaler Wechselgeld [O]
[AG2] Reichstaler Giro für 100 Reichstaler Wechselgeld („ritorni di Lipsia") [2. O]
[AG3] Reichstaler Giro für 100 Reichstaler Münze [3. O]

[NG1] Reichstaler Giro für 100 Reichstaler Bank- oder Kurantgeld [O]
[NG2] Reichstaler Giro für 100 Reichstaler Bank- oder Kurantgeld („ritorni di Lipsia") [2. O]
[NG3] Reichstaler Giro für 100 Reichstaler Münze [3. O]

Messe		[AG1]	[AG2]	[NG1]	[NG2]
		rtlr.	rtlr.	rtlr.	rtlr.
1633	A	103	102	103	102 1/4
1634	MQ	102 1/2	102	103	102 1/4
1634	CD	101	100	101	100
1634	B	101	100	101	100
1634	A	101	100	101	100
1635	MQ	100	99	100	99
1635	CD	106	105		
1635	B	101	100	101	100
1635	A	101	100 1/4	101 1/4	100 1/2
1636	MQ	101	100	102 1/2	101
1636	CD	101	100	102 1/2	100
1636	B	100	98 1/2	100 1/2	99
1636	A	100	99 1/3	100	99
1637	MQ	100 1/4	99	100 1/2	99 1/3
1637	CD	100	98	100 1/2	99
1637	B	100	99	100 1/2	99
1637	A	100	99	100 1/2	98 1/2
1638	MQ	100	98 1/2	100 1/2	99
1638	CD	100	99	101	99 1/2
1638	B	100	99	101	100
1638	A	100	99	101	100
1639	MQ	100	99	100 3/4	100
1639	CD	101	101	101 1/2	101 1/2
1639	B	101	100	102 1/2	101 1/2
1639	A	100 1/2	99	101 1/2	100
1640	MQ	100 1/2	99	101 1/4	100
1640	CD	100 1/2	99	101	99 1/2
1640	B	100	99	101	100
1640	A	100	99	100 1/2	99 1/2
1641	MQ	100	98 1/2	101	99 1/2
1641	CD	100 1/2	99 1/2	101	100
1641	B	100 2/3	99 1/2	101	100

Messe		[AG1]	[AG2]	[NG1]	[NG2]
		rtlr.	rtlr.	rtlr.	rtlr.
1641	A	100 1/2	99 1/2	101	100
1642	MQ	99 1/2	98 3/4	99 1/2	98 3/4
1642	CD	99	98 1/2	99	99
1642	B	99 1/2	98	100	98 1/2
1642	A	100	99 1/2	100	99 1/4
1643	MQ	99 1/2	98 1/2	100	99
1643	CD	100	99 1/2	100 1/4	99 1/2
1643	B	99 1/2	98 1/2	100	99
1643	A	100	92 1/2	100 1/3	99 1/2
1644	MQ	100	92 1/2	100 1/2	99 1/2
1644	CD	100	92 1/2	100 1/2	99 1/2
1644	B	100	92 1/2	100 1/2	99 1/2
1644	A	100	92 1/2	101	99 3/4
1645	MQ	100	92 1/2	100 3/4	99 1/2
1645	CD	100	98 1/2	100 1/2	99
1645	B	100	99	100 1/2	99 1/2
1645	A	100	99	100 1/2	99 1/2
1646	MQ	100 1/2	99	101	99 1/2
1646	CD	100	99	100 1/2	99 1/2
1646	B	100	99	100 1/2	99 1/2
1646	A	100	99	100 1/2	99 1/2
1647	MQ	100	99	100 1/2	99 1/2
1647	CD	100	99	100 1/2	99 1/2
1647	B	100	99	100 1/2	99 1/2
1647	A	99 1/2	98 1/2	100	99
1648	MQ	99 1/2	98	100	99
1648	CD	99 2/3	98	100	98 1/2
1648	B	100	99	99 1/2	98 1/2
1648	A	101	100	101	99 1/2
1649	MQ	101 1/2	100 1/2	101 1/2	101
1649	CD	101	100 1/2	101 1/2	101
1649	B	100 1/2	100	101	100 1/2
1649	A	100	99 1/2	100	99 1/2
1650	MQ	100	99	100	99
1650	CD	100	99	100	99
1650	B	100	98 1/2	100	98 1/2
1650	A	100	98 1/2	100	98 1/2
1651	MQ	100	99	100	99
1651	CD	100	99	100	99
1651	B	99 1/2	98 1/4	99 1/2	98 1/2
1651	A	99	98	99 1/4	98
1652	MQ	99	97 1/2	99 1/4	97 1/2
1652	CD	99 1/2	98	99 1/2	98
1652	B	99	98	99	98
1652	A	100	99	100	99
1653	MQ	99 1/2	98 1/2	99 1/2	98 2/3

Messe		[AG1]	[AG2]	[NG1]	[NG2]
		rtlr.	rtlr.	rtlr.	rtlr.
1653	CD	99	98 1/2	99	98 1/2
1653	B	99	98 1/2	99	98 1/2
1653	A	99	98 1/2	99	98 1/2
1654	MQ	99	98 1/2	99	98 1/2
1654	CD	98 5/8	98 1/2	98 1/2	98 1/2
1654	B	99	98 3/4	99 1/4	98 1/2
1654	A	99	98 1/2	99	98 1/2
1655	MQ	99	98	99	98
1655	CD	99	98	99	98
1655	B	99 1/2	98 1/2	99 1/2	98 1/2
1655	A	99 1/2	98 1/2	99 1/2	98 1/2
1656	MQ	99 1/2	98 3/4	99 1/2	98 3/4
1656	CD	99 1/2	99	99 1/2	99
1656	B	99 1/2	99	99 1/2	99
1656	A	99 1/8	98 1/2	99	98 1/2
1657	MQ	99 1/4	98 1/2	99	98 1/2
1657	CD	99 1/2	98 3/4	99 1/2	98 3/4
1657	B	99 3/4	99	99 3/4	99
1657	A	100	98 1/2	100	98 1/2
1658	MQ	99 1/2	99	99 1/2	99
1658	CD	99	99 1/2	99	99 1/2
1658	B	99 1/2	99	98 3/4	99
1658	A	99	98	99 1/8	98 1/4
1659	MQ	99 1/4	98 1/2	99 1/2	98 3/4
1659	CD	99 1/4	98 1/2	99 1/4	98 1/2
1659	B	99	98 2/5	99	98 1/2
1659	A	99 1/4	98 5/8	99 1/4	98 3/4
1660	MQ	99 1/2	98 1/2	99 1/2	98 1/2
1660	CD	99	98 1/2	99	98 1/2
1660	B	99	98 1/2	99	98 1/2
1660	A	99 1/4	98 1/2	99 1/4	98 1/2
1661	MQ	99 1/3	98 3/4	99	98 3/4
1661	CD	99 1/6	98 1/2	99	98 1/2
1661	B	99	98	99	98
1661	A	99 1/4	98 1/2	99 1/4	98 1/2
1662	MQ	99	98 1/2	99	98 1/2
1662	CD	99	98 1/4	99	98 1/4
1662	B	98 2/3	97 1/2	98 3/4	97 1/2
1662	A	98 3/4	98 1/4	98 3/4	98 1/4
1663	MQ	98 3/4	98	98 3/4	98
1663	CD	98 3/4	98 1/4	98 1/2	98 1/4
1663	B	99	98 1/2	99	98 1/2
1663	A	99	98	99	98
1664	MQ	99	98	99	98
1664	CD	99	98 1/2	99	98 1/2
1664	B	99 1/4	98 1/2	99 1/2	98 1/2

Messe		[AG1]	[AG2]	[NG1]	[NG2]
		rtlr.	rtlr.	rtlr.	rtlr.
1664	A	99	98 1/4	99	98 1/4
1665	MQ	99 1/2	99	99 1/2	99
1665	CD	99	98 1/2	99	98 1/2
1665	B	99 1/2	98 1/2	99 1/2	98 1/2
1665	A	99 1/4	98 1/2	99 1/4	98 1/2
1666	MQ	99 1/4	98 3/4	99 3/4	98 1/4
1666	CD	99 1/2	99 1/4	99 1/2	99 1/4
1666	B	99 1/2	99	99 1/2	99
1666	A	99	98 1/2	99	98 1/2
1667	MQ	99 1/2	99 1/2	99 1/2	98 1/2
1667	CD	99 3/4	99	99 3/4	99
1667	B	99 1/2	98 3/4	99 1/2	98 3/4
1667	A	99 1/2	99	99 1/2	99
1668	MQ	99 1/2	99	99 1/2	99
1668	CD	99 1/2	98 3/4	99 1/2	98 3/4
1668	B	99 1/2	98 3/4	99 1/2	98 3/4
1668	A	99 3/4	99	99 5/8	99
1669	MQ	99 1/2	98 3/4	99 1/2	98 3/4
1669	CD	99 1/2	98 3/4	99 1/2	98 3/4
1669	B	99	98 3/4	99	98 3/4
1669	A	99	98 1/2	99	98 1/2
1670	MQ	99 1/2	98 3/4	99 1/2	98 3/4
1670	CD	99 1/2	99	99 1/2	99
1670	B	99 1/4	98 1/4	99 1/4	98 1/4
1670	A	99	98 3/4	99	98 3/4
1671	MQ	99 1/4	97 3/4	99 1/4	97 3/4
1671	CD	99 1/4	98 1/2	99 1/4	98 1/2
1671	B	99 1/4	98 1/2	99 1/4	98 1/2
1671	A	99 1/4	98 1/2	99 1/4	98 1/2
1672	MQ	99 1/4	98 1/2	99 1/4	98 1/2
1672	CD	99 1/2	99	99 1/2	99
1672	B	99 1/2	99	99 1/2	99
1672	A	99 1/2	99	99 1/2	99
1673	MQ	99 1/2	99	99 1/2	99
1673	CD	99 1/2	99	99 1/2	99
1673	B	99 1/2	99	99 1/2	99
1673	A	99 1/2	99	99 1/2	99
1674	MQ	99 1/2	98 1/2	99 1/2	98 1/2
1674	CD	99 1/2	98 3/4	99 1/2	98 3/4
1674	B	99 1/4	98 1/4	99 1/4	98 1/4
1674	A	99 1/4	98 1/4	99 1/4	98 1/4
1675	MQ	99 1/2	98 1/2	99 1/2	98 1/2
1675	CD	99 1/2	98 1/2	99 1/2	98 1/2
1675	B	99 1/2	98 1/2	98	97
1675	A	99 1/2	98 1/2	98	97
1676	MQ	99 1/2	98	97 1/2	96 1/2

Messe		[AG1]	[AG2]	[NG1]	[NG2]
		rtlr.	rtlr.	rtlr.	rtlr.
1676	CD	99	98 1/2	96 1/2	95 1/2
1676	B	99 1/4	98 1/2	94 1/2	93 1/2
1676	A	99 1/2	98 1/2	95 1/2	94 1/2
1677	MQ	99 1/2	98 1/2	95	94 1/2
1677	CD	99 1/2	99	94 3/4	94
1677	B	99 1/2	98 1/2	94 1/2	93 1/2
1677	A	99 1/2	98 1/2	94	93
1678	MQ	99 1/2	98 1/4	92 1/2	91 1/2
1678	CD	99 1/4	98 1/2	92	91 1/2
1678	B	99 1/4	98 1/4	91 1/4	90 1/2
1678	A	99 1/2	98 1/2	91	90
1679	MQ	99 1/2	98 1/4	87 3/4	86 3/4
1679	CD	99 1/2	98 1/4	87 1/2	86 3/4
1679	B	99 1/2	99	92	91
1679	A	99 1/2	98 1/2	90	89 1/2
1680	MQ	99 1/2	98 1/4	89 1/2	89
1680	CD	99 1/2	98 3/4	90	89 1/4
1680	B	99 1/2	98 1/2	93 1/2	92
1680	A	99 1/4		93 1/4	
1681	MQ	99 1/2		90 1/2	
1681	CD	99 1/4	98 1/2	91 1/2	90 3/4
1681	B	99	98 1/2	91 1/2	90 3/4
1681	A	98 1/2	98	90	89 1/2
1682	MQ	99	98 1/4	90 1/2	89 3/4
1682	CD	97 1/4	98 3/4	91	90
1682	B	99	98 1/2	97 1/2	97
1682	A	99	98 1/4	97 1/2	97
1683	MQ	99	98 1/4	97 1/2	97
1683	CD	99	98 1/4	98	97 1/4
1683	B	99	98 1/4	98 1/2	98
1683	A	98 3/4	98 1/4	98 1/4	97 3/4
1684	MQ	98 1/2	98	98 1/4	97 1/2
1684	CD	99	98 1/4	98 1/2	97 3/4
1684	B	99	98 1/2	98 3/4	98
1684	A	99 1/4	98 1/4	98 3/4	98
1685	MQ	99 1/4	98 1/2	98 3/4	98
1685	CD	99 1/2	98 3/4	99	98 1/4
1685	B	99	98 1/2	98 1/2	98
1685	A	99	98 1/2	98 1/2	98
1686	MQ	99	98 1/2	98 1/2	98
1686	CD	99	98 1/2	98 1/2	98
1686	B	99	98	98 1/2	97 1/2
1686	A	98	98 1/4	98 1/4	97 3/4
1687	MQ	99	98 1/2	98 1/2	98
1687	CD	99	98 1/4	98 1/2	97 3/4
1687	B	99	98 1/4	98 1/2	97 3/4

Messe		[AG1]	[AG2]	[AG3]	[NG1]	[NG2]	[NG3]
		rtlr.	rtlr.	rtlr.	rtlr.	rtlr.	rtlr.
1687	A				98 1/2	97 3/4	
1688	MQ	99	98 1/2		98 1/2	98	
1688	CD	99	98 1/2		98 1/2	97 3/4	
1688	B	99	98 1/2		98 1/2	98	
1688	A	99	98 1/2		98 1/2	98	
1689	MQ	99 1/4	98 1/2		98 3/4	98	
1689	CD	99 1/2	93 1/2		98 1/2	99	
1689	B	99	98 1/4		98 1/2	97 3/4	
1689	A	99	98 1/2		98 1/2	98	
1690	MQ						
1690	CD	99	98		98	97 1/2	
1690	B	98 1/2	98 1/4		98	97 3/4	
1690	A	98 1/2	98		98	97 1/2	
1691	MQ	98 1/2	98		98	97 1/2	
1691	CD	98 3/4	98		98 1/4	97 1/2	
1691	B	98 1/2	98		98	97 1/2	
1691	A	98 3/4	97 3/4		98 1/4	97 1/2	
1692	MQ	99	97 3/4		98 1/2	97 1/4	
1692	CD	99	98		98 1/2	97 1/2	
1692	B	99	97 3/4		98 1/2	97 1/4	
1692	A	99	97 1/2		98 1/4	97	
1693	MQ						
1693	CD		94 1/2		98		92 1/2
1693	B	99	92 1/2	93 3/4	98 1/2	92	93
1693	A	98 1/2	92	92 1/2	98	91 1/2	92
1694	MQ	99	93	94	98 1/2	90 1/2	91 1/2
1694	CD	99	91 1/2	92 1/2	98 1/2	91	92
1694	B	98	92	93	97 1/2	91	92
1694	A	97 1/2	92	93	97	90 1/2	91 1/2
1695	MQ	97	92	93	96 1/2	90 1/2	91 1/2
1695	CD	95 2/3	94	94 1/4	95 1/5	93	93 1/2
1695	B	96 1/2	95 3/4	95 1/2	96	93 1/4	94
1695	A	96 1/2	95 3/4	96	96	95 1/4	95 1/2
1696	MQ	97 1/2	95 1/4	96	96 3/4	95	95 3/4
1696	CD	98	93 1/4	93 1/2	97 1/2	93	92 3/4
1696	B	97 1/4	92 1/2	93	96 3/4	92	92 1/2
1696	A	95	91 1/2	92	94 1/2	90 1/2	91
1697	MQ	94 1/3	91	93	94	90 1/2	92 1/2
1697	CD	95	91 3/4	92 3/4	94 1/2	91 1/4	92 1/4
1697	B	95 2/3	91 7/8	93	95 1/6	91 1/3	92 1/2
1697	A	96 1/3	93 3/4	94 1/4	95 4/5	93 1/4	93
1698	MQ	96	93 1/2	94 1/2	95	93	93
1698	CD	96	93 1/2	94 1/2	95 1/2	93	93
1698	B	95	92 1/2	93	94 1/2	92	92 1/2
1698	A	94 3/4	92 3/4	94 1/4	94 1/4	93 3/4	92 1/4
1699	MQ	95	93 1/2	95	94 1/2	93	91

Messe		[AG1]	[AG2]	[AG3]	[NG1]	[NG2]	[NG3]
		rtlr.	rtlr.	rtlr.	rtlr.	rtlr.	rtlr.
1699	CD	94 1/2	94	94	94	93 1/2	93 1/2
1699	B	95	94 1/4	95	94 1/2	93 3/4	94 1/2
1699	A	95	94	95 1/8	94 1/2	93 1/2	94 1/4
1700	MQ	95 3/4	94 1/6	94 2/3	95 1/4	93 2/3	94 1/8
1700	CD	95 1/4	94	94	94 3/4	93 1/2	93 1/2
1700	B	95	94 1/4	93	94 1/2	93 3/4	93
1700	A	95	93	93	94 1/2	92 1/2	93
1701	MQ	95	93	93 1/2	94 1/2	92 1/2	93
1701	CD	93 4/5	92 1/2	92 1/4	93 1/3	92	91 1/4
1701	B	94 1/8	93 3/4	92	91 1/2	93 1/4	91 1/2
1701	A	94	92	94	93 1/2	91 1/2	93 1/2
1702	MQ	94	94 1/2	95		94	94 1/2
1702	CD	94 1/3	93 2/3	95 1/3	94 4/5	93 1/8	94 4/5
1702	B	93 3/4	95 2/3	94 2/3	94 1/8	95 1/2	94 1/8
1702	A	93 2/3	97	99	98 1/2	96 1/2	
1703	MQ	95	98	100	99 1/2	97	99 1/2
1703	CD	97 7/8	96	100 1/4	99 3/4	95 1/2	99 3/4
1703	B	97	96	101	100 1/2	95 1/2	100 1/2
1703	A	98 1/2	97 1/2	101 1/2	101	97	101
1704	MQ	97	97	100		96 1/2	101
1704	CD	96 1/2	95 1/2	101	100 1/2	95	100 1/2
1704	B	96	98 1/2	99		98	98 1/2
1704	A	94 1/2	97	97 1/2	97	96 1/2	97
1705	MQ	95 1/2	98	99		97 1/2	98 1/2
1705	CD	95 1/2	98	98 1/2	98	97 1/2	98
1705	B	95	98 1/2	99		98	98 1/2
1705	A	94	98 1/2	98		98	98 1/4
1706	MQ	94	98	98 1/2	98	97 3/4	98
1706	CD	93 3/4	98	98 1/4	97 3/4	97 1/2	97 3/4
1706	B	93 1/2	98	98 3/4	98 1/4	97 1/2	98 1/4
1706	A	94	98 1/4	99	98 1/2	97 3/4	98 1/2
1707	MQ	94 2/3	98 3/4	99 1/4	98 3/4	98 3/4	98 3/4
1707	CD	94 2/3	98 3/4	99 1/8	98 2/3	98 1/4	98 2/3
1707	B	94 1/2	98 1/4	99	98 1/2	97 1/2	98 1/2
1707	A	94 1/3	98 1/4	99	98 1/2	97 1/2	98 1/2
1708	MQ	94 1/4	98 1/2	99	98 1/2	98 1/4	98 1/2
1708	CD	94 1/2	98	98 1/2	98	97 1/2	98
1708	B	94	98 1/2	99	98 1/2	98	98 1/2
1708	A	94	98 1/2	99	98 1/2	98	98 1/2
1709	MQ	93 1/2	98	98 1/2	98	97 1/2	98
1709	CD	93 1/2	98	98 3/4	98 1/4	97 1/2	98 1/4
1709	B	94 1/2	98 1/2	99	98 1/2	98	98 1/2
1709	A	94 3/4	98 1/2	99	98 1/2	98	98 1/2
1710	MQ	94 1/2	98 1/4	99	98 1/2	97 3/4	98 1/2
1710	CD	94 1/3	98 1/2	98 3/4		98	98 1/3
1710	B	94 1/3	98 1/4	99	98 1/2	97 3/4	98 1/2

Messe		[AG1]	[AG2]	[AG3]	[NG1]	[NG2]	[NG3]
		rtlr.	rtlr.	rtlr.	rtlr.	rtlr.	rtlr.
1710	A	94 1/2	98 1/2	99		98	98 1/2
1711	MQ	95	99	99 1/4	98 3/4	98 1/2	98 3/4
1711	CD	94 1/4	98 1/2	99	98 1/2	98	98 ½
1711	B	95	98 1/2	99	98 1/2	98	98 1/2
1711	A	94 1/2	98 1/2	99	98 1/2	98	98 1/2
1712	MQ	94	99	98 3/4	98 1/4	98 1/2	98 1/4
1712	CD	94 1/6	98 1/2	99	98 1/2	98 1/4	98 1/2
1712	B	94 2/5	98 2/3	98 3/4	98 1/4	98 1/6	98 1/4
1712	A	94 2/5	98 1/2	99	98 1/2	98	98 1/2
1713	MQ	94 1/2	99	99	98 1/2	98 1/2	98 1/2
1713	CD	94	98 1/2	99	98 1/2	98 1/4	98 1/2
1713	B	95	98 2/3	99	98 1/2	98 1/6	98 1/2
1713	A	94	98 1/2	99	98 1/2	98	98 1/2
1714	MQ	94 1/2	98 1/2	99	98 1/2	98	98 1/2
1714	CD	94 1/3	98 2/3	99	98 1/2	98 1/6	98 1/2
1714	B	93 1/2	98 3/4	99	98 1/2	98 1/4	98 1/2
1714	A	93 1/2	98 3/4	99	98 1/2	98 1/4	98 1/2
1715	MQ	95 1/3	98	99	98 1/2	97 1/2	98 1/2
1715	CD	94 1/2	98 1/2	99	98 1/2	100	98 1/2
1715	B	97 3/4	98 1/2	99 1/2	99	98	99
1715	A	96	98	98 3/4	98 1/4	97 1/2	98 1/4
1716	MQ	96	99	99 1/4	99 1/4	99	99 1/4
1716	CD	95 1/2	98 1/2	99	98 3/4	98 1/4	98 3/4
1716	B	96	97 1/2	98 1/2	98 1/4	97 1/4	98 1/4
1716	A	96	98 1/2	99	98 3/4	98 1/4	98 3/4
1717	MQ	96	98 1/2	99	99	98 1/2	99
1717	CD	96	98 3/4	99	99	98 1/2	99
1717	B	96	98 1/4	97 1/4	99	98	99
1717	A	96	98 1/4	99	99	98	99
1718	MQ	96	98 3/4	99		98 3/4	99
1718	CD						
1718	B						
1718	A						
1719	MQ	96	98 1/2	99 1/4		98 1/2	99
1719	CD	96	98 1/2	99		98 1/4	99
1719	B	96	98 1/2	99 1/4		98 1/2	99 1/4
1719	A	96	98 1/4	99	99	98	
1720	MQ	96	98 1/4	99		98	98 3/4
1720	CD	96	98 3/4	97 1/4	99	98 1/2	99
1720	B						
1720	A						
1721	MQ	96	98	99	98 3/4	97 3/4	
1721	CD						
1721	B	96	98 1/2	99 1/4	99	98 1/4	
1721	A	96	98 1/2	99	99	98 1/4	
1722	MQ	96	98 1/4	99 1/4	99	98	

Messe		[AG1]	[AG2]	[AG3]	[NG1]	[NG2]
		rtlr.	rtlr.	rtlr.	rtlr.	rtlr.
1722	CD	96	98 1/4	99 1/4	99	98 1/2
1722	B	97	98 1/2	99 1/4	99	98 1/4
1722	A	96	98 1/2	99 1/4	99	98 1/4
1723	MQ					
1723	CD	96	98 3/4	99 1/4	99	98 1/2
1723	B	96	98 3/4	99 1/4	99	98 1/2
1723	A	96	98 3/4	99 1/4	99	98 1/2
1724	MQ					
1724	CD	96	98 3/4	99 1/4	99	98 1/2
1724	B					
1724	A	96	98 1/2	99 1/4	99	98 1/4
1725	MQ	96	98 1/2	99	99	98 1/4
1725	CD	96	98 3/4	99 1/4	99	98 1/2
1725	B	96	98 3/4	99 1/4	99	98 1/2
1725	A					
1726	MQ	96	98 1/4	99	99	98 1/4
1726	CD	95 3/4	99 1/2	99	99	98 1/8
1726	B	96	99 1/2	99 1/4	99	98 1/4
1726	A	95 3/4	98 1/4	99	99	98
1727	MQ	96	98 1/4	99 1/8	98 7/8	97 7/8
1727	CD	95 3/4	98 1/4	99	99	98
1727	B	96 1/4	98 1/4	99 1/4	99	98
1727	A	95 1/2	98	99	98 3/4	97 3/4
1728	MQ					
1728	CD	96 1/4	98 1/4	99 1/4	99	98
1728	B	96 1/2	98 1/2	99 1/2	99 1/4	98 1/4
1728	A	95 1/2	98 1/8	99 1/4	99	98
1729	MQ	96 1/4	98 1/2	99 1/4	99	98 1/4
1729	CD	96 1/2	98 1/2	99 1/4	99 1/8	98 1/4
1729	B	96 3/4	98 3/4	99 5/8	99 1/2	98 1/2
1729	A	97	98 1/3	99 1/2	99 1/4	98 1/8
1730	MQ	96 1/2	98 5/8	99 3/8	99 1/4	98 1/2
1730	CD	96 5/8	91	99 3/8	99 1/4	98 3/8
1730	B	96 7/8	99	99 2/3	99 1/2	98 3/4
1730	A	97 1/3	98 1/2	99 1/2	99 1/2	98 1/4
1731	MQ					
1731	CD	96 1/4	98 1/6	99 1/8	98 7/8	98 1/2
1731	B	97	99	99 2/3	99 1/2	98 3/4
1731	A	97 1/8	98 3/4	99 1/2	99 1/4	98 1/2
1732	MQ	96 1/5	97 7/8	99 1/3	99 1/8	97 3/5
1732	CD	96	98	99 1/3	99 1/8	97 7/8
1732	B	97	98 3/4	99 1/4	99	98 1/2
1732	A	97	98 1/2	99 1/4	99	98 1/4
1733	MQ	96 1/4	97 3/4	99 3/8	99 1/8	97 1/2
1733	CD	96 1/4	98 3/8	99 1/2	99 3/8	98 1/4
1733	B	97 1/8	98 1/2	99 3/8	99 1/8	98 2/3

Messe		[AG1]	[AG2]	[AG3]	[NG1]	[NG2]
		rtlr.	rtlr.	rtlr.	rtlr.	rtlr.
1733	A	91	98 1/2	99	98 3/4	98 1/4
1734	MQ	96 1/2	97 3/4	99 1/8	98 7/8	97 1/2
1734	CD	96	98 1/4	99 1/4	99	98 1/8
1734	B	97 1/2	98 7/8	99 3/4	99 1/2	98 2/3
1734	A	97 1/4	98 3/4	99 3/4	99 1/2	98 1/2
1735	MQ	97	98 1/4	99 3/4	99 1/2	98
1735	CD	97	98 1/4	99 3/4	99 1/2	98
1735	B	97 3/4	99 1/4	100	99 3/4	99 1/8
1735	A	97 1/2	99	99 3/4	99 1/3	99
1736	MQ	97	97 7/8	99 1/2	99 1/4	97 3/4
1736	CD	96 3/4	98 1/2	99 1/2	99 1/4	98
1736	B	97	98 3/4	99 1/2	99 1/4	98 1/2
1736	A	97 1/4	98 1/2	99 1/2	99 1/4	98 1/4
1737	MQ		95	96	99	97 2/3
1737	CD		93	94	99 1/2	98
1737	B		94	95 1/2	99 2/3	98 1/2
1737	A		96 1/2	97	99 1/2	96
1738	MQ		97 1/2	98 7/8	99 3/4	97 7/8
1738	CD		97 5/8	98 1/4	99 1/2	98 7/8
1738	B		95 1/2	98	99 1/2	98
1738	A		96	96 3/4	99	98 1/4
1739	MQ		98	98 3/4	99 1/2	98 3/4
1739	CD		98 3/4	99 1/8	99 1/2	99 1/8
1739	B	98 1/2	97 3/4	98 1/2	99 1/2	98 7/8
1739	A		97 7/8	98 3/8	99	98 1/2
1740	MQ	99 1/8	98 1/2		99 1/2	98 7/8
1740	CD		98 1/2	98 1/2	99	99
1740	B		98	98 1/2	99	98 1/2
1740	A		97 1/2	98 1/4	98 3/4	98
1741	MQ		97 3/4	98 1/2	99	98 1/4
1741	CD		98	99	99 1/4	98 1/4
1741	B		97 3/4	98 5/8	98 3/4	98 1/4
1741	A		98		99 1/4	98 1/2
1742	MQ		97 1/2		99 1/4	98
1742	CD			99 1/4	99 1/4	

Tab. 4.21: Wechselkurse der Bozner Messen auf Augsburg und Nürnberg von 1742 bis 1811[a]

[AG4] Gulden moneta lunga für 100 Gulden (Augsburger) Kurant
- ab 1770 (CD) Gulden Meßvaluta für 100 Gulden Augsburger Kurant
- ab 1805 (MQ) Gulden Wiener Währung für 100 Gulden Augsburger Kurant
- ab 1806 (B) Gulden Reichswährung für 100 Gulden Augsburger Kurant [4. O]

[AG5] Gulden moneta lunga für 100 Gulden zahlbar in Doppie zu 7½ Gulden [5. O]

[NG4] Gulden moneta lunga für 100 Gulden Kurant
- ab 1770 (CD) Gulden Meßvaluta für 100 Gulden Kurant
- ab 1805 (MQ) Gulden Wiener Währung für 100 Gulden Kurant
- ab 1806 (B) Gulden Reichswährung für 100 Gulden Kurant [4. O]

[NG5] Gulden moneta lunga für 100 Gulden zahlbar in Doppie zu 7½ Gulden
- ab 1770 (CD) Gulden Meßvaluta für 100 Gulden zahlbar in Doppie zu 7½ Gulden [5. O]

Messe		[AG4]	[AG5]	[NG4]	[NG5]
		fl.	fl.	fl.	fl.
1742	B	99	95 1/2	99	95 3/4
1742	A	99 1/4	95 1/4	99	95 1/4
1743	MQ	100	96 3/4	99 3/4	96 1/2
1743	CD	100	96	99 3/4	96
1743	B	99 1/2	96 1/2	99 1/4	96
1743	A	99 3/4	96 3/4	99 1/2	96 1/2
1744	MQ	100 3/4	96 3/4	100 1/2	96 1/4
1744	CD	100 1/2	96	100	95 1/2
1744	B	100 1/4	95 1/2	100	91
1744	A	99 3/8	95 1/2	99 1/2	95 1/2
1745	MQ	100 3/4	96 1/2	100 1/3	96 1/4
1745	CD	100 3/4	96 1/2	100 1/4	96
1745	B	101 1/2	97 1/2	101	96
1745	A	101 1/2	97 1/2	101 1/4	97 1/2
1746	MQ	102	98 1/4	101 1/2	98 1/4
1746	CD	101 1/2	97 1/2	101	97 1/2
1746	B	99 1/3	95 1/2	98 7/8	95 1/2
1746	A	99 1/2	96 1/4	99 1/2	96 1/4
1747	MQ	99 3/4	95 3/4	99 1/4	95 3/4
1747	CD	100	96 1/2	99 3/4	96 1/4
1747	B	100 1/4	97	99 3/4	96 1/2
1747	A	99 1/2	96	99 1/4	96
1748	MQ	100 1/4	96 1/2	100	96 1/2
1748	CD	100	95 3/4	99 3/4	95 3/4

Messe		[AG4]	[AG5]	[NG4]	[NG5]
		fl.	fl.	fl.	fl.
1748	B	100 3/4	97 1/4	100 1/2	97
1748	A	99 1/2	96	99 1/4	95 3/4
1749	MQ	100	96 1/4	99 3/4	96 3/4
1749	CD	100	96 1/4	99 3/4	96 1/4
1749	B	100	96 1/4	99 3/4	96 1/4
1749	A	100 1/2		100 1/4	
1750	MQ	99 3/4			
1750	CD	100 1/4	95 3/4		
1750	B	100 1/4	96		96
1750	A	100 1/4	96	100 1/4	95 3/4
1751	MQ	99 1/2	95		95 1/4
1751	CD	99 1/2		99 1/2	
1751	B	99	94		94
1751	A	98	93 1/2		
1752	MQ	98	93 1/2	98	93 1/2
1752	CD	99	95	99	95
1752	B	98 1/2	94 1/2	98 1/4	94 1/2
1752	A	97 3/4	92 1/2		93 3/4
1753	MQ	100	95	100	94 3/4
1753	CD	99 1/2	94	99	94
1753	B	100	94		94
1753	A	99 3/4			
1754	MQ	100 3/4	95 3/4		95 3/4
1754	CD	100 1/2	95		94 3/4
1754	B	100	94 3/4		94 3/4
1754	A	100 1/2	94		94
1755	MQ	100 1/2	94		94
1755	CD	99	94		93 3/4
1755	B	100 1/2	93 1/2		93 1/2
1755	A	100 1/2	94		
1756	MQ	101 1/2	94 3/4	101	94 1/2
1756	CD	100	94 1/2		
1756	B	101	95	101 1/2	95 1/2
1756	A	100 1/2	94 3/4		
1757	MQ	101	94 3/4	101	94 3/4
1757	CD	101	95		
1757	B	102	96		96
1757	A	101 1/4	96		96
1758	MQ	101 1/2	96 1/2		96 1/2
1758	CD	101	96		95 3/4
1758	B	101	95 2/3		95 2/3
1758	A	100	96		
1759	MQ	101 3/4	96		96
1759	CD	100 3/4			
1759	B	100 3/4			
1759	A	99 3/4			

Messe		[AG4]	[AG5]	[NG4]	[NG5]
		fl.	fl.	fl.	fl.
1760	MQ	100	96 3/8		
1760	CD	99 1/2	96		96
1760	B	99 1/2	96 1/2	99 1/2	96 3/4
1760	A	99 1/2		99 3/4	97
1761	MQ	99 3/4	97 3/4		96 3/4
1761	CD	100	96 3/4		
1761	B	100 1/2	96 3/4		96 3/4
1761	A	99 1/2	97		
1762	MQ	98 7/8	97		97 3/4
1762	CD	98 1/2	97 1/2		97
1762	B	99 1/4	98	98	97 3/4
1762	A	98 3/4			
1763	MQ	98	96 1/2		96 3/4
1763	CD	96 3/4			95 1/2
1763	B	97 1/2			
1763	A	96 1/2			
1764	MQ	97 3/4			
1764	CD	96 3/4	95 3/4		
1764	B	98 2/5		97 1/8	
1764	A	97 1/2			96 1/2
1765	MQ	98 3/4			98
1765	CD	97 3/4			
1765	B	98		97 3/4	97
1765	A	98			
1766	MQ	99		98 1/2	
1766	CD	99	96 3/5	97 1/2	96 1/8
1766	B	97 1/4		96 3/4	94 1/2
1766	A	99 1/6			95 2/3
1767	MQ	99 1/4			
1767	CD	99			96 1/2
1767	B	99 1/2		98	
1767	A	98 1/4			
1768	MQ	99 1/2			
1768	CD	98 1/4			
1768	B	99 1/4		98 3/4	97
1768	A	99 1/4		98 1/4	
1769	MQ	99 1/2			
1769	CD	98 1/4			
1769	B	98 3/4		98 3/4	
1769	A	98 1/4			
1770	MQ	99 1/4		99	
		fl.	fl.	fl.	fl.
1770	CD	100			99 1/2
1770	B	100 1/2			
1770	A	99 3/4		99 1/2	
1771	MQ	100 1/4			

Messe		[AG4]	[NG4]
		fl.	fl.
1771	CD	99 1/2	
1771	B	100 1/4	
1771	A	99 3/4	99 3/4
1772	MQ	100	
1772	CD	99 3/4	99 1/4
1772	B	100	99 1/4
1772	A	100	99 3/4
1773	MQ	100	99 3/4
1773	CD	100	99 3/4
1773	B	99 1/2	99 1/4
1773	A	99 3/4	
1774	MQ	99 3/4	
1774	CD	99 1/2	
1774	B	99 1/2	
1774	A	99 3/4	
1775	MQ	100 1/2	
1775	CD	99 3/4	99
1775	B	100	
1775	A	99 3/4	
1776	MQ	100 1/2	
1776	CD	100	
1776	B	100	
1776	A	99 3/4	
1777	MQ	101	
1777	CD	100 1/2	99 3/4
1777	B	101 3/4	
1777	A	100 3/4	
1778	MQ	101 1/2	101
1778	CD	101	
1778	B	100 1/2	
1778	A	100 1/4	
1779	MQ	101 1/4	100 1/2
1779	CD		
1779	B	100 1/2	100 1/4
1779	A	99 1/2	
1780	MQ	100 1/2	
1780	CD	99 1/4	98 3/4
1780	B		
1780	A		
1781	MQ		
1781	CD	99 3/4	
1781	B	100	
1781	A	99 1/3	
1782	MQ	100	
1782	CD	99	
1782	B	99 3/4	

Messe		[AG4]	[NG4]
		fl.	fl.
1782	A	98 1/2	
1783	MQ		
1783	CD	98 3/4	
1783	B	99 1/2	
1783	A	99	
1784	MQ	99	
1784	CD	98 1/2	
1784	B	99	
1784	A	98 1/2	
1785	MQ	99	
1785	CD	98 3/4	
1785	B	99 1/2	
1785	A	99 1/2	
1786	MQ	99 1/2	
1786	CD	99 1/2	
1786	B	99	
1786	A	99	
1787	MQ	98 3/4	
1787	CD	99 1/4	
1787	B	98 3/4	
1787	A	99	
1788	MQ	100	
1788	CD	98 3/4	
1788	B	99	
1788	A	98 1/2	
1789	MQ	98 3/4	
1789	CD	98 1/2	
1789	B	98 1/2	
1789	A	98	
1790	MQ	98 1/2	
1790	CD	98	
1790	B	98 3/4	
1790	A	98 1/2	
1791	MQ	98 1/2	
1791	CD	97 3/4	
1791	B		
1791	A	98	
1792	MQ	98 1/2	
1792	CD	98	
1792	B	99 1/2	
1792	A	99 1/2	
1793	MQ	100	
1793	CD	99 1/2	
1793	B	100	
1793	A	98 3/4	
1794	MQ		

Messe		[AG4]	[NG4]
		fl.	fl.
1794	CD		
1794	B	99 1/2	
1794	A	98	
1795	MQ	99 1/2	
1795	CD	98	97 3/4
1795	B		
1795	A	98 3/4	
1796	MQ		
1796	CD		
1796	B		
1796	A	99 1/2	
1797	MQ		
1797	CD	99 1/2	
1797	B	99 1/2	
1797	A	99 7/8	
1798	MQ	100 1/2	
1798	CD	100	
1798	B	100	
1798	A	99 1/2	
1799	MQ	100 1/2	
1799	CD	100 1/2	
1799	B	102	
1799	A	101 3/4	
1800	MQ	101 1/2	
1800	CD	101 1/2	
1800	B	100 1/4	
1800	A	100	
1801	MQ	100 1/4 [b]	
1801	CD	100 1/4	
1801	B	100 1/3	
1801	A	100	
1802	MQ		
1802	CD	100	
1802	B	99 1/2	
1802	A	99	
1803	MQ	100	

Messe		[AG4]	[NG4]
		fl.	fl.
1803	CD	99 3/4	
1803	B	100	
1803	A	99 3/4	
1804	MQ	100 2/3	
1804	CD	99 1/2	
1804	B	99 1/2	
1804	A	99 1/4	
		fl.	fl.
1805	MQ	130	
1805	CD	129 3/4	
1805	B	134 3/4	
1805	A	147 3/4	
1806	MQ	156	
1806	CD	172 3/4	
		fl.	fl.
1806	B	97 1/2	
1806	A	99	
1807	MQ	98 3/4	
1807	CD	99	
1807	B	98 1/4	
1807	A	99	
1808	MQ	99 1/2	99 1/4
1808	CD	99 1/4	
1808	B	99 1/2	
1808	A	99 1/2	
1809	MQ	99 1/2	
1809	CD		
1809	B		
1809	A		
1810	MQ	99 1/2	
1810	CD	99 1/2	
1810	B	99 1/4	
1810	A	99 1/2	
1811	MQ	99 1/2	
1811	CD	99 3/4	

Anmerkung:

[a] Die letzte Notierung auf Nürnberg erfolgte auf der Andreämesse 1817 mit 99 Gulden 15 Kreuzern Konventionskurant für 100 Gulden Kurant.

[b] Nach der Vorschlagsliste für die *conto*-Festsetzung auf dieser Messe, für welche kein offizieller Kurszettel gefunden werden konnte; SLA, A.M.M., 3.7.43, fasc. 11, fol. 287.

Tab. 4.22: Wechselkurse der Bozner Messen auf Augsburg von 1811 bis 1850

[AG6] Lire italiane für 1 Gulden Augsburger Kurant
- ➢ ab 1813 (A) Gulden und Kreuzer Konventionskurant für 100 Gulden Augsburger Kurant
- ➢ ab 1840 (CD) Gulden Konventionskurant für 100 Gulden Augsburger Kurant
- ➢ ab 1848 (MQ) Gulden und Kreuzer Konventionskurant für 100 Gulden Augsburger Kurant [6. O]

[AG7] Lire italiane für 100 Gulden Augsburger Kurant
- ➢ ab 1813 (A) Gulden Konventionskurant für 100 Gulden Augsburger Kurant [dez.]

Ab 1840 (CD) erfolgen die Kursnotierungen auf Augsburg in zwei Usancen: 20 Tage dato und 90 Tage dato.

Messe		[AG6]		[AG7]
		l.		l.
1811	B	2,52 1/2		252,50
1811	A	2,52 1/2		252,50
1812	MQ	2,52		252,00
1812	CD	2,52 1/2		252,50
1812	B	2,55 1/6		255,17
1812	A	2,56		256,00
1813	MQ	2,53		253,00
1813	CD	2,51		251,00
1813	B			
		fl.	xr.	fl.
1813	A	99	45	99,75
1814	MQ	99		99,00
1814	CD	99		99,00
1814	B	100		100,00
1814	A	100		100,00
1815	MQ	100		100,00
1815	CD	100	15	100,25
1815	B	100		100,00
1815	A	100		100,00
1816	MQ	100	30	100,50
1816	CD	100	30	100,50
1816	B	100	20	100,33
1816	A	99	45	99,75
1817	MQ	100	30	100,50
1817	CD	100		100,00
1817	B	99	45	99,75
1817	A	99	15	99,25
1818	MQ	99	30	99,50

Messe		[AG6]		[AG7]
		fl.	xr.	fl.
1818	CD	100		100,00
1818	B	99	37 1/2	99,63
1818	A	99	45	99,75
1819	MQ	100		100,00
1819	CD	99	45	99,75
1819	B	100	20	100,33
1819	A	100	30	100,50
1820	MQ	100		100,00
1820	CD	99	15	99,25
1820	B	99	40	99,67
1820	A	99	30	99,50
1821	MQ	100		100,00
1821	CD	99	30	99,50
1821	B	99	30	99,50
1821	A	99	15	99,25
1822	MQ	99	30	99,50
1822	CD	99	20	99,33
1822	B	99		99,00
1822	A	99	15	99,25
1823	MQ	100		100,00
1823	CD	99	45	99,75
1823	B	99		99,00
1823	A	99	20	99,33
1824	MQ	98	45	98,75
1824	CD	98	30	98,50
1824	B	99		99,00
1824	A	99	15	99,25
1825	MQ	99	15	99,25

Messe		[AG6]		[AG7]
		fl.	xr.	fl.
1825	CD	99		99,00
1825	B	99	20	99,33
1825	A	99	40	99,67
1826	MQ	99	40	99,67
1826	CD	99	30	99,50
1826	B	99	45	99,75
1826	A	99	40	99,67
1827	MQ	99	30	99,50
1827	CD	99	15	99,25
1827	B	99	15	99,25
1827	A	99	36	99,60
1828	MQ	99	36	99,60
1828	CD	99	30	99,50
1828	B	99	20	99,33
1828	A			
1829	MQ	99	40	99,67
1829	CD	99	30	99,50
1829	B	99	45	99,75
1829	A	99	40	99,67
1830	MQ	99	40	99,67
1830	CD	99	20	99,33
1830	B	99	40	99,67
1830	A	99	45	99,75
1831	MQ	100		100,00
1831	CD	99	30	99,50
1831	B	99	30	99,50
1831	A	99	30	99,50
1832	MQ	99	40	99,67
1832	CD	99	30	99,50
1832	B	99	30	99,50
1832	A	99	30	99,50

Messe		[AG6]		[AG7]
		fl.	xr.	fl.
1833	MQ	99	30	99,50
1833	CD	99	20	99,33
1833	B	98	45	98,75
1833	A	99	15	99,25
1834	MQ	99	30	99,50
1834	CD	99	15	99,25
1834	B	99		99,00
1834	A	99	15	99,25
1835	MQ	99	40	99,67
1835	CD	99	15	99,25
1835	B	99	30	99,50
1835	A	99	30	99,50
1836	MQ	99	40	99,67
1836	CD	98	45	98,75
1836	B	99	15	99,25
1836	A	100		100,00
1837	MQ	100		100,00
1837	CD	99	40	99,67
1837	B	100		100,00
1837	A	99	40	99,67
1838	MQ	100		100,00
1838	CD	99	36	99,60
1838	B	99	40	99,67
1838	A	99	45	99,75
1839	MQ	100		100,00
1839	CD	99	45	99,75
1839	CD	99	45	99,75
1839	B	99	45	99,75
1839	A	99	50	99,83
1840	MQ	99	45	99,75

Messe		[AG6]	[AG7]	[AG6]	[AG7]
		20 Tage		90 Tage	
		fl.	fl.	fl.	fl.
1840	CD	99 2/3	99,67	98	98,00
1840	B	99 7/8	99,88	98 1/2	98,50
1840	A	99 7/8	99,88	98 1/2	98,50
1841	MQ	99 1/2	99,50	98 3/8	98,38
1841	CD	99 1/2	99,50	98 1/4	98,25
1841	B	99 1/2	99,50	98 1/4	98,25
1841	A	99 1/4	99,25	98	98,00
1842	MQ	98 1/2	98,50	97 1/2	97,50
1842	CD	98 1/8	98,13	97	97,00
1842	B	98 3/4	98,75	97 1/3	97,33
1842	A	98 3/4	98,75	97 1/2	97,50

Messe		[AG6]		[AG7]	[AG6]		[AG7]
		20 Tage			90 Tage		
		fl.		fl.	fl.		fl.
1843	MQ	98	3/4	98,75	97	1/2	97,50
1843	CD	98	1/2	98,50	97		97,00
1843	B	98	1/2	98,50	97		97,00
1843	A	98	1/3	98,33			
1844	MQ	98		98,00	97		97,00
1844	CD	97	3/5	97,60	96	1/3	96,33
1844	B	98	1/2	98,50	97		97,00
1844	A	97	3/4	97,75	96	1/2	96,50
1845	MQ	98		98,00	96	3/4	96,75
1845	CD	97	3/4	97,75	96	1/2	96,50
1845	B	98	1/4	98,25	97		97,00
1845	A	98	3/4	98,75	97	1/2	97,50
1846	MQ	98	7/8	98,88	97	1/2	97,50
1846	CD	98	1/4	98,25	97	1/4	97,25
1846	B	98	1/2	98,50	97	1/3	97,33
1846	A	99	1/8	99,13	98		98,00
1847	MQ	99		99,00	97	5/8	97,63
1847	CD	98	1/2	98,50			
1847	B	98	5/8	98,63	97	1/2	97,50
1847	A	99	2/3	99,67	98		98,00
		fl.	xr.	fl.	fl.	xr.	fl.
1848	MQ						
1848	CD	102		102,00			
1848	B						
1848	A						
1849	MQ	101		101,00	99	30	99,50
1849	CD	100	15	100,25	99	45	99,75
1849	B	100		100,00	98	30	98,50
1849	A	109		109,00			
1850	MQ	100	15	100,25	98	45	98,75
1850	CD						

4.10 DIE PLÄTZE DER ÖSTERREICHISCHEN MONARCHIE BZW. DES KAISERTUMS ÖSTERREICH: WIEN UND PRAG

Wien als das Zentrum der Österreichischen Monarchie bzw. des Kaisertums Österreich hatte für Bozen und seine Messen vom Beginn der offiziellen Kursnotierung eine zentrale Rolle als Wechselmarkt, auch wenn die Kaiserstadt im europäischen Vergleich ein eher ‚junger' Wechselplatz war. Erst während des Dreißigjährigen Krieges gewann Wien als ein Zielpunkt der internationalen Subsidien für den Kaiser Bedeutung auch als Wechselmarkt.[233] Spätestens seit den 1620er Jahren wurde Wien über Venedig und seit 1636 über die Genuesischen Bisenzone-Messen an das internationale bargeldlose Zahlungsverkehrssystem angebunden.[234] Auch wenn darüber hinaus von relativ regelmäßigen Notierungen auf Wien aus dem oberdeutschen Raum – vor allem von Augsburg – im 17. Jahrhundert mit großer Wahrscheinlichkeit auszugehen ist, erscheint Wien noch nicht im wichtigsten Wechselhandbuch der Zeit, van Veldens „Fondamment van der Wisselhandeling" (1629). Erst im 18. Jahrhundert, als zuerst Hamburg (ab 1718), dann italienische Plätze und ab 1758/60 Amsterdam ihre Notierungen auf Wien begannen,[235] wurde Wien zu einem mitteleuropäischen Finanzzentrum und zugleich zum unbestritten wichtigsten, ja dominierenden Wechselmarkt in der Österreichischen Monarchie,[236] über das der weitaus größte Teil der internationalen Transaktionen dieses Raumes im bargeldlosen Zahlungsverkehr abgewickelt wurde. Die vergleichsweise späte Entwicklung des Wiener Wechselmarktes wird nicht zuletzt daran deutlich, daß eine offizielle Kursfeststellung in Wien erst mit der Gründung der Börse zum 1. September 1771 einsetzte.[237] Für die vorherige Zeit stehen zum Teil noch recht unregelmäßig Kursnotierungen seit der Bayerisch-österreichischen Münzkonvention (1753) zur Verfügung. In Wien wurden vorrangig mitteleuropäische (Augsburg, Nürnberg, Frankfurt, Hamburg, Breslau, Prag) und nordwesteuropäische (Amsterdam, London) Plätze notiert, dazu in Italien Venedig sowie als Intermediär die Bozner Messen. Allerdings endeten die meist unregelmäßigen Angaben auf Frankfurt, Breslau, Nürnberg und Bozen bereits in den 1760er oder anfangs der 1770er Jahre.[238] Während die offiziellen Kurszettel ab September 1771 auch Paris,

---

233 Vgl. Hildegard ERNST, Madrid und Wien 1632–1637. Politik und Finanzen in den Beziehungen zwischen Philipp IV. und Ferdinand II., Münster 1991, S. 286–290; Hermann KELLENBENZ, Geldtransfer für Graf Oñate, in: Histoire économique du monde méditerranéen 1450–1650. Mélanges en l'honneur de Fernand Braudel, Toulouse 1973, S. 277–298.

234 SCHNEIDER u.a. (Hrsg.), Währungen der Welt III, S. 197–199, 330f.

235 DENZEL, Integration, S. 92–94.

236 Ebd., S. 94.

237 Franz BALTZAREK, Die Geschichte der Wiener Börse. Öffentliche Finanzen und privates Kapital im Spiegel einer österreichischen Wirtschaftsinstitution, Wien 1973, S. 25–28.

238 Jürgen SCHNEIDER u.a. (Hrsg.), Statistik der Geld- und Wechselkurse in Deutschland und im Ostseeraum im 18. und 19. Jahrhundert (= Quellen und Forschungen zur Historischen Statistik von

Livorno, Mailand sowie weiterhin Frankfurt, Nürnberg und Breslau aufführten,[239] konnten (relativ) regelmäßige Kursreihen für die ersten Jahre nur für Amsterdam, London, Hamburg, Augsburg und Venedig (sowie Prag) zusammengestellt werden, auch wenn die übrigen genannten Plätze sowie darüber hinaus Bozen, Leipzig, Brüssel, Graz und Linz in zeitgenössischen Handelspraktiken als Wechselpartner Wiens genannt werden.[240] 1780 begannen dann Notierungen auf Konstantinopel (sowie kurzzeitig auf Saloniki), 1786 auf Genua, Mailand und Livorno. Damit band Wien seit dem ausgehenden 18. Jahrhundert das Osmanische Reich in zahlungsverkehrstechnischer Hinsicht an Mitteleuropa an und verstärkte zugleich seine Verbindungen nach Italien.[241] Spätestens in den 1790er Jahren, als es infolge der katastrophalen Lage der österreichischen Staatsfinanzen zu einer massiven Belebung von Wechselhandel und Wechselspekulation an der Wiener Börse kam,[242] hatte das Finanzzentrum der Österreichischen Monarchie eine internationale Bedeutung erlangt, die der anderer europäischer Metropolen nicht mehr nachstand. – Daß Bozen Wien bereits seit 1633 notierte, d.h. schon zu einer Zeit, als Wien noch keine größere internationale Bedeutung besaß, ist sicherlich auf die gemeinsame Zugehörigkeit zum Herrschaftsbereich der Habsburger zurückzuführen.

Darüber hinaus begann Bozen mit der Umstellung seines Kurszettels zur Bartholomäusmesse 1742 auch eine Notierung auf Prag. Nachdem die böhmische Metropole nach dem Umzug des kaiserlichen Hofes nach Wien 1611 deutlich an ökonomischer Attraktivität verloren und insbesondere im Bankwesen und Zahlungsverkehr eher provinziellen Charakter angenommen hatte, bildete sich in Prag erst im 18. Jahrhundert im Gefolge des Aufstiegs mehrerer Kaufmanns-Bankiers ein Wechselmarkt heraus:[243] „Vor Alters hat man daselbsten in Wechseln wenig gethan, seither einigen Jahren aber hat dieses Negotium vermittelst gepflogener Correspondenz mit andern ausländischen Wechsel-Plätzen ziemlicher Massen zugenommen, also daß in dergleichen considera-

---

Deutschland, Bd. XII), St. Katharinen 1993, S. 235–253; ders. u.a. (Hrsg.), Währungen der Welt VI, S. 239–253; DENZEL, Handbook, S. 261–278.

239 Vgl. BALTZAREK, Börse, S. 28.

240 G[ERHARDT] (Hrsg.), Nelkenbrechers Taschenbuch eines Banquiers und Kaufmanns [1775], S. 252; ders. (Hrsg.), Nelkenbrechers Taschenbuch der Münz- Maaß- und Gewichtskunde [1798], S. 290.

241 DENZEL, Integration, S. 93.

242 KAUFHOLD, Fonds- und Wechselbörsen, S. 123.

243 Antonín KOSTLÁN, Rozvoj peněžního oběhu v 16.–18. století [Die Entwicklung des Geldumlaufs im 16.–18. Jahrhundert], in: František VENCOVSKÝ (Hrsg.), Dějiny bankovnictví v českých zemích [Die Geschichte des Bankwesens in den böhmischen Ländern], Praha 1999, S. 30–54, hier: S. 45f.; Markus A. DENZEL, Prag als Finanzplatz im internationalen Zahlungsverkehr: Wechselkurse vom 18. Jahrhundert bis in die Zeit der Ersten Republik, in: Prager Wirtschafts- und Sozialhistorische Mitteilungen 2, 1995, S. 25–56, hier: S. 25f.; ders., Die Integration von Prag in das internationale bargeldlose Zahlungsverkehrssystem, in: Joachim MÖLLER / Marek NEKULA (Hrsg.), Wirtschaft und Kommunikation. Beiträge zu den deutsch-tschechischen Wirtschaftsbeziehungen, München 2002, S. 139–159, hier: S. 143–145.

ble Dinge verrichtet werden."[244] Unter den Prager Wechselhändlern war der Kaufmanns-Bankier Johann Antonio Georg Pradatsch wohl für die Bozner Messen von besonderer Bedeutung, da dessen Tod 1765 von Regierungsseite dem Merkantilmagistrat offiziell bekannt gegeben wurde.[245] Der spätestens seit den 1730er Jahren auch überregional bemerkenswerte Aufschwung des Prager Wechselmarktes, der bisweilen auch Zahlungen zwischen Bozen und den Leipziger Messen vermittelte,[246] ist sicherlich als Grund dafür zu sehen, daß Bozen seit 1742 Prag notierte – wie im übrigen auch mehrere andere, ‚benachbarte' Wechselplätze dies taten, so unter anderem Hamburg ab 1741, Wien (nachweisbar) ab 1750/54 und die Leipziger Messen (nachweisbar) ab den 1760er Jahren.[247] Ein größerer und anderen mitteleuropäischen Wechselplätzen von überregionaler und internationaler Reputation vergleichbarer Rayon an Prager Kursnotierungen ist hingegen erst für das ausgehende 18. Jahrhundert aus den zeitgenössischen Handelspraktiken ersichtlich: Prag notierte die zentralen nordwesteuropäischen Wechselmärkte Amsterdam, London und Paris, dazu in Italien Venedig und innerhalb des Reiches das Finanzzentrum der Österreichischen Monarchie Wien, für den Norden Hamburg, in Oberdeutschland Augsburg und Nürnberg, dazu die Leipziger Messen als Intermediär nach Norden und Westen sowie Breslau als einen wichtigen ostmitteleuropäischen Platz im Brandenburg-preußischen Staat und als Intermediär nach Polen.[248]

Auf den Bozner Messen wurde Wien im 17. Jahrhundert in Reichstaler Giro für 100 Reichstaler (Kurant) bei einer Usance von einem Monat dato (nach Mandich 33 bis 34 Tage) notiert.[249] Solange der Reichstaler Kurant in Wien in etwa gleich dem Reichstaler Giro in Bozen war, schwankten die Kursnotierungen nur geringfügig um die Parität. Als Kaiser Leopold I. zur Finanzierung des Türkenkriegs 1659 eine neue Münzordnung erließ, nach der Sechs- und Fünfzehn-Kreuzer-Stücke ausgegeben werden konnten, die – wie die Tiroler Zehn-Kreuzer-Stücke – nicht mehr mit dem Münzfuß des Talers übereinstimmen mußten, führte dies dazu, daß sechs Fünfzehner (= 90 Kreuzer) oder 15 Sechser (= 90 Kreuzer) deutlich weniger Silber enthielten als ein Taler (= 90 Kreuzer). Die Einschmelzung von Talern und die Ausgabe von minderwertigen Sechsern und Fünfzehnern in großen Mengen – allein 1664/65 außerhalb Tirols etwa 90 Millionen Stück – brachte zwar kurzzeitigen Gewinn, aber zugleich setzte ein inflationärer Prozeß ein, der die Bozner Kurse auf Wien ab dem Sommer 1665 deut-

244 HERBACH, Wechsel-Handlung [1716], S. 178; ders., Europäische Wechselhandlung [1756/57], S. 150.

245 SLA, A.M.M., 3.7.11, fasc. 15, fols. 102–107.

246 MEINERT, Handelsbeziehungen, S. 89.

247 SCHNEIDER u.a. (Hrsg.), Statistik der Geld- und Wechselkurse in Deutschland und im Ostseeraum, S. 176–179, 245–247; DENZEL (Hrsg.), Währungen der Welt X, S. 54f., 103.

248 DENZEL, Prag als Finanzplatz, S. 27–29; ders., Integration von Prag, S. 145, 153, 156.

249 ROSSO, Informatione per più chiara inteligenza de' Cambij [1680], S. 23; MANDICH, Geld- und Kreditwesen, S. 504, 507.

lich sinken ließ.[250] Aufgrund dieses ab 1665 festzustellenden Wertverlustes des Reichstalers Kurant wurde ab 1693 eine zweite Notierung auf Wien eingerichtet, und zwar für 100 Taler „in moneta" oder ab 1729 „in correnti", wie es sie im übrigen auch für Augsburg und Nürnberg gab. „In moneta" bezeichnete dabei die Wechselzahlung in realen Münzen, und zwar in ganzen, halben und Viertel-Speciestalern, in Kaiserlichen 17- und Sieben-Kreuzer-Stücken, während der Reichstaler zu 30 Kaisergroschen oder zu 90 Kreuzern oder zu 1½ Gulden eine fingierte Recheneinheit darstellte. Dem Speciestaler entsprachen 40 Kaisergroschen oder 120 Kreuzer und somit 1 1/3 Reichstaler.[251]

Mit der Neugestaltung des Bozner Kurszettels auf der Batholomäusmesse 1742 wurde auch die Notierungsweise für Wien umgestellt; nunmehr notierte man Gulden moneta lunga für 100 Gulden Kurant. In dieser Form erfolgten auch die zeitgleich begonnenen Notierungen auf Prag. Der Gulden zu 60 Kreuzern (= ⅔ des Reichstalers) war zugleich die Einheit, in der in Wien und Prag traditionell Buch und Rechnung geführt wurden,[252] so daß die Bozner Notierungsweise nunmehr der faktischen kaufmännischen Rechnungsweise angepaßt wurde. Seit 1750 brachte die Österreichische Monarchie ihren Gulden zu 60 Kreuzern zu 11,69 Gramm Feinsilber aus, was einem 20-Gulden-Fuß entsprach. Seit dem Abschluß einer entsprechenden Münzkonvention mit dem Kurfürstentum Bayern 1753 wurde dieser Münzfuß als Konventionsfuß, das in diesem Fuß ausgebrachte Kurantgeld als Konventionskurant bezeichnet.[253]

Kurz vor Ende des Siebenjährigen Krieges (1762) begann die Emission von Papiergeld, den sogenannten Bancozetteln des Wiener Stadtbanco, die im weiteren Verlauf und vor allem während der Koalitionskriege gegen das revolutionäre Frankreich seit den 1790er Jahren drastisch zunahm und den Kurs des Gulden Konventionskurant deutlich verschlechterte, zumal 1797 Zwangskurs für diese Bancozettel, die sogenannte Wiener Währung, verordnet und 1800 ihre Einlösbarkeit in Edelmetall suspendiert wurde. Als im Gefolge des Dritten und Fünften Koalitionskrieges (1805 bzw. 1809) der Umlauf an Papiergeld auf etwa 1,06 Milliarden Gulden angestiegen war (März 1811),[254] wurde durch Patent vom 20. Februar 1811 – das sogenannte „Bankrottpatent", das de facto den Staatsbankrott verkündete – der Wert der Bancozettel auf ein Fünftel ihres Nennwertes reduziert und diese gegen Einlösungsscheine, ein neues Pa-

---

250 MOSER / TURSKY, Die Münzstätte Hall in Tirol [1981], S. 10–12; dies., Die Münzstätte Hall in Tirol [1984], S. 134–140; dies., Die Münzstätte Hall in Tirol [1977], S. 300f. – Im übrigen schloß sich auch der Tiroler Landesherr, Erzherzog Sigismund Franz (1662–1665), der Münzpolitik Leopolds I. an und nutzte den steigenden Silberpreis, um seit dem 20. Juni 1664 in kurzer Zeit etwa 2,25 Millionen (minderwertige) Fünfzehner prägen zu lassen. Als nach dem Tode Erzherzog Sigismund Franz' am 25. Juni 1665 Tirol und die Vorlande an Kaiser Leopold I. fielen, wurde die bisherige Münzpolitik in Tirol beendet und die Prägung der Fünfzehner, die bald auf 12 Kreuzer abgewertet werden mußten, eingestellt.

251 HERBACH, Wechsel-Handlung [1716], S. 178.

252 Ebd.

253 Siehe *Kapitel 3.3.*

254 PRIBRAM (Hrsg.), Geschichte der Preise und Löhne, Bd. 1, S. 53.

piergeld, umgetauscht.[255] Damit fiel der Kurs der Wiener Währung gegenüber Konventionskurant, der im Dezember 1810 1.158 und Anfang März 1811 noch gut 830 Gulden Wiener Währung für 100 Gulden Konventionskurant) betragen hatte, auf ‚nur' noch 165 Anfang April 1811, um allerdings rasch wieder zu steigen.[256] Die Wiener Währung, d.h. das umlaufende Staatspapiergeld, bildete vom 1. Februar 1812 an das alleinige Währungsgeld. Dazu kamen 1813/14, d.h. während der Befreiungskriege, die sogenannten Antizipationsscheine, deren unmäßige Ausgabe das Versprechen von 1811, die Menge der Einlösungsscheine nicht weiter zu erhöhen, umging. Da 1815 der Gesamtumlauf an Wiener Währung bereits wieder knapp 700 Millionen Gulden betrug, deren Kurs um 350 Gulden Wiener Währung für 100 Gulden Konventionskurant schwankte, wurde am 1. Juni 1816 die Privilegierte Österreichische Nationalbank eingerichtet, die das umlaufende Papiergeld schrittweise einlösen sollte, was bis in die 1830er Jahre in großem Umfang geschah. Dies gelang infolge der Gewinnung von Provinzen mit relativ geordneten Finanzverhältnissen und von Kontributionszahlungen nach der siegreichen Beendigung der Befreiungskriege.[257] Von Ende 1818 bis Ende 1820 stabilisierte sich der Kurs der Wiener Währung gegenüber Konventionskurant auf etwa 250 Gulden Wiener Währung für 100 Gulden Konventionskurant, so daß im September 1824 letztmals eine Kursnotierung für Wiener Währung im Kurszettel der Wiener Börse erfolgte.[258] Bereits am 20. Mai 1818 war die Wiener Börse in ihrer Notierungsweise zum Konventionskurant zurückgekehrt.[259]

Bozen, das während der französischen Besatzung bzw. der Zugehörigkeit zum Königreich Italien 1811–1813 Wien in seinem Kurszettel nicht mit einer Kursangabe versehen hatte, notierte nach der schrittweisen Wiedereingliederung Tirols in das Kaisertum Österreich den Kurs auf Wien daher vorläufig weiterhin für Wiener Währung. Allerdings bereits auf der Bartholomäusmesse 1816 wurde die Notierungsweise auf Gulden und Kreuzer Konventionskurant umgestellt, allerdings bis 1840 mit dem Zusatz „in pezzi da Car. 20", d.h. in Zwanzig-Kreuzer-Stücken, während die Rubrik für Kursangaben „per Fior. 100 corr." kein einziges Mal ausgefüllt wurde. Die Bozner Kursnotierung geschah somit, wie in dieser Zeit von annähernd allen europäischen Plätzen auf Wien, für effektives Geld und hierbei für die seit der Zeit Josephs II. in der Österreichischen Monarchie sehr beliebten 20-Kreuzer-Stücke. Hintergrund dieser vergleichsweise frühen Umstellung der Notierung auf Konventionskurant war wohl, daß sich nach der Gründung der Privilegierten Österreichischen Nationalbank die Sanierung des österreichischen Währungswesens abzuzeichnen begann.

---

255 Vgl. Paul STIASSNY, Der österreichische Staatsbankrott von 1811, Wien – Leipzig 1912, S. 77.

256 SCHNEIDER u.a. (Hrsg.), Statistik der Geld- und Wechselkurse in Deutschland und im Ostseeraum, S. 254; DENZEL, Handbook, S. 255.

257 ZELLFELDER, Währungsprobleme der Donaumonarchie, S. 124f.

258 Jürgen SCHNEIDER / Oskar SCHWARZER (Hrsg.), Statistik der Geld- und Wechselkurse in Deutschland (1815–1913) (= Quellen und Forschungen zur Historischen Statistik von Deutschland, Bd. XI), St. Katharinen 1990, S. 464.

259 PRIBRAM (Hrsg.), Geschichte der Preise und Löhne, Bd. 1, S. 57.

Die Notierung für Konventionskurant wurde auch beibehalten, als im Gefolge der Revolutionswirren der Jahre 1848/49 die österreichische Währung wieder deutlich an Wert verlor, da die Wiener Regierung am 21. Mai 1848 den Noten der Nationalbank Zwangskurs verlieh, am 12. Juni diesen Jahres die Bareinlösung der Noten suspendierte und somit das Vertrauen des Publikums in die Währung teilweise verspielte. Dazu kam es zur Finanzierung der Kriegsausgaben 1849 erneut zur Ausgabe von Staatspapiergeld in verschiedenen Kategorien – Tresorscheine in Lombardo-Venetien, Anweisungsscheine in Ungarn – und in großem Umfang, das ohne Deckung in Umlauf gesetzt wurde, während die Noten der Nationalbank zu 87,45% ungedeckt waren.[260] Die Bozner Kursangaben auf Wien hielten in dieser Zeit unbeirrt an der Fiktion einer Notierung in Konventionskurant für Papiergeld fest, auch wenn in Tirol in gleicher Weise wie in Wien nur noch Papiergeld umlief.[261] Erst um die Jahresmitte 1850 hatte sich die währungspolitische Situation wieder soweit entspannt, daß die Bozner Notierung auf Wien wieder dem Niveau der Jahre vor 1848 entsprach.

In den folgenden Tabellen werden nur Originalnotierungen dokumentiert, wobei die seit der Bartholomäusmesse teilweise in Gulden und Kreuzern Konventionskurant notierten Kurse auf Wien (Datenreihe WI3) auch in dezimalisierter Form angegeben werden (Datenreihe WI4). Ab 1840 (CD) erfolgen die Kursnotierungen auf Wien in zwei Usancen: 20 Tage dato und 90 Tage dato.

---

260 Ebd., S. 58; ZELLFELDER, Währungsprobleme, S. 126f.

261 Siehe *Kapitel 3.6*.

Tab. 4.23: Wechselkurse der Bozner Messen auf Wien von 1633 bis 1816

[WI1] Reichstaler Giro für 100 Reichstaler Kurant [O]
[WI2] Reichstaler Giro für 100 Reichstaler „in moneta“ bzw. „in corrente“,

- ab 1742 (B) Gulden moneta lunga für 100 Gulden Kurant (ab 1753 Konventionskurant)
- ab 1770 (CD) Gulden Meßvaluta für 100 Gulden Konventionskurant bzw. für 100 Gulden Wiener Währung
- ab 1805 (MQ) Gulden Wiener Währung für 100 Gulden Wiener Währung
- ab 1806 (B) Gulden Reichswährung für 100 Gulden Wiener Währung
- ab 1813 (A) Gulden Konventionskurant für 100 Gulden Wiener Währung [2. O]

Messe		[WI1]
		rtlr.
1633	A	96
1634	MQ	98
1634	CD	99
1634	B	98
1634	A	97
1635	MQ	98
1635	CD	98
1635	B	101 1/2
1635	A	100
1636	MQ	101 1/2
1636	CD	102
1636	B	99
1636	A	101
1637	MQ	101 1/2
1637	CD	101
1637	B	101
1637	A	101
1638	MQ	100
1638	CD	99 1/2
1638	B	99 1/2
1638	A	100
1639	MQ	98
1639	CD	102
1639	B	101
1639	A	100
1640	MQ	101
1640	CD	98 1/2
1640	B	100 2/3
1640	A	100
1641	MQ	100
1641	CD	100
1641	B	100 1/2
1641	A	99 1/2
1642	MQ	99 1/2
1642	CD	98 1/2
1642	B	97 2/3
1642	A	98 3/4
1643	MQ	98 1/4
1643	CD	98 1/2
1643	B	98 1/2
1643	A	98 1/2
1644	MQ	99
1644	CD	99
1644	B	99
1644	A	98 1/2
1645	MQ	99
1645	CD	98
1645	B	97 1/2
1645	A	98 1/2
1646	MQ	98 1/2
1646	CD	99
1646	B	99
1646	A	99
1647	MQ	98 1/4
1647	CD	98 1/2
1647	B	97 1/2
1647	A	97 1/2
1648	MQ	98
1648	CD	98
1648	B	98 1/2
1648	A	100
1649	MQ	100 3/4
1649	CD	100 1/2
1649	B	100
1649	A	99
1650	MQ	98
1650	CD	98 1/2
1650	B	98 1/2
1650	A	99
1651	MQ	99
1651	CD	98 3/4
1651	B	99
1651	A	99
1652	MQ	98 1/4
1652	CD	98 1/2
1652	B	98 3/4
1652	A	99
1653	MQ	98 1/2
1653	CD	98 3/4
1653	B	98
1653	A	98
1654	MQ	98 1/2
1654	CD	96 7/8
1654	B	98
1654	A	98 1/2
1655	MQ	98 1/2
1655	CD	97 3/4
1655	B	98
1655	A	98 3/4
1656	MQ	100
1656	CD	100
1656	B	99 1/4
1656	A	98 2/3

Messe		[WI1]
		rtlr.
1657	MQ	99
1657	CD	99 1/2
1657	B	100
1657	A	100
1658	MQ	99 1/4
1658	CD	99
1658	B	98 1/2
1658	A	99
1659	MQ	99 1/6
1659	CD	99 1/4
1659	B	98 3/4
1659	A	99 1/2
1660	MQ	99 1/2
1660	CD	99
1660	B	99
1660	A	98 1/2
1661	MQ	98 3/4
1661	CD	98 1/2
1661	B	99
1661	A	99
1662	MQ	98
1662	CD	98
1662	B	98
1662	A	98
1663	MQ	97 1/2
1663	CD	98
1663	B	98
1663	A	98 1/2
1664	MQ	99
1664	CD	99
1664	B	99
1664	A	99
1665	MQ	98
1665	CD	99
1665	B	96
1665	A	92 [a]
1666	MQ	95
1666	CD	95
1666	B	94
1666	A	94
1667	MQ	94
1667	CD	94
1667	B	93 1/2
1667	A	93 1/2
1668	MQ	94
1668	CD	93 3/4

Messe		[WI1]
		rtlr.
1668	B	93 1/2
1668	A	94
1669	MQ	95 1/2
1669	CD	95 1/2
1669	B	95 1/2
1669	A	95 1/2
1670	MQ	95
1670	CD	95
1670	B	94 3/4
1670	A	94 3/4
1671	MQ	95
1671	CD	95 1/2
1671	B	95 1/2
1671	A	96
1672	MQ	96
1672	CD	95 1/2
1672	B	95 3/4
1672	A	94 1/2
1673	MQ	95
1673	CD	96 1/2
1673	B	96 1/2
1673	A	96
1674	MQ	96 1/4
1674	CD	95 3/4
1674	B	95 1/2
1674	A	94 1/2
1675	MQ	94 1/2
1675	CD	94
1675	B	93
1675	A	92 1/2
1676	MQ	91
1676	CD	90 1/2
1676	B	88 1/2
1676	A	87
1677	MQ	89
1677	CD	88 1/2
1677	B	88 1/2
1677	A	88 3/4
1678	MQ	89
1678	CD	88 1/3
1678	B	87 1/2
1678	A	87
1679	MQ	86 1/2
1679	CD	86 1/4
1679	B	86 1/2
1679	A	87

Messe		[WI1]
		rtlr.
1680	MQ	84 1/2
1680	CD	86
1680	B	85 1/2
1680	A	84 1/8
1681	MQ	84 1/4
1681	CD	81 1/4
1681	B	84 3/4
1681	A	85 7/8
1682	MQ	86 1/3
1682	CD	85 7/8
1682	B	85 1/2
1682	A	85 7/8
1683	MQ	86 3/4
1683	CD	89
1683	B	
1683	A	88
1684	MQ	87 1/4
1684	CD	89 1/2
1684	B	88 1/3
1684	A	88 3/5
1685	MQ	88 3/4
1685	CD	87 3/5
1685	B	88 1/4
1685	A	86 1/5
1686	MQ	85 1/6
1686	CD	85 1/2
1686	B	88 3/4
1686	A	87 3/5
1687	MQ	86 1/6
1687	CD	85 2/3
1687	B	86 1/2
1687	A	
1688	MQ	86
1688	CD	87
1688	B	88
1688	A	86 1/6
1689	MQ	85 3/4
1689	CD	86 2/5
1689	B	85 1/3
1681	A	85 7/8
1682	MQ	86 1/3
1682	CD	85 7/8
1682	B	85 1/2
1682	A	85 7/8
1683	MQ	86 3/4
1683	CD	89

Messe		[WI1]	[WI2]
		rtlr.	rtlr.
1683	B		
1683	A	88	
1689	A	86	
1690	MQ		
1690	CD	85	
1690	B	83 1/4	
1690	A	82 1/2	
1691	MQ	82 1/2	
1691	CD	81 3/5	
1691	B	82	
1691	A	82	
1692	MQ	82	
1692	CD	82 1/4	
1692	B	81 1/3	
1692	A	81 1/4	
1693	MQ		
1693	CD	75	
1693	B	75 1/2	91
1693	A	74 1/2	
1694	MQ	75	89 1/2
1694	CD	76	91
1694	B	75	91
1694	A	73	88
1695	MQ	71 2/3	88 3/4
1695	CD	71 1/4	89 1/4
1695	B	70 2/3	89 2/3
1695	A	70	88
1696	MQ	72 2/3	90
1696	CD	74	88
1696	B	72 1/2	88
1696	A	71	87
1697	MQ	71	87 1/3
1697	CD	73 1/2	90
1697	B	74 1/8	91 1/3
1697	A	75 1/2	91 2/3
1698	MQ	74 2/5	92
1698	CD	76 2/5	93 1/2
1698	B	76 1/6	93 2/3
1698	A	75 1/4	94
1699	MQ	74 2/3	93 2/5
1699	CD	74 7/8	93 2/3
1699	B	74 3/5	93 4/5
1699	A	74 3/4	93 1/2
1700	MQ	74 1/2	91 2/3
1700	CD	75	92 1/4

Messe		[WI1]	[WI2]
		rtlr.	rtlr.
1700	B	75 1/2	92 3/5
1700	A		91 2/5
1701	MQ	74 1/8	91 1/3
1701	CD	72 2/3	90
1701	B	73 1/2	91 1/8
1701	A	73	91 1/4
1702	MQ	71 1/2	90 4/5
1702	CD	72	91
1702	B	72 1/3	91
1702	A	73	97 1/3
1703	MQ	72 1/2	96 1/2
1703	CD	73 1/4	96 1/2
1703	B	71 1/2	96 1/2
1703	A	73 1/3	97
1704	MQ	74	97 1/8
1704	CD	75 1/6	97 1/3
1704	B	75 1/3	98
1704	A	73 3/4	97 1/4
1705	MQ	75	98 4/5
1705	CD	74 2/3	98 1/3
1705	B	75	99 1/6
1705	A	74 1/5	98
1706	MQ	73 1/2	97 1/2
1706	CD	73 1/2	97 1/2
1706	B	73 1/2	98
1706	A	73 2/3	98 1/2
1707	MQ	74	99 1/4
1707	CD	75	99 1/2
1707	B	75	99
1707	A	74 1/3	99
1708	MQ	74	98
1708	CD	74	98
1708	B	74	98
1708	A	74 1/3	98 3/4
1709	MQ	74	98 3/4
1709	CD	74 1/3	99
1709	B	74 1/3	98 7/8
1709	A	74	98 3/4
1710	MQ	73 1/2	97
1710	CD	73 1/2	97 3/4
1710	B	74 1/6	98
1710	A	74 1/2	98 1/2
1711	MQ	74	98 1/2
1711	CD	73 2/3	98 1/3
1711	B	75	98 7/8

Messe		[WI1]	[WI2]
		rtlr.	rtlr.
1711	A	73 1/8	98
1712	MQ	73 1/2	98 1/4
1712	CD	73 1/2	98
1712	B	73 2/3	98 1/3
1712	A	73 4/5	98 2/5
1713	MQ	73 1/2	98
1713	CD	73	98
1713	B	73 1/2	98
1713	A	74	98 3/4
1714	MQ	74	98 1/2
1714	CD	74 1/3	99 1/8
1714	B	74 1/4	99
1714	A	74	98 3/4
1715	MQ	75 1/4	99 1/3
1715	CD	76 1/3	99 1/2
1715	B	76 1/2	99 3/4
1715	A	75 1/5	98 3/4
1716	MQ	75 3/5	99 1/4
1716	CD	75 3/4	98 1/2
1716	B	76 1/5	99
1716	A	75 7/8	99
1717	MQ	77 2/5	99
1717	CD	75 1/3	99 1/4
1717	B	74 1/3	99
1717	A	74 3/4	99
1718	MQ	76	98 3/4
1718	CD		
1718	B		
1718	A		
1719	MQ	75 2/5	99
1719	CD	73 3/5	98 3/4
1719	B	74 4/5	98 3/4
1719	A	75 1/4	98 1/2
1720	MQ	74 2/3	98 3/4
1720	CD	74	98 3/4
1720	B		
1720	A		
1721	MQ	76	98 3/4
1721	CD		
1721	B	75	98 1/2
1721	A	74	98 3/4
1722	MQ	75 2/5	98 3/4
1722	CD	75 1/2	98 3/4
1722	B	75	98 3/4
1722	A	74 3/4	98 3/4
1723	MQ		

Messe		[WI1]	[WI2]
		rtlr.	rtlr.
1723	CD	74 3/5	98 3/4
1723	B	75 1/3	99
1723	A	74	99 1/4
1724	MQ		
1724	CD	75 2/5	99 1/4
1724	B		
1724	A	74 1/4	98 3/5
1725	MQ	74 1/2	98 1/2
1725	CD	74 3/4	98 1/2
1725	B	74 1/2	98 1/2
1725	A		
1726	MQ	74 2/3	98 3/4
1726	CD	74 1/2	98 3/4
1726	B	75	99
1726	A	74 1/4	98 3/4
1727	MQ	74 2/3	98 3/4
1727	CD	75	98 3/4
1727	B	74 1/4	99
1727	A	74 1/4	98 1/2
1728	MQ		
1728	CD	74	98 1/2
1728	B	74 1/4	99 1/4
1728	A	74 3/4	99 1/8
1729	MQ	74 1/5	99
1729	CD	74 1/4	99
1729	B	74 1/3	99
1729	A	74 1/2	99 1/4
1730	MQ	74 1/2	99
1730	CD	74 1/3	99
1730	B	74 1/3	99 1/8
1730	A	74 3/4	99 1/4
1731	MQ		
1731	CD	74 2/3	98 3/4
1731	B	74	98 3/4
1731	A	74 7/8	98 1/2
1732	MQ	74 4/5	98 3/4
1732	CD	74 4/5	99
1732	B	74 1/4	99
1732	A	74	98 3/4
1733	MQ	74 1/8	98 1/2
1733	CD	74 1/2	98 3/4
1733	B	75 3/5	98 1/2
1733	A	74 1/2	98 1/4
1734	MQ		98 1/2
1734	CD		98 1/4
1734	B		98 1/4

Messe		[WI2]
		rtlr.
1734	A	98 1/4
1735	MQ	98 1/4
1735	CD	98 1/4
1735	B	99 1/6
1735	A	99
1736	MQ	98 1/2
1736	CD	99
1736	B	98 1/2
1736	A	98 1/2
1737	MQ	98 3/4
1737	CD	99
1737	B	98 1/4
1737	A	98
1738	MQ	98 1/3
1738	CD	98 1/2
1738	B	98 1/2
1738	A	98
1739	MQ	98 1/4
1739	CD	98
1739	B	99 1/2
1739	A	98 1/3
1740	MQ	98 1/4
1740	CD	92 1/2
1740	B	97
1740	A	96 1/2
1741	MQ	97
1741	CD	96 1/4
1741	B	96 1/2
1741	A	97 1/4
1742	MQ	98 1/4
1742	CD	99 1/4
		fl.
1742	B	97
1742	A	97 1/2
1743	MQ	99
1743	CD	99
1743	B	98
1743	A	98 1/2
1744	MQ	99 1/2
1744	CD	98 1/2
1744	B	97
1744	A	96 3/4
1745	MQ	98 1/4
1745	CD	97 3/4
1745	B	98
1745	A	97 3/4

Messe		[WI2]
		rtlr.
1746	MQ	98 1/4
1746	CD	98 1/2
1746	B	98 2/5
1746	A	100
1747	MQ	99
1747	CD	98 1/2
1747	B	99 1/4
1747	A	97 1/4
1748	MQ	97 1/4
1748	CD	97 1/4
1748	B	98 3/4
1748	A	97 1/2
1749	MQ	99 3/4
1749	CD	98 3/4
1749	B	98 3/4
1749	A	100
1750	MQ	98 7/8
1750	CD	99 1/4
1750	B	99 1/4
1750	A	99 1/4
1751	MQ	99
1751	CD	98
1751	B	98
1751	A	96 1/2
1752	MQ	97
1752	CD	97 3/4
1752	B	97 1/2
1752	A	96 1/2
1753	MQ	98 3/4
1753	CD	98
1753	B	99
1753	A	98
1754	MQ	99
1754	CD	98 7/8
1754	B	99 1/2
1754	A	99
1755	MQ	98 3/4
1755	CD	97 3/4
1755	B	97
1755	A	97 1/2
1756	MQ	99
1756	CD	99
1756	B	100
1756	A	99
1757	MQ	99
1757	CD	98 3/4

Messe		[WI2]
		rtlr.
1757	B	98 3/4
1757	A	99
1758	MQ	99 3/4
1758	CD	99
1758	B	98 4/5
1758	A	98 1/2
1759	MQ	99 3/4
1759	CD	98 3/4
1759	B	98 1/2
1759	A	97 1/2
1760	MQ	98 3/4
1760	CD	98 3/4
1760	B	98 1/2
1760	A	98
1761	MQ	98 3/4
1761	CD	99
1761	B	99 1/2
1761	A	98 1/4
1762	MQ	99
1762	CD	98 3/4
1762	B	99 3/4
1762	A	98 3/4
1763	MQ	98
1763	CD	97
1763	B	97 3/4
1763	A	97 1/4
1764	MQ	98 3/4
1764	CD	96 1/2
1764	B	98
1764	A	98
1765	MQ	99
1765	CD	98
1765	B	98
1765	A	98
1766	MQ	99 1/2
1766	CD	97 3/4
1766	B	97 1/4
1766	A	98 1/6
1767	MQ	98
1767	CD	98 1/4
1767	B	98
1767	A	98 1/2
1768	MQ	99 3/4
1768	CD	98
1768	B	99
1768	A	99

Messe		[WI2]
		fl.
1769	MQ	99
1769	CD	98 1/4
1769	B	98 1/2
1769	A	98
1770	MQ	99 1/4
		fl.
1770	CD	100 1/2
1770	B	100 3/4
1770	A	100
1771	MQ	100
1771	CD	99
1771	B	100
1771	A	99 1/2
1772	MQ	100
1772	CD	99 3/4
1772	B	100
1772	A	100
1773	MQ	99 1/3
1773	CD	99
1773	B	98 3/4
1773	A	98
1774	MQ	99
1774	CD	98 1/2
1774	B	98 1/2
1774	A	98 1/2
1775	MQ	99
1775	CD	99
1775	B	99 1/4
1775	A	99
1776	MQ	99 1/4
1776	CD	99
1776	B	99 1/2
1776	A	99 1/2
1777	MQ	99 3/4
1777	CD	100
1777	B	100
1777	A	100
1778	MQ	100
1778	CD	101
1778	B	99
1778	A	100
1779	MQ	101
1779	CD	100 1/2
1779	B	
1779	A	99 1/2
1780	MQ	99 1/2

Messe		[WI2]
		fl.
1780	CD	98 3/4
1780	B	
1780	A	
1781	MQ	
1781	CD	99
1781	B	99 3/4
1781	A	99
1782	MQ	100
1782	CD	99
1782	B	99
1782	A	98 1/2
1783	MQ	
1783	CD	99
1783	B	99 1/2
1783	A	99
1784	MQ	99
1784	CD	98 1/2
1784	B	99
1784	A	98 1/2
1785	MQ	99
1785	CD	98 3/4
1785	B	99 1/2
1785	A	99 1/2
1786	MQ	99 1/2
1786	CD	
1786	B	99
1786	A	
1787	MQ	98 1/4
1787	CD	98 1/2
1787	B	98 1/4
1787	A	98 3/4
1788	MQ	100
1788	CD	98 1/2
1788	B	98 1/2
1788	A	
1789	MQ	98 1/4
1789	CD	98
1789	B	98 1/2
1789	A	98
1790	MQ	98
1790	CD	97 1/2
1790	B	
1790	A	98
1791	MQ	98
1791	CD	97
1791	B	

Messe		[WI2]
		fl.
1791	A	
1792	MQ	98
1792	CD	97 1/4
1792	B	99
1792	A	99
1793	MQ	98 3/4
1793	CD	98 3/4
1793	B	99
1793	A	98 1/4
1794	MQ	
1794	CD	
1794	B	99 1/4
1794	A	98 1/4
1795	MQ	99
1795	CD	97 3/4
1795	B	
1795	A	98 1/4
1796	MQ	
1796	CD	
1796	B	
1796	A	98 1/2
1797	MQ	
1797	CD	97 1/4
1797	B	97
1797	A	97 1/5
1798	MQ	98 1/2
1798	CD	97 3/4
1798	B	98
1798	A	97 1/2
1799	MQ	95 3/4
1799	CD	94
1799	B	91 1/2
1799	A	91
1800	MQ	87 3/4
1800	CD	85 1/2
1800	B	83
1800	A	85 1/4
1801	MQ	[b] 88 1/4
1801	CD	86 1/4
1801	B	84 1/4
1801	A	86 1/4
1802	MQ	
1802	CD	82
1802	B	77 1/2
1802	A	75 1/2
1803	MQ	78

Messe		[WI2]
		fl.
1803	CD	74 3/4
1803	B	75
1803	A	75 1/2
1804	MQ	74 1/2
1804	CD	73
1804	B	72 7/8
1804	A	74 1/2
		fl.
1805	MQ	99 1/2
1805	CD	99
1805	B	98 1/2
1805	A	99
1806	MQ	99
1806	CD	99

Messe		[WI2]
		fl.
1806	B	53
1806	A	52
1807	MQ	48 1/2
1807	CD	49
1807	B	46 3/4
1807	A	49
1808	MQ	46
1808	CD	41 1/2
1808	B	41 5/8
1808	A	43 1/2
1809	MQ	41 1/4
1809	CD	
1809	B	
1809	A	
1810	MQ	30 1/2

Messe		[WI2]
		fl.
1810	CD	24 1/4
1810	B	22 1/4
1810	A	
[...]		
		fl.
1814	MQ	27 1/2
1814	CD	28 1/2
1814	B	25
1814	A	23
1815	MQ	22
1815	CD	15
1815	B	18
1815	A	
1816	MQ	18 3/5
1816	CD	

Anmerkungen:

[a] „Auf der Andreämesse 1665 scheint diese Anmerkung auf: ‚in moneta', d.h. die erdichteten Wiener Taler sind jetzt in Kleinmünzen umtauschbar, weshalb sie [...] niedriger bewertet werden" (MANDICH, Geld- und Kreditwesen, S. 520 Anm. 84).

[b] Nach der Vorschlagsliste für die *Conto*-Festsetzung auf dieser Messe, für welche kein offizieller Kurszettel gefunden werden konnte; SLA, A.M.M., 3.7.43, fasc. 11, fol. 287.

Tab. 4.24: Wechselkurse der Bozner Messen auf Wien von 1816 bis 1850

[WI3] Gulden und Kreuzer Konventionskurant für 100 Gulden Konventionskurant, zahlbar in Zwanzig-Kreuzer-Stücken
- ab 1840 (CD) Gulden Konventionskurant für 100 Gulden Konventionskurant, zahlbar in Zwanzig-Kreuzer-Stücken
- ab 1848 (MQ) Gulden und Kreuzer Konventionskurant für 100 Gulden Konventionskurant, zahlbar in Zwanzig-Kreuzer-Stücken [3. O]

[WI4] Gulden Konventionskurant für 100 Gulden Konventionskurant [dez.]

Ab 1840 (CD) erfolgen die Kursnotierungen auf Wien in zwei Usancen: 20 Tage dato und 90 Tage dato.

Messe		[WI3]		[WI4]
		fl.	xr.	fl.
1816	B	100	15	100,25
1816	A			
1817	MQ	100	45	100,75
1817	CD	100	20	100,33
1817	B	100		100,00
1817	A	99	30	99,50
1818	MQ	100		100,00
1818	CD	101		101,00
1818	B	101		101,00
1818	A	100	15	100,25
1819	MQ	100	15	100,25
1819	CD	101		101,00
1819	B	100	30	100,50
1819	A	100	45	100,75
1820	MQ	100		100,00
1820	CD	99	45	99,75
1820	B	99	45	99,75
1820	A	100		100,00
1821	MQ	100	15	100,25
1821	CD	100	15	100,25
1821	B	100	15	100,25
1821	A	100		100,00
1822	MQ	100		100,00
1822	CD	99	45	99,75
1822	B	99	15	99,25
1822	A	99	30	99,50
1823	MQ	99	52½	99,88
1823	CD	100		100,00
1823	B	99	45	99,75
1823	A	100	15	100,25
1824	MQ	100	15	100,25

Messe		[WI3]		[WI4]
		fl.	xr.	fl.
1824	CD	100		100,00
1824	B	99	30	99,50
1824	A	99	36	99,60
1825	MQ	99	30	99,50
1825	CD	99	40	99,67
1825	B	99	45	99,75
1825	A	99	45	99,75
1826	MQ	99	45	99,75
1826	CD	99	30	99,50
1826	B	99	45	99,75
1826	A	99	40	99,67
1827	MQ	99	36	99,60
1827	CD	99	24	99,40
1827	B	99	30	99,50
1827	A	99	45	99,75
1828	MQ	99	40	99,67
1828	CD	99	45	99,75
1828	B	99	30	99,50
1828	A			
1829	MQ	99	45	99,75
1829	CD	99	45	99,75
1829	B	99	45	99,75
1829	A	99	45	99,75
1830	MQ	99	30	99,50
1830	CD	99	30	99,50
1830	B	99	45	99,75
1830	A	99	45	99,75
1831	MQ	99	45	99,75
1831	CD	99	40	99,67
1831	B	99	45	99,75
1831	A	99	40	99,67

Messe		[WI3]		[WI4]
		fl.	xr.	fl.
1832	MQ	100		100,00
1832	CD	99	40	99,67
1832	B	99	45	99,75
1832	A	99	45	99,75
1833	MQ	99	52½	99,88
1833	CD	99	40	99,67
1833	B	99	36	99,60
1833	A	99	45	99,75
1834	MQ	100		100,00
1834	CD	99	45	99,75
1834	B	100		100,00
1834	A	100	20	100,33
1835	MQ	100	12	100,20
1835	CD	99	45	99,75
1835	B	100		100,00
1835	A	99	45	99,75
1836	MQ	100		100,00

Messe		[WI3]		[WI4]
		fl.	xr.	fl.
1836	CD	99	12	99,20
1836	B	99	30	99,50
1836	A	100		100,00
1837	MQ	100		100,00
1837	CD	99	30	99,50
1837	B	99	30	99,50
1837	A	99	30	99,50
1838	MQ	99	45	99,75
1838	CD	99	36	99,60
1838	B	99	40	99,67
1838	A	99	40	99,67
1839	MQ	99	45	99,75
1839	CD	99	30	99,50
1839	B	99	40	99,67
1839	A	99	40	99,67
1840	MQ	99	42	99,70

Messe		[WI3]		[WI4]	[WI3]		[WI4]
		20 Tage			90 Tage		
		fl.		fl.	fl.		fl.
1840	CD	99	1/2	99,50	97	7/8	97,88
1840	B	99	2/3	99,67	98	1/2	98,50
1840	A	99	3/4	99,75	98	1/2	98,50
1841	MQ	99	1/2	99,50	98	3/8	98,38
1841	CD	99	2/3	99,67	98	1/2	98,50
1841	B	100	1/8	100,13	99		99,00
1841	A	100	1/8	100,13	99		99,00
1842	MQ	99	2/3	99,67	98	1/2	98,50
1842	CD	99	2/5	99,40	98	1/4	98,25
1842	B	99	3/4	99,75	98	2/3	98,67
1842	A	99	5/6	99,83	98	7/8	98,88
1843	MQ	99	2/3	99,67	98	1/2	98,50
1843	CD	99	5/8	99,63	98	1/2	98,50
1843	B	99	1/2	99,50	98	1/4	98,25
1843	A	99	2/3	99,67	98	5/6	98,83
1844	MQ	99	5/6	99,83	98	3/4	98,75
1844	CD	99	1/2	99,50	98	1/2	98,50
1844	B	99	1/2	99,50	98	1/4	98,25
1844	A	99	3/4	99,75	98	7/8	98,88
1845	MQ	99	3/4	99,75	98	3/4	98,75
1845	CD	99	1/3	99,33	98	1/4	98,25
1845	B	99	1/2	99,50	98	1/2	98,50
1845	A	99	5/8	99,63	98	1/2	98,50
1846	MQ	99	3/4	99,75	98	1/2	98,50
1846	CD	99	1/4	99,25	98	1/4	98,25

Messe		[WI3]		[WI4]	[WI3]		[WI4]
		20 Tage			90 Tage		
		fl.		fl.	fl.		fl.
1846	B	99	1/2	99,50	98	1/2	98,50
1846	A	99	2/3	99,67	98	1/2	98,50
1847	MQ	99	1/2	99,50	98	1/2	98,50
1847	CD	99	1/4	99,25	98		98,00
1847	B	99	5/8	99,63	98	3/4	98,75
1847	A	99	2/3	99,67	98	1/2	98,50
		fl.	xr.	fl.	fl.	xr.	fl.
1848	MQ	99		99,00	98		98,00
1848	CD	96	45	96,75	96		96,00
1848	B	96	15	96,25	95		95,00
1848	A	92	45	92,75	91	45	91,75
1849	MQ	89		89,00	87	45	87,75
1849	CD	82		82,00	81		81,00
1849	B	91	30	91,50	90	30	90,50
1849	A	99	40	99,67	98	30	98,50
1850	MQ	87		87,00	86		86,00
1850	CD	99	15	99,25	98	30	98,50

Tab. 4.25: Wechselkurse der Bozner Messen auf Prag von 1742 bis 1807[a]

[PR1] Gulden moneta lunga für 100 Gulden Kurant (ab 1753 Konventionskurant)
- ➢ ab 1770 (CD) Gulden Meßvaluta für 100 Gulden Konventionskurant bzw. für 100 Gulden Wiener Währung
- ➢ ab 1806 (B) Gulden Reichswährung für 100 Gulden Wiener Währung [O]

Messe		[PR1]
		fl.
1742	B	96 3/4
1742	A	97
1743	MQ	98 3/4
1743	CD	98 3/4
1743	B	97 3/4
1743	A	98 1/4
1744	MQ	99 1/4
1744	CD	98 1/4
1744	B	
1744	A	96 1/2
1745	MQ	98
1745	CD	97 1/2
1745	B	97 3/4
1745	A	97 1/2
1746	MQ	98
1746	CD	98 1/4
1746	B	98
1746	A	99 1/2
1747	MQ	99
1747	CD	98 1/2
1747	B	99
1747	A	97 1/4
1748	MQ	97 1/4
1748	CD	97 1/4
1748	B	98 3/4
1748	A	97 1/2
1749	MQ	99 3/4
1749	CD	98 3/4
1749	B	98 3/4
1749	A	100
1750	MQ	98 5/8
1750	CD	99 1/4
1750	B	99 1/4
1750	A	99 1/4
1751	MQ	99
1751	CD	98

Messe		[PR1]
		fl.
1751	B	98 1/2
1751	A	96 1/2
1752	MQ	97
1752	CD	97 3/4
1752	B	97 1/4
1752	A	96 1/2
1753	MQ	98 3/4
1753	CD	98
1753	B	99
1753	A	98 1/2
1754	MQ	99
1754	CD	98 5/8
1754	B	99 1/2
1754	A	99
1755	MQ	99
1755	CD	98
1755	B	97 3/4
1755	A	97 3/4
1756	MQ	99
1756	CD	99
1756	B	100
1756	A	99
1757	MQ	99
1757	CD	
1757	B	98 3/4
1757	A	99
1758	MQ	99 1/2
1758	CD	99
1758	B	98 1/2
1758	A	98 3/4
1759	MQ	99
1759	CD	98 1/2
1759	B	98 1/4
1759	A	97 3/4
1760	MQ	97 3/4
1760	CD	97 1/2

Messe		[PR1]
		fl.
1760	B	98
1760	A	97
1761	MQ	97 3/4
1761	CD	97 3/4
1761	B	98 3/4
1761	A	97 3/4
1762	MQ	98 1/2
1762	CD	98 1/2
1762	B	99 3/4
1762	A	98 3/4
1763	MQ	97 1/2
1763	CD	96 1/2
1763	B	96 3/4
1763	A	96 3/4
1764	MQ	98 1/4
1764	CD	96 1/4
1764	B	97 2/5
1764	A	97 1/3
1765	MQ	98 1/2
1765	CD	97 3/4
1765	B	97
1765	A	97 3/4
1766	MQ	99 1/4
1766	CD	97 1/4
1766	B	96 3/4
1766	A	97 7/8
1767	MQ	97 1/2
1767	CD	
1767	B	97 1/2
1767	A	
1768	MQ	99 1/4
1768	CD	97 3/4
1768	B	98 3/4
1768	A	98 1/2
1769	MQ	98 3/4
1769	CD	98

Messe	[PR1]
	fl.
1769 B	98 1/4
1769 A	97 3/4
1770 MQ	99
	fl.
1770 CD	100 1/4
1770 B	100 1/2
1770 A	99 3/4
1771 MQ	99 1/2
1771 CD	98 1/2
1771 B	100
1771 A	99 1/2
1772 MQ	100
1772 CD	99 1/4
1772 B	100
1772 A	99 3/4
1773 MQ	99 1/4
1773 CD	99
1773 B	98 3/4
1773 A	98
1774 MQ	98 1/2
1774 CD	98 1/4
1774 B	98 1/2
1774 A	
1775 MQ	98 3/4
1775 CD	98 3/4
1775 B	99
1775 A	98 3/4
1776 MQ	99
1776 CD	
1776 B	
1776 A	
1777 MQ	99 3/4
1777 CD	100
1777 B	100
1777 A	
1778 MQ	99 3/4
1778 CD	100 1/2
1778 B	
1778 A	99 3/4
1779 MQ	101

Messe	[PR1]
	fl.
1779 CD	99 3/4
1779 B	
1779 A	99 1/4
1780 MQ	
1780 CD	
1780 B	
1780 A	
1781 MQ	
1781 CD	
1781 B	99 1/2
1781 A	
1782 MQ	
1782 CD	
1782 B	99
1782 A	
1783 MQ	
1783 CD	99
1783 B	
1783 A	
1784 MQ	
1784 CD	
1784 B	98 3/4
1784 A	98 1/4
1785 MQ	
1785 CD	
1785 B	
1785 A	
1786 MQ	
1786 CD	
1786 B	
1786 A	
1787 MQ	
1787 CD	98 1/4
1787 B	
1787 A	98 1/4
1788 MQ	99 1/2
1788 CD	
1788 B	
1788 A	
[…]	

Messe	[PR1]
	fl.
1794 MQ	
1794 CD	
1794 B	98 3/4
1794 A	97 3/4
1795 MQ	98 1/2
1795 CD	
1795 B	
1795 A	
1796 MQ	
1796 CD	
1796 B	
1797 MQ	
1796 A	
1797 CD	
1797 B	
1797 A	
1798 MQ	
1798 CD	
1798 B	97 1/2
1798 A	
1799 MQ	
1799 CD	93
1799 B	
1799 A	
[…]	
1803 MQ	
1803 CD	74 1/3
1803 B	
1803 A	
1804 MQ	
1804 CD	72 1/2
1804 B	72 1/2
1804 A	
[…]	
	fl.
1806 B	
1806 A	
1807 MQ	
1807 CD	48 1/2

Anmerkung:

[a] Die letzten Notierungen auf Prag erfolgten auf der Fronleichnams- und der Bartholomäusmesse 1836 mit 99 Gulden Konventionskurant bzw. 99 Gulden 15 Kreuzern Konventionskurant für 100 Gulden Konventionskurant.

4.11 BRESLAU – DAS FINANZZENTRUM SCHLESIENS

Die Kursnotierung der Bozner Messen auf das schlesische Finanzzentrum Breslau erfolgte erst im Zuge der verstärkten Ausrichtung der Bozner Messen auf die Länder nördlich der Alpen, die mit der Neugestaltung des Bozner Kurszettels auf der Bartholomäusmesse 1742 ihren Ausgang nahm. Wie die drei nordwesteuropäischen Zentren Amsterdam, Hamburg und London wurde auch Breslau erst jetzt von Bozen aus direkt notiert, regelmäßig allerdings nur bis 1750 und dann eher unregelmäßig wieder in der zweiten Hälfte der 1750er und in den beginnenden 1760er Jahren. Nach der Fronleichnamsmesse 1762 wurde die Notierung auf Breslau endgültig eingestellt.

Breslau, das eine lange Tradition als regionales Finanzzentrum Schlesiens aufzuweisen hatte, erlangte erst im 18. Jahrhundert überregionale Bedeutung als Wechselmarkt, nachdem nach verschiedenen deutschen Städten – vor allem Hamburg spätestens seit den 1670er Jahren – im Jahre 1700 Amsterdam eine Notierung auf Breslau eingeführt hatte. Die Breslauer Notierungen erstreckten sich – soweit dies aus den wenigen verfügbaren Wechselkurszetteln ersichtlich ist – vornehmlich nach Nordwesteuropa (auf Amsterdam, London, vermutlich teilweise auch auf Paris) und auf andere deutsche Plätze (insbesondere auf Hamburg, Wien und – nach der preußischen Eroberung Schlesiens – auf Brandenburg-preußische Wechselplätze), darüber hinaus vielleicht zeitweise auch auf Italien (auf Venedig) und auf Danzig.[262]

Die Aufnahme der Kursnotierung auf Breslau in Bozen fiel – zufällig? – zusammen mit der Gründung der Breslauer Messen, die aus vier bisherigen Jahrmärkten hervorgingen:[263] Nach der Eroberung Schlesiens im Ersten Schlesischen Krieg (1740–1742) versuchte Friedrich II., Breslau als Messeplatz in Konkurrenz zu Leipzig zu etablieren. Durch Kabinettsordre vom 8. April 1742 wurden zwei achttägige Messen mit jeweils einer Zahlwoche in Breslau installiert, d.h. zwei bestehende Jahrmärkte aufgewertet, wobei die eine Messe am Sonntag *Laetare* (daher Laetaremesse), die andere am Montag vor Mariä Geburt (8. September, daher Marienmesse) begann. Die erste Breslauer ‚Messe' wurde bereits am 3. September 1742 eröffnet, doch findet sich im Bericht des sächsischen Kriegsrats Walter von Waldberg aus Breslau folgende Bemeerkung: „Für ein importantes Wechselgeschäft ist noch nicht die geringste Apparenz."[264] Am 22. Dezember dieses Jahres wurde eine Meß- und Handelsgerichtsordnung erlassen. Allerdings war den Breslauer Messen kein längerfristiger Erfolg beschieden, und bereits am 8. Dezember 1749 wurden ihre Privilegien wieder aufgeho-

262 DENZEL, Integration, S. 97–99.

263 Hierzu immer noch Eduard CAUER, Zur Geschichte der Breslauer Messe, eine Episode aus der Handelsgeschichte Breslaus, in: Zeitschrift des Vereins für Geschichte und Alterthum Schlesiens 5, 1863, S. 63–80 und 222–250, hier: S. 63–80. HELLER, Der Handel mit dem Osten, S. 205–218.

264 Hugo RACHEL (Bearb.), Die Handels-, Zoll- und Akzisepolitik Preußens 1740–1786 (= Acta Borussica. Denkmäler der Preußischen Staatsverwaltung im 18. Jahrhundert, 3. Bd., 1. Hälfte), Berlin 1928, S. 98. In diesem Sinne auch CAUER, Zur Geschichte der Breslauer Messe, S. 232.

ben.[265] Hintergrund dieser Entscheidung war zum einen die übermächtige Konkurrenz der Leipziger Messen als Anziehungspunkt für das Waren-, Geld- und Wechselgeschäft, dann die vergleichsweise geringe Bedeutung Breslaus als Geld- und Wechselmarkt, vor allem aber die kaum gegebene Akzeptanz der Messen durch die Breslauer Kaufmannschaft, die ganzjährigen Handel gegenüber einigen wenigen Wochen konzentrierter Geschäftstätigkeit bevorzugte, und – damit in unmittelbarem Zusammenhang stehend – die aus verkehrstechnischen Gründen resultierende Gewohnheit der polnischen und russischen Kaufleute, zu allen Zeiten des Jahres nach Breslau zu kommen – wenn es eben möglich war – und sich nicht auf bestimmte Messezeiten festlegen zu lassen.[266] In diesem Zeitraum wurde Breslau auch zum ersten Mal von den Bozner Messen aus notiert – gleichsam als Partner im Messegeschäft –, allerdings nicht in die Messen, sondern „a uso", d.h. 14 Tage nach der Akzeptation.[267] Die Bozner Notierung endete dann vorerst mit der Andreämesse 1750, als sich in Kaufmannskreisen herumgesprochen haben mußte, daß der Versuch, in Breslau Messen von überregionaler Bedeutung zu etablieren, gescheitert war und daß diese ‚Messen' wieder auf den Status einfacher Jahrmärkte herabgesunken waren.

Eine zweite Phase von eher unregelmäßigen Bozner Notierungen auf Breslau war dann die Zeit des Siebenjährigen oder 3. Schlesischen Krieges (1756–1763), dessen aus den Rüstungsanstrengungen und der allgemeinen Finanznot des Brandenburg-preußischen Staates resultierende währungspolitische Folgen – die systematische Verschlechterung des Kurantgeldes durch unterwertige Münzprägungen in den Brandenburg-preußischen Ländern und besetzten Gebieten und der sich daraus zwangsläufig ergebende Wertverlust[268] – aus der Kursreihe deutlich ersichtlich sind.

Die Bozner Notierung auf Breslau erfolgte in Gulden moneta lunga für 100 Gulden Kurant in Breslau (Breslauer Kurantgeld), obwohl dort eigentlich in Reichstalern Kaisergeld zu 30 Silber- oder Kaisergroschen à 3 Kreuzern gerechnet wurde und diese Rechnungsweise bei Wechselzahlungen in der Regel Verwendung fand. Unter Breslauer Kurantgeld verstand man Kaiserliche und Reichstaler bzw. deren Zweidrittelstücke. Dieses Kurant galt etwa 1 bis 1½% mehr als das „erhöhte" Kaisergeld, das aus 15- und Sechs-Kreuzer-Stücken bestand, die aber auf 17 bzw. 7 Kreuzer „erhöht" worden waren.[269] Seit 1751 mußten nach einem Edikt Friedrichs II. alle Wechsel in preußischer Währung (preußisch Kurant) nach dem Graumannschen Münzfuß von 1750 bezahlt werden: „If the bill be payable in any other money, the payment must nevertheless be made in the said currency, allowance being made for the agio on the

---

265 RACHEL (Bearb.), Die Handels-, Zoll- und Akzisepolitik Preußens, S. 103; Karl Heinrich KAUFHOLD, Messen und Wirtschaftsausstellungen von 1650 bis 1914, in: Peter JOHANEK / Heinz STOOB (Hrsg.), Europäische Messen und Märktesysteme in Mittelalter und Neuzeit, Köln – Weimar – Wien 1996, S. 239–294, hier: S. 255. Vgl. auch G[ERHARDT] (Hrsg.), Nelkenbrechers Taschenbuch eines Banquiers und Kaufmanns [1775], S. 67; MEINERT, Handelsbeziehungen, S. 41.

266 CAUER, Zur Geschichte der Breslauer Messe, S. 232–237.

267 G[ERHARDT] (Hrsg.), Nelkenbrechers Taschenbuch eines Banquiers und Kaufmanns [1775], S. 66.

268 RITTMANN, Geldgeschichte, S. 386–392.

269 HERBACH, Europäische Wechselhandlung [1756/57], S. 151.

particular money expressed in the bill."[270] Der Graumannsche Münzfuß, der in den Brandenburgisch-preußischen Ländern faktisch seit 1750 und am 29. März 1764 auch offiziell eingeführt wurde, war ein 14-Taler-Fuß (14 Taler auf die feine preußische Mark Silber), so daß 16,67 Gramm Feinsilber auf den Taler gingen. Der Taler wurde in 24 gute Groschen oder 288 Pfennige unterteilt. Abweichend von der in Breslau wie auch im gesamten Königreich Preußen gültigen Rechnungsweise nach Talern erfolgte die Bozner Notierung auf Breslau auch nach der faktischen Einführung des Graumannschen Münzfußes für Gulden (preußisch Kurant), d.h. für Zweidrittelstücke des Talers. – In der folgenden Tabellen werden nur Originalnotierungen dokumentiert.

Tab. 4.26: Wechselkurse der Bozner Messen auf Breslau von 1742 bis 1762

[BR1] Gulden moneta lunga für 100 Gulden Breslauer Kurantgeld
- ➢ ab 1751/56 Gulden moneta lunga für 100 Gulden preußisch Kurant [O]

Messe		[BR1]
		fl.
1742	B	96 3/4
1742	A	97 1/4
1743	MQ	99
1743	CD	99
1743	B	98
1743	A	98 1/2
1744	MQ	99 1/2
1744	CD	98 1/2
1744	B	97
1744	A	96 3/4
1745	MQ	98 1/4
1745	CD	97 3/4
1745	B	98
1745	A	97 3/4
1746	MQ	98 1/4
1746	CD	98 1/2
1746	B	98 2/5
1746	A	100
1747	MQ	99
1747	CD	98 1/2
1747	B	99 1/4
1747	A	97 1/4
1748	MQ	97 1/4
1748	CD	97 1/4
1748	B	99 1/4
1748	A	97 1/2
1749	MQ	99 3/4

Messe		[BR1]
		fl.
1749	CD	98 3/4
1749	B	98 1/4
1749	A	100
1750	MQ	98 5/8
1750	CD	99 1/4
1750	B	
1750	A	99 1/4
1751	MQ	
1751	CD	
1751	B	
1751	A	
1752	MQ	
1752	CD	
1752	B	
1752	A	
1753	MQ	
1753	CD	
1753	B	
1753	A	
1754	MQ	
1754	CD	
1754	B	
1754	A	
1755	MQ	
1755	CD	
1755	B	
1755	A	

Messe		[BR]
		fl.
1756	MQ	94
1756	CD	
1756	B	93
1756	A	
1757	MQ	
1757	CD	
1757	B	93 3/4
1757	A	94
1758	MQ	93 1/2
1758	CD	93 3/4
1758	B	
1758	A	90 3/4
1759	MQ	81 3/4
1759	CD	79 1/2
1759	B	76
1759	A	
1760	MQ	72
1760	CD	
1760	B	63 3/8
1760	A	62 3/4
1761	MQ	61 4/5
1761	CD	
1761	B	61 1/4
1761	A	
1762	MQ	
1762	CD	62 1/2

270 KELLY, Universal Cambist [1811], S. 77.

4.12 ST. GALLEN – DER WICHTIGSTE SCHWEIZER WECHSELMARKT

St. Gallen war der wichtigste Schweizer Wechselmarkt des 17. und frühen 18. Jahrhunderts.[271] Auch wenn das bedeutendste Wechselhandbuch der ersten Hälfte des 17. Jahrhunderts, van Veldens „Fondamment van der Wisselhandeling" von 1629, St. Gallen noch nicht einmal erwähnt, konnte die Stadt im Rahmen des europäischen Zahlungsverkehrssystems des 17. Jahrhunderts als regional notierter Wechselmarkt gelten, der im angrenzenden oberdeutschen (Augsburg), norditalienischen (Venedig) und im dazwischen liegenden Alpenraum (Bozen) auf den überlieferten Kurszetteln verzeichnet wurde und als der zentrale Wechselmarkt der Eidgenossen in dieser Zeit fungierte.[272] Denn St. Gallen selbst notierte regelmäßig oberdeutsche (Augsburg, Nürnberg, Ulm, Frankfurt am Main) und oberitalienische Städte (Venedig, Mailand), die Bozner Messen, Wien und die Lyoner Messen, teilweise auch Genua, die Linzer und die Leipziger Messen, d.h. vorrangig Plätze in dem Raum, aus welchem es auch selbst notiert wurde.[273] Jedoch bereits seit den 1640er Jahren, als auf den Kredit- und Geldmärkten der Schweiz eine drastische Krise herrschte, schien die Stadt auch im internationalen Wechselgeschäft deutliche Einbußen hinnehmen zu müssen.[274] Verstärkt wurde dies durch den Niedergang der Lyoner Messen, auf denen die St. Galler Kaufleute als einzige Schweizer bei den Meßzahlungen zugelassen waren; sie mußten daher auf dieses einträgliche Vermittlungsgeschäft verzichten.[275] Seit den 1720er Jahren, als der bedeutende St. Galler Leinwandhandel seinen Höhepunkt überschritten hatte, ging auch der dortige Wechselhandel deutlich zurück.[276] Allerdings nennen die verschiedenen Handelspraktiken des 18. Jahrhunderts immer noch zahlreiche Wechselpartner für St. Gallen, in der ersten Hälfte immerhin Amsterdam, Augsburg, die

---

[271] Genf, das im 16. Jahrhundert diese Position eingenommen hatte, büßte seine nicht unbedeutende Rolle im internationalen Wechselverkehr nicht zuletzt im erfolglosen Konkurrenzkampf mit Lyon ein und wurde in der ersten Hälfte des 17. Jahrhunderts in zeitgenössischen Handelspraktiken nicht mehr als Wechselplatz erwähnt. Vgl. Martin KÖRNER, Solidarités financières suisses au XVIe siècle. Contribution à l'histoire monétaire, bancaire et financière des cantons suisses et des états voisins, Lausanne 1980, S. 368–376, v.a. S. 372.

[272] Markus A. DENZEL, Die Integration der Schweizer Finanzplätze in das internationale Zahlungsverkehrssystem vom 17. Jahrhundert bis 1914, in: Schweizerische Zeitschrift für Geschichte 48, 1998, S. 177–235, hier: S. 183f.; SCHNEIDER u.a. (Hrsg.), Währungen der Welt III, S. 200–202.

[273] Volker A. SIMON, Der Wechsel als Träger des internationalen Zahlungsverkehrs in den Finanzzentren Süddeutschlands und der Schweiz. Historisch-dogmatische Untersuchung der Entwicklung des Wechsels bis zum Ende des 18. Jahrhunderts unter besonderer Berücksichtigung der Verhältnisse in St. Gallen, Stuttgart 1974, S. 94, 303.

[274] Albert HAUSER, Schweizerische Wirtschafts- und Sozialgeschichte, Erlenbach-Zürich – Stuttgart 1961, S. 113; SIMON, Wechsel, S. 82–87.

[275] Béatrice VEYRASSAT, L'industrialisation dans le secteur cotonnier en Suisse (1760–1830/40), Thèse Genève – Lausanne 1982, S. 228; DENZEL, Die Integration der Schweizer Finanzplätze, S. 190.

[276] Walter BODMER, Die Entwicklung der Schweizerischen Textilwirtschaft im Rahmen der übrigen Industrien und Wirtschaftszweige, Zürich 1960, S. 247.

Bozner Messen, Genua, Leipzig, Mailand, Nürnberg, die Lyoner Messen, Venedig und Wien und somit die traditionell wichtigsten Partner, die auch schon das 17. Jahrhundert über notiert worden waren.[277] Nichtsdestoweniger fiel St. Gallen bis zur Wende zum 19. Jahrhundert auf den Status eines regional bedeutenden Wechselmarktes mit weitreichenden eigenen Notierungen[278], ohne aber selbst außerhalb der Schweiz noch notiert zu werden, zurück, während Genf wieder zum wichtigsten Schweizer Wechselmarkt des 18. Jahrhunderts aufstieg.

Dieser Entwicklung trugen die Bozner Messen insoweit Rechnung, als sie St. Gallen seit Beginn der offiziellen Kursnotierung 1633 das gesamte 17. Jahrhundert fast durchgängig notierten, im Frühjahr 1749 diese Notierung aber völlig überraschend – d.h. ohne vorherige Unregelmäßigkeiten – einstellten, auch wenn Bozen nach Ausweis der verschiedenen Handelspraktiken noch bis in das beginnende 19. Jahrhundert hinein in St. Gallen weiterhin notiert worden zu sein scheint.[279] Trotzdem wurde die Rubrik für St. Gallen aus dem Bozner Kurszettel auch in den folgenden Jahrzehnten nicht entfernt. Allerdings scheint spätestens um die Mitte des 18. Jahrhunderts der traditionelle Schweizer Wechselpartner zu unwichtig geworden zu sein, um noch notiert zu werden. Allerdings wurde auch keine Kursangabe für einen anderen Schweizer Wechselmarkt – so wäre etwa an Genf zu denken – aufgenommen. Das Bozner Interesse am eidgenössischen Raum schien – zumindest aus der Perspektive des bargeldlosen Zahlungsverkehrs – verschwunden zu sein; in Einzelfällen notwendige bargeldlose Transaktionen konnten ja über Augsburg als Intermediär zu den Schweizer Plätzen abgewickelt werden.

Die Notierung auf St. Gallen erfolgte in Bozen „a[d] uso“, d.h. mit einer Usance von 14 (oder 15) Tagen nach Sicht,[280] und zwar in Gulden Giro für 100 Gulden St. Galler Wechselwährung.[281] Der St. Galler Gulden wurde zu 60 Kreuzern à 8 Hellern oder zu 15 Batzen gerechnet, wobei der Gulden als Zweidrittelstück des Reichstalers nach dem Leipziger Fuß[282] nach den Kaufmannshandbüchern von Schurtz [1695] und Herbach [1716] 17 Batzen galt.[283] Dabei gebrauchte man im bargeldlosen Zahlungsverkehr die sogenannte Stadt-, Wechsel- oder Bankwährung, nicht hingegen die Landwährung. „Zwischen den beiden theoretisch identischen Systemen besteht jedoch ein meist konstanter Umrechnungskurs von 1 Einheit Stadtwährung zu 1 1/17 bzw.

277 DENZEL, Schweizer Finanzplätze, S. 186f.

278 St. Gallen notierte in der zweiten Hälfte des 18. Jahrhunderts Amsterdam, Augsburg, Bozen, Genua, die Leipziger Messen, Mailand, Nürnberg, die Lyoner Messen, Venedig, Frankfurt am Main, Paris, Genf, teilweise auch London, Hamburg und Leghorn; ebd., S. 186–190.

279 Ebd.

280 SCHURTZ, Nutzbare Richtschnur [1695], S. 161. Vgl. MANDICH, Geld- und Kreditwesen, S. 507.

281 ROSSO, Informatione per più chiara inteligenza de' Cambij [1680], S. 24; SCHURTZ, Nutzbare Richtschnur [1695], S. 147; RICARD, Traité general du commerce [1714], S. 434; HERBACH, Wechsel-Handlung [1716], S. 146, 151. So auch MANDICH, Geld- und Kreditwesen, S. 504.

282 Siehe *Kapitel 3.2.*

283 SCHURTZ, Nutzbare Richtschnur [1695], S. 144; HERBACH, Wechsel-Handlung [1716], S. 151.

1,05882 Einheiten Landwährung."[284] Die reale Wechselzahlung geschah dann in Species- oder Burgundertalern, d.h. in Reichstalern im burgundischen 9⅔-Taler-Fuß) oder in Louisblancs, also französischen Talern.[285] Ab der Fronleichnamsmesse 1738 wurde dann die Notierungsweise dahingehend geändert, daß nunmehr die Gulden St. Galler Wechselwährung in Doppie zahlbar waren, worunter man in die Eidgenossenschaft eingeführte Goldmünzen im Pistolen-Fuß verstand, und zwar spanische Pistolen oder Dublonen und Alte französische Louisd'ors (Louis vieux) nach dem Münzfuß von 1640, die der spanischen Dublone entsprachen. Diese Doppie galten 7½ Gulden (= 112,5 Batzen) Landwährung (!),[286] und dieser ‚Fixkurs' wurde auch im ab der Bartholomäusmesse 1742 neugestalteten Bozner Kurszettel so vermerkt. Deswegen stieg der weiterhin für St. Galler Wechselwährung notierte Bozner Kurs von der Mittfasten- zur Fronleichnamsmesse 1738 um 1/17 oder 5,882%.

In der folgenden Tabelle werden nur Originalnotierungen dokumentiert.

---

[284] Martin KÖRNER / Norbert FURRER / Niklaus BARTLOME unter Mitarbeit v. Thomas MEIER / Erika FLÜCKIGER, Währungen und Sortenkurse in der Schweiz / Systèmes monétaires et cours des espèces en Suisse / Sistemi monetari e corsi delle specie in Svizzera 1600–1799, Lausanne 2001, S. 263.

[285] HERBACH, Wechsel-Handlung [1716], S. 151. Siehe *Kapitel 4.8*. – Die Geldkurse dieser Münzen siehe in KÖRNER / FURRER / BARTLOME, Währungen und Sortenkurse in der Schweiz, S. 265–270. Die Angabe bei HERBACH, Wechsel-Handlung [1716], S. 151, der den Louisblanc mit 105 Kreuzern (= 26,25 Batzen) ansetzt, entspricht den von KÖRNER / FURRER / BARTLOME (S. 269) gefundenen Geldkursnotierungen in Stadtwährung der Jahre 1702 bis 1712/13; der Species- oder Burgundertaler, der bei HERBACH, Wechsel-Handlung [1716], S. 151, mit 102 Kreuzern (= 25,5 Batzen) bewertet wird, wird nach KÖRNER / FURRER / BARTLOME (S. 264–269), unter der Bezeichnung „Reichstaler" in Stadtwährung über weite Teile des 17. Jahrhunderts und bis 1721 mit diesem Kurs versehen.

[286] Ein Kurs von 112,5 Batzen Landwährung wurden den spanischen Dublonen und den Alten Louisd'ors nach ebd., S. 276, 279, von 1730 bis 1747/50 beigelegt. In Stadt- oder Wechselwährung betrug dieser Kurs jedoch nur 99,16 Batzen (so ebd., S. 278, 281, belegt für die Jahre von 1715/18 bis 1750/68), was eine Differenz von knapp 13,5% zur Landwährung und somit eine deutliche Abweichung von den sonst üblichen 5,882% bedeutet.

Tab. 4.27: Wechselkurse der Bozner Messen auf St. Gallen von 1633 bis 1749

[SG1] Gulden Giro für 100 Gulden St. Galler Wechselwährung,

- ab 1738 (CD) Gulden Giro für 100 Gulden Wechselwährung, zahlbar in Doppie zu 7½ Gulden Landwährung,
- ab 1742 (B) Gulden moneta buona für 100 Gulden Wechselwährung, zahlbar in Doppie zu 7½ Gulden Landwährung [O]

Messe		[SG1]
		fl.
1633	A	99
1634	MQ	98
1634	CD	99
1634	B	98 1/2
1634	A	98 1/3
1635	MQ	100
1635	CD	100
1635	B	100
1635	A	100
1636	MQ	99
1636	CD	99
1636	B	99
1636	A	98
1637	MQ	98
1637	CD	96
1637	B	94
1637	A	92
1638	MQ	92
1638	CD	93
1638	B	
1638	A	94
1639	MQ	93 1/2
1639	CD	94
1639	B	94
1639	A	93
1640	MQ	92
1640	CD	92
1640	B	91 1/2
1640	A	91
1641	MQ	91
1641	CD	92
1641	B	91
1641	A	88
1642	MQ	88
1642	CD	88
1642	B	86 1/2
1642	A	87 1/2
1643	MQ	86 1/2
1643	CD	88 1/2
1643	B	88
1643	A	87 2/3
1644	MQ	87
1644	CD	87
1644	B	87
1644	A	87
1645	MQ	87
1645	CD	87 1/2
1645	B	87
1645	A	87
1646	MQ	87 1/2
1646	CD	88
1646	B	88
1646	A	88
1647	MQ	87 12
1647	CD	88
1647	B	88
1647	A	87 1/2
1648	MQ	88
1648	CD	88
1648	B	88
1648	A	87 1/2
1649	MQ	90
1649	CD	89
1649	B	89
1649	A	88 1/4
1650	MQ	88
1650	CD	88 1/2
1650	B	88
1650	A	88
1651	MQ	88
1651	CD	87 1/2
1651	B	87 1/2
1651	A	87
1652	MQ	87
1652	CD	87 1/2
1652	B	87 1/2
1652	A	88
1653	MQ	87 1/2
1653	CD	88
1653	B	87
1653	A	86 1/2
1654	MQ	87
1654	CD	87 1/2
1654	B	87
1654	A	87
1655	MQ	87
1655	CD	87 1/2
1655	B	87
1655	A	87
1656	MQ	87
1656	CD	87 1/2
1656	B	86
1656	A	86
1657	MQ	86 1/2
1657	CD	86 3/4
1657	B	87
1657	A	87
1658	MQ	87
1658	CD	87 1/2
1658	B	87 3/4
1658	A	87
1659	MQ	87 1/4
1659	CD	87
1659	B	87
1659	A	87 1/5
1660	MQ	87 1/4
1660	CD	87 1/4
1660	B	87 1/2

Messe	[SG1]
	fl.
1660 A	87 1/4
1661 MQ	87 1/2
1661 CD	86 7/8
1661 B	87
1661 A	86 1/2
1662 MQ	86 1/4
1662 CD	86 1/2
1662 B	86 1/4
1662 A	86
1663 MQ	86 1/2
1663 CD	87
1663 B	86 1/2
1663 A	86 1/4
1664 MQ	86
1664 CD	87
1664 B	88 1/2
1664 A	87 3/4
1665 MQ	88
1665 CD	87 1/2
1665 B	88
1665 A	88
1666 MQ	88
1666 CD	87 1/2
1666 B	87 1/2
1666 A	88 1/3
1667 MQ	88 3/4
1667 CD	88
1667 B	88
1667 A	87 1/2
1668 MQ	87 1/2
1668 CD	88 1/2
1668 B	88 1/2
1668 A	87
1669 MQ	86 1/2
1669 CD	87 3/4
1669 B	87 1/3
1669 A	87 3/4
1670 MQ	88 1/4
1670 CD	87 1/2
1670 B	87 1/3
1670 A	87
1671 MQ	87 1/2
1671 CD	87 1/2
1671 B	87 1/2
1671 A	87 1/2
1672 MQ	87 1/2

Messe	[SG1]
	fl.
1672 CD	87
1672 B	87
1672 A	87
1673 MQ	87
1673 CD	87
1673 B	87 1/3
1673 A	87 1/2
1674 MQ	87 1/4
1674 CD	87 1/2
1674 B	87
1674 A	87
1675 MQ	87 1/4
1675 CD	87
1675 B	87
1675 A	87
1676 MQ	87
1676 CD	86 3/4
1676 B	87
1676 A	86 3/4
1677 MQ	87
1677 CD	87 1/4
1677 B	87
1677 A	86 3/4
1678 MQ	86 1/4
1678 CD	86
1678 B	86
1678 A	86
1679 MQ	86 1/2
1679 CD	86 3/4
1679 B	87 1/4
1679 A	87 1/4
1680 MQ	87
1680 CD	87 1/2
1680 B	87 1/2
1680 A	87 1/2
1681 MQ	87 1/2
1681 CD	87
1681 B	87
1681 A	87
1682 MQ	87
1682 CD	87 1/4
1682 B	87 1/4
1682 A	87 1/4
1683 MQ	87
1683 CD	87
1683 B	87

Messe	[SG1]
	fl.
1683 A	87
1684 MQ	86 1/2
1684 CD	86 3/4
1684 B	86 1/2
1684 A	86 3/4
1685 MQ	87
1685 CD	86 1/2
1685 B	87
1685 A	86 1/2
1686 MQ	86 2/3
1686 CD	86 2/3
1686 B	86 2/3
1686 A	87
1687 MQ	86 2/3
1687 CD	86 2/3
1687 B	87
1687 A	
1688 MQ	87
1688 CD	87
1688 B	87
1688 A	87
1689 MQ	87
1689 CD	87
1689 B	87
1689 A	86 1/2
1690 MQ	
1690 CD	87
1690 B	86 2/3
1690 A	86 1/3
1691 MQ	87
1691 CD	86 2/3
1691 B	86 1/3
1691 A	85
1692 MQ	86 7/8
1692 CD	86 3/4
1692 B	86 2/3
1692 A	86 3/4
1693 MQ	
1693 CD	86 3/4
1693 B	87
1693 A	86 3/4
1694 MQ	87
1694 CD	87 1/2
1694 B	87
1694 A	87
1695 MQ	87

Messe		[SG1]
		fl.
1695	CD	87
1695	B	87
1695	A	87 1/2
1696	MQ	87 1/2
1696	CD	88
1696	B	87 2/5
1696	A	87 1/2
1697	MQ	85
1697	CD	87
1697	B	86 1/4
1697	A	86 1/8
1698	MQ	86 1/8
1698	CD	86 1/2
1698	B	86
1698	A	86
1699	MQ	86
1699	CD	86
1699	B	86
1699	A	85 1/3
1700	MQ	86 1/4
1700	CD	86 1/8
1700	B	85 1/2
1700	A	86
1701	MQ	86
1701	CD	86
1701	B	86
1701	A	86
1702	MQ	86
1702	CD	86
1702	B	86
1702	A	86
1703	MQ	86
1703	CD	85 4/5
1703	B	86
1703	A	86
1704	MQ	85 1/3
1704	CD	85 1/2
1704	B	85 1/2
1704	A	86
1705	MQ	86
1705	CD	86
1705	B	85
1705	A	84
1706	MQ	84
1706	CD	83 1/2
1706	B	84

Messe		[SG1]
		fl.
1706	A	84
1707	MQ	84 3/4
1707	CD	84 2/3
1707	B	84 2/3
1707	A	85
1708	MQ	85
1708	CD	85 1/2
1708	B	85 1/3
1708	A	85
1709	MQ	84
1709	CD	83 3/4
1709	B	84
1709	A	84
1710	MQ	83 1/4
1710	CD	83 1/4
1710	B	84
1710	A	84 1/4
1711	MQ	84
1711	CD	85
1711	B	85
1711	A	84 1/2
1712	MQ	83 1/2
1712	CD	83 3/5
1712	B	84
1712	A	83 2/3
1713	MQ	83 3/4
1713	CD	83 1/2
1713	B	83
1713	A	83
1714	MQ	83
1714	CD	83
1714	B	83
1714	A	83
1715	MQ	83
1715	CD	81 5/8
1715	B	81 5/8
1715	A	83
1716	MQ	81 5/8
1716	CD	83
1716	B	83
1716	A	83
1717	MQ	81 1/2
1717	CD	83
1717	B	83
1717	A	83
1718	MQ	81 1/2

Messe		[SG1]
		fl.
1718	CD	
1718	B	
1718	A	
1719	MQ	81 1/2
1719	CD	83
1719	B	83
1719	A	83
1720	MQ	82 1/2
1720	CD	83
1720	B	
1720	A	
1721	MQ	82 1/2
1721	CD	
1721	B	83
1721	A	83
1722	MQ	82 1/2
1722	CD	83
1722	B	83
1722	A	83
1723	MQ	
1723	CD	83
1723	B	83
1723	A	83
1724	MQ	
1724	CD	83
1724	B	
1724	A	82 3/4
1725	MQ	82 3/4
1725	CD	83
1725	B	83
1725	A	
1726	MQ	82 3/4
1726	CD	82 3/4
1726	B	82 3/4
1726	A	82 1/2
1727	MQ	82 1/3
1727	CD	82 1/2
1727	B	89
1727	A	89
1728	MQ	
1728	CD	89
1728	B	89
1728	A	89
1729	MQ	89 1/2
1729	CD	89 1/4
1729	B	89 1/4

Messe		[SG1]
		fl.
1729	A	89 1/8
1730	MQ	89 1/2
1730	CD	89 2/3
1730	B	89 1/2
1730	A	89 1/4
1731	MQ	
1731	CD	89
1731	B	89 1/2
1731	A	89 1/4
1732	MQ	89
1732	CD	89
1732	B	89 1/4
1732	A	89
1733	MQ	89 3/5
1733	CD	89 1/2
1733	B	89 1/8
1733	A	89 1/4
1734	MQ	88 1/2
1734	CD	88 1/4
1734	B	88
1734	A	88 1/4
1735	MQ	88 3/4
1735	CD	88 1/2
1735	B	88 3/4
1735	A	88
1736	MQ	88 1/4
1736	CD	88 1/3
1736	B	87 3/4
1736	A	88
1737	MQ	88
1737	CD	88
1737	B	87 3/4
1737	A	87
1738	MQ	87
		fl.
1738	CD	92
1738	B	92 2/3
1738	A	92
1739	MQ	92 1/4
1739	CD	92 1/4
1739	B	92 1/4
1739	A	92
1740	MQ	92
1740	CD	92 1/4
1740	B	92 1/4
1740	A	92
1741	MQ	92
1741	CD	92 1/4
1741	B	92 3/4
1741	A	91 1/2
1742	MQ	91 3/4
1742	CD	92 1/2
		fl.
1742	B	95 1/2
1742	A	95 1/4
1743	MQ	96 1/4
1743	CD	96
1743	B	95 3/4
1743	A	96 1/2
1744	MQ	96 1/2
1744	CD	96
1744	B	95 1/4
1744	A	95 1/2
1745	MQ	96 1/4
1745	CD	96
1745	B	97
1745	A	97 1/2
1746	MQ	98
1746	CD	97 1/2
1746	B	95 1/4
1746	A	96 1/4
1747	MQ	95 1/2
1747	CD	96 1/4
1747	B	96 1/2
1747	A	96
1748	MQ	96 1/2
1748	CD	95 3/4
1748	B	97
1748	A	96
1749	MQ	96 1/4

4.13 FRANKREICH: DIE LYONER MESSEN UND PARIS

Die Lyoner Messen waren der einzige Wechselpartner der Bozner Messen in Frankreich im 17. und 18. Jahrhundert. Bis um 1600 war Lyon mit seinen vier bedeutenden internationalen Messen und seinem weiten Rayon an Kursnotierungen auf annähernd alle bedeutenden west- und südeuropäischen Wechselplätze der zentrale Wechselmarkt Frankreichs gewesen.[287] „Um 1600 hatte sich die Bedeutung Lyons und seiner Messen vollständig gewandelt: Aus dem internationalen Handels- und Finanzzentrum war wieder, wie vor 1500, ein Zentrum des regionalen und lokalen Handels geworden."[288] Und Richard Ehrenberg zitiert aus einem Bericht aus dem Jahre 1577, daß „die ‚place de changes' [...] einem Dorfplatz am Wochentage [gleiche], schon sehe man dort Gras emporwachsen."[289] Die andauernden Religionskriege in Frankreich zogen seit den 1570er Jahren den gesamten Lyoner Handel und folglich auch dessen internationalen Zahlungsverkehr stark in Mitleidenschaft, vor allem als nach 1590 die Verbindung zu Marseille und damit zum Gewürzhandel mit der Levante unterbrochen war.[290]

Nichtsdestoweniger war Lyon bzw. seine Messen auch im beginnenden 17. Jahrhundert ein durchaus bemerkenswerter Finanzmarkt[291] und notierte um 1630 Rom, Florenz, Lucca, Antwerpen, Köln, London, Frankfurt/Main, Nürnberg, Paris und Rouen, Sevilla, Alcalá de Henares, Lissabon, Barcelona, Saragossa und Valencia, Pisa, Neapel, Venedig, Bologna, Piacenza/Novi, Palermo und Messina, Mailand und Genua.[292] Noch bis in das beginnende 18. Jahrhundert hinein soll Lyon einen weiten Rayon an Wechselpartnern verzeichnet haben, so im Jahre 1723 Novi, Venedig, Florenz, Rom, Neapel, Mailand, Amsterdam und Antwerpen, Hamburg, London, St. Gallen, Lissabon, Bozen, Genf, Nürnberg und Augsburg, Genua, Livorno, Cádiz und Ma-

---

287 DENZEL, „Practica della Cambiatura", S. 298–313; Marc BRESSARD, Les foires de Lyon au XVe et XVIe siècles, Paris 1914; Richard GASCON, Grand commerce et vie urbaine au XVIe siècle. Lyon et ses marchands 1520–1580, Paris 1971; Henri LAPEYRE, Une famille de marchands: Les Ruiz, Paris 1953; BOYER-XAMBEU / DELEPLACE / GILLARD, Goldstandard, Währung und Finanz im 16. Jahrhundert, passim; Wilhelm KÖPF, Beiträge zur Geschichte der Messen von Lyon mit besonderer Berücksichtigung des Anteils der oberdeutschen Städte im 16. Jahrhundert, (Diss. Leipzig) Ulm 1910, S. 68.

288 Jürgen SCHNEIDER / Nils BRÜBACH, Frankreichs Messeplätze und das europäische Messesystem in der frühen Neuzeit, in: POHL (Hrsg.) unter Mitarb. von POHLE, Frankfurt im Messenetz Europas, S. 171–190, hier: S. 185.

289 Richard EHRENBERG, Das Zeitalter der Fugger. Geldkapital und Creditverkehr im 16. Jahrhundert, 2. Bd.: Die Weltbörsen und Finanzkrisen des 16. Jahrhunderts, Jena 1896, S. 191.

290 SCHNEIDER / BRÜBACH, Frankreichs Messeplätze, S. 185.

291 Jacques BOTTIN, Les foires de Lyon et les Italiens autour de 1600: Déclin ou reconfiguration? in: LANARO (a cura di), La pratica dello scambio, S. 201–218.

292 VAN VELDEN, Fondament van de Wisselhandeling [1629], S. 138f., 141; DENZEL, „Practica della Cambiatura", S. 425f.; MCCUSKER / GRAVESTEIJN, Journalism, S. 356.

drid, ja sogar Konstantinopel und Smyrna,[293] doch hat sich bislang noch keine Möglichkeit gefunden, diese Angaben zu überprüfen. Jedenfalls endete die Notierung von London auf Lyon 1715, die von Amsterdam schon 1711, doch blieben die italienischen und die süddeutschen Wechselmärkte Lyon traditionell verbunden.[294] Der Rückgang der Bedeutung von Lyon als Wechselmarkt im 17. und 18. Jahrhundert ging einher mit dem zunehmenden französischen Engagement in Übersee, das die Atlantik- (im 17. Jahrhundert insbesondere Rouen[295], im 18. Jahrhundert Bordeaux) und dann auch die Mittelmeerhäfen (vor allem Marseille) zu wichtigen Wechselmärkten werden ließ. Zum unangefochtenen französischen Finanzzentrum entwickelte sich im 18. Jahrhundert jedoch Paris mit seiner 1724 gegründeten Börse, dem gegenüber Lyon dann im wesentlichen nur noch regionale Bedeutung zukam: „Die Messen von Lyon standen zwar den Kaufleuten aus ganz Europa nach wie vor offen, aber sie wandelten sich zunehmend in einen binnenländisch-französischen Kapitalplatz,“[296] als welcher sie jedoch noch um 1715 „in der Regel für alle Provinzen [Frankreichs] richtungsweisend“ waren.[297] „Die Summen, die im 17. und 18. Jahrhundert über die Wechselmessen, jetzt allgemein ‚Börse‘ genannt, umgesetzt wurden, flossen in hohem Maße in die in Lyon ansässige Seidenindustrie.“[298]

Die Bozner Notierungen auf Lyon, die von 1633 bis 1688, dann von 1698 bis 1702 und schließlich nochmals von 1714 bis 1719 und von 1738 bis 1742 (jeweils mit Lücken) nachgewiesen werden können, fallen somit in eine Zeit des Niedergangs oder mindestens der Stagnation dieses Wechselmarktes. Allerdings blieb Italien aufgrund des Seidenhandels mindestens bis zum Ende des 17. Jahrhunderts der wichtigste Handelspartner von Lyon, so daß Bozen als Intermediär im bargeldlosen Zahlungsverkehr eine nicht unbeträchtliche Rolle zugekommen sein mag. Die Notierungen auf Lyon zielten jeweils auf die dortigen vier Wechselmessen, deren Organisation den Niedergang im ausgehenden 16. Jahrhundert überstanden hatte und bis in das 18. Jahrhundert hinein erhalten blieb.[299] An jede Messe schlossen sich dabei Zahlwochen, die sogenannten ‚payements‘, an, die das eigentliche Zahlungsziel der Wechsel auf Lyon waren: So hatte die *foire des Rois* (Dreikönigsmesse, *fiera di apparitione*), die am Mon-

---

293 HERBACH, Europäische Wechselhandlung [1756/57], S. 63f.

294 SCHNEIDER u.a. (Hrsg.), Währungen der Welt III, S. 64, 133–135; ders. u.a. (Hrsg.), Währungen der Welt VI, S. 98, 166, 262f.

295 Vom ausgehenden 16. Jahrhundert bis über weite Teile des 17. Jahrhunderts war Rouen mit seinen Wechselbindungen in die Niederlande (Antwerpen bzw. Amsterdam, Lille, Middelburg), nach England (London), Lyon und – mindestens im 16. Jahrhundert – auf die Iberische Halbinsel (Sevilla, Kastilische Messen) der wichtigste Wechselmarkt der französischen Atlantikküste, in dessen Schatten um 1630 sogar Paris stand; DENZEL (Hrsg.), Währungen der Welt IX, S. 134–137; VAN VELDEN, Fondament van de Wisselhandeling [1629], S. 134.

296 SCHNEIDER / BRÜBACH, Frankreichs Messeplätze, S. 186.

297 Fernand BRAUDEL, Sozialgeschichte des 15.–18. Jahrhunderts. Aufbruch zur Weltwirtschaft, München 1986 (Paris 1979), S. 362.

298 SCHNEIDER / BRÜBACH, Frankreichs Messeplätze, S. 186.

299 Ebd.

tag nach Epiphanias (6. Januar) begann, ihre Zahlwochen vom 1. bis 31. März. Darauf folgte ab Montag nach *Quasimodo geniti* die *foire de Pâques* (Ostermesse, *fiera di pasqua*) mit ihren Zahlwochen vom 2. bis 30. Juni. Die dritte Messe war die *foire d'Août* (Augustmesse, *fiera d'agosto*) ab 4. August (Fest des Hl. Dominikus), deren Zahlwochen auf die Zeit vom 1. bis 30. September fielen. Den jährlichen Meßzyklus beschloß die *foire de Toussaint* (Allerheiligenmessen, *fiera di santi*[300]) ab dem 3. November (Fest des Hl. Hubert) mit Zahlwochen vom 1. bis 31. Dezember.

In den ersten 15 Tagen der Zahlwochen erfolgte die Akzeptation der Wechsel, die sich allerdings nach der Stadtordnung vom 2. Juni 1667 auf die ersten sechs Tage beschränken sollte. Nach dem Akzept eines Wechsels konnte dieser nicht mehr weiterverhandelt werden, da die Akzeptation an die Person des Präsentanten zum Zeitpunkt des Akzepts gebunden war. Am 16. Tag (nach der genannten Stadtordnung bereits am 7. Tag) der Zahlwochen begannen dann die ‚virements des parties', das eigentliche Skontrieren.[301] In Lyon wurde die zentrale Skontration durch Meßbankiers als Vermittler unterstützt, bei denen die Kaufleute Gelddepots einrichteten und die dafür Kontokorrentkonten einrichteten. Da auch die Meßbankiers untereinander Kontokorrentbeziehungen hatten, konnten Zahlungsvorgänge schlicht durch Zu- und Abschreiben auf den jeweiligen Konten vorgenommen werden.[302] An den ersten vier Tagen des jeweils folgenden Monats wurde dann bar (‚contant') ausgeglichen, was zuvor durch Wechsel nicht hatte bezahlt werden können. – Die Bozner Messen notierten die jeweils nächste Messe bzw. Zahlwoche in Lyon, so die Mittfastenmesse die Lyoner Ostermesse, die Fronleichnamsmesse die Lyoner Augustmesse, die Bartholomäusmesse die Lyoner Allerheiligenmesse und die Andreämesse die Lyoner Dreikönigsmesse. Die Notierung erfolgte in Kreuzern Giro für einen Écu d'or au soleil, der Sonnenkrone, zu 3 Livres tournois oder zu 60 Sous tournois à 12 Deniers tournois (ab 1577) oder zu 20 Sous d'or à 12 Deniers d'or, wobei die Rechnungslegung in Lyon wie in ganz Frankreich in Livres tournois erfolgte; im Wechselgeschäft orientierte man sich aber traditionell am Écu d'or au soleil (scudo d'oro del sole).[303] Diese Notierungsweise für die Lyoner Messen änderte sich im Untersuchungszeitraum nicht.

Im Vergleich zu anderen Wechselpartnern der Bozner Messen erfolgten die Notierungen auf Lyon seit dem ausgehenden 17. Jahrhundert vergleichsweise sporadisch: Wurde Lyon bis 1688 regelmäßig notiert, so brach nunmehr die Notierung unvermittelt ab und wurde erst um die Jahrhundertwende (1698–1702) vorübergehend wiederaufgenommen.[304] Eine nächste Phase der Notierung folgte dann von 1714 bis 1719,

300 So ausdrücklich in den Bozner Kurzetteln.

301 G[ERHARDT] (Hrsg.), Nelkenbrechers Taschenbuch eines Banquiers und Kaufmanns [1775], S. 128f.

302 BRESSARD, Lyon, S. 279f.; SCHNEIDER, Messen, Banken und Börsen, S. 138f.

303 ROSSO, Informatione per più chiara inteligenza de' Cambij [1680], S. 17; SCHURTZ, Nutzbare Richtschnur [1695], S. 141, 147; RICARD, Traité general du commerce [1714], S. 434; HERBACH, Wechsel-Handlung [1716], S. 75, 146. Vgl. auch MANDICH, Geld- und Kreditwesen, S. 504.

304 Es ist bemerkenswert, daß London exakt in diesem Zeitraum die Lyoner Messen ebenfalls notiert, obwohl es sonst nur noch von 1713 bis 1715 Lyon in seinem Kurszettel verzeichnet; SCHNEIDER

als das sogenannte ‚Système Law' mit dem Konkurs der Banque Royale (1716–1718 Banque Générale) und dem Zusammenbruch der Compagnie des Indes scheiterte (1720).[305] Die Wechselkursnotierungen dieser Jahre spiegeln den Verfall des von John Law 1716 eingeführten französischen Papiergelds – Banknoten unter der Bezeichnung ‚Écus de banque' – in diesen Jahren wider,[306] die im Jahre 1720, als der Umlauf an Banknoten in Frankreich bis zum Februar auf mehr als 1 Milliarde Livres tournois, bis zum Mai auf mehr als 2 Milliarden Livres tournois gestiegen war,[307] auf den Bozner Messen wegen gänzlich verlorenen Vertrauens in das französische Papiergeld nicht mehr notiert wurde. – Schließlich wurden die Lyoner Messen noch von 1738 bis 1742 mit Kursen versehen. Bei der Umstellung des Bozner Kurszettels zur Bartholomäusmesse 1742 wurde nicht einmal mehr eine Rubrik für die Lyoner Messen eingerichtet, an deren Stelle auch kein anderer französischer Wechselmarkt – es wäre etwa an Paris zu denken – trat. Bargeldloser Zahlungsverkehr mit Frankreich scheint spätestens zu diesem Zeitpunkt seine Bedeutung für die Bozner Messen für mehrere Jahrzehnte gänzlich verloren zu haben.

Erst im beginnenden 19. Jahrhundert, als Frankreich unter Napoleon zur europäischen Hegemonialmacht aufgestiegen war, begann Bozen wieder einen französischen Wechselmarkt zu notieren, wenn auch nur sehr sporadisch. Auf der Mittfastenmesse 1803 wurde erstmals Paris als das Finanzzentrum des gesamten französischen Empire notiert. Auf eine weitere Notierung im Jahre 1810 folgten dann in den folgenden Jahrzehnten einige vereinzelte Kursangaben, letztmals auf der Andreämesse 1846. Damit wird die Abkehr des Bozner Wechselmarktes von Frankreich eigentlich eher bestätigt als aufgehoben, war doch Paris seit dem ausgehenden 18. Jahrhundert einer der bedeutendsten Wechselmärkte Europas, der über weitreichende Wechselbeziehungen zu den meisten europäischen Finanzplätzen verfügte. So notierte Paris in der Napoleonischen Ära Amsterdam, London (das allerdings von Dezember 1806 bis September 1811 wegen der Kontinentalsperre nicht mit einem Kurs versehen wurde), Hamburg, Basel, Wien und Augsburg (ab 1801), Frankfurt am Main (ab 1805/09), Madrid, Cádiz, Lissabon (ab 1804), Genua, Mailand (ab 1801), Neapel (ab 1802/06), Livorno, Genf (1805–1819), dann ab 1811/14 auch Bilbao, ab 1814 Porto und St. Petersburg, ab 1815 Venedig und Berlin sowie ab 1821 Triest.[308] Zugleich galt Paris mit der Banque de France und den zahlreichen, international agierenden ‚Großbanken' als eines der bedeutendsten Bankzentren Europas.[309] Trotzdem war Paris für Bozen im 19. Jahr-

u.a. (Hrsg.); Währungen der Welt VI, S. 166. Auch Amsterdam notierte Lyon in diesen Jahren; ebd., S. 98; ders. u.a. (Hrsg.), Währungen der Welt III, S. 64.

305 Vgl. Roland STAUDTE, John Law (1671–1729). Ein Beitrag zur Geld- und Kredittheorie der Merkantilisten und Wirtschaftspolitik der Régence, Diss. Zürich 1953, S. 80–101.

306 Vgl. Edgar FAURE, La banqueroute de Law, Paris 1977, S. 675–680.

307 GAETTENS, Geschichte der Inflationen, S. 106–115.

308 SCHNEIDER u.a. (Hrsg.), Währungen der Welt VI, S. 224–237; ders. u.a. (Hrsg.), Währungen der Welt I/II, S. 198–377; ders. u.a. (Hrsg.), Statistik der Geld- und Wechselkurse in Deutschland und im Ostseeraum, S. 218–233; DENZEL, Handbook, S. 285–306.

309 Vgl. Bertrand GILLE, La banque et le crédit en France de 1815 à 1848, Paris 1959.

hundert unter den wenigen verbliebenen Wechselpartnern nach Ausweis der Häufigkeit und Regelmäßigkeit der Wechselkursnotierungen (außer den gänzlich unbedeutend gewordenen Plätzen Nürnberg und Prag) der unwichtigste Partner. Die wenigen verzeichneten Kursnotierungen werden daher vorrangig auf sporadische Transaktionen von einzelnen Messekaufleuten zurückzuführen sein und lassen wohl keine Rückschlüsse auf eine engere Verbindung zwischen den Bozner Messen und Paris im Rahmen des internationalen bargeldlosen Zahlungsverkehrs zu.

Die Notierung auf Paris, die während der französischen Besatzung bzw. während der Zugehörigkeit Bozens zum Königreich Italien bemerkenswerterweise ausgesetzt wurde, erfolgte im beginnenden 19. Jahrhundert in Kreuzern Meßvaluta bzw. Reichswährung, ab 1815 in Kreuztern Konventionskurant für 1 Franc, seit der Umstellung des Bozner Kurszettels anläßlich der Fronleichnamsmesse 1840 in Gulden Konventionskurant für 300 Francs, wobei in letzterem Falle auf die traditionelle Notierungsweise für Écus zurückgegriffen wurde. Denn der Écu neuf (oder genauer: der halbe Écu neuf), der von 1726 bis 1783 nominell 13,47 Gramm Feinsilber entsprach, wurde zu 3 Livres tournois oder später zu 3 Francs gerechnet. Der Franc wiederum war die ‚neue' französische Rechnungseinheit, die zur Überwindung der Papiergeldwährung der Assignatenzeit (seit 1789/90) und der durch die Assiganten hervorgerufenen Inflation eingeführt wurde: Am 10. April 1795 wurde zur Konsolidierung des französischen Währungssystems als neue Währungseinheit der Franc zu 4,50 Gramm Feinsilber in Umbenennung und leichter Modifizierung der bisherigen Livres tournois, allerdings in dezimaler Unterteilung – 1 Franc = 100 Centimes – eingeführt: „Le franc continue donc pratiquement la livre",[310] wobei nach dem Münzgesetz vom 15. August 1795 1 Livre tournois 99 Centimes und 1 Sou 5 Centimes entsprechen sollten. Die Bezeichnungen ‚Livre' und ‚Franc' – letztere gesetzlich eingeführt durch das Gesetz vom 6. Mai 1799 – konnten bis zur Umprägung der alten noch umlaufenden Münzen 1829/30–1834 synonym verwendet werden. Nach der Gründung der Banque de France im Jahre 1800 und der allmählichen Etablierung des Franc wurde am 7. April 1803 (17. Germinal des Jahres XI) die Charta des sogenannten ‚Franc-Germinal' erlassen, nach der der Franc 4,50 Gramm Feinsilber bzw. 0,2903 Gramm Feingold entsprechen sollte. Dieses bimetallistische System blieb die Grundlage des französischen Währungssystems im gesamten 19. und beginnenden 20. Jahrhundert und wurde in zahlreiche europäische Staaten ‚exportiert', so in der hier interessierenden Zeit und im hier relevanten geographischen Raum vor allem in das napoleonische Königreich Italien, dessen Lira italiana exakt dem französischen Franc entsprach.[311]

Die Notierung der Bozner Wechsel auf Paris wurde für einen Uso von 30 Tagen dato vorgenommen.

Bei den Notierungen auf Lyon werden neben den Originalnotierungen (Datenreihe LY1) auch eine Umrechnung in Gulden Giro (= 60 Kreuzer Giro) für 100 Écus d'or au soleil dokumentiert (Datenreihe LY2). Die Notierungen auf Paris werden in originaler (Datenreihe PA1) und dezimalisierter Form (Datenreihe PA2) verzeichnet.

---

310 René SÉDILLOT, Le franc. Histoire d'une monnaie des origins à nos jours, Paris 1953, S. 69.

311 Siehe *Kapitel 4.5.*

Tab. 4.28: Wechselkurse der Bozner Messen auf die Messen von Lyon von 1633 bis 1742

[LY1] Kreuzer Giro für 1 Écu d'or au soleil[a] [O]
[LY2] Gulden Giro für 100 Écus d'or au soleil[a] [U]

Messe		[LY1]	[LY2]
		xr.	fl.
1633	A	109	181,67
1634	MQ	110 1/4	183,75
1634	CD	109 1/2	182,50
1634	B	108	180,00
1634	A	106 1/2	177,50
1635	MQ	109	181,67
1635	CD	108 3/4	181,25
1635	B	109	181,67
1635	A	110 1/2	184,17
1636	MQ	110	183,33
1636	CD		
1636	B	94	156,67
1636	A	94	156,67
1637	MQ	97 1/2	162,50
1637	CD	96	160,00
1637	B	96	160,00
1637	A	95 1/2	159,17
1638	MQ	98	163,33
1638	CD	91	151,67
1638	B	92 1/2	154,17
1638	A	92 3/4	154,58
1639	MQ	91	151,67
1639	CD	92	153,33
1639	B	86 1/2	144,17
1639	A	85	141,67
1640	MQ	90	150,00
1640	CD	88	146,67
1640	B	87 3/4	146,25
1640	A	91	151,67
1641	MQ	92 1/2	154,17
1641	CD	92	153,33
1641	B	91	151,67
1641	A	90 3/4	151,25
1642	MQ	90 1/2	150,83
1642	CD	89 3/4	149,58
1642	B	91	151,67
1642	A	92	153,33
1643	MQ	91 1/2	152,50
1643	CD	92	153,33
1643	B	92 1/2	154,17
1643	A	92 1/2	154,17
1644	MQ	92	153,33
1644	CD	92	153,33
1644	B	91 1/2	152,50
1644	A	91 1/2	152,50
1645	MQ	92	153,33
1645	CD	92	153,33
1645	B	92	153,33
1645	A	92	153,33
1646	MQ	92	153,33
1646	CD	92 1/2	154,17
1646	B	91	151,67
1646	A	92	153,33
1647	MQ	92 1/2	154,17
1647	CD	92 1/2	154,17
1647	B	92 1/4	153,75
1647	A	91 1/2	152,50
1648	MQ	92	153,33
1648	CD	91 1/2	152,50
1648	B	92	153,33
1648	A	92 3/4	154,58
1649	MQ	95	158,33
1649	CD	95	158,33
1649	B	93 1/2	155,83
1649	A	98 1/2	164,17
1650	MQ	92 3/4	154,58
1650	CD	93	155,00
1650	B	92 1/2	154,17
1650	A	92 3/4	154,58
1651	MQ	92 1/2	154,17
1651	CD	94	156,67
1651	B	94 1/2	157,50
1651	A	91 1/2	152,50
1652	MQ	85 2/3	142,78
1652	CD	87 1/2	145,83
1652	B	87 1/2	145,83
1652	A	88 1/2	147,50
1653	MQ	84 2/3	141,11

Messe		[LY1]	[LY2]
		xr.	fl.
1653	CD	83 1/2	139,17
1653	B	83 1/2	139,17
1653	A	84	140,00
1654	MQ	86	143,33
1654	CD	89	148,33
1654	B	89 1/2	149,17
1654	A	89	148,33
1655	MQ	89	148,33
1655	CD	90	150,00
1655	B	90	150,00
1655	A	90	150,00
1656	MQ	87 1/2	145,83
1656	CD	86	143,33
1656	B	85	141,67
1656	A	86	143,33
1657	MQ	85 1/4	142,08
1657	CD	86	143,33
1657	B	85 2/3	142,78
1657	A	84	140,00
1658	MQ	87	145,00
1658	CD	88	146,67
1658	B	89	148,33
1658	A	88 1/2	147,50
1659	MQ	87 3/4	146,25
1659	CD	86 3/4	144,58
1659	B	85 1/2	142,50
1659	A	86 3/4	144,58
1660	MQ	87 1/2	145,83
1660	CD	87 1/2	145,83
1660	B	87	145,00
1660	A	87 1/2	145,83
1661	MQ	87 1/2	145,83
1661	CD	86 3/4	144,58
1661	B	86 1/2	144,17
1661	A	86 1/2	144,17
1662	MQ	86 1/2	144,17
1662	CD	86 3/4	144,58
1662	B	87	145,00
1662	A	86 1/2	144,17
1663	MQ	87 3/4	146,25
1663	CD	89	148,33
1663	B	88 1/2	147,50
1663	A	87 1/4	145,42
1664	MQ	87	145,00
1664	CD	87 1/2	145,83
1664	B	88 1/4	147,08

Messe		[LY1]	[LY2]
		xr.	fl.
1664	A	89	148,33
1665	MQ	89 1/2	149,17
1665	CD	88 1/4	147,08
1665	B	88	146,67
1665	A	87	145,00
1666	MQ	89 1/2	149,17
1666	CD	88	146,67
1666	B	88 3/4	147,92
1666	A	89 1/4	148,75
1667	MQ	90 3/4	151,25
1667	CD	91 1/5	152,00
1667	B	89 1/2	149,17
1667	A	89 2/3	149,44
1668	MQ	89 3/4	149,58
1668	CD	91 1/3	152,22
1668	B	90 3/4	151,25
1668	A	90	150,00
1669	MQ	89 1/2	149,17
1669	CD	89	148,33
1669	B	89 3/ 8	148,96
1669	A	89 1/3	148,89
1670	MQ	88 1/4	147,08
1670	CD	88 3/4	147,92
1670	B	88 1/2	147,50
1670	A	88 1/6	146,94
1671	MQ	88	146,67
1671	CD	88 2/3	147,78
1671	B	89 3/4	149,58
1671	A	89	148,33
1672	MQ	88	146,67
1672	CD	88 1/2	147,50
1672	B	88 1/2	147,50
1672	A	88 1/2	147,50
1673	MQ	87 1/2	145,83
1673	CD	88	146,67
1673	B	87 1/2	145,83
1673	A	87 1/2	145,83
1674	MQ	87 1/3	145,56
1674	CD	88 1/4	147,08
1674	B	87 1/2	145,83
1674	A	88	146,67
1675	MQ	88 1/4	147,08
1675	CD	90 1/4	150,42
1675	B	89	148,33
1675	A	88	146,67
1676	MQ	88 1/2	147,50

Messe		[LY1]	[LY2]
		xr.	fl.
1676	CD	87 3/4	146,25
1676	B	88 1/4	147,08
1676	A	89 1/4	148,75
1677	MQ	89	148,33
1677	CD	89 1/4	148,75
1677	B	89 1/4	148,75
1677	A	88 3/4	147,92
1678	MQ	87	145,00
1678	CD	87	145,00
1678	B	86 1/2	144,17
1678	A	87 1/2	145,83
1679	MQ	87	145,00
1679	CD	87 1/2	145,83
1679	B	87 1/2	145,83
1679	A	88 1/4	147,08
1680	MQ	88 1/2	147,50
1680	CD	89	148,33
1680	B	89 1/4	148,75
1680	A	88 3/5	147,67
1681	MQ	88 1/4	147,08
1681	CD	88 3/4	147,92
1681	B	90	150,00
1681	A	90	150,00
1682	MQ	89 1/2	149,17
1682	CD	89	148,33
1682	B	88	146,67
1682	A	88 1/2	147,50
1683	MQ	88 1/2	147,50
1683	CD	88	146,67
1683	B	86 1/2	144,17
1683	A	87 2/3	146,11
1684	MQ	87 7/ 8	146,46
1684	CD	88 1/2	147,50
1684	B	89 1/2	149,17
1684	A	89 2/3	149,44
1685	MQ	89 1/4	148,75
1685	CD	89 3/4	149,58
1685	B	90	150,00
1685	A	88 1/2	147,50
1686	MQ	88 1/3	147,22
1686	CD	90 1/3	150,56
1686	B	87 1/2	145,83
1686	A	88	146,67
1687	MQ	88 1/3	147,22
1687	CD	87	145,00
1687	B	86 1/2	144,17

Messe		[LY1]	[LY2]
		xr.	fl.
1687	A		
1688	MQ	87	145,00
1688	CD	87 1/3	145,56
1688	B	87 1/2	145,83
1688	A	87 1/4	145,42
[…]			
1698	MQ	76	126,67
1698	CD	75 3/4	126,25
1698	B	71	118,33
1698	A	70 1/4	117,08
1699	MQ	71 1/2	119,17
1699	CD	71 1/2	119,17
1699	B		
1699	A	75 1/2	125,83
1700	MQ	75 2/3	126,11
1700	CD	75	125,00
1700	B	73 2/3	122,78
1700	A	73 1/2	122,50
1701	MQ	73	121,67
1701	CD	76	126,67
1701	B	76 1/4	127,08
1701	A	71	118,33
1702	MQ	70	116,67
1702	CD	71	118,33
1702	B	71	118,33
1702	A	70	116,67
[…]			
1714	MQ		
1714	CD	61 1/2	102,50
1714	B	77 1/4	128,75
1714	A	70 1/4	117,08
1715	MQ	71 1/8	118,54
1715	CD	86	143,33
1715	B	78	130,00
1715	A	68 1/2	114,17
1716	MQ		
1716	CD		
1716	B		
1716	A	*73 4/5*	123,00
1717	MQ	*76*	126,67
1717	CD	*74 1/2*	124,17
1717	B		
1717	A	*74 1/2*	124,17
1718	MQ	*69 3/4*	116,25
1718	CD		
1718	B		

Messe		[LY1]	[LY2]
		xr.	fl.
1718	A		
1719	MQ	*49 1/3*	82,22
1719	CD	*48 3/4*	81,25
1719	B	*48 1/5*	80,33
1719	A	*45 4/5*	76,33
[...]			
1738	MQ	52 1/3	87,22
1738	CD		
1738	B		
1738	A		
1739	MQ	51	85,00
1739	CD		
1739	B	53 2/3	89,44
1739	A	52 1/6	86,94
1740	MQ	52 3/5	87,67
1740	CD	52	86,67
1740	B	53	88,33
1740	A	51 3/5	86,00
1741	MQ	52	86,67
1741	CD	52 1/3	87,22
1741	B	53	88,33
1741	A	51 2/5	85,67
1742	MQ	51	85,00
1742	CD	50 1/2	84,17

Anmerkung:

[a] Von 1716 bis 1719 erfolgte die Notierung auf die Lyoner Messen in Bozen für Écus de banque, das französische Papiergeld der Zeit.

Tab. 4.29: Wechselkurse der Bozner Messen auf Paris von 1803 bis 1850

[PA1] Kreuzer Konventionskurant für 1 Franc,
- ab 1810 (MQ) Kreuzer Reichswährung für 1 Franc,
- ab 1815 (MQ) Kreuzer Konventionskurant für 1 Franc,
- ab 1840 (CD) Gulden Konventionskurant für 300 Francs [O]

[PA2] Gulden Konventionskurant für 100 Francs,
- ab 1810 (MQ) Gulden Reichswährung für 100 Francs,
- ab 1815 (MQ) Gulden Konventionskurant für 100 Francs [U]

Messe	[PA1]	[PA2]
	xr.	fl.
1803 MQ	22 7/8	38,13
1803 CD		
1803 B		
1803 A		
[...]		
	xr.	fl.
1810 MQ		
1810 CD	23 1/2	39,17
1810 B		
1810 A		
[...]		
	xr.	fl.
1815 MQ	23 1/3	38,89
1815 CD		
1815 B		
1815 A		
1816 MQ		
1816 CD		
1816 B		
1816 A		
1817 MQ		
1817 CD		
1817 B	23 3/8	38,96
1817 A	23	38,33
1818 MQ		
1818 CD		
1818 B		
1818 A		
1819 MQ		
1819 CD	23	38,33
1819 B	23	38,33
1819 A		
1820 MQ		
1820 CD		

Messe	[PA1]	[PA2]
	xr.	fl.
1820 B		
1820 A		
1821 MQ		
1821 CD	23 1/4	38,75
1821 B		
1821 A		
1822 MQ		
1822 CD		
1822 B		
1822 A		
1823 MQ		
1823 CD		
1823 B		
1823 A		
1824 MQ		
1824 CD		
1824 B		
1824 A		
1825 MQ		
1825 CD		
1825 B	22 7/8	38,13
1825 A		
1826 MQ	23 1/4	38,75
1826 CD	23 1/4	38,75
1826 B	23 1/3	38,89
1826 A		
1827 MQ		
1827 CD	23 1/5	38,67
1827 B		
1827 A		
1828 MQ		
1828 CD		
1828 B		
1828 A		

Messe	[PA1]	[PA2]
	xr.	fl.
1829 MQ		
1829 CD		
1829 B		
1829 A		
1830 MQ		
1830 CD		
1830 B		
1830 A		
1831 MQ	23 2/5	39,00
1831 CD		
1831 B		
1831 A		
1832 MQ		
1832 CD	23 1/4	38,75
1832 B		
1832 A		
1833 MQ		
1833 CD		
1833 B		
1833 A		
1834 MQ	23 1/5	38,67
1834 CD		
1834 B	22 4/5	38,00
1834 A		
1835 MQ		
1835 CD		
1835 B		
1835 A		
1836 MQ	23 1/4	38,75
1836 CD		
1836 B		
1836 A		
1837 MQ		
1837 CD		
1837 B	23 1/4	38,75
1837 A		
1838 MQ	23 1/2	39,17
1838 CD	23 5/8	39,38
1838 B		
1838 A		
1839 MQ	23 1/3	38,89
1839 CD		
1839 B		
1839 A		

Messe	[PA1]	[PA2]
	xr.	fl.
1840 MQ		
	fl.	fl.
1840 CD	116 1/2	38,83
1840 B	116 1/2	38,83
1840 A	116 3/4	38,92
1841 MQ	116 1/4	38,75
1841 CD	115 1/2	38,50
1841 B		
1841 A		
1842 MQ	114 1/2	38,17
1842 CD		
1842 B	114 3/4	38,25
1842 A	114 1/2	38,17
1843 MQ	115 3/4	38,58
1843 CD		
1843 B		
1843 A		
1844 MQ		
1844 CD		
1844 B		
1844 A		
1845 MQ		
1845 CD		
1845 B		
1845 A		
1846 MQ		
1846 CD		
1846 B		
1846 A	115 1/2	38,50
1847 MQ		
1847 CD		
1847 B		
1847 A		
1848 MQ		
1848 CD		
1848 B		
1848 A		
1849 MQ		
1849 CD		
1849 B		
1849 A		
1850 MQ	114 1/4 [a]	38,08
1850 CD		

Anmerkung:

[a] Nach NOBACK / NOBACK, Münz-, Maass- und Gewichtsbuch [1858], S. 117.

4.14 DIE NORDWESTEUROPÄISCHEN WECHSELMÄRKTE: AMSTERDAM, HAMBURG UND LONDON

Die drei wichtigsten nordwesteuropäischen Finanzplätze und Wechselmärkte im Untersuchungszeitraum, Amsterdam, Hamburg und London, spielten für den bargeldlosen Zahlungsverkehr der Bozner Messen keine gewichtige, eher eine nachgeordnete Rolle. Sie wurden überhaupt erst mit der Neugestaltung des Bozner Kurszettels zur Bartholomäusmesse 1742 in diesen aufgenommen. Dies ist um so bemerkenswerter, als Amsterdam im 17. und über weite Teile des 18. Jahrhunderts als ‚Weltfinanzzentrum' und bedeutendster Wechselmarkt Europas galt, der von den meisten europäischen Wechselplätzen (mehr oder minder regelmäßig) notiert wurde. London hingegen avancierte im Verlauf des 18. Jahrhunderts zu einem ernsthaften Konkurrenten Amsterdams als Wechselmarkt von europaweiter Relevanz, und Hamburg verfügte über internationale Bedeutung mindestens für den nordwesteuropäischen, norddeutschen und den Ostseeraum.

Seit dem ausgehenden 16. Jahrhundert war Amsterdam in der Nachfolge Antwerpens zum zentralen Finanzmarkt Nordwesteuropas geworden und behauptete seit den 1620er Jahren eine dominierende Position im gesamten europäischen Wechselverkehr. Die herausragende Stellung des Amsterdamer Wechselmarktes im 17. Jahrhundert beruhte auf den modernen, aus Antwerpen übernommenen Techniken bei der Übertragung von Wechseln (Indossament und Diskont), in der Sicherheit der 1609 nach dem Vorbild des Venezianer *Banco della Piazza di Rialto* gegründeten *Wisselbank*, wo alle Wechsel über einen Betrag von mehr als 600 Gulden eingezahlt werden mußten, und deren stabiler Bankwährung, dem Gulden Banko, der als Verrechnungseinheit der *Wisselbank* die Stabilität der holländischen Währung auf den internationalen Finanzmärkten symbolisierte und als konvertible Schlüsselwährung fungierte. Nicht minder bedeutsam für Amsterdams Stellung als ‚Weltfinanzzentrum' war der unbeschränkte Handel mit Edelmetall, der der Bank die größten Edelmetallvorräte ihrer Zeit weltweit verschaffte, und die Omnipräsenz der niederländischen Handelsinteressen, verbunden mit der Mittlerrolle Hollands und seines politischen wie ökonomischen Zentrums Amsterdam im Handel zwischen dem Ostseeraum und den nordwesteuropäischen und deutschen Gewerbelandschaften einerseits und Spanien mit seinem atlantischen Reich andererseits. Den Amsterdamer Kaufmanns-Bankiers gelang es dabei, nicht nur den Amsterdamer und niederländischen Handel, sondern zunehmend und großenteils auch den internationalen Handel von London, Hamburg und anderen Städten durch ihren Akzeptkredit zu finanzieren.[312]

Die umfangreichen Finanzbeziehungen Amsterdams spiegeln sich in den Wechselkurszetteln des 17. und 18. Jahrhunderts wider: Um 1630 notierte Amsterdam Danzig, Hamburg, Rouen (bis 1679), Frankfurt, Köln (bis 1688), London, Paris, Antwerpen, Ryssel/Lille, Middelburg, Nürnberg (bis 1633), Venedig und sogar vereinzelt

312 Vgl. SCHNEIDER / SCHWARZER, International Rates of Exchange, S. 152.

Lissabon.[313] Im ausgehenden 17. Jahrhundert folgten Notierungen auf Madrid, Sevilla, Cádiz und Bilbao. Darüber hinaus setzten Ende der 1670er Jahre die Kurse auf zwei weitere italienische Mittelmeerhäfen, Genua und Livorno, und – als Intermediär in diesen Raum – kurzzeitig auf die Lyoner Messen sowie, wenn auch nur vereinzelt, auf Entrepôt-Häfen an der französischen Atlantikküste (Bordeaux, Nantes, La Rochelle) ein. Im Ostseeraum wurden zusätzlich kurzzeitig Stockholm (1664–1672) und Königsberg (1719–1750) notiert, doch blieb Danzig der einzige, langfristige Partner Amsterdams in dieser Region. Mit der Aufnahme der Leipziger Messen in den Amsterdamer Kurszettel (1676) und später Breslaus (1700) wird die zunehmende Bedeutung Ostmitteleuropas für das Amsterdamer Wechselgeschäft erkennbar. Hinzu kamen zahlreiche Verbindungen zu Plätzen innerhalb der Niederlande selbst (vor allem nach Antwerpen, Rotterdam, Brüssel, Middelburg/Seeland und Gent).[314] Neben diesen ‚offiziellen' Kursnotierungen geben zeitgenössische Handelspraktiken des beginnenden 18. Jahrhunderts darüber hinaus auch Wechselverbindungen nach Kopenhagen, Stockholm und Archangelsk, nach Florenz, Mailand, Genf und Sankt Gallen an,[315] für die sich allerdings keine (regelmäßigen) Kursnotierungen nachweisen lassen. In den Jahrzehnten zwischen etwa 1670 und 1740 war somit der Höhepunkt der geographischen Ausdehnung des direkten Amsterdamer Wechselnetzes erreicht,[316] und um die Wende vom 17. zum 18. Jahrhundert war Amsterdam „the city where almost all bills of exchange made payable within the confines of Europe, were drafted, remitted, discounted or otherwise transacted. Amsterdam was then the centre of the international exchange trade, which was made possible by the free import and export of precious metal."[317] Das weitere 18. Jahrhundert erscheint dagegen im wesentlichen als eine Zeit der Stagnation: Als einzige neue Wechselverbindung von Bedeutung kam um 1760 die auf Wien hinzu, wesentlich später erst die auf Porto (1796). Dies ging einher mit dem allmählichen Niedergang Amsterdams als internationalem Handels- und Finanzzentrum und dem gleichzeitigen Aufstieg von London. Vor allem im Ostseeraum war der Außen- und Speditionshandel der Niederländer zwischen etwa 1740 und 1780 deutlich rückläufig, und als Zeichen dieser sinkenden Bedeutung mag die Einstellung der Kursnotierung auf Danzig in den 1770er Jahren gewertet werden. Trotzdem beherrschte Amsterdam weiterhin den Kapitalverkehr mit dieser Region, finanzierte den dortigen britischen Handel und blieb nicht nur ein wichtiger Entrepôt-Hafen zwischen dem Baltikum, dem atlantischen Raum und Südeuropa, sondern auch das stabilste Finanzzentrum in Europa. Erst der Einmarsch der Franzosen im Gefolge des Ersten Ko-

313 VAN VELDEN, Fondament van de Wisselhandeling [1629], S. 4; vgl. DENZEL, „Practica della Cambiatura", S. 402.

314 SCHNEIDER u.a. (Hrsg.), Währungen der Welt III, S. 39–94; ders. u.a. (Hrsg.), Währungen der Welt VI, S. 57–124; ders. u.a. (Hrsg.), Währungen der Welt I/II, S. 111–196; ders. u.a. (Hrsg.), Statistik der Geld- und Wechselkurse in Deutschland und im Ostseeraum, S. 65–102; DENZEL, Handbook, S. 64–101.

315 Z.B. HERBACH, Wechsel-Handlung [1716], S. 66.

316 SCHNEIDER / SCHWARZER, International Rates of Exchange, S. 146.

317 Nicolaas W. POSTHUMUS, Inquiry in the History of Prices in Holland, vol. I, Leiden 1946, S. 579.

alitionskrieges (1792–1797) und die inneren Spannungen in der Zeit der Batavischen Republik (1795–1806) brachten schließlich das definitive Ende der herausragenden Stellung Amsterdam im internationalen bargeldlosen Zahlungsverkehr.[318]

Wie keine andere Großmacht in Europa war Großbritannien spätestens seit der zweiten Hälfte des 18. Jahrhunderts in wirtschaftlicher und speziell zahlungsverkehrstechnischer Hinsicht auf eine Metropole – London – hin ausgerichtet.[319] London, dessen Bedeutung als *entrepôt* für Importe aus Übersee seit der zweiten Hälfte des 17. Jahrhunderts und im Handel mit dem Ostseeraum und der Levante im 18. Jahrhundert deutlich zunahm, vermochte nach dem Frieden von Utrecht 1713 seine Handelsbeziehungen vor allem für überseeische Waren mit Hilfe eines eigenen, von kontinentalen Stapelplätzen unabhängigen Vertriebsnetzes bedeutend auszudehnen. „The City of London was already emerging as the payments centre for international trade because of its commercial importance."[320] Einerseits war das Netz der Londoner Wechselverbindungen annähernd so verzweigt und weitreichend wie das des Welthandelszentrums dieser Zeit, Amsterdam; andererseits konnte London für den Zahlungsverkehr mit denjenigen Wechselplätzen, zu denen es keine direkten Wechselverbindungen unterhielt, so insbesondere zu denen von Mitteleuropa bis nach Schweden und Rußland, die Zahlungsverkehrsstruktur der kontinentalen Plätze, insbesondere die von Amsterdam, aber auch die von Hamburg nutzen.[321]

Seit den 1660er Jahren sind Londoner Notierungen auf Paris, Rouen, Antwerpen, Lille, Amsterdam, Middelburg, Rotterdam, Dortrecht, Hamburg, Livorno, Venedig and Dublin nachweisbar, d.h. – von den beiden italienischen Wechselmärkten abgesehen – ausschließlich auf nordwesteuropäische und hier vornehmlich niederländische Plätze. Venedig findet sich als traditioneller Wechselpartner Englands in Italien, Livorno als für die englischen Kaufleute und ihren Mittelmeerhandel bis in die Levante wichtigster Handels- und Wechselplatz überhaupt. Dieses geographisch noch recht beschränkte Netz dehnte sich seit den 1680er Jahren auf die Iberische Halbinsel aus, wo nunmehr Cádiz and Lissabon, seltener auch Madrid and Sevilla notiert wurden. Spätestens in den ausgehenden 1690er Jahren kamen dann noch Genua und Porto hinzu. Zugleich begann sich aber auch der Zahlungsverkehr mit den Niederlanden auf Amsterdam, Rotterdam and Antwerpen zu konzentrieren, und auch die Notierungen auf Lille und Rouen sowie – nur kurzzeitig im beginnenden 18. Jahrhundert nachweisbar – auf die Lyoner Messen fielen in den folgenden Jahrzehnten weg. Damit hielt Lon-

318 Oskar SCHWARZER / Markus A. DENZEL, Internationaler Zahlungsverkehr im 18. Jahrhundert: Amsterdam, London und Paris, in: SCHNEIDER u.a. (Hrsg.), Währungen der Welt VI, S. 1–32, hier: S. 6f.

319 Charles P. KINDLEBERGER, The Formation of Financial Centers: A Study in Comparative Economic History, Princeton (N.J.) 1974, S. 16.

320 Ranald C. MICHIE, General Introduction. The Rise of a Global Financial Centre: The City of London since 1700, in: Ders. (ed.), The Development of London as a Financial Centre, London – New York 2000, vol. 1: 1700–1850, S. vii–xxxii, hier: S. xxii.

321 John J. MCCUSKER, Money and Exchange in Europe and America, 1600–1775. A Handbook, London – Basingstoke 1978, S. 42, 61.

don mit seinen engen und regelmäßigen Notierungen auf Irland, in die Niederlande, auf Norddeutschland, Frankreich, Portugal und Spanien mit allen wichtigen Wechselmärkten an der europäischen Atlantikküste oder in deren Hinterland (Paris, Madrid) Kontakt, während es über die italienischen Hafenstädte seine finanziellen Transaktionen im Mittelmeerraum – über Livorno sogar in die gesamte Levante – abzuwickeln vermochte. Bei der Ausdehnung des Kreises seiner direkt notierten Wechselpartner konzentrierte sich London auch nach 1713 hingegen weiterhin auf Häfen an der Atlantikküste und nahm 1714 Bordeaux und Bilbao in seinen Wechselkurszettel auf. Im weiteren 18. Jahrhundert kamen nur zwei weitere Plätze hinzu, das nahe bei Hamburg gelegene Altona 1777 und Neapel 1796.[322] Bis in das beginnende 19. Jahrhundert hinein blieb der Londoner Zahlungsverkehr – und hier ist der Gegensatz zu Amsterdam offensichtlich – vorrangig auf die Küstenregionen Europas ausgerichtet, während Korrespondenten im zentraleuropäischen Kontinentalraum noch fehlten. Seine handelspolitische Begründung hatte diese Struktur des bargeldlosen Zahlungsverkehrs von London vorrangig in der Vermittlung britischer und überseeischer Güter auf den Kontinent, denn für die Abwicklung der daraus resultierenden Zahlungsverkehrstransaktionen waren ja nur enge Wechselverbindungen mit den kontinentalen Entrepôts erforderlich. Ähnliches gilt auch für den im 18. Jahrhundert wachsenden britischen Handel mit der Levante, der vorrangig über den britischen Haupthandels- und -wechselpartner in Italien, Livorno, abgewickelt wurde und der folglich direkter Notierungen auf levantinische Plätze nicht bedurfte.[323]

Hamburg als der größte deutsche Handelsplatz und Seehafen war im 17. und 18. Jahrhundert ein zentraler Geld- und Wechselmarkt über den engeren norddeutschen Raum hinaus, der zudem über die größte Anzahl an internationalen Kursnotierungen unter allen deutschen Wechselmärkten verfügte.[324] Seine gewichtige Bedeutung im internationalen bargeldlosen Zahlungsverkehr hatte Hamburg im 18. Jahrhundert seiner 1619 nach dem Vorbild der Amsterdamer *Wisselbank* gegründeten *Girobank*,[325] über die alle Wechselgeschäfte über mehr als 400 Mark lübisch Kurant abgewickelt zu werden hatten, ihrer seit 1736 stabilen Bankwährung[326] (s.u.) und – nicht zuletzt daraus resultierend – seiner zunehmenden Möglichkeit, langfristige Kredite einräumen zu können, zu verdanken: „Hamburg occupied a place in European finance similar to that of Amsterdam, in that merchants and brokers in the city served as the intermediaries

---

322 SCHNEIDER u.a. (Hrsg.), Währungen der Welt III, S. 113–122; ders. u.a. (Hrsg.), Währungen der Welt VI, S. 126–191; ders. u.a. (Hrsg.), Währungen der Welt I/II, S. 3–110; ders. u.a. (Hrsg.), Statistik der Geld- und Wechselkurse in Deutschland und im Ostseeraum, S. 115–145; DENZEL, Handbook, S. 15–46.

323 Vgl. SCHNEIDER / SCHWARZER, International Rates of Exchange, S. 146.

324 KAUFHOLD, Fonds- und Wechselbörsen, S. 112f.

325 Heinrich SIEVEKING, Die Hamburger Bank, in: VAN DILLEN (ed.), History of the Principal Public Banks, S. 125–160.

326 Winfried REISS, Historical Exchange Rates, in: FISCHER / MCINNIS / SCHNEIDER (eds.), Emergence of a World Economy, Part I, S. 171–189, hier: S. 171–173.

in exchange transactions between the Mediterranean, the Atlantic, and the Baltic."[327] Die Intensivierung der Handelsbeziehungen vor allem zur Iberischen Halbinsel, aber auch an die französische Atlantikküste und die Tatsache, daß nur wenige Finanzkrisen (1755, 1763, 1799) die Stadt erschütterten, waren der Hamburger Entwicklung sehr zuträglich.[328] In den 1790er Jahren, als Amsterdam wegen des französischen Einmarsches und Paris wegen der Aussetzung des Börsengeschäfts infolge der politischen Wirren als zentrale nordwesteuropäische Finanzmärkte ausgefallen waren, gelang es Hamburg sogar kurzzeitig, wichtigstes Finanzzentrum des nördlichen Kontinentaleuropa zu werden, doch mit der französischen Besetzung Hamburgs und der darauf folgenden Suspendierung der Kursnotierungen auf London am 28. November 1806 infolge der Kontinentalsperre endete dieser Höhenflug rasch wieder.[329]

Im Rayon seiner Kursnotierungen verzeichnete Hamburg einen Großteil der wichtigsten Finanzmärkte und Handelsplätze Europas: Im 17. Jahrhundert hatte Hamburg nach den wenigen zur Verfügung stehenden Kurszetteln Venedig, Antwerpen, Amsterdam, London, Paris, Rouen, Nürnberg, Frankfurt, Leipzig und Naumburg, Breslau und Danzig notiert, nach 1672 auch Sevilla, Cádiz, Kopenhagen und Lübeck. Für das 18. Jahrhundert sind Kursnotierungen in Nordwesteuropa auf Amsterdam und London, in Frankreich auf Paris und (ab 1724/37) Bordeaux, in Italien auf Venedig, seit 1796 auf Genua und Livorno und auf der Iberischen Halbinsel auf Cádiz und Lissabon, seit 1776 auf Madrid und ab 1799 auf Porto nachgewiesen; nur über kurze Zeiträume wurden hingegen die nordspanischen Plätze Bilbao und San Sebastian mit Kursen versehen. Dabei waren Hamburgs iberische Verbindungen die einzigen aus dem deutschen Raum überhaupt. Ihre besondere Bedeutung für den Hamburger Wechselmarkt zeigt sich nicht zuletzt darin, daß zum Jahresbeginn 1776 die Wechselfrist für diese (wie auch für Venedig sowie die erst später notierten anderen italienischen Plätze) von zwei auf drei Monate angehoben wurde, um den zeitlichen Kreditrahmen zu erweitern, während dies für die nordwesteuropäischen Plätze nicht geschah. Ähnliches ist nur noch im Falle von Breslau, ein wegen des schlesischen Leinenhandels wichtiger Wechselpartner Hamburgs, und Wien (seit 1718 notiert) festzustellen, für welche 1755 bzw. 1757 die Wechselfrist von vier auf sechs Wochen erhöht wurde. Innerhalb Mitteleuropas waren darüber hinaus die Leipziger und (bis 1723) Naumburger Messen, Nürnberg und – unregelmäßiger – Augsburg (beide bis 1755), seit den 1740er Jahren Prag, in den Jahren von 1796 bis 1812 Basel und vergleichsweise spät – erst 1812 – die Frankfurter Messen die relativ regelmäßig angegebenen Wechselpartner Hamburgs. Im Ostseeraum notierte Hamburg nur Kopenhagen (ab 1715) über einen längeren Zeitraum, Danzig hingegen nur kurzzeitig (1717). Rouen, Lübeck, Danzig,

[327] McCusker, Money and Exchange, S. 61.

[328] Adolf Soetbeer, Die Hamburger Bank, 1619–1866. Eine geschichtliche Skizze, in: Vierteljahresschrift für Volkswirtschaft 3, 1866, S. 21–54, hier: S. 27, 35–38, 48.

[329] Reiss, Exchange Rates, S. 182f.; Oskar Schwarzer / Markus A. Denzel / Petra Schnelzer, Geld- und Wechselkurse in Deutschland und im Ostseeraum (18. und 19. Jahrhundert), in: Schneider u.a. (Hrsg.), Statistik der Geld- und Wechselkurse in Deutschland und im Ostseeraum, S. 2–43, hier: S. 9–15.

Naumburg und Nürnberg wurden, da die geschäftliche Basis für das Erfordernis einer Kursnotierung weggefallen war, aus den offiziellen Kursübersichten gestrichen.[330]

Wenn die Bozner Messen diese drei wichtigen europäischen Finanzzentren erst vergleichsweise spät zu notieren begannen und dann auch eher unregelmäßig, so kann dies als Reaktion auf eine nur wenig oder gar nicht vorhandene Notwendigkeit der Kursangabe interpretiert werden, wie es auch bei anderen italienischen Wechselmärkten der Zeit sehr häufig der Fall war.[331] Wahrscheinlich bediente man sich im 17. und in der ersten Hälfte des 18. Jahrhunderts bei Bedarf einer ober- oder mitteldeutschen Stadt – Augsburg, Nürnberg, Frankfurt am Main oder Leipzig – als die Transaktion vermittelndes Intermediär, so daß eine direkte Kursnotierung auf die drei nordwesteuropäischen Zentren gar nicht erforderlich war. Auch seit den 1740er Jahren wurde der Wechselverkehr mit Amsterdam, Hamburg oder London eher selten direkt abgewikkelt. So endeten die regelmäßigen Notierungen auf Hamburg bereits mit der Mittfastenmesse 1749, die auf London in den beginnenden 1750er Jahren, um noch einmal zu Beginn der 1760er Jahre mit einer gewissen Regelmäßigkeit wiederaufgenommen zu werden. Allein Amsterdam wurde bis die späten 1760er Jahre hinein relativ regelmäßig verzeichnet, und auch in den beginnenden 1770er Jahren erfolgten die Notierungen noch vergleichsweise häufig, danach hingegen nur noch vereinzelt.

Erst in den ausgehenden 1790er Jahren und dann in der ersten Hälfte des 19. Jahrhunderts wurde London für die Bozner Messen (wieder) von größerer Bedeutung als Partner im internationalen Zahlungsverkehr. Von 1797 bis 1808 erfolgte eine relativ regelmäßige Notierung, die dann im Gefolge der dritten französischen Besetzung Bozens (1805/06) und der Kontinentalsperre (1806) abbrach und erst mit der Bartholomäusmesse 1814 wieder aufgenommen wurde. Zwischen etwa 1818 und 1837 finden sich nur einige wenige Kursangaben, die dann in den ausgehenden 1830er und beginnenden 1840er Jahren wieder regelmäßiger vorgenommen wurden. Im Gegensatz etwa zu Amsterdam oder Hamburg wurde London auf den Bozner Messen allerdings bis annähernd an das Ende des Untersuchungszeitraums notiert, wenn auch eher unregelmäßig und zum Teil mit größeren Lücken.

Bozen notierte die drei nordwesteuropäischen Wechselmärkte ab 1742 in Gulden moneta lunga bzw. ab 1770 in Gulden Meßvaluta, und zwar Amsterdam für 100 Reichstaler Banko zu 2½ Gulden Banko. Die Amsterdamer Bankwährung und die hohe Stabilität der Währungsverhältnisse in Holland und seit 1694 in den gesamten Vereinigten Niederlanden war einer der wichtigsten Faktoren für die herausragende Bedeutung von Amsterdam als internationaler Wechselmarkt und Finanzzentrum im 17. und 18. Jahrhundert. Spätestens seit der zweiten Hälfte des 17. Jahrhunderts war das

---

330 Ernst BAASCH, Aus der Entwicklungsgeschichte des Hamburger Kurszettels, in: Bank-Archiv 5, 1905/06, S. 8–11, hier: S. 10; SCHNEIDER u.a. (Hrsg.), Währungen der Welt VI, S. 193–222; ders. u.a. (Hrsg.), Statistik der Geld- und Wechselkurse in Deutschland und im Ostseeraum, S. 147–191; ders. u.a. (Hrsg.), Währungen der Welt I/III, S. 301–337; DENZEL, Handbook, S. 207–230.

331 Als Beleg hierfür kann Florenz dienen, das im dritten Viertel des 18. Jahrhunderts nur Amsterdam relativ regelmäßig, London hingegen nur vereinzelt und Hamburg überhaupt nicht notierte; SCHNEIDER u.a. (Hrsg.), Währungen der Welt VI, S. 284f.

gegenüber dem Kurantgeld[332] in der Regel mit einem Aufgeld versehene Bankgeld das dominierende Element der holländischen Währung geworden, da es als Clearing-Einheit der 1609 gegründeten Wisselbank die Stabilität der holländischen Währung auf den internationalen Finanzmärkten symbolisierte. Seit 1683 wurden die Angaben in den Preiskuranten der Amsterdamer Börse einheitlich in Bankgeld notiert, wobei die Rechnung nach Gulden (florijn) zu 20 Stüver oder 320 Pfennigen erfolgte. Bereits die Wisselbank rechnete vornehmlich nach Gulden und in ihrem Gefolge zunehmend auch der Großhandel, auch wenn die eigentliche Basiswährungseinheit der seit 1586 nach dem Reichsmünzfuß ausgebrachte Reichstaler (rijksdaaler; = 50 Stüver) zu 25,99 Gramm Feinsilber, seit 1616 zu 25,69 Gramm Feinsilber war. Erst seit 1681 war der zu 9,59 Gramm Feinsilber ausgebrachte Gulden die Basissilbermünze der Vereinigten Niederlande geworden. Dieses Währungssystem blieb in den Niederlanden bis 1806 unverändert in Kraft. – Die Notierung der Bozner Messen auf Amsterdam folgte damit – wie im übrigen auch die der meisten anderen europäischen Wechselmärkte – der Tradition der Kursangabe für Reichstaler als der nominellen niederländischen Währungseinheit. Zugleich notierte man das für den Wechselverkehr vorgesehene Bankgeld, um Kursschwankungen zwischen Kurant- und Bankgeld von vorneherein zu umgehen.

Auch Hamburg wurde in Bozen in Gulden moneta lunga für 100 Reichstaler Banko zu 8 Schillingen flämisch oder 48 Schillingen lübisch oder 96 Pfennigen flämisch notiert; der Reichstaler galt hier allerdings 3 Mark Banko, die Mark zu 2⅔ Schillingen flämisch, 16 Schillingen lübisch oder 32 Pfennigen flämisch gerechnet. Die Hamburger Bankwährung auf der Grundlage der Mark Banko war die imaginäre Rechenwährung des 1619 unter dem Einfluß niederländischer Kaufleute gegründeten Hamburger Girobank, der gegenüber das eigentliche Zahlungsmittel der Stadt, die Mark Kurant, mit deutlichem Abgeld notiert wurde.[333] Seit 1669 folgte Hamburg im wesentlichen einem 34-Mark- oder 11⅓-Taler-Fuß; infolgedessen entsprach die Mark Banko nominell 8,43 Gramm Feinsilber, der Reichstaler 25,29 Gramm Feinsilber. Nach dem Hamburgisch-dänischen Währungsstreit (1717–1736) um die in Hamburg umlaufenden Kurantmünzen galt die Hamburger Bankwährung als eine der stabilsten auf dem europäischen Kontinent, zumal 1771 – nicht zuletzt als Reaktion auf die Finanzkrisen von 1755 und 1763 – die Hamburger Girobank auch Silberbarren (seit dem 8. Juli 1790 ausschließlich) annahm und die reine Silberwährung eingeführt wurde.[334] Wie

---

332 Das Kurantgeld spielt für den bargeldlosen Zahlungsverkehr zwischen Bozen und Amsterdam keine Rolle und kann daher hier vernachlässigt werden. Tabellen für die Umrechnung von Bank- in Kurantgeld ab 1651 (der Gulden Banko wurde erst seit 1648 offiziell notiert) und umgekehrt siehe in: SCHNEIDER u.a. (Hrsg.), Währungen der Welt III, S. 95; ders. u.a. (Hrsg.), Statistik der Geld- und Wechselkurse in Deutschland und im Ostseeraum, S. 103–107; DENZEL, Handbook, S. 58.

333 Das Kurantgeld spielt für den bargeldlosen Zahlungsverkehr zwischen Bozen und Hamburg keine Rolle und kann daher hier vernachlässigt werden. Tabellen für die Umrechnung von Bank- in Kurantgeld und umgekehrt siehe SCHNEIDER u.a. (Hrsg.), Statistik der Geld- und Wechselkurse in Deutschland und im Ostseeraum, S. 192–195; DENZEL, Handbook, S. 192.

334 Konrad SCHNEIDER, „Banco, Species und Courant“. Untersuchungen zur Hamburgischen Währung im 17. und 18. Jahrhundert, Koblenz 1986.

im Falle Amsterdams orientierte sich Bozen in seiner Notierung auf Hamburg am Reichstaler als der traditionellen Basiswährungseinheit in Hamburg, nutzte jedoch auch hier die Kursangabe für das stabile Bankgeld zur Eliminierung etwaiger Kursschwankungen zwischen Banko und Kurant.

Die Bozner Notierung auf London erfolgte in den in Bozen seit 1742 gebräuchlichen Gulden und Kreuzern für ein Pfund Sterling. Das Pfund Sterling zu 20 Shillings à 12 Pence war seit dem Mittelalter die gewöhnliche Währungs- und Recheneinheit Englands gewesen. Die englische Währung konnte im ausgehenden 17. und beginnenden 18. Jahrhundert – nicht zuletzt mit Hilfe der 1694 gegründeten *Bank of England* – stabilisiert und spätestens seit 1717/28 zunehmend auf die Verwendung von Gold als Währungsmetall hin orientiert werden – eine im damaligen Europa einzigartige Entwicklung, die nur durch die 1698 begonnene Ausbeutung der brasilianischen Goldminen und den Import von Gold nach England durch die Handelsbeziehungen zu Portugal möglich war. „The English monetary history of the 18th century is characterized by the change from a pure silver standard to a double standard and then to a pure gold standard.“[335] Die vollständige Einführung der Goldwährung in Großbritannien wurde allerdings durch die Papiergeldperiode während der Napoleonischen Kriege bis 1816 verzögert. Zwar gab es kein staatliches Papiergeld im exakten Wortsinn; doch erfüllten die Noten der 1694 als private Gesellschaft von Bankiers mit dem Privileg der Notenausgabe gegründeten Bank of England diese Funktion. Bis 1809 waren die Noten das einzige Zahlungsmittel in England geworden. Zur Beseitigung des Mangels an Kleingeld wurde 1816 die Silberprägung wiederaufgenommen und damit die Reform des britischen Geldwesens begonnen. Am 1. Juli 1817 wurde zudem eine neue Goldmünze, der Sovereign zu 20 Shillings, proklamiert, so daß nunmehr die Rechnungseinheit mit der faktischen Münzeinheit zusammenfiel. Den Abschluß des Reformwerkes bildete die endgültige Wiederaufnahme der Barzahlungen durch die Bank of England nach Peel's Currency Bill vom 5. Mai 1819 zum 1. Februar 1820 in Teilzahlungen und zum 1. Mai 1823 in voller Höhe der einzulösenden Beträge. Seit dieser Währungsreform besaß Großbritannien als erster Staat der Welt somit Goldstandard.

Die Kursreihe auf Amsterdam wird im folgenden in originaler Form (Datenreihe AD1) und in der Umrechnung in Gulden Banko (1 Reichstaler = 2½ Gulden; Datenreihe AD2), der im niederländischen bargeldlosen Zahlungsverkehr gebräuchlicheren Recheneinheit, wiedergegeben. Auch im Falle Hamburgs wird zusätzlich zur Originalnotierung (Datenreihe HH1) die Umrechnung in Mark Banko (1 Reichstaler = 3 Mark; Datenreihe HH2), der hier größtenteils üblichen Verrechnungseinheit, dokumentiert. Die Notierungen auf London, die in Gulden und Kreuzern erfolgten, werden im Original (Datenreihe LO1) und in dezimalisierter Form (Datenreihe LO2) präsentiert. – Auf den Bozner Messen wurde London für drei Monate oder – seit der Fronleichnamsmesse 1840 – für 90 Tage dato notiert.

335 Reiss, Exchange Rates, S. 177.

Tab. 4.30: Wechselkurse der Bozner Messen auf Amsterdam von 1742 bis 1785[a]

[AD1] Gulden moneta lunga für 100 Reichstaler Banko,
- ab 1770 Gulden Meßvaluta für 100 Reichstaler Banko [O]

[AD2] Gulden moneta lunga für 100 Gulden Banko,
- ab 1770 Gulden Meßvaluta für 100 Gulden Banko [U]

Messe		[AD1]	[AD2]
		fl.	fl.
1742	B	200 1/3	80,13
1742	A	201 1/3	80,53
1743	MQ	201 1/2	80,60
1743	CD	202 3/4	81,10
1743	B	202 1/2	81,00
1743	A	204 3/4	81,90
1744	MQ	202	80,80
1744	CD	204 1/2	81,80
1744	B	201	80,40
1744	A	202	80,80
1745	MQ	202 2/3	81,07
1745	CD	203 1/3	81,33
1745	B	205 1/2	82,20
1745	A	206	82,40
1746	MQ	206	82,40
1746	CD	207 2/3	83,07
1746	B	203	81,20
1746	A	205	82,00
1747	MQ	203 1/4	81,30
1747	CD	203 1/4	81,30
1747	B	203	81,20
1747	A	200 1/3	80,13
1748	MQ	203 3/4	81,50
1748	CD	201 1/2	80,60
1748	B	203 1/2	81,40
1748	A	201	80,40
1749	MQ	202 2/5	80,96
1749	CD	204	81,60
1749	B	203 1/2	81,40
1749	A	204 1/2	81,80
1750	MQ	203 1/3	81,33
1750	CD	205 3/4	82,30
1750	B	205 3/4	82,30
1750	A	208	83,20
1751	MQ	206	82,40
1751	CD	205	82,00
1751	B	203 1/2	81,40
1751	A	200 1/2	80,20
1752	MQ	201	80,40
1752	CD	202	80,80
1752	B	200 3/4	80,30
1752	A	197 3/4	79,10
1753	MQ	202 1/2	81,00
1753	CD	202	80,80
1753	B	203 1/2	81,40
1753	A	203 1/2	81,40
1754	MQ	204 2/3	81,87
1754	CD	202 1/2	81,00
1754	B	203	81,20
1754	A		
1755	MQ	201 2/5	80,56
1755	CD	200 1/4	80,10
1755	B	202	80,80
1755	A	203 1/2	81,40
1756	MQ	205 1/2	82,20
1756	CD	206 2/5	82,56
1756	B	206	82,40
1756	A		
1757	MQ	204	81,60
1757	CD	205 3/4	82,30
1757	B	207	82,80
1757	A	206 3/4	82,70
1758	MQ	207	82,80
1758	CD	206 3/4	82,70
1758	B	203 3/4	81,50
1758	A	204	81,60
1759	MQ	205 3/4	82,30
1759	CD	206	82,40
1759	B	204 1/2	81,80
1759	A		
1760	MQ	205 7/8	82,35
1760	CD	206 4/5	82,72
1760	B	208 3/4	83,50
1760	A	209 3/4	83,90
1761	MQ	207 1/2	83,00
1761	CD		

Messe		[AD1]	[AD2]
		fl.	fl.
1761	B	208 4/5	83,52
1761	A	208 7/8	83,55
1762	MQ	206	82,40
1762	CD	205 7/8	82,35
1762	B	209 3/4	83,90
1762	A		
1763	MQ	203 2/5	81,36
1763	CD	196 2/3	78,67
1763	B	200	80,00
1763	A		
1764	MQ		
1764	CD		
1764	B	204 1/4	81,70
1764	A		
1765	MQ		
1765	CD	203 1/3	81,33
1765	B		
1765	A	204	81,60
1766	MQ	207	82,80
1766	CD	204 2/3	81,87
1766	B	202	80,80
1766	A	211	84,40
1767	MQ	210 1/8	84,05
1767	CD		
1767	B	210 1/3	84,13
1767	A	207 3/4	83,10
1768	MQ		
1768	CD	207 7/8	83,15
1768	B	208 1/4	83,30
1768	A		
1769	MQ		
1769	CD		
1769	B	209 3/4	83,90
1769	A		
		fl.	fl.
1770	MQ		
1770	CD	214	85,60
1770	B	214 1/2	85,80
1770	A		
1771	MQ	210	84,00
1771	CD		
1771	B	211 1/4	84,50
1771	A		
1772	MQ	210 3/4	84,30
1772	CD		
1772	B	208 3/4	83,50
1772	A		
1773	MQ	213	85,20
1773	CD	215	86,00
1773	B	214 1/2	85,80
1773	A		
1774	MQ	214	85,60
1774	CD		
1774	B		
1774	A		
1775	MQ		
1775	CD	210	84,00
1775	B		
1775	A	213 1/2	85,40
[…]			
1777	MQ		
1777	CD		
1777	B	217 1/2	87,00
1777	A		
1778	MQ	217 1/2	87,00
1778	CD		
1778	B		
1778	A		
1779	MQ		
1779	CD		
1779	B	215 1/4	86,10
1780	A		
1780	MQ		
1781	CD		
1781	B	217 1/2	87,00
1781	A	215	86,00
1782	MQ	219 1/4	87,70
[…]			
1783	A	208	83,20
1784	MQ		
1784	CD	204 1/4	81,70
1784	B		
1784	A		
1785	MQ		
1785	CD		
1785	B	207 1/2	83,00

Anmerkung:

[a] Anläßlich der Mittfastenmesse 1808 erfolgte die letzte Notierung auf Amsterdam: 210 Gulden Reichswährung für 100 Reichstaler Banko (= 84 Gulden Reichswährung für 100 Gulden Banko).

Tab. 4.31: Wechselkurse der Bozner Messen auf Hamburg von 1742 bis 1767[a]

[HH1] Gulden moneta lunga für 100 Reichstaler Banko [O]
[HH2] Gulden moneta lunga für 100 Mark Banko [U]

Messe		[HH1]	[HH2]
		fl.	fl.
1742	B	200 1/2	66,83
1742	A	201 1/3	67,11
1743	MQ	201 1/2	67,17
1743	CD	202 3/4	67,58
1743	B	202	67,33
1743	A	203 1/2	67,83
1744	MQ	201 1/2	67,17
1744	CD	204	68,00
1744	B	200 1/2	66,83
1744	A	200	66,67
1745	MQ	200 1/4	66,75
1745	CD	200	66,67
1745	B	203	67,67
1745	A	204	68,00
1746	MQ	204	68,00
1746	CD	202 2/5	67,47
1746	B	201	67,00
1746	A	203	67,67
1747	MQ	198	66,00
1747	CD	200 1/4	66,75
1747	B	199	66,33
1747	A	196	65,33
1748	MQ	199 3/4	66,58
1748	CD	196 1/2	65,50
1748	B	201 1/2	67,17
1748	A	201 1/2	67,17
1749	MQ	200 7/8	66,96
1749	CD		
1749	B		
1749	A		
1750	MQ		
1750	CD		
1750	B		
1750	A		
1751	MQ	208	69,33
1751	CD	206	68,67
1751	B	208	69,33
1751	A		
1752	MQ		
1752	CD		
1752	B		
1752	A		
1753	MQ		
1753	CD		
1753	B		
1753	A		
1754	MQ		
1754	CD		
1754	B	208	69,33
1754	A		
1755	MQ		
1755	CD		
1755	B		
1755	A		
1756	MQ		
1756	CD		
1756	B		
1756	A		
1757	MQ		
1757	CD	198 2/3	66,22
1757	B		
1757	A		
1758	MQ		
1758	CD		
1758	B		
1758	A		
1759	MQ		
1759	CD		
1759	B		
1759	A		
1760	MQ		
1760	CD	201	67,00
1760	B	213 1/2	71,17
1760	A		
1761	MQ		
1761	CD		
1761	B		
1761	A		
1762	MQ	211 3/4	70,58
1762	CD		

Messe		[HH1]	[HH2]
		fl.	fl.
1762	B	205 3/4	68,58
1762	A		
1763	MQ		
1763	CD		
1763	B		
1763	A		
1764	MQ		
1764	CD		
1764	B		
1764	A		
1765	MQ		
1765	CD		
1765	B		
1765	A		
1766	MQ		
1766	CD		
1766	B		
1766	A		
1767	MQ	198	66,00
1767	CD		
1767	B	196 1/2	65,50

Anmerkung:

[a] Um die Wende zum 19. Jahrhundert finden sich noch zwei weitere Notierungen auf Hamburg: Auf der Mittfastenmesse 1800 wurde Hamburg mit 224½ Gulden Meßvaluta für 100 Reichstaler Banko (= 74,83 Gulden Meßvaluta für 100 Mark Banko) notiert, auf der Mittfastenmesse 1803 mit 116 Gulden Meßvaluta für 100 Reichstaler Banko (= 38,67 Gulden Meßvaluta für 100 Mark Banko). In der Vorschlagsliste für die *conto*-Festsetzung anläßlich der Mittfastenmesse 1801 schlug der Kontrattant Palmer für Hamburg einen Kurs von 225 Gulden Meßvaluta für 100 Reichstaler Banko vor (= 75 Gulden Meßvaluta für 100 Mark Banko); SLA, A.M.M., 3.7.43, fasc. 11, fol. 287.

Tab. 4.32: Wechselkurse der Bozner Messen auf London von 1742 bis 1850

[LO1] Gulden moneta lunga für 1 Pfund Sterling,
- ab 1770 (CD) Gulden Meßvaluta für 1 Pfund Sterling,
- ab 1805 (MQ) in Gulden Wiener Währung für 1 Pfund Sterling,
- ab 1806 (B) Gulden Reichswährung für 1 Pfund Sterling,
- ab 1813 (A) Gulden Konventionskurant für 1 Pfund Sterling [O]

[LO2] Gulden moneta lunga für 1 Pfund Sterling,
- ab 1770 (CD) Gulden Meßvaluta für 1 Pfund Sterling,
- ab 1805 (MQ) in Gulden Wiener Währung für 1 Pfund Sterling,
- ab 1806 (B) Gulden Reichswährung für 1 Pfund Sterling,
- ab 1813 (A) Gulden Konventionskurant für 1 Pfund Sterling [dez.]

Messe		[LO1]		[LO2]
		fl.	xr.	fl.
1742	B	8	23	8,3833
1742	A	8	22	8,3667
1743	MQ	8	21	8,3500
1743	CD	8	21	8,3500
1743	B	8	26	8,4333
1743	A	8	31	8,5167
1744	MQ	8	26	8,4333
1744	CD	8	25	8,4167
1744	B	8	22	8,3667
1744	A	8	19	8,3167
1745	MQ	8	19	8,3167
1745	CD	8	25	8,4167
1745	B	8	31	8,5167
1745	A	8	46	8,7667
1746	MQ	9		9,0000
1746	CD	8	53	8,8833
1746	B	8	47	8,7833
1746	A	8	45	8,7500
1747	MQ	8	42	8,7000
1747	CD	8	30	8,5000
1747	B	8	26	8,4333
1747	A	8	27	8,4500
1748	MQ	8	31	8,5167
1748	CD	8	32	8,5333
1748	B	8	42	8,7000
1748	A	8	35	8,5833
1749	MQ	8	38	8,6333
1749	CD	8	47	8,7833
1749	B	8	42	8,7000
1749	A	8	38	8,6333
1750	MQ			

Messe		[LO1]		[LO2]
		fl.	xr.	fl.
1750	CD	8	40	8,6667
1750	B	8	42	8,7000
1750	A	8	48	8,8000
1751	MQ	8	32	8,5333
1751	CD	8	36	8,6000
1751	B	8	37	8,6167
1751	A			
1752	MQ	8	33	8,5500
1752	CD	8	31	8,5167
1752	B	8	29	8,4833
1752	A			
1753	MQ	8	30	8,5000
1753	CD	8	17	8,2833
1753	B	8	30	8,5000
1753	A			
1754	MQ			
1754	CD	8	38	8,6333
1754	B			
1754	A			
1755	MQ	8	40	8,6667
1755	CD			
1755	B			
1755	A			
1756	MQ	8	59	8,9833
1756	CD	9	4	9,0667
1756	B			
1756	A			
1757	MQ			
1757	CD			
1757	B			
1757	A			

Messe		[LO1]		[LO2]
		fl.	xr.	fl.
1758	MQ			
1758	CD			
1758	B	8	28	8,4667
1758	A			
1759	MQ	8	38	8,6333
1759	CD	8	45	8,7500
1759	B			
1759	A	8	43	8,7167
1760	MQ			
1760	CD	8	44	8,7333
1760	B	8	40	8,6667
1760	A	8	38	8,6333
1761	MQ	8	36	8,6000
1761	CD	8	26	8,4333
1761	B	8	20	8,3333
1761	A	8	35	8,5833
1762	MQ	8	38	8,6333
1762	CD			
1762	B	8	51	8,8500
1762	A			
1763	MQ	8	29	8,4833
1763	CD	8	10	8,1667
1763	B			
1763	A			
1764	MQ	8	57	8,9500
1764	CD			
1764	B			
1764	A			
[…]				
		fl.	xr.	fl.
1771	MQ			
1771	CD	8	44	8,7333
1771	B			
1771	A			
1772	MQ			
1772	CD			
1772	B			
1772	A			
1773	MQ	9	9	9,1500
1773	CD			
1773	B			
1773	A			
1774	MQ			
1774	CD			
1774	B			
1774	A			

Messe		[LO1]		[LO2]
		fl.	xr.	fl.
1775	MQ			
1775	CD			
1775	B			
1775	A			
1776	MQ	9		9,0000
1776	CD			
1776	B			
1776	A			
[…]				
1788	MQ			
1788	CD			
1788	B	9	22	9,3667
1788	A			
[…]				
1795	MQ			
1795	CD			
1795	B			
1795	A	8	42	8,7000
1796	MQ			
1796	CD			
1796	B			
1796	A			
1797	MQ			
1797	CD	9	52	9,8667
1797	B	10	9	10,1500
1797	A			
1798	MQ	10	30	10,5000
1798	CD			
1798	B	10	9	10,1500
1798	A	10	8	10,1333
1799	MQ	10	13	10,2167
1799	CD			
1799	B	9	26	9,4333
1799	A	9	15	9,2500
1800	MQ	8	36	8,6000
1800	CD	8	52	8,8667
1800	B	8	50	8,8333
1800	A	8	45	8,7500
1801	MQ	[a] 8	38	8,6333
1801	CD	8	42	8,7000
1801	B	8	42	8,7000
1801	A	8	50	8,8333
1802	MQ			
1802	CD	9		9,0000
1802	B	8	54	8,9000
1802	A	9	6	9,1000

Messe		[LO1]		[LO2]
		fl.	xr.	fl.
1803	MQ	9	18	9,3000
1803	CD	9	12	9,2000
1803	B	9	9	9,1500
1803	A	9	24	9,4000
1804	MQ	9	27	9,4500
1804	CD	9	44	9,7333
1804	B	9	25	9,4167
1804	A	9	20	9,3333
		fl.	xr.	fl.
1805	MQ	12	30	12,5000
1805	CD	12	25	12,4167
1805	B	12	38	12,6333
1805	A	13	3	13,0500
1806	MQ	14	38	14,6333
1806	CD	16	10	16,1667
		fl.	xr.	fl.
1806	B	8	58	8,9667
1806	A			
1807	MQ	9	18	9,3000
1807	CD	9	30	9,5000
1807	B			
1807	A			
1808	MQ	9		9,0000
1808	CD			
1808	B			
1808	A			
[...]				
		fl.	xr.	fl.
1814	MQ			
1814	CD			
1814	B	8	52	8,8667
1814	A	8	32	8,5333
1815	MQ	8	38	8,6333
1815	CD	8	30	8,5000
1815	B	8	36	8,6000
1815	A	9	6	9,1000
1816	MQ	9	30	9,5000
1816	CD	9	36	9,6000
1816	B			
1816	A	9	56	9,9333
1817	MQ			
1817	CD			
1817	B			
1817	A	9	12	9,2000
1818	MQ			
1818	CD	9	10	9,1667

Messe		[LO1]		[LO2]
		fl.	xr.	fl.
1818	B			
1818	A			
1819	MQ			
1819	CD			
1819	B			
1819	A			
1820	MQ			
1820	CD			
1820	B			
1820	A			
1821	MQ	10		10,0000
1821	CD			
1821	B			
1821	A			
1822	MQ	10	4	10,0667
1822	CD	10		10,0000
1822	B			
1822	A			
1823	MQ	10	10	10,1667
1823	CD			
1823	B	10	10	10,1667
1823	A			
1824	MQ			
1824	CD			
1824	B			
1824	A			
1825	MQ			
1825	CD			
1825	B			
1825	A			
1826	MQ			
1826	CD	9	27	9,4500
1826	B	10	1	10,0167
1826	A			
1827	MQ			
1827	CD			
1827	B			
1827	A			
1828	MQ			
1828	CD			
1828	B			
1828	A			
1829	MQ			
1829	CD			
1829	B			
1829	A			

Messe		[LO1]		[LO2]
		fl.	xr.	fl.
1830	MQ			
1830	CD			
1830	B	9	59	9,9833
1830	A	9	51	9,8500
1831	MQ			
1831	CD			
1831	B			
1831	A			
1832	MQ	9	57	9,9500
1832	CD			
1832	B			
1832	A			
1833	MQ			
1833	CD			
1833	B			
1833	A			
1834	MQ			
1834	CD			
1834	B			
1834	A			
1835	MQ			
1835	CD			
1835	B			
1835	A			
1836	MQ			
1836	CD			
1836	B			
1836	A			
1837	MQ			
1837	CD			
1837	B	9	56	9,9333
1837	A			
1838	MQ			
1838	CD	9	56	9,9333
1838	B	9	56	9,9333
1838	A			
1839	MQ			
1839	CD			
1839	B	9	48	9,8000
1839	A			
1840	MQ			
1840	CD	9	44	9,7333
1840	B	9	42	9,7000
1840	A			
1841	MQ	9	44	9,7333
1841	CD			
1841	B	9	40	9,6667
1841	A			
1842	MQ	9	40	9,6667
1842	CD			
1842	B	9	40	9,6667
1842	A			
1843	MQ	9	50	9,8333
1843	CD			
1843	B	9	46	9,7667
1843	A	9	45	9,7500
1844	MQ	9	41	9,6833
1844	CD			
1844	B	9	46	9,7667
1844	A			
1845	MQ	9	42	9,7000
1845	CD			
1845	B			
1845	A			
1846	MQ			
1846	CD			
1846	B			
1846	A	9	52	9,8667
1847	MQ	9	44	9,7333
1847	CD			
1847	B			
1847	A			
1848	MQ			
1848	CD			
1848	B			
1848	A			
1849	MQ	10	12	10,2000
1849	CD	10	8	10,1333
1849	B	10	4	10,0667
1849	A			
1850	MQ	[b] 9	45	9,7500
1850	CD			

Anmerkungen:

[a] Nach der Vorschlagsliste für die *Conto*-Festsetzung auf dieser Messe, für welche kein offizieller Kurszettel gefunden werden konnte; SLA, A.M.M., 3.7.43, fasc. 11, fol. 287.

[b] Nach NOBACK / NOBACK, Münz-, Maass- und Gewichtsbuch [1858], S. 117.

Abb. 18: Wechsel- und Geldkurszettel der Bozner Bartholomäusmesse 1787[336]

LAUS DEO.

Prezzi di Cambj corsi contro valute in Fiera S. Bartolomeo di Bolzano li 19. Settemb. 1787.

Venezia per li 15 Ottob. prof. p. L.	500.	piccole correnti .	$100\frac{3}{4}$
Verona per detto . . . p. L.	500.	simili	----
Bologna per li 21 sudetto p. Scudi	1.	da Bolognini 100.	----
Livorno per detto . . p. Pezze	1.	da Reali 8. . . .	----
Lipsia Fiera S. Michele . p. fi.	100.	In Luigi d'oro à fi. 7. 30.	$100\frac{3}{4}$
Detta per detto . . . p. fi.	100.	In Doppie à fi. 7. 30.	----
Francoforte Fiera di Settemb. p. fi.	100.	In Carline à fi. 9. 12.	----
Detto per detto . . . p. fi.	100.	In Carline à fi. 9. 42.	$93\frac{1}{3}$
Detto per detto . . . p. fi.	100.	In Carline à fi. 11. .	----
Augusta ad uso . . . . . p. fi.	100.	correnti	$98\frac{3}{4}$
Detta ad uso . . . . p. fi.	100.	In Doppie à fi. 7. 30.	----
Norimberga ad uso . . p. fi.	100.	correnti . . .	----
Detta ad uso . . . . p. fi.	100.	In Doppie à fi. 7. 30.	----
Vienna per li 15 Ottob. prof. p. fi.	100.	correnti per Cassa .	$98\frac{1}{4}$
Praga ad uso . . . . . p. fi.	100.	correnti . . .	----
Parigi . . . . p. L.	1.	tornese Karantani .	$22\frac{2}{3}$
Londra ad uso . . . . p. L.	1.	Sterlina . fior.	----
Amsterdam ad uso . . p. R.T.	100.	da Grossi 100. Banco.	----
Amburgo ad uso . . p. R.T.	100.	da Grossi 96. Banco.	----

				Aggio.	Perdita
Ongari Imperiali . . . à fi.	4	$43\frac{1}{2}$	per Cento .	----	----
Sovrani . . . . à	14	---	per Cento .	----	----
Zechini à Marco . . . à .	4	35	per Cento .	----	----
Doppie delle due Armi . à	9	$39\frac{1}{2}$	per Cento .	----	----
Dette . . . . à	9	30	per Cento .	----	$2\frac{3}{4}$
Gigliati . . . . à	4	35	per Cento .	----	----
Tallero di Convenz. e Bavaro à	2	6	per Cento .	----	----
Federtalleri . . . . . . à	2	24	per Cento .	----	----
Pezze Colonarie vechie . à	2	10	per Cento .	----	----
Dette nuove . . . . . à	2	9	per Cento .	----	----
Moneta a Patente nuova . à	--	---	per Cento .	----	$5\frac{3}{4}$

Per decreto avanti d' ora seguito, resta proibito l' accetar, e pagar lettere di Cambio, o spazi girati, e più resti proibito il pagare, e protestare lettere di Cambio, che nominano la valuta di più d' una persona sotto pena di Talleri 200.

Giovanni Pietro d' Eierle Cancelliere delle Fiere.

336 Quelle: SLA, A.M.M. 3.5.12, fol. 71.

5. DIE BOZNER GELDKURSNOTIERUNGEN VON 1742 BIS 1850

Geldkursnotierungen erscheinen in den veröffentlichten Kursübersichten der Bozner Messen erst seit der Bartholomäusmesse 1742.[1] Spätestens zu diesem Zeitpunkt, als auch der größte Teil der Wechselkursnotierungen von der Girowährung auf Moneta lunga umgestellt und die imaginäre Rechenwährung somit faktisch abgeschafft wurde, war es unabdingbar geworden, zu jeder Messe die Relation zwischen beiden Währungen festzulegen, die ja nicht eindeutig fixiert war, sondern um 33% schwankte. Darüber hinaus wurde zugleich auch eine Rubrik für die Relation zwischen der Moneta lunga und der ‚Valuta al corso di Fiera' (oder kurz: ‚Valuta'), der Meßwährung oder Meßvaluta, eingerichtet, in der die Münzpreise festgelegt waren. Bis zur Fronleichnamsmesse 1770 wurden darüber hinaus Geldkurse nur für die beiden wichtigsten Zahlungseinheiten auf den Messen notiert, für die Doppia zu 7½ Gulden Meßvaluta, worunter neben der spanischen Pistole auch der Alte französische Louisd'or gerechnet wurden, und für den Dukaten (Ongaro) zu 4 1/5 Gulden Meßvaluta, das traditionelle Giro- oder Wechselgeld.

Mit der Einführung der Meßvaluta 1770 wurde dann eine wesentlich größere Zahl an Rubriken für Münzen im Preiskurant verzeichnet:

- (spanische und französische) Doppie al marco und al corso di Fiera zu 7½ Gulden Meßvaluta
- (venezianische) Zecchini al marco zu 4 Gulden 24 Kreuzern Meßvaluta
- Dukaten (Ongari) al marco, in Sovrani und mit patentmäßigem Gewicht (*à peso di Patente*) zu 4 Gulden 12 Kreuzern Meßvaluta
- französische Neue Louisd'ors zu 9½ Gulden Meßvaluta
- Carlini alla Patente delle buone stampe zu 9 Gulden 12 Kreuzern Meßvaluta
- (bayerische) Maxd'ors mit patentmäßigem Gewicht (*à peso di Patente*) zu 6 Gulden 8 Kreuzer Meßvaluta
- (Florentiner) Gigliati zu 4 Gulden 18 Kreuzern Meßvaluta
- römische Dukaten (*Ongaro romano*) zu 4 Gulden 12 Kreuzern Meßvaluta
- Konventions- und Bayerische Taler zu 2 Gulden 6 Kreuzern Meßvaluta
- Federtaler zu 2 Gulden 24 Kreuzern Meßvaluta
- (Mailänder) Filippi (Philippstaler) mit patentmäßigem Gewicht zu 2 Gulden 12 Kreuzern Meßvaluta
- päpstliche Scudi mit patentmäßigem Gewicht zu 2 Gulden 26 Kreuzern Meßvaluta

---

1 Quelle: SLA, A.M.M., 2.53; 3.5.6–33.

- Säulenpiaster (Pezze colonnari) mit patentmäßigem Gewicht zu 2 Gulden 4 Kreuzern Meßvaluta

sodann

- das Giro-Geld zu 93 Kreuzern per Scudo
- die Moneta lunga
- die Moneta corrente in sorte, d.h. die Tiroler Landeswährung im 21-Gulden-Fuß, die seit der Fronleichnamsmesse 1778 unter der Rubrik ‚Moneta a Patente nuova' erscheint.

Da nur in wenigen Rubriken für diese Münzen und Rechnungseinheiten überhaupt Kurse eingetragen wurden, erfolgte mit der Neugestaltung des Kurszettels anläßlich der Bartholomäusmesse 1787 eine deutliche Reduktion dieser Geldkursangaben, und zwar auf folgende:

- kaiserliche Dukaten (Ongari imperiali) zu 4 Gulden 43½ Kreuzern Meßvaluta
- österreichische Souveraind'ors aus den Österreichischen Niederlanden (Sovrani) zu 14 Gulden Meßvaluta
- (venezianische) Zecchini al marco zu 4 Gulden 35 Kreuzern Meßvaluta
- Doppie delle due Armi zu 9 Gulden 39½ Kreuzern Meßvaluta bzw. zu 9½ Gulden Meßvaluta
- (Florentiner) Gigliati zu 4 Gulden 35 Kreuzern Meßvaluta
- Konventions- und bayerische Taler zu 2 Gulden 6 Kreuzern Meßvaluta
- Federtaler zu 2 Gulden 24 Kreuzern Meßvaluta
- Alte und Neue Säulenpiaster (Pezze colonnari) zu 2 Gulden 10 Kreuzern Meßvaluta bzw. zu 2 Gulden 9 Kreuzern Meßvaluta
- Die Moneta a Patente nuova

Von 1805 bis zur Jahresmitte 1806, als die österreichische Währung aufgrund des Dritten Koalitionskrieges gegen das napoleonische Frankreich einen dramatischen Wertverfall erlitt, wurden alle Geldkurse (außer der Moneta di Patente nuova) erstmals in Gulden- und Kreuzer-Beträgen in Wiener Währung (s.o.) notiert und nicht mehr in Auf- bzw. Abgeld gegenüber einem fixierten Wert. Zugleich erfolgte eine erneute Reduktion der Notierungen auf:

- kaiserliche Dukaten (Ongari imperiali)
- österreichische Souveraind'ors al marco
- Doppie delle due Armi al marco
- genuesische Doppie al marco
- Konventionstaler
- Federtaler
- Säulenpiaster (Pezze colonnari)
- Kreuztaler (Talleri della croce)

Die Moneta di Patente nuova, d.h. die Tiroler Landeswährung, wurde in dieser Zeit durchgängig mit 5%igem Disagio gegenüber der Wiener Währung notiert, was der Differenz zwischen dem 20-Gulden- und 21-Gulden-Fuß entsprach.

Mit der Bartholomäusmesse 1806 wurde dann wieder auf die vordem gebräuchliche Notierungsweise in Auf- bzw. Abgeld, allerdings nunmehr für den im Königreich Bayern gebräuchlichen 24-Gulden-Fuß, die sogenannte ‚Reichswährung', umgestellt, zugleich aber erneut eine Veränderung bei den notierten Münzeinheiten vorgenommen, so daß nunmehr Geldkurse für folgende Münzen, die zu den sogenannten ‚Monete d'agio' zusammengefaßt wurden, vorgenommen wurden:

- österreichische Souveraind'ors zu 13 Gulden 20 Kreuzern Reichswährung
- Dukaten und Zecchini zu 4½ Gulden Reichswährung
- Papalini zu 4 Gulden 21 Kreuzern Reichswährung
- Louisd'ors zu 9 Gulden 12 Kreuzern Reichswährung
- genuesische Doppie zu 31 Gulden Reichswährung
- französische Scudi (Écus à 3 Livres) zu 2 Gulden 17½ Kreuzern Reichswährung
- Alte und Neue Säulenpiaster zu 2 Gulden 4 Kreuzern bzw. 2 Gulden 3 Kreuzern Reichswährung
- Konventionstaler zu 2 Gulden Reichswährung
- Konventionsgeld, das durchgängig mit einem Disagio von 20% notiert wurde; dies bedeutete, daß das im Konventionsfuß ausgebrachte 20-Kreuzer-Stück zu 24 Kreuzern zu akzeptieren war.

Darüber hinaus wurden drei Münzeinheiten mit festen Kursen versehen, und zwar der:

- Mailänder Scudo mit 1 Gulden 46 Kreuzern Reichswährung
- Konventionstaler mit 2 Gulden Reichswährung
- Kreuztaler mit 2¼ Gulden Reichswährung

Während der vierten französischen Besetzung Bozens – ab der Bartholomäusmesse 1811 – wurden erneut alle Geldkurse umgestellt und nunmehr in Lire des Königreichs Italien (Lire italiane) und Centesimi angegeben. Als weitere Geldkursnotierung kam die für Pezze da 5 Lire des Königreichs Italien hinzu. Während der französischen Zeit wurde das Konventionsgeld durchgängig mit 211,565 Lire italiane für 100 Gulden Konventionskurant notiert.

Nach der Wiedereingliederung Bozens in das Kaisertum Österreich kehrte man zwar zur Rechnung nach Gulden und Kreuzern zurück, doch verzichtete man – außer im Falle des Konventionsgeldes – auf die Notierung von Auf- bzw. Abgeld gegenüber fixierten Münzwerten. Die Notierungsweise in Gulden und Kreuzern für eine bestimmte Münze wurde, von einigen seltenen Ausnahmen abgesehen, bis zum Ende der eigenständigen Bozner Geldkursnotierungen beibehalten. Das 20%ige Disagio des Konventionsgeldes, das wie 1805/06 bedeutete, daß das im Konventionsfuß ausgebrachte 20-Kreuzer-Stück zu 24 Kreuzern angenommen werden mußte, wurde bis zur Fronleichnamsmesse 1816 notiert.

Auch die notierten Münzen änderten sich ab 1814 nur unwesentlich: Im wesentlichen wurden diejenigen Münzen gelistet, die vormals der Moneta d'agio zugerechnet worden waren, allerdings ohne die Zecchini, doch einschließlich des Kreuztalers. Die Notierung des Konventionsgeldes wurde letztmals auf der Mittfastenmesse 1816 vorgenommen. Mit der Bartholomäusmesse 1830 wurden die bisherigen Angaben für Säulenpiaster durch solche für das französische Zwanzig-Francs-Stück (Pezza da 20 Franchi) und das französische Fünf-Francs-Stück (Pezza da 5 Franchi) ersetzt. Auf dem neuen Kurszettel, der auf der Fronleichnamsmese 1840 eingeführt wurde, finden sich überhaupt nur noch sechs Geldkurse, da die übrigen bereits zuvor nicht mehr notiert worden waren, und zwar für:

- österreichische Souverains,
- Louisd'ors,
- genuesische Doppie,
- 20-Francs-Stücke,
- Pezze da 5 Franchi und
- Konventionstaler,

wozu seit der Andreämesse 1847 noch eine Rubrik für kolumbianische Dublonen (Doppie di Columbia) und seit der Bartholomäusmesse 1848 eine für das Disagio der österreichischen Banknoten gegenüber dem Silbergeld („Banconote disaggio per 100 fi.") eingerichtet wurden.

Im folgenden wird nur auf diejenigen Münzen bzw. Währungsrelationen näher eingegangen, die im Bozner Kurszettel tatsächlich mit Notierungen versehen wurden.

5.1 DIE AUF DEN BOZNER MESSEN GEBRÄUCHLICHEN WÄHRUNGEN UND IHRE WECHSELSEITIGEN RELATIONEN: MONETA LUNGA, GIRO-WÄHRUNG, DOPPIE, DUKATEN UND TIROLER LANDESWÄHRUNG

Als auf der Bartholomäusmesse 1742 der größte Teil der Wechselkursnotierungen von der Giro-Währung auf Moneta lunga umgestellt wurde (s.o.), war es unabdingbar geworden, zu jeder Messe die Relation zwischen beiden Währungen festzulegen, die ja nicht eindeutig fixiert war, sondern um 33% schwankte. Darüber hinaus wurde zugleich auch eine Rubrik für die Relation zwischen der Moneta lunga und der Valuta al corso di Fiera (oder kurz: Valuta), der Meßwährung oder Meßvaluta, festgelegt. In dieser Meßvaluta wurden die „Preise" angegeben, „nach denen bey Meßzeiten diese Geldsorten können angenommen oder weggegeben werden",[2] d.h. in dieser Valuta waren die Preise der für den Zahlungsverkehr auf den Messen zu dieser Zeit wichtigsten Münzen festgelegt. Dies waren die (spanische) Doppia (Pistole) zu 7½ Gulden Meßvaluta, der der (Alte) französische Louisd'or gleichgesetzt war (s.o.), und der Dukat (Ongaro) zu 4 1/5 Gulden Meßvaluta als das traditionelle Bozner Giro- oder Wechselgeld.

Die unterschiedlichen Wertigkeiten der einzelnen Währungen zueinander fanden ihren Ausdruck in Notierungen in Prozent Agio gegenüber der Meßvaluta (*Moneta lunga contro valute al corso di Fiera aggio*) bzw. der Moneta lunga (*Giro contro moneta lunga aggio*) oder in Prozent Disagio (*Doppie a fl. 7.30 al corso di Fiera perdono contra moneta lunga* bzw. *Ongari a fl. 4.12 al peso di Patente perdono contro moneta lunga*). Mit dieser Bezugnahme aller Währungen bzw. der wichtigsten Zahlungsmittel auf die Moneta lunga kommt deren zentrale Stellung im Bozner Währungssystem zwischen 1742 und 1770 zum Ausdruck; jede Währung bzw. jedes Zahlungsmittel wurde durch die entsprechenden Kursangaben unmittelbar in Moneta lun-

[2] G[ERHARDT] (Hrsg.), Nelkenbrechers Taschenbuch eines Banquiers und Kaufmanns [1775], S. 56.

ga umrechenbar. Als sich die Moneta lunga und die Meßvaluta in den ausgehenden 1760er Jahren immer mehr einander anglichen und infolgedessen 1770 die Umstellung des Bozner Kurszettels auf Meßvaluta erfolgte, wurden die Kursangaben für die einzelnen Währungen gegenüber der Moneta lunga ebenso obsolet wie die Kurse der wichtigsten Zahlungsmittel in Relation zur Moneta lunga; letztere besaßen ja einen offiziell in Meßvaluta fixierten Kurs (s.o.), an welchem sich nichts änderte. Es war somit folgerichtig, daß diese Geldkursnotierungen 1769/70 wegfielen; als letzte dieser Kursangaben wurde die zwischen Moneta lunga und Giro-Währung nach 1771 eingestellt, auch wenn eine Rubrik hierfür noch für einige Jahre im Bozner Kurszettel erhalten blieb.

Ab 1770 wurde dann eine zusätzliche Kursnotierung für die Tiroler Landeswährung (21-Gulden-Fuß, s.o.) angegeben. Diese erschien seit der Fronleichnamsmesse 1770 unter der Bezeichnung *Moneta corrente in sorte* („Tiroler Kurant"), seit der Fronleichnamsmesse 1778 als *Moneta a Patente nuova* und wurde regelmäßig mit einem Disagio notiert. Im beginnenden 19. Jahrhundert wurde der zusätzliche Vermerk „in Crosoni" angegeben, d.h. die Moneta a Patente nuova war in Kreuztalern zahlbar. Darüber hinaus wurde von der Fronleichnamsmesse 1801 bis zu der des darauffolgenden Jahres ein weiterer Geldkurs für die Tiroler Landeswährung verzeichnet: Das Abgeld für *Moneta a Patente nuova da Kr. 12½ contro li Crosoni à 2.24* betrug auf der Fronleichnamsmesse 1801 5¼%, auf der darauffolgenden Bartholomäusmesse 6¾%, auf der Andreämesse dann 11⅓% und schließlich auf der Fronleichnamsmesse 1802 18½%.[3] Die in Stücken zu nominell 12½ Kreuzern, die aber mit 15 Kreuzern Tiroler Landeswährung bewertet waren, zahlbare Moneta a Patente nuova verlor damit 1801/02 deutlich an Wert gegenüber dem Kreuztaler, so daß für 100 Gulden in Kreuztalern von 105¼ bis zu 118½ Gulden Tiroler Landeswährung in 12½-Kreuzer-Stücken gezahlt werden mußten. Für 100 Gulden Tiroler Landeswährung in 12½-Kreuzer-Stücken waren demnach 95,01, dann 93,68, auf der nächsten Messe 89,82 und schließlich nur noch 84,39 Gulden in Kreuztalern zu bezahlen.

In den ersten beiden Tabellen (*Tab. 5.1* und *5.2*) werden sowohl die im Original notierten Prozent Aufgeld der Moneta lunga gegenüber der Meßvaluta (Datenreihe ML1) bzw. der Giro-Währung gegenüber der Moneta lunga (Datenreihe GI1) als auch deren Umrechnung in die jeweiligen Gulden-Einheiten (Datenreihen ML2 und GI2) präsentiert. In den folgenden Tabellen (*Tab. 5.3* und *5.4*) werden dann die im Original notierten Prozent Abgeld der Doppia (Datenreihe DO1) und des Dukaten (Datenreihe DU1) gegenüber der Moneta lunga wie auch die jeweilige Umrechnung in Gulden moneta lunga pro Doppia bzw. Dukat (Datenreihen DO2 und DU2) dokumentiert. Beziehen sich diese vier Tabellen auf die Jahre bis 1770, so kann für die folgenden Jahrzehnte bis 1806 (*Tab. 5.5*) die Originalnotierung der Tiroler Landeswährung in Prozent Disagio gegenüber Meßvaluta bzw. Wiener Währung (Datenreihe TL1) und eine Umrechnung in die jeweils übliche Guldenwährung für 100 Gulden Tiroler Landeswährung (Datenreihe TL2) verzeichnet werden.

---

3 Von der Mittfastenmesse 1802 liegt kein Kurszettel vor.

Tab. 5.1: Geldkurse der Bozner Messen für Moneta lunga von 1742 bis 1770

[ML1] Prozent Agio der Moneta lunga gegenüber der Meßvaluta [O]
[ML2] Gulden moneta lunga für 100 Gulden Meßvaluta [U]

Messe		[ML1]	[ML2]
		in % Agio	fl.
1742	B	5 1/2	94,79
1742	A	5 1/2	94,79
1743	MQ	4 1/2	95,69
1743	CD	4	96,15
1743	B	3 1/2	96,62
1743	A	2 3/4	97,32
1744	MQ	3 1/2	96,62
1744	CD	3	97,09
1744	B	4 1/4	95,92
1744	A	5 1/2	94,79
1745	MQ	5	95,24
1745	CD	3 3/4	96,39
1745	B	3 1/2	96,62
1745	A	3	97,09
1746	MQ	2 3/4	97,32
1746	CD	2 1/2	97,56
1746	B	4	96,15
1746	A	4	96,15
1747	MQ	4 3/4	95,47
1747	CD	3 3/4	96,39
1747	B	3 1/2	96,62
1747	A	4 1/2	95,69
1748	MQ	4	96,15
1748	CD	3 1/2	96,62
1748	B	3 1/2	96,62
1748	A	4 1/2	95,69
1749	MQ	4 1/4	95,92
1749	CD	3 1/4	96,85
1749	B	4 1/4	95,92
1749	A	3 1/2	96,62
1750	MQ	4 3/4	95,47
1750	CD	3 3/4	96,39
1750	B	4 1/2	95,69
1750	A	4 1/2	95,69
1751	MQ	5 1/2	94,79
1751	CD	5 1/2	94,79
1751	B	6	94,34
1751	A	6	94,34
1752	MQ	6	94,34
1752	CD	4	96,15

Messe		[ML1]	[ML2]
		in % Agio	fl.
1752	B	3 1/2	96,62
1752	A	4 1/2	95,69
1753	MQ	3 3/4	96,39
1753	CD	3 1/2	96,62
1753	B	4	96,15
1753	A	4	96,15
1754	MQ	3 1/2	96,62
1754	CD	4	96,15
1754	B	4 3/4	95,47
1754	A	4 1/2	95,69
1755	MQ	5	95,24
1755	CD	5	95,24
1755	B	4 1/2	95,69
1755	A	4 1/2	95,69
1756	MQ	4	96,15
1756	CD	4	96,15
1756	B	4	96,15
1756	A	5	95,24
1757	MQ	4 3/4	95,47
1757	CD	4 1/2	95,69
1757	B	4	96,15
1757	A	4	96,15
1758	MQ	4	96,15
1758	CD	4	96,15
1758	B	4	96,15
1758	A	4	96,15
1759	MQ	3 1/2	96,62
1759	CD	3 3/4	96,39
1759	B	3 1/2	96,62
1759	A	3 3/4	96,39
1760	MQ	2 3/4	97,32
1760	CD	3	97,09
1760	B	3	97,09
1760	A	2 3/4	97,32
1761	MQ	2 3/4	97,32
1761	CD	2 3/4	97,32
1761	B	2 3/4	97,32
1761	A	2 3/4	97,32
1762	MQ	2 1/2	97,56
1762	CD	2 1/2	97,56

Messe		[ML1]	[ML2]
		in % Agio	Fl.
1762	B	2 3/4	97,32
1762	A	2 3/4	97,32
1763	MQ	3 1/2	96,62
1763	CD	3 1/2	96,62
1763	B	3 1/2	96,62
1763	A	3	97,09
1764	MQ	1 3/4	98,28
1764	CD	2 1/2	97,56
1764	B	2 1/3	97,72
1764	A	2	98,04
1765	MQ	1 3/4	98,28
1765	CD	1 3/4	98,28
1765	B	2	98,04
1765	A	1 3/4	98,28
1766	MQ	1 3/4	98,28
1766	CD	2 3/4	97,32

Messe		[ML1]	[ML2]
		in % Agio	fl.
1766	B	3	97,09
1766	A	3 1/3	96,77
1767	MQ	3 1/4	96,85
1767	CD	2 1/2	97,56
1767	B	3 1/2	96,62
1767	A	3 1/2	96,62
1768	MQ	3	97,09
1768	CD	3	97,09
1768	B	3	97,09
1768	A	3	97,09
1769	MQ	3	97,09
1769	CD	2 1/2	97,56
1769	B	2 1/2	97,56
1769	A	2 1/2	97,56
1770	MQ	1 3/4	98,28
1770	CD	1 3/4	98,28

Tab. 5.2: Geldkurse der Bozner Messen für Giro-Währung von 1742 bis 1771

[GI1] Prozent Agio der Giro-Währung gegenüber der Moneta lunga [O]
[GI2] Gulden Giro für 100 Gulden moneta lunga [U]

Messe		[GI1]	[GI2]
		in % Agio	fl.
1742	B	30	76,92
1742	A	29 1/2	77,22
1743	MQ	30 1/2	76,63
1743	CD	31 1/5	76,22
1743	B	31 3/4	75,90
1743	A	32 3/4	75,33
1744	MQ	32 1/4	75,61
1744	CD	33 1/3	75,00
1744	B	31 1/3	76,14
1744	A	30	76,92
1745	MQ	30 3/4	76,48
1745	CD	32 1/3	75,57
1745	B	32 3/4	75,33
1745	A	33	75,19
1746	MQ	33 1/2	74,91
1746	CD	33 1/2	74,91
1746	B	31 1/4	76,19
1746	A	31 1/4	76,19
1747	MQ	30 1/2	76,63
1747	CD	31 1/2	76,05
1747	B	32 1/5	75,64
1747	A	30 1/2	76,63
1748	MQ	31 1/4	76,19
1748	CD	32	75,76
1748	B	32 1/3	75,57
1748	A	30 7/8	76,41
1749	MQ	31 1/5	76,22
1749	CD	32 1/4	75,61
1749	B	31 1/8	76,26
1749	A	31 1/2	76,05
1750	MQ	30 1/2	76,63
1750	CD	31 1/2	76,05
1750	B	30 7/8	76,41
1750	A	31	76,34
1751	MQ	30	76,92
1751	CD	30	76,92
1751	B	29	77,52
1751	A	29 2/3	77,12
1752	MQ	28 3/4	77,67
1752	CD	31 3/4	75,90

Messe		[GI1]	[GI2]
		in % Agio	fl.
1752	B	31 7/8	75,83
1752	A	30 3/4	76,48
1753	MQ	31	76,34
1753	CD	32 3/8	75,54
1753	B	31 3/4	75,90
1753	A	31 3/4	75,90
1754	MQ	31 2/5	76,10
1754	CD	31 1/2	76,05
1754	B	30 4/5	76,45
1754	A	30 2/3	76,53
1755	MQ	30	76,92
1755	CD	30 1/2	76,63
1755	B	31	76,34
1755	A	30 2/3	76,53
1756	MQ	31 3/4	75,90
1756	CD	31 3/4	75,90
1756	B	31 1/2	76,05
1756	A	30	76,92
1757	MQ	30 2/3	76,53
1757	CD	30 3/4	76,48
1757	B	31 3/4	75,90
1757	A	31 3/4	75,90
1758	MQ	31 1/2	76,05
1758	CD	31 1/2	76,05
1758	B	31 2/5	76,10
1758	A	31 3/4	75,90
1759	MQ	32	75,76
1759	CD	32 2/5	75,53
1759	B	32	75,76
1759	A	32 2/3	75,38
1760	MQ	32 7/8	75,26
1760	CD	32 3/4	75,33
1760	B	32 2/3	75,38
1760	A	33	75,19
1761	MQ	32 1/2	75,47
1761	CD	33	75,19
1761	B	32 4/5	75,30
1761	A	33	75,19
1762	MQ	33 1/2	74,91
1762	CD	33 2/5	74,96

Messe		**[GI1]**	**[GI2]**
		in % Agio	Fl.
1762	B	33 1/2	74,91
1762	A	32 4/5	75,30
1763	MQ	31 7/8	75,83
1763	CD	32 3/8	75,54
1763	B	32	75,76
1763	A	32 1/2	75,47
1764	MQ	34 1/8	74,56
1764	CD	33 2/5	74,96
1764	B	33 1/2	74,91
1764	A	33 3/4	74,77
1765	MQ	34 1/8	74,56
1765	CD	34 1/3	74,44
1765	B	33 3/4	74,77
1765	A	33 2/3	74,81
1766	MQ	33 2/3	74,81
1766	CD	32 1/3	75,57
1766	B	32	75,76
1766	A		
1767	MQ	31 5/8	75,97

Messe		**[GI1]**	**[GI2]**
		in % Agio	fl.
1767	CD		
1767	B	31 4/5	75,87
1767	A		
1768	MQ	32 1/2	75,47
1768	CD		
1768	B	32 2/3	75,38
1768	A	32 1/4	75,61
1769	MQ	32 3/4	75,33
1769	CD		
1769	B	33 1/4	75,05
1769	A	32 7/8	75,26
1770	MQ		
1770	CD	36 1/2	73,26
1770	B	36 2/3	73,17
1770	A	36 2/3	73,17
1771	MQ		
1771	CD	36 2/3	73,17
1771	B	36 2/3	73,17
1771	A	36 3/4	73,13

Tab. 5.3: Geldkurse der Bozner Messen für Doppie von 1742 bis 1769

[DO1] Prozent Disagio der Doppia zu 7 Gulden 30 Kreuzern Meßvaluta gegenüber der Moneta lunga [O]
[DO2] Gulden moneta lunga für 1 Doppia [U]

Messe		[DO1]	[DO2]
		in % Disagio	fl.
1742	B	4	7,2000
1742	A	4	7,2000
1743	MQ	3 1/4	7,2563
1743	CD	3	7,2750
1743	B	2 1/2	7,3125
1743	A	2	7,3500
1744	MQ	2 1/4	7,3313
1744	CD	1 1/2	7,3875
1744	B	2 3/4	7,2938
1744	A	4	7,2000
1745	MQ	3 3/8	7,2469
1745	CD	2 3/4	7,2938
1745	B	2	7,3500
1745	A	1 3/4	7,3688
1746	MQ	1	7,4250
1746	CD	1 3/4	7,3688
1746	B	3	7,2750
1746	A	3 1/4	7,2563
1747	MQ	3 1/2	7,2375
1747	CD	3	7,2750
1747	B	2 1/2	7,3125
1747	A	3 1/2	7,2375
1748	MQ	3	7,2750
1748	CD	2 1/2	7,3125
1748	B	2 1/4	7,3313
1748	A	3 1/2	7,2375
1749	MQ	3 1/4	7,2563
1749	CD	2 1/2	7,3125
1749	B	3 1/4	7,2563
1749	A	3	7,2750
1750	MQ	3 3/4	7,2188
1750	CD	3 1/4	7,2563
1750	B	3 1/2	7,2375
1750	A	3 3/4	7,2188
1751	MQ	4	7,2000
1751	CD	4 1/2	7,1625
1751	B	5	7,1250
1751	A	5 1/2	7,0875
1752	MQ	5 1/2	7,0875

Messe		[DO1]	[DO2]
		in % Disagio	fl.
1752	CD	3 1/2	7,2375
1752	B		
1752	A	4 3/4	7,1438
1753	MQ	3 3/4	7,2188
1753	CD	3 1/2	7,2375
1753	B	4	7,2000
1753	A	4	7,2000
1754	MQ	3 3/4	7,2188
1754	CD	4	7,2000
1754	B	4	7,2000
1754	A	4 1/2	7,1625
1755	MQ	4 3/4	7,1438
1755	CD	4 3/4	7,1438
1755	B	4	7,2000
1755	A	4 3/4	7,1438
1756	MQ	3 1/2	7,2375
1756	CD	3 2/3	7,2250
1756	B	3 1/2	7,2375
1756	A	4 1/2	7,1625
1757	MQ	4 3/4	7,1438
1757	CD	4	7,2000
1757	B	3 1/2	7,2375
1757	A	3 1/2	7,2375
1758	MQ	3 3/4	7,2188
1758	CD	3 1/2	7,2375
1758	B	3 1/2	7,2375
1758	A	3 1/2	7,2375
1759	MQ	3	7,2750
1759	CD	2 3/4	7,2938
1759	B	3	7,2750
1759	A	2 3/4	7,2938
1760	MQ	2 3/4	7,2938
1760	CD	2 1/2	7,3125
1760	B	2 1/2	7,3125
1760	A	2 2/5	7,3200
1761	MQ	2 3/4	7,2938
1761	CD	2 3/4	7,2938
1761	B	2 3/4	7,2938
1761	A	2 3/4	7,2938

Messe		[DO1]	[DO2]
		in % Disagio	fl.
1762	MQ	2	7,3500
1762	CD	1 1/2	7,3875
1762	B	1 7/8	7,3594
1762	A	2 3/4	7,2938
1763	MQ	3	7,2750
1763	CD	3	7,2750
1763	B	3	7,2750
1763	A		
1764	MQ		
1764	CD	2 1/6	7,3375
1764	B	2	7,3500
1764	A		
1765	MQ	1 1/2	7,3875
1765	CD		
1765	B	1 2/3	7,3750

Messe		[DO1]	[DO2]
		in % Disagio	fl.
1765	A		
1766	MQ		
1766	CD		
1766	B	2 3/4	7,2938
1766	A		
1767	MQ	3	7,2750
1767	CD		
1767	B	3 1/8	7,2656
1767	A		
1768	MQ	2 1/2	7,3125
1768	CD	2 1/2	7,3125
1768	B	2 2/3	7,3000
1768	A		
1769	MQ	2	7,3500

Tab. 5.4: Geldkurse der Bozner Messen für Dukaten von 1742 bis 1769

[DU1] Prozent Disagio des Dukaten zu 4 Gulden 12 Kreuzern Meßvaluta gegenüber der Moneta lunga [O]
[DU2] Gulden moneta lunga für 1 Dukaten [U]

Messe		[DU1]	[DU2]
		in % Disagio	fl.
1742	B	3	4,0740
1742	A	3	4,0740
1743	MQ	1 3/4	4,1265
1743	CD	2 1/4	4,1055
1743	B	2	4,1160
1743	A	1 1/4	4,1475
1744	MQ	1 3/4	4,1265
1744	CD	1 1/4	4,1475
1744	B	2 1/4	4,1055
1744	A	3	4,0740
1745	MQ	3	4,0740
1745	CD	2 1/4	4,1055
1745	B	2 1/4	4,1055
1745	A	1 3/4	4,1265
1746	MQ	1	4,1580
1746	CD	1	4,1580
1746	B	1 1/2	4,1370
1746	A	2	4,1160
1747	MQ	2 1/2	4,0950
1747	CD	2 1/4	4,1055
1747	B	1 3/4	4,1265
1747	A	2 1/2	4,0950
1748	MQ	2 1/4	4,1055
1748	CD	2 1/4	4,1055
1748	B	1 1/2	4,1370
1748	A	2 1/2	4,0950
1749	MQ	2 1/2	4,0950
1749	CD	2	4,1160
1749	B	2 3/4	4,0845
1749	A	1 3/4	4,1265
1750	MQ	3	4,0740
1750	CD	2 1/4	4,1055
1750	B	2 1/2	4,0950
1750	A	2 1/4	4,1055
1751	MQ	3	4,0740
1751	CD	3	4,0740
1751	B	3 1/2	4,0530
1751	A	3 1/2	4,0530
1752	MQ	3 1/2	4,0530

Messe		[DU1]	[DU2]
		in % Disagio	fl.
1752	CD	2	4,1160
1752	B		
1752	A	3 1/2	4,0530
1753	MQ	2 1/4	4,1055
1753	CD	2	4,1160
1753	B	2 1/2	4,0950
1753	A	2 3/4	4,0845
1754	MQ	2 3/4	4,0845
1754	CD	2 1/2	4,0950
1754	B	2 3/4	4,0845
1754	A	2 1/2	4,0950
1755	MQ	3 3/4	4,0425
1755	CD	3 3/4	4,0425
1755	B	2 3/4	4,0845
1755	A		
1756	MQ	2 1/2	4,0950
1756	CD	2 1/2	4,0950
1756	B	2 3/4	4,0845
1756	A	3	4,0740
1757	MQ	3	4,0740
1757	CD	3	4,0740
1757	B	2 1/2	4,0950
1757	A	2 1/2	4,0950
1758	MQ	2 3/4	4,0845
1758	CD	2 1/2	4,0950
1758	B	2 3/4	4,0845
1758	A	2 1/2	4,0950
1759	MQ	2	4,1160
1759	CD	1 3/4	4,1265
1759	B	2	4,1160
1759	A	2	4,1160
1760	MQ	1 3/4	4,1265
1760	CD	1 3/4	4,1265
1760	B	2	4,1160
1760	A	1 3/4	4,1265
1761	MQ	1 3/4	4,1265
1761	CD	1 1/2	4,1370
1761	B	1 1/2	4,1370
1761	A	1 3/4	4,1265

Messe		[DU1]	[DU2]
		in % Disagio	fl.
1762	MQ	1 3/4	4,1265
1762	CD	2	4,1160
1762	B	1	4,1580
1762	A	1 1/2	4,1370
1763	MQ	2	4,1160
1763	CD	2 3/4	4,0845
1763	B	2 3/4	4,0845
1763	A		
1764	MQ		
1764	CD	2	4,1160
1764	B		
1764	A		
1765	MQ		
1765	CD		
1765	B		

Messe		[DU1]	[DU2]
		in % Disagio	fl.
1765	A		
1766	MQ		
1766	CD	2	4,1160
1766	B	2 3/4	4,0845
1766	A		
1767	MQ	2 1/2	4,0950
1767	CD		
1767	B		
1767	A		
1768	MQ	1 3/4	4,1265
1768	CD		
1768	B	2 1/4	4,1055
1768	A		
1769	MQ	1 3/4	4,1265

Tab. 5.5: Geldkurse der Bozner Messen für Tiroler Landeswährung von 1770 bis 1806

[TL1] Prozent Disagio der Tiroler Landeswährung gegenüber Meßvaluta
- ab 1805 (MQ) Prozent Disagio der Tiroler Landeswährung gegenüber Wiener Währung [O]

[TL2] Gulden Meßvaluta für 100 Gulden Tiroler Landeswährung
- ab 1805 (MQ) Gulden Wiener Währung für 100 Gulden Tiroler Landeswährung [U]

Messe		[TL1]	[TL2]
		In % Disagio	fl.
1770	CD	4 3/4	95,47
1770	B	4 3/4	95,47
1770	A	5	95,24
1771	MQ	6	94,34
1771	CD	4 3/4	95,47
1771	B	4 1/2	95,69
1771	A	5	95,24
1772	MQ	5 1/4	95,01
1772	CD	4 3/4	95,47
1772	B	5	95,24
1772	A	5 1/4	95,01
1773	MQ	5 1/3	94,94
1773	CD	4 1/2	95,69
1773	B	4 1/2	95,69
1773	A	5	95,24
1774	MQ	5 1/4	95,01
1774	CD	5	95,24
1774	B	5 1/4	95,01
1774	A	5 3/4	94,56
1775	MQ	5 3/4	94,56
1775	CD	5 1/4	95,01
1775	B	5 1/4	95,01
1775	A	5 1/2	94,79
1776	MQ	4 3/4	95,47
1776	CD	4 1/2	95,69
1776	B	4 1/4	95,92
1776	A	5	95,24
1777	MQ	5	95,24
1777	CD	6 1/4	94,12
1777	B	6 3/4	93,68
1777	A	6 1/2	93,90
1778	MQ	5	95,24
1778	CD	4 1/4	95,92
1778	B	4 1/2	95,69

Messe		[TL1]	[TL2]
		in % Disagio	fl.
1778	A	5 1/2	94,79
1779	MQ	5 3/4	94,56
1779	CD		
1779	B	4 3/4	95,47
1779	A	5 1/4	95,01
1780	MQ	5	95,24
1780	CD	4 1/3	95,85
1780	B		
1780	A		
1781	MQ		
1781	CD	4 1/2	95,69
1781	B	4 3/4	95,47
1781	A	5 1/2	94,79
1782	MQ	5	95,24
1782	CD	4 3/4	95,47
1782	B	4 3/4	95,47
1782	A	5 1/2	94,79
1783	MQ		
1783	CD	5	95,24
1783	B	5	95,24
1783	A	5 1/2	94,79
1784	MQ	5	95,24
1784	CD	5 1/4	95,01
1784	B	5	95,24
1784	A	5 1/4	95,01
1785	MQ	5 1/4	95,01
1785	CD	5 1/4	95,01
1785	B	5 1/2	94,79
1785	A	5 1/2	94,79
1786	MQ	5 1/2	94,79
1786	CD	5 1/2	94,79
1786	B	5 1/2	94,79
1786	A	5 1/2	94,79
1787	MQ	5 3/4	94,56

Messe		[TL1]	[TL2]
		in % Disagio	fl.
1787	CD	5 3/4	94,56
1787	B	5 3/4	94,56
1787	A	5 3/4	94,56
1788	MQ	5 1/2	94,79
1788	CD	5 1/2	94,79
1788	B	5 1/2	94,79
1788	A	5 1/2	94,79
1789	MQ	5 1/2	94,79
1789	CD	5 1/2	94,79
1789	B	5 1/2	94,79
1789	A	5 1/2	94,79
1790	MQ	5 3/4	94,56
1790	CD	6	94,34
1790	B	5 3/4	94,56
1790	A	6 1/2	93,90
1791	MQ	6	94,34
1791	CD	6	94,34
1791	B		
1791	A	6 1/4	94,12
1792	MQ	6 1/4	94,12
1792	CD	6	94,34
1792	B	6	94,34
1792	A	6 1/4	94,12
1793	MQ	6 1/4	94,12
1793	CD	6 1/4	94,12
1793	B	6 1/4	94,12
1793	A	6 1/2	93,90
1794	MQ		
1794	CD		
1794	B	6	94,34
1794	A	6 1/4	94,12
1795	MQ	6	94,34
1795	CD	6 1/4	94,12
1795	B		
1795	A	6 1/4	94,12
1796	MQ		
1796	CD		
1796	B		
1796	A	6	94,34
1797	MQ		
1797	CD	6 1/2	93,90
1797	B	6 1/2	93,90
1797	A	6 1/2	93,90
1798	MQ	6 1/2	93,90
1798	CD	6 3/4	93,68
1798	B	6 1/2	93,90
1798	A	6 1/2	93,90
1799	MQ	6 3/4	93,68
1799	CD	7	93,46
1799	B	6 3/4	93,68
1799	A	7	93,46
1800	MQ	6 3/4	93,68
1800	CD	7	93,46
1800	B	6 3/4	93,68
1800	A	6 1/4	94,12
1801	MQ	6 3/4 [a]	93,68
1801	CD	6 2/3 [a]	93,75
1801	B	6 2/3 [a]	93,75
1801	A	6 2/3 [a]	93,75
1802	MQ	6 2/3 [a]	93,75
1802	CD	6 2/3 [a]	93,75
1802	B	6 2/3 [a]	93,75
1802	A	6 2/3 [a]	93,75
1803	MQ	6 2/3 [a]	93,75
1803	CD	6 2/3 [a]	93,75
1803	B	6 2/3 [a]	93,75
1803	A	6 2/3 [a]	93,75
1804	MQ	6 2/3 [a]	93,75
1804	CD	6 2/3 [a]	93,75
1804	B	6 2/3 [a]	93,75
1804	A	6 2/3 [a]	93,75
		in % Disagio	fl.
1805	MQ	5 [b]	95,24
1805	CD	5 [b]	95,24
1805	B	5 [b]	95,24
1805	A	5 [b]	95,24
1806	MQ	5 [b]	95,24
1806	CD	5 [b]	95,24

[a] Zahlbar in Kreuztaler.

[b] Offizieller Festkurs.

5.2 KAISERLICHE UND ÖSTERREICHISCHE MÜNZEN UND NOTEN: KONVENTIONSTALER, KREUZTALER, KAISERLICHE DUKATEN, ZECCHINI, SOUVERAINS UND WIENER BANKNOTEN

Die wichtigsten kaiserlichen bzw. österreichischen Münzen, die auf den Bozner Messen in der zweiten Hälfte des 18. und in der ersten Hälfte des 19. Jahrhunderts notiert wurden, waren der Konventionstaler und der Kronentaler in Silber sowie der Dukat und der Sovrano (Souveraind'or) in Gold[4].

Der *Konventionstaler* oder Speciestaler wurde gemäß der Bayerisch-österreichischen Münzkonvention vom 21. September 1753 im 10-Taler-Fuß mit 23,39 Gramm Feinsilber ausgebracht und entsprach (nominell) 2 Gulden Konventionskurant bzw. 2 Gulden 6 Kreuzern Tiroler Landeswährung (d.h. im 21-Gulden-Fuß).[5] Der Konventionstaler wurde – mit dem Münzbild des Portraits der Kaiserin Maria Theresia als Maria-Theresien-Taler bezeichnet – zur wichtigsten österreichischen Handelsmünze für den Zahlungsverkehr mit dem Osmanischen Reich.[6] Auf den Bozner Messen wurde der Konventionstaler von 1770 bis zur Mitte der 1780er Jahre mit Prozent Abgeld auf den offiziellen Kurs von 2 Gulden 6 Kreuzern Tiroler Landeswährung notiert, so daß er in Meßvaluta (d.h. in Konventionskurant[7]) um den Wert von 2 Gulden schwankte. 1797 wurde dann die Notierung wiederaufgenommen, jetzt allerdings mit Prozent Aufgeld. Von den 1770er Jahren bis 1800 fand die Kursangabe zugleich für Konventions- und Bayerische Taler statt, die nach dem Konventionsfuß geprägt waren. Während der österreichischen Finanzkrise von 1805/06 erfolgte die Notierung in Gulden und Kreuzern Wiener Währung, während der französischen Besatzungszeit in Lire italiane des napoleonischen Königreichs Italien, dazwischen nochmals in Prozent Aufgeld auf den offiziellen Kurs von 2 Gulden Reichswährung und so auch letztmals auf der Andreämesse 1813. Ab 1814 wurde der Konventionstaler in Gulden und Kreuzern Konventionskurant notiert, allerdings auf zwei unterschiedliche Weisen: Zum einen konnte die Notierung direkt in Gulden und Kreuzern Konventionskurant für 1 Konventionstaler erfolgen; zum anderen wurden Gulden und Kreuzern Konventionskurant für 100 Gulden Konventionskurant in Konventionstalern (oder faktisch für 50 Konventionstaler) verzeichnet. Warum auf der einen Messe die eine Notierungsweise, auf

---

4 Besondere Bedeutung erlangte in den 1780er Jahren in der Münzstätte Hall die Goldprägung mit einem Wert von fast 1,8 Millionen Gulden. Das frei handelbare Gold wurde, sofern es hochkarätig war, als Dukaten, geringerhaltiges als Souveraind'ors ausgebracht. Mit der Herabsetzung des Goldpreises 1787/88 und infolgedessen, daß das verfügbare Pagamentgold in wenigen Jahren verprägt war, wurde die Goldprägung jedoch bereits ab 1788 wieder rückläufig und unter Kaiser Franz II. gänzlich eingestellt; MOSER / TURSKY, Die Münzstätte Hall in Tirol [1981], S. 213, 219–221; dies., Die Münzstätte Hall in Tirol [1984], S. 178f.

5 NOBACK / NOBACK, Münz-, Maass- und Gewichtsbuch [1858], S. 1029.

6 RITTMANN, Deutsche Geldgeschichte, S. 349f.; MOSER / TURSKY, Die Münzstätte Hall in Tirol [1981], S. 129–163.

7 Siehe *Kapitel 3.3*.

der nächsten die andere bevorzugt wurde, geht aus den Quellen nicht hervor. 1823/24 wurde die Kursangabe für den Konventionstaler eingestellt.

Der *Kronentaler*, der im Alpenraum auch als *Kreuztaler*[8], im Italienischen als *Crociono* und in den Bozner Kurszetteln als *Talleri della Croce* bezeichnet wurde, war die nach der französischen Besetzung der Österreichischen Niederlande (1741–1748) während des Österreichischen Erbfolgekrieges am 19. Juli 1755 eingeführte Hauptsilbermünze der Österreichischen Niederlande. Nach deren Rückgabe an die österreichische Verwaltung durch die französische Besatzungsmacht im Gefolge des Friedens von Aachen (18. Oktober 1748) mußte das Münzwesen der Österreichischen Niederlande neu geordnet werden: Der neue Kronentaler orientierte sich – nicht nur sprachlich – am französischen Écu aux couronnes, der von 1709 bis 1718, d.h. vor der Einführung des Laubtalers, in Frankreich geprägt worden war und während der französischen Besetzung der Österreichischen Niederlande in großem Umfang dorthin geflossen war. An diese Entwicklung schloß nun die wieder österreichische Verwaltung an: Der Kronentaler zu 25,79 Gramm Feinsilber, der damit etwa 12% leichter als der Dukaton war und 2 Gulden 12 Kreuzern Konventionskurant entsprach, war dem Écu aux couronnes in der Feinheit fast gleich und im Feingewicht nur etwas geringer. Der Kronentaler wurde zunächst nur in den Österreichischen Niederlanden, nicht aber in den habsburgischen Erblanden geprägt. Sein Verbreitungsgebiet umfaßte in den ersten Jahrzehnten die Niederlande und die angrenzenden Gebiete Westdeutschlands. Der Kronentaler scheint spätestens um 1770 auch für die Erblande eine gewisse, sicherlich noch bescheidene Rolle gespielt zu haben, wurde er doch in einem österreichischen Münzpatent vom 8. November 1771 von 2 Gulden 11 Kreuzern Konventionskurant auf 2 Gulden 12 Kreuzern Konventionskurant erhöht. 1783 begann dann auch die Ausmünzung von Kronentalern in Wien, zudem von 1786 bis 1790 in Mailand, zumal es seit 1787 in den Österreichischen Niederlanden zu einem Aufstand gegen die Josephinischen Reformen kam, der den Zufluß von Kronentalern von dort in die Erblande sicherlich einschränkte. Seine massenhafte Verbreitung fand der Kronentaler in den Erblanden während der Koalitionskriege gegen das revolutionäre Frankreich, als er unter Leopold II. und vor allem dann unter Franz II. in allen österreichischen Münzstätten – insbesondere in den Jahren 1795 bis 1797 – zur Finanzierung der österreichischen Kriegskosten ausgebracht wurde. Zudem wurde die Menge der kursierenden Kronentaler durch die britischen Subsidienzahlungen an Österreich erhöht, die teilweise bereits in England in Kronentalern ausgemünzt, teilweise in Österreich in solche umgeprägt wurden.[9] Gemäß kaiserlicher Entschließung vom 13. Februar 1788, bekanntgemacht durch Zirkular-Verordnung vom 22. Februar 1788, galt der Kronentaler ab 1. März 1788 2 Gulden 16 Kreuzer Konventionskurant, während er zuvor 2 Kreu-

---

8 Dieser so bezeichnete ‚Kreuztaler' darf aber keinesfalls mit dem ebenfalls als ‚Kreuztaler' bezeichneten niederländischen Patagon verwechselt werden, der deutlich schlechter (1783 um 11⅓%) bewertet wurde; vgl. GERHARDT sen. (Hrsg.), Nelkenbrechers Taschenbuch der Münz-Maaß- und Gewichtskunde [1798], S. 289.

9 RITTMANN, Deutsche Geldgeschichte, S. 466f. Vgl. auch MOSER / TURSKY, Die Münzstätte Hall in Tirol [1981], S. 239–242; dies., Die Münzstätte Hall in Tirol [1984], S. 181f.

zer weniger wert gewesen sein soll; in Tiroler Landeswährung, d.h. im 21-Gulden-Fuß, entsprach dies etwa 2 Gulden 22¾ Kreuzern.[10] Ein *Avertissement* vom 15. Juli 1791 bestätigte diesen Geldkurs ausdrücklich, da der Kronentaler inzwischen faktisch zu 2 Gulden 24 Kreuzern Tiroler Landeswährung umlief.[11] Zur Angleichung des offiziellen Geldkurses an den faktischen wurde mit dem k.k. Direktorialhofdekret vom 25. November 1793 – also während des Ersten Koalitionskrieges – die Bewertung des Kronentalers in Tirol auf 2 Gulden 23 Kreuzer Konventionskurant angehoben (Mandat der Regierung in Innsbruck vom 13. Dezember 1793),[12] während er in den übrigen Erblanden mit 2 Gulden 15 Kreuzern „Wiener Münze" (Konventionskurant) tarifiert wurde. Bereits 1802 wurde er wieder mit 2 Gulden 12 Kreuzern „Wiener Münze" bewertet.[13] Während in der Österreichischen Monarchie seit den 1790er Jahren die Papierwährung der Wiener Stadtbankzettel herrschte und die Silbermünzen zunehmend aus dem Umlauf verschwanden, wurde der Kronentaler aufgrund seiner von Österreich 1793 durchgesetzten Überbewertung von etwa 2%[14] im übrigen Süden des Reiches zum wichtigsten Kurantgeld für den Handelsverkehr: „Er war die faktische Währung der Gebiete der in diesen Jahren sich bildenden Staaten Bayern, Baden, Württemberg, Hessen-Darmstadt und Hessen-Nassau sowie in Frankfurt" und wurde dort mit zahlreichen Ausprägungen nachgeahmt.[15] In den erbländischen Münzstätten hingegen wurde die Ausprägung der Kronentaler 1797, in Mailand 1800 eingestellt. Kronentaler wurden unter der Bezeichnung *Talleri della Croce* erst ab 1805 in Bozen notiert. Von 1807 bis zur Mittfastenmesse 1811 wurde der Kronentaler in der Rubrik *Valute di fiera* dann mit einem Festkurs von 2 Gulden 15 Kreuzern Reichswährung verzeichnet. Eine längerfristige Kursnotierung der nunmehr als *Crocioni* bezeichneten Kronentaler in Gulden und Kreuzern Konventionskurant setzte erst mit der Bartholomäusmesse 1823 ein und wurde bis zur Bartholomäusmesse 1830 fortgesetzt. Allerdings geht aus dem Bozner Kurszettel nicht hervor, ob es sich hierbei um alte österreichische Prägungen oder süddeutsche Nachahmungen, die seit den 1810er Jahren in großer Menge erfolgten, handelte.[16]

Kaiserliche Dukaten (*Ongari imperiali* bzw. in den 1770er Jahren *Ongari in Sovrani*) wurden im Bozner Kurszettel von den 1770er Jahren bis 1837, wenn auch mit mehreren, oft langjährigen Unterbrechungen, notiert. Der Dukat enthielt gesetzmäßig

---

10 Vgl. SLA, A.M.M., 3.7.26, fasc. 15, fol. 148–153, hier: fol. 149. – Nach GERHARDT sen. (Hrsg.), Nelkenbrechers Taschenbuch der Münz- Maaß- und Gewichtskunde [1798], S. 289, war für die Kursveränderung eine Verordnung vom [1]1. September 1783 die Grundlage.

11 SLA, A.M.M., 3.5.13, fol. 45.

12 SLA, A.M.M., 3.5.16, fol. 9; 3.7.40, fasc. 20, fol. 387–390, hier: fol. 388.

13 RITTMANN, Deutsche Geldgeschichte, S. 469.

14 1793 wurde auf Drängen Österreichs durch die Versammlung des Oberrheinischen Kreises festgelegt, daß der Kronentaler zu 2 Gulden 42 Kreuzern im 24-Gulden-Fuß statt – wie es korrekt gewesen wäre – zu 2 Gulden 38½ Kreuzern im 24-Gulden-Fuß angenommen werden sollte.

15 RITTMANN, Deutsche Geldgeschichte, S. 470.

16 Der Umlauf der bayerischen Kronentaler-Prägungen war wegen ihrer schlechten Qualität in Österreich verboten; ebd., S. 472.

3,4455 Gramm Feingold[17] und galt gemäß Patent vom 23. März 1771 4 Gulden 16 Kreuzer Konventionskurant, gemäß Patent vom 1. September 1783 4 Gulden 18 Kreuzer Konventionskurant, ab 15. September 1783 dann 4 Gulden 20 Kreuzer Konventionskurant oder 4 Gulden 33 Kreuzer Tiroler Landeswährung, was exakt die 5%ige Differenz zwischen Konventionskurant und Tiroler Landeswährung widerspiegelte. Hintergrund dieser Kursanhebung war der übermäßige Abfluß der Goldmünzen aus den Erblanden aufgrund der dortigen relativen Unterbewertung von Gold. Am 12. Januar 1786 folgte eine erneute Heraufsetzung der Kurse für die Goldmünzen, so daß der Dukat nunmehr 4 Gulden 30 Kreuzern Konventionskurant oder 4 Gulden 43½ Kreuzern Tiroler Landeswährung entsprach.[18] Die Notierung der Dukaten erfolgte auf den Bozner Messen in Prozent Aufgeld auf den jeweils offiziellen Kurs in Tiroler Landeswährung. 1805 wurde dann in Gulden und Kreuzern Wiener Währung notiert. Ab 1807 wurde die Kursangabe für Kaiserliche Dukaten und Zecchini in einer gemeinsamen Rubrik vorgenommen, und zwar in Prozent Aufgeld auf den offiziellen Kurs von 4 Gulden 30 Kreuzern Reichswährung. Während der französischen Besatzungszeit geschah die Notierung in Lire italiane, aber nunmehr wieder ausschließlich für Dukaten. Diese Notierung wurde dann ab der Andreämesse in Gulden und Kreuzern Konventionskurant mit einigen größeren Unterbrechungen bis 1837 fortgesetzt.

Daß im beginnenden 19. Jahrhundert zusammen mit den Kaiserlichen Dukaten zeitweise auch *Zecchini* notiert wurden, liegt an dem sehr ähnlichen Feingewicht beider Münzgattungen. Unter der Sammelbezeichnung ‚Zecchini' konnten nach Ausweis der zeitgenössischen Kaufmannshandbücher Münzen verschiedener Provenienz verstanden werden, so venezianische und Mailänder Zecchini, aber auch Florentinische Zecchini gigliati oder kurz: Gigliati (Zecchini von der Lilie).[19] Die Unterschiede im Feingewicht waren vergleichsweise gering: Venezianische Zecchini wurden gesetzmäßig zu 3,4616 Gramm Feingold, faktisch aber nur zu 3,4575 Gramm Feingold ausgebracht, Mailänder Zecchini durchschnittlich zu 3,4284 Gramm Feingold. Die florentinischen Gigliati enthielten gesetzmäßig 3,4878 Gramm Feingold, faktisch 3,4460 Gramm Feingold.[20] Alle drei Münzen unterschieden sich demnach nur marginal vom Kaiserlichen Dukaten und konnten – zumindest zeitweise – zusammen mit diesem notiert werden, zumal die Mailänder und Florentiner Stücke aus habsburgischen Sekundogenituren stammten und die venezianischen auch nach der Einverleibung der ehemaligen Republik in die Habsburgermonarchie 1797 bis zur Münzreform im Königreich Lombardo-Venetien weitergeprägt wurden. Trotz ihres annähernd gleichen Feingewichts wurden diese Münzen aber durchaus unterschiedlich bewertet: Zecchini galten 4 2/5 Gulden Tiroler Landeswährung, Dukaten 4 1/5 Gulden Tiroler Landes-

---

17 NOBACK / NOBACK, Münz-, Maass- und Gewichtsbuch [1858], S. 967. Ungarische oder Kremnitzer Dukaten waren geringfügig besser und enthielten 3,4540 Gramm Feingold.

18 MOSER / TURSKY, Die Münzstätte Hall in Tirol [1981], S. 213, 219–221; dies., Die Münzstätte Hall in Tirol [1984], S. 178f. Vgl. auch RITTMANN, Deutsche Geldgeschichte, S. 468.

19 Vgl. z.B. GERHARDT sen. (Hrsg.), Nelkenbrechers Taschenbuch der Münz- Maaß- und Gewichtskunde [1798], S. 289.

20 NOBACK / NOBACK, Münz-, Maass- und Gewichtsbuch [1858], S. 984.

währung und Gigliati 4 3/10 Gulden Tiroler Landeswährung. Einige wenige eigenständige Notierungen für Zecchini finden sich im Bozner Kurszettel nur in den 1770er und beginnenden 1780er Jahren sowie 1799, danach nicht mehr. Gigliati wurden überhaupt nur in zwei Fällen angegeben, und zwar zur Bartholomäusmesse 1775 mit 1/3% Agio (= 4,3143 Gulden Meßvaluta) und zur Mittfastenmesse 1799 mit 6 1/5% Agio (= 4,5666 Gulden Meßvaluta). Die Notierungsweise dieser Münzen war wie im Falle der Dukaten in Prozent Aufgeld auf die offiziellen Kurse in Meßvaluta.

Der *Souverain*, *Souveraind'or* oder *Sovrano* oder auch die „*Sovrana*" stellte ursprünglich eine österreichisch-niederländische, dem englischen Sovereign nachempfundene Goldmünze zu 10,02 Gramm Feingold dar, die seit 1612 als Handelsmünze in den Österreichischen Niederlanden, seit dem 18. Jahrhundert auch in Wien und anderen erbländischen Münzstätten, seit 1786 dann auch in Mailand geprägt wurde. Nach dem Verlust der österreichischen Niederlande wurde die Prägung in Wien 1798 eingestellt, erst 1819 wieder aufgenommen und bis 1856 – bis zum Wiener Münzvertrag – ununterbrochen durchgeführt.[21] Mit der Einführung der österreichischen Lire-Währung im Königreich Lombardo-Venetien am 1. November 1823 galt der Sovrano zu nunmehr 10,1988 Gramm Feingold 40 Lire austriache. Der offizielle Kassenkurs der Souverains/Sovrani betrug seit 1756 6 Gulden 11¼ Kreuzer Konventionskurant, ab dem 12. Januar 1786 6 Gulden 40 Kreuzer Konventionskurant. „Es ist verwirrend, daß die einfachen auch als doppelte und die halben auch als einfache Souverains bezeichnet wurden, selbst in den österreichischen Münzpatenten war der Sprachgebrauch nicht einheitlich."[22] In den Bozner Kurszetteln erscheint der Sovrano mit einer Kursangabe von 13 Gulden 20 Kreuzern Konventionskurant bzw. mit 14 Gulden Tiroler Landeswährung, der somit genau dem doppelten Kassenkurs des (einfachen) Sovrano von 1786 entspricht.[23] Somit erfolgten die Bozner Kursnotierungen eindeutig für *Doppelte Souverains*. Dem entspricht auch der Hinweis bei Herbert Rittmann, daß „das einfache Stück […] gewöhnlich zu 1½ Dukaten genommen worden sein [soll]".[24] Tatsächlich entsprachen die Bozner Kursangaben für die (doppelten) Souverains in etwa dem dreifachen Preis eines Dukaten. Die Notierungsweise für die Sovrani ähnelte der für Dukaten: Vor der Finanzkrise des Kaisertums Österreich 1805/06 wurden Prozent Aufgeld auf den offiziellen Kurs von 14 Gulden Tiroler Landeswährung notiert, dann Gulden und Kreuzer Wiener Währung pro Stück und ab der Bartholomäusmesse 1806 wieder Prozent Aufgeld, nunmehr allerdings auf den offiziellen Kurs von 13⅓ Gulden Reichswährung. Nach der französischen Besatzungszeit mit ihren Angaben in Lire italiane wurden die Sovrani schließlich bis zum Ende des Untersuchungszeitraums 1850 in Gulden und Kreuzern Konventionskurant notiert.

Als im Revolutionsjahr 1848 zum einen die Noten der Nationalbank mit Zwangskurs belegt, eine erneute Ausgabe von Staatspapiergeld in verschiedenen Kategorien

---

21 RITTMANN, Deutsche Geldgeschichte, S. 478f.

22 Ebd.

23 NOBACK / NOBACK, Vollständiges Taschenbuch der Münz-, Maass- und Gewichts-Verhältnisse [1851], I. Abth., S. 616.

24 RITTMANN, Deutsche Geldgeschichte, S. 479.

staatlicher Anweisungen in den einzelnen Teilen des Kaisertums in großem Umfang begonnen und darüber hinaus noch die kleinen Wiener Banknoten zu 1 und 2 Gulden in großer Menge verbreitet wurden, wurde auf der Bozner Bartholomäusmesse 1848 eine Kursnotierung für die sogenannten Wiener Banknoten eingeführt. Als Zahlungsmittel waren diese Banknoten auf den Messen geradezu unverzichtbar geworden, da sie in Tirol wie auch in anderen Teilen der Monarchie das Silbergeld vollständig verdrängten. Das geringe Vertrauen des Publikums in die faktisch nur auf Staatskredit fußenden Noten[25] führte dazu, daß „man jenes Papiergeld zu dem nämlichen Abusivpreise an[nahm], wie bis dahin das Silbergeld, d.h. den Papiergulden zu dreimal 26 Kreuzern, d.i. zu 1 Gulden 18 Kreuzern = 1 3/10 Gulden, sodass nun die ‚Reichswährung' sich noch um ebensoviel verschlechterte, als (in Wien etc.) die Banknoten gegen Silbergeld im Kurse verloren."[26] Die Wiener Banknoten wurden in Gulden und Kreuzern Disagio für 100 Gulden Konventionskurant notiert.

In der ersten und der dritten Tabelle (*Tab. 5.6* und *5.8*) finden sich die Originalnotierungen für den Konventionstaler bzw. den Kaiserlichen Dukaten, sei es in Prozent Auf- oder Abgeld auf den jeweils offiziellen Kurs oder sei es in Gulden und Kreuzern bzw. in Lire pro Stück (Datenreihen KV1 bzw. KD1). Alle Kurse werden zugleich in dezimalisierte Gulden- bzw. Lire-Angaben, wie sie jeweils in Bozen gebräuchlich gewesen sind, umgerechnet (Datenreihen KV2 bzw. KD2). Dies gilt in gleicher Weise für die Notierungen der (doppelten) Souverains (Datenreihen SO1 und SO2; *Tab. 5.10*). Die Notierungen des Kreuztalers (*Tab. 5.7*) erfolgten ausschließlich in jeweils gebräuchlichen Gulden und Kreuzern (Datenreihe KR1), die zudem in einer dezimalisierten Version (Datenreihe KR2) dargeboten werden. Die Notierungen der Zecchini (*Tab. 5.9*) erfolgten im Original in Prozent Auf- bzw. Abgeld (Datenreihe ZE1) und werden in Gulden Tiroler Landeswährung pro Zecchino umgerechnet (Datenreihe ZE2). Die gegen Ende des Untersuchungszeitraums in Gulden und Kreuzern Disagio verzeichneten Kurse für Wiener Banknoten (Datenreihe BA1; *Tab. 5.11*) werden in Gulden Konventionskurant für 100 Gulden in Wiener Banknoten umgerechnet (Datenreihe BA2).

---

25 Vgl. BACHMAYER, Währungspolitik, S. 103.

26 NOBACK, Münz-, Maass- und Gewichtsbuch [1877], S. 177.

Tab. 5.6: Geldkurse der Bozner Messen für Konventionstaler von 1770 bis 1824[a]

[KV1] Prozent Disagio, ab 1797 Prozent Agio auf den offiziellen Kurs von 2 Gulden 6 Kreuzern Tiroler Landeswährung
- ab 1806 (MQ) Gulden und Kreuzer Wiener Währung für 1 Konventionstaler
- ab 1806 (B) Prozent Agio auf den offiziellen Kurs von 2 Gulden Reichswährung
- ab 1811 (MQ) Lire italiane für 1 Konventionstaler
- ab 1813 (A) Prozent Agio auf den offiziellen Kurs von 2 Gulden Konventionskurant
- ab 1814 (B) Gulden und Kreuzer Konventionskurant für 1 bzw. 50 Konventionstaler [O]

[KV2] Gulden Meßvaluta für 1 Konventionstaler [U]
- ab 1806 (MQ) Gulden Wiener Währung für 1 Konventionstaler [dez.]
- ab 1806 (B) Gulden Reichswährung für 1 Konventionstaler [U]
- ab 1811 (MQ) Lire italiane für 1 Konventionstaler (s.o. [KV1])
- ab 1813 (A) Gulden Konventionskurant für 1 Konventionstaler [U/dez.]

Messe	[KV1]	[KV2]
	in % Disagio	fl.
1770 MQ		
1770 CD	4 1/2	2,0055
1770 B	4	2,0160
1770 A	4 3/4	2,0003
1771 MQ	5	1,9950
1771 CD	4 1/4	2,0108
1771 B	4	2,0160
1771 A	4 1/2	2,0055
1772 MQ	4 3/4	2,0003
1772 CD	4 1/2	2,0055
1772 B	4 3/4	2,0003
1772 A	5	1,9950
1773 MQ	4 3/4	2,0003
1773 CD	4 1/4	2,0108
1773 B	4	2,0160
1773 A	4 1/2	2,0055
1774 MQ	5	1,9950
1774 CD	4 1/2	2,0055
1774 B	4 3/4	2,0003
1774 A	5	1,9950
1775 MQ	4 1/2	2,0055
1775 CD	4 3/4	2,0003
1775 B	4 1/4	2,0108
1775 A	4 1/2	2,0055

Messe	[KV1]	[KV2]
	in % Disagio	fl.
1776 MQ	4	2,0160
1776 CD	3 3/4	2,0213
1776 B	3 3/4	2,0213
1776 A	4 1/2	2,0055
1777 MQ	4	2,0160
1777 CD	4	2,0160
1777 B	3	2,0370
1777 A		
1778 MQ	3 1/4	2,0318
1778 CD	3	2,0370
1778 B	3 1/2	2,0265
1778 A		
1779 MQ	4 1/4	2,0108
1779 CD		
1779 B	4 1/4	2,0108
1779 A	4 1/2	2,0055
1780 MQ	4 1/2	2,0055
1780 CD	4	2,0160
1780 B		
1780 A		
1781 MQ		
1781 CD	4 1/4	2,0108
1781 B	4 1/2	2,0055
1781 A	5	1,9950

Messe		[KV1]	[KV2]
		in % Disagio	fl.
1782	MQ	4 3/4	2,0003
1782	CD	4 1/2	2,0055
1782	B	4 1/2	2,0055
1782	A	5 1/4	1,9898
1783	MQ		
1783	CD		
1783	B	4 3/4	2,0003
1783	A		
1784	MQ	4 3/4	2,0003
1784	CD		
1784	B	4 3/4	2,0003
1784	A		
1785	MQ	4 3/4	2,0003
1785	CD		
1785	B		
1785	A		
…			
1789	MQ	4 1/2	2,0055
1789	CD		
1789	B		
1789	A		
…			
		in % Agio	fl.
1797	MQ		
1797	CD	1 1/2	2,1315
1797	B	1 3/4	2,1368
1797	A	2	2,1420
1798	MQ	1 3/4	2,1315
1798	CD		
1798	B		
1798	A	1 1/2	2,1315
1799	MQ	1 3/4	2,1368
1799	CD	2	2,1420
1799	B	1 3/4	2,1368
1799	A		
1800	MQ		
1800	CD	2	2,1420
1800	B		
1800	A		
…			
		fl. xr.	fl.
1806	MQ		
1806	CD	3 3	3,0500
		in % Agio	fl.
1806	B		
1806	A		

Messe		[KV1]	[KV2]
		in % Agio	fl.
1807	MQ		
1807	CD		
1807	B		
1807	A		
1808	MQ		
1808	CD		
1808	B	1/2	2,0100
1808	A	3/4	2,0150
1809	MQ	3/4	2,0150
1809	CD		
1809	B		
1809	A		
1810	MQ	3/4	2,0150
1810	CD	3/4	2,0150
1810	B		
1810	A		
1811	MQ	1	2,0200
1811	CD	1	2,0200
		l.	l.
1811	B	5,15	5,1500
1811	A		
1812	MQ		
1812	CD		
1812	B		
1812	A		
1813	MQ		
1813	CD	5,14	5,1400
1813	B		
		in % Agio	fl.
1813	A	1/3	2,0067
1814	MQ		
1814	CD		
		[b] fl. xr.	fl.
1814	B	2	2,0000
1814	A		
1815	MQ		
1815	CD	2	2,0000
1815	B		
1815	A		
1816	MQ	2	2,0000
1816	CD	2	
1816	B		
1816	A		
1817	MQ	2	2,0000
1817	CD	2	2,0000
1817	B	2	2,0000

Messe		[KV1]		[KV2]
		[b] fl.	xr.	fl.
1817	A	2		2,0000
1818	MQ	*100*	*45*	2,0150
1818	CD	2	1 1/2	2,0250
1818	B	*101*		2,0200
1818	A	*101*	*15*	2,0250
1819	MQ	*101*	*30*	2,0300
1819	CD	*101*	*15*	2,0250
1819	B	2	1 1/5	2,0200
1819	A	2	1 1/2	2,0250
1820	MQ	2	1 1/5	2,0200
1820	CD	*101*		2,0200
1820	B	2	1 1/5	2,0200
1820	A	2	1 1/5	2,0200
1821	MQ	2	1 1/5	2,0200

Messe		[KV1]		[KV2]
		[b] fl.	xr.	fl.
1821	CD	*100*	*45*	2,0150
1821	B	*100*	*30*	2,0100
1821	A	*100*	*15*	2,0050
1822	MQ	*100*	*15*	2,0050
1822	CD	*100*	*20*	2,0067
1822	B	*100*	*20*	2,0067
1822	A	*100*	*20*	2,0067
1823	MQ	*100*	*15*	2,0050
1823	CD	*100*	*15*	2,0050
1823	B	2	1/2	2,0083
1823	A			
1824	MQ	2		2,0000
1824	CD	2		2,0000

Anmerkungen:

[a] Von den 1770er Jahren bis 1800 galten die Notierungen für Konventionstaler zugleich auch für bayerische Taler, die nach dem Konventionsfuß geprägt waren.

[b] *Kursiv* gesetzte Kursnotierungen gelten für 50 Konventionstaler bzw. 100 Gulden Konventionskurant in Konventionstalern.

Tab. 5.7: Geldkurse der Bozner Messen für Kreuztaler von 1805 bis 1829

[KR1] Gulden und Kreuzer Wiener Währung für 1 Kreuztaler
- ab 1806 (B) Gulden und Kreuzer Reichswährung für 1 Kreuztaler
- ab 1823 (B) Gulden und Kreuzer Konventionskurant für 1 Kreuztaler [O]

[KR2] Gulden Wiener Währung für 1 Kreuztaler
- ab 1806 (B) Gulden Reichswährung für 1 Kreuztaler
- ab 1823 (B) Gulden Konventionskurant für 1 Kreuztaler [dez.]

Messe		**[KR1]**		**[KR2]**
		fl.	xr.	fl.
1805	MQ	3		3,0000
1805	CD	2	58	2,9667
1805	B	3	3	3,0500
1805	A	3	25	3,4167
1806	MQ	3	30	3,5000
1806	CD	4	5	4,0833
		fl.	xr.	fl.
1806	B	2	15 [a]	2,2500
1806	A	2	15 [a]	2,2500
1807	MQ	2	15 [a]	2,2500
1807	CD	2	15 [a]	2,2500
1807	B	2	15 [a]	2,2500
1807	A	2	15 [a]	2,2500
1808	MQ	2	15 [a]	2,2500
1808	CD	2	15 [a]	2,2500
1808	B	2	15 [a]	2,2500
1808	A	2	15 [a]	2,2500
1809	MQ	2	15 [a]	2,2500
1809	CD			
1809	B			
1809	A			
1810	MQ	2	15 [a]	2,2500
1810	CD			
1810	B			
1810	A			
…				

Messe		**[KR1]**		**[KR2]**
		fl.	xr.	Fl.
1823	B	2	14 1/3	2,2389
1823	A	2	14 1/4	2,2375
1824	MQ	2	14 1/4	2,2375
1824	CD	2	14 1/10	2,2350
1824	B	2	14 1/4	2,2375
1824	A	2	14 1/5	2,2367
1825	MQ	2	14 1/3	2,2389
1825	CD	2	14 1/3	2,2389
1825	B	2	14 1/3	2,2389
1825	A	2	14 1/2	2,2417
1826	MQ	2	14 1/2	2,2417
1826	CD	2	14 1/2	2,2417
1826	B	2	14 3/4	2,2458
1826	A	2	14 3/4	2,2458
1827	MQ	2	14 3/4	2,2458
1827	CD	2	14 3/4	2,2458
1827	B	2	14 2/3	2,2444
1827	A			
1828	MQ	2	14 3/4	2,2458
1828	CD			
1828	B	2	14 4/5	2,2467
1828	A	2	14 2/3	2,2444
1829	MQ	2	14 2/3	2,2444
1829	CD	2	14 2/3	2,2444
1829	B	2	14 2/3	2,2444
1829	A	2	14 2/3	2,2444

[a] Während der bayerischen Zeit von 1806 bis 1810 wird der offizielle Kurs notiert.

Tab. 5.8: Geldkurse der Bozner Messen für Kaiserliche Dukaten von 1770 bis 1837

[KD1] Prozent Agio auf den Kurs von 4 Gulden 12 Kreuzern Tiroler Landeswährung, ab 1771 (MQ) auf den Kurs von 4 Gulden 28 4/5 Kreuzern Tiroler Landeswährung, ab 1797 auf den Kurs von 4 Gulden 43½ Kreuzern Tiroler Landeswährung für 1 Kaiserlichen Dukaten

- ab 1805 (MQ) Gulden und Kreuzer Wiener Währung für 1 Kaiserlichen Dukaten
- ab 1806 (B) Prozent Agio auf den Kurs von 4 Gulden 30 Kreuzern Reichswährung für 1 Kaiserlichen Dukaten
- ab 1811 (B) Lire italiane für 1 Kaiserlichen Dukaten
- ab 1813 (A) Gulden und Kreuzer Konventionskurant für 1 Kaiserlichen Dukaten [O]

[KD2] Gulden Tiroler Landeswährung für 1 Kaiserlichen Dukaten [U]

- ab 1805 (MQ) Gulden Wiener Währung für 1 Kaiserlichen Dukaten [dez.]
- ab 1806 (B) Gulden Reichswährung für 1 Kaiserlichen Dukaten [dez.]
- ab 1811 (B) Lire italiane für 1 Kaiserlichen Dukaten [dez.]
- ab 1813 (A) Gulden Konventionskurant für 1 Kaiserlichen Dukaten [dez.]

Messe		[KD1]	[KD2]
		in % Agio	fl.
1770	MQ		
1770	CD		
1770	B	pari	4,2000
1770	A		
1771	MQ	1/3	4,4949
1771	CD	pari	4,4800
1771	B	1/3	4,4949
1771	A		
1772	MQ	1/2	4,5024
1772	CD		
1772	B	1/2	4,5024
1772	A	1/2	4,5024
1773	MQ	1/2	4,5024
1773	CD		
1773	B	3/4	4,5136
1773	A		
1774	MQ		
1774	CD		
1774	B		
1774	A		
1775	MQ	1/3	4,4949
1775	CD		
…			
1797	MQ		

Messe		[KD1]	[KD2]
		in % Agio	fl.
1797	CD	1	4,7723
1797	B	1 1/2	4,7959
1797	A	2	4,8195
1798	MQ	2 2/3	4,8510
1798	CD	2 2/3	4,8510
1798	B	2 1/4	4,8313
1798	A	2 1/2	4,8431
1799	MQ	3	4,8668
1799	CD		
1799	B	3 1/2	4,8904
1799	A		
1800	MQ	2 3/4	4,8549
…			
		fl. xr.	fl.
1805	MQ	6 3	6,0500
1805	CD		
1805	B	6 5	6,0833
1805	A		
1806	MQ		
1806	CD		
		in % Agio	fl.
1806	B		
1806	A		
1807	MQ		

Messe		[KD1]		[KD2]
		in % Agio		fl.
1807	CD	1		4,5450
1807	B	1 3/4		4,5788
1807	A	1 3/4		4,5788
1808	MQ	2		4,5900
1808	CD	2 1/2		4,6125
1808	B	2 3/4		4,6238
1808	A			
1809	MQ	3 3/4		4,6688
1809	CD	4		4,6800
1809	B	3 3/4		4,6688
1809	A	3 1/2		4,6575
1810	MQ	3 2/3		4,6650
1810	CD			
1810	B			
1810	A			
1811	MQ			
1811	CD	4		4,6800
		l.		l.
1811	B	11,88		11,8800
1811	A			
1812	MQ			
1812	CD	11,84 1/2		11,8450
1812	B	11,88 1/2		11,8850
1812	A	11,88 1/2		11,8850
1813	MQ	11,88 1/2		11,8850
1813	CD			
1813	B			
		fl.	xr.	fl.
1813	A	4	40	4,6667
1814	MQ	4	40	4,6667
1814	CD	4	39	4,6500
1814	B	4	38 1/2	4,6417
1814	A	4	35	4,5833
1815	MQ			
1815	CD	4	36	4,6000
1815	B	4	33	4,5500
1815	A	4	33	4,5500
1816	MQ	4	33	4,5500
1816	CD			
1816	B			
1816	A			
1817	MQ	4	34	4,5667

Messe		[KD1]		[KD2]
		fl.	xr.	fl.
1817	CD	4	34	4,5667
1817	B	4	36	4,6000
1817	A			
1818	MQ			
1818	CD	4	35	4,5833
1818	B	4	35	4,5833
1818	A			
1819	MQ	4	34	4,5667
1819	CD			
1819	B	4	33	4,5500
1819	A	4	33	4,5500
1820	MQ	4	33	4,5500
1820	CD			
1820	B			
1820	A			
1821	MQ			
1821	CD			
1821	B			
1821	A	4	36	4,6000
1822	MQ	4	36	4,6000
1822	CD	4	36	4,6000
1822	B	4	36	4,6000
1822	A	4	36	4,6000
1823	MQ	4	37	4,6167
1823	CD			
1823	B	4	38	4,6333
1823	A			
1824	MQ	4	35	4,5833
1824	CD			
1824	B			
1824	A			
…				
1827	MQ			
1827	CD	4	34	4,5667
1827	B	4	36	4,6000
1827	A			
…				
1830	B	4	35	4,5833
1830	A	4	34	4,5667
…				
1837	B	4	33 1/5	4,5533
1837	A	4	33	4,5500

Anmerkungen:

[a] Von der Fronleichnamsmesse 1807 bis zur Fronleichnamsmesse 1811 galten die Notierungen für kaiserliche Dukaten zugleich auch für Zecchini.

Tab. 5.9: Geldkurse der Bozner Messen für Zecchini von 1770 bis 1799[a]

[ZE1] Prozent Agio bzw. Disagio auf den Kurs von 4 Gulden 24 Kreuzern Meßvaluta, ab 1779 (CD) auf den Kurs von 4 Gulden 31 Kreuzern, ab 1799 auf den Kurs von 4 Gulden 35 Kreuzern für 1 Zecchino [O]

[ZE2] Gulden Tiroler Landeswährung für 1 Zecchino [U]

Messe		[ZE1]	[ZE2]
		in % Agio	fl.
1770	MQ		
1770	CD	1	4,4440
1770	B	-1/2 [b]	4,3780
1770	A		
1771	MQ	3/4	4,4330
1771	CD	1	4,4440
1771	B	1/2	4,4220
1771	A	1/2	4,4220
1772	MQ	1/3	4,4147
1772	CD		
1772	B	1/2	4,4220
1772	A		
1773	MQ	1/2	4,4220
1773	CD		
1773	B	1/2	4,4220
1773	A		
1774	MQ		
1774	CD	1/2	4,4220
1774	B	1/2	4,4220
1774	A		
1775	B	1/3	4,4147
1775	A		
1776	MQ		
1776	CD		
1776	B		
1776	A		

Messe		[ZE1]	[ZE2]
		in % Agio	fl.
1777	MQ	1	4,4440
1777	CD		
1777	B	1	4,4440
1777	A		
1778	MQ	3/4	4,4330
1778	CD	1	4,4440
1778	B	3/4	4,4330
1778	A		
1779	MQ	3/4	4,4330
1779	CD		
1779	B		
1779	A		
...			
1783	MQ		
1783	CD		
1783	B	1/2	4,5392
1783	A		
1784	MQ		
1784	CD		
1784	B	3/4	4,5505
1784	A		
...			
1799	MQ	6 1/5	4,8675
1799	CD		
1799	B		
1799	A		

Anmerkungen:

[a] Spätere Notierungen für Zecchini – von der Fronleichnamsmesse 1807 bis zur Fronleichnamsmesse 1811 – siehe *Tab. 5.8.*

[b] D.h. hier Disagio

Tab. 5.10: Geldkurse der Bozner Messen für (doppelte) Souverains von 1797 bis 1850

[SO1] Prozent Agio auf den Kurs von 14 Gulden Tiroler Landeswährung für 1 Souverain
- ab 1805 (MQ) Gulden und Kreuzer Wiener Währung für 1 Souverain
- ab 1806 (B) Prozent Agio auf den Kurs von 13⅓ Gulden Reichswährung für 1 Souverain
- ab 1811 (A) Lire italiane für 1 Souverain
- ab 1813 (A) Gulden und Kreuzer Konventionskurant für 1 Souverain [O]

[SO2] Gulden Tiroler Landeswährung für 1 Souverain [U]
- ab 1805 (MQ) Gulden Wiener Währung für 1 Souverain [dez.]
- ab 1806 (B) Gulden Reichswährung für 1 Souverain [dez.]
- ab 1811 (A) Lire italiane für 1 Souverain [dez.]
- ab 1813 (A) Gulden Konventionskurant für 1 Souverain [dez.]

Messe	[SO1]	[SO2]
	in % Agio	fl.
1797 CD	2	14,2800
1797 B	2	14,2800
1797 A	2	14,2800
1798 MQ	2 2/3	14,3733
1798 CD	2 2/3	14,3733
1798 B	2 1/4	14,3150
1798 A	2 1/2	14,3500
1799 MQ	3	14,4200
1799 CD		
1799 B	3 1/2	14,4900
1799 A		
1800 MQ	2 3/4	14,3850
1800 CD		
1800 B		
1800 A		
…		
	fl. xr.	fl.
1805 MQ	18	18,0000
1805 CD	17 54	17,9000
1805 B	18 17	18,2833
1805 A	20 34	20,5667
1806 MQ	20 57	20,9500
1806 CD	24 34	24,5667
	in % Agio	fl.
1806 B	1	13,4666
1806 A		
1807 MQ		
1807 CD	1/2	13,4000

Messe	[SO1]	[SO2]
	in % Agio	fl.
1807 B	2	13,6000
1807 A	1 3/4	13,5666
1808 MQ	2	13,6000
1808 CD	3 3/4	13,8333
1808 B	4 1/3	13,9111
1808 A	4	13,8666
1809 MQ	4	13,8666
1809 CD		
1809 B		
1809 A		
1810 MQ	4	13,8666
1810 CD	3 3/4	13,8333
1810 B	3 1/2	13,8000
1810 A	3 2/3	13,8222
1811 MQ		
1811 CD	4 1/2	13,9333
1811 B	5	14,0000
	l.	l.
1811 A	35,54	35,5400
1812 MQ	35,30	35,3000
1812 CD	35,20	35,2000
1812 B	35,32 2/3	35,3267
1812 A	35,24	35,2400
1813 MQ	35,15	35,1500
1813 CD	35,18	35,1800
1813 B		
	fl. xr.	fl.
1813 A	13 50	13,8333

Messe		[SO1]		[SO2]
		fl.	xr.	fl.
1814	MQ	13	50	13,8333
1814	CD	13	52	13,8667
1814	B	13	48	13,8000
1814	A	13	40	13,6667
1815	MQ	13	37	13,6167
1815	CD	13	40	13,6667
1815	B	13	39	13,6500
1815	A	13	39	13,6500
1816	MQ	13	31	13,5167
1816	CD	13	32	13,5333
1816	B			
1816	A	13	36	13,6000
1817	MQ	13	40	13,6667
1817	CD	13	40	13,6667
1817	B	13	42	13,7000
1817	A	13	48	13,8000
1818	MQ	13	44	13,7333
1818	CD	13	46	13,7667
1818	B	13	36	13,6000
1818	A			
1819	MQ	13	36	13,6000
1819	CD	13	36	13,6000
1819	B	13	33	13,5500
1819	A	13	33	13,5500
1820	MQ	13	33	13,5500
1820	CD			
1820	B			
1820	A			
1821	MQ			
1821	CD			
1821	B	13	40	13,6667
1821	A	13	40	13,6667
1822	MQ	13	42	13,7000
1822	CD	13	40	13,6667
1822	B	13	40	13,6667
1822	A	13	41	13,6833
1823	MQ	13	45	13,7500
1823	CD			
1823	B	13	45	13,7500
1823	A	13	40	13,6667
1824	MQ	13	36	13,6000
1824	CD	13	36	13,6000
1824	B	13	36	13,6000
1824	A			
1825	MQ	13	36	13,6000
1825	CD	13	36	13,6000

Messe		[SO1]		[SO2]
		fl.	xr.	fl.
1825	B	13	36	13,6000
1825	A	13	36	13,6000
1826	MQ	13	36	13,6000
1826	CD	13	40	13,6667
1826	B	13	39	13,6500
1826	A	13	41	13,6833
1827	MQ	13	41	13,6833
1827	CD	13	44	13,7333
1827	B	13	44	13,7333
1827	A	13	45	13,7500
1828	MQ	13	48	13,8000
1828	CD			
1828	B	13	48	13,8000
1828	A	13	48	13,8000
1829	MQ	13	48	13,8000
1829	CD	13	48	13,8000
1829	B	13	48	13,8000
1829	A	13	48	13,8000
1830	MQ	13	46	13,7667
1830	CD	13	48	13,8000
1830	B	13	48	13,8000
1830	A	13	46	13,7667
1831	MQ	13	48	13,8000
1831	CD	13	50	13,8333
1831	B	13	48	13,8000
1831	A	13	44	13,7333
1832	MQ	13	45 1/2	13,7583
1832	CD	13	50	13,8333
1832	B	13	48	13,8000
1832	A	13	46	13,7667
1833	MQ	13	46	13,7667
1833	CD	13	49	13,8167
1833	B	13	49	13,8167
1833	A	13	49	13,8167
1834	MQ	13	47	13,7833
1834	CD	13	48	13,8000
1834	B	13	45	13,7500
1834	A	13	42 1/2	13,7083
1835	MQ	13	42	13,7000
1835	CD	13	50	13,8333
1835	B	13	49	13,8167
1835	A	13	48	13,8000
1836	MQ	13	48 1/2	13,8083
1836	CD	13	53	13,8833
1836	B	13	54	13,9000
1836	A	13	51 3/5	13,8600

Messe		[SO1]		[SO2]
		fl.	xr.	fl.
1837	MQ	13	50	13,8333
1837	CD	13	52	13,8667
1837	B	13	51 3/5	13,8600
1837	A	13	50	13,8333
1838	MQ	13	50 3/4	13,8458
1838	CD	13	55	13,9167
1838	B	13	54	13,9000
1838	A	13	53	13,8833
1839	MQ	13	53	13,8833
1839	CD	13	55 1/2	13,9250
1839	B	13	54	13,9000
1839	A	13	51 3/5	13,8600
1840	MQ	13	51 3/5	13,8600
1840	CD	13	56	13,9333
1840	B	13	51 3/5	13,8600
1840	A	13	47	13,7833
1841	MQ	13	43 1/5	13,7200
1841	CD	13	47 2/5	13,7900
1841	B	13	32 3/4	13,5458
1841	A	13	29	13,4833
1842	MQ	13	26 1/2	13,4417
1842	CD	13	28	13,4667
1842	B	13	27	13,4500
1842	A	13	26	13,4333
1843	MQ	13	26	13,4333
1843	CD	13	35 1/2	13,5917
1843	B	13	33	13,5500

Messe		[SO1]		[SO2]
		fl.	xr.	fl.
1843	A	13	29	13,4833
1844	MQ	13	28	13,4667
1844	CD	13	32	13,5333
1844	B	13	33	13,5500
1844	A	13	30	13,5000
1845	MQ	13	28	13,4667
1845	CD	13	32	13,5333
1845	B	13	32	13,5333
1845	A	13	35 1/2	13,5917
1846	MQ	13	34	13,5667
1846	CD	13	40	13,6667
1846	B	13	40	13,6667
1846	A	13	39	13,6500
1847	MQ	13	39	13,6500
1847	CD	13	44	13,7333
1847	B	13	42	13,7000
1847	A	13	44	13,7333
1848	MQ	14		14,0000
1848	CD	13	55	13,9167
1848	B	13	55	13,9167
1848	A	14		14,0000
1849	MQ	14	5	14,0833
1849	CD			
1849	B			
1849	A	15	15	15,2500
1850	MQ	14		14,0000

Tab. 5.11: Geldkurse der Bozner Messen für Wiener Banknoten von 1848 bis 1850

[BA1] Gulden und Kreuzer Disagio für 100 Gulden in Wiener Banknoten [O]
[BA2] Gulden Konventionskurant für 100 Gulden in Wiener Banknoten [U]

Messe		[BA1]		[BA2]
		fl.	xr.	fl.
		Disagio		
1848	B	3	30	96,50
1848	A	7		93,00
1849	MQ	10		90,00
1849	CD	17	30	82,50
1849	B	7	30	92,50
1849	A	8	15	91,75
1850	MQ	[a] 12	45	87,25

Anmerkung:

[a] Nach NOBACK / NOBACK, Münz-, Maass- und Gewichtsbuch [1858], S. 117.

5.3 AUSLÄNDISCHE GOLDMÜNZEN: ALTE SCHILD-LOUISD'ORS, NEUE LOUISD'ORS, PEZZE DA 20 FRANCHI, GENUESISCHE DOPPIE UND (DOPPIE) PAPALINE

An ausländischen Goldmünzen wurden auf den Bozner Messen französische, genuesische und römische sowie am Ende des Untersuchungszeitraums sogar südamerikanische Stücke notiert. Die mit Abstand größte Bedeutung kam dabei den französischen Goldmünzen zu.

Luigid'oro nuovi di Francia oder französische Neue Louisd'ors wurden in Bozen erstmals zwischen 1770 und 1787 mehr oder minder regelmäßig mit Disagio gegenüber dem offiziellen Kurs von 9 Gulden 30 Kreuzern Tiroler Landeswährung notiert. Hierunter sind die sogenannten Alten Schild-Louisd'ors (nicht jedoch die Alten Louisd'ors) zu 24 Livres tournois zu verstehen, die nach den Münzedikten vom Januar, Februar und Mai 1726 zwischen 1726 und 1785 mit 7,2800 Gramm Feingold ausgebracht wurden. Mit der Umgestaltung des Bozner Kurszettels anläßlich der Bartholomäusmesse 1787 erscheinen statt dessen *Doppie delle due Armi* (italienische Übersetzung von ‚Louis à deux écussons carrés'), womit der *Neue Schild-Louisd'or* oder kurz: der *Neue Louisd'or* oder *Louis neuf* gemeint war, der nach dem königlichen Münzgesetz vom 30. Oktober 1785 zu 7,0111 Gramm Feingold geprägt wurde und wie der Alte Schild-Louisd'or 24 Livres tournois galt.[27] Die traditionelle Notierungsweise wurde noch beibehalten, die Kursangabe jedoch bis 1798 ausgesetzt. Die erneute Notierung für diese Doppie delle due Armi oder Neuen Schild-Louisd'ors erfolgte in Bozen seit 1798 zunächst mit Agio-Werten auf den offiziellen Kurs von 9 Gulden 30 Kreuzern Tiroler Landeswährung. Während der österreichischen Währungskrise von 1805/06 wurde diese Notierungsweise durch Geldkursangaben in Gulden und Kreuzern Wiener Währung ersetzt. Von der Bartholomäusmesse 1806 bis zur Fronleichnamsmesse 1811 wurden die Kursangaben für nunmehr schlicht *Luigid'oro* in Prozent Aufgeld auf den offiziellen Kurs von 9 Gulden 12 Kreuzern Reichswährung getätigt und während der französischen Besatzungszeit durch solche in Lire italiane und Centesimi abgelöst. Nach der Wiedereingliederung Bozens in das Kaisertum Österreich erfolgte die Kursangabe in Gulden und Kreuzern Konventionskurant, die mit einigen Unregelmäßigkeiten bis zum Ende des Bozner Kurszettels 1850 vorgenommen wurde. Darüber hinaus wurde ab 1830 auch die bedeutendste französische Goldmünze des 19. Jahrhunderts in Bozen notiert, die Pezze da 20 Franchi (Zwanzig-Francs-Stück), das oft auch als *Napoleon* oder – in Anlehnung an den Louisd'or – als *Napoleond'or* bezeichnet wurde. Die Pezze da 20 Franchi wurde nach der Charta des Franc Germinal von 1803 zu 6,4515 Gramm Feingold ausgebracht.

Die *Doppie di Genova*, die in zeitgenössischen Kaufmannshandbüchern auch als Genovinen oder vierfache Genuesische Pistolen erscheinen, wurde in Bozen ab 1805

27 NOBACK / NOBACK, Münz-, Maass- und Gewichtsbuch [1858], S. 955. Vgl. auch RITTMANN, Deutsche Geldgeschichte, S. 376.

vereinzelt, ab 1821 regelmäßig notiert. Unter der Bezeichnung *Doppia di Genova* können drei verschiedene Münzen gemeint sein, die kleine Unterschiede in Gewicht und Feingehalt aufweisen:

- die neueren Genovinen oder 96-Lire-Stücke der ehemaligen Republik Genua, die zwischen 1792 und 1795 geprägt wurden, zu 22,8885 Gramm Feingold;
- die vierfachen Pistolen oder 96-Lire-Stücke der Ligurischen Republik von 1798 und 1799 zu 22,8013 Gramm Feingold; oder
- die vierfache Doppia (*Quadrupli*) zu 80 piemontesischen Lire nuove (= 80 französische Francs) nach dem piemontesischen Münzgesetz vom 26. Oktober 1826 zu 23,2254 Gramm Feingold, die bis 1833 geprägt wurden.[28]

Vor Oktober 1826 können nur die beiden erstgenannten, sich kaum unterscheidenden Münzen in Bozen notiert worden sein, und es liegt nahe, daß auch später unter der Notierung *Doppie di Genova* insbesondere die vierfachen Pistolen der Ligurischen Republik von 1798/99 gemeint waren, da diese in Genua selbst noch um die Mitte des 19. Jahrhunderts notiert wurden.[29] Die Notierung erfolgte in Bozen 1805 und ab 1817 in Gulden Konventionskurant, von 1808 bis 1810 in Prozent Aufgeld auf einen Festkurs von 31 Gulden Konventionskurant und 1811 in Lire italiane.

Römische Dukaten (*Ongari Romani*) wurden nur auf zwei Messen des Jahres 1771 (Fronleichnams- und Bartholomäusmesse) notiert, und zwar mit einem Aufgeld von ½% bzw. ¼% auf einen Festkurs von 4 Gulden 12 Kreuzern Tiroler Landeswährung, der dem der anderen notierten Dukaten-Prägungen genau entsprach. – In den beginnenden 1810er Jahren erscheinen dann Doppie oder Pistolen von Rom und Bologna unter der Bezeichnung *Papaline* im Kurszettel, wobei ein Festkurs von 4 Gulden 21 Kreuzern Reichswährung angegeben war; Aufgeld-Notierungen fanden in dieser Zeit nicht statt. Ab 1818 finden sich dann vereinzelte, ab 1830 relativ regelmäßige Notierungen in Gulden und Kreuzern Konventionskurant für (Doppie) Papaline, die bereits 1835 wieder eingestellt wurden. Die Doppien oder Pistolen von Rom und Bologna besaßen seit 1818 ein gesetzmäßiges Feingewicht von 5,0144 Gramm Feingold; ältere Stücke vor allem aus der Zeit Papst Pius VI. (1775–1799) waren geringfügig leichter (4,9478 Gramm Feingold).[30]

Die *Doppie di Columbia* wurden in den Bozner Kurszetteln nur zweimal notiert, und zwar zur Andreämesse 1847 mit 31 Gulden 54 Kreuzern Konventionskurant und zur Mittfastenmesse 1850 mit 32 Gulden Konventionskurant. Hierunter werden Onzas oder Dublonen der ehemaligen Republik Groß-Kolumbien[31] zu verstehen sein, die zwischen 1823 und 1836 mit 23,1566 bis 23,4804 Gramm Feingold ausgebracht wurden. Die gesetzmäßige Ausmünzung der Republik Neu-Granada, des späteren Kolumbien, belief sich ab 1849 auf 23,2258 Gramm Feingold pro Onza bzw. Dublone.[32]

---

28 NOBACK / NOBACK, Münz-, Maass- und Gewichtsbuch [1858], S. 957, 976.

29 Dies., Vollständiges Taschenbuch der Münz-, Maass- und Gewichts-Verhältnisse [1851], 1. Abth., S. 283.

30 Dies., Münz-, Maass- und Gewichtsbuch [1858], S. 960.

31 1831 aufgelöst in die drei Republiken Venezuela, Neu-Granada und Ecuador.

32 NOBACK / NOBACK, Münz-, Maass- und Gewichtsbuch [1858], S. 982f.

Die Notierungen der Alten Schild-Louisd'ors (*Tab. 5.12*) erfolgten im Original in Prozent Abgeld (Datenreihe LD1) und werden – wie die Konventionstaler – in Gulden Meßvaluta pro Zecchino umgerechnet (Datenreihe LD2). Im Falle der Neuen Louisd'ors (*Tab. 5.13*) finden sich die Originalnotierungen in Prozent Auf- oder Abgeld auf den jeweils offiziellen Kurs oder in Gulden und Kreuzern bzw. in Lire pro Stück (Datenreihe NL1). Alle diese Kurse werden in dezimalisierte Gulden- bzw. Lire-Angaben, wie sie jeweils in Bozen gebräuchlich gewesen sind, umgerechnet (Datenreihe NL2). Dies gilt in gleicher Weise für die Notierungen der genuesischen Doppie (Datenreihen GD1 und GD2; *Tab. 5.15*). Die Notierungen der Pezze da 20 Franchi (*Tab. 5.14*) und der Papaline (*Tab. 5.16*) erfolgten ausschließlich in jeweils gebräuchlichen Gulden und Kreuzern (Datenreihen FR1 bzw. PP1), die zudem in einer dezimalisierten Version (Datenreihen FR2 bzw. PP2) dargeboten werden.

Tab. 5.12: Geldkurse der Bozner Messen für Alte Schild-Louisd'ors (Luigid'oro nuovi) von 1770 bis 1787

[LD1] Prozent Disagio auf den offiziellen Kurs von 9 Gulden 30 Kreuzern Tiroler Landeswährung [O]

[LD2] Gulden Meßvaluta für 1 Alten Schild-Louisd'or [U]

Messe		[LD1]	[LD2]
		in % Disagio	fl.
1770	MQ		
1770	CD		
1770	B	2	9,3100
1770	A		
1771	MQ	2	9,3100
1771	CD		
1771	B	2	9,3100
1771	A		
1772	MQ	2 1/4	9,2863
1772	CD		
1772	B	2 1/4	9,2863
1772	A		
1773	MQ		
1773	CD	3	9,2150
1773	B	2 1/2	9,2625
1773	A		
1774	MQ	2	9,3100
1774	CD	1 1/2	9,3575
1774	B	1	9,4050
1774	A	2	9,3100
1775	MQ	2 1/4	9,2863
1775	CD	1 3/4	9,3338
1775	B	1 3/4	9,3338
1775	A	2 3/4	9,2388
1776	MQ	2 7/8	9,2269
1776	CD	1 3/4	9,3338
1776	B	2	9,3100
1776	A	2 1/2	9,2625
1777	MQ	2 3/4	9,2388
1777	CD	3	9,2150
1777	B	2 3/4	9,2388
1777	A	2 1/2	9,2625
1778	MQ	2 1/4	9,2863
1778	CD	2	9,3100
1778	B	2 3/4	9,2388
1778	A	3	9,2150

Messe		[LD1]	[LD2]
		in % Disagio	fl.
1779	MQ	2 3/4	9,2388
1779	CD		
1779	B	3 1/4	9,1913
1779	A	3 1/2	9,1675
1780	MQ	3	9,2150
1780	CD	3 1/4	9,1913
1780	B		
1780	A		
1781	MQ		
1781	CD		
1781	B	3 1/4	9,1913
1781	A		
1782	MQ	3 1/4	9,1913
1782	CD		
1782	B	3 1/4	9,1913
1782	A		
1783	MQ		
1783	CD	3 1/4	9,1913
1783	B	3 1/4	9,1913
1783	A		
1784	MQ	3 1/4	9,1913
1784	CD	3 1/4	9,1913
1784	B	3 1/4	9,1913
1784	A		
1785	MQ	3 1/4	9,1913
1785	CD		
1785	B		
1785	A		
1786	MQ	3 1/4	9,1913
1786	CD		
1786	B	3	9,2150
1786	A		
1787	MQ		
1787	CD		
1787	B	2 3/4	9,2388

Tab. 5.13: Geldkurse der Bozner Messen für Neue Louisd'ors (Luigid'oro nuovi) von 1798 bis 1850

[NL1] Prozent Agio auf den offiziellen Kurs von 9 Gulden 30 Kreuzern Tiroler Landeswährung für 1 Neuen Louisd'or
- ab 1805 (MQ) Gulden und Kreuzer Wiener Währung für 1 Neuen Louisd'or
- ab 1806 (B) Prozent Agio auf den offiziellen Kurs von 9 Gulden 12 Kreuzern Reichswährung
- ab 1811 (B) Lire italiane für 1 Neuen Louisd'or
- ab 1813 (A) Gulden und Kreuzer Konventionskurant für 1 Neuen Louisd'or [O]

[NL2] Gulden Tiroler Landeswährung für 1 Neuen Louisd'or [U]
- ab 1805 (MQ) Gulden Wiener Währung für 1 Neuen Louisd'or [dez.]
- ab 1806 (B) Gulden Reichswährung für 1 Neuen Louisd'or [U]
- ab 1811 (B) siehe [NL1]
- ab 1813 (A) Gulden Konventionskurant für 1 Neuen Louisd'or [dez.]

Messe		[NL1]	[NL2]
		in % Agio	fl.
1798	MQ	2 1/4	9,7138
1798	CD		
1798	B		
1798	A		
1799	MQ		
1799	CD		
1799	B	3 3/4	9,8563
1799	A		
1800	MQ	3 1/2	9,8325
1800	CD		
1800	B		
1800	A		
...			
		fl. xr.	fl.
1805	MQ	12 17	12,2833
1805	CD		
1805	B	12 22	12,3667
1805	A	13 20	13,3333
1806	MQ	14 15	14,2500
1806	CD		
		in % Agio	fl.
1806	B	1/2	9,2460
1806	A		
1807	MQ	1	9,2920
1807	CD	1 3/4	9,3610
1807	B	1 1/2	9,3380

Messe		[NL1]	[NL2]
		in % Agio	fl.
1807	A	1 1/4	9,3150
1808	MQ	2	9,3840
1808	CD	1 3/4	9,3610
1808	B	2 1/4	9,4070
1808	A	2	9,3840
1809	MQ	2 1/4	9,4070
1809	CD		
1809	B		
1809	A		
1810	MQ	2 1/4	9,4070
1810	CD	3 1/4	9,4990
1810	B	3 3/4	9,5450
1810	A	2 3/4	9,4530
1811	MQ	2 3/4	9,4530
1811	CD	2 3/4	9,4530
		l.	
1811	B	23,86	
1811	A	23,68	
1812	MQ	23,50	
1812	CD	23,90	
1812	B	23,80	
1812	A	23,80	
1813	MQ	23,70	
1813	CD	23,90	
1813	B		

Messe		[NL1]		[NL2]
		fl.	xr.	fl.
1813	A	9	22	9,3667
1814	MQ	9	24	9,4000
1814	CD	9	24	9,4000
1814	B	9	20	9,3333
1814	A	9	15	9,2500
1815	MQ	9	13	9,2167
1815	CD	9	18	9,3000
1815	B	9	15	9,2500
1815	A	9	15	9,2500
1816	MQ	9	11	9,1833
1816	CD	9	10	9,1667
1816	B			
1816	A			
1817	MQ	9	13	9,2167
1817	CD	9	13	9,2167
1817	B			
1817	A			
1818	MQ			
1818	CD			
1818	B	9	13	9,2167
1818	A			
1819	MQ	9	12	9,2000
1819	CD	9	13	9,2167
1819	B	9	10	9,1667
1819	A	9	10	9,1667
1820	MQ	9	10	9,1667
1820	CD			
1820	B			
1820	A			
1821	MQ	9	13	9,2167
1821	CD	9	13	9,2167
1821	B	9	15	9,2500
1821	A	9	15	9,2500
1822	MQ	9	15	9,2500
1822	CD	9	15	9,2500
1822	B	9	15	9,2500
1822	A	9	16	9,2667
1823	MQ	9	19	9,3167
1823	CD	9	19	9,3167
1823	B	9	20	9,3333
1823	A	9	17	9,2833
1824	MQ	9	14	9,2333
1824	CD	9	13 3/5	9,2267
1824	B	9	13 3/5	9,2267
1824	A	9	14	9,2333
1825	MQ	9	14	9,2333

Messe		[NL1]		[NL2]
		fl.	xr.	Fl.
1825	CD	9	13	9,2167
1825	B	9	13	9,2167
1825	A	9	13	9,2167
1826	MQ	9	13	9,2167
1826	CD	9	14	9,2333
1826	B	9	15	9,2500
1826	A	9	16	9,2667
1827	MQ	9	15	9,2500
1827	CD	9	15	9,2500
1827	B	9	15	9,2500
1827	A	9	15	9,2500
1828	MQ	9	14 3/4	9,2458
1828	CD			
1828	B	9	15	9,2500
1828	A	9	14 1/2	9,2417
1829	MQ	9	14	9,2333
1829	CD	9	14	9,2333
1829	B	9	14	9,2333
1829	A	9	14	9,2333
1830	MQ	9	12	9,2000
1830	CD	9	13	9,2167
1830	B	9	13 1/2	9,2250
1830	A	9	13	9,2167
1831	MQ	9	13 1/2	9,2250
1831	CD	9	13 3/5	9,2267
1831	B	9	14	9,2333
1831	A	9	13	9,2167
1832	MQ	9	13	9,2167
1832	CD	9	13	9,2167
1832	B	9	13 1/2	9,2250
1832	A	9	13	9,2167
1833	MQ	9	14	9,2333
1833	CD	9	13	9,2167
1833	B	9	15	9,2500
1833	A	9	15	9,2500
1834	MQ	9	13	9,2167
1834	CD	9	12	9,2000
1834	B	9	13	9,2167
1834	A	9	12	9,2000
1835	MQ	9	7	9,1167
1835	CD	9	11	9,1833
1835	B	9	13	9,2167
1835	A	9	13	9,2167
1836	MQ	9	12	9,2000
1836	CD	9	12	9,2000
1836	B	9	15	9,2500

Messe		[NL1]		[NL2]
		fl.	xr.	fl.
1836	A	9	15 1/2	9,2583
1837	MQ	9	14	9,2333
1837	CD	9	12	9,2000
1837	B	9	14 1/4	9,2375
1837	A	9	14	9,2333
1838	MQ	9	14	9,2333
1838	CD	9	13	9,2167
1838	B	9	15	9,2500
1838	A	9	15	9,2500
1839	MQ	9	15	9,2500
1839	CD	9	14	9,2333
1839	B	9	15 1/2	9,2583
1839	A	9	14	9,2333
1840	MQ	9	14	9,2333
1840	CD	9	14	9,2333
1840	B	9	15	9,2500
1840	A	9	13	9,2167
1841	MQ	9	10	9,1667
1841	CD	9	12	9,2000
1841	B	9	3 1/2	9,0583
1841	A	9	3	9,0500
1842	MQ			
1842	CD			
1842	B			
1842	A	9	3	9,0500
1843	MQ	9	3	9,0500
1843	CD	9	7	9,1167

Messe		[NL1]		[NL2]
		fl.	xr.	fl.
1843	B	9	6	9,1000
1843	A	9	3	9,0500
1844	MQ			
1844	CD			
1844	B	9	6	9,1000
1844	A			
1845	MQ	9	2	9,0333
1845	CD			
1845	B	9	5	9,0833
1845	A			
1846	MQ			
1846	CD			
1846	B			
1846	A			
1847	MQ			
1847	CD			
1847	B	9	9	9,1500
1847	A	9	9	9,1500
1848	MQ	9	12	9,2000
1848	CD	9	12	9,2000
1848	B	9	12	9,2000
1848	A	9	12	9,2000
1849	MQ			
1849	CD			
1849	B			
1849	A			
1850	MQ	9	15	9,2500

Tab. 5.14: Geldkurse der Bozner Messen für Pezze da 20 Franchi (Zwanzig-Francs-Stücke) von 1830 bis 1850

[FR1] Gulden und Kreuzer Konventionskurant für 1 Zwanzig-Francs-Stück [O]
[FR2] Gulden Konventionskurant für 1 Zwanzig-Francs-Stück [dez.]

Messe		[FR1]		[FR2]
		fl.	xr.	fl.
1830	B	7	55	7,9167
1830	A	7	53	7,8833
1831	MQ	7	53 1/2	7,8917
1831	CD	7	54 2/5	7,9067
1831	B	7	54	7,9000
1831	A	7	52	7,8667
1832	MQ	7	52 3/4	7,8792
1832	CD	7	54 2/5	7,9067
1832	B	7	53	7,8833
1832	A	7	53	7,8833
1833	MQ	7	53	7,8833
1833	CD	7	55	7,9167
1833	B	7	54	7,9000
1833	A	7	54	7,9000
1834	MQ	7	53	7,8833
1834	CD	7	53 1/2	7,8917
1834	B	7	52	7,8667
1834	A	7	50	7,8333
1835	MQ	7	50	7,8333
1835	CD	7	54	7,9000
1835	B	7	53 1/2	7,8917
1835	A	7	53 1/2	7,8917
1836	MQ	7	53 1/2	7,8917
1836	CD	7	56	7,9333
1836	B	7	56 1/2	7,9417
1836	A	7	55 1/5	7,9200
1837	MQ	7	54 2/5	7,9067
1837	CD	7	56	7,9333
1837	B	7	55	7,9167
1837	A	7	54 2/5	7,9067
1838	MQ	7	54 3/4	7,9125
1838	CD	7	56 3/4	7,9458
1838	B	7	56 4/5	7,9467
1838	A	7	56	7,9333
1839	MQ	7	56	7,9333
1839	CD	7	57 1/2	7,9583
1839	B	7	56 4/5	7,9467
1839	A	7	55 1/5	7,9200
1840	MQ	7	55 1/5	7,9200
1840	CD	7	57 1/2	7,9583
1840	B	7	55	7,9167
1840	A	7	52 1/2	7,8750
1841	MQ	7	50 2/5	7,8400
1841	CD	7	53	7,8833
1841	B	7	44 2/5	7,7400
1841	A	7	42 2/3	7,7111
1842	MQ	7	40 1/2	7,6750
1842	CD	7	42	7,7000
1842	B	7	41 1/2	7,6917
1842	A	7	40 1/2	7,6750
1843	MQ	7	40 1/2	7,6750
1843	CD	7	46	7,7667
1843	B	7	44 1/2	7,7417
1843	A	7	42	7,7000
1844	MQ	7	42	7,7000
1844	CD	7	44	7,7333
1844	B	7	44 1/2	7,7417
1844	A	7	43	7,7167
1845	MQ	7	41	7,6833
1845	CD	7	44	7,7333
1845	B	7	44	7,7333
1845	A	7	46	7,7667
1846	MQ	7	45	7,7500
1846	CD	7	48	7,8000
1846	B	7	48	7,8000
1846	A	7	48	7,8000
1847	MQ	7	48	7,8000
1847	CD	7	52	7,8667
1847	B	7	50	7,8333
1847	A	7	51	7,8500
1848	MQ	8		8,0000
1848	CD	8	20	8,3333
1848	B	8	10	8,1667
1848	A	8	7	8,1167
1849	MQ	8	8	8,1333
1849	CD	8	9	8,1500
1849	B	8	4	8,0667
1849	A	8	46	8,7667
1850	MQ	8	6	8,1000

Tab. 5.15: Geldkurse der Bozner Messen für genuesische Doppie von 1798 bis 1850

[GD1] Gulden und Kreuzer Wiener Währung für 1 Doppia
- ab 1806 (B) Prozent Agio auf den offiziellen Kurs von 9 Gulden 12 Kreuzern Reichswährung
- ab 1811 (B) Lire italiane für 1 Doppia
- ab 1813 (A) Gulden und Kreuzer Konventionskurant für 1 Doppia [O]

[GD2] Gulden Wiener Währung für 1 Doppia [dez.]
- ab 1806 (B) Gulden Reichswährung für 1 Doppia [U]
- ab 1811 (B) Lire italiane für 1 Doppia (siehe [1])
- ab 1813 (A) Gulden Konventionskurant für 1 Doppia [dez.]

Messe		[GD1]		[GD2]
		fl.	xr.	fl.
1805	MQ	40	42	40,7000
1805	CD			
1805	B	41	20	41,3333
1805	A			
1806	MQ	47	25	47,4167
1806	CD			
		in % Agio		fl.
1806	B			
1806	A			
1807	MQ			
1807	CD			
1807	B			
1807	A			
1808	MQ	2		31,6200
1808	CD			
1808	B			
1808	A			
1809	MQ			
1809	CD			
1809	B			
1809	A			
1810	MQ			
1810	CD	6		32,8600
1810	B	6		32,8600
1810	A			
1811	MQ			
1811	CD			
		l.		l.
1811	B	80,38		80,3800
1811	A			
…				

Messe		[GD1]		[GD2]
		fl.	xr.	fl.
1817	MQ	31	9	31,1500
1817	CD			
1817	B			
1817	A			
1818	MQ			
1818	CD			
1818	B	31	4	31,0667
1818	A			
1819	MQ			
1819	CD			
1819	B			
1819	A			
1820	MQ			
1820	CD			
1820	B			
1820	A			
1821	MQ	31	10	31,1667
1821	CD			
1821	B	31	15	31,2500
1821	A	31	15	31,2500
1822	MQ	31	15	31,2500
1822	CD	31	15	31,2500
1822	B			
1822	A	31	18	31,3000
1823	MQ	31	27	31,4500
1823	CD			
1823	B	31	26	31,4333
1823	A	31	20	31,3333
1824	MQ	31	12	31,2000
1824	CD			
1824	B	31	10	31,1667

Messe		[GD1]		[GD2]
		fl.	xr.	fl.
1824	A	31	12	31,2000
1825	MQ	31	12	31,2000
1825	CD	31	12	31,2000
1825	B	31	12	31,2000
1825	A	31	12	31,2000
1826	MQ	31	14	31,2333
1826	CD	31	17	31,2833
1826	B	31	17	31,2833
1826	A	31	18	31,3000
1827	MQ	31	18	31,3000
1827	CD	31	18	31,3000
1827	B	31	18	31,3000
1827	A	31	20	31,3333
1828	MQ	31	22	31,3667
1828	CD			
1828	B	31	24	31,4000
1828	A	31	24	31,4000
1829	MQ	31	24	31,4000
1829	CD	31	22	31,3667
1829	B	31	22	31,3667
1829	A	31	22	31,3667
1830	MQ	31	20	31,3333
1830	CD	31	22	31,3667
1830	B	31	22	31,3667
1830	A	31	20	31,3333
1831	MQ	31	16	31,2667
1831	CD	31	24	31,4000
1831	B	31	18	31,3000
1831	A	31	10	31,1667
1832	MQ	31	12	31,2000
1832	CD	31	19	31,3167
1832	B	31	15	31,2500
1832	A	31	12	31,2000
1833	MQ	31	12	31,2000
1833	CD	31	18	31,3000
1833	B	31	17	31,2833
1833	A	31	17	31,2833
1834	MQ	31	12	31,2000
1834	CD	31	17	31,2833
1834	B	31	12	31,2000
1834	A	31	3	31,0500
1835	MQ	31	2	31,0333
1835	CD	31	22	31,3667
1835	B	31	16	31,2667
1835	A	31	16	31,2667
1836	MQ	31	15	31,2500

Messe		[GD1]		[GD2]
		fl.	xr.	Fl.
1836	CD	31	28	31,4667
1836	B	31	28	31,4667
1836	A	31	22	31,3667
1837	MQ	31	18	31,3000
1837	CD	31	22	31,3667
1837	B	31	22	31,3667
1837	A	31	18	31,3000
1838	MQ	31	22	31,3667
1838	CD	31	28	31,4667
1838	B	31	27	31,4500
1838	A	31	25	31,4167
1839	MQ	31	25	31,4167
1839	CD	31	31	31,5167
1839	B	31	28	31,4667
1839	A	31	22	31,3667
1840	MQ	31	22	31,3667
1840	CD	31	31	31,5167
1840	B	31	22	31,3667
1840	A	31	12	31,2000
1841	MQ	31	3	31,0500
1841	CD	30	15	30,2500
1841	B	30	40	30,6667
1841	A	30	33	30,5500
1842	MQ	30	24	30,4000
1842	CD	30	27	30,4500
1842	B	30	28	30,4667
1842	A	30	27	30,4500
1843	MQ	30	27	30,4500
1843	CD	30	44	30,7333
1843	B	30	40	30,6667
1843	A	30	30	30,5000
1844	MQ	30	31	30,5167
1844	CD	30	39	30,6500
1844	B	30	40	30,6667
1844	A	30	36	30,6000
1845	MQ	30	30	30,5000
1845	CD	30	40	30,6667
1845	B	30	42	30,7000
1845	A	30	48	30,8000
1846	MQ	30	45	30,7500
1846	CD	30	58	30,9667
1846	B	30	58	30,9667
1846	A	30	58	30,9667
1847	MQ	30	57	30,9500
1847	CD	31	5	31,0833
1847	B	31	4	31,0667

Messe		[GD1]		[GD2]
		fl.	xr.	fl.
1847	A	31	4	31,0667
1848	MQ	31	24	31,4000
1848	CD	31	30	31,5000
1848	B	31	20	31,3333
1848	A	31	40	31,6667

Messe		[GD1]		[GD2]
		fl.	xr.	fl.
1849	MQ	32		32,0000
1849	CD			
1849	B			
1849	A			
1850	MQ	31	25	31,4167

Abb. 19: Wechsel- und Geldkurszettel der Bozner Mittfastenmesse 1850[33]

BOLZANO

IN FIERA MEZZA QUARESIMA 1850.

CORSO DE' CAMBI.

					Mta. di Conv. effettiva
Augusta	20	giorni	per fi.	100 . . fi.	100 . 15
—	90	„	„	„ . . „	98 . 45
Vienna	20	„	„	„ . . „	87 . —
—	90	„	„	„ . . „	86 . —
Parigi	30	„	„	Fchi. 300 . . „	—
Venezia	20	„	„	A. L. 300 . . „	—
Milano	30	„	„	„ „ effettive	99 . 30
Londra	90	„	„	1 L. Sterl. . . „	—

PREZZI

DELLE VALUTE.

Doppie di Columbia	fi.	32 . —
Sovrane	„	14 . —
Luigi d'oro	„	9 . 15
Doppie di Genova	„	31 . 25
Pezzi da 20 Franchi	„	8 . 6
„ „ 5 „	„	1 . 58¾
Talleri di Convenzione	„	2 . —
Banconote disaggio per 100 fi.	„	12 . 45

DAL MAGISTRATO MERCANTILE.

33 Quelle: SLA, A.M.M. 3.5.33, fol. 1922.

Tab. 5.16: Geldkurse der Bozner Messen für (Doppie) Papaline von 1818 bis 1835

[PP1] Gulden und Kreuzer Konventionskurant für 1 (Doppia) Papalina [O]
[PP2] Gulden Konventionskurant für 1 (Doppia) Papalina [dez.]

Messe		[PP1]		[PP2]
		fl.	xr.	fl.
1818	B	6	40	6,6667
1818	A			
1819	MQ			
1819	CD			
1819	B			
1819	A			
1820	MQ			
1820	CD			
1820	B			
1820	A			
1821	MQ			
1821	CD			
1821	B			
1821	A			
1822	MQ			
1822	CD			
1822	B			
1822	A			
1823	MQ	6	47	6,7833
1823	CD			
1823	B			
1823	A			
1824	MQ			
1824	CD			
1824	B			
1824	A			
1825	MQ			
1825	CD			
1825	B			
1825	A			
1826	MQ			
1826	CD			
1826	B			
1826	A			
1827	MQ			
1827	CD			
1827	B			
1827	A	6	43	6,7167
1828	MQ			
1828	CD			
1828	B			
1828	A			
1829	MQ			
1829	CD			
1829	B			
1829	A			
1830	MQ	6	46 1/2	6,7750
1830	CD	6	45	6,7500
1830	B	6	45	6,7500
1830	A	6	44	6,7333
1831	MQ	6	44	6,7333
1831	CD	6	45	6,7500
1831	B	6	44	6,7333
1831	A	6	43	6,7167
1832	MQ			
1832	CD	6	44	6,7333
1832	B			
1832	A			
1833	MQ			
1833	CD	6	44	6,7333
1833	B	6	44	6,7333
1833	A	6	44	6,7333
1834	MQ	6	46	6,7667
1834	CD	6	44	6,7333
1834	B	6	43	6,7167
1834	A			
1835	MQ			
1835	CD			
1835	B	6	45	6,7500

5.4 AUSLÄNDISCHE SILBERMÜNZEN: FEDERTALER BZW. SCUDI DI FRANCIA, PEZZE DA 5 LIRE UND PEZZE DA 5 FRANCHI

Die wichtigste im 18. Jahrhundert auf den Bozner Messen notierte ausländische Silbermünze war der *Federtaler* (*Federtalleri*) oder französische Neutaler (Écu neuf), der eine der am meisten verbreiteten ausländischen Silbermünzen im gesamten Alten Reich war[34] und für welchen auf den Messen Kurse vorrangig von 1770 bis 1778 und von 1797 bis 1800 angegeben wurden. Die Écus neufs zu 6 Livres tournois wurden ab 1726 geprägt und als Agiotaler, Laubtaler oder Federtaler bezeichnet, da auf ihnen das Wappen des Königs von Frankreich mit einem Palm- oder Lorbeerzweig („Federn") umgeben war.[35] Nach dem Münzfuß vom Januar 1726 bzw. von 1785 enthielten sie gesetzlich 27,03 Gramm Feinsilber, wobei die Prägungen zwischen 1774 und 1785 aber faktisch nur 26,52 und die ab 1785 26,12 Gramm Feinsilber aufwiesen.[36] Die Notierung auf den Bozner Messen erfolgte in Prozent Auf- oder Abgeld auf den offiziellen Kurs von 2 Gulden 24 Kreuzern Tiroler Landeswährung. Noch bevor Napoleon 1810 den Wert der Laubtaler in Frankreich herabsetzte,[37] wurde die Rubrik 1808 in Bozen in *Scudi di Francia* geändert, deren Kursangaben nunmehr in Prozent Aufgeld für einen offiziellen Kurs von 2 Gulden 17½ Kreuzern Reichswährung vorgenommen wurden. Zwar blieb diese Rubrik auch nach 1813 im Bozner Kurszettel bis 1830 erhalten, doch geschahen die letzten Einträge bereits 1811.

Nach der am 7. April 1803 oder am 17. Germinal des Jahres XI erlassenen Charta war die bedeutendste Silbermünze Frankreichs das *Fünf-Francs-Stück* zu 22,50 Gramm Feinsilber, der das Fünf-Lire-Stück (*Pezza da 5 Lire*) des Napoleonischen Königreichs Italien genau entsprach. Der sogenannte Franc-Germinal beinhaltete 4,50 Gramm Feinsilber (bzw. 0,2903 Gramm Feingold), und diese Bestimmungen und somit der französische Münzfuß wurden 1806 auf die neue Lira italiana zu 100 Centesimi italiani übertragen.[38] Auf den Bozner Messen wurden Pezze da 5 Lire (italiane) von 1813 bis 1830 notiert, zuerst in Lire italiane, dann ab 1814 in Gulden und Kreuzern Konventionskurant. An deren Stelle trat ab 1830 dann die *Pezza da 5 Franchi*, das französische Fünf-Francs-Stück, das in gleicher Weise notiert wurde.

Nur vereinzelt wurden auf den Bozner Messen auch spanische Säulenpiaster oder Pesos duros (*Pezze colonnari*) zu 8 Reales de plata, eine der wichtigsten und gängisten Handelsmünzen der Zeit weltweit, notiert, so erstmals auf der Bartholomäusmesse

---

34 Vgl. RITTMANN, Deutsche Geldgeschichte, S. 379.

35 SLA, A.M.M., 3.7.14, fasc. 11, fol. 223'.

36 NOBACK / NOBACK, Münz-, Maass- und Gewichtsbuch [1858], S. 1001.

37 Dietrich KLOSE, Frankreich: Écu blanc und Laubtaler, in: Wolfgang HEß / Dietrich KLOSE (Bearb.), Vom Taler zum Dollar 1486–1986, München 1986, S. 132f., hier: S. 133.

38 NOBACK / NOBACK, Vollständiges Taschenbuch der Münz-, Maass- und Gewichts-Verhältnisse [1851], 1. Abth., S. 615.

1778[39] und dann wieder zwischen 1797 und 1799[40] sowie letztmals 1810[41], auch wenn in den Kurszetteln einschlägige Rubriken bis 1830 verzeichnet waren. Dabei unterschied man in Bozen bisweilen nach Pezze colonnari vecchie und colonnari nuove: Erstere waren Säulenpiaster, die nach den Bestimmungen von 1707 zwischen 1707 und 1772 mit etwa 25 Gramm Feinsilber ausgebracht wurden. Letztere wurden nach dem Münzgesetz vom 29. Mai 1772 gesetzlich mit 24,4355 Gramm Feinsilber geprägt.[42] Die Notierung auf den Bozner Messen erfolgte in Prozent Aufgeld auf den offiziellen Kurs von 2 Gulden 10 Kreuzern Tiroler Landeswährung für einen alten Säulenpiaster bzw. von 2 Gulden 9 Kreuzern Meßvaluta für einen neuen Säulenpiaster, ab 1807 in Prozent Aufgeld auf den offiziellen Kurs von 2 Gulden 4 Kreuzern Reichswährung für einen alten Säulenpiaster bzw. von 2 Gulden 3 Kreuzern Konventionskurant für einen neuen Säulenpiaster.

Im Falle der Federtaler bzw. Scudi di Francia (*Tab. 5.17*) finden sich die Originalnotierungen in Prozent Auf- oder Abgeld auf den jeweils offiziellen Kurs oder in Gulden und Kreuzern bzw. in Lire pro Stück (Datenreihe FE1). Alle diese Kurse werden in dezimalisierte Gulden- bzw. Lire-Angaben, wie sie jeweils in Bozen gebräuchlich gewesen sind, umgerechnet (Datenreihe FE2). Die Notierungen der Pezze da 5 Lire (*Tab. 5.18*) und der Pezze da 5 Franchi (*Tab. 5.19*) erfolgten (nach 1813) ausschließlich in jeweils gebräuchlichen Gulden und Kreuzern (Datenreihen PL1 bzw. PF1), die zudem in einer dezimalisierten Version (Datenreihen PL2 bzw. PF2) dargeboten werden.

39 1778 wurde ein Abgeld von 4¾% auf einen Geldkurs von 2 Gulden 10 Kreuzern Tiroler Landeswährung verzeichnet, so daß eine Pezza colonnare (vecchia) 2,0637 Gulden Tiroler Landeswährung kostete.

40 1797–1799 wurde ein Aufgeld von 1–1½% auf einen Festkurs von 2 Gulden 9 Kreuzern Tiroler Landeswährung für eine Pezza colonnare nuova bzw. 2 Gulden 10 Kreuzern für eine Pezza colonnare vecchia verzeichnet, so daß eine Pezza colonnare nuova 2,1715–2,1823 Gulden Tiroler Landeswährung und eine Pezza colonnare vecchia 2,1883–2,1992 Gulden Tiroler Landeswährung kostete.

41 1810 wurde ein Aufgeld von ¾% auf einen Festkurs von 2 Gulden 3 Kreuzern Reichswährung für eine Pezza colonnare nuova bzw. 2 Gulden 4 Kreuzern für eine Pezza colonnare vecchia verzeichnet, so daß eine Pezza colonnare nuova 2,2038 Gulden Reichswährung und eine Pezza colonnare vecchia 2,2217 Gulden Reichswährung kostete.

42 NOBACK / NOBACK, Münz-, Maass- und Gewichtsbuch [1858], S. 1060f.

Tab. 5.17: Geldkurse der Bozner Messen für Federtaler (Écus neufs) bzw. Scudi di Francia von 1770 bis 1811

[FE1] Prozent Abgeld, ab 1797 Prozent Aufgeld auf den offiziellen Kurs von 2 Gulden 24 Kreuzern Tiroler Landeswährung

- ab 1805 (MQ) Gulden und Kreuzer Wiener Währung für 1 Federtaler
- ab 1806 (B) Prozent Aufgeld auf den offiziellen Kurs von 2 Gulden 17½ Kreuzern Reichswährung für 1 Scudo di Francia [O]

[FE 2] Gulden Tiroler Landeswährung für 1 Federtaler (Écu neuf)

- ab 1805 (MQ) Gulden Wiener Währung für 1 Federtaler
- ab 1806 (B) Gulden Reichswährung für 1 Scudo di Francia [U]

Messe		[FE1]	[FE2]
		in % Disagio	fl.
1770	MQ	3 3/4	2,3100
1770	CD	4	2,3040
1770	B		
1770	A		
1771	MQ		
1771	CD		
1771	B	3 1/2	2,3160
1771	A		
1772	MQ	4	2,3040
1772	CD	4	2,3040
1772	B	4	2,3040
1772	A		
1773	MQ	4 1/4	2,2980
1773	CD	3 1/2	2,3160
1773	B	3	2,3280
1773	A		
1774	MQ	4 1/4	2,2980
1774	CD		
1774	B	4	2,3040
1774	A	4 1/4	2,2980
1775	MQ	4	2,3040
1775	CD	4	2,3040
1775	B		
1775	A		
1776	MQ	4	2,3040
1776	CD	4	2,3040
1776	B		
1776	A	4 1/2	2,2920
1777	MQ		
1777	CD	4 1/4	2,2980
1777	B		
1777	A		
1778	MQ	3 1/2	2,3160
1778	CD	4	2,3040
1778	B	4	2,3040
1778	A		
1779	MQ		
1779	CD		
1779	B		
1779	A		
1780	MQ		
1780	CD		
1780	B		
1780	A		
1781	MQ		
1781	CD		
1781	B		
1781	A		
1782	MQ		
1782	CD		
1782	B	4 1/2	2,2920
1782	A		
…			
1789	MQ		
1789	CD		
1789	B	5	2,2800
1789	A		
…			
		in % Agio	fl.
1797	MQ		
1797	CD	1 1/4	2,4300
1797	B	1 1/4	2,4300
1797	A	1 1/2	2,4360
1798	MQ	1 1/2	2,4360

Messe	[FE1]	[FE2]
	in % Agio	fl.
1798 CD	1 1/3	2,4320
1798 B	1 1/2	2,4360
1798 A	1	2,4240
1799 MQ	1 3/4	2,4420
1799 CD	2	2,4480
1799 B	2	2,4480
1799 A		
1800 MQ	2	2,4480
1800 CD		
1800 B		
1800 A		
…		
	fl. xr.	fl.
1805 MQ		
1805 CD		
1805 B		
1805 A		
1806 MQ	3 33	3,5500
1806 CD		

Messe	[FE1]	[FE2]
	in % Agio	fl.
1806 B		
1806 A		
1807 MQ		
1807 CD		
1807 B		
1807 A		
1808 MQ	1/2	2,3031
1808 CD		
1808 B		
1808 A		
1809 MQ	3/4	2,3089
1809 CD		
1809 B		
1809 A		
1810 MQ		
1810 CD		
1810 B	2/3	2,3069
1810 A		
1811 MQ	3/4	2,3089
1811 CD	2 3/4	2,3547

Tab. 5.18: Geldkurse der Bozner Messen für Pezze da 5 Lire (italiane) von 1813 bis 1830

[PL1] Lire italiane für 1 Pezza da 5 Lire italiane

- ➢ ab 1813 (A) Gulden und Kreuzer Konventionskurant für 1 Pezza da 5 Lire italiane [O]

[PL2] Gulden Konventionskurant für 1 Pezza da 5 Lire italiane [dez.]

Messe		[PL1]		[PL2]
		l.		
1813	MQ	5,03		
1813	CD			
1813	B			
		fl.	xr.	fl.
1813	A			
1814	MQ	1	58	1,9667
1814	CD	1	58 1/2	1,9750
1814	B	1	57 1/2	1,9583
1814	A	1	57	1,9500
1815	MQ	1	56	1,9333
1815	CD	1	57	1,9500
1815	B	1	57	1,9500
1815	A	1	57	1,9500
1816	MQ	1	55	1,9167
1816	CD	1	56	1,9333
1816	B	1	56	1,9333
1816	A	1	56 1/2	1,9417
1817	MQ	1	56 1/2	1,9417
1817	CD	1	56	1,9333
1817	B	1	57	1,9500
1817	A	1	57 1/2	1,9583
1818	MQ	1	57 1/2	1,9583
1818	CD	1	56 1/2	1,9417
1818	B	1	56 2/5	1,9400
1818	A	1	56	1,9333
1819	MQ	1	56	1,9333
1819	CD	1	56 2/5	1,9400
1819	B	1	56	1,9333
1819	A	1	56	1,9333
1820	MQ	1	57	1,9500
1820	CD			
1820	B	1	57	1,9500
1820	A	1	56 3/4	1,9458
1821	MQ	1	57	1,9500
1821	CD	1	57	1,9500
Messe		[PL1]		[PL2]
		fl.	xr.	fl.
1821	B	1	57	1,9500
1821	A	1	57	1,9500
1822	MQ	1	58	1,9667
1822	CD	1	58	1,9667
1822	B	1	58	1,9667
1822	A	1	58	1,9667
1823	MQ	1	58	1,9667
1823	CD	1	58 1/2	1,9750
1823	B	1	58 1/5	1,9700
1823	A	1	58 1/5	1,9700
1824	MQ	1	57 1/2	1,9583
1824	CD	1	57	1,9500
1824	B	1	57	1,9500
1824	A	1	57	1,9500
1825	MQ	1	57 1/2	1,9583
1825	CD	1	57 2/5	1,9567
1825	B	1	57 1/4	1,9542
1825	A	1	57 1/4	1,9542
1826	MQ	1	57	1,9500
1826	CD	1	57 1/2	1,9583
1826	B	1	58	1,9667
1826	A	1	57 3/4	1,9625
1827	MQ	1	57 3/4	1,9625
1827	CD	1	57 1/2	1,9583
1827	B	1	57 1/4	1,9542
1827	A	1	57 1/2	1,9583
1828	MQ	1	57 1/2	1,9583
1828	CD			
1828	B	1	57 1/2	1,9583
1828	A	1	57 1/2	1,9583
1829	MQ	1	57 1/2	1,9583
1829	CD			
1829	B	1	57 3/5	1,9600
1829	A	1	57 1/2	1,9583
1830	MQ	1	57 1/2	1,9583

Tab. 5.19: Geldkurse der Bozner Messen für Pezze da 5 Franchi (Fünf-Francs-Stükke) von 1830 bis 1850

[PF1] Gulden und Kreuzer Konventionskurant für 1 Pezza da 5 Franchi [O]
[PF2] Gulden Konventionskurant für 1 Pezza da 5 Franchi [dez.]

Messe		[PF1]		[PF2]
		fl.	xr.	fl.
1830	B	1	57 1/2	1,9583
1830	A			
1831	MQ			
1831	CD	1	57	1,9500
1831	B	1	57 1/5	1,9533
1831	A	1	57 1/5	1,9533
1832	MQ	1	57 1/5	1,9533
1832	CD	1	57 1/4	1,9542
1832	B	1	57 1/5	1,9533
1832	A	1	57 1/5	1,9533
1833	MQ	1	57 1/5	1,9533
1833	CD	1	57 1/4	1,9542
1833	B	1	57 1/4	1,9542
1833	A	1	57 1/4	1,9542
1834	MQ	1	57 1/5	1,9533
1834	CD	1	57 1/4	1,9542
1834	B	1	57 1/4	1,9542
1834	A	1	57 1/4	1,9542
1835	MQ	1	57 1/6	1,9528
1835	CD	1	57 1/6	1,9528
1835	B	1	57	1,9500
1835	A	1	57	1,9500
1836	MQ	1	57	1,9500
1836	CD	1	57 1/6	1,9528
1836	B	1	57 3/8	1,9563
1836	A	1	57 1/4	1,9542
1837	MQ	1	57 1/4	1,9542
1837	CD	1	57 1/4	1,9542
1837	B	1	57 1/4	1,9542
1837	A	1	57 1/4	1,9542
1838	MQ	1	57 1/4	1,9542
1838	CD	1	57 1/2	1,9583
1838	B	1	57 1/4	1,9542
1838	A	1	57 1/4	1,9542
1839	MQ	1	57 1/4	1,9542
1839	CD	1	57 1/4	1,9542
1839	B	1	57 1/4	1,9542
1839	A	1	57 1/4	1,9542
1840	MQ	1	57 1/4	1,9542
1840	CD	1	57 1/4	1,9542

Messe		[PF1]		[PF2]
		fl.	xr.	fl.
1840	B	1	57 1/3	1,9556
1840	A			
1841	MQ	1	57	1,9500
1841	CD	1	57 1/4	1,9542
1841	B	1	56	1,9333
1841	A	1	55 3/8	1,9229
1842	MQ	1	55 1/5	1,9200
1842	CD	1	55 1/2	1,9250
1842	B	1	55 1/4	1,9208
1842	A	1	55	1,9167
1843	MQ	1	55	1,9167
1843	CD	1	56	1,9333
1843	B	1	55 1/2	1,9250
1843	A	1	55	1,9167
1844	MQ	1	55	1,9167
1844	CD	1	55	1,9167
1844	B	1	55 1/2	1,9250
1844	A	1	55	1,9167
1845	MQ	1	55	1,9167
1845	CD	1	55 1/4	1,9208
1845	B	1	55 1/4	1,9208
1845	A	1	55 1/2	1,9250
1846	MQ	1	55 1/4	1,9208
1846	CD	1	56	1,9333
1846	B	1	56 1/4	1,9375
1846	A	1	56	1,9333
1847	MQ	1	55 3/4	1,9292
1847	CD	1	56 2/5	1,9400
1847	B	1	56 1/4	1,9375
1847	A	1	56 1/4	1,9375
1848	MQ	1	56 1/2	1,9417
1848	CD	1	58	1,9667
1848	B	1	58	1,9667
1848	A	1	58 1/2	1,9750
1849	MQ	1	59 1/2	1,9917
1849	CD	1	59 1/3	1,9889
1849	B	1	59	1,9833
1849	A	2	10	2,1667
1850	MQ	1	58 3/4	1,9792

6. DER EINZUGSBEREICH DES BOZNER WECHSELMARKTES VON 1633 BIS 1816 NACH AUSWEIS DER WECHSELPROTESTE

6.1 DIE BOZNER WECHSELPROTESTBÜCHER UND IHRE AUSWERTUNG

Die Wechselprotestbücher als Verzeichnisse aller in den genannten Jahren auf den Bozner Messen zu Protest gegangenen Wechsel – insgesamt gut 8.300 – beinhalten folgende Informationen:

- Name des Protestierenden, vereinzelt auch dessen Herkunftsort oder -region;
- Datum, d.h. in der Regel die Messe, auf der ein Wechsel protestiert wurde;
- Name des Ausstellers des Wechsels;
- Ausstellungsort des Wechsels;
- Ausstellungsdatum des Wechsels;
- Wechselsumme mit Angaben zur Währung, gegebenenfalls auch zum Wechselkurs und/oder den Münzen, in welchen der Wechsel zu bezahlen wäre.

Gleichwohl ist die Aussagekraft derartiger Wechselprotestbücher eingeschränkt, wie Elisabeth Harder-Gersdorff in ihrer richtungweisenden Untersuchung über den Revaler Wechselmarkt zwischen 1762 und 1800 nachdrücklich dargelegt hat: Da keine Quelle über die Gesamtmenge der auf den Messen umgesetzten Wechsel Auskunft gibt und „wir […] keine Anhaltspunkte für ‚Protestquoten' im täglichen Verkehr [kennen], die Rückschlüsse auf das normal funktionierende Wechselvolumen zulassen",[1] ist es unmöglich, aus den Wechselprotestbüchern eindeutige Anhaltspunkte für eine ‚Messekonjunktur'[2] zu entnehmen. Und weiter: „Es liegt zwar auf der Hand, von einem Zusammenhang zwischen Konjunktur und Protesthäufigkeit auszugehen. Wir wissen aber auch, daß ein signifikantes Ansteigen nicht begleichbarer Wechselschulden sowohl durch eine vermehrte Kreditfreudigkeit im konjunkturellen Aufschwung wie durch unerwartete Rückschläge in einer Krise, also durch gegensätzliche Wirtschaftslagen bewirkt werden kann. Allein dieser Widerspruch verbietet es vorläufig, die in den Amtsbüchern so hervorragend überlieferten ‚langen Reihen' als konjunkturgeschichtliche Quelle zu benutzen."[3] Blickt man konkret auf die Bozner Wechselkopierbücher, so sind, wie unten zu zeigen sein wird, auch auf den hiesigen Messen

---

1 HARDER-GERSDORFF, Zwischen Rubel und Reichstaler, S. 11.

2 Zu ‚Messekonjunkturen' ein Überblick bei Markus A. DENZEL, Konjunkturen im Mittelalter und in der Frühen Neuzeit, in: Günther SCHULZ u.a. (Hrsg.), Sozial- und Wirtschaftsgeschichte. Arbeitsgebiete – Probleme – Perspektiven. 100 Jahre Vierteljahrschrift für Sozial- und Wirtschaftsgeschichte, Stuttgart 2004, S. 191–215, hier: S. 210.

3 HARDER-GERSDORFF, Zwischen Rubel und Reichstaler, S. 11.

beide gegensätzlichen Wechsellagen für den Anstieg der Protesthäufigkeit auszumachen.

Während es demnach nicht möglich ist, aus den überlieferten Wechselprotesten zumindest Tendenzen einer allgemeinen ‚Messekonjunktur' abzuleiten, erlauben sie immerhin sehr konkrete Aussagen darüber, welchen Einzugsbereich der Bozner Wechselmarkt zu einer bestimmten Zeit besaß. Dabei ist insbesondere von Interesse, ob und inwieweit sich dieser Einzugsbereich mit den Bozner Wechselkursnotierungen deckt oder nicht. Somit stehen im Folgenden die Ausstellungsorte im Mittelpunkt der Analyse, die darüber Auskunft geben soll, welche Orte im bargeldlosen Zahlungsverkehr der Bozner Messen welche Bedeutung als Geschäfts-, d.h. Wechselpartner tendenziell spielten, wie weit der Einzugsraum, der Rayon, der Bozner Messen – unabhängig von den vorgenommenen Kursnotierungen – tatsächlich war und wie sich dieser Einzugsraum im Untersuchungszeitraum entwickelte. Dabei wird auch die sich verändernde Bedeutung einzelner Wechselpartner und bestimmter Regionen für die Messen deutlich, wie dies Elisabeth Harder-Gersdorff für den Revaler Wechselmarkt zwischen 1762 und 1800 aufzuzeigen vermochte.[4] Auch hierbei ist jedoch darauf hinzuweisen, daß aus keiner Quelle die absolute Zahl und der absolute Wert der von einem Ausstellungsort oder einer bestimmten Region auf den Bozner Messen verhandelten Wechsel ersichtlich wird, die Aussagekraft auch dieser Untersuchung mithin eingeschränkt sein muß. Nichtsdestoweniger muß auf diese Quelle und diese Auswertungsmethode zurückgegriffen werden, wenn man überhaupt Aussagen – und auch diese können nur eine bestimmte Tendenz widerspiegeln – über Veränderungen des Einzugsbereichs des Bozner Wechselhandels gewinnen will.

Eine weitere Untersuchungsmöglichkeit bestünde schließlich in einer sozialhistorisch fundierten und orientierten Auswertung der an den Wechselgeschäften beteiligten Geschäftsleute etwa in der Art, wie sie Elisabeth Harder-Gersdorff wiederum für Reval vorgenommen hat.[5] Da sich eine vollständige prosopographische Auswertung aber aus arbeitsökonomischen Gesichtspunkten verbietet und „eine stichprobengestützte Methode, die Einzeljahrgänge jeweils nur zum Teil heranzöge"[6], ähnlich wie im Falle der Untersuchung des Revaler Wechselmarktes wenig sinnvoll wäre, wird hierauf vollständig verzichtet. Bei der vorliegenden Fülle von mehr als 8.000 auszuwertenden Wechseln wäre hierfür eine eigene Studie erforderlich.

6.1.1 Münz- und währungstechnische Probleme der Auswertung

Die Analyse der Bozner Wechselprotestbücher im oben genannten Sinne erfordert zwei grundlegende methodische Vorüberlegungen, deren erste die währungstechnische Seite der Aufzeichnungen betrifft: In den Wechselprotestbüchern finden sich

4 Ebd., S. 110–137.

5 Ebd., S. 25–109.

6 Ebd., S. 21f.

zahlreiche Währungsangaben, die nicht der jeweils ‚offziellen' Bozner Meßvaluta[7] entsprechen und daher entsprechend umgerechnet werden müssen.

Bis um 1675 erscheinen die Wechselsummen vorrangig in Gulden und Kreuzern Giro, d.h. der offiziellen Bozner Wechselvaluta, sowie im Falle der Wechsel aus dem venezianischen Währungsgebiet in Scudi di cambio zu 20 Soldi à 12 Denari, wobei der Scudo 93 Kreuzer Giro galt. Da 31 Gulden Giro 20 Scudi di cambio entsprachen, ergibt sich folgende Umrechnung:

Wechselsumme in Scudi di cambio • 31/20 = Wechselsumme in Gulden Giro

In einigen wenigen Wechseln wurde dabei in den ersten Jahrzehnten der Bozner Aufzeichnungen auch eine Kursangabe gemacht, die vom offiziellen *conto* abwich. Dies betraf fast ausschließlich Wechsel, die von den venezianischen Wechselmessen in Verona oder Murano auf Bozen gezogen worden waren, und die in den Wechsel angegebenen Kurse lagen um etwa 1% bis immerhin 4¾% höher als die offiziellen Notierungen der jeweiligen Messe, und sind demnach als eine Art ‚Sondervereinbarungen' zwischen zwei Kaufleuten anzusehen.[8] In einem in Florenz ausgestellten und auf der Bozner Andreasmesse 1688 protestierten Wechsel war die Wechselsumme in Scudi di marche, der Messewährung der Genuesischen Bisenzone-Messen, angegeben, dazu eine Kursnotierung, die um gut 3% höher lag als der offizielle Kurs. Andere Beispiele ließen sich anschließen.[9]

Dazu wurden Wechsel in Reichstaler oder nur ‚Taler', auch Taleri imperiali zu 90 Kreuzern (= 1½ Gulden) verzeichnet, so vor allem aus ober- und mitteldeutschen Städten (Augsburg, Leipzig, Erfurt). Weiterhin erscheinen Taler *in specie*, so bei Wechseln aus Leipzig.[10]

Bei Wechseln, die im Hochstift Trient, im Gebiet um Rovereto und in den angrenzenden Regionen der Republik Venedig ausgestellt worden waren, findet sich teilweise auch die dort traditionell gebräuchliche Rechnungsweise nach Lire oder Troni, wobei die Bezeichnung ‚Lire' nur sehr selten dokumentiert ist.[11] Daß auf den Bozner Messen im 17. Jahrhundert häufig in Lire gerechnet worden ist, belegt insbesondere die oben erwähnte Schrift von Rosso „Informatione per più chiara inteligenza de' Cambij" von 1680: Rosso rechnet annähernd alle Angaben in Kreuzern und Gulden in Lire um und benutzt – für seinen wohl vorrangig Trienter Leserkreis – diese Lira als Vergleichsbasis für Umrechnungen in andere Münz- und Währungseinheiten. Darüber hinaus enthält der dieser Schrift beigegebene Warenpreiskurant des Messekanzlers Giorgio Welz eine Vielzahl von Preisnotierungen in Lire.[12]

---

7 Siehe *Kapitel 3*.

8 SLA, A.M.M., 3.10.1, fol. 59', 67, 117', 140, 196', 271, 273'.

9 SLA, A.M.M., 3.10.3, fol. 184, 213.

10 SLA, A.M.M., 3.10.1, fol. 99; 3.10.2 (1. Abt.), fol. 17.

11 SLA, A.M.M., 3.10.1, fol. 1', 52, 285'; 3.10.2 (1. Abt.), fol. 79', 169.

12 ROSSO, Informatione per più chiara inteligenza de' Cambij [1680], insbesondere S. 29.

Eine weitere Besonderheit der Wechsel aus dem Hochstift Trient und den angrenzenden Regionen war die Rechnungsweise in Troni: Der Trono war die älteste venezianische Lira-Ausprägung und wurde so bezeichnet, weil sie erstmals unter der Herrschaft des Dogen Nicolò Tron (1471–1473) vorgenommen wurde. Der Trono unterteilte sich in 20 Soldi oder Marchetti und sollte ursprünglich 6,18 Gramm Feinsilber beinhalten. 6 1/5 Lire Tron waren einem Dukaten wertgleich. Im 17. Jahrhundert entsprachen 5 Troni näherungsweise einem Gulden zu 60 Kreuzern, so daß der Trono in etwa 12 Kreuzer galt.[13] Diesen Trono bezeichnet Mandich als „fingiertes Pfund" oder „Messepfund" und als Rechnungswährung der „italienischen Kaufleute" auf den Bozner Messen, was in dieser Verallgemeinerung nicht haltbar ist.[14] Insgesamt erfolgten die Angaben von Wechselsummen in „Gulden da troni 5 l'uno"[15] deutlich häufiger als die in Troni oder Lire selbst. In einem Fall wurde auch die genaue Relation zur Gulden-Währung genannt: Ein in Mantua ausgestellter Wechsel, der auf der Fronleichnamsmesse 1640 zu Protest ging, lautete auf „Troni da krt [Karantani; Kreuzer] 12".[16] In einigen wenigen Fällen verband man mit dieser Angabe auch den Hinweis, in welcher Kurantwährung sich die genannten Troni verstanden: „Gulden da lire 5 m[one]ta di Bolzano" oder „Troni m[one]ta di Bolgiano", aber auch „m[one]ta di Verona" und „valuta di Trento", einmal auch in „in tanti [venezianischen; M.D.] ducatoni stampe à 9 [Lire] 12 [Soldi] l'uno".[17] Darüber hinaus gab es Wechsel – so erstmals auf der Mittfastenmesse 1639[18] –, die auf „Gulden da troni 4½ per Gulden" lauteten und bisweilen ebenfalls eine Kurantwährung zusätzlich angaben (so einmal auch „moneta italiana"[19]). Wenn Guido Negriolli in diesem Zusammenhang behauptet: „Invece più tardi, quando erano in uso i *ragnesi*, ossia *fiorini del Reno* o *alemanni*, bastavano per uno [fiorino] […] 4½ troni"[20], so irrt er zumindest aus der Perspektive der Bozner Messen, denn hier waren Gulden zu 5 Troni (sogenannte fiorini ‚tedeschi') und Gulden zu 4½ Troni (sogenannte fiorini ‚italiani') zeitlich parallel als Recheneinheiten in Gebrauch.[21]

---

13 Guido A. NEGRIOLLI, Monete venete nel Trentino e nell'Alto Adige, in: Archivio per l'Alto Adige 33 (parte prima), 1938, S. 653–668, hier: S. 656–658. Vgl. auch Edoardo MARTINORI, La moneta – vocabolario generale, Roma 1905, S. 538; Marcello BONAZZA, Il fisco in una statualità divisa. Impero, principi e ceti in area trentino-tirolese nella prima età moderna, Bologna 2001, S. 475f.; Wolfgang HEß, Lira und Testone, in: Ders. / Dietrich KLOSE (Bearb.), Vom Taler zum Dollar 1486–1986, München 1986, S. 7.

14 MANDICH, Geld- und Kreditwesen, S. 479 mit Anm. 10.

15 Z.B. SLA, A.M.M., 3.10.1, fol. 11, 11'. – In seltenen Fällen finden sich auch Angaben in „Taler […] da 7½ Lire per talero"; so etwa ebd., fol. 2.

16 Ebd., fol. 151.

17 Ebd., fol. 21, 31, 99, 250, 270; 3.10.2 (1. Abt.), fol. 191'; 3.10.2 (2. Abt.), fol. 174, 237'.

18 Ebd., fol. 119', 121.

19 SLA, A.M.M., 3.10.2 (1. Abt.), fol. 114'.

20 NEGRIOLLI, Monete venete, S. 658.

21 Zu den Begriffen vgl. BONAZZA, Il fisco in una statualità divisa, S. 476.

In sehr seltenen Fällen wurden die Wechselgeschäfte auch in ganz bestimmten Münzen abgeschlossen, so

- in Dukaten zu 3 Gulden („Ongari, in specie correnti", „Ongari effetivi" oder „Ongari d'oro al prezzo corrente")[22];
- in Ducatoni (Silberdukaten zu 1 Gulden 48 Kreuzern)[23];
- in vollwichtigen spanischen Doppie zu 5 Gulden 20 Kreuzern das Stück, wobei hier zusätzlich noch ein Aufgeld von 1⅔% vereinbart wurde, und später zu 7 Gulden 16 Kreuzer[24];
- in spanischen Silberreales zu 1½ Gulden[25];
- in Genovini (genuesische Silberkronen zu 2 Gulden 12 Kreuzern)[26];
- in Mantuaner Doppie – bezeichnenderweise ausschließlich in Wechseln aus Mantua –, die gemäß der landesherrlichen Kurstafel vom 6. Mai 1647 als „Doppie d'Italia" 5 Gulden 12 Kreuzer galten[27];
- in Doppie d'Italia[28] oder in Doppie „al giusto prezzo"[29];
- in „Rainesi", d.h. in Ragnesi, Fiorini del Reno oder Fiorini alemanni, also in Rheinischen Goldgulden zu 1 Gulden 50 Kreuzern nach der landesherrlichen Kurstafel vom 6. Mai 1647[30];
- in venezianischen Ducati correnti oder Silber-Scudi zu 6 Lire 4 Soldi (= 6 1/5 Lire) zu 1 Gulden 33 Kreuzern[31];
- in neuen Kremnitzer Dukaten zu 4 Gulden 12 Kreuzern[32];
- in Louisd'ors zu 7 Gulden 13 Kreuzern[33].

Zusätzlich konnten – in ebenfalls sehr seltenen Fällen – Zahlungen in einer bestimmten Münze vereinbart werden, etwa in „in ong'o [ongaro] o dopie a marco"[34]. So versprach Martin Orell aus Zürich in Bozen, an Tomaso Mazzucco auf der kommenden Fronleichnamsmesse 1647 1.703 Gulden 4 Kreuzer in vollwichtigen Doppie zu 5 Gul-

---

22 SLA, A.M.M., 3.10.1, fol. 217, 251'; 3.10.2 (1. Abt.), fol. 181; 3.10.2 (2. Abt.), fol. 67', 126', 138, 141, 232; 3.10.3 (1. Abt.), fol. 27', 46'.

23 SLA, A.M.M., 3.10.1, fol. 251; 3.10.3 (1. Abt.), fol. 7'. MANDICH, Geld- und Kreditwesen, S. 488.

24 SLA, A.M.M., 3.10.1, fol. 255; 3.10.3 (2. Abt.), fol. 63. Vgl. MANDICH, Geld- und Kreditwesen, S. 488.

25 SLA, A.M.M., 3.10.1, fol. 118.

26 Ebd., fol. 286. Vgl. MANDICH, Geld- und Kreditwesen, S. 489.

27 SLA, A.M.M., 3.10.2 (2. Abt.), fol. 54', 137, 141, 148, 168.

28 Ebd. (1. Abt.), fol. 177; 3.10.2 (2. Abt.), fol. 165', 238'; 3.10.3 (1. Abt.), fol. 27'.

29 Ebd. (2. Abt.), fol. 195; 3.10.3 (1. Abt.), fol. 222'.

30 SLA, A.M.M., 3.10.1, fol. 57'; 3.10.3 (1. Abt.), fol. 219. Vgl. NEGRIOLLI, Monete venete, S. 658.

31 SLA, A.M.M., 3.10.2 (2. Abt.), fol. 209; 3.10.3 (2. Abt.), fol. 34, 35', 66'; 3.10.4 (1. Abt.), fol. 119', 122', 126'; 3.10.4 (2. Abt.), fol. 51v; 3.10.5, fol. 115', 121'. Vgl. SCHURTZ, Nutzbare Richtschnur [1695], S. 144.

32 SLA, A.M.M., 3.10.5, fol. 80, 80'.

33 Ebd., fol. 356.

34 Ebd., fol. 290'.

den 24 Kreuzer das Stück zu bezahlen. Da nach der offiziellen landesherrlichen Kurstafel vom 6. Mai 1647 die Doppia aber mit 5 Gulden 20 Kreuzern bewertet wurde, verbarg sich hinter dieser Vereinbarung ein Aufgeld von 1¼%.[35]

Seit Mitte der 1670er Jahre wurde dann ein immer größerer Teil der in Guldenwährung verzeichneten Wechsel in Gulden Kurant (Moneta corrente) oder – gleichbedeutend – Moneta lunga angegeben.[36] Dies ist auf das langsame, aber beharrliche wertmäßige ‚Auseinandergleiten' von Rechen- und Kurantwährung auf den Bozner Messen zurückzuführen. Es war dies ein jahrzehntelanger Prozeß, der mit den Eingaben der Messekaufleute unter der Federführung des Bozner Handelsherrn Menz in den ausgehenden 1730er Jahren an den Merkantilmagistrat einen ersten Höhepunkt erreicht und mit der offiziellen Umstellung des *conto* von Giro-Währung auf die Moneta lunga zur Bartholomäusmesse 1742 seinen Abschluß fand.[37] Spätestens seit der Zeit der 1690er Jahre überwogen die in den Wechselprotestbüchern verzeichneten Angaben in Gulden moneta lunga (bzw. Kurant) diejenigen in Gulden Giro, die nunmehr auch explizit als solche kenntlich gemacht und ausgewiesen wurden.

Um Einheitlichkeit und Vergleichbarkeit der verschiedenen Angaben zu gewährleisten, erfolgt daher für die Zeit ab der Wende zum 18. Jahrhundert die durchgehende Umrechnung aller Wechselsummen in Moneta lunga. In den ersten Jahrzehnten geben aber weder Wechselkurszettel noch andere Unterlagen Aufschluß über das schwankende Verhältnis zwischen der Moneta lunga und der Giro-Valuta. Dies ist erst nach der Umstellung des Bozner Wechselkurszettels mit der Bartholomäusmesse 1742 der Fall; seit dieser Messe wird jeweils das Aufgeld für die Giro-Valuta gegenüber der Moneta lunga in den Kurszettel mit angegeben, so daß seitdem eine exakte Umrechnung möglich ist. Allerdings ist sie für die Jahre ab 1742 nur noch eingeschränkt nötig, da außer den in venezianischer Währung ausgestellten Wechseln nur noch wenige in Gulden Giro erscheinen.

Für die vorherige Zeit, für welche ja keinerlei vergleichbare Angaben vorliegen, bietet sich hilfsweise folgende Konstruktion an: Als Umrechnungsfaktor wird der Durchschnittswert aller Angaben der 1740er und 1750er Jahre, also der nächstnachfolgenden Jahre, gewählt. Hierbei ergibt sich ein durchschnittliches Agio von 31,40%, das in den beginnenden 1740er Jahren eher zu einem Wert von 30% und erst in den späten 1750er Jahren mehr zu 32% hin tendierte. Rundet man daher den gefundenen Durchschnittswert ab – auf 31% –, um eher die frühere Situation wiederzugeben, so erhält man einen Näherungswert, den auch zeitgenössische Kaufmannshandbücher verzeichnen: Hiernach hatte sich ein Aufgeld von etwa 31% für die Giro-Valuta gegenüber der Moneta lunga eingebürgert.[38] Daß der Bozner Handelsherr Menz in den ausgehenden 1730er und beginnenden 1740er Jahren in der Regel mit einem Aufgeld

---

35 SLA, A.M.M., 3.10.1, fol. 255'; vgl. MANDICH, Geld- und Kreditwesen, S. 488.

36 So bereits ebd., S. 488.

37 Siehe *Kapitel 3.3.*

38 Nach G[ERHARDT] (Hrsg.), Nelkenbrechers Taschenbuch eines Banquiers und Kaufmanns [1775], S. 56. Bei HERBACH, Europäische Wechselhandlung [1756/57], S. 235, findet sich ein Aufgeld von 30%.

von etwa 33% rechnet, ist wohl der Notwendigkeit geschuldet gewesen, handhabbare Relationen zwischen den beiden Währungen zu erhalten. In der vorliegenden Untersuchung wird daher folgende Relation für die Umrechnung zugrundegelegt:

1 Gulden Giro = 1,31 Gulden moneta lunga bzw.
1 Scudo di cambio = 1,55 Gulden Giro (s.o.) = 2,0305 Gulden moneta lunga.

Für alle übrigen Münzen bzw. Währungseinheiten (s.o.), die im übrigen seit der Mitte der 1670er Jahre in deutlich geringerer Anzahl und im 18. Jahrhundert nur noch sehr vereinzelt auftreten, gilt entsprechendes.

Für den Zeitraum von 1811 bis 1816, für welchen ja ebenfalls Wechselproteste überliefert sind, sind weitere Überlegungen anzustellen: Die meisten Wechsel dieser Jahre wurden in Reichswährung (Valuta dell'Impero) ausgestellt, die um 20% schlechter war als Konventionskurant und somit einem 24-Gulden-Fuß entsprach.[39] Der Verweis auf den 24-Gulden-Fuß wurde auch in zahlreichen Wechsel dieser Jahre so vermerkt. Zur klaren Unterscheidung zum Konventionskurant findet sich auch häufig die Bezeichnung „Gulden Augsburger Kurant" oder „Fiorini correnti d'Augusta", was nicht völlig korrekt ist. Zwar verfügte Augsburg nominell über einen 24-Gulden-Fuß, doch mit einigen Abwandlungen, so daß dort faktisch ein 24 5/8-Gulden-Fuß gültig war. Diese Angabe ist damit im Sinne der Zeitgenossen zu verstehen, für die „Augsburger Kurant" mit dem 24-Gulden-Fuß gleichgesetzt wurde, zumal Augsburg der wichtigste Finanzplatz im Königreich Bayern war; es heißt jedenfalls nicht, daß ein derartiger Wechsel tatsächlich in Augsburger Währung ausgestellt und zu bezahlen wäre. Nur so ist zu verstehen, daß zahlreiche Wechsel aus Florenz, Livorno und Messina, aus St. Gallen, Wien, Triest, Verona, Trient und mehreren anderen Orten in „Fiorini correnti d'Augusta" bzw. in „Gulden Augsburger Kurant" ausgestellt waren.[40] – Nur wenige Wechsel hatten als Währungsangabe hingegen „Konventionkurant" oder „Konventionsmünze", die daher auf der Grundlage folgender Relation in Gulden Reichsvaluta umgerecht werden mußten:

100 Gulden Konventionskurant = 120 Gulden Reichsvaluta

Eine weitere Notwendigkeit zur Umrechnung ergab sich darüber hinaus bei den in zeitgenössischen Lire italiane ausgestellten Wechseln.[41] In der Regel wurde dabei eine Kursangabe gemacht, wie vielen Gulden Reichsvaluta der Betrag in Lire italiane entspreche (im übrigen war dies oft auch umgekehrt der Fall). Der auf den Bozner Messen offiziell notierte Kurs betrug dabei von der Andreämesse 1811 bis zur Fronleichnamsmesse 1813 211,565 Lire italiane für 100 Gulden Reichsvaluta. Von diesem Kurs wichen einzelne Wechsel ab, jedoch meist nicht erheblich. Falls sich keine Kursangabe fand, wurden Werte in Lire italiane mit der offziellen Bozner Kursnotierung in

39 Siehe *Kapitel 3.4.*

40 SLA, A.M.M., 3.34.1–3, passim.

41 Siehe *Kapitel 3.5.*

Gulden Reichsvaluta umgerechnet, wie dies im übrigen auch zwei Wechsel aus Lyon vom 9. September 1811 vorsahen: Sie lauteten auf „Lires et centimes italiennes valeur à nous même que vous préférez".[42] Auch zwei Wechsel aus Alessandria in Piemont vom 21. Mai und 4. Juni 1811 gaben an: „Francs valeur en fournitures de votre satisfaction"[43], womit zweifelsohne Lire italiane gemeint waren, die im zeitgenössischen Sprachgebrauch der Kaufleute häufig dem französischen Franc gleichgesetzt wurden, dem sie in Gewicht und Feingehalt ja auch entsprachen.

Darüber hinaus finden sich vereinzelt auch Angaben in speziellen Münzen, wie im übrigen auch Beträge in Lire oder Gulden bisweilen mit Zusätzen versehen werden, in welchen – hochwertigen – Münzen die Wechselsumme zu honorieren sei, um in Zeiten unsicherer Währungsverhältnisse und inflationärer Tendenzen im Kaisertum Österreich bzw. im bayerisch und dann französisch besetzten Tirol den Werterhalt von Wechseln zu gewährleisten. So lautete ein Tiroler Wechsel von der Andreämesse auf „Fiorini in m[one]ta d'oro o d'argento al corso delle vigenti leggi", ein anderer aus Gargnano von der Fronleichnamsmesse 1814 auf „Fiorini in Napoleoni a F 2.24"[44]. Im wesentlichen werden dabei folgende Münzen genannt:

- der Napoleono als das 5-Lire-Stück (Pezza da 5 Lire oder Pezza da 5 Franchi) in Silber zu 2 Gulden 24 Kreuzern Reichsvaluta;[45]
- der Crocione oder Kreuztaler zu 2 Gulden 42 Kreuzern Reichsvaluta;[46]
- der Louisd'or oder Luigi d'oro zu 11 Gulden 24 Kreuzern Reichsvaluta;[47]
- der Dukaten zu 5 Gulden 36 Kreuzern Reichsvaluta;[48]
- der Souveraind'or oder Sovrano zu 16 Gulden 48 Kreuzern Reichsvaluta;[49]
- der Reichstaler zu 2 Gulden 24 Kreuzern Reichsvaluta;[50]
- der Brabanter Taler zu 2 Gulden 15 Kreuzern Reichsvaluta;[51]

Für die Jahre von 1811 bis Mitte 1816 erfolgt eine Umrechnung aller angegebenen Wechselsummen einheitlich in Gulden Reichsvaluta.

---

42 SLA, A.M.M., 3.34.1, fol. 39, 40.

43 Ebd., fol. 25', 28.

44 SLA, A.M.M., 3.34.3, fol. 16, 31'.

45 Z.B. SLA, A.M.M., 3.34.2, fol. 40', 44', 46.

46 Z.B. SLA, A.M.M., 3.34.1, fol. 18'; 3.34.3, fol. 9', 28.

47 Z.B. SLA, A.M.M., 3.34.3, fol. 16.

48 Z.B. ebd., fol. 25'.

49 Z.B. ebd., fol. 27.

50 Z.B. SLA, A.M.M., 3.34.2, fol. 22.

51 Z.B. SLA, A.M.M., 3.34.3, fol. 7.

6.1.2 Die zeitliche und räumliche Gliederung des Datenmaterials

Die zweite grundlegende methodische Vorüberlegung betrifft die Detailanalyse der Wechselprotestbücher bezüglich Wechselbelauf und Wechselanzahl nach den genannten Ausstellungsorten. Um eine entsprechende zeitliche Entwicklung aufzeigen zu können, ist die Differenzierung des gesamten Untersuchungszeitraums – 1633 bis 1761 und 1811 bis Mitte 1816 – in einzelne Untersuchungsperioden erforderlich, die aber wiederum nicht zu kurz gewählt werden dürfen, um langfristige Tendenzen – und mehr ist nach den obigen Ausführungen ja nicht möglich – herausarbeiten zu können. Für den Schwerpunkt des Untersuchungszeitraums, d.h. etwa die Zeit von der Mitte des 17. bis zur Mitte des 18. Jahrhunderts bietet sich eine schematische Unterteilung in vier Perioden von jeweils 25 Jahren an, denen die Zeit vor 1650, die vornehmlich durch die Entwicklungen des Dreißigjährigen Krieges geprägt ist, vorgeschaltet und die Zeit nach 1750, in der die Überlieferung deutlich dünner und damit weniger aussagekräftig wird, nachgeschaltet wird; die Jahre von 1811 bis 1816 sind *per se* als eigenständige Untersuchungsperiode zu betrachten, da sie auf eine jahrzehntelange Überlieferungslücke folgen und zudem einen sehr speziellen Umbruchszeitraum der Bozner Messen (s.o.) abdecken. Damit ergibt sich folgende zeitliche Gliederung:

Periode I:	1633–1650 („Kriegsphase“)
Periode II:	1651–1675
Periode III:	1676–1700
Periode IV:	1701–1725
Periode V:	1726–1750
Periode VI:	1751–1761
Periode VII:	1811–1816 (Jahresmitte)

Darüber hinaus bietet es sich an, die verschiedenen Ausstellungsorte der einzelnen protestierten Wechsel regional zu ordnen bzw. zusammenzufassen, um Bedeutungsgewinne und -verluste einzelner Regionen für den Zahlungsverkehr auf den Bozner Messen herausarbeiten zu können. Eine erste Region ist dabei die Grafschaft Tirol einschließlich des Hochstifts Brixen, d.h. das unmittelbare ‚Hinterland‘ der Bozner Messen (Region *Tirol*). Allerdings werden aus dem Gebiet der Grafschaft Tirol die Welschen Confinen[52] aufgrund ihrer Besonderheiten in währungstechnischer Hinsicht – es sei an die Rechnungsweise nach Troni erinnert (s.o.) – ausgegliedert. Die Welschen Confinen werden – nicht zuletzt aufgrund der engen territorialen Verflechtung mit dem Hochstift Trient – mit letzterem zu einer Region *Trentino* zusammengefaßt.

52 Die sogenannten Welschen Confinen umfassen vier voneinander separierte Haupträume, die territorial eng mit dem Hochstift Trient verflochten sind: die Valsugana und Primör (Primiero), die Vallagarina um Rovereto, das Gebiet am Gardasee mit dem unteren Sarcatal sowie die äußerst zersplitterten Enklaven in den tridentinischen Gerichten Val di Non (Nonsberg) und Val di Sole (Sulzberg) sowie Giudicarie (Judikarien); vgl. MÜHLBERGER, Absolutismus und Freiheitskämpfe, S. 378.

Auch wenn der Begriff ‚Trentino' für die Zeit vor 1850 als anachronistisch erscheinen mag, soll mit dieser Abgrenzung gerade auf die währungstechnischen Spezifika dieses Raumes zwischen dem Tiroler Währungsgebiet im engeren Sinne und dem venezianischen Währungsgebiet hingewiesen werden. Das Gebiet der *Republik Venedig* ist schon aufgrund seiner herausragenden Bedeutung für die Bozner Messen als eigenständige Region zu definieren. Die weiteren norditalienischen Städte bzw. Gebiete etwa bis zu einer Linie Bologna–Genua werden dann zur Region *Oberitalien* zusammengenommen, die die Gebiete des Herzogtums Mailand, des Herzogtums Mantua (bis 1745), des Herzogtums Parma und Piacenza, des Herzogtums Modena, Reggio und Ferrara, der Republik Genua, Piemont-Sardinien und der zum Kirchenstaat gehörenden Emilia (Gebiet um Bologna) umfaßt. Alle übrigen italienischen Gebiete werden in der Region *Mittel- und Süditalien* vereinigt, deren weitere Differenzierung aufgrund der nur geringen Anzahl an von dort in Bozen zu Protest eingereichten Wechsel nicht erforderlich erscheint. Weiterhin werden die Gebiete der Österreichischen Monarchie (mit Ausnahme der Grafschaft Tirol, Vorarlbergs sowie Schlesiens) sowie das Erzstift Salzburg zu einer Region *Österreich* zusammengefaßt. Der übrige süddeutsche Raum bis etwa zur Höhe von Frankfurt am Main firmiert unter *Oberdeutschland* und umfaßt vorrangig die schwäbischen, fränkischen und bayerischen Gebiete, d.h. die sogenannten drei Korrespondierenden Reichskreise (allerdings ohne das Erzstift Salzburg). Nordöstlich davon kamen nur aus wenigen Städten Wechsel auf die Bozner Messen, so vor allem aus Sachsen mit den angrenzenden Gebieten Thüringens und des Vogtlandes und aus Schlesien; aus diesen mittel- und ostdeutschen Gebieten wird die Region *Sachsen/Schlesien* gebildet. Schließlich ist die *Schweiz*, das Gebiet der Eidgenossenschaft, einschließlich Vorarlbergs, das aus ökonomischer Perspektive zur Eidgenossenschaft hin orientiert war, als eigene Region zu definieren. Auf die sehr wenigen Ausstellungsorte, die außerhalb der so definierten Regionen liegen, wird im jeweiligen Einzelfall besonders hingewiesen.

6.2 DER EINZUGSBEREICH DES BOZNER WECHSELMARKTES IN DEN VERSCHIEDENEN UNTERSUCHUNGSPERIODEN

Der Untersuchung des Einzugsbereichs des Bozner Wechselmarktes anhand der überlieferten Wechselproteste sei eine Gesamtübersicht über die Entwicklung des Gesamtwechselbelaufs nach Ausweis der Bozner Wechselprotestbücher vorangestellt (*Tab. 6.1*). Es ist – nicht zuletzt unter dem Eindruck der oben dargelegten Vorbehalte gegen die Erarbeitung einer ‚Messekonjunktur' – bemerkenswert, daß aus diesen Daten einigermaßen klare Tendenzen einer ‚konjunkturellen' Entwicklung kaum feststellbar sind. Auf einige wenige, allenfalls tendenzielle Ansätze wird unten näher eingegangen.

Tab. 6.1: Der Gesamtwechselbelauf der Bozner Wechselproteste 1633–1816 (gerundete Werte)[53]

in Gulden Giro				in Gulden moneta lunga, ab 1811 in Gulden Reichsvaluta			
1633	[*] 14.263	1667	54.228	1701	141.351	1735	66.902
1634	70.876	1668	35.504	1702	155.165	1736	25.362
1635	82.563	1669	42.812	1703	120.905	1737	36.485
1636	94.030	1670	29.827	1704	74.471	1738	23.933
1637	36.506	1671	51.800	1705	55.890	1739	16.777
1638	116.826	1672	40.629	1706	117.032	1740	76.454
1639	91.541	1673	60.033	1707	68.791	1741	7.658
1640	56.638	1674	61.974	1708	55.986	1742	13.265
1641	73.694	1675	65.181	1709	78.619	1743	9.123
1642	206.548	1676	58.369	1710	82.407	1744	19.779
1643	143.674	1677	46.902	1711	47.084	1745	10.752
1644	33.021	1678	119.068	1712	66.925	1746	17.991
1645	32.570	1679	102.144	1713	128.160	1747	27.281
1646	63.880	1680	63.456	1714	73.418	1748	14.613
1647	104.939	1681	35.683	1715	248.612	1749	42.809
1648	110.474	1682	25.418	1716	92.631	1750	6.560
1649	40.406	1683	31.723	1717	63.851	1751	34.646
1650	101.377	1684	35.344	1718	62.713	1752	33.444
1651	26.329	1685	213.870	1719	160.560	1753	29.647
1652	48.432	1686	46.566	1720	680.898	1754	78.416
1653	188.265	1687	52.750	1721	180.905	1755	8.747
1654	36.553	1688	48.129	1722	70.131	1756	9.133
1655	49.440	1689	159.641	1723	45.499	1757	18.300
1656	93.219	1690	55.929	1724	32.309	1758	23.032
1657	69.688	1691	65.873	1725	26.942	1759	14.945
1658	74.614	1692	58.088	1726	32.285	1760	63.253
1659	43.600	1693	148.056	1727	111.261	1761	11.300
1660	52.243	1694	68.691	1728	30.510	[...]	
1661	78.209	1695	34.557	1729	39.151	1811	59.124
1662	58.782	1696	319.970	1730	32.427	1812	27.467
1663	23.873	1697	118.752	1731	83.642	1813	57.653
1664	19.240	1698	85.806	1732	55.645	1814	24.198
1665	31.925	1699	111.273	1733	31.611	1815	72.089
1666	127.295	1700	56.699	1734	15.917	1816	[**] 25.477

Darüber hinaus kann die für die Bozner Märkte des frühen 16. Jahrhunderts aufgestellte These, daß die Bartholomäusmesse die wichtigste der Bozner Messen gewesen sei,[54] aus der Perspektive der Wechselproteste des 17. und 18. Jahrhunderts nicht

[53] Quelle: SLA, A.M.M., 3.10.1–6; 3.34.1–3.
[*] 1633: Nur Daten zur Andreämesse verfügbar.
[**] 1816: Nur Daten bis zum 1. Juli 1816 verfügbar.

[54] RIZZOLLI, Bozen, S. 18.

mehr bestätigt werden. Weder findet sich ein überdurchschnittliches Aufkommen an Wechselprotesten auf den Bartholomäusmessen noch auf den Andreämessen, wo ja auf den Bartholomäusmessen ausgestellte und dann nicht honorierte Wechsel in der Regel hätten protestiert werden müssen. Überhaupt verteilen sich die Wechselproteste in den einzelnen Jahren höchst unterschiedlich auf die verschiedenen Messen, und auf einigen Messen insbesondere in den 1750er Jahren wurden überhaupt keine oder nur sehr wenige Wechselproteste (unter zehn) verzeichnet.

Für die Untersuchung des Einzugsbereichs des Bozner Wechselmarktes auf der Grundlage der in den Wechselprotestbüchern verzeichneten Wechsel ergeben sich nach den obigen Überlegungen zur zeitlichen und räumlichen Gliederung des Datenmaterials folgende regionale Verteilungen der in Bozen dokumentierten Wechselproteste nach dem Wechselbelauf und der Wechselanzahl:

Tab. 6.2: Die regionale Verteilung der Bozner Wechselproteste nach dem Wechselbelauf 1633–1816[55]

	1633–50	1651–75	1675–00	1701–25	1726–50	1751–61	1811–16
Tirol	28,43%	21,14%	20,05%	22,42%	26,87%	8,39%	50,03%
Trentino	1,51%	0,97%	1,62%	2,66%	3,94%	4,51%	24,90%
Republik Venedig	42,20%	37,35%	30,39%	21,57%	17,57%	39,73%	6,89%
Oberitalien	3,49%	12,75%	4,80%	2,94%	9,94%	9,34%	2,31%
Mittel-/Süditalien	2,03%	0,47%	3,65%	1,33%	4,02%	0,01%	2,11%
Schweiz	1,93%	3,01%	1,14%	2,65%	2,58%	1,79%	0,26%
Österreich	11,88%	12,28%	9,14%	21,91%	21,84%	15,53%	4,03%
Oberdeutschland	7,96%	10,08%	25,55%	20,04%	12,05%	18,65%	4,93%
Sachsen/Schlesien	0,22%	0,09%	2,49%	2,55%	0,20%	0,18%	0,48%

Tab. 6.3: Die regionale Verteilung der Bozner Wechselproteste nach der Wechselanzahl 1633–1816[56]

	1633–50	1651–75	1675–00	1701–25	1726–50	1751–61	1811–16
Tirol	24,68%	18,07%	14,39%	20,19%	23,73%	12,94%	37,08%
Trentino	5,03%	1,66%	4,61%	5,29%	5,42%	6,47%	37,34%
Republik Venedig	43,34%	34,16%	31,50%	19,93%	22,49%	33,96%	7,57%
Oberitalien	5,11%	17,69%	5,61%	5,03%	15,14%	11,32%	2,61%
Mittel-/Süditalien	0,89%	0,60%	3,10%	1,99%	4,75%	0,27%	1,85%
Schweiz	1,62%	3,92%	1,39%	3,38%	2,49%	1,62%	0,26%
Österreich	11,36%	9,92%	6,50%	16,38%	12,66%	9,70%	2,87%
Oberdeutschland	6,96%	13,00%	29,28%	22,79%	15,14%	19,14%	5,22%
Sachsen/Schlesien	0,24%	0,23%	1,94%	3,34%	0,56%	0,54%	0,78%

55 Quelle: Ebd.

56 Quelle: Ebd.

Karte 2: Die Bozner Wechselproteste nach dem Wechselbelauf 1633–1816[57]

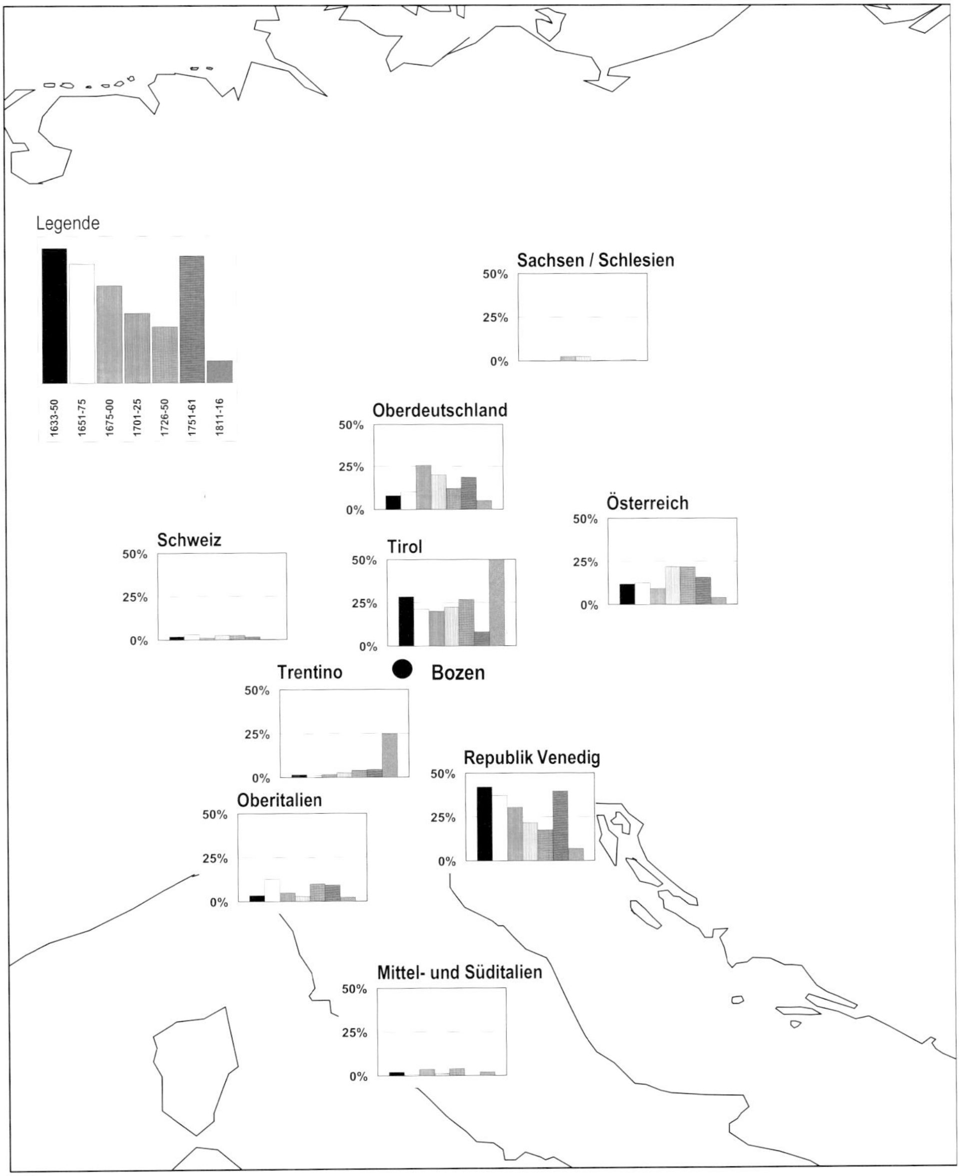

57 Quelle: Siehe Text. – Konzeption: Markus A. Denzel, Design: Jens T. Böttger; 2005.

Karte 3: Die Bozner Wechselproteste nach der Wechselanzahl 1633–1816[58]

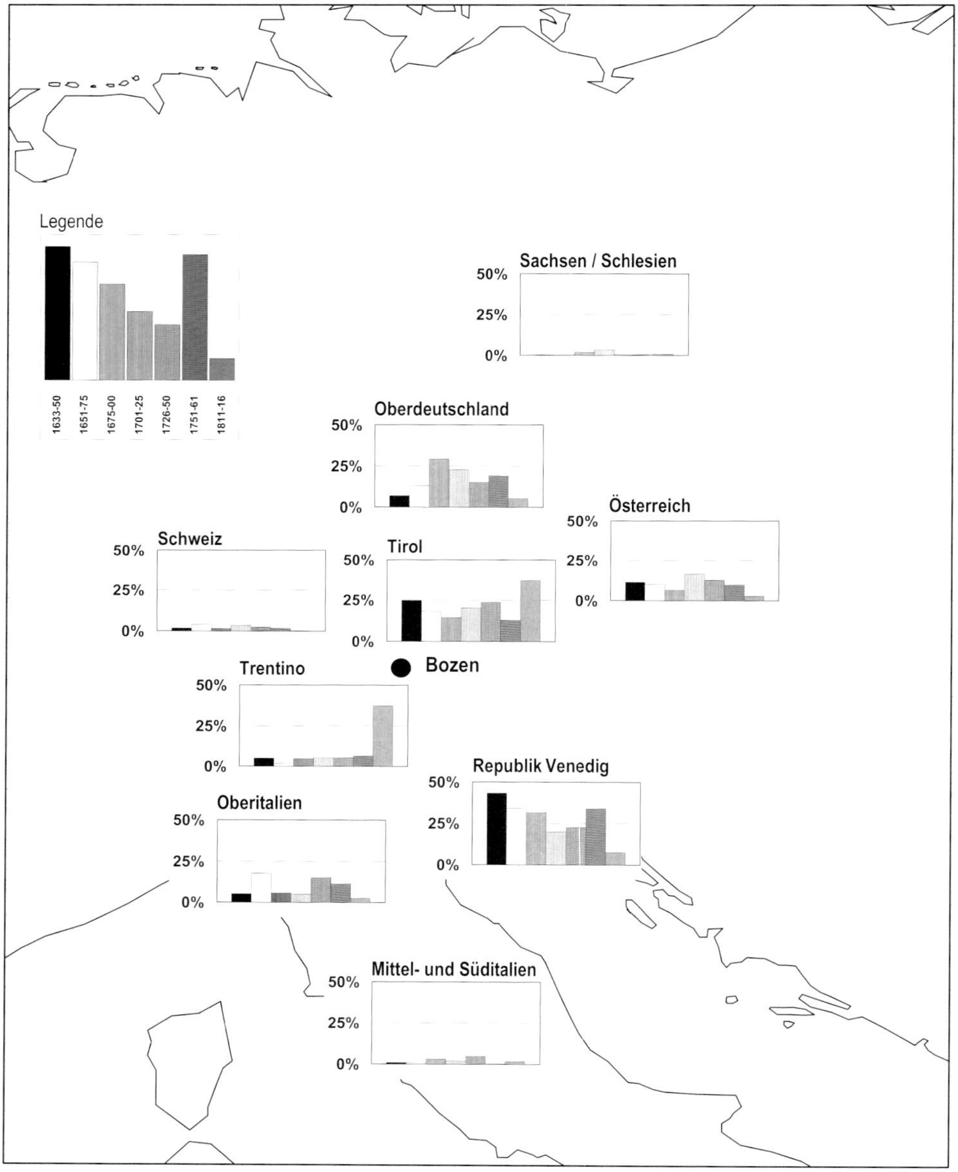

---

58 Quelle: Siehe Text. – Konzeption: Markus A. Denzel, Design: Jens T. Böttger; 2005.

6.2.1 Periode I: 1633–1650

Die erste Untersuchungsperiode umfaßt im wesentlichen die Zeit der zweiten Hälfte des Dreißigjährigen Krieges mit seiner besonderen „Kriegskonjunktur". Während dieser gut 17 Jahre – von der Andreämesse 1633 bis zur Andreämesse 1650 – gingen laut Bozner Wechselprotestbücher insgesamt 1.232 Wechsel mit einem Gesamtwechselbelauf von etwa 1,474 Millionen Gulden Giro auf den Messen zu Protest. Im jährlichen Durchschnitt belief sich die protestierte Wechselsumme auf 85.440 Gulden Giro, pro Messe auf etwa 21.360 Gulden Giro. Davon können 99,27% aller Wechsel eindeutig verortet und den definierten Regionen zugewiesen werden, nach dem dokumentierten Wechselbelauf sogar 99,63%.

In den ersten Jahren nach dem Erlaß des Claudianischen Privilegs zeigt sich die dominierende Stellung italienischer Kaufleute vor allem aus dem Gebiet der Republik Venedig auf den Messen, deren Begehren nach Gleichberechtigung gegenüber den deutschsprachigen Kaufleuten das Claudianische Privileg ja Rechnung tragen wollte. Deutlich mehr als 40% der protestierten Wechsel – sowohl nach Anzahl als auch nach Wechselbelauf – wurden in der Region *Republik Venedig* in dieser Periode ausgestellt, die meisten von ihnen in der Stadt Venedig selbst (genau 300 Stück, nach Wechselbelauf 62,41% der Region oder 26,34% insgesamt). Venedig war damit der mit Abstand wichtigste Wechselpartner der Bozner Messen, wie dies ja bereits bei den Modalitäten der Kursfeststellung deutlich wurde. Aber auch Verona und die Veroneser Messen mit etwa halb so viel Wechseln (146) erbrachten noch 29,92% des Wechselbelaufs der Region. Andere Städte, wie etwa Brescia, Bergamo, Vicenza oder Padua, verzeichneten zwar ebenfalls einige Wechsel, aber nur von – vor allem im Vergleich zu den Venezianer und Veroneser Wechseln – geringem Belauf. Bemerkenswert ist, daß aus der Region *Republik Venedig* auch Wechsel, zum Teil in größerer Anzahl, aus relativ kleinen Orten wie Salò, Gargnano und Desenzano, d.h. vorrangig aus der Region um den Gardasee, kamen, vielleicht vermittelt über die Veroneser Messen.

Demgegenüber verzeichnete das eigentliche Hinterland der Bozner Messen, die Region *Tirol*, gerade einmal ein knappes Viertel aller protestierten Wechsel mit einem Gesamtbelauf von gut 28%. Von diesen wurden 288 Wechsel in Bozen selbst, d.h. in der Regel auf den Messen, ausgestellt, was einen Gesamtbelauf von 98,01% aller aus der Region *Tirol* protestierten Wechsel ausmachte. Erwähnenswert sind darüber hinaus allenfalls noch einige wenige Wechsel aus Hall und Innsbruck; kleinere Orte wie etwa Kaltern oder Terlan spielen eine zu vernachlässigende Rolle. Auch die Region *Trentino* verzeichnete nur einen Anteil von 1½% am Gesamtwechselbelauf, aber immerhin von etwa 5% an der Gesamtanzahl aller protestierten Wechsel. Aus dieser Region kamen damit relativ viele Wechsel, die aber vorrangig kleine Wechselsummen – in der Regel unter Tausend Gulden Giro – aufwiesen und damit als typisch für regionalen Zahlungsverkehr eher kleinerer Kaufleute auf den Messen eingestuft werden können. Wichtigster Ausstellungsort war hierbei Rovereto (47,48% des Wechselbelaufs der Region) als Zentrum eines aufstrebenden Seidengewerbes[59] vor Trient

59 PALME, Frühe Neuzeit, S. 208.

(30,53%) und mehreren kleineren Orten an der Nordspitze des Gardasees (Riva, Nago) und im Etschtal (u.a. Nomi, Isera).

Deutlich wichtiger für den Bozner Zahlungsverkehr war hingegen die Region *Österreich*, die mehr als 11% der Wechselanzahl und des Wechselbelaufs dieser Periode auf sich vereinigte. Allein 94 Wechsel kamen hiervon aus Wien (74,45% des Gesamtwechselbelaufs der Region), während Linz mit seinen Messen immerhin noch 15,88% des Wechselbelaufs von *Österreich* auf sich vereinigte. Andere Städte der Region, so etwa Salzburg, Prag, Graz oder Krems, fielen dagegen deutlich ab. Die Plätze der Region *Oberdeutschland* waren unter den Wechselprotesten dieser Periode nur mit etwa 7% der Gesamtanzahl bzw. 8% des Gesamtwechselbelaufs vertreten, und hier waren es Augsburg (63 Wechsel, 79,24% des Wechselbelaufs der Region) und – weit abgeschlagen – Nürnberg (10 Wechsel, 8,27% des Wechselbelaufs der Region), die als bedeutendste Wechselpartner der Bozner Messen erscheinen. Andere Städte, wie Regensburg, Memmingen, München oder Mainz, wurden nur in Einzelfällen erwähnt.

Alle übrigen Regionen waren in dieser ersten Periode für den Bozner Zahlungsverkehr von allenfalls randständiger Bedeutung. Die Region *Norditalien* vereinigte bei einem Wechselbelauf von 3½% immerhin gut 5% aller Wechsel auf sich, was – ähnlich wie für die Region *Trentino* – auf relativ viele Wechsel mit vergleichsweise geringem Wechselbelauf schließen läßt. Wichtigster Ausstellungsort war hier Mantua (55,99% des Wechselbelaufs), gefolgt von Bologna (30,14%), wobei insbesondere Mantua eine Vielzahl von Wechseln mit geringen Wechselsummen – vielfach unter 500 Gulden Giro – aufweist. Andere, auch international bedeutende Wechselmärkte dieser Region werden überhaupt nur einmal (Genua, Piacenza) oder gar nicht (Mailand) erwähnt. Aus der Region *Mittel- und Süditalien* stammten einige wenige umsatzstarke Wechsel (0,9% der Gesamtwechselanzahl, aber gut 2% des Gesamtwechselbelaufs). Allein zwei Wechsel aus Neapel machten 82,21% des Wechselbelaufs dieser Region aus, wogegen Florenz, Rom und einige kleinere Städte die übrige Wechselsumme auf sich vereinigten. Die Region *Schweiz* hatte einen Anteil von jeweils weniger als 2% an Gesamtwechselanzahl und -belauf der Periode, wobei etwa zwei Drittel des Wechselbelaufs der Region auf St. Gallen, das dritte dann auf Zürich entfiel. Die Region *Sachsen/Schlesien* war mit insgesamt 0,2% am schwächsten unter allen Regionen in der ersten Periode vertreten, wobei Leipzig mit zwei Wechseln und 94,34% des Wechselbelaufs der Region, Breslau dann mit einem weiteren Wechsel und dem verbleibenden Wechselbelauf verzeichnet war.

Insgesamt zeigt sich damit für die oben so bezeichnete „Kriegsphase" eine deutliche Dominanz von Wechseln aus der Republik Venedig – und hier aus Venedig selbst und aus Verona – auf den Bozner Messen ab, während das übrige Italien und die dort traditionell etablierten, international hoch reputierten Wechselplätze eine allenfalls nachrangige Bedeutung für den Bozner Wechselmarkt besaßen. Aus dieser Perspektive scheinen die Bozner Messen ähnlich wie die Veroneser Messen zumindest in dieser Phase eine ‚venezianische' Wechselmesse gewesen zu sein, die ja von Venedig aus – anders als von allen anderen italienischen Wechselmärkten – in dieser Zeit auch regelmäßig notiert wurden. Für den bargeldlosen Zahlungsverkehr von und mit den

Wechselmärkten nördlich der Alpen besaßen die Bozner Messen in dieser Zeit (noch) keine vergleichbare Relevanz, auch wenn Wien und Augsburg neben Venedig, Verona und Bozen selbst zu den wichtigsten Ausstellungsorten der auf den Messen protestierten Wechsel zählten. Insbesondere oberdeutsche Wechsel wurden – vor allem im Hinblick auf spätere Perioden – auf den Bozner Messen eher in geringem Umfang verhandelt, was vor allem auf den in diesen Jahren kriegsbedingt oftmals stark eingeschränkten Handel Oberdeutschlands zurückzuführen sein dürfte.

6.2.2 Periode II: 1651–1675

Die zweite Untersuchungsperiode, die das dritte Viertel des 17. Jahrhunderts und damit die erste Zeit der wirtschaftlichen Neubelebung in Mitteleuropa nach dem Dreißigjährigen Krieg umfaßt, ist aus der Perspektive des bargeldlosen Zahlungsverkehrs auf den Bozner Messen eine Zeit der Konsolidierung. Die Anzahl und der Gesamtbelauf der auf den Messen protestierten Wechsel nahm gegenüber der vorherigen „Kriegsphase" ab, die – in ökonomischem Sinne und aus einem mitteleuropäischen Fokus heraus als Krise zu charakterisieren – auf Wechselkredite und hier oft auf sehr unsichere stärker angewiesen war als die darauffolgende – zumindest aus Bozner Sicht – relative „Friedenszeit". Der signifikante Rückgang der Wechselproteste um knapp 46% (nach dem Gesamtwechselbelauf) läßt den Schluß zu, daß die Wechselgeschäfte auf den Bozner Messen nunmehr sicherer und solider wurden, was zum Aufblühen der Messen in der zweiten Hälfte des 17. Jahrhunderts erheblich beitrug. Insgesamt gingen im dritten Viertel des 17. Jahrhunderts 1.323 Wechsel mit einem Gesamtbelauf von etwa 1,464 Millionen Gulden Giro zu Protest, was im jährlichen Durchschnitt etwa 58.550 Gulden Giro (oder 76.700 Gulden moneta lunga) und pro Messe durchschnittlich 14.640 Gulden Giro (oder 19.175 Gulden moneta lunga) ausmachte. In dieser zweiten Periode konnten 98,14% aller Wechsel oder 98,56% des Gesamtwechselbelaufs eindeutig verortet werden.

Wiederum war die Region *Republik Venedig* mit einem Anteil von gut einem Drittel an allen protestierten Wechseln bzw. von gut 37% am Gesamtwechselbelauf die mit deutlichem Abstand am stärksten auf den Messen vertretene Region, doch scheint die venezianische Dominanz zumindest relativ zurückgegangen zu sein. Aus Venedig kamen dabei 235 Wechsel mit einem Wechselbelauf von 59,13% innerhalb der Region, aus Verona immerhin noch 119 Wechsel mit einem Wechselbelauf von 26,48%. Als dritter bedeutender Wechselplatz aus dieser Region gewann Bergamo in dieser Periode deutlich an Relevanz für den Bozner Wechselmarkt (28 Wechsel; 6,37% des Wechselbelaufs der Region); Bergamo wurde ja seit 1647 von den Bozner Messen regelmäßig notiert, und seit diesem Jahr sind auch mit gewisser Regelmäßigkeit protestierte Wechsel aus dieser Stadt verzeichnet, während dies vordem nur in zwei Fällen (1635 und 1636) geschah. Unter den weiteren Ausstellungsorten aus dieser Region verdienen allenfalls noch Brescia und Roverè Erwähnung, doch rangierten sie in der Bedeutung der von dort kommenden Wechselproteste weit hinter Bergamo.

Rückläufig war in der zweiten Periode auch der Anteil der Region *Tirol* an den Wechselprotesten auf den Bozner Messen. Nur noch gut 18% der gesamten Wechsel und gut 21% des Gesamtwechselbelaufs kamen aus dem unmittelbaren Hinterland der Messen, wovon wiederum der mit Abstand größte Teil auf die Stadt Bozen selbst entfiel (224 Wechsel, 96,49% des Wechselbelaufs der Region). An weiteren Tiroler Ausstellungsorten werden nur noch Innsbruck (zwölf Wechsel) und Wörgl (ein Wechsel) genannt. Auch die Region *Trentino* ist mit einem nochmals geringeren Anteil als in der Vorperiode unter den Wechselprotesten vertreten. Nicht einmal 1% des Gesamtwechselbelaufs und gerade 1⅔% aller Wechsel kamen von hier, wovon 53,25% des Wechselbelaufs der Region auf Trient, der Rest auf Rovereto (4,57%) und kleinere Städte an der Nordspitze des Gardasees und im Etschtal entfielen.

Die Region *Oberitalien* hingegen verzeichnete den umfangreichsten Zuwachs an Wechselprotesten auf den Bozner Messen gegenüber der Vorperiode. Knapp 18% aller protestierten Wechsel (Zugewinn von etwa 12½ Prozentpunkten) und knapp 13% des Gesamtwechselbelaufs der Periode II (Zugewinn von mehr als 9 Prozentpunkten) wurden in dieser Region ausgestellt. Zum für die Bozner Messen wichtigsten Wechselmarkt dieser Region entwickelte sich Bologna, woher 110 Wechsel und 51% des Wechselbelaufs der Region stammten. Nicht zuletzt aufgrund dieser gewichtigen Bedeutung als Wechselpartner der Bozner Messen wurde Bologna 1634 in den Bozner Kurszettel aufgenommen. Mantua folgte mit 112 Wechseln und 46,21% des Wechselbelaufs. Der Rest entfiel auf Mailand, Como und Correggio. Dem gegenüber ist die Region *Mittel- und Süditalien* geradezu zu vernachlässigen. Gerade 0,60% aller Wechsel und weniger als ½% des Gesamtwechselbelaufs wurden dort ausgestellt, und zwar vorrangig in Lucca (65,64% des Wechselbelaufs der Region, aber nur zwei Wechsel) sowie in Ancona, Florenz und Neapel.

Der Anteil der Region *Österreich* veränderte sich gegenüber der Vorperiode nur unwesentlich; zwar sank der Prozentsatz der protestierten Wechsel auf gut 9%, doch stieg der Anteil der Region am Gesamtwechselbelauf leicht auf 12¼%. Mit 98 Wechsel und 90,12% des Wechselbelaufs dieser Region dominierten hier wiederum Wiener Wechsel, während die übrigen knapp 10% des Wechselbelaufs etwa gleichermaßen auf Salzburg, Linz, Graz und Prag sowie – in einem einzigen Fall – Laibach (Ljubljana) entfielen. Eine gewichtige Bedeutung der Linzer Messen für die Bozner Messen ist aus zahlungsverkehrstechnischer Sicht – anders als noch in der Vorperiode – nicht mehr festzustellen.

Die Region *Oberdeutschland* verzeichnete nach der Region *Oberitalien* den größten Bedeutungszuwachs. Immerhin wurden hier nunmehr 13% aller Wechsel mit einem Gesamtbelauf von gut 10% ausgestellt. Zwar blieb Augsburg mit 85 Wechseln und 59,04% des Wechselbelaufs der Region weiterhin der wichtigste Wechselpartner der Bozner Messen aus dem oberdeutschen Raum, doch gewann Nürnberg deutlich an Bedeutung hinzu (56 Wechsel, 19,10% des Wechselbelaufs der Region). Auffällig ist dabei, daß aus Nürnberg vorrangig Wechsel über geringe Summen kamen (mit Ausnahme von vier Wechsel lagen alle unter einer Summe von 1.000 Gulden Giro), während die Augsburger Wechsel großenteils über 1.000 Gulden Giro (bis hinauf zu knapp 5.000 Gulden Giro) ausgestellt waren. Einige wenige, aber ebenfalls über große

Summen ausgestellte Wechsel wurden aus Frankfurt am Main (immerhin 9,39% des Wechselbelaufs der Region) und Ulm (8,91%) verzeichnet, während andere oberdeutsche Städte – Lindau, Memmingen, Passau, München, Regensburg – überhaupt nur mit je einem Wechsel genannt wurden.

Auch die Region *Schweiz* verzeichnete einen wenn auch nur geringen Bedeutungszuwachs, entfielen nunmehr doch 3% aller Wechsel und knapp 4% des Gesamtwechselbelaufs auf Schweizer Ausstellungsorte. Unter diesen war wiederum St. Gallen mit 51,63% des Wechselbelaufs dieser Region am stärksten vertreten, gefolgt von Zürich mit 26,98%, Münster (Müstair) in Graubünden mit 16,90% und Rorschach[60] mit 4,49%.

Die Region *Sachsen/Schlesien* schließlich war noch geringer unter den auf den Bozner Messen eingegangenen Wechselprotesten vertreten als in der Vorperiode. Mit 0,2% aller Wechsel wurde ein Anteil am Gesamtwechselbelauf von 0,09% erreicht, was ausschließlich auf drei Leipziger Wechsel zurückzuführen ist.

Insgesamt ist damit als wichtigste Entwicklung dieser Periode festzuhalten, daß die stärker werdende Präsenz der oberdeutschen und der oberitalienischen Wechsel die bisherige Dominanz derjenigen aus der Region *Republik Venedig* relativierte, die gleichwohl immer noch die gewichtigste für den Bozner bargeldlosen Zahlungsverkehr blieb. Mit Bergamo, Bologna und Nürnberg traten drei Wechselmärkte deutlich stärker als in der Vorperiode in Erscheinung, die auch langfristig für die Bozner Messen erhebliche Bedeutung gewannen. Gegenüber dieser ‚Expansion' des Bozner Rayons an Wechselpartnern ist in der Region *Österreich* bereits im dritten Viertel des 17. Jahrhunderts eine Konzentration des bargeldlosen Zahlungsverkehrsgeschäfts auf die Metropole Wien festzustellen, neben der andere Wechselmärkte an Bedeutung verloren und von regionaler auf lokale Relevanz herabsanken (so vor allem die Linzer Messen).

6.2.3 Periode III: 1676–1700

Die dritte Periode, die die Zeit der wirtschaftlichen Rekonsolidierung Mitteleuropas und seines ökonomischen Wiederaufstiegs nach dem Dreißigjährigen Krieg umfaßt, die nicht zuletzt zu einer Neubelebung des Messewesens (v.a. in Leipzig und Braunschweig) in den 1680er Jahren führte,[61] war von einem bemerkenswerten Anstieg der Wechselproteste auf den Bozner Messen gekennzeichnet. Im letzten Viertel des 17. Jahrhunderts wurden 1.800 Wechsel protestiert, 36% mehr als in der Vorperiode. Diese beliefen sich auf insgesamt etwa 2,163 Millionen Gulden Giro, d.h. etwa 86.500

60 Rorschach richtete sich in Währungs- und Wechselangelegenheiten nach St. Gallen, dessen Territorium es auch zugehörte.

61 Robert Beachy, Fernhandel und Krämergeist. Die Leipziger Handelsdeputierten und die Einführung der sächsischen Wechselordnung 1682, in: Zwahr / Topfstedt / Bentele (Hrsg.), Leipzigs Messen, S. 135–147; Denzel, Braunschweiger Messen, S. 40f.

Gulden Giro pro Jahr oder 21.630 Gulden Giro pro Messe. Der Anstieg des Gesamtwechselbelaufs im jährlichen Durchschnitt belief sich demnach auf 12,78% und lag somit deutlich unter dem der Wechselanzahl. Dies läßt zwei Folgerungen zu: Zum einen ist von einer Ausweitung der Kreditvergabe auf Wechselbasis in einer Phase konjunkturellen Aufschwungs auszugehen, was der Anstieg des Gesamtwechselbelaufs um ein gutes Achtel belegt. Zum anderen wuchs vor allem die Zahl von Wechseln mit kleineren Summen (unter 1.000 Gulden moneta lunga), was die Relation des Anstiegs der Wechselanzahl gegenüber dem Zuwachs an Wechselbelauf (etwa 3:1) zeigt. Noch mehr als bisher verstärkte sich die Tendenz, daß auf den Bozner Messen eher Wechsel mit geringeren Summen verhandelt wurden als solche mit hohen Summen. So sank auch der durchschnittliche Wechselbelauf von 1.450 Gulden moneta lunga in Periode II auf 1.136 Gulden moneta lunga in Periode III deutlich, während der Unterschied zwischen Periode I und II wesentlich geringer ausfiel (Periode I: 1.194 Gulden Giro; Periode II: 1.106 Gulden Giro). In dieser dritten Periode waren 98,33% aller Wechsel und 98,83% des Gesamtwechselbelaufs eindeutig zu verorten.

Immer noch war die Region *Republik Venedig* die am stärksten vertretene, doch nahm ihre Bedeutung weiterhin ab. Nur noch gut 30% der Wechselanzahl und des Gesamtwechselbelaufs können dieser Region zugerechnet werden, als deren wichtigster Wechselmarkt wiederum Venedig zu nennen ist. Mit knapp 400 Wechseln entfielen 86,30% des Wechselbelaufs dieser Region auf Venedig selbst, während die anderen Städte dieser Region weit abgeschlagen folgten: Verona vereinigte mit immerhin 75 Wechseln noch 7,13% des Wechselbelaufs der Region auf sich, Brescia dann 3,54% und Bergamo gerade einmal 1,22%. Venedig erscheint demnach als der für die Bozner Messen dominierende Wechselpartner dieser Region, woher zudem auch Wechsel sehr hoher Größenordnung (bis zu knapp 7.000 Gulden moneta lunga) stammten. Die anderen Wechselmärkte – vor allem Verona und Bergamo – verloren deutlich an Relevanz und verfügten wohl nur noch über lokale Bedeutung, obwohl sie von Bozen weiterhin notiert wurden. Es ist signifikant, daß aus diesen Städten kaum mehr Wechsel kamen, deren Summe 1.000 Gulden moneta lunga überschritt. So belief sich der durchschnittliche Venezianer Wechsel auf knapp 1.420 Gulden moneta lunga, während der durchschnittliche Veroneser Wechsel gerade einmal 625 Gulden moneta lunga aufwies. Ähnlich wie in der Vorperiode in der Region *Österreich* setzte nun auch in der Region *Republik Venedig* (wieder) eine Konzentration des bargeldlosen Zahlungsverkehrsgeschäfts auf die Metropole selbst ein, wie sie ja vor der Einrichtung der Veroneser Messen bereits bestanden hatte. Spätestens jetzt, im ausgehenden 17. Jahrhundert, begann aus Bozner Perspektive Verona seiner Bedeutung als ein wichtiger Wechselmarkt für den gesamten norditalienischen Raum verlustig zu gehen.

Auch das Bozner Hinterland, die Region *Tirol*, verlor weiter an Relevanz für die Messen und verzeichnete nur noch gut 14% aller protestierten Wechsel bzw. einen Anteil am Gesamtwechselbelauf von gut 20%. Hier war Bozen zum einzig relevaten Ausstellungsort geworden, der 97,40% des Wechselbelaufs dieser Region auf sich vereinigte, worunter auch mehrere Wechsel von deutlich über 10.000 Gulden moneta lunga, einer sogar mit über 40.000 Gulden moneta lunga war, so daß der Anteil der von hier kommenden Wechsel an der Gesamtwechselanzahl mit gut 14% vergleichsweise gering war. Innsbruck, Rattenberg, Sterzing und Auer werden nur in wenigen Einzelfällen als Ausstellungsorte genannt. Umgekehrt verlief die Entwicklung in der Region *Trentino*: Von hier stammten gut 4,6% aller protestierten Wechsel, aber nur gut 1,6% des gesamten Wechselbelaufs, d.h. eine relative Vielzahl an Wechsel mit verhältnismäßig kleinen Summen, die sich zudem auf zahlreiche Orte verteilten. Am häufigsten wird Rovereto genannt, das 48,87% des Wechselbelaufs dieser Region auf sich vereinigte, gefolgt von Campitello (21,58%), das aber nur um die Mitte der 1680er Jahre erscheint, und Trient (11,90%). Die relative Bedeutung, die Rovereto bei den Wechselprotesten zukam, ist auf das in diesem Raum wie auch in der Valsugana seit der zweiten Hälfte des 17. Jahrhunderts gut entwickelte Seidengewerbe zurückzuführen, dessen Produkte nicht zuletzt über die Bozner Messen vermarktet wurden.[62]

Aus der Region *Österreich* kamen wie in der Vorperiode vorrangig Wechsel mit hohen Summen, so daß nur 6,5% aller Wechsel, aber immerhin gut 9% des Gesamtwechselbelaufs von hier stammten. Wiederum war Wien der mit Abstand dominierende Ausstellungsort mit einem Anteil von 86,37% am Wechselbelauf dieser Region. Linz, Laibach, Salzburg und Prag erscheinen als weitere Ausstellungsorte, doch war ihre Bedeutung für den Bozner Wechselmarkt sehr gering.

Den größten Zuwachs gegenüber der Vorperiode verzeichnete die Region *Oberdeutschland*, woher nunmehr knapp 30% aller Wechsel und ein gutes Viertel des Gesamtwechselbelaufs der Periode III kamen. Damit war der Anteil dieser Region um jeweils gut 15 Prozentpunkte an der Wechselanzahl wie am Gesamtwechselbelauf seit der letzten Periode gestiegen. Mit 387 Wechseln verzeichnete Augsburg dabei einen Gesamtwechselbelauf von mehr als 430.000 Gulden moneta lunga und damit den höchsten nach Venedig (567.000 Gulden moneta lunga) und noch vor Bozen (422.000 Gulden moneta buona) und weit vor Wien (171.000 Gulden moneta buona), was 77,87% des Wechselbelaufs der Region *Oberdeutschland* entsprach. An zweiter Stelle folgte Nürnberg (100.000 Gulden moneta buona) mit 18,12% des Wechselbelaufs der Region, schließlich mehrere schwäbische Städte (Ulm, Kempten, Immenstadt, Memmingen). Neben den venezianischen Wechseln waren damit oberdeutsche – und hier vor allem Augsburger – zu den für den Bozner Zahlungsverkehr wichtigsten geworden.

Auch die Region *Sachsen/Schlesien* verzeichnete einen deutlichen Zuwachs, wenn auch von einem sehr geringen Niveau ausgehend. Knapp 2% aller Wechsel und etwa 2,5% des Gesamtwechselbelaufs kamen bis auf einen einzigen Breslauer Wechsel ausschließlich von Leipzig bzw. den Leipziger und Naumburger Messen, die somit 95,82% des Wechselbelaufs der Region auf sich vereinigten, und dies mit Wechsel mit vergleichsweise hohen Summen.

Aus der Region *Schweiz* stammten im letzten Viertel des 17. Jahrhunderts nur jeweils gut 1% aller Wechsel und des Gesamtwechselbelaufs. Hiervon entfielen 81,70% des Wechselbelaufs auf St. Gallen, während sich Zürich und Genf in die übrigen 18,30% teilten.

---

62 MÜHLBERGER, Absolutismus und Freiheitskämpfe, S. 323.

Die Region *Oberitalien* verlor nach 1675 deutlich gegenüber der Vorperiode beträchtlich an Bedeutung. Nur noch gut 5½% aller Wechsel und knapp 5% des Gesamtwechselbelaufs läuteten eine sinkende Tendenz ein, die auch nach 1700 noch anhielt. Als für die Bozner Messen wichtigster Ausstellungsort erscheint wiederum Bologna mit 50,36% des Wechselbelaufs dieser Region, gefolgt von Piacenza (29,24%), Mantua (7,78%) und Mailand (7,23%). Die in dieser Periode erstmals gewichtige Bedeutung von Piacenza unter den Ausstellungsorten scheint aber eher auf einen Zufall, als auf eine längerfristige Entwicklung zurückzuführen zu sein, da von hier gerade einmal neun Wechsel stammten, unter denen sich allerdings einer auf über 25.000 Gulden moneta lunga belief. Davon abgesehen, bewahrten die traditionell wichtigsten Ausstellungsorte aus dieser Region – Bologna und Mantua – ihre Position.

Gegenüber dem Bedeutungsverlust der Region Oberitalien verzeichnete die Region *Mittel- und Süditalien* einen erheblichen Gewinn. Gut 3% aller Wechsel und mehr als 3½% des Gesamtwechselbelaufs kamen nämlich nunmehr aus der Toskana und Latium; süditalienische Plätze waren als Ausstellungsorte allerdings nicht mehr vertreten. Überhaupt wurden nur drei Ausstellungsorte aus dieser Region genannt: Florenz (57,20% des Wechselbelaufs der Region), Lucca (37,06%) und Rom (5,65%). Dieses Resultat wird vorrangig auf die Präsenz Luccheser Seidenhändler auf den Bozner Messen zurückzuführen sein, die ihren bargeldlosen Zahlungsverkehr vielfach über Florenz abwickelten, so daß auf diese Händlergruppe etwa 94% des Wechselbelaufs dieser Region entfallen dürften.

Insgesamt ist für diese dritte Periode die starke Zunahme der ober- und mitteldeutschen Wechsel auf den Bozner Messen charakteristisch, während die aus Italien (außer von den toskanischen Plätzen), aber auch aus der Region *Österreich* rückläufig war. Augsburg, Nürnberg, aber auch Leipzig mit seinen Messen, die im ausgehenden 17. Jahrhundert ja infolge besonderer landesherrlicher Förderung eine neuerliche Blüte erlebten, wurden zu wichtigen Wechselpartnern der Bozner Messen und trugen erheblich dazu bei, die Bedeutung italienischer – und hier vor allem venezianischer – Kaufleute und ihrer Zahlungsmittel auf den Messen zu relativieren, ja langfristig zurückzudrängen. Zeigte sich in der ersten Periode noch eine bemerkenswerte Dominanz der italienischen Kaufleute und war in der zweiten Periode in gewissem Sinne eine ‚Parität' zwischen den protestierten Wechseln deutscher und italienischer Provenienz hergestellt, so beginnt sich nun mehr im ausgehenden 17. Jahrhundert das Schwergewicht der Geschäftstätigkeit aus der Perspektive des bargeldlosen Zahlungsverkehrs auf den süddeutschen Raum zu verlagern – eine Tendenz, die sich auch im 18. Jahrhundert fortsetzen wird.

6.2.4 Periode IV: 1701–1725

Das erste Viertel des 18. Jahrhunderts stellt aus der Perspektive der Bozner Wechselproteste einen Höhepunkt dar: Insgesamt 2.308 Wechsel mit einem Gesamtwechselbelauf von 2,931 Millionen Gulden moneta lunga wurden in diesem Zeitraum verzeichnet, so daß pro Jahr durchschnittlich Wechsel für etwa 117.250 Gulden moneta lunga (oder 89.500 Gulden Giro) bzw. pro Messe durchschnittlich Wechsel für 29.310 Gulden moneta lunga (oder 22.375 Gulden Giro) zu Protest gingen. Diese enorme Steigerung gegenüber der Vorperiode ist auf zwei gegensätzliche konjunkturelle Entwicklungen zurückzuführen: Im ersten Jahrzehnt der Periode war es wohl vorrangig eine gewisse Kreditfreudigkeit in einer Phase des Aufschwungs, die zur Ausweitung des Wechselkredits führte, während in den 1710er und beginnenden 1720er Jahren die krisenhaften Erscheinung im internationalen Handel und Zahlungsverkehr für das ‚Platzen' so vieler Wechsel verantwortlich war. Insbesondere in den Jahren 1715 und 1719 bis 1721 schlug die europäische Handels- und Zahlungsverkehrskrise auf die Bozner Messen durch, so daß bislang nicht gekannte Zahlen an Wechselprotesten erreicht wurden. Erst ab 1722 wurden die Werte – insbesondere bezüglich des Wechselbelaufs – wieder deutlich geringer, doch nunmehr gleich so gering, daß von einer längerfristigen konjunkturellen Flaute ausgegangen werden muß. Der durchschnittliche Wechselbelauf eines einzelnen Wechsels stieg in dieser vierten Periode immerhin auf 1.270 Gulden moneta lunga. Insgesamt konnten 98,35% aller Wechsel und 98,09% des gesamten Wechselbelaufs eindeutig verortet werden. Keiner Region zugerechnet wurden zwei Wechsel aus Leiden in den Niederlanden, die im übrigen einzigen Wechsel aus diesem Raum, die im gesamten Untersuchungszeitraum als in Bozen protestiert erscheinen.

Charakteristisch für diese Periode ist, daß vier Untersuchungsregionen bezüglich Anzahl und Belauf protestierter Wechsel nahezu gleichauflegen. Die *Republik Venedig* war gegenüber der Vorperiode um etwa 10 Prozentpunkte abgefallen und vereinigte zur noch knapp 20% aller Wechsel und gut 21% des Gesamtwechselbelaufs auf sich. Knapp drei Viertel des Wechselbelaufs der Region (genau 73,61%) entfielen dabei auf Venedig selbst, weitere 18,63% auf Verona und nur noch 3,46% auf Bergamo. Andere Städte dieser Region wie Brescia, Padua, Riva oder Desenzano werden nur in wenigen Einzelfällen genannt.

Die Region *Tirol* verzeichnete gut 20% aller Wechsel und gut 22% des Gesamtwechselbelaufs, wobei sich gegenüber der Vorperiode insbesondere die Summen der protestierten Wechsel tendenziell verringerten. 405 Wechsel stammten aus Bozen selbst, was 92,37% des Wechselbelaufs der Region entsprach. Hierunter befanden sich zwar mehrere Wechsel von mehr als 10.000 Gulden moneta lunga – einer davon sogar über mehr als 67.000 Gulden moneta lunga –, doch lagen auch über 230 Wechsel unter 1.000 Gulden, wobei gerade in den Krisenjahren um 1720 besonders viele Wechsel über geringe Summen zu Protest gingen, d.h. auch kleinere Wechselkredite vergleichsweise unsicher waren. Neben Bozen spielte in der Region wieder nur Innsbruck (6,05% des Wechselbelaufs) eine, wenn auch deutlich untergeordnete Rolle als Ausstellungsort. In der Region Trentino wurden mit einem Anteil von gut 5% an der Gesamtzahl der protestierten Wechsel nur etwa 2½% des Gesamtwechselbelaufs erzielt. Wieder waren es vorrangig Wechsel mit vergleichsweise geringen Summen aus Rovereto (55,13% des Wechselbelaufs der Region) und Trient (36,05%), die aus dem *Trentino* auf den Bozner Messen protestiert wurden.

Im Gegensatz zur Vorperiode konnte die Region *Österreich* ihren Anteil an Wechselanzahl und -belauf jeweils mehr als verdoppeln. Mit etwa 16½% aller Wechsel und einem Anteil von knapp 22% am Gesamtwechselbelauf kamen von hier wiederum vorrangig Wechsel, die über vergleichsweise hohe Summen ausgestellt worden waren. Wien nahm mit 90,92% des Wechselbelaufs der Region wiederum die Spitzenposition ein, während die anderen Ausstellungsorte aus *Österreich* allenfalls noch lokale Bedeutung für die Bozner Messen besaßen, so Linz (4,36% des Wechselbelaufs der Region), Salzburg (2,75%) und Prag (1,12%).

Im Gegensatz zur Region *Österreich* war die Relation zwischen Anteil an der Gesamtwechselanzahl (knapp 23%) und Anteil am Gesamtwechselbelauf (20%) im Falle der Region *Oberdeutschland* ausgeglichener, doch um gut 5 Prozentpunkte geringer als in der Vorperiode. Mit 72,13% des Wechselbelaufs dieser Region war wiederum Augsburg der mit Abstand wichtigste Ausstellungsort, während Nürnberg erst mit 20,31% weit vor München (2,01%), Ulm (1,37%) und Memmingen (1,06%) folgte. Zahlreiche andere Orte – von Frankfurt am Main und Erlangen im Norden bis Reichenhall, Isny und Kempten im Süden – werden nur in Einzelfällen erwähnt. *Oberdeutschland* verzeichnet aber immerhin den weitesten Rayon mit den meisten Ausstellungsorten unter allen Regionen dieser Periode, was auf eine vergleichsweise hohe ‚Flächenwirkung' der Bozner Messen für diesen oberdeutschen Raum schließen läßt.

Dagegen waren die protestierten Wechsel aus der Region *Schweiz*, die im ersten Viertel des 18. Jahrhunderts immerhin gut 3% aller Wechsel und gut 2½% des Gesamtwechselbelaufs ausmachten, wieder vorrangig in St. Gallen ausgestellt worden, woher 94,88% des Wechselbelaufs dieser Region kamen. Der bescheidene Rest verteilte sich auf Zürich, Winterthur und Genf.

Bemerkenswert in dieser Epoche ist auch der wie in der Vorperiode vergleichsweise große Anteil an Wechsel aus der Region *Sachsen/Schlesien*, der annähernd so bedeutend war wie der der Region *Schweiz*. Hier war wiederum Leipzig mit 86,32% des Gesamtwechselbelaufs dominierend, wozu einige Orte aus Thüringen (Gera[63]) und dem Vogtland (u.a. Reichenbach) sowie ein Wechsel aus Breslau kamen.

Die beiden verbleibenden italienischen Regionen waren durch einen weiteren Rückgang ihrer Bedeutung im beginnenden 18. Jahrhundert fü die Bozner Messen gekennzeichnet. Die Region Oberitalien kam nur noch auf gut 5% aller Wechsel und knapp 3% des Gesamtwechselbelaufs. Die Wechsel mit den vorrangig eher geringen Summen stammten dabei wieder insbesondere aus Bologna (84,45% des Wechselbelaufs der Region, während sich die übrigen vor allem auf Parma (8,27%), Reggio Emilia (3,95%) und Mailand (3,04%) verteilten. In *Mittel- und Süditalien*, das gerade noch 2% aller Wechsel und 1 1/3% des Gesamtwechselbelauf auf sich vereinigte, war wiederum Florenz dominierend (83,73% des Wechselbelaufs dieser Region), gefolgt von Lucca (10,24%), Rom und Pesaro (jeweils knapp 3%).

---

63 Diese Wechsel sind auf Geschäfte des Kaufmanns Johann Georg Breuning zurückzuführen, der Textilmanufakturen in Regensburg, Gera und Wunsiedel (woher im übrigen ebenfalls einzelne Wechsel auf den Bozner Messen zu Protest gingen) besaß und seine Produkte nach Italien über die Bozner Messen vertrieb; MEINERT, Handelsbeziehungen, S. 263

Insgesamt bildet das erste Viertel des 18. Jahrhunderts den Höhepunkt und zugleich die Wende in der Entwicklung der Wechselproteste auf den Bozner Messen: Die meisten und höchsten Wechselproteste erscheinen in den krisenhaften Jahren um 1715 und vor allem um 1720, um danach signifikant – und wohl nicht nur als Auswirkung auf die Krise um 1720 – zurückzugehen. Venedig, Bozen, Augsburg und Wien waren und blieben die mit Abstand bedeutendsten Ausstellungsorte, Verona, Nürnberg, St. Gallen und Leipzig, mit Einschränkungen auch Bologna, Rovereto und Florenz besaßen immerhin eine wichtige Rolle. Die bereits in der Vorperiode zu beobachtende Tendenz einer rückläufigen Relevanz der Wechsel italienischer, vor allem Venzianer Provenienz zugunsten einer steigenden Bedeutung der Wechsel deutscher Herkunft – und hier insbesondere aus der Region *Österreich* – verstärkte sich in der ersten Hälfte des 18. Jahrhunderts nochmals.

6.2.5 Periode V: 1726–1750

Die folgende Epoche, die das zweite Viertel des 18. Jahrhunderts umfaßt, ist unzweifelhaft eine Zeit des Niedergangs des bargeldlosen Zahlungsverkehrs auf den Bozner Messen. Die Rückläufigkeit der protestierten Wechsel und des Gesamtwechselbelaufs jeweils auf ein gutes Drittel der Vorperiode ist so signifikant, daß sie nicht allein mit der Konsolidierung des bargeldlosen Zahlungsverkehrs und der Kreditgewährung auf Wechselbasis nach den Krisenjahren um 1720 zurückzuführen ist. Gerade einmal 0,848 Millionen Gulden moneta lunga wurden in 885 Wechsel auf den Messen zu Protest gegeben; das sind gut 33.900 Gulden moneta lunga (oder 25.900 Gulden Giro) pro Jahr oder knapp 8.500 Gulden moneta lunga (oder 6.475 Gulden Giro) pro Messe. Der durchschnittliche Belauf pro Wechsel ging auf nur noch 958 Gulden moneta lunga und damit um ein knappes Drittel gegenüber der Vorperiode zurück. Die protestierten Wechsel verzeichneten kaum mehr Summen über 10.000 Gulden moneta lunga. Dabei konnten 98,19% aller Wechsel und 99,02% des Gesamtwechselbelaufs eindeutig verortet und den definierten Regionen zugewiesen werden. Ein Wechsel aus Hamburg wurde keiner Region zugewiesen.

Der ‚Niedergang' des Bozner Meßzahlungsverkehrs zeigt sich auch in einer zunehmenden Konzentration auf das unmittelbare Hinterland der Messen, die Region *Tirol*. Knapp 24% aller Wechsel und knapp 27% des Gesamtwechselbelaufs stammten von hier, und zwar vorrangig aus Bozen selbst (170 Wechsel mit einem Anteil von 90,82% am Wechselbelauf der Region). Anders als in früheren Perioden kamen nunmehr zahlreiche Wechsel auch aus kleineren Orten Tirols wie etwa Steinach, Jenbach, St. Johann, Schwaz, Lienz oder Eppan mit vergleichsweise geringen Summen, und nur noch Innsbruck verzeichnete eine größere Anzahl an Wechsel mit einem Anteil von 2,78% am Wechselbelauf *Tirols*. Bozen scheint zunehmend ein Umschlagplatz für kleinere Regionalhändler aus der näheren Umgebung geworden zu sein, die sich aber nunmehr und stärker als früher bargeldloser Zahlungsmedien bedienten. Auch in der Region *Trentino* ist eine ähnliche Entwicklung festzustellen: Aus den hier bislang dominierenden Städten Rovereto und Trient kamen nun gerade noch 15,47% bzw. 25,73% des Wechselbelaufs der Region, während knapp 60% aus den kleineren Orten des Etschtals, insbesondere Ala, Mezzolombardo und Mori, stammten. Insgesamt stiegt die Bedeutung der Region leicht, da sie in Periode V knapp 5½% aller Wechsel mit einem Anteil von knapp 4% am Gesamtwechselbelauf auf sich vereinigte.

Die Region *Republik Venedig*, wo 22½% aller in Bozen protestierter Wechsel ausgestellt wurden, wies ebenfalls vorrangig Wechsel mit geringeren Wechselsummen als bisher auf, da der Wechselbelauf dieser Region gerade noch gut 17% erreichte. Aus Venedig kamen nur noch 52 Wechsel mit einem Anteil von 37,75% am Wechselbelauf der Region, während in Verona 86 Wechsel mit einem Anteil von 40,28% am Wechselbelauf der Region ausgestellt wurden. Die übrigen Wechsel aus dieser Region kamen aus Brescia (10,95% Anteil am Wechselbelauf der Region) und Bergamo (8,61%) sowie – ähnlich wie in den Regionen *Tirol* und *Trentino* – aus zahlreichen kleineren Städten.

Die Region *Österreich* hingegen stagnierte auf hohem Niveau: Mit knapp 22% des Gesamtwechselbelaufs, doch nur knapp 13% aller Wechsel stammten von hier tendenziell die Wechsel mit den höchsten durchschnittlichen Wechselsummen. Dies waren wie auch in den Vorperioden Wechsel aus Wien, die 83,81% des Wechselbelaufs dieser Region ausmachten. Die Wechsel aus Linz beliefen sich dann auf 7,37%, die aus Salzburg auf 6,06% des Gesamtbetrages von *Österreich*. Einzelne Wechsel wurden auch aus Triest, Laibach, Prag, Klagenfurt, Graz und einigen kleineren Städten verzeichnet.

Ähnlich wie die Region *Österreich* konnte auch die Region *Schweiz* das Ergebnis der Vorperiode einem Anteil von jeweils etwa 2½% an der Gesamtwechselanzahl und am Gesamtwechselbelauf im wesentlichen halten. Aus St. Gallen, dem bislang hier dominierenden Ausstellungsort, stammten aber nur noch 27,18% des Wechselbelaufs dieser Region, weitere 17,35% dann auch Zürich und sogar 21,75% aus Rorschach. Den größten Anteil am Wechselbelauf der Region verzeichnete allerdings Zurzach bzw. die Zurzacher Messen, die mit einem einzigen Wechsel von über 7.100 Gulden moneta lunga 32,47% des Wechselbelaufs der *Schweiz* erzielten.

Die Region *Oberdeutschland* verzeichnete den größten Bedeutungsrückgang gegenüber der Vorperiode. Wechselanzahl und -belauf gingen um jeweils etwa 8 Prozentpunkte auf gut 15% bzw. gut 12% zurück, so daß weiterhin tendenziell vorrangig Wechsel mit geringeren Summen aus dieser Region zu Protest gingen. Wichtigster Ausstellungsort blieb Augsburg, doch stammten nur noch 52,89% des Wechselbelaufs dieser Region von hier. Nürnberg kam jetzt auf 35,42% und hatte seinen Anteil am Wechselbelauf der Region um 15 Prozentpunkte unter allen Ausstellungsorten dieser Periode gesteigert. München, Kempten, Isny, Memmingen, Füssen, Tölz und Ulm wurden jeweils mit einem oder wenigen Wechseln genannt. Einen deutlichen Bedeutungsverlust hingegen verzeichnete die Region *Sachsen/Schlesien*, auf die nur noch etwa ½% der Wechselanzahl und nur 0,2% des Gesamtwechselbelaufs entfielen; sie war damit wieder auf dem Niveau angelangt, welches sie im Rahmen des Bozner Zahlungsverkehrs bis um 1675 eingenommen hatte. Die nur fünf Wechsel aus dieser Region stammten aus Leipzig und Gera, wobei knapp zwei Drittel des Wechselbelaufs auf die vier Leipziger Wechsel entfielen. Vielleicht steht der drastische Rückgang der Leipziger Wechsel in Bozen in Zusammenhang mit dem Zuwachs an Nürnberger Wechseln: Es könnte sein, daß sich Leipziger Kaufleute schon aufgrund der vergleichsweise weiten Entfernung nach Bozen von diesem Markt zurückgezogen und ihre Geschäfte über Nürnberger Häuser abgewickelt haben, was den Bedeutungsgewinn für den Ausstellungsort Nürnberg wenigstens zu einem kleineren Teil erklären würde.

Die Regionen *Oberitalien* und *Mittel- und Süditalien* waren im zweiten Viertel des 18. Jahrhunderts wieder deutlich stärker auf den Bozner Messen als in der Vorperiode vertreten. Die Region *Oberitalien* verdoppelte nicht nur ihren Anteil an der Gesamtwechselzahl auf knapp 11%, sondern verdreifachte auch ihren Wechselbelauf auf knapp 10%. Bologneser Wechsel machten dabei 40,31% des Wechselbelaufs dieser Region aus, gefolgt von solchen aus Modena (26,07%), Mantua (18,18%) und Reggio Emilia (10,71%). Das westliche Oberitalien mit Mailand und Genua spielte für die Bozner Messen keine Rolle mehr. Auch die Region *Mittel- und Süditalien* konnte ihre Anteile an den Bozner Wechselprotesten jeweils mehr als verdoppeln: Immerhin knapp 5% aller Wechsel mit einem Wechselbelauf von gut 4% stammten nunmehr von hier. Dabei entfielen 74,47% des Wechselbelaufs dieser Region auf Florenz, weitere 9,04% auf Ancona und 6,19% auf Pesaro.

Insgesamt zeichnet sich in dieser Periode aus der Perspektive des bargeldlosen Zahlungsverkehrs erstmals eine verstärkte ‚Regionalisierung', ein allmähliches Herabsinken der Bozner Messen auf das Niveau einer Regionalmesse ab. Dies wird an zwei Entwicklungen deutlich: Zum einen erscheinen verstärkt Städte und kleinere Orte, die im internationalen Zahlungsverkehr allenfalls von lokaler Bedeutung waren, unter den Ausstellungsorten. Dies war nur möglich, da sich die Nutzung bargeldloser Zahlungsverkehrstechniken in dieser Zeit über die großen Wechselmärkte hinaus bis in größere Marktorte verbreitete und somit viele Kaufleute nicht mehr auf die Finanzdienstleistungen der Kaufmanns-Bankiers an den überregional und international agierenden Finanzplätzen angewiesen waren und ihre Wechsel nunmehr verstärkt selbst ausstellten. Zum anderen zogen sich überregional und international engagierte Kaufmanns-Bankiers aus der Republik Venedig wie auch aus Oberdeutschland zunehmend von den Bozner Messen zurück, da sie ihrer als Intermediär im transalpinen Zahlungsverkehr anscheinend nicht mehr bedurften. Im Ergebnis zeigt sich damit eine beginnende Konzentration des Bozner Zahlungsverkehrsrayons auf Tirol selbst, das Trentino und die sich im Süden anschließenden oberitalienischen Gegenden um Bologna, Mantua, Modena und Reggio Emilia sowie im Norden auf die an Tirol angrenzenden Gebiete des oberdeutschen und Schweizer Raums vom Bodensee (Rorschach!) über Oberschwaben und das südliche Oberbayern bis nach Salzburg, sieht man von der herausragenden Rolle Wiens als Metropole der Österreichischen Monarchie, der die Messen ja zugehörten, einmal ab. Nürnberg erscheint (wenn auch nur für einige Jahre) als nördlichster Außenposten, über welchen Transaktionen von und mit Mitteldeutschland abgewickelt wurden. Das südliche Pendant hierzu war Florenz, das als Intermediär für die finanzielle Abwicklung des Luccheser Seidenhandels von Bedeutung war.

6.2.6 Periode VI: 1751–1761

In den verbleibenden Jahren des 18. Jahrhunderts, für welche Daten zu den Wechselprotesten auf den Bozner Messen zur Verfügung stehen, setzt sich die in Periode V begonnene Entwicklung fort: Die verzeichneten Wechselproteste sind weiterhin rückläufig, denn für die elf Jahre wurden 370 Wechsel mit einem Gesamtwechselbelauf von 0,325 Millionen Gulden moneta lunga in den Quellen verzeichnet, was im Durchschnitt etwa 29.530 Gulden moneta lunga (oder 22.550 Gulden Giro) pro Jahr oder 7.380 Gulden moneta lunga (oder 5.640 Gulden Giro) pro Messe entspricht. Der durchschnittliche Wechselbelauf ist damit um etwa 15% gesunken. Auf einzelnen Messen wurden überhaupt weniger als fünf protestierte Wechsel in das Wechselprotestbuch eingetragen. Dies ist als Indikator für die stark rückläufige Bedeutung der Bozner Messen in diesen Jahren anzusehen, wie sie sich ja auch in der Aufgabe von Kursnotierungen zeigt. Allerdings wurde auch das entsprechende Wechselprotestbuch eher nachlässig geführt, wobei insbesondere die Ausstellungsorte des öfteren fehlen, so daß nur 95,96% aller Wechsel bzw. 98,12% des Gesamtwechselbelaufs eindeutig verortet werden konnten. Der durchschnittliche Wechselbelauf war mit etwa 880 Gulden moneta lunga nochmals um knapp 10% rückläufig gegenüber der Vorperiode, und der Anteil der Wechsel mit einem Belauf von über 1.000 Gulden moneta lunga an der Gesamtanzahl war deutlich geringer als in den Vorperioden.

Die am stärksten auf den Bozner Messen vertretene Region war bemerkenswerterweise erneut die *Republik Venedig*, die 34% aller Wechsel und knapp 40% des Gesamtwechselbelaufs auf sich vereinigte. Letzterer Wert ist vorrangig darauf zurückzuführen, daß aus dieser Region drei Wechsel mit Summen zwischen 15.000 und gut 20.000 Gulden moneta lunga kamen, die allein etwa ein Achtel des Gesamtwechselbelaufs der Periode ausmachten. Ließe man diese drei Wechsel außer Acht, so entfielen nur gut 27% des Gesamtwechselbelaufs auf die Region Republik Venedig, aus der nämlich wie in den Vorperioden vorrangig Wechsel mit relativ geringen Summen kamen. Insgesamt war wieder Venedig der am stärksten vertretene Ausstellungsort (56,77% des Wechselbelaufs der Region), gefolgt von Bergamo (27,02%), Verona (8,70%) und Brescia (6,99%).

Die Region *Tirol* war in dieser Periode nur sehr schwach auf den Messen vertreten; gerade einmal 13% aller protestierten Wechsel und gut 8% des Gesamtwechselbelaufs kamen von hier. Dabei entfielen auf Bozen selbst 69,42% des Wechselbelaufs der Region, auf Innsbruck weitere 27,86%. Die Region *Trentino* erreichte mit 6½% aller Wechsel und einem Anteil von 4½% am Gesamtwechselbelauf erstmals über die Hälfte der Wertangaben der Region *Tirol*. Dahinter stand aber ebenfalls ein außergewöhnlich hoher Wechsel aus Villalagarina (auf der Höhe von Rovereto), der allein 22,98% des Wechselbelaufs des *Trentino* ausmachte. Erst dahinter folgten Rovereto (20,09%), Trient (16,86%) und Ala (15,42%), wobei der Roveretaner Anteil wiederum auf die Geschäfte der dortigen Seidenerzeuger zurückzuführen waren.[64]

64 Vgl. MÜHLBERGER, Absolutismus und Freiheitskämpfe, S. 415.

Die Relevanz von Wechseln aus der Region *Österreich* ging in der Periode VI deutlich zurück, denn weniger als 10% aller Wechsel und gerade gut 15% des Gesamtwechselbelaufs stammten von hier. Dabei kamen annähernd alle Wechsel aus Wien (96,58% des Wechselbelaufs der Region), und nur Triest verzeichnete neben Raab (Györ) und Vöcklabruck einen gewissen Anteil am Wechselbelauf der Region (2,40%).

Demgegenüber war die Region *Oberdeutschland* mit gut 19% aller Wechsel und knapp 19% des Gesamtwechselbelaufs wieder stärker als in der Vorperiode und annähernd so gewichtig wie in Periode IV vertreten. Davon entfielen fast zwei Drittel des Wechselbelaufs auf Augsburg (65,93%), immerhin 19,96% auf Nürnberg (zusammen mit dem benachbarten Fürth[65] sogar 24,08%) und noch 7,51% auf Memmingen. Regensburg, Günzburg und Isny kamen nur vereinzelt vor. Die Region *Sachsen/Schlesien* war überhaupt nur mit zwei Leipziger Wechseln verzeichnet, die etwa ½% der gesamten Wechselanzahl und gerade einmal 0,18% des Gesamtwechselbelaufs ausmachten.

Auch aus der Region *Schweiz* wurden auf den Bozner Messen nur noch wenige Wechsel protestiert (insgesamt sechs), die aus Zürich, Hohenems – einem Zentrum reisender jüdischer Handelsleute in Vorarlberg[66] – und St. Gallen stammten. Zusammen erzielten sie einen Anteil von gut 1½% an der Wechselanzahl und knapp 2% am Gesamtwechselbelauf.

Die Region *Norditalien* vermochte ihren Status aus der Vorperiode im wesentlichen zu bewahren. Wiederum entfielen gut 11% aller Wechsel und gut 9% des Gesamtwechselbelaufs auf sie. Dabei stammten 74,32% des Wechselbelaufs dieser Region aus Bologna, der Rest etwa gleichermaßen aus Mantua, Ferrara und Reggio Emilia. Die Region *Mittel- und Süditalien* war überhaupt nur noch mit einem einzigen Wechsel aus Florenz über gerade einmal 30 Gulden moneta lunga und damit 0,01% des Gesamtwechselbelaufs und ¼% der Wechselanzahl vertreten.

Insgesamt zeichnet sich damit am Ende des langen Untersuchungszeitraums von 1633 bis 1761 ein weiteres Abgleiten des Bozner Zahlungsverkehrs in die Region ab. Die Geschäfte konzentrieren sich zunehmend auf den engeren Rayon, dessen südlichster Vorposten nunmehr bereits Bologna (nicht mehr Florenz) ist und dessen nördlichster, Nürnberg, nur noch über eingeschränkte Bedeutung verfügt. Die Regionen *Sachsen/Schlesien* und *Schweiz* waren ebenso wie *Mittel- und Süditalien* fast nicht mehr vertreten, das westliche Oberitalien ebensowenig wie die österreichischen Regionalzentren. Tirol selbst, das Trentino, die Republik Venedig, die Emilia, Oberschwaben mit dem Zentrum Augsburg und die österreichische Metropole Wien sowie – mit abnehmender Tendenz – Nürnberg waren um die Mitte des 18. Jahrhunderts der Einzugsbereich, den die Bozner Messen im Bereich des bargeldlosen Zahlungsverkehr

65 Fürth kann strukturell dem Nürnberger Wechselmarkt zugerechnet werden, da die Fürther Kaufleute ihren bargeldlosen Zahlungsverkehr in der Regel über den Nürnberger Banco publico und damit über den Wechselmarkt Nürnbergs abwickelten; DENZEL, Der Nürnberger Wechselmarkt, passim.

66 Vgl. Aaron TÄNZER, Die Geschichte der Juden in Tirol und Vorarlberg, Meran 1905, S. 413–504.

noch besaßen. Dem entspricht auch die Tatsache, daß, wie oben dargestellt, zahlreiche Kursnotierungen auf Plätze, die über diesen Rayon hinausweisen, inzwischen eingestellt wurden. Aus einer durchaus überregional beachteten Messeveranstaltung war – zumindest aus zahlungsverkehrstechnischer Perspektive – eine Regionalmesse geworden.

6.2.7 Periode VII: 1811 – Mitte 1816

Die letzte Untersuchungsperiode stellt in mehrfacher Hinsicht eine Besonderheit im Vergleich zu den Perioden I bis VI dar: Zum einen umfaßt sie nur einen sehr kurzen Zeitraum – gerade einmal fünfeinhalb Jahre –; zum anderen setzte mit ihr die Überlieferung der Wechselproteste nach fünf Jahrzehnten überhaupt erst wieder ein, so daß ein Vergleich mit der ‚Vorperiode', der Zeit von 1750 bis 1761, kaum möglich ist. Zum dritten fällt sie in eine Zeit größter Umbrüche für die Bozner Messen, die sowohl die französische Besetzung Bozens (1811–1813) als auch die ersten Jahre nach der Rückkehr in die finanziell und währungstechnisch sehr angeschlagene Habsburger Monarchie beinhaltet. Die daraus resultierende monetäre Konsequenz, die sich vor allem in der besonderen Tiroler Rechnungs- und Zahlungsweise in Gulden Reichsvaluta niederschlug, ist oben erörtert worden.

Die Wechselproteste der Periode VII zeigen dabei nachdrücklich, daß die Entwicklung der Bozner Messen, wie sie sich bereits um die Mitte des 18. Jahrhunderts abzuzeichnen begonnen hatte, spätestens in dieser Zeit abgeschlossen war: Die Bozner Messen waren zu einer Regionalmesse in dem Sinne herabgesunken, daß ihr bargeldloser Zahlungsverkehr von ihrem unmittelbaren Hinterland, den Regionen *Tirol* und *Trentino* dominiert wurde, während außerhalb dieses Hinterlands liegende Ausstellungsorte nur noch eine geringe Rolle für den Bozner Wechselverkehr spielten. Auch der durchschnittliche Belauf der protestierten Wechsel war nochmals deutlich zurückgegangen: In den fünfeinhalb Jahren dieser Periode wurden 383 Wechsel protestiert, die sich auf durchschnittlich 695 Gulden Reichsvaluta (= 579 Gulden Konventionskurant) beliefen; Wechsel über 1.000 Gulden Reichsvaluta waren zur Seltenheit geworden. Der Gesamtwechselbelauf dieser Periode betrug 0,266 Millionen Gulden Reichsvaluta, was im jährlichen Durchschnitt 48.365 Gulden Reichsvaluta bedeutete. Eine durchschnittliche Berechnung nach Messen verbietet sich in dieser Periode, da auch zwischen den Messen Wechselproteste verzeichnet wurden. Insgesamt konnten in dieser Periode 95,81% aller Wechsel und 95,77% des Gesamtwechselbelaufs eindeutig verortet und den definierten Regionen zugewiesen werden. Von außerhalb der definierten Regionen kamen zwei Wechsel aus Lyon, einer aus Hamburg und einer aus Solingen.

Wie bereits angedeutet, waren die Regionen *Tirol* und *Trentino* zu den auf den Bozner Messen dominierenden Regionen geworden. Aus *Tirol* kamen 37% aller Wechsel und sogar 50% des Gesamtwechselbelaufs. Dabei entfielen auf Bozen selbst 71,16% des Wechselbelaufs der Region, gefolgt von Meran (14,90%) und Bruneck

(9,89%) sowie zahlreichen kleineren Orten wie Salurn, Gossensaß oder Neumarkt. Es ist bemerkenswert, daß annähernd alle Wechsel dieser Region aus Südtirol kamen, während Nordtirol nur mit Innsbruck (3 Wechsel und 1,41% des Gesamtwechselbelaufs der Region) vertreten war. Dieser Befund ist wohl nicht zuletzt auf die französische Besatzungspolitik zurückzuführen, die starke Einschränkungen für den transalpinen Handel und damit auch für den Zahlungsverkehr zwischen Nord- und Südtirol mit sich brachte. Aus der Region *Trentino* kamen ebenfalls 37% aller Wechsel, die aber nur knapp 25% des Gesamtwechselbelaufs ausmachten. Diese Wechsel verfügten – wie bereits im 17. und 18. Jahrhundert – über vergleichsweise geringe Summen; nur neun von insgesamt 139 beliefen sich auf über 1.000 Gulden Reichsvaluta. Diese Wechsel waren zudem lokal breit gestreut: Trient vereinigte 27,93% des Wechselbelaufs der Region auf sich, Rovereto 26,36%, Levico 13,81%. Die übrigen kamen aus Ala, Borgo Valsugana, Caldonazzo, Calliano, Lavarone, Mori, Nago, Pergine, Primiero, Riva, Sacco, Spormaggiore, Strigno, Torbole, um nur die wichtigsten zu nennen. Insgesamt stammten etwa drei Viertel aller in Bozen protestierten Wechsel damit aus Südtirol und dem Trentino, und zwar sowohl nach Wechselanzahl als auch nach Wechselbelauf.

Alle übrigen Regionen waren in der Periode VII mit nur noch geringen Anteilen vertreten: Die im Vergleich meisten Wechsel kamen aus der Region der inzwischen ehemaligen *Republik Venedig* (um 7%) und hier vorrangig aus den geographisch relativ nahe gelegenen Städten Vicenza (46,43% des Wechselbelaufs der Region), Verona (22,55%), Padua (8,56%) und Bergamo (7,37%), während aus Venedig selbst nur noch ein Wechsel in Bozen protestiert wurde. Die Region *Oberitalien* war mit 2,6% aller Wechsel und gut 2% des Gesamtwechselbelaufs vertreten; als Ausstellungsorte erscheinen Alessandria (46,09% des Wechselbelaufs der Region), Mailand (29,76%) und Cremona (24,16%). Aus der Region Mittel- und Süditalien stammten gut 2% aller Wechsel und knapp 2% des Gesamtwechselbelaufs, die aus Messina (61,19% des Wechselbelaufs der Region) und Livorno (30,85%) sowie Florenz kamen.

Die Region *Österreich* verzeichnete nur noch knapp 3% aller Wechsel und 4% des Gesamtwechselbelaufs; dieser kam zu 70,53% aus Triest, während Prag und Wien nur mehr nachgeordnete Bedeutung besaßen. Nicht umsonst wird Triest nunmehr auch in den Kursvorschlägen der Wechselsensalen bzw. der Kontrattanten aufgeführt,[67] ohne allerdings einen Platz im *conto* selbst zu bekommen. Die Region *Oberdeutschland* war mit jeweils etwa 5% an Wechselanzahl und -belauf vertreten, wobei aber nicht mehr Augsburg und Nürnberg, sondern Würzburg (32,49%) und Passau (15,51%), daneben Konstanz, Mittenwald, München und Regensburg als Ausstellungsorte erscheinen. Aus der Region *Sachsen/Schlesien* kamen weniger als 1% aller Wechsel und gerade einmal ½% des Gesamtwechselbelaufs, der sich etwa hälftig auf die Ausstellungsorte Leipzig und Zeulenroda verteilte. Die Region *Schweiz* schließlich stammte nur ein einziger Wechsel aus St. Gallen, was einen Anteil von jeweils ¼% an Wechselanzahl und -belauf bedeutete.

---

67 SLA, A.M.M., 3.5.33, passim.

Insgesamt zeigt sich damit das Bild eines (Süd)Tiroler Jahrmarkts, dessen Einzugsbereich sich im wesentlichen auf Südtirol und das Trentino erstreckte. Frühere Wechselpartner in einem überregionalen Rayon – Wien, Augsburg, Nürnberg, Venedig – spielten zumindest in dieser Untersuchungsperiode keine Rolle für die Bozner Messen mehr. Allerdings zeichnen sich auch zwei neue Verbindungen ab, die im 18. Jahrhundert nicht bestanden und die im weiteren 19. Jahrhundert durchaus von Belang sein sollten, die nach Mailand und die nach Triest. Letzteres profitierte ja seit dem beginnenden 19. Jahrhundert vom Niedergang Venedigs als Handels- und Wechselplatz und stieg zum nach Wien wichtigsten Wechselmarkt des Kaisertums Österreich auf. Mailand wurde zum wichtigsten Finanzplatz des neuen Königreichs Lombardo-Venetien und somit für die Bozner Messen zum wichtigsten italienischen Wechselpartner. Daß in dieser Untersuchungsperiode vergleichsweise viele Städte als Ausstellungsorte erscheinen, die im bargeldlosen Zahlungsverkehr keine überlokale Bedeutung besaßen, mag ein Stück weit Zufall sein, doch belegt dies zugleich den hohen Grad an Diffussion bargeldloser Zahlungsverkehrstechniken bis in größere Dörfer hinein.

Abb. 20: Wechsel von 1666[68]

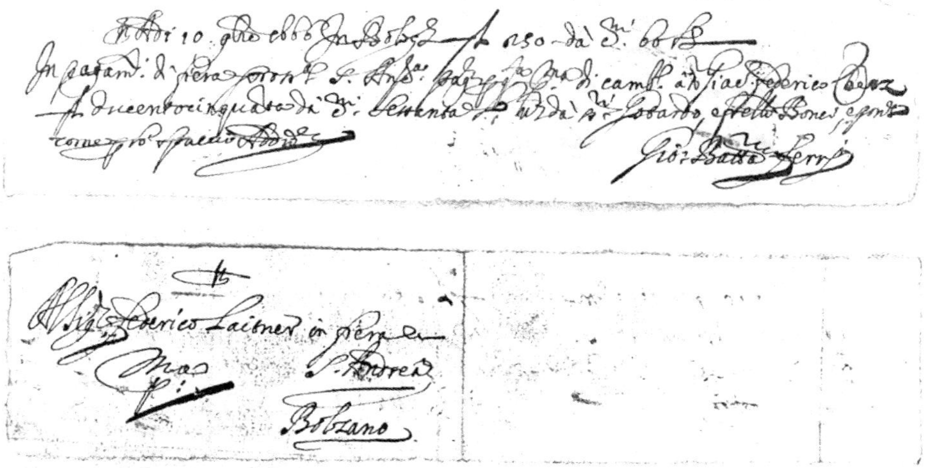

Dieser am 10. September 1666 ausgestellte Wechsel, der auf der Bozner Andreämesse desselben Jahres eingelöst werden sollte, ist der einzige originale Wechsel, der in den bislang gesichteten Akten des Bozner Merkantilmagistrats gefunden wurde. Warum er erhalten geblieben und überliefert worden ist, konnte nicht geklärt werden. Wahrscheinlich ist, daß er wegen eines laufenden Protestverfahrens zu den Akten gelegt worden ist.

68 Quelle: SLA, A.M.M. 3.4.10, fol. 368–368'.

6.3 DIE ENTWICKLUNG DES EINZUGSBEREICHS DES BOZNER WECHSELMARKTES IM ÜBERBLICK

Die Untersuchung der Wechselprotestbücher zeigt – unter Berücksichtigung ihrer oben dargelegten beschränkten Aussagekraft –, daß der Einzugsbereich des Bozner Wechselmarktes deutlich kleiner war, als aufgrund der weiterreichenden Wechselkursnotierungen zu vermuten gewesen wäre. Diese Feststellung gilt für den gesamten Untersuchungszeitraum, wenn auch in unterschiedlicher Intensität. Bis in die ersten Jahrzehnte des 18. Jahrhunderts hinein reichte der Einzugsbereich des Bozner Wechselmarktes in seinem Kernraum von Oberitalien über Tirol bis zu den österreichischen und oberdeutschen Handelszentren, vorrangig bis nach Wien, Augsburg und Nürnberg. In deutlich geringerem Umfang waren auch Kaufleute aus den bedeutenden Gewerbegebieten der Nord- und Ostschweiz – insbesondere aus St. Gallen und später aus Zürich – sowie aus den Handels- und Gewerbezentren des sächsischen und des schlesischen Raumes auf den Bozner Messen vertreten. Ähnliches gilt auch für die südlich der Poebene gelegenen italienischen Handels- und Gewerbezentren vor allem der Toskana. Alle diese Regionen – die Schweiz, Sachsen, Schlesien und auch Mittel- und Süditalien – können aus der Perspektive der in Bozen dokumentierten Wechselproteste als Peripherie bezeichnet werden, deren Anteil am Gesamtwechselbelauf in der Regel gering (unter 4%), teilweise sogar marginal war. Dies ist ein deutlich gegenteiliger Befund zu den Wechselkursnotierungen, da Bozen zahlreiche Plätze aus dieser sogenannten Peripherie – mindestens bis 1742 – notierte. Mehrere notierte Wechselplätze erscheinen überhaupt nicht (Ancona, die Bisenzone-Messen und die Lyoner Messen) oder nur in sehr wenigen Fällen (Frankfurt am Main, Neapel, Rom, Piacenza) als Ausstellungsorte protestierter Wechsel. Ähnliches ist auch für die erst in der zweiten Hälfte des 18. Jahrhunderts häufiger notierten nordwesteuropäischen Finanzzentren Amsterdam, London und Hamburg zu vermuten.

Zwei Erklärungen erscheinen für diesen bemerkenswerten Befund plausibel: Erstens kann das Interesse von Kaufleuten, Wechselkursnotierungen für bestimmte Plätze vorliegen zu haben, darauf zurückzuführen sein, daß derartige Kurse für die Ausstellung von Wechseln auf diese Plätze in Bozen erforderlich waren, auch wenn Wechsel von diesen Plätzen in Bozen nicht oder nur äußerst selten eingelöst werden mußten und damit – noch seltener – protestiert wurden. Dies würde bedeuten, daß man in Bozen Wechsel auf eine weitaus größere Zahl an überregionalen und international bedeutenden Finanzmärkten ausstellte, als man vor Ort verhandelte. Derartige Wechselausstellungen waren erforderlich, wollte man Zahlungen in diesen Städte leisten, etwa wenn die Zahlung für eine bestimmte Partie Waren auf der nächsten Messe in Leipzig, Frankfurt am Main oder Lyon erfolgen sollte. Damit war Bozen als Ausstellungsort von Wechseln wesentlich bedeutender als als Präsentationsort, was im übrigen charakteristisch ist für ‚Regionalmessen mit partiell überregionaler Relevanz', wie dies etwa auch im Falle von Braunschweig zu beobachten ist. Dies geht einher mit der Tatsache, daß Bozen selbst nur von wenigen Plätzen notiert wurde, insbesondere von Venedig und Wien. Das Interesse von Kaufleuten, Wechsel auf Bozen zu ziehen und dort einzulösen und dafür eine Kursnotierung auf Bozen zu benötigen, war somit an den meisten europäischen Plätzen eher gering oder überhaupt nicht vorhanden. In diesem Sinne ist auch eine Bemerkung von Günther Meinert zum Wechselverkehr zwischen Leipzig und den italienischen Plätzen zu verstehen: „Zwischen Leipzig und den italienischen Plätzen bestand kein direkter Wechselverkehr, er erfolgte meist über Augsburg oder Wien."[69] Dies kann erklären, warum aus bestimmten, in Bozen notierten Wechselmärkten – so etwa aus Leipzig – auf den Messen keine oder nur sehr wenige Wechsel zu Protest gingen.

Zweitens ist zu bedenken, daß es kaufmännische Tradition an den meisten europäischen Wechselmärkten war, bestimmte Wechselplätze zu notieren, auch wenn Geschäfte mit diesen Plätzen eher von geringer Relevanz waren oder überhaupt nicht (mehr) abgewickelt wurden. Es dauerte oft sehr lange, bis Plätze, die man nicht mehr notieren zu müssen glaubte, tatsächlich aus dem jeweiligen Wechselpreiskuranten gestrichen wurden. Ein solches Revirement des Preiskuranten erfolgte in Bozen zur Bartholomäusmesse 1742, infolgedessen zahlreiche, unbedeutend gewordene (oder als Wechselpartner nie bedeutend gewesene?) Kurse wegfielen und dafür mehrere andere – vorsorglich? – neu aufgenommen wurden: Dies geschah im Falle der drei nordwesteuropäischen Finanzzentren, die in der zweiten Hälfte des 18. Jahrhunderts von annähernd allen europäischen Finanzplätzen aus notiert wurden, weil sie eine herausragende internationale Bedeutung als Finanz- und Bankplätze besaßen.

Dies kann aber noch nicht erklären, warum Kaufleute aus bestimmten Städten – so etwa aus St. Gallen oder Rorschach – auf den Bozner Messen im 17. und frühen 18. Jahrhundert eine gewichtige Bedeutung als Handelsleute einnahmen, ja sogar mit einer vergleichsweise großen Zahl an Kontrattanten im Merkantilmagistrat vertreten waren, Wechsel aus diesen Orten jedoch eher selten in den Wechselprotestbüchern erscheinen, zumal St. Gallen ja die Bozner Messen in seinem Wechselpreiskurant verzeichnete. Da somit ein vergleichsweise hohes Wechselaufkommen aus St. Gallen auf den Bozner Messen und damit auch in den Wechselprotestbüchern zu erwarten wäre, dem aber nicht so ist, ergeben sich drei Überlegungen: Zum einen könnte man annehmen, daß die St. Galler Wechsel zuverlässiger honoriert wurden als andere, wofür es keinerlei Hinweise gibt. Zum anderen läge es nahe, davon auszugehen, daß die St. Galler oder Rorschacher Händler sich gewisser Wechsel bedienten, die an anderen Orten – etwa in Augsburg – ausgestellt worden waren. Schließlich könnte das Fehlen von protestierten Wechseln gerade aus den Schweizer Plätzen auch dadurch erklärbar sein, daß von dort in größerem Maße als aus den anderen Regionen mit Bargeld und nur in vergleichsweise geringem Umfang mit Wechseln bezahlt wurde. Gerade letztere Vermutung ist aufgrund der im Vergleich zu anderen mitteleuropäischen Regionen eher rückständigen Entwicklung der Schweiz im internationalen bargeldlosen Zahlungsverkehr dieser Zeit durchaus nicht von der Hand zu weisen.[70] Sie wird darüber

---

69 MEINERT, Handelsbeziehungen, S. 40.

70 DENZEL, Die Integration der Schweizer Finanzplätze, passim; ders., Geldwesen und Zahlungsverkehr … in der Alten Schweiz, passim.

hinaus bestätigt durch eine Nachricht von der Bartholomäusmesse 1640: Auf dieser Messe war eine akute Münzknappheit eingetreten, wofür als Grund angeführt wurde, daß Kaufleute aus verschiedenen Schweizer Städten, vor allem aus Genf, auf den Messen in großem Umfange Taler aufkauften und in die Schweiz transportierten.[71]

Überblickt man nun den ‚Kernraum' und die ‚Periphierien' des Einzugsbereichs des Bozner Wechselmarktes, so ist festzustellen, daß auf den Messen vorrangig Wechsel aus mindestens regional, häufig überregional bedeutenden Handels- und Gewerbezentren protestiert wurden. Wechsel aus kleineren Städten oder gar Dörfern waren im 17. und 18. Jahrhundert in der Regel eher selten; nur aus dem Trentino mit seinen auch in den kleineren Orten ansässigen Gewerben sind solche feststellbar, nicht jedoch aus Tirol selbst. Insbesondere für Nordtiroler, aber auch für die Südtiroler Messebesucher aus der unmittelbaren Bozner Umgebung scheint die Wechselzahlung in Bozen eine deutlich geringere Bedeutung gespielt zu haben als für die Welschtiroler; die beiden ersteren Gruppen werden die Zahlung mit Bargeld bevorzugt haben. Neben den international oder zumindest überregional bedeutenden Handels- und Finanzzentren des oberdeutschen wie des oberitalienischen Raumes, die, wie oben nachgewiesen, in annähernd allen Regionen den größten Anteil am Wechselbelauf und an der Wechselanzahl auf sich vereinigten, kamen die Wechsel aus verschiedenen Gewerberegionen, deren Kaufleute auf den Bozner Messen als Ein- und/oder Verkäufer auftraten: Dies ist in besonderer Weise auffällig in der Region Trentino mit ihrem um Rovereto konzentrierten Seidengewerbe. Daneben finden sich aber auch zahlreiche protestierte Wechsel aus anderen Orten mit seidenverarbeitender Produktion, so vor allem aus Bologna, Lucca und Reggio Emilia, wohin seit der Mitte des 17. Jahrhunderts viel Rohseide aus dem Etschtal ausgeführt wurde.[72] Als weitere Gewerbelandschaft war Schwaben südlich der Alb mit den textilverarbeitenden Zentren Augsburg, Kempten und Ulm sowie den kleineren Standorten Memmingen und Isny am stärksten von allen Gewerbelandschaften nördlich der Alpen vertreten, die zudem ihre Fortsetzung in der Textilgewerbelandschaft in der Nord- und Ostschweiz mit St. Gallen, Zürich und Winterthur besaß. Darüber hinaus kamen Wechsel aus der vorrangig von der Metallverarbeitung geprägten Gewerbelandschaft Franken mit den Zentren Nürnberg und Fürth sowie der Textilgewerbelandschaft der Reußischen Lande um Gera und Greiz hinzu.[73] Auch dieser Befund ist charakteristisch für eine ‚Regionalmesse mit partiell überregionaler Relevanz': Neben Wechseln aus international renommierten Handels- und Finanzplätzen traten – wie auf den Braunschweiger Messen der zweiten Hälfte des 18. Jahrhunderts – solche aus den Zentren von relativ benachbarten Gewerbelandschaften, deren Produkte mindestens überregionale Verbreitung fanden. Für die zahlungsverkehrstechnische Abwicklung von deren Vertrieb bildeten die Bozner Messen im Alpenraum (wie die Braunschweiger Messen im norddeutschen Raum)

---

71 SLA, A.M.M., 3.4.17, fol. 199 und 221.

72 PALME, Frühe Neuzeit, S. 208.

73 Zu den Gewerbelandschaften vgl. Karl Heinrich KAUFHOLD, Gewerbelandschaften in der frühen Neuzeit (1650–1800), in: Hans POHL (Hrsg.), Gewerbe- und Industrielandschaften vom Spätmittelalter bis ins 20. Jahrhundert, Stuttgart 1986, S. 112–202, hier: S. 135, 138f., 143f.

einen essentiellen Knotenpunkt, über welchen die beteiligten Kaufleute zugleich Anbindung in wichtige europäische Handels- und Finanzzentren – sei es für den Absatz, sei es für die Finanzierung der Produktion oder des Vertriebs – erhielten.

Eine deutliche Änderung dieser Funktion der Bozner Messen ist dann in Ansätzen seit den 1750er Jahren, in voller Ausprägung dann im beginnenden 19. Jahrhundert – anhand der Wechselproteste der Jahre 1811 bis 1816 – festzustellen: Die überregionalen und internationalen Bezüge der Bozner Messen waren drastisch zurückgegangen, und die Messen besaßen aus zahlungsverkehrstechnischer Perspektive Bedeutung nur noch für die engere Region, für Südtirol und das Trentino, kaum hingegen für Nordtirol. Daß die Bozner Messen aber auch in dieser Zeit noch überregionale Wechselkursnotierungen nach Oberdeutschland, Oberitalien, Wien, teilweise auch nach Nordwesteuropa unterhielten, zeigt ihre immer noch hohe Relevanz für eben diese Region Südtirol und Trentino selbst: Die Messen banden zahlungsverkehrstechnisch diese Region an die überregionalen und internationalen Zahlungsverkehrsströme und Finanzmärkte an, wie dies nicht zuletzt für die gewerbliche Entwicklung insbesondere des Trentino von Bedeutung war. Anders als etwa Verona, das nach 1815 Bozen im überregionalen Handel zu überflügeln begann, im bargeldlosen Zahlungsverkehr aber keine Rolle mehr spielte, blieb Bozen mindestens bis zur Jahrhundertmitte auf der lokalen Ebene weiterhin ein Vermittlungsplatz für die Region nach Augsburg und Mailand.

Abschließend ist auf das sich verändernde Verhältnis zwischen den beiden wichtigsten Fieranten-Gruppen einzugehen, deren ‚Dualismus' die Blüte der Bozner Messen erst ermöglichte und deren Konflikte um die Vormachtstellung auf den Messen die richtungsweisende Rechtsgrundlage für die Messen, das Claudianische Privileg, provozierte: Das kommerzielle Gewicht von ‚italienischen' und ‚deutschen' Kaufleuten verschob sich im Untersuchungszeitraum beträchtlich. Läßt man die Wechsel der Tiroler Kaufleute einmal außer Acht, so wurden bis gegen Ende des 17. Jahrhunderts mehr Wechsel von italienischen Fieranten protestiert als von deutschen. Die durch das Claudianische Privileg gestärkte Stellung der italienischen Fieranten war dabei – nicht zuletzt aufgrund des ökonomischen Niedergangs in weiten Teilen Süddeutschlands während des Dreißigjährigen Krieges – vor allem bis um die Mitte des 17. Jahrhunderts deutlich, danach bereits abgeschwächt, doch immer vorrangig getragen von der starken Stellung der Kaufleute aus dem Veneto. Mit der sinkenden kommerziellen Bedeutung Venedigs und damit auch der Kaufleute aus dieser Region wurden in der ersten Hälfte des 18. Jahrhunderts nach Ausweis der Wechselproteste die Fieranten aus Oberdeutschland und Österreich zur wichtigsten Gruppe (mit Ausnahme der 1750er Jahre), während spätestens seit dem beginnenden 19. Jahrhundert die Kaufleute aus der Region Südtirol und Trentino auf den Messen dominierend waren.[74]

74 Vgl. HUTER, Die Quellen des Meßgerichts-Privilegs, S. 70.

RESÜMEE: DIE BOZNER ‚WECHSELMESSEN' IM RAHMEN DES EUROPÄISCHEN MESSESYSTEMS UND DES INTERNATIONALEN BARGELDLOSEN ZAHLUNGSVERKEHRSSYSTEMS

Der Rayon der Bozner Wechselkursnotierungen und die hier eingegangenen Wechselproteste lassen aus der Perspektive des bargeldlosen Zahlungsverkehrs folgende Rückschlüsse auf die Bedeutung der Bozner Messen im europäischen Kontext zu:

1. Mit dem Claudianischen Privileg von 1633/35 wurde das bereits vorher partiell existierende Bozner Wechselgeschäft, dessen Ungeordnetheit nicht zuletzt eine der wichtigsten Ursachen überhaupt für die Erteilung des Privilegs war, auf eine sichere institutionelle und rechtliche Grundlage gestellt. Diese Fundierung geschah nach dem Vorbild der bereits bestehenden oberitalienischen Wechselmessen der Genuesen und der Venezianer und in unmittelbarer Konkurrenz zu diesen, an deren Organisationsstruktur und Ablauf sich die Bozner Messen weitgehend orientierten. Die Bestimmungen des Claudianischen Privilegs übernahmen insbesondere die innovativen Regelungen von deren Wechselordnungen und übertrugen sie damit erstmals in den deutschen Sprachraum.[1] Doch die Bedeutung des Claudianischen Privilegs für die Bozner Messen reicht noch weiter: Durch dieses Privileg wurden die bisherigen Bozner Märkte, die bereits auf eine mehrhundertjährige Tradition als Handels- und Zahlungsverkehrszentren im Alpenraum zurückblicken konnten, erst zu Marktveranstaltungen, die den Titel ‚Messen' im Vollsinn des Wortes für sich beanspruchen konnten, auch wenn sie in zeitgenössischen Schriften häufig weiterhin als ‚Märkte' bezeichnet wurden. Denn ein konstitutives Element für eine frühneuzeitliche Messe war ja nicht zuletzt die Funktion einer solchen Marktveranstaltung als Umschlagplatz für bargeldlose Zahlungsverkehrsoperationen nach einheitlichen, juristisch wohlfundierten Regeln und auf der Grundlage einer stabilen Rechenwährung, die die Kaufleute von der Münz- und Währungspolitik eines Landesherren (weitgehend) unabhängig machte.[2] Beides war auf den Bozner Messen mit dem Claudianischen Privileg gegeben, die Bozner Jahrmärkte mithin zu Messen geworden, die beispielsweise Paul Jakob Marperger in seiner *Beschreibung der Messen und Jahr-Märckte* von 1711 in eine Reihe mit den großen europäischen Messen seiner Zeit stellte.[3]

---

1 KRASENSKY, Marktordnung, S. 84.

2 Vgl. hierzu die Übersicht von BRÜBACH, Reichsmessen, S. 36.

3 MARPERGER, Beschreibung der Messen und Jahr-Märckte, S. 115-178. Vgl. Jürgen SCHNEIDER / Markus A. DENZEL, Foires et marchés en Allemagne à l'époque moderne, in: Christian DESPLAT

Gerade die organisatorische Orientierung der Bozner Messen an den italienischen Wechselmessen und die erstmalige Übertragung der innovativen Regelungen von deren Wechselordnungen in den deutschen Sprachraum hatten für die weitere Entwicklung der Bozner Messen bis in das 19. Jahrhundert hinein und für ihre Außenwirkung in der europäischen Messelandschaft weitreichende Konsequenzen. So wurde der Bozner Merkantilmagistrat zu einem Vorbild für zahlreiche ähnliche Einrichtungen im deutschsprachigen Raum, zuerst in Frankfurt am Main (1661), dann in Leipzig (1681/82) und Wien. Auch das Braunschweiger Kaufgerichtsprivileg von 1686 wurde von Bozen beeinflußt, und das 1621 in Nürnberg errichtete Bancoamt wurde 1697 auf Bozner Anregungen hin zu einem besonderen Mercantil- und Bancogericht umgestaltet. Im 18. Jahrhundert erreichten den Bozner Merkantilmagistrat Anfragen in wechselrechtlichen Problemen bis aus den siebenbürgischen Städten Hermannstadt (Sibiu), Kronstadt (Braşov), Elisabethstadt (Dumbrăveni) und Schäßburg (Sighişoara).[4] Wurde in einer Handelsstadt, für welche die Bozner Messen von Bedeutung waren, eine Markt- oder eine Wechselordnung neu erstellt oder geändert, wurde der Bozner Merkantilmagistrat geradezu selbstverständlich durch Übersendung eines Belegexemplars über die neue Rechtslage in Kenntnis gesetzt. So konnte etwa die überarbeitete Augsburger Wechselordnung von 1778 im darauffolgenden Jahr vom Merkantilmagistrat zu den Akten genommen werden.[5] Innerhalb Tirols wirkte das Bozner Vorbild vor allem auf die Jahrmärkte in der Stadt Hall in Tirol, hier allerdings schon bei der Erstellung einer Satzung von 1581.[6]

Allerdings verweigerten sich die Bozner Messen den wechselrechtlichen Innovationen, die sich vom nordwesteuropäischen Raum aus verbreiteten, insbesondere dem Indossament, das in den ersten Jahrzehnten nach 1633/35 in Bozen geduldet, dann aber mit immer strikteren Verordnungen gänzlich verboten wurde. Die rigiden Bestimmungen gegenüber dem Indossament resultierten wohl vorrangig aus den Bedenken gegen die berüchtigte Wechselreiterei.[7] Die Klärung der Frage, welche Bedeutung darüber hinaus die Bozner Wechselsensalen, deren Funktion durch die Möglichkeit des Wechselindossaments ja drastisch geschmälert worden wäre, beim Beharren der Bozner auf dem Indossamentverbot spielten, muß einer späteren Untersuchung vorbehalten bleiben. Durch ihre Verweigerung gegenüber dem Indossament verloren die Bozner Messen jedenfalls nach dem 17. Jahrhundert – wie im übrigen auch die meisten italienischen Wechselmärkte – zumindest teilweise ihre Innovations- und Anziehungskraft für die nordalpinen Wechselmärkte. Die Abwicklung des bargeldlosen Zahlungsverkehrs auf den Bozner Messen stagnierte somit im wesentlichen auf der

(éd.), Foires et marchés dans les campagnes de l'Europe médiévale et moderne. Actes des XIVes Journées Internationales d'Histoire de l'Abbaye de Flaran (Septembre 1992), Toulouse 1996, S. 137–152, hier: S. 142f.

4 SLA, A.M.M., 3.7.22, fasc. 17, fol. 418–486, insbesondere fol. 483.

5 SLA, A.M.M., 3.7.30, fasc. 30, fol. 149–458.

6 Grass, Vom Messegericht zum Merkantilmagistrat, S. 219–231.

7 Rizzolli, Bozen, S. 28.

Entwicklungsstufe, die sie im 17. Jahrhundert erreicht hatten und die in diesen Jahrzehnten – dies sei nochmals betont – durchaus ‚auf der Höhe der Zeit' war.

2. Daß die Bozner Messen vor allem im 17. und frühen 18. Jahrhundert ein erfolgreiches ‚Modell' und Vorbild für andere Messen in Europa waren, lag nicht zuletzt in ihren Währungsverhältnissen begründet: Im Gefolge der Kipper- und Wipperzeit, in der das Vertrauen der Bevölkerung und insbesondere der Kaufmannschaft in Geld und Währung von zahlreichen Landesherren des Reiches mehr oder minder mutwillig zerstört wurde, stieg auf den Bozner Märkten wie überall in Mitteleuropa die Nachfrage nach bargeldlosen Zahlungsverkehrstransaktionen, um nicht aufgrund der unsicheren Währungsverhältnisse finanzielle Verluste zu erleiden. Abhilfe konnten die Gründung einer Wechselbank wie in Nürnberg oder die verbesserte Ordnung des bargeldlosen Zahlungsverkehrs auf Messen schaffen. Letzteres ist in Bozen geschehen, so daß das Claudianische Privileg auch als eine Folge der Kipper- und Wipperzeit und der darauffolgenden monetären Unsicherheit angesehen werden kann. Die durch das Claudianische Privileg initiierte Neuordnung des bargeldlosen Zahlungsverkehrs auf den Bozner Messen ging dabei einher mit der Durchsetzung einer imaginären Rechenwährung, der Girowährung, die den Kaufleuten zur wechselseitigen Abrechnung ihrer Transaktionen diente. Die Stabilität dieser Rechenwährung gegenüber dem Kurantgeld war ein gewichtiger Faktor für den Erfolg der Bozner Messen im 17. und frühen 18. Jahrhundert. Als die Kaufleute auf den Bozner Messen um einer höheren Praktikabilität willen in der ersten Hälfte des 18. Jahrhunderts sich schrittweise von dieser Rechenwährung abkehrten und 1742 zur Moneta lunga, d.h. zur Kurantwährung, als Zahlungs- und Rechnungseinheit übergingen, war dies ein Prozeß, der annähernd parallel zum einsetzenden Niedergang der Messen aus der Perspektive ihres Handels verlief. Die Abkehr von der traditionellen Bozner Rechenwährung wurde von den Zeitgenossen zwar als ein wichtiger Schritt hin zu einer größeren Praktikabilität des Zahlungsverkehrs gesehen, machte diesen allerdings auch wieder stärker anfällig für durch die Münz- und Währungspolitik des Landesherren verursachte inflationäre Tendenzen, wie dies insbesondere in der Zeit der Wiener Währung der Fall war. In gewissem Sinne wurde ja ab 1770 mit der Unterscheidung zwischen Meßvaluta und Tiroler Landeswährung wieder zwischen Rechen- und Kurantwährung differenziert, doch konnte die Meßvaluta aufgrund ihrer faktischen Übereinstimmung mit dem Konventionskurant keine unabhängige Währungsstabilität garantieren. Mit der faktischen Abschaffung der imaginären Girowährung 1742 hatten die Bozner Messen somit einen gewichtigen Standortvorteil verloren. Dies wirkte zwar nicht unmittelbar auf den Niedergang der Messen hin, aber ein zentraler Faktor, der Kaufleute auf die Messen zog, war nach 1742 nicht mehr gegeben.

Mit der Abkehr von der Rechenwährung wurde auf den Bozner Messen die Notierung der verschiedenen Kurantmünzen, die auf den Messen umliefen und für Zahlungen Verwendung fanden, erforderlich. Die Bozner Geldkursnotierungen insbesondere ab 1770 zeigen dabei, daß der Geldmarkt der Messen in den folgenden Jahrzehnten wie der der meisten anderen Finanzmärkte in Europa auf zahlreiche unterschiedliche ausländische Sorten angewiesen war. Insbesondere französische und oberitalienische Münzen waren dabei neben österreichischen Sorten in Bozen relevant. Daß die Bedeutung der Geldkurse für die Kaufleute gegenüber der der Wechselkurse in der ersten Hälfte des 19. Jahrhunderts zunahm, da mehr Zahlungen als bisher bar abgewickelt wurden, was dem regionalen bis lokalen Charakter der Messen eher entsprach, liegt somit nahe.

3. Im Konzert der europäischen Messen war Bozen aus der Perspektive des bargeldlosen Zahlungsverkehrs eine ,Regionalmesse mit partiell überregionaler Relevanz'. Bozen verband zahlungsverkehrstechnisch den italienischen mit dem oberdeutschen und österreichischen Wirtschaftsraum und war in diesem Sinne eine ,Grenzmesse', erlangte jedoch keine europaweite Bedeutung im bargeldlosen Zahlungsverkehr, wie etwa die Genuesischen Bisenzone-Messen im 16. und frühen 17. Jahrhundert, die Frankfurter Messen im 17. und frühen 18. Jahrhundert oder die Leipziger Messen im späteren 18. Jahrhundert. Anders als andere Regionalmessen – so etwa Verona oder Lanciano in Italien oder Braunschweig im Heiligen Römischen Reich – vermochte Bozen allerdings, seinen Status über annähernd zwei Jahrhunderte aufrechtzuerhalten, und sank erst im 19. Jahrhundert zu einer nur noch lokalen Institution herab. Im 17. und frühen 18. Jahrhundert erlebten die Bozner Messen zahlungsverkehrstechnisch ihren Höhepunkt zugleich mit der letzten großen Blüte des venezianischen Wechselmarktes, dessen nördlichsten ,Außenposten' sie gleichsam bildeten. Seit den 1720er Jahren konzentrierte sich der Bozner bargeldlose Zahlungsverkehr in langfristiger Tendenz zunehmend auf den deutschsprachigen bzw. nordalpinen Raum, wie sowohl das Revirement des Bozner Kurszettels von 1742 als auch die Entwicklung der Wechselproteste nahelegen. Aber auch das westliche Europa – Frankreich und die Schweiz – wurden unwichtiger für den Bozner bargeldlosen Zahlungsverkehr. Die im 17. und frühen 18. Jahrhundert noch gut faßbare überregionale Relevanz des Bozner Zahlungsverkehrs ging zugunsten einer stärkeren regionalen Ausrichtung auf Oberitalien, Oberdeutschland und Österreich zurück, während die großen Finanzzentren Nordwesteuropas – Amsterdam, London, Paris und Hamburg –, die das internationale Wechselgeschäft im 18. und 19. Jahrhundert geradezu dominierten, für die Bozner Messen zu keiner Zeit nachhaltige Bedeutung erlangten. Im 19. Jahrhundert waren die Bozner Messen eine Art Tiroler ,Landesmessen', erfüllten aber – mangels eines alternativen Wechselmarktes im alpinen Raum – weiterhin die immer noch wichtige Funktion der Anbindung Tirols an den überregionalen und internationalen bargeldlosen Zahlungsverkehr. Aus den Bozner Messen wurde kein ,Finanzplatz Bozen', wie dies etwa im 18. Jahrhundert in Frankfurt am Main und Lyon, im 19. Jahrhundert in Leipzig der Fall war und wofür die Zulassung des (mehrfachen) Indossaments eine unabdingbare Voraussetzung gewesen wäre, wie das Beispiel von Frankfurt am Main nahelegt. Dies war aber aus der Tiroler und alpinen Perspektive auch gar nicht erforderlich: Mindestens bis 1850 erfüllten die Bozner Messen ihre Funktion der Anbindung ,ihres' Raumes an das internationale Zahlungsverkehrssystem.

4. Blickt man auf die Wechselkursnotierungen zwischen den verschiedenen Finanzmärkten Europas, so ist festzuhalten, daß die Bozner Messen zwar zwischen 1633 und 1850 eine wechselnde, aber doch nie geringe Zahl an Plätzen notierten, selbst aber nur selten notiert wurden. Die wichtigste und zeitlich längste Notierung auf die Bozner Messen war die von Venedig, die von 1623 bis 1697 nachgewiesen werden

kann; auch Wien notierte Bozen im 18. Jahrhundert einige Jahre lang, doch vergleichsweise unregelmäßig (1750–1769). Unregelmäßige bzw. zeitweise Notierungen auf Bozen von anderen Wechselmärkten – so etwa von den Bisenzone-Messen bzw. Piacenza (1631–1639, 1693–1696), St. Gallen (bis in das beginnende 19. Jahrhundert), Augsburg, Nürnberg – sind in zeitgenössischen Kaufmannshandbüchern, kaum jedoch durch längere Wechselkursreihen belegt. Damit war Bozen im Integrationsprozeß in das internationale bargeldlose Zahlungsverkehrssystem, wie er anläßlich der *XXXII Settimana di Studi* in Prato im Jahre 2000 definiert worden ist,[8] weit fortgeschritten, erlangte jedoch kaum das Endstadium einer vollständigen Integration in das internationale bargeldlose Zahlungsverkehrssystem, wofür Bozen die langfristige, regelmäßige Notierung von mehreren international relevanten Finanzzentren fehlte. Im 17. und frühen 18. Jahrhundert, als zumindest der internationale Wechselmarkt Venedig, wahrscheinlich auch Augsburg und St. Gallen Bozen regelmäßig notierten, kann dieses Stadium als ‚Übergang zur vollständigen Integration' bezeichnet werden; im weiteren 18. Jahrhundert, als die Venezianer wie auch die Wiener Notierungen nur noch unregelmäßig erfolgten, ist eher von einer sehr engen Anbindung zu sprechen. Aus der Perspektive des internationalen bargeldlosen Zahlungsverkehrssystem ist daher für die Zeit nach etwa 1720 von einem Desintegrationsprozeß der Bozner Messen auszugehen, d.h. die Intensität ihrer Ein- bzw. Anbindung in bzw. an das internationale bargeldlose Zahlungsverkehrssystem ging desto mehr zurück, je unregelmäßiger und seltener die auswärtigen Kursnotierungen auf die Bozner Messen wurden. In den letzten Jahrzehnten des 18. Jahrhunderts und in der ersten Hälfte des 19. Jahrhunderts waren die Bozner Messen dann eher locker an das internationale System angebunden, da kein auswärtiger Platz sie mehr notierte. Dieser Befund deckt sich weitgehend mit demjenigen, der aus der ‚Innensicht' der Messen – aus der Perspektive ihrer Kursnotierungen wie aus der der hier verzeichneten Wechselproteste – erarbeitet werden konnte.

Hintergrund dieses zahlungsverkehrstechnischen Desintegrationsprozesses war zum einen die in langfristiger Tendenz rückläufige Bedeutung der Bozner Messen im überregionalen Handel, die merkantilistischen wirtschafts- und vor allem zollpolitischen Maßnahmen der Wiener Regierung in der zweiten Hälfte des 18. Jahrhunderts und nicht zuletzt eine gewisse Innovationsfeindlichkeit der Bozner Kaufmannschaft. Zum anderen führten der Industrialisierungsprozeß und die mit diesem in unmittelbarem Zusammenhang stehende verkehrstechnische Revolution dann in der ersten Hälfte des 19. Jahrhunderts zum Absinken den Bozner Messen auf das Niveau einer Tiroler Landesmesse. Die für den Niedergang der Bozner Messen seit dem ausgehenden 18. Jahrhundert angeführten Argumente sind nicht neu und finden sich in der bisherigen Literatur in unterschiedlicher Betonung. Zweifelsohne waren diese Faktoren *auch* mitverantwortlich für den tendenziellen Bedeutungsverlust der Bozner Messen in ihrer Funktion als Wechselmarkt. Aber ein Argument kommt aus der Perspektive des bargeldlosen Zahlungsverkehrs hinzu, und es scheint das wichtigste zu sein: Die Bozner Messen hatten sich in ihrer Eigenschaft als Wechselmessen schlicht überlebt, und dies

8 DENZEL, Der Beitrag von Messen und Märkten, S. 819–822 sowie 834 (Graphik).

nicht erst im 19. Jahrhundert, sondern bereits deutlich früher. Wie die in Bozen erhobenen Wechselproteste belegen, begann der Niedergang des Bozner Wechselmarktes im zweiten Viertel des 18. Jahrhunderts einzusetzen. Zumindest der Höhepunkt der Bedeutung der Bozner Messen als ein überregional relevanter Wechselmarkt war seither überschritten. Daß dies auch den Zeitgenossen nicht verborgen blieb, zeigen die Neuorientierung des Kurszettels und die Hinwendung zur augenscheinlich praktikableren Kurantwährung 1742. Doch beide Maßnahmen wirkten nur aufschiebend.

Warum hatten sich die Bozner Messen in ihrer Funktion als Wechselmessen überlebt? Die Kaufleute waren seit dem 18. Jahrhundert immer weniger auf Messen wie die in Bozen zur Abwicklung ihres Zahlungsverkehrs angewiesen. Die Durchsetzung von Indossament und Diskont, die die schnelle und durch eine immer größere Zahl an Wechselordnungen rechtlich abgesicherte Weitergabe von Wechseln an andere Kaufleute ermöglichte, die Handelbarkeit von Wechseln auf Börsen und börsenähnlichen Veranstaltungen in immer zahlreicheren europäischen Städten, die zudem anders als Messen das gesamte Jahr über stattfanden, schließlich die Herausbildung des Privatbankiers im ausgehenden 18. und beginnenden 19. Jahrhundert machte es Kaufleuten immer leichter und kostengünstiger, ihren Zahlungsverkehr bargeldlos abzuwickeln, ohne dafür Messen besuchen zu müssen, was ja mit einem erheblichen Zeit- und Kostenaufwand verbunden war. In Bozen hatte dieser im zweiten Viertel des 18. Jahrhunderts einsetzende Bedeutungsverlust als Wechselmarkt dann auch wiederum negative Rückwirkungen auf die Funktion der Bozner Messen als Handelsplatz, und dieser Prozeß führte – im Sinne eines Teufelskreises – tendenziell zu einem langfristigen Niedergang der Bozner Messen insgesamt, auch wenn einige positive Entwicklungen – wie etwa die Kriegskonjunktur im beginnenden 19. Jahrhundert – diesen Trend verlangsamten, ja kurzfristig sogar umzukehren schienen, ihn jedoch letztlich nicht aufzuhalten vermochten. Damit war der Niedergang der Bozner Messen seit dem 18. Jahrhundert auch und gerade eine Folge der sinkenden Bedeutung ihrer Funktion als Wechselmarkt – ähnlich wie auch ihr Aufstieg seit den 1630er Jahren vor allem ihrer zunehmenden Bedeutung im bargeldlosen Zahlungsverkehr geschuldet war.

Eingangs dieser Untersuchung stand das Diktum von John J. McCusker und Cora Gravesteijn, nach dem den Bozner Messen eine längere und bedeutsamere Geschichte in ihrer Funktion als Wechselmessen denn als Handelsmessen beschieden gewesen sei. Ersteres – die längere Dauer – ist wohl abzulehnen, da beide Funktionen der Bozner Messen bis 1850 gleichermaßen mit Gewißheit nachgewiesen werden können und in der zweiten Hälfte des 19. Jahrhunderts dann ihrem Ende entgegengingen. Ob die Bozner Messen als Messen für den bargeldlosen Zahlungsverkehr bedeutender waren als für den Handel, kann zumindest nicht positiv entschieden werden, da hierfür Kriterien fehlen wie auch eindeutige Quellenzeugnisse nicht gefunden werden konnten. Mit Sicherheit kann jedoch festgestellt werden, daß sowohl Handel als auch bargeldloser Zahlungsverkehr für die Bozner Messen vom 17. bis zur Mitte des 19. Jahrhunderts konstitutiv waren und zusammen den ökonomischen Erfolg der Messen über viele Jahrzehnte gewährleisteten. Das Motto *Ex merce pulchrior* im Emblem des Bozner

Merkantilmagistrats[9] müßte demnach eigentlich lauten: *Ex merce et cambio pulchrior.* Denn nicht der Handel allein, sondern erst das Zusammenspiel beider Wirtschaftsbereiche – des Handels- und des Wechselgeschäfts – machte die Bozner Messen in der vorindustriellen Zeit zu dem, was sie waren: Grenzmärkte zwischen dem italienischen und dem oberdeutsch-österreichischen Wirtschaftsraum mit im 17. und in Teilen des 18. Jahrhunderts überregionaler, im 19. Jahrhundert dann nur noch regional-lokaler Bedeutung für das europäische Messesystem wie auch innerhalb des europäischen bargeldlosen Zahlungsverkehrssystems.

---

9 Vgl. etwa SPRUNG, Das Privileg, S. 49.

Abb. 21: Wechsel- und Geldkurszettel der Mittfastenmesse 1787 mit handschriftlichen Einträgen der Notierung nach den Vorgaben der Kontrattanten[10]

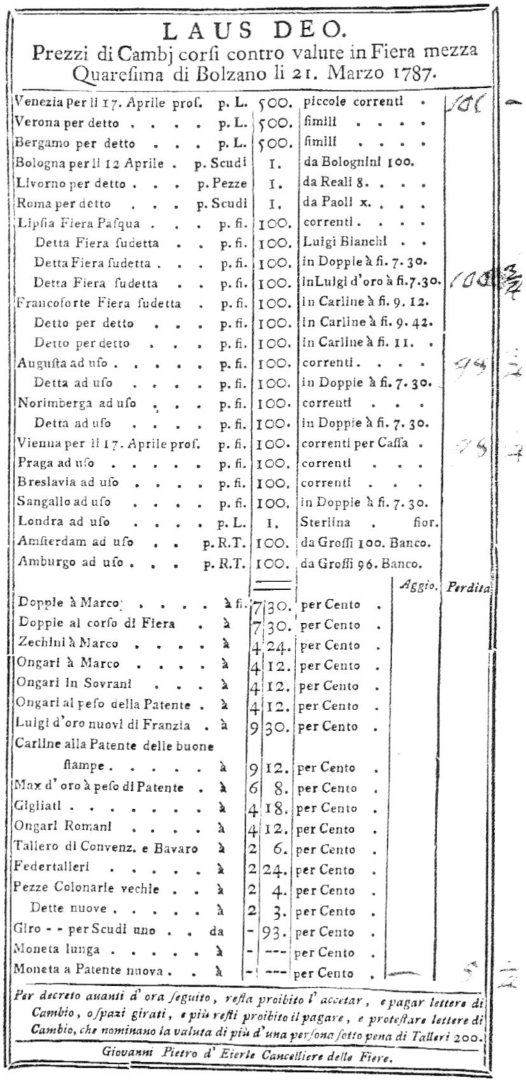

LAUS DEO.

Prezzi di Cambj corſi contro valute in Fiera mezza Quareſima di Bolzano li 21. Marzo 1787.

Venezia per li 17. Aprile proſ.	p. L.	500.	piccole correnti .
Verona per detto	p. L.	500.	ſimili . . . .
Bergamo per detto . . .	p. L.	500.	ſimili . . . .
Bologna per li 12 Aprile .	p. Scudi	1.	da Bolognini 100.
Livorno per detto . . .	p. Pezze	1.	da Reali 8. . . .
Roma per detto . . .	p. Scudi	1.	da Paoli x. . . .
Lipſia Fiera Paſqua . . .	p. fi.	100.	correnti . . . .
Detta Fiera ſudetta . .	p. fi.	100.	Luigi Bianchi . .
Detta Fiera ſudetta . . .	p. fi.	100.	in Doppie à fi. 7. 30.
Detta Fiera ſudetta . .	p. fi.	100.	in Luigi d'oro à fi. 7. 30.
Francoforte Fiera ſudetta .	p. fi.	100.	in Carline à fi. 9. 12.
Detto per detto . . .	p. fi.	100.	in Carline à fi. 9. 42.
Detto per detto . . .	p. fi.	100.	in Carline à fi. 11. .
Auguſta ad uſo	p. fi.	100.	correnti . . . .
Detta ad uſo	p. fi.	100.	in Doppie à fi. 7. 30.
Norimberga ad uſo . . .	p. fi.	100.	correnti . . .
Detta ad uſo	p. fi.	100.	in Doppie à fi. 7. 30.
Vienna per li 17. Aprile proſ.	p. fi.	100.	correnti per Caſſa .
Praga ad uſo	p. fi.	100.	correnti . . .
Breslavia ad uſo	p. fi.	100.	correnti . . .
Sangallo ad uſo	p. fi.	100.	in Doppie à fi. 7. 30.
Londra ad uſo	p. L.	1.	Sterlina . fior.
Amſterdam ad uſo . .	p. R.T.	100.	da Groſſi 100. Banco.
Amburgo ad uſo . . .	p. R.T.	100.	da Groſſi 96. Banco.

					Aggio.	Perdita
Doppie à Marco	à fi.	7	30.	per Cento .		
Doppie al corſo di Fiera .	à	7	30.	per Cento .		
Zechini à Marco	à	4	24.	per Cento .		
Ongari à Marco	à	4	12.	per Cento .		
Ongari in Sovrani	à	4	12.	per Cento .		
Ongari al peſo della Patente .	à	4	12.	per Cento .		
Luigi d'oro nuovi di Franzia .	à	9	30.	per Cento .		
Carline alla Patente delle buone ſtampe	à	9	12.	per Cento .		
Max d' oro à peſo di Patente .	à	6	8.	per Cento .		
Gigliati	à	4	18.	per Cento .		
Ongari Romani	à	4	12.	per Cento .		
Tallero di Convenz. e Bavaro	à	2	6.	per Cento .		
Federtalleri	à	2	24.	per Cento .		
Pezze Colonarie vechie . .	à	2	4.	per Cento .		
Dette nuove	à	2	3.	per Cento .		
Giro - - per Scudi uno . .	da	-	93.	per Cento .		
Moneta lunga	à	-	---	per Cento .		
Moneta a Patente nuova . .	à	-	---	per Cento .		

Per decreto avanti d' ora ſeguito, reſta proibito l' accetar, e pagar lettere di Cambio, o ſpazi girati, e più reſti proibito il pagare, e proteſtare lettere di Cambio, che nominano la valuta di più d' una perſona ſotto pena di Talleri 200.

Giovanni Pietro d' Eierle Cancelliere delle Fiere.

10 Quelle: SLA, A.M.M. 3.5.12, fol. 71.

RIASSUNTO IN ITALIANO[1]

Le fiere di Bolzano sono note per essere state uno snodo importante nel traffico di merci tra la Germania meridionale e l'area mediterranea, e nel loro periodo di massimo splendore, tra il XVII e la prima metà del XVIII secolo, assunsero in questo ambito un ruolo marcatamente sovraregionale, se non addirittura internazionale. Sviluppatisi a partire da manifestazioni locali che si tenevano a Bolzano e nella vicina Gries, con il XV secolo i mercati annuali bolzanini conobbero una notevole ascesa. Il ceto mercantile locale, operando di concerto con il potere territoriale e gli operatori esterni che in numero crescente visitavano i mercati, riuscì a sfruttare adeguatamente i vantaggi legati alla posizione geografica della città, toccata da alcuni tra i principali percorsi di attraversamento delle Alpi, mediante un'attenta promozione degli scambi, in particolare di quelli sovraregionali. In questo modo Bolzano e il suo circondario assunsero nella prima età moderna una funzione rilevante, e per alcuni versi centrale, nell'interscambio mercantile tra il Mediterraneo da un lato, e l'Europa centrale dall'altro. E ciò con ricadute che non toccarono soltanto l'economia locale, ma riguardarono anche e soprattutto la sfera sociale e quella culturale, tanto che l'identità cittadina risulta ancor oggi segnata dalla propensione all'attività commerciale. Solo a partire dalla prima metà del XIX secolo le profonde trasformazioni in atto nella struttura economica europea nel suo complesso, con l'affermarsi del processo d'industrializzazione e della rivoluzione dei trasporti a questo strettamente connessa,, portarono a una graduale marginalizzazione delle fiere bolzanine, mentre il ceto imprenditoriale locale non fu in grado di riconvertire il capitale finanziario e di competenze accumulato in attività che fossero al passo coi tempi.

Le fiere e i mercati annuali che si tenevano a Bolzano nel tardo medioevo e nella prima età moderna avevano come protagonista il commercio sovraregionale legato al transito attraverso le Alpi, per il quale, al più tardi dal periodo a cavallo tra XVI e XVII, si dimostravano funzionali anche strumenti di pagamento non costituiti da denaro contante, come le lettere di cambio, che così cominciarono a essere usate dagli operatori commerciali negli affari di fiera. Per il periodo che va dal tardo medioevo al XVI secolo sono rintracciabili, per le fiere bolzanine, solo alcune singole testimonianze di transazioni regolate mediante lettere di cambio. L'affermazione vera e propria di tali strumenti di pagamento sulla piazza di Bolzano prese il via con i primi decenni del XVII secolo, quando iniziò a formarsi un mercato dei cambi caratterizzato da regolari registrazioni dei corsi e da una circolazione cambiaria che in alcune fasi raggiunse no-

[1] Traduzione di Andrea Bonoldi, Bolzano/Trento.

tevoli volumi. Gli stessi privilegi per le fiere bolzanine definiti dagli statuti concessi da Claudia de'Medici nel 1635 sono riconducibili in qualche modo al contrasto tra veneziani e genovesi per il controllo del mercato dei capitali del Mediterraneo, segnato dallo spostamento delle fiere di cambio genovesi cosiddette "di Bisenzone" da Piacenza a Novi e dalla fondazione da parte di Venezia di una nuova fiera di cambio a Verona (1630).

Non sarà dunque il commercio, già ampiamente indagato, l'oggetto principale di questo studio, quanto piuttosto il sistema dei pagamenti non in contanti alle fiere di Bolzano, che fino ad ora è stato piuttosto trascurato dalla storiografia. Particolare attenzione verrà riservata alla questione di quale importanza sia possibile assegnare alle fiere di Bolzano nella loro funzione di "fiere di cambio" nell'ambito, da un lato, del sistema fieristico continentale, e dall'altro del sistema internazionale dei pagamenti non in contanti. La ricerca prenderà dunque in considerazione il periodo che si apre con la concessione del privilegio claudiano del 1633/35, che in qualche misura sancì la funzione delle fiere bolzanine anche come fiere di cambio, per chiudersi con la fine del Magistrato mercantile bolzanino, confluito nel 1850 nella locale Camera di commercio. Le questioni chiave che verranno affrontate sono le seguenti:

1. Come si è sviluppato il mercato cambiario bolzanino nel periodo che va dal XVII secolo alla metà del XIX?
2. In quale misura e con quali modalità il mercato cambiario bolzanino era connesso al sistema internazionale dei pagamenti non in contanti?
3. Quali elementi di natura giuridica e quali fattori connessi alla politica commerciale e a quella monetaria condizionarono lo sviluppo interno del mercato cambiario bolzanino e la sua proiezione internazionale?

Si tratta di quesiti ai quali è stato possibile dare risposta grazie all'eccellente stato delle fonti. In questo senso è da sottolineare come per le fiere bolzanine si sia conservata una base documentaria che è tra le più complete tra quelle disponibili, per quanto concerne la circolazione cambiaria nel XVII e XVIII secolo, per tutti i principali centri commerciali e finanziari d'Europa.

A partire dalla riorganizzazione delle fiere bolzanine e dall'istituzione del Magistrato mercantile – e più precisamente dalla fiera di S. Andrea del 1633 – e fino allo scioglimento del Magistrato nella Camera di commercio nel 1850, l'Archivio del Magistrato mercantile custodito presso l'Archivio provinciale di Bolzano conserva una documentazione pressoché integra per quanto concerne le quotazioni dei cambi di Bolzano, e assai ricca in merito ai protesti cambiari. Fino ad ora però nessuno ha proceduto a valorizzare in maniera ampia e sistematica tale fonte, che pure risulta pressoché unica nella sua completezza.

La ricchezza della documentazione disponibile ha dunque reso possibile, da un lato, ricostruire la serie dei corsi dei cambi e delle valute alle fiere di Bolzano tra il 1618/33 e il 1850 (per le valute si parte dal 1742), in modo da rendere tali dati utilizzabili anche per future ricerche e per comparazioni di varia natura. La ricostruzione dei corsi dei cambi ha altresì permesso di individuare, su di un arco di più di due secoli, le piazze che hanno agito da controparte del traffico cambiario bolzanino, consentendo di definirne l'importanza sia nei confronti delle stesse fiere bolzanine, che, più in generale, in relazione al sistema internazionale dei pagamenti non in contanti. In questo ambito, la ricerca ha anche messo in evidenza le principali caratteristiche della circolazione monetaria sulle piazze che hanno avuto relazioni con Bolzano, nella misura in cui tali informazioni sono risultate direttamente utili per spiegare l'andamento dei corsi cambiari bolzanini. In generale, è stato dunque possibile verificare come sia andata modificandosi, tra il XVII secolo e la metà del XIX, la rete dei centri commerciali e finanziari che avevano relazioni con le fiere di Bolzano. In maniera analoga, basandosi sui corsi delle valute, disponibili dal 1742 al 1850, si è potuto individuare quali monete rivestissero un ruolo importante nel traffico bolzanino, e quali ricoprissero la funzione, in qualche misura irrinunciabile per gli operatori mercantili, di "moneta di conto", cercando di definirne, laddove possibile, il significato per il sistema dei pagamenti delle fiere di Bolzano.

Ma oltre all'estensione geografica per così dire "ufficiale" del mercato cambiario bolzanino, definita dalla lista di piazze mercantili ricostruibile sulla base dei listini dei cambi, si è cercato anche di delineare quella "reale". A tal fine sono stati utilizzati gli elenchi dei protesti cambiari levati in fiera, con oltre 8300 casi registrati, che costituiscono una fonte di primaria importanza non soltanto per ciò che concerne la regolazione giuridica e gli aspetti legali dell'uso delle lettere di cambio, ma anche per individuare i soggetti coinvolti nella circolazione di tali strumenti e il sistema di relazioni all'interno del quale operavano. In particolare, sulla base del luogo di emissione delle lettere di cambio è stato possibile rilevare se, e se sì in quale misura, l'estensione geografica del mercato cambiario reale differiva da quella ricavabile dai listini dei cambi. In tal modo si è anche provato a dare risposta a una domanda che ricorre con una certa frequenza, a volte anche con accenti polemici, nella letteratura sulle fiere, ovvero quale tra le due "nazioni" mercantili – l'italiana o la tedesca – risultasse maggiormente rappresentata nell'ambito dei negozi cambiari in singoli periodi di tempo, e quale evoluzione abbia seguito il rapporto tra le due nazioni nel tempo.

Il privilegio claudiano del 1633/35 ha definito una solida cornice istituzionale e legale per i negozi cambiari, e pare plausibile che uno dei motivi ispiratori del provvedimento fosse stato proprio il disordine riscontrato in tale traffico, che aveva già cominciato ad affermarsi sulla piazza bolzanina. Se dunque l'incremento degli affari cambiari e monetari fu decisivo nel definire l'affermazione del nuovo ordinamento sancito dal privilegio, è altresì vero che proprio grazie al privilegio e al regolamento che ne derivò fu possibile creare una sicura base istituzionale per lo sviluppo del sistema di pagamento non in contanti alle fiere. Ciò pare confermato da un lato, dalla constatazione che in tutte le petizioni dei mercanti per ottenere il privilegio si facesse esplicito richiamo ai negozi cambiari, e dall'altro dal fatto che fu proprio un episodio di massiccia speculazione cambiaria e monetaria che ebbe luogo nel 1631 a promuovere nuove, pesanti recriminazioni da parte mercantile contro la giurisdizione esistente. Ciò significa che l'interesse degli operatori mercantili era rivolto non solo a una profonda revisione delle pratiche giurisdizionali concernenti gli affari di fiera in generale, ma si concentrava anche nello specifico sulla regolazione di un mercato relativamente nuovo per la piazza bolzanina, come quello cambiario e finanziario in senso stretto. In questo senso, il privilegio claudiano e le successive conferme e modificazioni dei secoli XVII e XVIII stabilivano come le fiere bolzanine non dovessero affatto configurarsi come pure fiere di cambi, quanto piuttosto come fiere di merci dotate di un sistema di pagamenti sicuro e chiaramente regolato. La sottolineatura ricorrente di come i negozi cambiari e finanziari dovessero essere strettamente funzionali allo scambio di merci, dipendeva senz'altro anche dalle esperienze negative vissute dai mercanti con gli episodi speculativi dell'inizio del XVII secolo, in particolare nel decennio 1620 e nei primi anni di quello successivo.

Il nuovo ordinamento delle fiere bolzanine sancito dal privilegio claudiano si rifaceva, in particolare per quanto riguarda il regolamento del sistema dei pagamenti, alle preesistenti fiere di cambi genovesi e veneziane, nei confronti delle quali la piazza tirolese si poneva in concorrenza diretta, assumendole come riferimento sia per il calendario degli appuntamenti di fiera che per la forma organizzativa. In particolare, il privilegio claudiano mutuava da tali fiere le rilevanti innovazioni giuridiche contenute nei regolamenti cambiari, che venivano così introdotte per la prima volta nell'area linguistica tedesca. Ma il significato del privilegio va ben oltre queste considerazioni, in quanto con tale atto normativo la piazza bolzanina, che poteva vantare una tradizione plurisecolare come centro di scambi e di pagamenti in area alpina, veniva a ospitare appuntamenti commerciali che a buon diritto potevano definirsi "fiere" nel senso pieno del termine, anche se molti documenti d'epoca, in particolare in lingua tedesca, avrebbero continuato a usare il termine "mercati". Una fiera della prima età moderna, infatti, aveva tra i suoi elementi costitutivi anche la possibilità di svolgere operazioni di pagamento non in contanti, regolate sulla base di un ordinamento ben definito e caratterizzato dalla presenza di una moneta di conto stabile, che isolasse in ampia misura le transazioni dalle oscillazioni causate, ad esempio, dalle manovre monetarie e valutarie dei poteri territoriali. Si tratta di elementi che sono tutti riscontrabili nel privilegio claudiano, e che dunque giocarono un ruolo importante nel determinare la trasformazione dei mercati annuali bolzanini in fiere.

Proprio il fatto che la normativa claudiana si richiamasse ampiamente alle fiere di cambi dell'Italia settentrionale, operando così per la prima volta una trasposizione in area tedesca delle importanti innovazioni contenute nei relativi regolamenti cambiari, ebbe ricadute significative sull'evoluzione delle fiere bolzanine fino al XIX secolo e sulla loro posizione nell'ambito del sistema fieristico europeo. Il Magistrato mercantile di Bolzano, ad esempio, funse da modello per molte istituzioni analoghe nel mondo di lingua tedesca, da Francoforte sul Meno a Lipsia e Vienna, da Braunschweig a Norimberga. Il ruolo di mediazione svolto da Bolzano tra le due aree economiche tedesca e italiana si evidenzia non da ultimo alla luce del recepimento negli statuti delle fiere bolzanine del diritto cambiario di origine italiana, che fu così tradotto in lingua tedesca, motivo per cui nella letteratura che si è occupata del tema si afferma spesso che le fiere di Bolzano hanno dato origine al primo regolamento cambiario tedesco. Al più tardi con la metà del secolo XVII, le fiere di Bolzano divennero un appuntamento fisso nel calendario fieristico sovraregionale delle piazze mercantili e finanziarie italiane a sud e di quelle tedesche meridionali a nord, come ad esempio le fiere di Francoforte sul Meno e Lipsia e i grandi mercati annuali di Salisburgo e Krems.

Nonostante ciò, la piazza bolzanina fu restia ad accogliere le innovazioni del diritto cambiario che si stavano diffondendo a partire dall'Europa nordoccidentale, come ad esempio la girata, tollerata nei primi decenni dopo il 1633/35, ma in seguito vietata mediante provvedimenti sempre più restrittivi. L'irrigidimento normativo nei confronti della girata si giustificava in parte per le occasioni speculative che offriva, e contro di essa venne ripetutamente sollevato l'argomento che anche sulla piazza di Venezia non ne era stato ancora concesso l'uso. E così lo stretto legame con Venezia, che costituiva la principale controparte di Bolzano nel traffico cambiario, fu anche causa di un arretramento in questo ambito delle fiere bolzanine, che sarebbe durato per tutto il XVIII secolo. Solo ulteriori ricerche potranno chiarire se, ed eventualmente quanto, la rigida posizione dei bolzanini sia riconducibile anche a pressioni da parte dei sensali di cambi, la cui funzione sarebbe risultata drasticamente ridimensionata da un eventuale permesso di operare la girata. In ogni caso, il rifiuto di accettare tale pratica comportò per le fiere di Bolzano, come per il grosso dei mercati cambiari italiani, un depotenziamento della spinta innovativa e della capacità di attrazione nei confronti del traffico di cambi a nord delle Alpi. E così lo stadio evolutivo degli strumenti di pagamento non monetari alle fiere di Bolzano finì sostanzialmente per ristagnare al livello che aveva raggiunto nel XVII secolo, quando, come già sottolineato, risultava senz'altro all'altezza dei tempi.

Con l'istituzione nel 1633/1635 di un Magistrato mercantile indipendente dal potere territoriale, le fiere bolzanine entrarono in una nuova fase della loro storia. L'affermazione come mercati di richiamo sovraregionale, quando non internazionale, saldamente inseriti nel sistema fieristico europeo, e la presenza di una regolazione analoga a quella delle principali fiere di cambi dell'Italia settentrionale, così come era stata garantita dal privilegio del 1635, consentirono alle fiere di Bolzano non soltanto di mantenere il ruolo che avevano raggiunto nell'intermediazione commerciale, e dunque anche finanziaria, tra Italia e Germania, ma anche di rafforzare ulteriormente la propria posizione fino a Settecento inoltrato. Il che valeva in particolar modo per il commercio di transito, che, nonostante una crisi piuttosto seria a cavallo tra i secoli XVII e XVIII, sarebbe rimasto in auge, anche in forma di contrabbando, fino alla fine del Settecento. Allo stesso modo occorre peraltro sottolineare come il ruolo di centro di scambio sovraregionale acquisito dalle fiere bolzanine sia da ricondurre anche alla funzione delle stesse nell'ambito della circolazione dei mezzi di pagamento. Solo nel corso dell'Ottocento tanto gli affari mercantili, quanto quelli cambiari conclusi alle fiere di Bolzano avrebbero fatto registrare una forte contrazione, al punto da declassare la piazza a un mercato di importanza puramente regionale. Un indicatore significativo di questa involuzione fu, dal punto di vista della circolazione dei mezzi di pagamento non in contanti, il fatto che successivamente al congresso di Vienna gli unici effetti a far registrare ancora un uso in qualche misura rilevante sulla piazza fossero le cambiali spiccate a Bolzano e pagabili altrove.

Se per il XVII secolo e per i primi decenni del XVIII le fiere di Bolzano hanno costituito per alcuni aspetti un modello di successo a cui altre fiere europee hanno fatto riferimento, ciò fu anche dovuto ad alcune specificità sul fronte monetario. In seguito al forte periodo di instabilità dei primi decenni del XVII secolo, che aveva drasticamente ridotto la fiducia della popolazione, e dei mercanti in particolare, nei confronti delle monete coniate da molti dei signori territoriali dell'Impero, alle fiere di Bolzano come nel resto d'Europa crebbe la domanda di mezzi di pagamento non in contanti, che avrebbero potuto preservare dal rischio di perdite connesse all'incerto valore delle monete. Per soddisfare tali esigenze furono istituiti banchi di cambio come quello di Norimberga, o si procedette a migliorare gli ordinamenti relativi all'impiego degli strumenti di pagamento sulle fiere, come appunto accadde a Bolzano, e in tal senso il privilegio claudiano può anche essere letto come una reazione ai disordini monetari del periodo precedente. Il riordino delle norme inerenti la circolazione dei mezzi di pagamento non in contanti cui diede inizio il privilegio procedette infatti in parallelo con l'affermazione di una moneta immaginaria, quale era la moneta di giro, usata dagli operatori per definire la regolazione delle transazioni. La stabilità di questa moneta di conto rispetto alla moneta corrente fu un fattore primario del successo delle fiere bolzanine nel XVII secolo e nei primi decenni di quello successivo. Nel corso della prima metà del Settecento Bolzano cominciò gradualmente ad abbandonare questo sistema, ritenuto poco pratico, per passare nel 1742 all'uso della cosiddetta moneta lunga, ossia della valuta corrente, come unità di conto e di pagamento. Un processo che segnò in qualche misura l'inizio del declino delle fiere bolzanine, in parallelo a quanto era riscontrabile sul fronte delle transazioni di merci. Se da un lato l'abbandono della tradizionale moneta di conto bolzanina fu interpretata dai contemporanei come un importante passo avanti verso un sistema di pagamenti più pratico, d'altra parte tale decisione espose nuovamente le attività finanziarie ai rischi inflattivi legati alle politiche monetarie e valutarie dei poteri territoriali, come in effetti sarebbe stato, ad esempio nel periodo in cui fu introdotta la valuta di Vienna. Una certa distinzione tra moneta corrente e moneta di conto fu nuovamente introdotta nel 1770, allorquando si procedette a scindere la valuta tirolese da quella di conto, ma il fatto che quest'ultima fosse di fatto agganciata alla moneta corrente di convenzione non garantiva in realtà il mantenimento di un valore stabile nel tempo. Con l'abolizione di fatto della moneta di giro nel 1742, le fiere di Bolzano finirono per perdere un importante elemento di vantaggio competitivo, e anche se ciò non ebbe riflessi immediati sulla contrazione del traffico di fiera, si trattava pur sempre della rinuncia a un'istituzione che in passato aveva contribuito ad attirare gli operatori sulla piazza bolzanina.

L'abolizione della moneta di conto comportò la necessità di stabilire i corsi delle diverse monete correnti che circolavano in fiera e venivano utilizzate per saldare i pagamenti. I listini redatti a Bolzano mostrano come, soprattutto a partire dal 1770, il mercato monetario delle fiere bolzanine fosse caratterizzato, analogamente a quelli di molte piazze finanziarie europee, dalla presenza di una grande varietà di valute straniere diverse. A Bolzano ricorrevano con una certa frequenza le monete effettive francesi e quelle dell'Italia settentrionale. E così si capisce anche come nella prima metà del XIX secolo i listini delle monete fossero seguiti dagli operatori con maggior interesse di quelli dei cambi, visto che, conformemente alla trasformazione delle fiere in mercati di rilievo regionale o locale, la maggior parte dei pagamenti veniva ormai regolata in contanti.

Dal punto di vista della circolazione cambiaria, nel panorama delle fiere europee Bolzano può essere classificata come "fiera regionale con parziale rilevanza sovraregionale". La piazza fungeva, in questo contesto, da tramite tra l'area economica italiana e quella tedesca meridionale e austriaca, con funzioni tipiche di una fiera di confine. La tipologia delle fiere di confine, ossia di fiere poste a cavallo tra due aree economiche, può comprendere tanto fiere regionali quanto fiere internazionali, che comunque si distinguono per la diversa ampiezza delle aree geografiche di riferimento. Se si escludono le fiere di cambio, con il loro elevato grado di specializzazione, si può senz'altro dire che entrambe le categorie di fiere sopra viste svolgevano funzioni di mercato sia per quanto riguarda le merci che per le lettere di cambio, sebbene nel caso delle fiere regionali la circolazione cambiaria risultasse spesso subordinata a quella delle merci. Il che valeva anche per Bolzano, che non assunse mai in questo ambito un ruolo di livello europeo, come fu per esempio per le fiere genovesi di Bisenzone nel XVI secolo e nei primi decenni del XVII, per quelle di Francoforte nel XVII secolo e nei primi decenni del XVIII, o per quelle di Lipsia nel tardo Settecento. A differenza di altre fiere regionali però, come ad esempio Verona e Lanciano in Italia, o Braunschweig nel Sacro romano impero, Bolzano fu in grado di mantenere una posizione di rilievo per quasi due secoli, e solo nel corso dell'Ottocento si ridusse a rivestire un ruolo puramente regionale.

Il periodo d'oro per la circolazione cambiaria alle fiere di Bolzano si colloca tra il Seicento e il primo Settecento, in parallelo con l'ultima fioritura del mercato dei cambi veneziano, di cui Bolzano può in qualche modo essere considerata l'avamposto più settentrionale. Ma a partire dagli anni attorno al 1720 cominciò a manifestarsi una tendenza di lungo periodo che avrebbe visto il traffico cambiario bolzanino orientarsi sempre più all'area tedesca, o comunque a nord delle Alpi, come pare confermato tanto da listino delle monete del 1742, quanto dal contenuto dei protesti. Anche la circolazione con l'Europa occidentale, in particolare con la Francia e la Svizzera, finì per perdere d'importanza. E così la dimensione sovraregionale del mercato cambiario bolzanino, ancora chiaramente individuabile nel corso del Seicento e del primo Settecento, fu gradualmente sostituita da un orientamento più marcatamente regionale, in cui prevalevano l'Italia settentrionale, la Germania meridionale e l'area austriaca. In nessun periodo poi Bolzano riuscì a stabilire rapporti durevoli con le grandi piazze finanziarie dell'Europa nordoccidentale – Amsterdam, Parigi, Londra e Amburgo – che nei secoli XVIII e XIX dominavano di fatto il traffico cambiario internazionale. Nell'Ottocento, sebbene fossero ormai ridotte al rango di mercati regionali tirolesi, le fiere bolzanine continuarono, in assenza di una piazza concorrente in area alpina, a svolgere la funzione di intermediarie tra il Tirolo e il circuito cambiario sovraregionale e internazionale. A differenza di Francoforte e Lione nel Settecento, e di Lipsia nell'Ottocento, Bolzano mancò però la trasformazione da centro fieristico a centro finanziario, per la quale, come dimostra il caso della città sul Meno, sarebbe stato necessario permettere l'uso della girata multipla. In realtà, dal punto di vista tirolese e alpino, ciò non appariva neppure necessario; almeno fino al 1850 le fiere di Bolzano continuarono a costituire il tramite tra il proprio retroterra e il sistema cambiario internazionale.

Gettando uno sguardo alle quotazioni dei cambi sulle diverse piazze finanziarie europee, emerge come tra il 1633 e il 1850 Bolzano quotasse un numero variabile, ma non esiguo di località straniere, mentre queste quotavano Bolzano piuttosto raramente. La più importante e duratura quotazione dei cambi su Bolzano è riscontrabile a Venezia, dove si trovano registrazioni ininterrotte tra il 1623 e il 1697, mentre sul listino di Vienna, pur comparendo per diversi anni nel corso del Settecento, la quotazione fu più discontinua (1750–1769). Citazioni irregolari o temporanee di Bolzano si trovano anche nei manuali mercantili di altre piazze coinvolte nella circolazione cambiaria – come Piacenza/Bisenzone (1631–1639, 1693–1696), San Gallo (fino ai primi dell'Ottocento), Augusta o Norimberga – senza però che si giungesse a stabilire serie continue di quotazioni. Sulla base di quanto visto, si può dunque dire che Bolzano avesse raggiunto un buon livello di integrazione nel sistema internazionale dei pagamenti non in contanti, come questo è stato definito in occasione della XXXII Settimana di Studi tenutasi a Prato nel 2000, senza però arrivare all'integrazione completa, in quanto per questa mancano serie continue e regolari di quotazioni da parte di diversi centri finanziari di rilevanza internazionale. Nel Seicento e nel primo Settecento, quando perlomeno Venezia, ma probabilmente anche Augusta e San Gallo, quotavano regolarmente i cambi di Bolzano, si può dire che si fosse in una fase di "transizione verso l'integrazione completa". Al contrario, nel tardo Settecento, quando tanto le quotazioni veneziane quanto quelle viennesi risultavano piuttosto irregolari, pare più appropriato parlare di "collegamento molto stretto" che non di integrazione. Dal punto di vista del sistema internazionale dei pagamenti non in contanti dunque, per il periodo successivo al 1720 si verificò un arretramento delle piazza bolzanina nel processo di integrazione, testimoniato dal fatto che Bolzano veniva quotata sempre più raramente e irregolarmente nei listini dei cambi dei centri finanziari esteri. Negli ultimi decenni del Settecento e nella prima metà del secolo successivo, il collegamento della città al mercato internazionale dei cambi risultava ormai assai debole, in quanto erano scomparse del tutto le quotazioni delle lettere su Bolzano da parte delle piazze estere. Tale evoluzione viene peraltro confermata in pieno da quanto è possibile ricavare dalla prospettiva interna della fiere – sulla base ad esempio dei listini bolzanini e dei protesti cambiari levati durante le fiere.

Sullo sfondo della marginalizzazione di Bolzano rispetto ai circuiti cambiari si collocano sia la graduale perdita d'importanza delle fiere nell'ambito del commercio sovraregionale, che i provvedimenti di stampo mercantilistico intrapresi dal governo di Vienna nella seconda metà del XVIII secolo, in particolare per quanto riguarda la politica doganale, ma anche, e forse soprattutto, uno certa avversione all'innovazione da parte del ceto mercantile bolzanino. Non c'è dubbio che il processo di industrializzazione e la rivoluzione dei trasporti che lo accompagnò contribuirono in maniera determinante, nel corso della prima metà dell'Ottocento, al declassamento delle fiere di Bolzano al rango di mercato regionale tirolese. Le cause di tale declino sono già state individuate, con accentuazioni diverse, dalla letteratura, e anch'esse contribuirono alla graduale marginalizzazione di Bolzano come mercato cambiario. Ma nell'ottica più specifica degli strumenti di pagamento non in contanti, sembra di particolare rilevanza il fatto che in realtà i segni di cedimento avessero cominciato a manifestarsi ben prima dell'inizio dell'Ottocento. Come testimonia l'andamento dei protesti levati in fiera, il declino del mercato cambiario bolzanino ebbe inizio già con il secondo quarto del Settecento. O perlomeno, a partire da quel momento l'importanza di Bolzano come mercato di cambi di livello sovraregionale cominciò a venir meno. Che ciò fosse ben presente anche agli operatori dell'epoca, è dimostrato tra l'altro dai mutamenti introdotti nei listini pubblicati e dall'adozione della più pratica valuta corrente nel 1742. Ma si trattò di misure che riuscirono soltanto a rallentare il declino, non a fermarlo.

Si può affermare che la fiera di Bolzano, nella sua funzione di mercato cambiario, sopravvisse in qualche misura a sé stessa. Con il Settecento, gli operatori mercantili cominciarono a non dover più ricorrere ad appuntamenti fieristici come quelli bolzanini, la partecipazione ai quali richiedeva tempo e denaro, per portare a termine le operazioni di pagamento. Tale processo fu segnato dal diffondersi della girata e dello sconto cambiario, che consentiva la cessione a terzi del titolo di credito sulla base di regole garantite da un numero crescente di ordinamenti cambiari, dalla commerciabilità delle lettere di cambio presso le borse e istituzioni analoghe che andavano sorgendo in molte città europee, e che a differenza delle fiere operavano tutto l'anno, e infine, a cavallo tra XVIII e XIX secolo, dall'affermazione dei banchieri privati.

Nel contesto di queste trasformazioni, la perdita d'importanza di Bolzano come mercato cambiario a partire dal secondo quarto del Settecento, ebbe riflessi anche sugli scambi di merci, in un circolo vizioso che segnò il lento e inarrestabile declino delle fiere bolzanine, anche se non mancarono episodi, come ad esempio la particolare congiuntura innescata dalle guerre napoleoniche all'inizio dell'Ottocento, che per qualche tempo sembrarono prospettare una possibile inversione di tendenza. In ogni caso, l'indebolimento delle fiere di Bolzano nel corso del Settecento può essere letto anche alla luce della loro perdita d'importanza come mercato cambiario, così come la loro ascesa negli anni Trenta del Seicento era stata strettamente connessa all'affermazione della piazza nell'ambito del sistema dei pagamenti non in contanti.

Secondo l'opinione di John J. McCusker e Cora Gravensteijn, le fiere di Bolzano ebbero una funzione più rilevante e di più lunga durata nel traffico cambiario che non in quello di merci. Per quanto riguarda l'aspetto temporale, l'ipotesi è senz'altro da respingere, poiché entrambe le attività sono testimoniate congiuntamente fino al 1850, ed entrambe scomparvero con la seconda metà del secolo. E non pare si possa nemmeno concordare in merito alla presunta maggiore rilevanza della piazza come centro cambiario piuttosto che mercantile, se non altro perché mancano i criteri su cui basare tale affermazione, e dalle fonti non è emerso nulla che possa giustificarla. Ciò non toglie però che le fiere di Bolzano si fondarono, tra il XVII secolo e la metà del XIX, sia sulla circolazione delle merci che su quella delle lettere di cambio, e che entrambe furono alla base di un successo che perdurò per diversi decenni. Il motto che compare nello stemma del Magistrato mercantile bolzanino, *Ex merce pulchrior*, sarebbe dunque in realtà da completarsi in *Ex merce et cambio pulchrior*. Perché non soltanto lo scambio di merci, ma appunto l'operare congiunto di affari mercantili e cambiari rese in epoca preindustriale gli appuntamenti fieristici bolzanini ciò che in effetti furono. Ossia delle fiere di confine tra l'area economica italiana e quella tedesca meridionale e austriaca, che rivestirono nel Seicento e in parte del Settecento un ruolo sovraregionale, per poi ripiegare nell'Ottocento su di una dimensione più regionale e locale. E ciò tanto dal punto di vista del sistema fieristico europeo, quanto da quello della circolazione internazionale degli strumenti di pagamento non in contanti.

ENGLISH SUMMARY[1]

The Bolzano markets or fairs are generally considered to be trade fairs that mediated between the Mediterranean and the Upper German markets with a certain supra-regional and international relevance at the height of their prosperity above all in the 17th and 18th century. Deriving from local markets in Bolzano and the neighbouring Gries, Bolzano's annual fairs had undergone a remarkable rise since the 15th century. Together with the fair visitors increasing in number and the local rulers the local mercantile community was able to exploit successfully the the town's advantageous geographical position at important alpine transit routes – which it does even nowadays – by skilfully promoting trade and particularly the supra-regional trade at the annual fairs. During the Early Modern Times the city of Bolzano and its hinterland gained an important and very often also central role in the exchange of commodities between the Mediterranean at the one side and Central Europe at the other side. The repercussions of this development affected not only the local economy but also and particularly society and culture so that the urban identity has always been strongly marked by an affinity to commerce. It was only during the first half of the 19th century that radical changes within the structure of the European economy as a whole attending the industralisation and the revolution of transportation – both being mutually connected – lead to a gradual marginalisation of the Bolzano fairs. At the same time, the local mercantile community failed to invest capital and competences in new, modern activities.

The supra-regional and international trade, connected with the transalpine transit, dominated at the Bolzano fairs of the Late Middle Ages and the Early Modern Times. In order to carry out and finance this trade, the merchants needed also to effect cashless payments based on the bill of exchange which they practised at the Bolzano fairs since the turn of the 16th to the 17th century at the latest. For the period of the Late Middle Ages and the 16th century there are only sporadical evidences of cashless payment transactions at the Bolzano annual fairs available. The development of cashless payments at the Bolzano fairs in the proper sense thus started during the 17th century, i.e. an exchange market established with regular exchange rate quotations and sometimes also exchange transactions of considerable financial volume. The privilege granted by Claudia de' Medici to the Bolzano fairs in 1635 was a result of the rivalry between Venice and Genova over the Upper Italian capital markets which manifested both in the relocation of the Genoese Bisenzone fairs from Piacenza to Novi, and in the Venetian foundation of an exchange fair at Verona in 1630 as well.

1 Translation by Alexandra Holzhey M.A., Leipzig, and Dr Laurence Cole, Norwich.

Therefore, the focus of the study is not laid on the trade analysed in many cases but rather on the cashless payment system of the Bolzano fairs which has hardly been considered by research so far. Moreover, the question will be answered how much significance should be accorded to the Bolzano fairs functioning as 'exchange fairs' within the European fair system on the one hand and within the whole international cashless payment system on the other hand. Beginning with the Bolzano markets established *also* as 'exchange markets' by the Claudian privilege of the 1630s and ending at the point when the Bolzano *Merkantilmagistrat* (mercantile magistracy) merged into the chamber of commerce in 1850, the analysis of the Bolzano exchange market and of its integration into the international cashless payment system of that time centres on the following questions:

1. How did the Bolzano exchange market develop between the 17th and 19th centuries?
2. How was the Bolzano exchange market integrated into the international cashless payments system of the respective period?
3. Which general legal, commercial and monetary conditions were responsible for the inner development of the Bolzano exchange market and its integration into the international payment system?

These questions can be answered by using excellent source material available: It is a remarkable phenomenon that there are an exceptional number of sources relating to the field of cashless payments available for the Bolzano fairs among all commercial and financial centres in Europe in the 17th and 18th centuries. The *Merkantilmagistrat* collection of the South Tyrolean provincial archive houses an almost complete documentation of the Bolzano exchange rate quotations and a similarly substantial volume of protests of bills for the period from the reorganisation of the Bolzano fairs and the establishment of the *Merkantilmagistrat* in 1633 until the convertion of the *Merkantilmagistrat* into a chamber of commerce in 1850. This almost unique collection has not been analysed completely and systematically hitherto. Accordingly, this study documents the Bolzano fair quotations of both exchange rates (available since 1618/33) and money rates (available since 1742) until 1850. The author prepares the data in such a way that it can be accessed by other researchers so as to make conversions between the different currencies and coins in use. The compilation of single exchange rate series provides the occasion and the opportunity, firstly, to describe the various exchange partners of the Bolzano fairs over more than two centuries and, secondly, to outline their significance not only for the Bolzano fairs themselves but also within the international system of cashless payments as a whole. In this context, the currencies used by single exchange partners are examined only insofar as it is neccesary for an understanding of the documented exchange rates. It then becomes clear how the rayon of the Bolzano fairs changed between the 17th and the mid-19th centuries. By means of the money rate quotations available from 1742 until 1850 it will be similarly shown, which were the most important coins in circulation, and which were the 'fair currencies' required by fair merchants at the Bolzano fairs. At the same time, the attempt should be made to present the data's importance for Bolzano's payment transactions as far as possible.

Beside the 'official' rayon of the Bolzano cashless payments documented by the official exchange rate quotations, the real one will be analysed as well. For this purpose, volumes containing series of protests of bills of more than 130 years with more than 8,300 single incidents are recorded representing a central source not only for legal conflicts and their juridical basis but also for the investigation of individuals involved in payment transactions and their networks. Based on the information about the place of issue of the bills of exchange it will be proved if and – if so – how the real rayon of the cashless payment transactions of the Bolzano fairs differed from that shown by the exchange rate quotations. In doing so, the study pursues two questions which have been frequently discussed in the scholarly literature, sometimes even in a polemical manner: firstly, which 'nation' – the German or the Italian – was of greater importance for the fairs with respect to cashless payments during different periods, and, secondly, how did the mutual relation between the two 'nations' develop.

The Claudian privilege of 1633/35 placed the already partially existing exchange business in Bolzano on a firm institutional and legal basis. Last but not least, this was one of the main reasons for producing this charter. Thus, the increasing money and exchange business in Bolzano was decisive for the implementation of the new regulation and practice of jurisdiction at the fairs. In return, the Claudian privilege and the accompanying market regulation was of outstanding importance for the institutional safeguarding of cashless payments at the fairs. There are several examples among the sources pointing at the exchange business such as all the petitions emanating from the mercantile community and the fact, that speculative money and exchange transactions in 1631 gave often reason to renewed, massive protest against the existing practice of juristiction. The merchants were therefore interested in reorganising the jurisdiction of market affairs in general, but they were also particularly concerned with exchange and pure money transactions, which were relatively 'new' businesses at the Bolzano fairs. According to the Claudian privilege and its confirmations and modifications in the 17th and 18th centuries, the Bolzano fairs were intended to be not pure exchange fairs (as the Genoese Bisenzone fairs), but commodity fairs as well with a well organised system of payment transactions. This focus on the commodities trade as the basis for money and exchange trade can also be traced back to the merchants' negative experiences regarding speculation in money and bills of exchange during the first decades of the 17th century, especially in the 1620s and the 1630s.

The reorganisation of the Bolzano fairs and their payment transactions by means of the Claudian privilege followed the model of the already existing Upper Italian exchange fairs held by the Genoese and the Venetians, with whom Bolzano now directly competed – while still orienting its organisation structure and calendar along Italian lines. Particularly the provisions of the Claudian privilege adopted the most innovative parts of their exchange regulations and transferred them into the Holy Roman Empire north of the Alps for the first time. However, the significance of the Claudian privilege for the Bolzano fairs went further still. Thanks to this charter, the Bolzano markets, which for centuries had been centres of trade and payment transactions in the Alpine region, now developed into genuine 'fairs' ('Messen'), even though they were often still called 'markets' ('Märkte') in contemporary sources. Finally, and just as importantly, it was a the constitutive element of Early Modern fairs that they functioned as a forum for cashless payment transactions which were bound by consistent, legally well-founded rules and used a stable unit of account, which enabled the merchants to act relatively independently from the monetary policy of the respective governments. Both these criteria were met by the Claudian privilege.

It was precisely the Bolzano fairs' orientation towards the Italian exchange fairs and the first transfer of their innovative parts of the exchange regulations into the Holy Roman Empire north of the Alps that had far-reaching consequences for their further development until the 19th century as well as for their external impact within the European fair system. Bolzano's *Merkantilmagistrat*, for instance, proved to be a model for similar institutions founded in the Holy Roman Empire, such as first in Frankfurt on the Main (1661), then in Leipzig (1681/82) and Vienna, Brunswick (1686) and in Nuremberg (1697). Bolzano's role as a mediator between both economic areas is further evinced by the fact that Bolzano's market regulations incorporated Italian exchange law even in the German language, which is why the relevant historians have referred to the Bolzano fairs constituting the oldest exchange regulations in German. By the mid-17th century at the latest, the Bolzano fairs had become fixed dates in the supra-regional fair calendar that included the Upper Italian trading places and the financial markets of the South, their Upper German equivalents in the North and, above all, the fairs of Frankfurt on the Main and Leipzig, as well as the large annual fairs in Salzburg and Krems.

By way of contrast, however, the Bolzano fairs refused the innovations in exchange law emanating from North-Western Europe and, particularly, the endorsement. This practice was partly tolerated during the first decades after 1633/35, but was then forbidden entirely as regulations became more and more strict. This tightening of the regulations on endorsement resulted in parts from fears about the notorious practice of bill jobbing. At the same time, it was argued that endorsing was not yet allowed in Venice. Thus, the close relation to Venice as Bolzano's most important partner for cashless payment transactions led to the Bolzano fairs becoming almost 'backward', and they were to remain in that position throughout the 18th century. Further research is required in order to clarify what role Bolzano's exchange brokers played when the Bolzano people insisted on the endorsement ban, since it was their business that would have been most dramatically affected if the endorsement had been allowed. The refusal to accept endorsements, however, led the Bolzano fairs to lose their capacity for innovation. Moreover, their general attractiveness for the transalpine exchange markets was at least partially diminished after the 17th century – a trend common to most of the Italian exchange markets. Consequently, the number of cashless payment transactions at the Bolzano fairs began to stagnate and did not supersede the relatively high level already achieved during the 17th century.

With the establishment of the *Merkantilmagistrat* being independent from the Tyrolean government in 1633/35 the Bolzano fairs entered a new stage in their development. Not only did they to maintain their central position within the trading and payment system between Italy and Germany, they were also able to expand their importance until the 18th century as market events of supra-regional and partly even international significance, as they became integrated into the European fair system and quasi-equal to the status of the important Upper-Italian exchange fairs. This holds particularly true for the transit trade, which survived – often in the form of contraband trade – until the late 18th century, despite a serious crisis during the 17th and early 18th centuries. In the same way, it must be emphasised that, in the late 18th century, the Bolzano fairs appeared to derive their supra-regional importance primarily from money transactions. It was not until the 19th century that both trade and money transactions at the Bolzano fairs became so peripheral that they were reduced to the status of Tyrolean 'provincial fairs'. From the perspective of cashless payment transactions, this development was indicated in the fact that after the Congress of Vienna bills of exchange drawn from outside Bolzano but payable at the town's fairs became the only bills that were still negotiated there.

During the 17th and early 18th centuries, the Bolzano fairs in effect formed a successful 'archetype', which other European fairs followed. The reason for this development can be also traced back to general monetary conditions. Following the so-called 'see-saw' period ('Kipper-und-Wipper-era'), when numerous local rulers more or less wilfully destroyed people's and the merchants' faith in money and currency, the demand for cashless payment transactions began to increase at the Bolzano fairs – as elsewhere in Central Europe – so that financial losses arising from unstable monetary circumstances could be avoided. Possible solutions to this problem included either the establishment of an exchange bank, like that in Nuremberg, or the improved organisation of cashless payment transactions at the fairs. This is what happened in Bolzano, what suggests that the Claudian privilege was also a response to the monetary unstability of the 'see-saw' period. The reorganisation of cashless payments at the Bolzano fairs initiated by the Claudian privilege was accompanied by the establishment of an imaginary unit of account, the Giro currency, which allowed merchants to effect their transactions with one another without regarding the circulating coins. The stability of this unit of account compared to that of money in circulation proved to be an important factor in the fairs' success during the 17th and early 18th centuries. For practical reasons, the Bolzano fairs turned gradually away from that unit of account in the first half of the 18th century, replacing it with the circulating Moneta lunga as unit of account and payment in 1742. This process coincided roughly with the commencing decline of the fairs' commercial activities. Although contemporaries considered the move away from Bolzano's traditional unit of account a big step towards a more practical system of payment transactions, the new system actually became more susceptible to inflationary pressures. These were caused by the governmental monetary policy in particular during the period of the so-called 'Wiener Währung' ('Vienna currency'; since 1800). In some respects, one differentiated again between a unit of account and a circulating currency with the distinction of the fair valuta – the unit of account – from the Tyrolean provincial curreny – the circulating money – since 1770. However, the fair valuta was unable to achieve any independent monetary stability because it corresponded in effect to the current money, in Konventionskurant. With the virtual elimination of the imaginary Giro currency in 1742, the Bolzano fairs lost one of their prominent location factors. This did not result directly in the fairs' decline, but it meant that one key factor which had made the fairs so attractive to merchants was no longer present after 1742.

With the shift away from this unit of account, it became necessary to quote the different circulating coins used for payments at the Bolzano fairs. Especially since 1770, these Bolzano money rate quotations show that the fair's money market relied on numerous foreign coins, much like most other financial markets in Europe during the following decades. In particular, French and Upper Italian coins were of special importance for the Bolzano fairs. Hence, it is clear that merchants increasingly attached more importance to money rates than to exchange rates during the 19th century, because more payments than before were effected in cash in accordance with the ever more regional and local character of the fairs.

From the perspective of cashless payments, Bolzano was a 'regional fair with partial supra-regional significance' among the other European fairs connecting the Italian with the Upper German and Austrian markets and constituting a kind of 'frontier fair'. Although regional fairs as well as international fairs could both act as 'frontier markets', and thus as intermediaries between different economic areas, their catchment areas could geographically differ widely from one another. Apart from the highly specialised exchange fairs, both regional and international fairs could function as centres of trade *and* of cashless payment transactions, even if the latter were of less importance at regional fairs than the trade. Bolzano is an adequate example of such a situation. It did not gain a European-wide importance in the field of cashless payments comparable to that of the Genoese Bisenzone fairs during the 16th and early 17th centuries, the fairs at Frankfurt on the Main during the 17th and early 18th centuries, or those at Leipzig during the late 18th century. Yet, in contrast to other regional fairs, such as Verona and Lanciano in Italy, or Brunswick in the Holy Roman Empire, Bolzano was able to maintain its status for approximately two hundred years before declining to the position of a purely local institution during the 19th century. Regarding payment transactions, the Bolzano fairs reached their climax during the 17th and 18th centuries alongside the last period of prosperity enjoyed by the Venetian exchange market – Bolzano representing to a certain extent the latter's northernmost 'outpost'. Since the 1720s, Bolzano's cashless payment transactions tended over the long term to focus on the Holy Roman Empire north of the Alps as is indicated by the revision of the exchange rate current in 1742 and the development of the protests of bills. As also Western Europe – particularly France and Switzerland – lost its importance for Bolzano's cashless payment transactions, their supra-regional significance was superseded by a more regional orientation towards Upper Italy, Upper Germany and Austria in the 17th and early 18th centuries. At the same time, the big financial centres of North-Western Europe, i.e. Amsterdam, London, Paris and Hamburg, which dominated the international exchange business in the 18th and 19th centuries, did not play any sustainable role for the Bolzano fairs. During the 19th century, the Bolzano fairs constituted a kind of Tyrolean 'provincial fairs', although they still functioned as a means of linking Tyrol to the supra-regional and international system of cashless payments, due to a lack of an alternative exchange market in the alpine region. The Bolzano fairs did not develop into a major financial centre, as happened at Frankfurt on the Main and Lyons during the 18th century, or at Leipzig during the 19th century, not least because such a development would have inevitably required acceptance of the use of the (multiple) endorsement as it was in Frankfurt on the Main. From the Tyrolean and alpine point of view, this kind of status was unnecessary, for the Bolzano fairs acted as a link between 'their' region and the international payment system (at least, until 1850).

Examining more closely the exchange rate quotations between the different European financial markets, one can state that the Bolzano fairs quoted a varying but always fairly substantial number of places over the period from 1633 to 1850. By contrast, other places quoted Bolzano only rarely, the most important and longest running example being the Venetian quotations on the Bolzano fairs, for which data are available from 1623 to 1697. Vienna also quoted Bolzano for a number of years during the 18th century, but comparatively unregularly (only from 1750 to 1769). Contemporary merchant manuals give prove of only irregular and occasional quotations on Bolzano by other exchange markets without lengthy exchange rates series available. They include quotations of the Bisenzone fairs and those of Piacenza respectively from 1631 to 1639 and 1693 to 1696, those of Saint Gall down to the early 19th century, Augsburg and Nuremberg. Bolzano can therefore be regarded as being in an advanced position in the process of integration into the system of international cashless payments (as it has been defined by the author during the *XXXII Settimana di Studi* in Prato in 2000). Nevertheless, it barely achieved the final stage of complete integration into the international system of cashless payments, because there were no long-term and regular quotations of several internationally relevant financial centres on Bolzano. As at least the international exchange market of Venice and probably also Augsburg and Saint Gall quoted regularly exchange rates on Bolzano, the 17th and early 18th centuries can be understood as a 'period of transition to a complete integration'. In contrast to this, for the remainder of the 18th century it makes sense to speak of a very close linking, for the Venetian and Vienna quotation was done quite irregularly during this period. That is why the period after 1720 can be interpreted as a period of disintegration of the Bolzano fairs, i.e. the degree of their integration or linking to the international system of cashless payments lost its intensity as the foreign exchange rate quotations on the Bolzano fairs became less frequent. During the last decades of the 18th and the first half of the 19th century the Bolzano fairs were rather loosely connected to the international system of cashless payments because there were no other foreign exchange places left quoting the fairs. This result corresponds largely to the internal view of the fairs provided by their exchange rate quotations as well as the listed protests of bills.

The background to this disintegrative process within the international system of cashless payments was provided by three main elements. Firstly, there was the long-term trend of the Bolzano fairs losing their significance within the supra-regional trading activities. Secondly, the Viennese government pursued mercantilistic economic and, above all, customs policies during the second half of the 18th century, and, finally, Bolzano's mercantile community rejected innovations in a number of respects. Moreover, the process of industrialisation and the revolution in transportation, both being mutually connected, led to the fairs' decline to the level of that of Tyrolean provincial fairs. Arguments of this kind relating to the fairs' decline during the late 18th century are not new and have been put forward with different emphases in much of the recent literature. Without doubt, these factors did *also* play a role in the Bolzano fairs' loss of importance as exchange market, but the investigation into cashless payment transactions suggests that another, hitherto overlooked factor was actually of greater significance: The Bolzano fairs were simply out-of-date in their capacity of exchange fairs, in fact not during the 19th century but definitely much earlier. Indeed, as the protests of bills collected in Bolzano suggest, the decline of the Bolzano exchange market had already started during the second quarter of the 18th century. At the very least, the climax reached by the Bolzano fairs as a supra-regional exchange market had already been passed by this time. That contemporaries were in no sense blind to this development is testified by the attempted reorientation of the exchange and money rate currents and the turn towards a more practicable current money in 1742. Both measures, however, served only to delay the fairs' decline.

What was the reason for the obsolescence of the Bolzano fairs in their function as exchange fairs? Since the 18th century, merchants had become less dependent on fairs such as those in Bolzano for transacting their payments. Three important developments enabled them to carry out their cashless payments in an easier and cheaper way whithout their having to undertake expensive and time-consuming fair visits. Firstly, the successful establishment of the endorsement and the discount created a faster circulation of bills among merchants, who were now also legally safeguarded by a growing number of exchange regulations. Secondly, in a growing number of European cities, bills of exchange were negotiated at stock exchanges or equivalent institutions, both of which could offer a year-round market in contrast to the fairs. Finally, a new figure, the private banker, began to emerge during the late 18th and early 19th centuries. The decline in Bolzano's importance as an exchange market during the second quarter of the 18th century then had a negative effect on the fairs' role, thereby creating a vicious circle leading to a long-term decline of the Bolzano fairs as a whole. Ultimately, this could not be stopped, despite some positive developments – such as the war boom during the early 19th century – which might slow down or, sometimes, even appear to temporarily reverse this trend. Thus, the decline of the Bolzano fairs since the 18th century can be explained most convincingly in terms of their decreasing importance as exchange markets, just as they had risen to prominence after the 1630s thanks to their significance within the international system of cashless payments.

According to John J. McCusker and Cora Gravesteijn, the history of the Bolzano fairs is said to have been longer and more important in their function as exchange fairs than as trading fairs. The latter part of the statement has to be denied since both functions were in evidence at the Bolzano fairs until 1850. It was only during the second half of the 19th century that the fairs experienced their decline. Moreover, it is impossible to state whether the Bolzano fairs really were more important for cashless payment transactions than the trade, because there is a lack both of the criteria for this decision and of unambiguous source material. What is certain is that both trade and cashless payments were constitutive for the Bolzano fairs between the 17th and the mid-19th centuries ensuring the fairs' economic success over many decades. Consequently, it would have been more appropriate for the motto in the emblem of Bolzano's Merkantilmagistrat '*Ex merce pulchrior*' to have read: '*Ex merce et cambio pulchrior*'. For it was not trade alone, but the interaction of both economic spheres – that of the trade and that of the exchange business – that made the Bolzano fairs into what they were during the pre-industrial era: frontier markets, which linked the Italian economic area on the one hand and the Upper-German and Austrian economic areas on the other hand, and which attained supra-regional significance during the 17th and parts of the 18th centuries, before declining to a position of only regional or local importance within the European fair system as well as within the European system of cashless payments during the 19th century.

Abb. 22: Wechsel- und Geldkurszettel der Bozner Mittfastenmesse 1825[2]

PREZZI DE' CAMBJ

IN MONETA DI CONVENZIONE

sul piede di fl. 20 la marca

IN FIERA MEZZA QUARES. DI BOLZANO

Li 16. Marzo 1825.

	Fior.	Car.
Venezia uso per 1 L. austr. . .	—	19 4/5
Livorno uso per 1 pezza da 8 r. .	—	—
Lipsia per Talleri 100 correnti .	—	—
Francoforte uso per Fior. 100 corr.	—	—
Augusta uso per Fior. 100 . . .	99	15
Londra uso per 1 L. sterl. . . .	—	—
Vienna uso per Fior. 100 correnti .	—	—
— « in pezzi da Car. 20 .	99	30
Praga uso per 1 Fior. corr. . .	—	—
Parigi uso per 1 Franco	—	—
Amsterdam uso per 100 Fior. Banco	—	—
Amburgo uso per 100 Marche . .	—	—
Milano uso per 1 L. austr. . . .	—	19 9/10
Sovrane	13	36
Ongari	—	—
Papaline	—	—
Luigi d'oro	9	14
Doppie di Genova	31	12
Scudi di Francia	—	—
Colonnarie nuove	—	—
— vecchie	—	—
Crocioni	2	14 1/3
Talleri di Convenzione	—	—
Pezzi da 5 Lire	1	57 1/2

GIUSEPPE DE' GIOVANELLI,
Cancelliere Mercantile.

Dalla Stamperia di Giuseppe Eberle.

2 Quelle: SLA, A.M.M. 3.5.33, fol. 635.

QUELLEN- UND LITERATURVERZEICHNIS

1. UNGEDRUCKTE QUELLEN

Südtiroler Landesarchiv, Bozen [SLA]

Archivio del Magistrato Mercantile / Archiv des Merkantilmagistrats [A.M.M.]

2.14	Capittoli delle Fiere di Bolgiano
2.18	Kaiserlich-Königliche Satzungen und Freyheiten für die freyen Märckte der Stadt Botzen, Botzen 1797
2.19	Kaiserlich-Königliche Satzungen und Freyheiten für die freyen Märckte der Stadt Botzen, Botzen 1793
2.46–47	Conti per le piazze (1633–1717)
2.53	Prezzi de Cambi da Fiera mezza Quaresima 1811 fin inclusivamente Fiera Mezza Quaresima 1816. Epoca della Soppresione del Magistrato Mercantile fin alla sua Riattivazione
3.1.1–24	Atti (1633–1707)
3.4.1–34	Prodotte (1632–1706)
3.5.2–33	Prodotte e carte volanti; Carte volanti dell'Anno ...; Carte volanti per la Fiera ... (1717–1850)
3.7.1–70	Comandi, Ricorsi e Cose politiche (1707–1850)
3.10.1–6	Protesti (1633–1715); Lettere di cambio protestate (1715–1761)
3.18/II.1–12	Relationi e atti di fiera (1653–1707)
3.34.1–3	Registri d'iscrizione dei Protesti 1811–1816

Archiv Toggenburg, Abt. 1: Wolkenstein-Trostburg

3.2.2	Geschäftsbuch

——, Abt. 2: Sarnthein-Menz

3.1.1–51	Amtsrechnungen, Jahreshauptrechnungen, Quittungen
3.2.2–3	Bank- und Börsenwesen [Unterlagen des Handelshauses Caramelli, Straßburg]
3.4.1–13	Archiv der Filiale des Handelshauses Georg Anton Menz in Verona

Stadtarchiv Bozen [StadtABz]

Hs. 140, fol. 200'–201: *Marktordnung zu Bozen* (1488)

Tiroler Landesarchiv, Innsbruck [TLA]

„Causa Domini“ 1746, 1753

Schweizerisches Wirtschaftsarchiv, Basel [SWA]

Segerhof, Handschriften 420, F 38
Handschriften 28.k

Economisch-Historische Biblioteek, Amsterdam [EHB]

Posthumus-Archiv, ohne Signatur

Archives de la Chambre de Commerce et d'Industrie Marseille-Provence, Marseille [ACCM]

L. IX 1035

Institut für Stadtgeschichte, Frankfurt am Main [ISG]

Handel Ugb. Nr. 406

Stadtarchiv Zittau [StadtAZi]

Abt. IV, Absch. Ic, Abs. 2K3, Nr. 9a, Bde. 1–6

2. GEDRUCKTE QUELLEN

(nach Erscheinungsjahren)

[RÖSCH VON GEROLDSHAUSEN, Georg], Der Fürstlichen Grafschafft Tÿrol Lanndtreim, 1558.

V[AN] VELDEN, M[artin], Fondament van de Wisselhandeling: Onderrichtingh ghevende van alle voornaemste Wisselen van Christenrijck, so van Trates, Remessen, vergelijcking van prysen, verscheyden comissien, te vormen, voegen ende calcula van baet of schade te maecken naer den cours, die te oordeelen, ende naer gelegentheyd van tijdt of plaets te konnen scheyden, Amsterdam 1629.

Statuta Tribun. Plebis Pontificiâ pop. & com. Bonon. Auctoritate confirmata, & impressa, sed temporum iniuriâ obliuioni ferè tradita, in pristinum decus restituerunt Trib. pleb. ultimi quadrimest., Bononiae 1640.

BODE, Matthias, Dissertatio juridica de cambiis, Marpurgi 1646.

VOGT, Johann Martin, Tractatus analyticus de cambiis, tam regularibus quam irregularibus, Giessæ 1658.

HEYDIGER, Johann Jacob, Anleytung zu gründlichem Verstand des Wechselrechts, Franckfurt am Mayn 1676.

ROSSO, Nicolò, Informatione per più chiara inteligenza de' Cambij, che si contrattano nelle Fiere di Bolgiano per le Piazze descritte nel Biglietto d'essi, à piè registrato. Per sapere la qualità delle Monete, che si costumano nelle Città in esso contenute, col modo facile d'intendere quelle, & fare i Conti nell'ordine d'esso Biglietto, Trento 1680.

SCHURTZ, Georg Nikolaus, Nutzbare Richtschnur der löblichen Kauffmannschafft ..., Nürnberg 1695.

MARPERGER, Paul Jakob, Beschreibung der Messen und Jahr-Märckte ..., Leipzig 1711 (ND. Frankfurt am Main 1968).

RICARD, Samuel, Traité general du commerce, plus ample et plus exact ..., Amsterdam ^{3}1714.

HERBACH, Johann Christian, Einleitung zum Gründlichen Verstand der Wechsel-Handlung ..., Nürnberg 1716.

—, Verbesserte und Viel-vermehrte Wechsel-Handlung ..., Nürnberg 1726.

—, Europäische Wechselhandlung ..., Nürnberg 1756/57.

G[ERHARDT], [Marcus Rudolf Balthasar] (Hrsg.), Johann Christian Nelkenbrechers Taschenbuch eines Banquiers und Kaufmanns [...], Berlin ^{2}1769.

GIRAUDEAU, Pierre, La banque rendue facile aux principales nations de l'Europe, Lyon ^{3}1769.

G[ERHARDT], [Marcus Rudolf Balthasar] (Hrsg.), Johann Christian Nelkenbrechers Taschenbuch eines Banquiers und Kaufmanns [...], Berlin ^{4}1775.

V[ON] CLAUSBERG, C[hristlieb], Universal-Regeln der Leipziger Wechsel-Negotien, sowohl bey steigenden als fallenden Coursen, zum Dienste derer hiesigen Comtoiren, Leipzig 1781.

KRUSE, Jürgen Elert, Allgemeiner und besonders Hamburgischer Contorist [...], Hamburg ^{4}1781.

GERHARDT sen., M[arcus] R[udolf] B[althasar] (Hrsg.), Nelkenbrechers Taschenbuch der Münz- Maaß- und Gewichtskunde für Kaufleute, Berlin ^{7}1793.

— (Hrsg.), Nelkenbrechers Taschenbuch der Münz- Maaß- und Gewichtskunde für Kaufleute, Berlin ^{8}1798.

ROTH, Johann Ferdinand, Geschichte des Nürnbergischen Handels. Ein Versuch, III. Theil, Leipzig 1801.

Bollettino delle leggi del Regno d'Italia 1806, Nr. 133, 577; 1807, Supplemento Nr. 1542; 1810 II, Nr. 163; 1810 III, Nr. 262; 1811 I, Nr. 145.

Allgemeiner Kameral- Oekonomie- Forst- und Technologie-Korrespondent für Deutschland, Nr. 29 vom 10. März 1807.

HUFELAND, D. G., Rechtliches Gutachten über die [durch die] Entscheidung der Herabwürdigung der Bankozettel in Tirol entstandenen Rechtsstreitigkeiten, Landshut 1807.

KELLY, Patrick, The Universal Cambist and Commercial Instructor; Being a General Treatise on Exchange ..., 2 vols., London 1811.

OTTO, J.S.G. (Hrsg.), J.C. Nelkenbrechers allgemeines Taschenbuch der Münz-, Maaß- und Gewichtskunde für Banquiers und Kaufleute, Berlin ^{11}1815.

— (Hrsg.), J.C. Nelkenbrechers allgemeines Taschenbuch der Münz-, Maaß- und Gewichtskunde für Banquiers und Kaufleute, Berlin ^{12}1817.

SCHELLENBERG, J.Ph. (Hrsg.), J.C. Nelkenbrechers allgemeines Taschenbuch der Münz-, Maaß- und Gewichtskunde für Banquiers und Kaufleute, Berlin ^{13}1820.

KELLY, P[atrick], The Universal Cambist and Commercial Instructor ..., 2 vols., London [2]1821, repr. 1835.

BOCK, J[ohann] H[einrich] D[aniel] / CRÜGER, Carl (Hrsg.), J.C. Nelkenbrechers allgemeines Taschenbuch der Münz-, Maaß- und Gewichtskunde für Banquiers und Kaufleute, Berlin [14]1828.

BOCK, J[ohann] H[einrich] D[aniel] (Hrsg.), J.C. Nelkenbrechers allgemeines Taschenbuch der Münz-Maaß- und Gewichtskunde für Banquiers und Kaufleute, Berlin [15]1832.

LIEBHOLD, Johann E. (Hrsg.), Georg Thomas Flügel's Cours-Zettel oder Erklärungen der Wechsel- und Staatspapier-Course und der Münz, Maas= und Gewichtskunde der vorzüglichsten Handelsplätze in Europa für Banquiers, Kauf- und Geschäftsleute, Frankfurt am Main [6]1832.

WOLFF, F. (Hrsg.), J.C. Nelkenbrecher's allgemeines Taschenbuch der Maaß-, Gewichts- und Münzkunde, der Wechsel- Geld- und Fondscourse u.s.w. für Banquiers und Kaufleute, Berlin [16]1842.

NOBACK, Christian / NOBACK, Friedrich, Vollständiges Taschenbuch der Münz-, Maass- und Gewichts-Verhältnisse, der Staatspapiere, des Wechsel- und Bankwesens und der Usanzen aller Länder und Handelsplätze, 2 Abth., Leipzig 1851.

—— / NOBACK, Friedrich, Münz-, Maass- und Gewichtsbuch. Das Geld-, Maass- und Wechselwesen, die Kurse, Staatspapiere, Banken, Handelsanstalten und Usanzen aller Staaten und wichtigern Orte, Leipzig 1858.

NOBACK, Friedrich, Münz-, Maass- und Gewichtsbuch. Das Geld-, Maass- und Gewichtswesen, die Wechsel- und Geldkurse, das Wechselrecht und die Usanzen, Leipzig [2]1877.

JERUSALEM, Ernst (Hrsg.), J.C. Nelkenbrecher's Taschenbuch für Kaufleute. I. Abth.: Taschenbuch der Münz-, Maass- und Gewichtskunde, der Wechsel-, Geld- und Fonds-curse u.s.w. für Kaufleute, Berlin [20]1890.

3. LITERATUR

ABEL, Wilhelm u.a. (Hrsg.), Wirtschaft, Geschichte und Wirtschaftsgeschichte. Festschrift zum 65. Geburtstag von Friedrich Lütge, Stuttgart 1966.

ALTMANN, Hans Christian. Die Kipper- und Wipperinflation in Bayern (1620–23). Ein Beitrag zur Strukturanalyse des frühabsolutistischen Staates, München 1976.

ARNOLD, Paul, Die sächsische Talerwährung von 1500 bis 1763, in: Schweizerische Numismatische Rundschau 59, 1980, S. 50–94.

——, Die Währungsunionen von Zinna (1667–1690) und Leipzig (1690–1750/1763) unter besonderer Berücksichtigung des kursächsischen Münzwesens, in: CUNZ, Reiner (Hrsg.), Währungsunionen. Beiträge zur Geschichte überregionaler Münz- und Geldpolitik, Hamburg 2002, S. 221–248.

BAASCH, Ernst, Aus der Entwicklungsgeschichte des Hamburger Kurszettels, in: Bank-Archiv 5, 1905/06, S. 8–11.

BABUDIERI, Fulvio, Il porto di Trieste nel quadro della politica asburgica dell'Ottocento, in: HUTER, Franz / ZWANOWETZ, Georg (Hrsg.), Erzeugung, Verkehr und Handel in der Geschichte der Alpenländer. Festschrift für Herbert Hassinger, Innsbruck 1977, S. 21–34.

BACHMAYER, Othmar, Die Geschichte der österreichischen Währungspolitik, Wien 1960.

BALTZAREK, Franz, Die Geschichte der Wiener Börse. Öffentliche Finanzen und privates Kapital im Spiegel einer österreichischen Wirtschaftsinstitution, Wien 1973.

Banchi pubblici, banchi privati e monti di pietà nell'Europa preindustriale. Amministrazione, tecniche operative e ruoli economici. Atti del Convegno, Genova, 1–6 ottobre 1990, Genova 1991.

BARBAGLI BAGNOLI, Vera (a cura di), La moneta nell'economia europea, secoli XIII–XVIII, Prato 1983.

BAUER, Clemens, Die Epochen der Papstfinanz. Ein Versuch, in: Historische Zeitschrift 138, 1928, S. 457–503.

BEACHY, Robert, Fernhandel und Krämergeist. Die Leipziger Handelsdeputierten und die Einführung der sächsischen Wechselordnung 1682, in: ZWAHR, Hartmut / TOPFSTEDT, Thomas / BENTELE, Günter (Hrsg.), Leipzigs Messen 1497–1997. Gestaltwandel. Umbrüche. Neubeginn, Teilbd. 1: 1497–1914, Köln – Weimar – Wien 1999, S. 135–147.

Beiträge zur Rechtsgeschichte Tirols. Festschrift hrsg. v. Ortsausschusse des 27. Deutschen Juristentages, Innsbruck 1904.

Beiträge zur Wirtschaftsgeschichte Südtirols. Festschrift zum 125jährigen Bestehen der Südtiroler Landessparkasse, Bozen 1979.

BENZONI, Gino, Storia di Venezia: dalle origini alla caduta della Serenissima, Bd. 7: La Venezia barocca, Roma 1997.

BEUTIN, Ludwig, Der wirtschaftliche Niedergang Venedigs im 16. und 17. Jahrhundert, in: Hansische Geschichtsblätter 76, 1958, S. 42–72.

BLASCHKE, Karlheinz, Der Übergang von der Warenmesse zur Mustermesse im 19. Jahrhundert, in: POHL, Hans (Hrsg.) unter Mitarb. v. Monika POHLE, Frankfurt im Messenetz Europas – Erträge der Forschung (= Brücke zwischen den Völkern – Zur Geschichte der Frankfurter Messe, 3 Bde., hrsg. v. Rainer KOCH), Bd. I, Frankfurt/Main 1991, S. 263–280.

BLENDINGER, Friedrich (Hrsg.) unter Mitarb. v. BLENDINGER, Elfriede, Zwei Augsburger Unterkaufbücher aus den Jahren 1551 bis 1558. Älteste Aufzeichnungen zur Vor- und Frühgeschichte der Augsburger Börse, Stuttgart 1994.

BODMER, Walter, Die Entwicklung der Schweizerischen Textilwirtschaft im Rahmen der übrigen Industrien und Wirtschaftszweige, Zürich 1960.

BONAZZA, Marcello, Il fisco in una statualità divisa. Impero, principi e ceti in area trentino-tirolese nella prima età moderna, Bologna 2001.

BONOLDI, Andrea, La fiera e il dazio: economia e politica commerciale nel Tirolo del secondo Settecento, Trento 1999.

BOTTIN, Jacques, Les foires de Lyon et les Italiens autour de 1600: Déclin ou reconfiguration? in: LANARO, Paola (a cura di), La pratica dello scambio. Sistemi di fiere, mercanti e città in Europa (1400–1700), Venezia 2003, S. 201–218.

BOUCHARY, Jean, Le marché des changes de Paris à la fin du XVIIIe siècle (1778–1800) avec des graphiques et le relevé des cours, Paris 1937.

BOYER-XAMBEU Marie-Thérèse / DELEPLACE Ghislain / GILLARD Lucien, Monnaie privé et pouvoir des Princes. L'économie des relations monétaires à la Renaissance, Paris 1986.

—, Goldstandard, Währung und Finanz im 16. Jahrhundert, in: NORTH, Michael (Hrsg.), Geldumlauf, Währungssysteme und Zahlungsverkehr in Nordwesteuropa 1300–1800. Beiträge zur Geldgeschichte der späten Hansezeit, Köln – Wien 1989, S. 167–181.

BRAND, Harm-Hinrich, Der österreichische Neoabsolutismus. Staatsfinanzen und Politik 1848–1860, 2 Bde., Göttingen 1978.

BRAUDEL, Fernand, La Méditerranée et le monde méditerranéen à l'époque de Philippe II, Paris 1966 (1949, [4]1979); dt. Ausg.: Das Mittelmeer und die mediterrane Welt in der Epoche Philipps II., 3 Bde., Frankfurt am Main 1990, ND. 1994.

—, Sozialgeschichte des 15.–18. Jahrhunderts. Aufbruch zur Weltwirtschaft, München 1986 (Paris 1979).

BRAVI, Ferruccio, Le fiere di Bolzano e le attività mercantili italiane nel passato, Bolzano 1962.

BRESSARD, Marc, Les foires de Lyon aux XVe et XVIe siècles, Paris 1914.

BRÜBACH, Nils, Die Reichsmessen von Frankfurt am Main, Leipzig und Braunschweig (14.–18. Jahrhundert), Stuttgart 1994.

BÜCKLING, Gerhard, Die Bozener Märkte bis zum Dreißigjährigen Kriege, Leipzig 1907.

CANALI, Guido, La Camera di commercio di Bolzano durante il periodo napoleonico, in: Atesia augusta. Rassegna mensile dell'Alto Adige 2/4, 1940, S. 45–48.

CARLEN, Louis / IMBODEN, Gabriel (Hrsg.), Kräfte der Wirtschaft. Unternehmergestalten des Alpenraums im 17. Jahrhundert. Vorträge des zweiten internationalen Symposiums zur Geschichte des Alpenraums (Brig 1991), Brig 1992.

— / IMBODEN, Gabriel (Hrsg.), Wirtschaft des alpinen Raums im 17. Jahrhundert. Vorträge eines internationalen Symposiums, Brig 1988.

CAUER, Eduard, Zur Geschichte der Breslauer Messe, eine Episode aus der Handelsgeschichte Breslaus, in: Zeitschrift des Vereins für Geschichte und Alterthum Schlesiens 5, 1863, S. 63–80 und 222–250.

CAVACIOCCHI, Simonetta (a cura di), Produzione e commercio della carta e del libro, secc. XIII–XVIII, Prato 1992.

— (a cura di), Poteri politici – poteri economici. Atti della XXX Settimana di studi dell'Istituto internazionale di storia economica "F. Datini", Prato 1999.

— (a cura di), Fiere e mercati nella integrazione delle economie europee, secc. XIII–XVIII. Atti della "Trentaduesima Settimana di Studi" 8–12 maggio 2000, Prato 2001.

COVA, Alberto, Banchi e monti di pietà a Milano nei secoli XVI e XVII, in: Banchi pubblici, banchi privati e monti di pietà nell'Europa preindustriale. Amministrazione, tecniche operative e ruoli economici, Genova 1991, S. 327–340.

COZZI, Gaetano, Storia di Venezia: dalle origini alla caduta della Serenissima, Bd. 6: Dal Rinascimento al Barocco, Roma 1994.

CUNZ, Reiner (Hrsg.), Währungsunionen. Beiträge zur Geschichte überregionaler Münz- und Geldpolitik, Hamburg 2002.

DA SILVA, José Gentil, Banque et crédit en Italie au XVIIe siècle, Paris 1969.

DAVIDSOHN, Robert, Geschichte von Florenz, IV. Bd.: Die Frühzeit der Florentiner Kultur, Zweiter Teil: Gewerbe, Zünfte, Welthandel und Bankwesen [1924], ND. Osnabrück 1969.

DAY, John (éd.), Études d'histoire monétaire, Lille 1984.

DEL NEGRO, Piero, Storia di Venezia: dalle origini alla caduta della Serenissima, Bd. 8: L'ultima fase della Serenissima, Roma 1998.

DE MADDALENA, Aldo, Dalla città al borgo. Avvio di una metamorfosi economica e sociale nella Lombardia spagnola, Milano 1982.

— / KELLENBENZ, Hermann (a cura di), La repubblica internazionale del denaro tra XV e XVII secolo, Bologna 1986.

— / KELLENBENZ, Hermann (Hrsg.), Finanzen und Staatsräson in Italien und Deutschland in der frühen Neuzeit, Berlin 1992.

DEMO, Edoardo, Mercanti e mercanzie alle fiere di Bolzano ed Egna nella prima metà del '500, in: Geschichte und Region / Storia e regione 5, 1996, S. 345–365.

—, Le fiere di Bolzano tra Basso Medioevo ed età moderna (secc. XV–XVI), in: Simonetta CAVACIOCCHI (a cura di), Fiere e mercati nella integrazione delle economie europee, secc. XIII–XVIII. Atti della "Trentaduesima Settimana di studi" 8–12 maggio 2000, Prato 2001, S. 707–722.

DENZEL, Markus A., „La Practica della Cambiatura“. Europäischer Zahlungsverkehr vom 14. bis zum 17. Jahrhundert, Stuttgart 1994.

—, Art. „Indossament“, in: NORTH, Michael (Hrsg.), Von Aktie bis Zoll. Ein historisches Lexikon des Geldes, München 1995, S. 165f.

—, Prag als Finanzplatz im internationalen Zahlungsverkehr: Wechselkurse vom 18. Jahrhundert bis in die Zeit der Ersten Republik, in: Prager Wirtschafts- und Sozialhistorische Mitteilungen 2, 1995, S. 25–56.

—, Die Integration Deutschlands in das internationale Zahlungsverkehrssystem im 17. und 18. Jahrhundert, in: SCHREMMER, Eckart (Hrsg.), Wirtschaftliche und soziale Integration in historischer Sicht. Arbeitstagung der Gesellschaft für Sozial- und Wirtschaftsgeschichte in Marburg 1995, Stuttgart 1996, S. 58–109.

—, Die Braunschweiger Messen als regionaler und überregionaler Markt im norddeutschen Raum in der zweiten Hälfte des 18. und im beginnenden 19. Jahrhundert, in: Vierteljahrschrift für Sozial- und Wirtschaftsgeschichte 85, 1998, S. 40–93.

—, Die Integration der Schweizer Finanzplätze in das internationale Zahlungsverkehrssystem vom 17. Jahrhundert bis 1914, in: Schweizerische Zeitschrift für Geschichte 48, 1998, S. 177–235.

—, *Universal Regeln der Leipziger Wechsel Negotien.* Ein kaufmännisches Rechenbuch von Christlieb von Clausberg (um 1730), in: Neues Archiv für Sächsische Geschichte 69, 1998, S. 97–123.

—, Staatliche und kirchliche Steuersysteme im 18. Jahrhundert. Aspekte und Entwicklungslinien des Steuerwesens weltlicher und geistlicher Territorien im Heiligen Römischen Reich, in: CAVACIOCCHI, Simonetta (a cura di), Poteri politici – poteri economici. Atti della XXX Settimana di studi dell'Istituto internazionale di storia economica „F. Datini“, Prato 1999, S. 663–675.

—, Zahlungsverkehr auf den Leipziger Messen vom 17. bis zum 19. Jahrhundert, in: ZWAHR, Hartmut / TOPFSTEDT, Thomas / BENTELE, Günter (Hrsg.), Leipzigs Messen 1497–1997. Gestaltwandel. Umbrüche. Neubeginn, Teilbd. 1: 1497–1914, Köln – Weimar – Wien 1999, S. 149–165.

—, Der Beitrag von Messen und Märkten zum Integrationsprozeß des internationalen bargeldlosen Zahlungsverkehrssystems in Europa (13.–18. Jahrhundert), in: CAVACIOCCHI, Simonetta (a cura di), Fiere e mercati nella integrazione delle economie europee, secc. XIII–XVIII. Atti della "Trentaduesima Settimana di studi" 8–12 maggio 2000, Prato 2001, S. 819–835.

—, Die Geschäftsbeziehungen des Schaffhauser Handels- und Bankhauses Amman 1748–1779. Ein mikroökonomisches Fallbeispiel, in: Vierteljahrschrift für Sozial- und Wirtschaftsgeschichte 89, 2002, S. 1–40.

—, Handelspraktiken als wirtschaftshistorische Quellengattung vom Mittelalter bis in das frühe 20. Jahrhundert. Eine Einführung, in: Ders. / HOCQUET, Jean Claude / WITTHÖFT, Harald, Kaufmannsbücher und Handelspraktiken vom Spätmittelalter bis zum beginnenden 20. Jahrhundert / Merchant's Books and Mercantile *Pratiche* from the Late Middle Ages to the Beginning of the 20th Century, Stuttgart 2002, S. 11–45.

—, Eine Handelspraktik aus dem Hause Fugger (erste Hälfte des 16. Jahrhunderts). Ein Werkstattbericht, in: Ebd., S. 125–152.

—, Die Integration von Prag in das internationale bargeldlose Zahlungsverkehrssystem, in: MÖLLER, Joachim / NEKULA, Marek (Hrsg.), Wirtschaft und Kommunikation. Beiträge zu den deutsch-tschechischen Wirtschaftsbeziehungen, München 2002, S. 139–159.

—, Der Nürnberger Wechselmarkt im ausgehenden 18. Jahrhundert, in: GÖMMEL, Rainer / DENZEL, Markus A. (Hrsg.), Weltwirtschaft und Wirtschaftsordnung. Festschrift für Jürgen Schneider zum 65. Geburtstag, Stuttgart 2002, S. 169–192.

—, The System of Cashless Payment as a Basis for the Commercial Integration of Europe and the World, in: DENZEL, Markus A. (ed.), From Commercial Communication to Commercial Integration, Middle Ages to 19th Century, Stuttgart 2004, S. 199–248.

—, Geldwesen und Zahlungsverkehr in regionalen und internationalen Zusammenhängen in der Alten Schweiz. Das Fallbeispiel des Schaffhauser Kaufmann-Bankiers Amman [um 1750–1781], in: LADNER, Pascal / IMBODEN, Gabriel (Hrsg.), Alpenländischer Kapitalismus in vorindustrieller Zeit. Vorträge des siebenten internationalen Symposiums zur Geschichte des Alpenraums, Brig 2004, S. 55–99.

—, Konjunkturen im Mittelalter und in der Frühen Neuzeit, in: SCHULZ, Günther u.a. (Hrsg.), Sozial- und Wirtschaftsgeschichte. Arbeitsgebiete – Probleme – Perspektiven. 100 Jahre Vierteljahrschrift für Sozial- und Wirtschaftsgeschichte, Stuttgart 2004, S. 191–215.

—, Handbook of World Exchange Rates, 1590–1914, Aldershot – Brookfield – Singapore – Sydney 2006.

— (Hrsg.), Währungen der Welt X: Geld- und Wechselkurse der deutschen Messeplätze Leipzig und Braunschweig (18. Jahrhundert bis 1823), Stuttgart 1994.

— (Hrsg.), Währungen der Welt IX: Europäische Wechselkurse vor 1620, Stuttgart 1995.

— (Hrsg.), Währungen der Welt XI: Nordwestdeutsche und dänische Wechselkurse vom ausgehenden 17. Jahrhundert bis 1914, Stuttgart 1999.

— (ed.), From Commercial Communication to Commercial Integration, Middle Ages to 19th Century, Stuttgart 2004.

— / HOCQUET, Jean Claude / WITTHÖFT, Harald (Hrsg.), Kaufmannsbücher und Handelspraktiken vom Spätmittelalter bis zum beginnenden 20. Jahrhundert / Merchant's Books and Mercantile *Pratiche* from the Late Middle Ages to the Beginning of the 20th Century, Stuttgart 2002.

DE ROOVER, Raymond, L'évolution de la lettre de change (XIVe–XVIIIe siècles), Paris 1953.

DE ROSA, Luigi, I cambi esteri del Regno di Napoli dal 1591 al 1707, Napoli 1955.

DESPLAT, Christian (éd.), Foires et marchés dans les campagnes de l'Europe médiévale et moderne. Actes des XIVes Journées Internationales d'Histoire de l'Abbaye de Flaran (Septembre 1992), Toulouse 1996.

DIETZ, Alexander, Frankfurter Handelsgeschichte, Frankfurt/Main 1921.

DI VITTORIO, Antonio, Gli Austriaci e il Regno di Napoli 1707–1734. Ideologia e politica di sviluppo, Napoli 1973.

EGGER, Josef, Geschichte Tirols von den ältesten Zeiten bis in die Neuzeit, 3 Bde., Innsbruck 1872–1880.

EHRENBERG, Richard, Das Zeitalter der Fugger. Geldkapital und Creditverkehr im 16. Jahrhundert, 2. Bd.: Die Weltbörsen und Finanzkrisen des 16. Jahrhunderts, Jena 1896.

ERNST, Hildegard, Madrid und Wien 1632–1637. Politik und Finanzen in den Beziehungen zwischen Philipp IV. und Ferdinand II., Münster 1991.

FASSL, Peter, Konfession, Wirtschaft und Politik. Von der Reichsstadt zur Industriestadt, Augsburg 1750–1850, Sigmaringen 1988.

FAURE, Edgar, La banqueroute de Law, Paris 1977.

FELDBAUER, Peter / MORRISSEY, John, Venedig 800–1600. Wasservögel als Weltmacht, Wien 2002.

FELLONI, Giuseppe, Kredit und Banken in Italien, 15.–17. Jahrhundert, in: NORTH, Michael (Hrsg.), Kredit im spätmittelalterlichen und frühneuzeitlichen Europa, Köln – Wien 1991, S. 9–23.

FISCHER, Wolfram / MCINNIS, R. Marvin / SCHNEIDER, Jürgen (eds.), The Emergence of a World Economy 1500–1914. Papers of the IX. International Congress of Economic History, Part I: 1500–1850, Wiesbaden 1986.

FONTANA, Josef, Von der Restauration bis zur Revolution (1814–1848), in: Ders. u.a. (Hrsg.), Geschichte des Landes Tirol, Bd. 2: Die Zeit von 1490 bis 1848, Bozen – Innsbruck – Wien ²1998, S. 581–760.

— u.a. (Hrsg.), Geschichte des Landes Tirol, Bd. 2: Die Zeit von 1490 bis 1848, Bozen – Innsbruck – Wien ²1998.

FORTUNATI, Maura, Note sul diritto di fiera nelle fonti giuridiche di età moderna, in: CAVACIOCCHI, Simonetta (a cura di), Fiere e mercati nella integrazione delle economie europee, secc. XIII–XVIII. Atti della "Trentaduesima Settimana di studi" 8–12 maggio 2000, Prato 2001, S. 945–966.

GAETTENS, Richard, Geschichte der Inflationen. Vom Altertum bis zur Gegenwart, München ²1957 (ND. 1982).

GASCON, Richard, Grand commerce et vie urbaine au XVIe siècle. Lyon et ses marchands 1520–1580, Paris 1971.

GERHARD, Hans-Jürgen, Neue Erkenntnisse zum Münzvergleich von Zinna. Wandlungen in der Währungsstruktur des Reiches in der zweiten Hälfte des 17. Jahrhunderts, in: Ders. (Hrsg.), Struktur und Dimension. Festschrift für Karl Heinrich Kaufhold zum 65. Geburtstag, Stuttgart 1997, Bd. 1: Mittelalter und Frühe Neuzeit, S. 138–172.

—, Vom Leipziger Fuß zur Reichsgoldwährung. Der lange Weg zur „deutschen Währungsunion" von 1871/76, in: CUNZ, Reiner (Hrsg.), Währungsunionen. Beiträge zur Geschichte überregionaler Münz- und Geldpolitik, Hamburg 2002, S. 249–290.

— (Hrsg.), Struktur und Dimension. Festschrift für Karl Heinrich Kaufhold zum 65. Geburtstag, Stuttgart 1997.

GERHARDINGER, Hermann, Aus der Vorgeschichte der österreichischen Handels- und Gewerbekammern, in: Ders. / EGERT, Franz / HUTER, Franz (Hrsg.), Tiroler Wirtschaft in Vergangenheit und Gegenwart. Festgabe zur 100-Jahrfeier der Tiroler Handelskammer, Bd. II: Kammergeschichte, Innsbruck 1951, S. 7–128.

— / EGERT, Franz / HUTER, Franz (Hrsg.), Tiroler Wirtschaft in Vergangenheit und Gegenwart. Festgabe zur 100-Jahrfeier der Tiroler Handelskammer, Bd. II: Kammergeschichte, Innsbruck 1951.

GHILINO, Silvano, Un banchiere del '600: Stefano Balbi. Affari di stato e fiere dei cambi, Genova 1996.

GILLE, Bertrand, La banque et le crédit en France de 1815 à 1848, Paris 1959.

GLAZIER, Ira A., Tradition et innovation monétaires en Italie de 1815 à 1848: la Lombardie-Vénétie et le Munzpatent de 1823, in: DAY, John (éd.), Études d'histoire monétaire, Lille 1984, S. 423–448.

GÖMMEL, Rainer / DENZEL, Markus A. (Hrsg.), Weltwirtschaft und Wirtschaftsordnung. Festschrift für Jürgen Schneider zum 65. Geburtstag, Stuttgart 2002.

GRASS, Nikolaus, Vom Messegericht zum Merkantilmagistrat im alten Tirol unter besonderer Berücksichtigung der Marktgerichtsbarkeit zu Hall am Inn, in: KROESCHELL, Karl (Hrsg.), Festschrift für Hans Thieme, Sigmaringen 1986, S. 215–233.

GRITSCH, Helmut, Der Hafen Triest im Rahmen der Habsburgischen Politik des 19. Jahrhunderts [deutsche Kurzfassung], in: Erzeugung, Verkehr und Handel in der Geschichte der Alpenländer. Festschrift für Herbert Hassinger, Insbruck 1977, S. 35–38.

HAMM, Margot, Die bayerische Integrationspolitik in Tirol 1806–1814, München 1996.

Handelskammer Bozen (Hrsg.), Die Bozner Handelskammer. Vom Merkantilmagistrat bis zur Gegenwart, Bozen 1981.

HARDER-GERSDORFF, Elisabeth, Zwischen Rubel und Reichstaler. Soziales Bezugsfeld und geographische Reichweite des Revaler Wechselmarktes (1762–1800), Lüneburg 2000.

HARTMANN, Peter Claus, Les privilèges, droits de marché, réglements des foires et marchés à l'époque moderne, in: CAVACIOCCHI, Simonetta (a cura di), Fiere e mercati nella integrazione delle economie europee, secc. XIII–XVIII. Atti della "Trentaduesima Settimana di studi" 8–12 maggio 2000, Prato 2001, S. 221–229.

HASSINGER, Herbert, Der Verkehr über Brenner und Reschen vom Ende des 13. bis in die zweite Hälfte des 18. Jahrhunderts. Mit einem Tabellenanhang, in: TROGER, Ernest / ZWANOWETZ, Georg (Hrsg.), Neue Beiträge zur geschichtlichen Landeskunde Tirols. Festschrift für Univ.-Prof. Dr. Franz Huter anläßlich der Vollendung des 70. Lebensjahres, Innsbruck 1969, Erster Teil, S. 137–194.

HAUSER, Albert, Schweizerische Wirtschafts- und Sozialgeschichte, Erlenbach-Zürich – Stuttgart 1961.

HEISS, Hans, Bürgerlicher Aufstieg im 17. Jahrhundert. Der Tiroler Kaufmann David Wagner, in: CARLEN, Louis / IMBODEN, Gabriel (Hrsg.), Kräfte der Wirtschaft. Unternehmergestalten des Alpenraums im 17. Jahrhundert. Vorträge des zweiten internationalen Symposiums zur Geschichte des Alpenraums (Brig 1991), Brig 1992, S. 121–144.

—, Die ökonomische Schattenregierung Tirols. Zur Rolle des Bozner Merkantilmagistrats vom 17. bis ins frühe 19. Jahrhundert, in: Geschichte und Region / Storia e regione 1, 1992, S. 66–85.

—, Der Merkantilmagistrat als Mäzen im Bozen des 17. Jahrhunderts, in: SPADA-PINTARELLI, Silvia (Hrsg.), Bozen im 17. Jahrhundert. Die Malerei, Milano 1994, S. 13–19.

—, Vom Handel zum Herrschaftsstand. Der Tiroler Kaufmann David Wagner, in: STAMPFER, Helmut (Hrsg.), Der Ansitz Rottenbuch in Bozen-Gries, Bozen 2003, S. 59–71.

HELLER, Klaus, Der Handel mit dem Osten in der frühen Neuzeit, in: POHL, Hans (Hrsg.) unter Mitarb. v. Monika POHLE, Frankfurt im Messenetz Europas – Erträge der Forschung (= Brücke zwischen den Völkern – Zur Geschichte der Frankfurter Messe, 3 Bde., hrsg. v. Rainer KOCH), Bd. I, Frankfurt/Main 1991, S. 205–218.

HEß, Wolfgang, Lira und Testone, in: Ders. / KLOSE, Dietrich (Bearb.), Vom Taler zum Dollar 1486–1986, München 1986, S. 7.

— / KLOSE, Dietrich (Bearb.), Vom Taler zum Dollar 1486–1986, München 1986.

HILDEBRANDT, Reinhard (Hrsg.), Quellen und Regesten zu den Augsburger Handelshäusern Paler und Rehlinger 1539–1642. Wirtschaft und Politik im 16./17. Jahrhundert, Teil 2: 1624–1642, Stuttgart 2004.

HIRN, Josef, Die lange Münze in Tirol und ihre Folgen, in: Archiv für österreichische Geschichte 104, 1914, S. 1–119.

Histoire économique du monde méditerranéen 1450–1650. Mélanges en l'honneur de Fernand Braudel, Toulouse 1973.

HOLTFRERICH, Carl-Ludwig, Finanzplatz Frankfurt. Von der mittelalterlichen Messestadt zum europäischen Bankenzentrum, München 1999.

HOUTMAN-DE SMEDT, Helma / VAN DER WEE, Herman, Die Entstehung des modernen Geld- und Finanzwesens Europas in der Neuzeit, in: POHL, Hans (Hrsg.), Europäische Bankengeschichte, Frankfurt/Main 1993, S. 73–173.

HUTER, Franz, Die Quellen des Meßgerichts-Privilegs der Erzherzogin Claudia für die Boznermärkte (1635), in: Bozner Jahrbuch für Geschichte, Kultur und Kunst 1927, S. 5–131.

—, Der Zollvertrag zwischen Trient und Brixen vom Jahre 1202, in: Der Schlern 23, 1949, S. 331–334.

— / ZWANOWETZ, Georg (Hrsg.), Erzeugung, Verkehr und Handel in der Geschichte der Alpenländer. Festschrift für Herbert Hassinger, Insbruck 1977.

IRSIGLER, Franz, Jahrmärkte und Messesysteme im westlichen Reichsgebiet bis ca. 1250, in: JOHANEK, Peter / STOOB, Heinz (Hrsg.), Europäische Messen und Märktesysteme in Mittelalter und Neuzeit, Köln – Weimar – Wien 1996, S. 1–33.

JEANNIN, Pierre, Change, crédit et circulation monétaire à Augsbourg au milieu du 16e siècle, Paris 2001.

JOHANEK, Peter / STOOB, Heinz (Hrsg.), Europäische Messen und Märktesysteme in Mittelalter und Neuzeit, Köln – Weimar – Wien 1996.

KAUFHOLD, Karl Heinrich, Gewerbelandschaften in der frühen Neuzeit (1650–1800), in: POHL, Hans (Hrsg.), Gewerbe- und Industrielandschaften vom Spätmittelalter bis ins 20. Jahrhundert, Stuttgart 1986, S. 112–202.

—, Der Übergang zu Fonds- und Wechselbörsen vom ausgehenden 17. bis zum ausgehenden 18. Jahrhundert, in: POHL, Hans (Hrsg.), Deutsche Börsengeschichte, Frankfurt am Main 1992, S. 79–132.

—, Messen und Wirtschaftsausstellungen von 1650 bis 1914, in: JOHANEK, Peter / STOOB, Heinz (Hrsg.), Europäische Messen und Märktesysteme in Mittelalter und Neuzeit, Köln – Weimar – Wien 1996, S. 239–294.

KEENE, Charles A., American Shipping and Trade, 1798–1820: The Evidence from Leghorn, in: Journal of Economic History 38/3, 1978, S. 681–700.

KELLENBENZ, Hermann, Eine italienische Kaufmanns-Korrespondenz aus dem Beginn des 17. Jahrhunderts, in: Studi in onore di Amintore Fanfani, V: Evi moderno e contemporaneo, Milano 1962, S. 243–271.

—, Geldtransfer für Graf Oñate, in: Histoire économique du monde méditerranéen 1450–1650. Mélanges en l'honneur de Fernand Braudel, Toulouse 1973, S. 277–298.

—, Die Münzen und die internationale Bank Ende des 15. bis Anfang des 17. Jahrhunderts (Das oberdeutsche Beispiel), in: BARBAGLI BAGNOLI, Vera (a cura di), La moneta nell'economia europea, secoli XIII–XVIII, Prato 1983, S. 651–680.

—, Private und öffentliche Banken in Deutschland um die Wende zum 17. Jahrhundert, in: Banchi pubblici, banchi privati e monti di pietà nell'Europa preindustriale. Amministrazione, tecniche operative e ruoli economici. Atti del Convegno, Genova, 1–6 ottobre 1990, Genova 1991, S. 843–877.

—, (Hrsg.), Handelsbräuche des 16. Jahrhunderts. Das Meder'sche Handelsbuch und die Welser'schen Nachträge, Wiesbaden 1974.

KINDLEBERGER, Charles P., The Formation of Financial Centers: A Study in Comparative Economic History, Princeton (N.J.) 1974.

KLOSE, Dietrich, Albertus-Taler in Deutschland und im Ostseegebiet, in: HEß, Wolfgang / KLOSE, Dietrich (Bearb.), Vom Taler zum Dollar 1486–1986, München 1986, S. 129f.

—, Frankreich: Écu blanc und Laubtaler, in: Ebd., S. 132f.

KÖNIG, Bernhard, Die Ballotation beim Bozner Merkantilmagistrat, in: Handelskammer Bozen (Hrsg.), Die Bozner Handelskammer. Vom Merkantilmagistrat bis zur Gegenwart, Bozen 1981, S. 59–68.

KÖPF, Wilhelm, Beiträge zur Geschichte der Messen von Lyon mit besonderer Berücksichtigung des Anteils der oberdeutschen Städte im 16. Jahrhundert, (Diss. Leipzig) Ulm 1910.

KÖRNER, Martin, Solidarités financières suisses au XVIe siècle. Contribution à l'histoire monétaire, bancaire et financière des cantons suisses et des états voisins, Lausanne 1980.

— / MEIER, Thomas / FLÜCKIGER, Erika, Währungen und Sortenkurse in der Schweiz / Systèmes monétaires et cours des espèces en Suisse / Sistemi monetari e corsi delle specie in Svizzera 1600–1799, Lausanne 2001.

KOLER, Egon, Die Wiedereinrichtung der österreichischen Verwaltung in Tirol und Vorarlberg in den Jahren 1814–1821, Diss. Innsbruck 1937.

KOSTLÁN, Antonín, Rozvoj peněžního oběhu v 16. –18. století [Die Entwicklung des Geldumlaufs im 16.–18. Jahrhundert], in: VENCOVSKÝ, František (Hrsg.), Dějiny bankovnictví v českých zemích [Die Geschichte des Bankwesens in den böhmischen Ländern], Praha 1999, S. 30–54.

KRASENSKY, Hans, Die Bozener Marktordnung aus dem Jahre 1718. Betriebswirtschaftlich-historische Untersuchung, Wien 1957.

KROESCHELL, Karl (Hrsg.), Festschrift für Hans Thieme, Sigmaringen 1986.

LADNER, Pascal / IMBODEN, Gabriel (Hrsg.), Alpenländischer Kapitalismus in vorindustrieller Zeit. Vorträge des siebenten internationalen Symposiums zur Geschichte des Alpenraums, Brig 2004.

LANARO, Paola, Periferie senza centro. Reti fieristiche nello spazio geografico della Terraferma veneta in età moderna, in: Dies. (a cura di), La pratica dello scambio. Sistemi di fiere, mercanti e città in Europa (1400–1700), Venezia 2003, S. 21–51.

— (a cura di), La pratica dello scambio. Sistemi di fiere, mercanti e città in Europa (1400–1700), Venezia 2003.

LAPEYRE, Henri, Une famille de marchands: Les Ruiz, Paris 1953.

LEONARDI, Andrea, Die Farberey von Rovereto, Rovereto 1988.

LEONE, Alfonso, Note sul movimento cambiario nella seconda metà del sec. XV: Barcellona – Avignone – Napoli, in: Medioevo. Saggi e rassegne 6, Cagliari 1981, S. 167–181.

MAHLKNECHT, Bruno, Alte Wechselbriefe (1594/97), in: Der Schlern 53, 1979, S. 687f.

MALFÉR, Viktor, Die Münzbank von Gries, in: Der Schlern 54, 1980, S. 584–588.

MANDICH, Giulio, Delle fiere genovesi di cambi particolarmente studiate come mercati periodici del credito, in: Rivista di storia economica 4, 1939, S. 257–276.

—, Istituzione delle fiere veronesi (1631–35) e riorganizzazione delle fiere bolzanine (1633–35), in: Cultura Atesina/Kultur des Etschlandes 1, 1947, S. 71–77 und 107–115.

—, Geld- und Kreditwesen der Bozner Märkte (1633–1664), in: Beiträge zur Wirtschaftsgeschichte Südtirols. Festschrift zum 125jährigen Bestehen der Südtiroler Landessparkasse, Bozen 1979, S. 459–548.

—, Wechselgeschäfte auf den Bozner Messen in der Zeit der Erzherzogin Claudia (1633–45), in: Handelskammer Bozen (Hrsg.), Die Bozner Handelskammer. Vom Merkantilmagistrat bis zur Gegenwart, Bozen 1981, S. 69–95.

—, Fiere cambiarie concorrenti (genovesi, fiorentine, veneziane) nel 1622–1652, in: DE MADDALENA, Aldo / KELLENBENZ, Hermann (a cura di), La repubblica internazionale del denaro tra XV e XVII secolo, Bologna 1986, S. 123–151.

MARCIANI, Corrado, Lettres de change aux foires de Lanciano au XVIe siècle, Paris 1962.

MARTINORI, Edoardo, La moneta – vocabolario generale, Roma 1905.

MCCUSKER, John J., Money and Exchange in Europe and America, 1600–1775. A Handbook, London – Basingstoke 1978.

—, The Italian Business Press in Early Modern Europe, in: Ders. (ed.), Essays in the Economic History of the Atlantic World, London – New York 1997, S. 117–144 (oder in: CAVACIOCCHI, Simonetta [a cura di], Produzione e commercio della carta e del libro, secc. XIII–XVIII, Prato 1992, S. 797–841).

—, Information and Transaction Costs in Early Modern Europe, in: GÖMMEL, Rainer / DENZEL, Markus A. (Hrsg.), Weltwirtschaft und Wirtschaftsordnung. Festschrift für Jürgen Schneider zum 65. Geburtstag, Stuttgart 2002, S. 69–83.

—, / GRAVESTEIJN, Cora, The Beginnings of Commercial and Financial Journalism. The Commodity Price Currents, Exchange Rate Currents, and Money Currents of Early Modern Europe, Amsterdam 1991.

MEINERT, Günther, Handelsbeziehungen zwischen Sachsen und Italien 1740–1814. Eine Quellenveröffentlichung, Weimar 1974.

Merkantilmuseum Bozen / Museo Mercantile Bolzano, Bozen 1998.

MICHIE, Ranald C., General Introduction. The Rise of a Global Financial Centre: The City of London since 1700, in: Ders. (ed.), The Development of London as a Financial Centre, London – New York 2000, vol. 1: 1700–1850, S. vii–xxxii.

—— (ed.), The Development of London as a Financial Centre, London – New York 2000.

MÖLLER, Joachim / NEKULA, Marek (Hrsg.), Wirtschaft und Kommunikation. Beiträge zu den deutsch-tschechischen Wirtschaftsbeziehungen, München 2002.

MOIOLI, Angelo, Aspetti del commercio di transito nel Tirolo della seconda metà del Settecento, in: MOZZARELLI, Cesare / OLMI, Giuseppe (a cura di), Il Trentino nel Settecento fra Sacro Romano Impero e antichi stati italiani, Bologna 1985, S. 805–899.

MOLTKE, Siegfried, Geschichte der Leipziger Börse, Leipzig 1936.

——, Geschichte der Leipziger Maklerschaft, Leipzig 1939.

MORONI, Marco, Mercanti e fiere tra le due sponde dell'Adriatico nel basso medioevo e in età moderna, in: LANARO, Paola (a cura di), La pratica dello scambio. Sistemi di fiere, mercanti e città in Europa (1400–1700), Venezia 2003, S. 53–79.

MOSER, Heinz / RIZZOLLI, Helmut / TURSKY, Heinz (Hrsg.), Tiroler Münzbuch. Die Geschichte des Geldes aus den Prägestätten des alttirolischen Raumes, Innsbruck 1984.

MOSER, Heinz / TURSKY, Heinz, Die Münzstätte Hall in Tirol 1477–1665, Innsbruck 1977.

—— / TURSKY, Heinz, Die Münzstätte Hall in Tirol 1665–1809, Innsbruck 1981.

—— / TURSKY, Heinz, Die Münzstätte Hall in Tirol [1984], in: MOSER, Heinz / RIZZOLLI, Helmut / TURSKY, Heinz (Hrsg.), Tiroler Münzbuch. Die Geschichte des Geldes aus den Prägestätten des alttirolischen Raumes, Innsbruck 1984, S. 61–194.

—— / TURSKY, Heinz, Corpus Nummorum Tirolensium. Die Münzen Kaiser Rudolfs II. aus der Münzstätte Hall in Tirol 1602–1612, Rum bei Innsbruck 1986.

MOZZARELLI, Cesare / OLMI, Giuseppe (a cura di), Il Trentino nel Settecento fra Sacro Romano Impero e antichi stati italiani, Bologna 1985.

MÜHLBERGER, Georg, Absolutismus und Freiheitskämpfe (1665–1814), in: FONTANA, Josef u.a. (Hrsg.), Geschichte des Landes Tirol, Bd. 2, Bozen [2]1998, S. 289–579.

MÜLLER, Karl Otto, Welthandelsbräuche (1480–1540), Wiesbaden 1962.

MUTH, Eugen J., Die Bozner Messe, Innsbruck 1968.

MUTSCHLECHNER, Georg, Vom Geldwesen am Bozner Markt (1606), in: Der Schlern 55, 1981, S. 475f.

NEGRIOLLI, Guido A., Monete venete nel Trentino e nell'Alto Adige, in: Archivio per l'Alto Adige 33 (parte prima), 1938, S. 653–668.

NÖSSING, Josef, Der Bozner Bezirk unter dem Königreich Italien 1810–1813, in: Informationsblatt ARGE ALP 8, hrsg. v. Land Vorarlberg, Bregenz 1983, S. 116–123.

NORTH, Michael, Von den Warenmessen zu den Wechselmessen. Grundlagen des europäischen Zahlungsverkehrs in Spätmittelalter und früher Neuzeit, in: JOHANEK, Peter / STOOB, Heinz (Hrsg.), Europäische Messen und Märktesysteme in Mittelalter und Neuzeit, Köln – Weimar – Wien 1996, S. 223–238.

—— (Hrsg.), Geldumlauf, Währungssysteme und Zahlungsverkehr in Nordwesteuropa 1300–1800. Beiträge zur Geldgeschichte der späten Hansezeit, Köln – Wien 1989.

—— (Hrsg.), Kredit im spätmittelalterlichen und frühneuzeitlichen Europa, Köln – Wien 1991.

—— (Hrsg.), Von Aktie bis Zoll. Ein historisches Lexikon des Geldes, München 1995.

OBERMAIR, Hannes, Ex merce pulchrior. Das Archiv des Merkantilmagistrats Bozen, Bozen 2002.

OPITZ, Peter, Der Funktionswandel des Wechselindossaments, Berlin 1968.

PAGANO DE DEVITIIS, Gigliola, English Merchants in Seventeenth-Century Italy, Cambridge 1997 [ital. Venezia 1990].

PALME, Rudolf, Frühe Neuzeit (1490–1665), in: FONTANA, Josef u.a. (Hrsg.), Geschichte des Landes Tirol, Bd. 2: Die Zeit von 1490 bis 1848, Bozen – Innsbruck – Wien [2]1998, S. 1–287.

PERINI, Quintilio, Le monete che ebbero corso nell'Alto Adige sotto il dominio napoleonico (1810–1814), in: Archivio per l'Alto Adige 4/1, 1909, S. 141–144.

PETERS, Lambert F., Der Handel Nürnbergs am Anfang des Dreißigjährigen Krieges. Strukturkomponenten, Unternehmen und Unternehmer – Eine quantitative Analyse, Stuttgart 1994.

POHL, Hans (Hrsg.), Gewerbe- und Industrielandschaften vom Spätmittelalter bis ins 20. Jahrhundert, Stuttgart 1986.

—— (Hrsg.), Innovationen und Wandel der Beschäftigtenstruktur im Kreditgewerbe. Erstes Wissenschaftliches Kolloquium des Instituts für bankhistorische Forschung e.V. am 20. Juni 1986 in München, Frankfurt am Main 1988.

—— (Hrsg.) unter Mitarb. v. Monika POHLE, Frankfurt im Messenetz Europas – Erträge der Forschung (= Brücke zwischen den Völkern – Zur Geschichte der Frankfurter Messe, hrsg. v. Rainer KOCH, Bd. I), Frankfurt/Main 1991.

—— (Hrsg.), Deutsche Börsengeschichte, Frankfurt am Main 1992.

—— (Hrsg.), Europäische Bankengeschichte, Frankfurt/Main 1993.

POSTHUMUS, Nicolaas W., Inquiry in the History of Prices in Holland, vol. I, Leiden 1946.

PRIBRAM, Alfred Francis (Hrsg.), Materialien zur Geschichte der Preise und Löhne in Österreich, Bd. 1, Wien 1938.

RACHEL, Hugo (Bearb.), Die Handels-, Zoll- und Akzisepolitik Preußens 1740–1786 (= Acta Borussica. Denkmäler der Preußichen Staatsverwaltung im 18. Jahrhundert, 3. Bd., 1. Hälfte), Berlin 1928.

RACINE, Pierre, Messen in Italien im 16. Jahrhundert: Die Wechselmessen von Piacenza, in: POHL, Hans (Hrsg.) unter Mitarb. v. Monika POHLE, Frankfurt im Messenetz Europas – Erträge der Forschung (= Brücke zwischen den Völkern – Zur Geschichte der Frankfurter Messe, hrsg. v. Rainer KOCH, Bd. I), Frankfurt/Main 1991, S. 155–170.

RAUSCH, Wilhelm, Jahrmärkte, Messen und Stadtentwicklung in den habsburgischen Ländern Österreichs, in: JOHANEK, Peter / STOOB, Heinz (Hrsg.), Europäische Messen und Märktesysteme in Mittelalter und Neuzeit, Köln – Weimar – Wien 1996, S. 171–187.

REDLICH, Fritz, Die deutsche Inflation des frühen Siebzehnten Jahrhunderts in der zeitgenössischen Literatur: Die Kipper und Wipper, Köln – Wien 1972.

REINHARD, Wolfgang, Papstfinanz und Kirchenstaat im 16. und 17. Jahrhundert, in: DE MADDALENA, Aldo / KELLENBENZ, Hermann (Hrsg.), Finanzen und Staatsräson in Italien und Deutschland in der frühen Neuzeit, Berlin 1992, S. 269–294.

REISS, Winfried, Historical Exchange Rates, in: FISCHER, Wolfram / MCINNIS, R. Marvin / SCHNEIDER, Jürgen (eds.), The Emergence of a World Economy 1500–1914. Papers of the IX. International Congress of Economic History, Part I: 1500–1850, Wiesbaden 1986, S. 171–189.

RIEDMANN, Josef, Die Beziehungen der Grafen und Landesfürsten von Tirol zu Italien bis zum Jahre 1335, Wien 1977.

RITTMANN, Herbert, Deutsche Geldgeschichte 1484–1914, München 1975.

RIZZOLLI, Helmut, Betriebswirtschaftliche Auswertung von vier Bozner Wechselbriefen aus den Jahren 1594 und 1597, in: Der Schlern 53, 1979, S. 689–691.

——, Bozen: die Stadt der Märkte / Bolzano città delle fiere, in: Merkantilmuseum Bozen / Museo mercantile Bolzano, Bolzano 1998, S. 9–76.

——, Ein Gotteshaus an der Stelle des ehemaligen Wucherhauses, in: Der Schlern 74, 2000, S. 255–272.

RÖSCH, Gerhard, Die italienischen Messen im 13. Jahrhundert, in: JOHANEK, Peter / STOOB, Heinz (Hrsg.), Europäische Messen und Märktesysteme in Mittelalter und Neuzeit, Köln – Weimar – Wien 1996, S. 35–56.

ROTH, Paul W., Die Kipper- und Wipper-Zeit in den Habsburgischen Ländern, 1620 bis 1623, in: SCHREMMER, Eckart (Hrsg.), Geld und Währung vom 16. Jahrhundert bis zur Gegenwart. Referate der 14. Arbeitstagung der Gesellschaft für Sozial- und Wirtschaftsgeschichte vom 9. bis 13. April 1991 in Dortmund, Stuttgart 1993, S. 85–103.

ROTHMANN, Michael, Die Frankfurter Messen im Mittelalter, Stuttgart 1998.

SANDGRUBER, Roman, Ökonomie und Politik. Österreichische Wirtschaftsgeschichte vom Mittelalter bis zur Gegenwart, Wien 1995.

SCHAUBE, Adolf, Handelsgeschichte der romanischen Völker des Mittelmeergebiets bis zum Ende der Kreuzzüge, München – Berlin 1906.

SCHNEIDER, Jürgen, Innovationen und Wandel der Beschäftigtenstruktur im Kreditgewerbe vom Spätmittelalter bis zur Mitte des 19. Jahrhunderts, in: POHL, Hans (Hrsg.), Innovationen und Wandel der Beschäftigtenstruktur im Kreditgewerbe. Erstes Wissenschaftliches Kolloquium des Instituts für bankhistorische Forschung e.V. am 20. Juni 1986 in München, Frankfurt am Main 1988, S. 21–46.

——, Hat das Indossament zum Niedergang der Wechselmessen im 17. und 18. Jahrhundert beigetragen?, in: NORTH, Michael (Hrsg.), Geldumlauf, Währungssysteme und Zahlungsverkehr in Nordwesteuropa 1300–1800. Beiträge zur Geldgeschichte der späten Hansezeit, Köln – Wien 1989, S. 183–193.

——, Messen, Banken und Börsen (15.–18. Jahrhundert), in: Banchi pubblici, banchi privati e monti di pietà nell'Europa preindustriale. Amministrazione, tecniche operative e ruoli economici. Atti del Convegno, Genova, 1–6 ottobre 1990, Genova 1991, S. 133–169.

—— / BRÜBACH, Nils, Frankreichs Messeplätze und das europäische Messesystem in der frühen Neuzeit, in: POHL, Hans (Hrsg.) unter Mitarb. v. Monika POHLE, Frankfurt im Messenetz Europas – Erträge der Forschung (= Brücke zwischen den Völkern – Zur Geschichte der Frankfurter Messe, hrsg. v. Rainer KOCH, Bd. I), Frankfurt/Main 1991, S. 171–190.

—— / DENZEL, Markus A., Foires et marchés en Allemagne à l'époque moderne, in: DESPLAT, Christian (éd.), Foires et marchés dans les campagnes de l'Europe médiévale et moderne. Actes des XIVes Journées Internationales d'Histoire de l'Abbaye de Flaran (Septembre 1992), Toulouse 1996, S. 137–152.

—— / SCHWARZER, Oskar, International Rates of Exchange: Structures and Trends of Payments Mechanism in Europe, 17th to 19th Century, in: FISCHER, Wolfram / MCINNIS, R. Marvin / SCHNEIDER, Jürgen (eds.), The Emergence of a World Economy 1500–1914. Papers of the IX. International Congress of Economic History, Part I: 1500–1850, Wiesbaden 1986, S. 143–170.

—— / SCHWARZER, Oskar (Hrsg.), Statistik der Geld- und Wechselkurse in Deutschland (1815–1913) (=Quellen und Forschungen zur Historischen Statistik von Deutschland, Bd. XI), St. Katharinen 1990.

—— u.a. (Hrsg.), Währungen der Welt I: Europäische und nordamerikanische Devisenkurse 1777–1914, 3 Bde., Stuttgart 1991.

—— u.a. (Hrsg.), Währungen der Welt VI: Geld und Währungen in Europa im 18. Jahrhundert, Stuttgart 1992.

—— u.a. (Hrsg.), Statistik der Geld- und Wechselkurse in Deutschland und im Ostseeraum im 18. und 19. Jahrhundert (= Quellen und Forschungen zur Historischen Statistik von Deutschland, Bd. XII), St. Katharinen 1993, S. 235–253.

—— u.a. (Hrsg.), Währungen der Welt III: Geld und Währungen in Europa im 17. Jahrhundert, Stuttgart 1994.

SCHNEIDER, Konrad, „Banco, Species und Courant". Untersuchungen zur Hamburgischen Währung im 17. und 18. Jahrhundert, Koblenz 1986.

SCHREMMER, Eckart (Hrsg.), Geld und Währung vom 16. Jahrhundert bis zur Gegenwart. Referate der 14. Arbeitstagung der Gesellschaft für Sozial- und Wirtschaftsgeschichte vom 9. bis 13. April 1991 in Dortmund, Stuttgart 1993.

—— (Hrsg.), Wirtschaftliche und soziale Integration in historischer Sicht. Arbeitstagung der Gesellschaft für Sozial- und Wirtschaftsgeschichte in Marburg 1995, Stuttgart 1996.

SCHULZ, Günther u.a. (Hrsg.), Sozial- und Wirtschaftsgeschichte. Arbeitsgebiete – Probleme – Perspektiven. 100 Jahre Vierteljahrschrift für Sozial- und Wirtschaftsgeschichte, Stuttgart 2004.

SCHWARZER, Oskar / DENZEL, Markus A., Internationaler Zahlungsverkehr im 18. Jahrhundert: Amsterdam, London und Paris, in: SCHNEIDER, Jürgen (Hrsg.), Währungen der Welt VI: Geld und Währungen in Europa im 18. Jahrhundert, Stuttgart 1992, S. 1–32.

—— / DENZEL, Markus A. / SCHNELZER, Petra, Geld- und Wechselkurse in Deutschland und im Ostseeraum (18. und 19. Jahrhundert), in: SCHNEIDER, Jürgen u.a. (Hrsg.), Statistik der Geld- und Wechselkurse in Deutschland und im Ostseeraum im 18. und 19. Jahrhundert (= Quellen und Forschungen zur Historischen Statistik von Deutschland, Bd. XII), St. Katharinen 1993, S. 2–43.

SEDILLOT, René, Le franc. Histoire d'une monnaie des origins à nos jours, Paris 1953

SEIBOLD, Gerhard, Die Blommart und ihr Handelshaus. Ein Beitrag zur Geschichte der niederländischen Kaufleute im Nürnberg des 17. Jahrhunderts unter besonderer Berücksichtigung der Familien de Brasserie, Buirette und von Lierdt, in: Mitteilungen des Vereins für Geschichte der Stadt Nürnberg 68, 1981, S. 164–220.

SIEVEKING, Heinrich, Das Bankwesen in Genua und die Bank von S. Giorgio, in: VAN DILLEN, Johannes Gerard (ed.), History of the Principal Public Banks Accompanied by Extensive Bibliographies of the History of Banking and Credit in Eleven European Countries, The Hague 1934, S. 15–38.

——, Die Hamburger Bank, in: Ebd., S. 125–160.

SIMON, Volker A., Der Wechsel als Träger des internationalen Zahlungsverkehrs in den Finanzzentren Süddeutschlands und der Schweiz. Historisch-dogmatische Untersuchung der Entwicklung des Wechsels bis zum Ende des 18. Jahrhunderts unter besonderer Berücksichtigung der Verhältnisse in St. Gallen, Stuttgart 1974.

SOETBEER, Adolf, Die Hamburger Bank, 1619–1866. Eine geschichtliche Skizze, in: Vierteljahresschrift für Volkswirtschaft 3, 1866, S. 21–54.

SPADA-PINTARELLI, Silvia (Hrsg.), Bozen im 17. Jahrhundert. Die Malerei, Milano 1994.

SPRUNG, Rainer, Das Privileg und die Ordnung Erzherzogin Claudias von Medici vom 15.9.1635 für die Bozner Märkte und Messen, in: Handelskammer Bozen (Hrsg.), Die Bozner Handelskammer. Vom Merkantilmagistrat bis zur Gegenwart, Bozen 1981, S. 9–58.

STAMPFER, Helmut (Hrsg.), Der Ansitz Rottenbuch in Bozen-Gries, Bozen 2003.

STAUDTE, Roland, John Law (1671–1729). Ein Beitrag zur Geld- und Kredittheorie der Merkantilisten und Wirtschaftspolitik der Régence, Diss. Zürich 1953.

STIASSNY, Paul, Der österreichische Staatsbankrott von 1811, Wien – Leipzig 1912.

STOLZ, Otto, Neues zur älteren Geschichte der Bozner Märkte, in: Der Schlern 2, 1921, S. 137–143.

——, Neue Beiträge zur Geschichte des Niederlassungsrechts und Rodfuhrwesens in Tirol, in: Vierteljahrschrift für Sozial- und Wirtschaftsgeschichte 22, 1929, S. 173. Nr. 5.

——, Die Ausbreitung des Deutschtums in Südtirol im Lichte der Urkunden III/2, München – Berlin 1932, S. 83f. Nr. 80.

——, Politisch-historische Landesbeschreibung von Südtirol. Zweiter Teil der Landesbeschreibung von Tirol, 1. Lieferung: Allgemeines und Viertel Vintschgau und Burggrafenamt, Innsbruck 1937.

——, Zollwesen und Handelsverkehr in Tirol in alter Zeit, in: GERHARDINGER, Hermann / EGERT, Franz / HUTER, Franz (Hrsg.), Tiroler Wirtschaft in Vergangenheit und Gegenwart. Festgabe zur 100-Jahrfeier der Tiroler Handelskammer, Bd. I: Beiträge zur Wirtschafts- und Sozialgeschichte Tirols, Innsbruck 1951, S. 53–76.

——, Geschichte des Zollwesens, Verkehrs und Handels in Tirol und Vorarlberg von den Anfängen bis ins XX. Jahrhundert, Innsbruck 1953.

Studi in onore di Amintore Fanfani, V: Evi moderno e contemporaneo, Milano 1962.

Südtiroler Landesarchiv (Hrsg.), Archiv des Merkantilmagistrats Bozen. Findbuch der Urkunden-, Handschriften- und Aktenbestände, Bozen 1996.

TÄNZER, Aaron, Die Geschichte der Juden in Tirol und Vorarlberg, Meran 1905.

TENENTI, Alberto (a cura di), Storia di Venezia: dalle origini alla caduta della Serenissima, Bd. 5: Il Rinascimento: società ed economia, Roma 1996.

TRIVELLATO, Francesca, La fiera del corallo (Livorno, XVII e XVIII secolo): Istituzioni e autoregolamentazione del mercato in età moderna, in: LANARO, Paola (a cura di), La pratica dello scambio. Sistemi di fiere, mercanti e città in Europa (1400–1700), Venezia 2003, S. 111–127.

TROGER, Ernest / ZWANOWETZ, Georg (Hrsg.), Neue Beiträge zur geschichtlichen Landeskunde Tirols. Festschrift für Univ.-Prof. Dr. Franz Huter anläßlich der Vollendung des 70. Lebensjahres, Innsbruck 1969.

TUCCI, Ugo, Mercanti, navi, monete nel Cinquecento veneziano, Bologna 1981.

——, Il Banco della Piazza di Rialto, prima banca pubblica veneziana, in: Ebd., S. 231–250.

——, Il banco pubblico a Venezia, in: Banchi pubblici, banchi privati e monti di pietà nell'Europa preindustriale. Amministrazione, tecniche operative e ruoli economici. Atti del Convegno, Genova, 1–6 ottobre 1990, Genova 1991, S. 309–325.

VAN DILLEN, Johannes Gerard (ed.), History of the Principal Public Banks Accompanied by Extensive Bibliographies of the History of Banking and Credit in Eleven European Countries, The Hague 1934.

VENCOVSKÝ, František (Hrsg.), Dějiny bankovnictví v českých zemích [Die Geschichte des Bankwesens in den böhmischen Ländern], Praha 1999.

VEYRASSAT, Béatrice, L'industrialisation dans le secteur cotonnier en Suisse (1760–1830/40), Thèse Genève – Lausanne 1982.

VON HYE, Franz-Heinz, Die Wirtschaft Tirols im 17. Jahrhundert zwischen Rezession, Stagnation und Innovation, in: CARLEN, Louis / IMBODEN, Gabriel (Hrsg.), Wirtschaft des alpinen Raums im 17. Jahrhundert. Vorträge eines internationalen Symposiums, Brig 1988, S. 79–97.

VON STROMER, Wolfgang, Oberdeutsche Hochfinanz 1350–1450, 3 Teile, Wiesbaden 1970.

——, Die oberdeutschen Geld- und Wechselmärkte. Ihre Entwicklung vom Spätmittelalter bis zum Dreißigjährigen Krieg, in: Scripta Mercaturae 10/1, 1976, S. 23–51.

VON VOLTELINI, Hans, Die ältesten Pfandleihbanken und Lombardenprivilegien Tirols, in: Beiträge zur Rechtsgeschichte Tirols. Festschrift hrsg. v. Ortsausschusse des 27. Deutschen Juristentages, Innsbruck 1904, S. 3–69.

VON WALTHER, Walter, Zur Geschichte der Bozner Handelskammer seit 1851, in: Handelskammer Bozen (Hrsg.), Die Bozner Handelskammer. Vom Merkantilmagistrat bis zur Gegenwart, Bozen 1981, S. 97–119.

WEHLER, Hans-Ulrich, Deutsche Gesellschaftsgeschichte, 2. Bd.: Von der Reformära bis zur industriellen und politischen „Deutschen Doppelrevolution" 1815–1845/49, München ²1989.

WEISS, Hildegard, Über die Verlagerung von Transit-Handelswegen zwischen Süddeutschland und Oberitalien um die Mitte des 18. Jahrhunderts. Nach einer zeitgenössischen österreichischen Wirtschaftsstudie des Freiherrn Karl Hieronymus Cristani v. Rall, in: ABEL, Wilhelm u.a. (Hrsg.), Wirtschaft, Geschichte und Wirtschaftsgeschichte. Festschrift zum 65. Geburtstag von Friedrich Lütge, Stuttgart 1966, S. 206–226.

ZELLFELDER, Friedrich, Die Währungsprobleme der Donaumonarchie, in: SCHNEIDER, Jürgen u.a. (Hrsg.), Währungen der Welt I: Europäische und nordamerikanische Devisenkurse 1777–1914, Teilbd. I, Stuttgart 1991, S. 122–135.

ZORN, Wolfgang, Handels- und Industriegeschichte Bayerisch-Schwabens 1648–1870. Wirtschafts-, Sozial- und Kulturgeschichte des schwäbischen Unternehmertums, Augsburg 1961.

ZUBLASING, Werner, Die Bozner Messen im 18. und 19. Jahrhundert. Der Niedergang, Dipl.arb. in Wirtschaftsgeschichte an der Fakultät für Wirtschaftswissenschaften der Freien Universität Bozen, Bozen 2005.

ZWAHR, Hartmut / TOPFSTEDT, Thomas / BENTELE, Günter (Hrsg.), Leipzigs Messen 1497–1997. Gestaltwandel. Umbrüche. Neubeginn, Teilbd. 1: 1497–1914, Köln – Weimar – Wien 1999.